GEOGUIDE

Bourgogne

Isabelle Bonnevie
Jean-Louis Despesse
Pierre Guitton
Patrick Lebas

Ont également collaboré à cet ouvrage
Serge Lewuillon
Daniel Russo

BOURGOGNE

Voyagez à la carte

Passionné d'architecture ou de loisirs verts, adepte des vacances en famille ou amateur de bons vins ? GEOGuide a sélectionné pour vous des lieux de séjour, des adresses-plaisir, des sites à visiter et des activités multiples. Choisissez ce qui vous ressemble et goûtez pleinement votre voyage...

AU GRÉ DE VOS ENVIES

À deux

Pour les petits et les grands

Plaisirs du palais

Sports, loisirs et détente

Hors des sentiers battus

AU FIL DE NOS ITINÉRAIRES

Insolite

Au fil de l'eau

BOURGOGNE

GEOPANORAMA

GEOPRATIQUE

GEOREGION

Mode d'emploi

- ★ Incontournable touristique
- ☆ À ne pas manquer dans la région
- ☺ Coup de cœur de l'auteur
- **Vins et vignobles**
- **Culture et patrimoine**
- **Shopping**
- **Cafés, bars et lieux de sortie**
- **Sports et loisirs**
- **Activités familiales**
- **Restauration, hébergement**

GEOVINS

GEODOCS

GEOPANORAMA

Savigny-lès-Beaunes (p.120), vignoble et cabotte (ou cadole).

GEOPANORAMA

COMPRENDRE LA BOURGOGNE

Géographie et paysages

UNE RÉGION DE MÉDIATION La Bourgogne n'a pas d'unité géographique. Déployant une grande variété de paysages, cette région de contact nord-sud, est-ouest associe sur quatre départements des zones typées et disparates : une partie des vallées de la Saône et de la Loire, le sud-est du Bassin parisien, le nord-est du Massif central, le sud du plateau de Langres. Il en va de même pour l'hydrographie, puisque la Bourgogne s'ancre à la convergence des trois grands bassins fluviaux français, ceux de la Loire, du Rhône et de la Seine. "La France n'a pas d'élément plus liant que la Bourgogne", écrivait Michelet.

Forêts ancestrales, vignobles et bocages

Au sud de Beaune, les falaises de Saint-Romain sont un bon observatoire : à l'est, le cordon des vignobles, remontant de la plaine de la Saône, vient buter sur les contreforts calcaires du centre, la Côte. Si l'on croit que la Bourgogne n'est que vignobles, un coup d'œil vers l'ouest suffit à convaincre du contraire. On y voit avancer la forêt en de grandes masses sombres, dégringolant des monts du Morvan et du haut Auxois. Vieux territoire érodé, où bosses et creux chahutent en douceur la monotonie des plaines et des plateaux, la Bourgogne est un kaléidoscope de paysages. Rien n'y manque, ni les reliefs marqués (escarpements du Mâconnais, du Beaujolais, du Morvan), ni les plaines alluviales (Saône, Loire...), ni les verts bocages qui couvrent ici la moitié du territoire, ni les plateaux calcaires, ni les cours d'eau. À peine croit-on le paysage installé dans sa routine qu'en 30km il a changé.

LE MORVAN, L'APPEL DE LA FORÊT Rude citadelle de roches cristallines (granite, gneiss et porphyre), proue avancée du Massif central, le Morvan veille sur la Bourgogne de son point culminant, le Haut-Folin (901m). Domaine du gros gibier (cerfs, chevreuils, sangliers), la forêt s'épanouit sur les hauteurs, au-delà de 500m. Le chêne et le hêtre y règnent, arbres druidiques de nos ancêtres que concurrencent désormais les résineux. Ces reliefs sont une formidable réserve d'eaux vives, avec une multitude de **cours d'eau**, mais aussi d'eaux dormantes : le Morvan compte de nombreux **étangs** et des **lacs**, dont les plus fameux sont le lac des Settons (365ha), très prisé pour

Mais comment chauffer Paris ?

Les forêts royales de l'Île-de-France étant protégées, le bois sera importé du Morvan : un fût jeté dans la Cure descendra jusqu'à la capitale au fil de l'eau. Dans les ports de Clamecy ou de Vermenton, on rassemble les billots, lesquels sont ligotés en radeaux de 200 stères chacun et convoyés le long de l'Yonne, puis de la Seine, par les flotteurs, vigoureux Morvandeaux armés de perches. Un parcours de huit jours, semé d'embûches, qui s'achève dans la capitale, quai de Bercy. Cette industrie animera le Morvan du XVIe siècle jusqu'en 1914.

sa base nautique, et celui de Chaumeçon (135ha), obstinément sauvage, qui clôt les gorges du Chalaux. Jadis utilisée pour le flottage du bois et son acheminement vers Paris, cette profusion des eaux est désormais un atout touristique, contribuant au pittoresque des paysages. C'est en 1970 qu'est créé le parc naturel régional du Morvan, avec pour emblème un cheval au galop, effigie d'une ancienne monnaie éduenne.

LA CÔTE, DES PAYSAGES FORTEMENT HUMANISÉS Bordant les marges de la vallée de la Saône, les paysages de la Côte résultent de l'effondrement tectonique du plateau calcaire de la montagne, qui dégringole en gradins. Les forts dénivelés de ce paysage bourguignon accueillent pâturages et cultures, tandis que les talus proches de la vallée se couvrent de vignobles. Ces précieuses vignes "cantonnées sur les pentes basses et faciles", face au levant, entre falaises et terres alluviales, se gardent bien des zones inondables. Dans ces paysages fortement anthropisés devenus l'emblème de la Bourgogne, tout est ordonné autour des villages viticoles. Le précieux ruban des vignes commence aux portes de Dijon, égrainant ensuite des noms évocateurs : Gevrey-Chambertin, Nuits-Saint-Georges, Vosne-Romanée, Beaune, Meursault. Mais, tout au long du rebord de ce grand plateau bourguignon qu'est aussi la Côte, de profondes entailles attaquent le calcaire : ce sont les combes, qui hébergent des paysages plus rudes de gorges et de sources (les "douix"), contrepoint sauvage aux sages paysages des vignobles voisins.

Carte d'identité

Départements
Côte-d'Or (21), Nièvre (58), Saône-et-Loire (71), Yonne (89)
Population
Côte-d'Or (533 000 hab.)
Nièvre (221 490 hab.)
Saône-et-Loire (551 850 hab.)
Yonne (352 585 hab.)
Villes principales
Dijon (155 450 hab.)
Nevers (39 130 hab.)
Auxerre (39 450 hab.)
Mâcon (35 440 hab.)
Superficie
Côte-d'Or (8 763km^2)
Nièvre (6 817km^2)
Saône-et-Loire (8 575km^2)
Yonne (7 427km^2)
Principaux cours d'eau
Cure, Loire, Saône, Seine, Yonne, canal de Bourgogne, du Centre, du Nivernais

Fleuves, rivières et canaux

La Bourgogne est riche en eaux : deux fleuves naissants (la Seine et la Loire), 12 400km de rivières (Saône, Yonne et leurs affluents) que longent, relient ou domestiquent des canaux, hérités du XVIIe siècle pour les plus anciens. À cela s'ajoutent 3 500ha de lacs et plans d'eau qui servirent à la production électrique, au flottage du bois ou comme réservoirs pour alimenter les canaux.

UN RÉSEAU HYDROGRAPHIQUE NATUREL Longue de 1 020km, née au mont Gerbier-de-Jonc (Ardèche), la **Loire** aborde la Bourgogne à Paray-le-Monial avec un débit déjà bien fourni et un lit à géométrie variable : de 60m de large dans le Forez, elle s'étale dans le Nivernais de 200 à 1 200m, se divisant déjà en un réseau complexe de bras secondaires, formant des îlots éphémères.

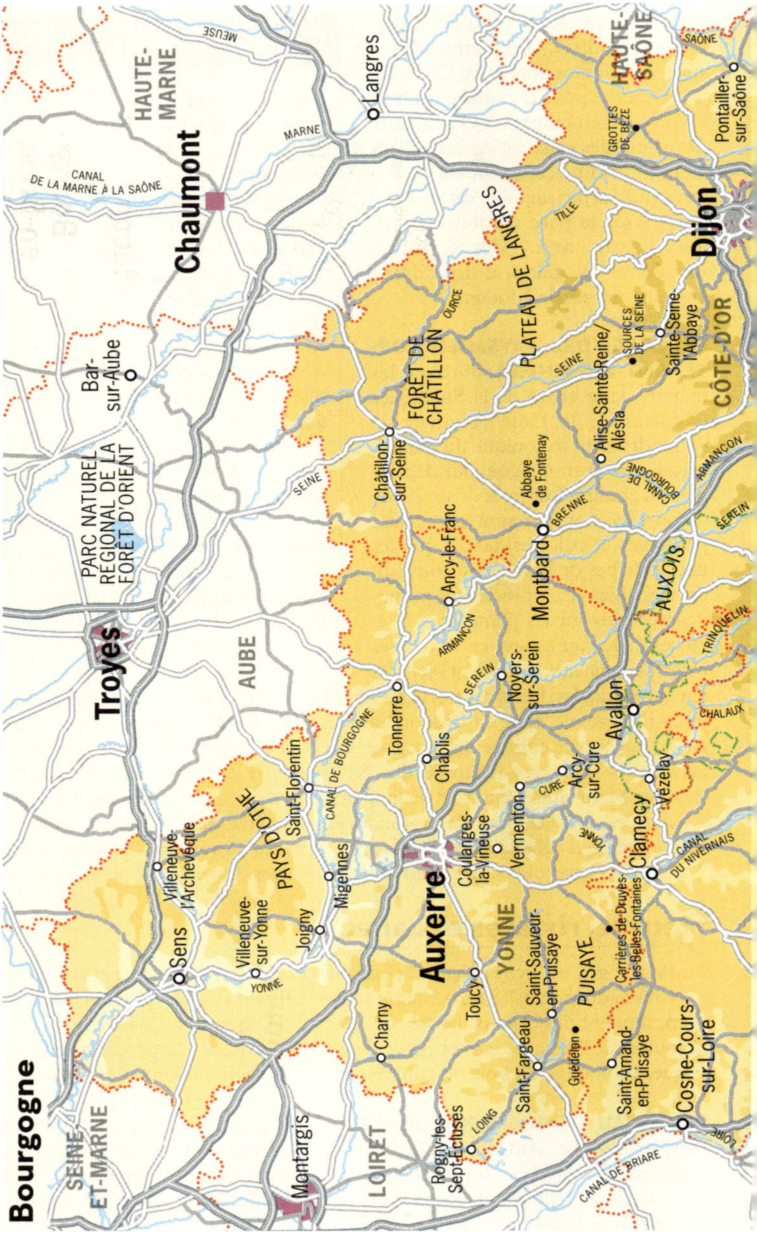
Bourgogne
SEINE-ET-MARNE
Montargis
LOIRET
Rogny-les-Sept-Écluses
LOING
CANAL DE BRIARE
LOIRE
Cosne-Cours-sur-Loire
Saint-Amand-en-Puisaye
Guédelon
Saint-Fargeau
Charny
Sens
YONNE
Villeneuve-sur-Yonne
Joigny
Villeneuve-l'Archevêque
PAYS D'OTHE
Migennes
Saint-Florentin
CANAL DE BOURGOGNE
Auxerre
Toucy
YONNE
Saint-Sauveur-en-Puisaye
PUISAYE
Carrières de Druyes-les-Belles-Fontaines
Coulanges-la-Vineuse
Vermenton
Clamecy
CANAL DU NIVERNAIS
Chablis
CURE
Arcy-sur-Cure
Vézelay
Avallon
CHALAUX
Troyes
AUBE
Tonnerre
Noyers-sur-Serein
SEREIN
ARMANÇON
Ancy-le-Franc
Montbard
AUXOIS
TRINQUELIN
PARC NATUREL RÉGIONAL DE LA FORÊT D'ORIENT
SEINE
Châtillon-sur-Seine
Abbaye de Fontenay
BRENNE
CANAL DE BOURGOGNE
ARMANÇON
SEREIN
Bar-sur-Aube
FORÊT DE CHÂTILLON
Alise-Sainte-Reine/Alésia
SEINE
SOURCES DE LA SEINE
CÔTE-D'OR
Sainte-Seine-l'Abbaye
OURCE
PLATEAU DE LANGRES
Chaumont
CANAL DE LA MARNE À LA SAÔNE
HAUTE-MARNE
MEUSE
MARNE
Langres
TILLE
Dijon
GROTTES DE BÈZE
HAUTE-SAÔNE
SAÔNE
Pontailler-sur-Saône

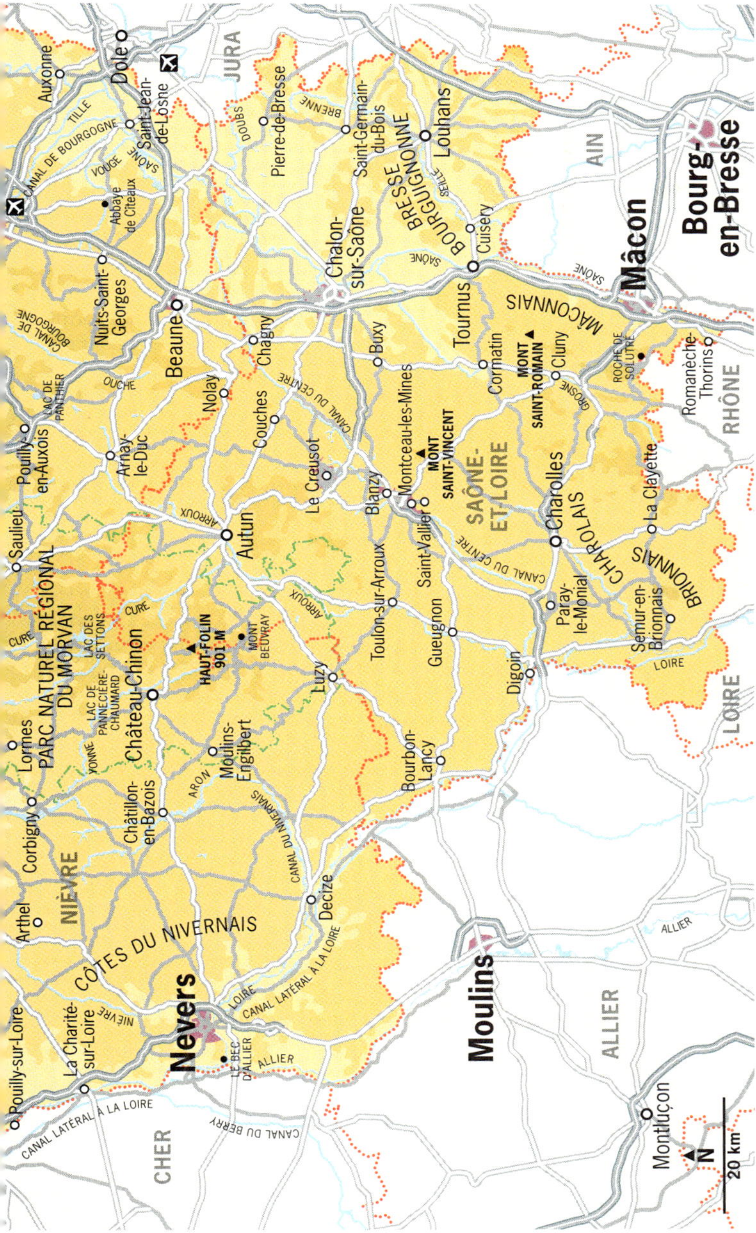
Auxonne
Dole
Saint-Jean-de-Losne
JURA
Pierre-de-Bresse
Saint-Germain-du-Bois
Louhans
AIN
Bourg-en-Bresse
Mâcon
Cuisery
BRESSE BOURGUIGNONNE
Chalon-sur-Saône
Abbaye de Cîteaux
Nuits-Saint-Georges
Beaune
Chagny
Buxy
Tournus
Cormatin
MÂCONNAIS
MONT SAINT-ROMAIN
Cluny
ROCHE DE SOLUTRÉ
Romanèche-Thorins
RHÔNE
Pouilly-en-Auxois
Arnay-le-Duc
Nolay
Couches
Le Creusot
Montceau-les-Mines
MONT SAINT-VINCENT
SAÔNE-ET-LOIRE
Charolles
La Clayette
Saulieu
PARC NATUREL RÉGIONAL DU MORVAN
Autun
Blanzy
Saint-Vallier
CHAROLAIS
BRIONNAIS
Toulon-sur-Arroux
Gueugnon
Paray-le-Monial
Semur-en-Brionnais
LAC DES SETTONS
HAUT-FOLIN 901 M
MONT BEUVRAY
Luzy
Digoin
LOIRE
Lormes
LAC DE PANNECIÈRE-CHAUMARD
Château-Chinon
Moulins-Engilbert
Bourbon-Lancy
Corbigny
Châtillon-en-Bazois
NIÈVRE
Arthel
CÔTES DU NIVERNAIS
Decize
CANAL DU NIVERNAIS
CANAL DU CENTRE
CANAL DE BOURGOGNE
CANAL LATÉRAL À LA LOIRE
Moulins
ALLIER
Nevers
La Charité-sur-Loire
Pouilly-sur-Loire
LE BEC D'ALLIER
CHER
CANAL DU BERRY
Montluçon
N
20 km

PANORAMA

L'ENTRE TROIS-MER Depuis le seuil de Sombernon, au relief pourtant médiocre mais décisif, les rivières se distribuent selon une généreuse ligne de partage des eaux. La goutte d'eau hésite, à quelques mètres près, entre le nord pour glisser vers la Manche, via la Seine, l'est pour rejoindre la Méditerranée via la Saône (affluent du Rhône), et l'ouest pour se confier à l'Arroux, puis la Loire qui trace vers l'Atlantique.

Un fleuve capricieux, rendu navigable grâce à un **canal latéral** (197km, 38 écluses) qui en double le cours. **La Seine**, longue de 776km, naît en Bourgogne, sur le plateau de Langres. Un vallon aménagé sert d'écrin à sa source : une grotte d'où jaillit, dans un environnement de rocaille, un mince filet d'eau. À Châtillon-sur-Seine, le fleuve naissant a 51km et, déjà bien sage, devient vite navigable, sans grands travaux (25 écluses). Près de Fontainebleau, La Seine reçoit l'**Yonne** (293km) née au cœur du Morvan au mont Préneley. Impétueuse, l'Yonne fait une belle course d'obstacles parmi les chaos de son Morvan natal, parcourant ensuite plus sagement le bocage du Bazois avant d'atteindre l'Auxerrois, où elle s'élargit aux dimensions d'un petit fleuve, aisément navigable. La **Saône** (480km) prend sa source au pied des monts Faucilles, dans les Vosges. Le moins pentu et le plus lent de nos grands cours d'eau aime à s'étaler, sortant chaque année de son lit. Ponctuée de villes – Chalon, Tournus, Mâcon –, sa vallée sans grands reliefs fournit, depuis l'Antiquité, une voie de passage aisée entre Sud et Nord.

LES CANAUX Par le passé, tous les cours d'eau et leurs vallées ont favorisé les communications, et ce réseau fut enrichi et consolidé par des canaux. Le **canal du Nivernais** (174km, 116 écluses) et celui de **Briare** (56km, 36 écluses) relient la Seine et la Loire, le **canal du Centre** (112km, 61 écluses) raccorde la Loire et la Saône. Le **canal de Bourgogne** (242km, 189 écluses) a été tracé pour relier, via l'Yonne, la Seine à la Saône en franchissant la ligne de partage des eaux, après que les ministres du roi eurent constaté que le commerce fluvial en France était partagé en deux zones "imperméables" : l'une côté est (Saône, Rhône, menant vers la Méditerranée), et l'autre versant ouest (Yonne, Seine, Loire, ouverte vers les ports de l'Atlantique et de la mer du Nord). Le canal de Bourgogne, universel, militaire et politique, navigable et commerçant en tout

Des travaux pharaoniques

Entrepris dès 1775, le creusement du canal de Bourgogne s'achèvera en 1832. Les travaux s'engagent aux deux extrémités, mais son tracé se heurte à un obstacle de taille : le seuil de Sombernon, imposant vaisseau calcaire. Comment le franchir ? Un tunnel long de 3 333m (appelé la "voûte") fera l'affaire. À ce premier exploit, il faudra ajouter 189 écluses, un record, pour amortir d'autres dénivelés rencontrés sur un parcours de 242km entre Laroche-Migennes et Saint-Jean-de-Losne, entre la vallée de l'Yonne et la plaine saônoise. Et, pour que l'alimentation en eau ne faiblisse pas, des réservoirs artificiels sont creusés en altitude, reliés au canal par tout un réseau de rigoles.

temps, permettra de joindre les deux mers ensemble par le Centre, déclarait déjà Mansart en 1663, soutenu par Vauban. Ce fut une audacieuse politique d'aménagement territorial quand la navigation sur les mers était dangereuse, alors dominée par l'Espagne et l'Angleterre ennemies, et avant que ne s'imposent le chemin de fer, puis l'autoroute. Aujourd'hui, le canal se signale par deux rangées d'arbres parallèles ombrageant des chemins de halage où l'on randonne à pied ou à vélo. Les péniches ayant disparu, les ports sont aujourd'hui de plaisance, et les déplacements au fil de l'eau, loin des contingences économiques qui présidèrent au creusement du canal, se font croisières.

Milieux naturels

PELOUSES CALCAIRES, PARADIS DES PAPILLONS Partout où le calcaire affleure (basse Bourgogne, Côte, Châtillonnais, Nivernais), les pelouses calcaires ou pelouses sèches dessinent des havres bucoliques que l'homme a désertés. Ces zones défrichées au Moyen Âge, jadis dévolues aux pâturages, ont été naturellement ensemencées par quelque 200 espèces de graminées. Une vingtaine d'orchidées sauvages éclairent le vert de ces prairies de leurs teintes violines. Paradis des sauterelles et des criquets, les pelouses calcaires attirent aussi les papillons et nombre d'oiseaux qui nichent au sol, telles l'alouette lulu ou la perdrix rouge.

DES FORÊTS AUX ESSENCES VARIÉES La Bourgogne compte 960 000ha de forêts, soit 28% du territoire régional (22% pour la moyenne nationale). Inégalement répartie, on la trouve majoritairement dans le Châtillonais et le Morvan. Cette forêt bourguignonne est remarquable par la présence massive des feuillus, le hêtre et le chêne y logeant depuis huit millénaires. Le charme, plus jeune, n'y habite que… depuis 5 000 ans, tout comme le sapin. Même si la forêt représente en Bourgogne le type de paysage le plus "naturel", l'homme y est intervenu sans cesse, soit en défrichant pour ouvrir des zones de culture, soit en privilégiant certaines essences en fonction des besoins. Le résineux (pin douglas, épicéa), vite grandi, est apparu massivement, dans la seconde moitié du XXe siècle, pour alimenter l'industrie du bois. Au grand dam des amoureux de nature, qui y voient un appauvrissement de la biodiversité.

LES TOURBIÈRES, MILIEU RARE Encore nombreuses dans le Morvan, les tourbières figurent parmi les zones humides les plus singulières de Bourgogne, ailleurs représentées par les prairies inondables de la Saône. Vestiges de paysages millénaires (elles sont nées il y a environ 10 000 ans, lors de la dernière glaciation), les tourbières occupaient naguère de vastes espaces, réduites aujourd'hui à quelques centaines d'hectares. Une conjonction précise, et rare, d'éléments favorise la lente maturation de ces biotopes : une humidité permanente des sols, des précipitations abondantes, un climat frais, des sols imperméables. Sur un marécage initial, la matière organique s'accumule, formant la tourbe qui, en s'amoncelant sur de longues périodes, peut atteindre 2m d'épaisseur. On y observe une flore à nulle autre pareille : le droséra, petite plante carnivore, le callune, ou encore la canneberge, de la famille des myrtilles. La bécassine des marais se plaît dans ce milieu, et bien d'autres animaux lui tiennent compagnie : le campagnol amphibie, le putois, le vanneau huppé, etc.

Environnement

Industries peu polluantes et faible densité humaine (51 hab./km^2, très inférieure à la moyenne nationale de 108 hab./km^2) : la Bourgogne est relativement préservée des grandes nuisances environnementales. Pourtant, ici comme ailleurs, la pollution agricole (pesticides, engrais utilisés pour les céréales et les oléagineux), le remembrement massif dans les bocages, l'affectation de zones humides à la culture du colza ou du maïs, la prolifération du parc automobile pèsent encore, en dépit des progrès, sur l'équilibre écologique. Le souci de protection du patrimoine naturel ne date pas d'aujourd'hui : créé en 1970, le **parc régional du Morvan** (3 000km^2) implique 117 communes, les 4 départements et la Région autour d'une charte ambitieuse : protection des paysages, valorisation des agricultures traditionnelles, du tourisme vert et culturel, etc. Le nouveau **parc national entre Champagne et Bourgogne**, essentiellement forestier, qui sera créé à l'horizon 2012, couvrira bientôt 100 000ha à cheval sur la Haute-Marne et la Côte-d'Or. Il viendra enrichir la liste des zones protégées en Bourgogne : une soixantaine de sites placés sous la protection du **Conservatoire des sites naturels bourguignons** – dont les vallées humides de la Saône ou les fossiles coralliens de la vallée de l'Yonne – où sont aménagés des sentiers, cinq **réserves biologiques** forestières, une douzaine d'arrêtés de protection de biotope (APB) qui réglementent l'accès aux sites sensibles, et quatre **réserves naturelles** – celle du Bois du parc dans l'Yonne, celle du Val de Loire dans la Nièvre, celle de la combe Lavaux en Côte-d'Or, et celle de la Truchère-Ratenelle en Saône-et-Loire. Des espèces animales gravement menacées bénéficient aussi de protections particulières, parmi lesquelles la loutre et la chauve-souris.

Climat

Tous les types de climats se rejoignent ici : océanique, semi-continental, méditerranéen et même submontagnard dans les hauteurs du Morvan. L'influence océanique arrive légèrement atténuée sur la partie occidentale de la Bourgogne (Yonne, Nièvre), avec son lot de pluies, abondantes à l'automne et moindres en été. À l'est (Côte-d'Or), un climat semi-continental prédomine, marqué par des hivers froids aux gelées tardives et des chutes de neige fréquentes. Les amateurs de chaleur y apprécieront, en revanche, les étés ensoleillés, parfois ponctués d'orages violents. Les amplitudes thermiques entre été et hiver figurent ici parmi les plus élevées de France (18°C pour une moyenne nationale de 14°C). Le climat méditerranéen se faufile le long du couloir rhodanien pour baigner la Saône-et-Loire.

Histoire

La région épouse l'histoire nationale, domination romaine et invasions barbares, jusqu'à l'épisode singulier du puissant duché de Bourgogne (des XIVe et XVe s.). Cette chevaleresque épopée érige la Bourgogne en l'un des États les plus prospères de l'époque, qui léguera un patrimoine culturel et architectural toujours ancré dans les paysages et les mémoires.

Préhistoire

Les témoignages préhistoriques sont ici épars, dans l'espace et dans le temps, mais spectaculaires. Ils font revivre les chasseurs nomades de la grotte d'**Arcy-sur-Cure** (paléolithique ancien) et ceux de **Solutré** (paléolithique supérieur). Désormais, le solutréen désigne la période allant de 20 000 à 16 000 avant notre ère, apogée de la taille du silex. La Saône-et-Loire compte une vingtaine de sites mégalithiques, dressés par les agriculteurs du néolithique moyen. Il s'agit de menhirs gravés de cercles, de dessins serpentiformes, de crosses et d'idoles. Cet art mégalithique, qui possède de fortes affinités avec son cousin breton et ne cesse d'intriguer les spécialistes, n'a pas encore livré tous ses secrets.

Des Celtes aux Romains

CELTES ET GAULOIS À partir du VIIIe siècle av. J.-C., les Celtes se superposent aux populations locales. Ils développent la culture du fer et installent la région dans une vocation de terre d'échanges et de passage qui s'affirmera au long des siècles. Le cratère hellénistique appelé **vase de Vix** (musée de Châtillon-sur-Seine) est le témoin notoire de la richesse de ces contacts avec les sociétés méditerranéennes. Dans les siècles suivants, la région héberge une mosaïque de tribus autonomes : Sénons, Lingons, Mandubiens, Séquanes et Éduens, tout un peuple d'éleveurs et d'agriculteurs subordonnés à l'autorité des chefs druides. Ils s'établissent sur des oppida, collines fortifiées, à Bibracte (mont Beuvray) ou à Alésia, centres de commerce et d'artisanat (forges, poteries) protégés par des remparts. Leurs maisons de bois, hissées sur plusieurs étages, attestent une civilisation urbaine déjà bien structurée. Au Ier siècle av. J.-C., après quelques tentatives de collaboration avec l'envahisseur romain, cette société gauloise, active mais éclatée, se coalise sous le commandement de Vercingétorix. La résistance à l'envahisseur échouera avec le siège d'Alésia en 52. C'est le triomphe de César.

PAX ROMANA Après la défaite d'Alésia, les Romains s'installent et imposent sans heurts leurs traditions. Le nouveau pouvoir s'affiche à Autun (*Augustodunum*, créée de toutes pièces en 16 av. J.-C.). Par ses incomparables talents en matière d'urbanisme et sa magnificence, Rome séduit les populations locales, et les habitants de Bibracte rejoindront massivement l'époustouflante *Augustodunum*. Des villas, des thermes, des aqueducs, des temples, un vaste théâtre, de grandes rues tirées au cordeau : la ville en impose, placée de surcroît à la convergence des grandes routes, telles la via Agrippa reliant Lyon à Boulogne, via Chalon, Autun, Auxerre, et la voie transversale reliant Bourges à Besançon, via Beaune, Autun et Decize. Quelques aspects marquants de la Bourgogne contemporaine se dessinent alors, le commerce des vins italiens suscite l'implantation des premiers vignobles et la plupart des villes d'aujourd'hui revendiquent une naissance romaine, dont Dijon, alors baptisée *Divio*. Au début du IVe siècle, le sang des martyrs engendre les premières communautés chrétiennes : Symphorien à Autun, Andoche à Saulieu, Bénigne à Dijon. Saint Germain, ancien guerrier romain, deviendra le premier évêque d'Auxerre.

GEOPLUS

VERCINGÉTORIX

Les sept vies de Vercingétorix

Par **Serge Lewuillon**, université de Picardie Jules-Verne

Vercingétorix a-t-il existé autrement que dans les manuels scolaires ? À considérer les éléments de sa maigre biographie, il y a de quoi s'interroger. Mais après tout, bien sûr, qu'il a existé, puisque le voici en majesté, dominant le plateau d'Alésia du haut de ses treize bons mètres (socle compris).

L'homme de bronze Drapée dans son manteau de bronze vert, équipée d'une panoplie anachronique à faire frémir les archéologues, la vigie de l'Auxois contemple d'un air absent la morne plaine des Laumes. Vercingétorix ne serait-il donc qu'un bronze colossal plus ou moins réussi ? Détaillons ses traits : ne semblent-ils pas vaguement familiers ? Oui, sans doute, le souvenir de vieux livres d'histoire… Insistons encore : quel spectre s'est-il glissé sous ce visage creusé, cette chevelure hirsute, cette moustache généreuse ? Napoléon III, peut-être ? On l'a suggéré, mais est-ce si évident ?

L'homme de fer À tout le moins, Vercingétorix ne serait-il alors que cet obscur guerrier de l'âge du fer, ressuscité par un prince féru d'Antiquité ? Peut-être, quoique l'empereur-historien ne s'intéressât pas à l'origine aux Gaulois : son modèle politique était Jules César. Mais pouvait-il évoquer César sans traiter de la guerre des Gaules (58-52 av. J.-C.) ? Et comment retracer celle-ci sans conclure sur sa dernière bataille, le siège d'Alésia, où la Gaule connut sa défaite historique ? C'est ainsi que Napoléon III se vit contraint de retrouver les hauts lieux de la Gaule que César avait cités dans ses *Commentaires*. Et là, il eut une idée de génie – c'est le cas de le dire : il inventa, en quelque sorte, l'archéologie de terrain. À grand renfort de tranchées creusées autour des sites pressentis, ses militaires reconvertis en archéologues dégagèrent la trace des travaux du siège d'Alésia… De la même façon, on retrouva Gergovie, en Auvergne, d'où partit Vercingétorix ; par d'autres fouilles, on reconnut Bibracte, qui fut un temps sa capitale. Des tranchées d'Alésia, on exhuma, en même temps que des armes, des monnaies à l'effigie de Vercingétorix.

L'homme de marbre Prouvé par l'archéologie, Vercingétorix n'est-il plus que le vaincu d'Alésia ? Un peu plus que cela quand même. Au cours de la funeste année 52, on le vit agir partout, parfois avec un certain bonheur, dans un contexte compliqué : nombre de cités gauloises étaient acquises aux Romains, mais d'autres s'y refusaient. Les Gaulois s'étaient beaucoup déchirés pour faire triompher soit la tradition, soit l'ordre nouveau. Voulait-on des assemblées tumultueuses ou des institutions stables, des oppida ou des copies de Rome, des échanges clientélaires ou du commerce monétaire – bref, en rester au tonneau ou passer à l'amphore ? Dans sa propre cité des Arvernes (l'Auvergne), Vercingétorix avait repris cette lutte à son compte. Puis il avait fait fructifier ses premiers succès, ralliant un nombre croissant de partisans et les cités qui avaient fait le même choix politique. Pour d'aucuns, cette entreprise prenait l'allure d'un combat pour la liberté…

SUR LES TRACES DES GAULOIS
MuséoParc Alésia et site archéologique
Un audacieux centre d'interprétation et un parcours dans le champ de fouilles.
www.alesia.com
Musée de Bibracte
Sur les pentes du mont Beuvray, un site pour mieux comprendre la civilisation celtique.
www.bibracte.fr

L'homme de l'ombre Finalement, ne faut-il voir en Vercingétorix que l'ultime champion de l'indépendance ? Mais quelle indépendance ? À l'âge du fer, la Gaule n'était pas une entité politiquement définie ni installée dans des frontières reconnues. Cette mosaïque de tribus celtiques ne pouvait en aucun cas être comparée à un État moderne dont l'autonomie eût été soudain remise en cause. Alors, un résistant, plutôt ? Voilà qui serait pire encore, car, des conséquences de cet épisode final de la guerre des Gaules, c'est la défaite elle-même qui fut la plus sollicitée par les politiques. Ainsi, d'après un ministre de Vichy, la Gaule "accepta sa défaite : Jules César apporta la paix romaine ; vainqueurs et vaincus s'entendirent et de ce grand choc naquit la civilisation gallo-romaine qui nous a fait ce que nous sommes". En 1940, cette allusion à la "défaite bénéfique" était transparente et, dans cette perspective idéologique, Vercingétorix apparaissait comme le héros qui avait su faire "don de sa personne" à la Gaule. Cela ne vous rappelle rien ?

L'homme de paille Et puis, que reste-t-il à Vercingétorix, hormis ces rôles à contre-emploi ? D'avoir été, comme Gaulois, un grand ancêtre, peut-être ? L'idée que les Français fussent issus d'une "race primitive" est un mythe des origines qui eut son heure de gloire sous la troisième République. Mais aujourd'hui, un tel ancêtre, préférant sa famille à ses voisins, ne montre-t-il pas la figure de l'exclusion plutôt que celle de la fraternité dans un monde ouvert ? À cet ancêtre dont on ne veut plus, il revient au bout du compte – ce n'est pas rien – de s'afficher comme le symbole d'une société ancienne dépouillée de ses fantasmes et promise à la recherche opiniâtre des archéologues et des historiens. Tout un programme…

LA BURGONDIE Dès le IIIe siècle, sur une société romaine en décadence, se profile le péril barbare. Derrière les Suèves et les Vandales s'élancent les Burgondes, originaires de Scandinavie. À partir de 470, ils gagnent la vallée de la Saône, prennent Dijon en 497, et se sédentarisent dans cette région qu'ils baptisent *Burgondia*, la future Bourgogne. Un vaste royaume se forme, mené par le roi Gondebaud, qui tente de pactiser avec celui de ses voisins les rois Francs. Le mariage de Clovis avec une nièce de Gondebaud, Clotilde, marquera un tournant. Cette alliance inaugure la disparition de la Burgondie, vite assimilée aux possessions franques des rois mérovingiens.

Le duché de Bourgogne

Pendant l'ère carolingienne, les premières luttes de pouvoir apparaissent, partageant la Burgondie en 843 entre les fils de Louis le Débonnaire. Le nord-ouest revient à Charles le Chauve et le reste, sur la rive gauche de la Saône (la future Franche-Comté), à Lothaire. Les comtes s'emparent du pouvoir et celui d'Autun, Richard le Justicier, fédère sous son autorité nombre de comtés voisins en un grand duché. Autun en sera le centre de gravité, lequel se déplacera vers Beaune, où les ducs installent leurs logis et parlement. Aux XIe et XIIe siècles, sous la gouvernance des ducs, ce sont les abbayes qui mobiliseront tous les regards : fondation de Cluny en 910, puis de Cîteaux en 1098, où naît l'ordre cistercien sous la houlette de Robert de Molesmes.

LES GRANDS-DUCS DE BOURGOGNE En 1361, le jeune duc Philippe de Rouvres succombe à la peste sans descendance. La lignée des ducs capétiens s'éteint. Le duché de Bourgogne revient au roi de France Jean II le Bon, de la dynastie des Valois, qui l'offre à son fils Philippe le Hardi. L'apanage inaugure une forme de décentralisation qui consiste à confier la gestion des provinces

L'art raffiné des ducs de Bourgogne

À la fin du Moyen Âge, du XIe au XVe siècle, les liens privilégiés que la cour des grands-ducs de Bourgogne noue avec ses possessions flamandes draine vers elle les talents. La région est alors le foyer des arts où convergent des artistes accourus de toute l'Europe et où s'illustrent imagiers, sculpteurs et peintres. Le plus fameux, **Claus Sluter** (v. 1360-1406), sculpteur hollandais, laissera d'incomparables témoignages de sa virtuosité à la chartreuse de Champmol, entre autres. Il impose un style en rupture avec les académismes, plus vivant, exalté par la polychromie, la feuille d'or. Son neveu, **Claus de Werve**, continuera l'œuvre sculptée de son aîné en sortant les statues de la gangue des architectures et en traitant ses sujets avec un réalisme jusqu'alors inédit. Il faut citer encore, parmi les sculpteurs, **Jean de la Huerta**, aragonais, qui sculpta le tombeau de Jean sans Peur, et **Antoine le Moiturier**, avignonnais. Parmi les peintres, on retiendra le nom du Flamand **Roger Van der Weyden** à qui l'on doit le superbe polyptyque (début des années 1450) de l'hôtel-Dieu de Beaune.

éloignées aux fils cadets du roi, lequel conserve ainsi le contrôle sur un territoire qui ne quitte pas la Couronne. Quatre grands-ducs se succéderont, qui, de Philippe le Hardi en 1363 jusqu'à la mort de Charles le Téméraire en 1477, dessineront les frontières d'une Bourgogne hégémonique.

Philippe le Hardi (au pouvoir de 1363 à 1404) Hardi, le bien nommé, ne fléchira pas devant l'ennemi anglais malgré son jeune âge (15 ans) lors de la bataille de Poitiers, en 1356. En hommage à cet acte de bravoure, il reçoit des mains de son père, Jean le Bon, le duché de Bourgogne en 1363. En premier lieu, il combat avec succès les compagnies de pilleurs qui détiennent Autun et La Charité-sur-Loire. Vingt ans après son accession au pouvoir, il recueillera l'immense héritage de son épouse Marguerite de Flandre, veuve de Philippe de Rouvres, fille et héritière du puissant comte de Flandre. Les possessions bourguignonnes s'enrichissent alors de la Flandre, de l'Artois, de Nevers, de Rethel et des seigneuries de Salins, de Maline et d'Anvers. De son palais de Dijon, Philippe le Hardi pilote l'un des plus puissants ensembles territoriaux du siècle. Peu soucieux d'économie, goûtant le faste et les plaisirs, il dilapidera sa fortune en entretenant une cour animée par une élite intellectuelle venue de Flandre, où l'on croise artistes et architectes. Quand il est assuré, avec la naissance de son fils Jean, de fonder une dynastie, il érige la fameuse chartreuse de Champmol (entre 1375 et 1410). Véritable reliquaire d'art où s'emploient les meilleurs artistes de l'époque, le site sera aux ducs de Bourgogne ce que Saint-Denis est aux rois de France, une brillante nécropole. Philippe le Hardi s'éteint en 1404, au château de Hal, près de Bruxelles.

Jean sans Peur (au pouvoir de 1404 à 1419) Fils aîné de Philippe le Hardi, Jean sans Peur, né à Dijon en 1371, est élevé en Flandre. Son premier exploit, à l'âge de 25 ans, consiste en une croisade contre les Turcs qui menacent son allié le roi de Hongrie. Il perd la bataille mais y gagne son surnom. Œuvrant efficacement à la consolidation de l'État bourguignon, il en rationalise l'administration et l'enrichit de nouveaux territoires : Tonnerre, Boulogne, la Picardie et Besançon, ville étape entre la Bourgogne et les Pays-Bas bourguignons. Fort de cette assise, il lorgne vers le trône de France, qu'il espère ravir à Charles VI, le "roi fou", et au dauphin, le futur Charles VII. Son cousin Louis d'Orléans, prince d'Armagnac, qui siège au conseil royal, s'opposera à ses ambitions,

La Toison d'or

À l'occasion de ses noces avec Isabelle de Portugal (1430), Philippe le Bon crée l'ordre prestigieux de la Toison d'or, inspiré de la mythologie grecque qui le fascinait. Officiellement, il s'agit de soutenir la chrétienté en fomentant de nouvelles croisades, ambition qui en masque une autre, plus obscure. En fin stratège, le duc désire fédérer ainsi, pour mieux les contrôler, les chevaleries dispersées dans son vaste territoire. Chacun des membres arbore un lourd collier au bout duquel pend la toison d'un bélier sculpté dans l'or, évocation de celle de Jason, chez les Grecs, ou de celle de Gédéon, dans l'Ancien Testament. Sur chacun des portraits qui ont popularisé son image, le Bon arbore ce bijou.

commençant par réduire de moitié les sommes allouées au duché de Bourgogne. Jean sans Peur le fera tuer en 1407, précipitant la France dans une guerre civile entre Bourguignons et Armagnacs. Ces derniers ruminent leur vengeance, qu'ils tiendront en 1419 en organisant l'assassinat du duc félon, de surcroît allié aux Anglais. Ainsi s'achève la vie de Jean sans Peur, dont la politique ensanglanta Paris et une bonne partie de la France mais consolida une Bourgogne aux frontières encore élargies.

Philippe le Bon (au pouvoir de 1419 à 1467) Né en 1396, fils de Jean sans Peur, Philippe le Bon portera toute sa vie le deuil de son père, se vêtant de noir. Lui aussi combattra aux côtés des Anglais, signant le traité de Troyes (1420) qui déchoit le dauphin de ses droits et participant à la capture de Jeanne d'Arc (1430). Le traité d'Arras (1435) réconciliera les parties ennemies, et, acte symbolique à l'initiative de Charles VII, une messe de requiem sera célébrée, chaque année, à la chartreuse de Champmol en l'honneur de Jean sans Peur. À l'instar de tous les ducs de Bourgogne, Philippe le Bon contractera un fructueux mariage (avec Isabelle de Portugal) ; lui aussi agrandira son État (comtés d'Auxerre et de Mâcon, comtés de Hollande, de Namur, de Frise et de Zélande). Lui aussi sera un mécène éclairé qui, après avoir achevé le palais ducal de Dijon, installera finalement sa cour à Bruxelles, laquelle figure alors parmi les plus opulentes d'Europe, accueillant des artistes de renom, dont Van Eyck. Il s'éteint à Bruges en 1467.

Charles le Téméraire (au pouvoir de 1467 à 1477) Prince lettré, maniant les langues flamande, anglaise et latine, il est aussi un guerrier valeureux. Plus ambitieux qu'aucun de ses prédécesseurs, il a pour obsession d'annexer la Lorraine. Ce comté viendrait idéalement faire la jonction entre la Flandre, aux villes drapières et ports dynamiques, et le duché du sud établi autour de Dijon. Le Téméraire y parvient en 1475 – une victoire éphémère, car deux ans plus tard Louis XI, rival implacable, envahit la Bourgogne, dont les troupes affaiblies capitulent. La tentative du Téméraire de reprendre Nancy est non seulement vaine, mais aussi tragique. Le 5 janvier 1477, un corps gisant dans les vases d'un étang, le visage dévoré par les loups, est reconnu comme celui de Charles le Téméraire. Il meurt sans descendance mâle : sa fille, Marie de Bourgogne épousera Maximilien de Habsbourg, lui offrant en dot la Franche-Comté, la Flandre et les Pays-Bas.

Retour à la Couronne

La mort de Charles le Téméraire est une aubaine pour Louis XI. Arguant du fait que Marie de Bourgogne ne peut succéder à son père, le roi confie la gestion à un gouverneur, La Trémoille ; lequel résistera en 1513 aux assauts des Suisses et des Allemands qui convoitent cette zone frontalière. Les gouverneurs se succèdent : l'amiral Chabot, puis les Guise, sous François Ier, et les Condé, princes de sang, sous Henri IV. La population se concentre dans les villes, où les charges se multiplient, contribuant à la formation d'une riche bourgeoisie urbaine. Avec Louis XIII, les pouvoirs locaux faiblissent sans pour autant disparaître : la Bourgogne conserve son parlement et ses institutions locales. Les intendants se substituent aux gouverneurs, interprètes zélés de la volonté du roi. Aux troubles de la Ligue succèdent les malheurs de la guerre de Trente Ans, relayés par des famines. Mais Dijon reste un foyer commerçant et culturel, accueillant une élite sociale dont la richesse s'incarne dans la pierre. La Bourgogne a renoué avec l'aisance quand surgit la Révolution, considérée, ici, dans un premier temps, comme une simple "poussée de fièvre".

La Révolution

Pourtant, les révolutionnaires bourguignons n'ont rien à envier aux Parisiens quant à leur élan destructeur : églises paroissiales et couvents urbains sont mis à sac, Cluny devient une carrière de pierres pour le bénéfice des populations. Cîteaux, la chartreuse de Champmol, Notre-Dame de Dijon ainsi que de nombreux châteaux connaissent d'irréparables dommages. Les autorités freinent l'extension des couvents et des monastères, stoppent l'implantation de nouveaux ordres monastiques au prétexte qu'ils seraient déjà pléthoriques et occupent, en ville, un espace qui pourrait être dévolu au commerce, à l'armée ou à l'administration. Les villes s'emparent des biens ecclésiastiques pour les transformer en casernes, entrepôts ou marchés au blé, ou y installent les administrations communales. Mais la Bourgogne, terre de modération, évita les excès de violence. On y comptera peu d'exécutions. En 1790, la région est découpée en quatre départements : l'Yonne, la Nièvre, la Côte-d'Or et la Saône-et-Loire. Désormais, le sort de la Bourgogne ne se distinguera plus de celui du reste de la France.

De l'Empire à la guerre de 1870

Le coup d'État de Napoléon Bonaparte (1799) et l'Empire, rempart contre le retour des privilèges, sont bien accueillis en Bourgogne, d'autant que Bonaparte et son frère ont fait leurs études au collège d'Autun, y laissant le souvenir d'élèves brillants. Si l'on excepte la disette de 1811, une relative prospérité s'installe autour du commerce du vin et de la modernisation de l'agriculture, notamment de l'élevage, qui profite de l'amélioration des races par la sélection. La première Restauration (à partir de 1814) voit le retour des émigrés et la Bourgogne se réinstalle dans ses structures traditionnelles. Vie paisible autour du canal de Bourgogne, inauguré officiellement en 1832, cependant que les premières industries s'implantent sous l'impulsion de Schneider et que les mines de charbon sédentarisent les populations. Lamartine, député de Mâcon, qui soutient activement des thèses de gauche, proclame la IIe République en 1848. Le second Empire suivra, sans incidence majeure. En 1859, l'événement solennel de la première vente aux enchères des vins de Beaune précède de vingt ans le drame que fut la destruction du vignoble par le phylloxéra. La région vivra sans tragédies la guerre de 1870 et l'occupation consécutive de 1871.

Le XXe siècle

LES GUERRES MONDIALES En 1914, le maréchal Joffre fait le déplacement à Dijon, déclarant qu'"au moment où s'engage la bataille, le moment n'est plus de regarder en arrière". Les combats sont lancés et la Première Guerre mondiale causera ici de graves dommages humains. Pendant la Seconde Guerre mondiale, l'Yonne et le Châtillonnais subiront de lourds bombardements tandis que le reste de la région sera relativement épargné. En juin

JUSTES ET MAQUIS Si la Bourgogne, dans un premier temps, se rallie aux thèses de Pétain, la Résistance s'y organise de manière exemplaire à partir de 1942. Exécutions d'otages à Dijon, villages martyrs en Morvan : dans ce contexte dramatique, la communauté œcuménique de Taizé, créée en 1940, s'honore en cachant des Juifs réfugiés.

1940, le président du Conseil Paul Reynaud et Churchill se réunissent à Briare au moment où le général de Gaulle s'envole pour Londres. La ligne de démarcation traversera la Bourgogne, suivant le Doubs, la Saône et le canal du Centre. La Bourgogne est libérée en septembre 1944 par les troupes du maréchal de Tassigny et de la division Leclerc, avec l'appui du chanoine Kir, futur maire de Dijon.

L'APRÈS-GUERRE La Bourgogne change profondément : l'exode rural saigne les zones où l'agriculture peine à opérer sa mutation, suscitant d'irréparables contrastes entre territoires déclinants (Val de Loire, Morvan) et microrégions dynamisées par l'industrie (région de Sens et vallée de la Saône). Les TGV tenteront d'aplanir ces disparités : le TGV Yonne-Méditerrannée en 2001, vingt ans après le TGV Sud-Est, inauguré en 1981. La même année, le maire de Château-Chinon, François Mitterrand, est élu à la présidence de la République. En 1982, la Région Bourgogne est créée. Autour d'une capitale vivante, Dijon, elle s'appuie sur un riche patrimoine historique et s'ancre dans le présent (parc technologique, universités, centre d'affaires, etc.). Par ailleurs, la Bourgogne continue sans faiblir sa longue histoire viticole : création de la centième AOC, le saint-bris, en 2002, et vente depuis 2005 des vins de Beaune par la prestigieuse institution Christie's.

Économie

UNE INDUSTRIE BIEN IMPLANTÉE L'industrie, générant près de 25% des emplois, profite toujours de la situation de carrefour de la Bourgogne et de son solide maillage de voies de communication. La métallurgie alimente encore la majorité des emplois, talonnée par la construction mécanique, l'électronique, la plasturgie ou encore la pharmacie et la cosmétique avec Urgo, à Dijon, ou les laboratoires Vendôme. Les entreprises phares de l'industrie française y sont

Grands crus et production soutenue

La vigne couvre moins de 2% des surfaces cultivées (29 500ha), mais ses revenus sont inversement proportionnels à sa taille, fournissant le tiers de la valeur de la production agricole et brassant 1,2 milliard d'euros de chiffre d'affaires pour une production annuelle de 1,5 million d'hectolitres (env. 200 millions de bouteilles), dont une moitié part à l'exportation. Soutenue par cinq terroirs ayant fait le pari de la qualité (cf. GEOVin), cette manne économique génère 20 000 emplois directs et 100 000 emplois indirects (verrerie, tonnellerie, etc.).

représentées, lesquelles se sont pour la plupart internationalisées : Michelin, Thomson, Seb, Peugeot, Saint-Gobain ou encore Schneider, autant de noms tentés par les délocalisations hors de France.

LA FILIÈRE BOIS, TOUJOURS SOLIDE ET INNOVANTE L'amour du bois : ici chacun possède, à sa mesure, quelques futaies ou d'immenses parcelles de forêts. Le bois a toujours joué un rôle primordial dans la vie économique et sociale, et cette fonction n'a jamais fléchi. La dynamique filière bois (sylviculture, transformation) participe au maintien de l'habitat rural. Première région française en production de plans forestiers, elle fournit entre autres à l'Hexagone le quart de ses besoins en sapins de Noël. Côté transformation, la Bourgogne se distingue par la quantité de bois traité, la qualité et l'innovation. Outre les meubles, les emballages, les parquets, on fabrique ici des produits de pointe, tels les charpentes lamellées ou le bois massif reconstitué.

UNE AGRICULTURE ENCORE FLORISSANTE La tradition agricole se maintient ici mieux qu'ailleurs, occupant 6% des actifs quand la moyenne nationale, en perpétuelle régression, plafonne à 4%. La production est axée sur les céréales, les oléagineux et sur le vin. L'élevage bovin a survécu au dictat européen des quotas laitiers et à la crise de la vache folle. Aujourd'hui, le marché du bœuf charolais s'oriente vers le broutard de 18 mois, vendu pour sa viande à l'exportation vers les marchés italien, belge et espagnol. Les vaches montbéliardes, à robe roux et blanc, ayant pour berceau le Châtillonnais, et les holstein, noir et blanc, partout représentées, approvisionnent en lait les entreprises agroalimentaires. L'élevage s'illustre aussi avec les volailles de Bresse, classées "reines des volailles et volailles des Rois" par Brillat-Savarin en 1825, et qui ont obtenu le statut d'AOC dès 1957.

Architecture

Architecture religieuse

La Bourgogne a exprimé un talent particulier pour établir, pierre sur pierre, voûtes magiques, chapiteaux magistralement sculptés, tympans troublants de virtuosité. L'essor du christianisme a trouvé là un terrain de choix, très tôt, avec des villes prospères et de grandes abbayes, telle Cluny. Sur la plupart des anciens sanctuaires païens romains ont pris place des basiliques préromanes, érigées autour des sépultures des saints. Puis ce fut la formidable éclosion romane des XIe et XIIe siècles, marquée par la construction d'une multitude de sanctuaires où furent inventées de nouvelles formes architecturales. Dans la foulée de cet élan roman, et souvent imbriqué avec lui, l'art gothique a donné ici de précoces chefs-d'œuvre, comme Saint-Étienne à Sens, première cathédrale gothique de France. Le gothique sera un art d'ingénieurs, quand le roman fut un art de maçons.

LE PRÉROMAN À l'époque carolingienne (VIIIe-IXe s.), la Bourgogne se couvre de sanctuaires aux plans sommaires et aux appareillages modestes. Seule fantaisie de ces architectures frustes : la sculpture, qui commence à s'inviter sur les chapiteaux, déjà parfois historiés de scènes rudimentaires mais plus

GEOPLUS

ARCHITECTURE ET ART RELIGIEUX

Bourgogne, terre des moines, terre des arts

Par **Daniel Russo**, professeur à l'université de Bourgogne

Dès l'époque carolingienne, la Bourgogne affiche une forte personnalité artistique et monumentale. Bien distincts des modèles basilicaux ou autres volumes compartimentés, des édifices ouverts à l'accueil comme à la célébration liturgique, et aux proportions humaines, sont alors construits.

L'élan monastique C'est à propos de l'espace bourguignon aux XIe et XIIe siècles qu'Émile Mâle employa l'expression de "terre des moines" pour qualifier la floraison, alors sans précédent, de l'architecture et de l'art religieux en Bourgogne en relation avec les grandes abbayes de la région : Cluny puis Cîteaux, la première fondée le 11 septembre 910 par le duc Guillaume d'Aquitaine, comte d'Auvergne, de Velay et de Mâcon, la seconde bâtie par une communauté de religieux sous la conduite de l'abbé Robert de Molesmes, en 1098. Dans sa grande synthèse, toujours actuelle en ses grandes lignes, *L'Art religieux du XIIe siècle en France. Étude sur les origines de l'iconographie du Moyen Âge*, publiée en 1922, l'historien d'art soulignait aussi que l'art "chrétien" n'était pas né à Rome, mais devait presque tout aux "moines de Cluny", qui "se décidèrent à décorer les façades de leurs églises et à enjoliver les chapiteaux ou pilastres" et qui "trouvèrent dans les manuscrits enluminés les scènes de l'Ancien et du Nouveau Testament dont ils avaient besoin" en renouant avec la tradition des manuscrits syriens et en comblant le vide que le temps avait imposé aux maçons travaillant la pierre.

> *"Les constructions s'élevaient, et avec toujours plus d'originalité, sans qu'on puisse vraiment identifier une école ou une autre, sauf celle du talent instinctif versé dans l'art de bâtir."*

"Un blanc manteau d'églises" Sans plus trop accentuer le rôle des moines, qu'ils fussent clunisiens ou cisterciens, dans le processus ainsi engagé, et tout en reconnaissant l'internationalisation des voies artistiques largement ouvertes vers l'Orient, force est de constater que l'"art nouveau", cet art des moines en Bourgogne, s'est très vite développé dans un espace bien défini. En véritable position de carrefour, la Bourgogne se situe entre les territoires du Nord et ceux du Sud – “à travers toutes les nuances de paysage, de peuplement et d’habitat, de tempérament et de parler”, ainsi que l’observait encore l’historien Raymond Oursel dans son ouvrage *Bourgogne romane*, qui se succèdent, de la Puisaye jusqu’au plateau de Langres, du Sénonais à la Bresse et au Mâconnais. Un ensemble de terres tout entières recouvertes du “blanc manteau d’églises” que releva, ébloui, dans ses *Histoires*, le moine Raoul Glaber (985-vers 1047).

Des prodiges des bâtisseurs romans… Partout une pierre généreuse, se prêtant au travail de l’homme, facilitait les expériences de constructions de plus en plus larges, offrant de nouveaux volumes à l’accueil et à la circulation des chrétiens, rendus toujours plus inquiets de l’imminence du salut. Ce fut bien en ces sites de réforme monastique que jaillirent, à partir de multiples chantiers sans cesse continués, l’arc brisé, puis la travée compartimentant, chacun davantage, l’ancien plan basilical pour mieux donner à voir le Dieu vivant, en des chœurs rénovés et lumineux, en des cryptes aménagées pour les regards des pèlerins, en des nefs rythmées par l’ombre et la lumière. À Saint-Bénigne de Dijon (Guillaume de Volpiano, 962-1031), à Saint-Vorles (Châtillon-sur-Seine) en Côte-d’Or, à Cluny, mais aussi à Chapaize, à Saint-Vincent de Mâcon, à Saint-Philibert de Tournus, entre Saône et Loire, dans le Brionnais enfin, à Anzy-le-Duc par exemple, les constructions s’élevaient, et avec toujours plus d’originalité, sans qu’on puisse vraiment identifier une école ou une autre, sauf celle du talent instinctif versé dans l’art de bâtir.

… à l’humanisme gothique En même temps, l’image de pierre sculptée s’imposait en façade, souvent surlignée d’une courbe harmonieuse qui forme le tympan, à l’occident de l’église, tandis que les statues adossées aux murs d’abord, émancipées ensuite, accompagnaient les visiteurs à l’intérieur et se rappelaient à la vue sur des chapiteaux aux corbeilles de plus en plus figurées. Les solutions étaient désormais toutes trouvées pour laisser place, autour des années 1230, aux formules soignées d’un gothique pittoresque. L’émergence de ce style doit beaucoup aux faveurs seigneuriales et ducales qui se conjuguaient alors à celles des réseaux monastiques : à l’église paroissiale Notre-Dame de Dijon, à la collégiale Notre-Dame de Semur-en-Auxois, au nord de la Bourgogne ; à Brancion aussi, dans l’église paroissiale Saint-Pierre, ou dans la priorale de Saint-Marcel-lès-Chalon, au sud ; partout, de pair avec le double élan d’une sculpture rajeunie et de la pierre peinte. Un nouveau style revigorait l’art des XIe et XIIe siècles, et en renouvelait complètement les structures à Sens, à Vézelay, à Pontigny, à Auxerre et à Nevers. Au fil de l’histoire, une forte leçon se dégageait, moins celle d’un art de l’Église entendue comme un tout organique qu’un art de l’homme, bâtisseur bien ancré dans le cours de son temps : un humanisme

NAISSANCE DE LA VOÛTE
Toute l'histoire de l'architecture romane est celle d'une évolution technique destinée à résoudre le problème des poussées exercées par les voûtes sur les murs. En Bourgogne, on passera du berceau longitudinal (Cluny et les églises clunisiennes) à la voûte d'arête (Anzy-le-Duc, Vézelay). Autre tentative habile, mais sans lendemain, les berceaux transversaux de Tournus.

généralement ornés de motifs géométriques (Saint-Bénigne de Dijon). Les architectes inventent la crypte annulaire, creusée sous le chevet (Saint-Germain d'Auxerre, Saint-Bénigne à Dijon, Flavigny), qui abrite reliques et tombeaux devant lesquels les croyants défilent, avant de se recueillir dans l'une des chapelles rayonnantes qui jalonnent le parcours du déambulatoire.

LE ROMAN Dès la fin du Xᵉ siècle, la Bourgogne assumera l'art roman avec personnalité, lui donnant des caractères qui autorisent à parler d'"école bourguignonne", tour à tour clunisienne et cistercienne. Les usages des maçons lombards et le geste sûr des sculpteurs du Midi – ceux qui ont redécouvert la sculpture à Arles et Toulouse – se rencontrent ici pour s'y épanouir. La Bourgogne est le pays de la pierre, un calcaire aux teintes subtiles, dont la palette court du blond lumineux au gris léger. Ce calcaire est à l'origine de volumes équilibrés sur lesquels le décor prend rarement le pas. Pour éviter les incendies qui ravagèrent les charpentes de bois des églises carolingiennes, on lancera hardiment des voûtes de pierre pour prolonger les nefs. Au début du Xᵉ siècle, le Milanais Guillaume de Volpiano vient restaurer, moralement comme physiquement, l'abbaye Saint-Bénigne de Dijon. Il importe des techniques inconnues, dont l'arcature lombarde qui couronna les murs du premier art roman. Mais si ces innovations viennent d'Italie, elles sont adaptées, digérées dans l'élan bâtisseur bourguignon.

L'ART CLUNISIEN Cluny (XIᵉ-XIIᵉ s.) inaugure un art dit "clunisien". Commencée en 1088, Cluny III, aux dimensions spectaculaires, sera, jusqu'à l'érection de Saint-Pierre de Rome au XVIᵉ siècle, la plus grande église de la chrétienté. Mise à sac à la Révolution, elle n'est plus qu'une épave, tragique mais éloquente. Une innovation décisive, que les vestiges montrent encore, la distinguera : la **voûte en berceau brisé**, plus efficace que la voûte en plein cintre qui la précédait, et qui permettait d'élever les murs à une grande

Écoles clunisienne et cistercienne

D'un côté Cluny, le faste, la richesse et la pompe, de l'autre Cîteaux, l'humilité et la beauté sévère. Deux spiritualités s'affrontent ici, l'une incarnée par saint Hugues ou Pierre le Vénérable (Cluny), pour qui rien n'est trop beau pour chanter la gloire de Dieu, l'autre portée par saint Bernard, apôtre de l'austérité pour qui les ornements, captant le regard, distraient le fidèle des exigences de la prière. Ces deux conceptions, sans doute plus complémentaires qu'opposées, se traduiront par des architectures différentes.

hauteur – ici sur trois niveaux – et d'y loger des fenêtres plus généreuses en lumière. Ce progrès architectural allait essaimer dans de nombreuses églises, comme à Paray-le-Monial, à La Charité-sur-Loire ou encore à Autun (Saint-Lazare) et Saulieu (Saint-Andoche). Mais c'est sans doute dans l'**art de la sculpture** que l'école clunisienne se surpasse. Les artistes et maîtres imagiers regroupés ici entre 1095 et 1115 y portèrent la statuaire à son apogée : expressivité des visages, fluidité du mouvement, élégance des formes. Une originalité, une fantaisie qui se manifeste aussi dans la disproportion des personnages étirés vers le haut, comme happés vers les cieux. Cet art roman ne s'occupe pas des vraisemblances anatomiques, des apparences sensibles : il ne parle pas de l'humain, il traduit l'"invisible". C'est un art de la stylisation. Un sculpteur se distingue, l'un des rares dont la postérité ait conservé le nom : **Gislebertus**, qui officia au XIIe siècle. La souplesse de ses drapés étonne, mais aussi la précision des regards aux expressions dramatiques. Il signe, entre autres, le tympan de la cathédrale Saint-Lazare d'Autun, où un Christ hiératique préside au Jugement dernier. Il faut citer encore, comme témoins de la verve bourguignonne, les tympans et chapiteaux sculptés du Brionnais (Montceaux-l'Étoile, Anzy-le-Duc).

L'ART CISTERCIEN Apparu dans la seconde moitié du XIIe siècle, l'art cistercien (de Cîteaux) se veut humble. En réaction à l'école clunisienne, la règle cistercienne de saint Bernard prêche le dépouillement. Aucune ostentation : façade sobre, sans portail ni surcharge, pas de clocher, une nef aveugle, seul le chœur est éclairé. Le chœur rectangulaire, dit à **chevet plat**, est une autre singularité cistercienne. Pas de chapiteaux historiés, pas de vitraux ni de peintures murales : on touche à l'épure la plus radicale, mais cette sévère harmonie suscite des émotions profondes. L'**abbaye de Fontenay** (1118) en est un noble exemple, où l'économie de moyens mène à l'essentiel, où l'espace se dessine en d'harmonieux volumes, où la lumière, avare, se propulse en rayons bien ciblés dans une pénombre recueillie. Tout est ordonné à la prière. Cette abbaye succède à la fondation de **Cîteaux** (1098) et de ses quatre filles : La Ferté (1113), Pontigny (1114), Clairvaux et de Morimond (1115), une colonie qui essaimera généreusement. On comptera 740 sanctuaires cisterciens au temps de Saint-Louis, de l'Irlande au Danube, des pays scandinaves à la Syrie.

LE GOTHIQUE En 1130, l'archevêque de Sens commande une nouvelle cathédrale, dédiée à Saint-Étienne. Aux confins de la Bourgogne, Sens appartient alors au royaume de France et en est la capitale religieuse – en 1234 y seront célébrées les noces de Saint Louis et de Marguerite de Provence. Antérieure à Notre-Dame de Paris et à toutes ses illustres consœurs (Chartes, Beauvais, Laon, Soissons...), la cathédrale de Sens innove. Le plan est basilical, faisant l'impasse sur le transept (ajouté au XVIe s.). Avec la technique nouvelle de la **croisée d'ogives**, les murs s'affranchissent de leur fonction de soutien et s'envolent, toujours plus haut – le credo gothique – ; s'ouvrant à la lumière grâce à des rosaces et à des baies en arc brisé qui reçoivent le vitrail. Lumineux compléments à la statuaire, les **vitraux** diffusent désormais le message théologique, alors que les chapiteaux historiés disparaissent. Dans la nef, un **triforium** court au-dessus des grandes arcades, parfois surmonté d'une galerie de circulation. Ce plan présidera également à la construction de la cathédrale

Notre-Dame de Dijon, dont les travaux démarrent en 1230. La basilique de Vézelay se voûte d'ogives, elle aussi, en 1135, peu après Sens, et accueille quelques décennies plus tard une autre invention du gothique : l'**arc-boutant**, qui se substitue élégamment, à l'extérieur, aux massifs contreforts romans. Le gothique bourguignon, en tout point conforme au gothique hexagonal, a pourtant une distinction : la **corniche ornementale** qui se déploie, en saillie et à l'horizontale, sur la nef et se prolonge dans le chœur et le clocher. Le gothique flamboyant, qui déjà pointe ses exubérantes dentelles de pierre, s'illustrera peu en Bourgogne, sinon à Clamecy, sur la façade de la collégiale Saint-Martin.

Architecture civile

LES CHÂTEAUX BOURGUIGNONS Face au pouvoir spirituel, solidement ancré dans la région, le **château médiéval** affirme le pouvoir seigneurial. Ce sont de sobres forteresses, bien installées dans leur fonction défensive : Brancion, Châteauneuf-en-Auxois, Couches (tous trois du XIIe s.), Berzé-le-Châtel (commencé au XIIe s.), en sont de superbes exemples. Dès qu'ils eurent perdu leur vocation guerrière, ces fortins ont subi maints remaniements destinés à les rendre plus bourgeoisement habitables, comme à Germolles, en côte chalonnaise, mais ils gardent toujours des lignes et des éléments d'architecture (pont-levis, donjons, mâchicoulis, etc.) qui trahissent leur origine. À la **Renaissance**, la Bourgogne, toujours florissante, se laisse bercer par les raffinements venus d'Italie. La noblesse éclairée s'offre alors des châteaux dans le goût de l'époque : symétrie, harmonie, élégance inspirées de l'Antiquité grecque. Il en va ainsi des châteaux d'Ancy-le-Franc (XVIe s.), construit par un architecte bolonais, de Tanlay ou de Sully, qui sont de superbes petits palais voués au plaisir de la villégiature, développant des grâces jusqu'alors inconnues : de grandes fenêtres laissant entrer la clarté, ouvrant sur des perspectives soignées, des médaillons ornementaux, ou encore de somptueux décors peints. L'ère **classique**, influencée par le château de Versailles, a fait des émules en Bourgogne. Les Huxelles, aristocrates anciennement liés à la cour d'Henri IV, construisent, à proximité de Cluny, Cormatin (XVIIe s.), dont les boiseries peintes sont époustouflantes. Autres bijoux classiques : les châteaux de Pierre-de-Bresse (XVIIe s.), de Rully et de Digoine, tous les deux du XVIIIe siècle. Citons également les châteaux de Bazoches (XIIe-XVIIe s.), de Bourbilly (XIVe s.) et de Saint-Point qu'hante le souvenir de Vauban, de Madame de Sévigné et de Lamartine.

L'AVENTURE GUÉDELON
Dans l'Yonne, en Puisaye, on visite le chantier de Guédelon, un château fort construit de toutes pièces au cœur de la forêt de Treigny. Un pari audacieux qui permet d'expérimenter les procédés mis en œuvre au Moyen Âge, sous le contrôle d'un comité scientifique qui valide, année après année, l'avancée des travaux. Commencé en 1997, le château devrait être achevé à l'horizon 2020.

JARDINS ET PARCS Qui dit château dit parc ou jardin, indispensable complément au désir d'habiter "poétiquement" le monde. Les jardins n'ont pas attendu les écrivains pour se faire admirer, telle Collette qui vivait un "sentimental bonheur" dans le jardin de son enfance à Saint-Sauveur-en-Puisaye. Dès l'époque médiévale, au XIVe siècle, Philippe le Hardi, en son château de Germolles, cultivait des roseraies et l'actuel square des Ducs, à Dijon, est le vestige du jardin ornemental que son épouse Marguerite de Flandre fit dessiner pour le palais ducal. Plus empreints de symbolisme mystique, les jardins des cloîtres hébergeaient aussi des plantes médicinales, les simples. On verra de fidèles reconstitutions de ces jardins dont le charme jaillit d'un strict ordonnancement dans l'ancien hôtel-Dieu de Tournus ainsi qu'à l'herbularium de Saint-Brisson. La **Renaissance** crée le jardin dit "à la française", aux lignes amples et tirées au cordeau ponctuées de fontaines, de plans d'eau et de statues. Les parcs des châteaux de Bussy-Rabutin, de Tanlay, d'Ancy-le-Franc, de Drée, entre autres, en fournissent de beaux exemples, le plus souvent reconstitués avec minutie selon des plans d'époque. Apparu à la fin du XVIIIe siècle, le parc dit "à l'anglaise" s'invite à Châtillon-en-Bazois (Nièvre), aux châteaux de Rully et de Sully en Saône-et-Loire, ou encore dans celui de Bourbilly (Côte-d'Or), où vécut Mme de Sévigné. Enfin, fleuriront en Bourgogne les jardins botaniques qui conservent les essences : il s'en trouve un à Dompierre-les-Ormes, planté d'espèces exotiques, ainsi qu'à Chalon-sur-Saône, où des biotopes d'ici et d'ailleurs ont été recréés.

ARCHITECTURE URBAINE Aux **XVe et XVIe siècles**, l'embellissement des villes est notable, mais reste le fait du prince et des nobles. Pas de vision générale : de superbes constructions sortent de terre dans l'anarchie. Les maisons Millière et Milsand à Dijon, la maison du Bailli à Joigny, et tant d'autres riches hôtels particuliers s'érigent çà et là, chacun ornant sa façade sans se soucier d'unité. Aux **XVIIe et XVIIIe siècles**, la ville s'extirpe de son fatras médiéval et naît l'idée nouvelle d'un urbanisme concerté. On commence à "penser" la ville, et tout d'abord on rase les remparts pour y installer des promenades. La volonté de faire circuler librement les marchandises et le commerce priment alors sur les exigences défensives. À Beaune, on masque les fortifications sous des charmilles et l'on plante des platanes. L'urbanisme se veut fonctionnel, mais aussi esthétique, et l'aménagement de la place de la Libération de Dijon par le cabinet d'architecture Wilmotte & Associés en 2006 ne dément pas cet élan.

Les toits polychromes

Les toits polychromes impriment une note joyeuse et emblématique aux paysages urbains bourguignons. Ils arborent des compositions picturales où les tuiles vernissées de rouge, vert, jaune, noir dessinent losanges et chevrons. Ces toits signalaient généralement des châteaux, des églises, ou de riches résidences (hôtel-Dieu de Beaune, hôtel de Vogüé à Dijon). Leur origine en est inconnue, mais sans doute ces couvertures ont-elles convaincu les bâtisseurs de leur extraordinaire longévité, car leur glaçure empêche mousses et lichens d'y proliférer. Les tuiles vernissées étaient déjà prisées au XVe siècle ; on les remarque sur les tapisseries, les enluminures d'époque et sur les œuvres picturales des frères Van Eyck. L'ère classique leur préférant l'ardoise, la polychromie régresse donc au XVIIIe siècle tandis que le XIXe en relance la mode, assurant leur pérennité.

ARCHITECTURES VIGNERONNES Individualiste, le vigneron commence par élever une enceinte autour du terrain où il construira sa maison. Celle-ci s'appuie sur la cave, le saint des saints, enterrée telle une crypte où sommeillent fûts et bouteilles, et sur un cellier de plain-pied qui renferme pressoir et cuve. Le logis se trouve à l'étage, auquel on accède par un escalier latéral coiffé d'un auvent de tuiles plates. Seul agrément, dans ces architectures de l'utile, une glycine ou une treille sulfatée de bleu. Ces demeures fonctionnelles peuvent s'enrichir avec la prospérité, mais restent modestes. Pas de châteaux, comme dans le Bordelais. On voit encore au cœur des vignobles de ces cabanes circulaires, ici appelées les **cadoles**, qui servaient d'abri au vigneron. Elles furent fabriquées avec des pierres sèches glanées à même le sol.

EN MORVAN, DE LA CHAUMIÈRE À LA MAISON DE LAIT L'ancienne demeure morvandelle, la chaumière, a d'épais murs de granite ou de gneiss et un toit de chaume, aujourd'hui d'ardoises. Ces maisons sans étage, où sous un même toit s'alignent habitation et bâtiments agricoles, sont parmi les plus archaïques de France. Celles que les restaurations hasardeuses ont épargnées témoignent encore d'un mode de vie rude, autarcique. Si l'on croise des demeures plus cossues, il y a fort à parier qu'il s'agit de "maisons de lait" bâties avec l'argent des nourrices qui partaient vivre à Paris pour allaiter les enfants des quartiers chics ou qui recevaient, chez elles, ceux de l'Assistance publique.

LE PATRIMOINE INDUSTRIEL, DES FORGES DE BUFFON AU CORON À la fin du XVIIIe siècle, Buffon, entre deux pages de sa pléthorique *Histoire naturelle*, se lance en industrie. Objectif : construire des forges hydrauliques, à Montbard, pour perpétuer à grande échelle l'exploitation des gisements ferreux. Pour notre nouvel entrepreneur, le concept d'usine est encore inconnu : il innove, imaginant un vaste complexe industriel et social, progressiste et

Territoires contemporains

Huit sculptures en mouvement de **Niki de Saint Phalle**, laquelle passa une partie de son enfance dans le Morvan, égaient depuis 1988 la place de la mairie de Château-Chinon, sur l'initiative de François Mitterrand, lequel fut maire de la ville. *L'Homme du futur*, bronze de **César**, s'est installé à Clamecy en 1987. À la nuit tombée, il faut se laisser surprendre par le théâtre d'ombres créé par **Christian Boltansky** dans les rues du village de Vitteaux, non loin d'Alésia.

Le "boulon" octogonal, sculpture massive de **Richard Serra**, trône de tout son poids face au portail de l'église de Chagny. La Bourgogne est pionnière en art contemporain, en témoigne le Consortium de Dijon, institution culturelle et lieu de visite qui, dès le début des années 1980, encourage les créations les plus audacieuses. Beaucoup d'artistes y ont éclos, dont Bertrand Lavier, plasticien du "trompe-l'œil", qui, depuis sa Bourgogne natale, a conquis la France.

rationnel, autour d'une grande forge, d'ateliers et d'un haut-fourneau armé pour produire 360 tonnes de fer par an. Le tourisme industriel était né, qui nous conduit aujourd'hui au Creusot où s'ébauche au XIXe siècle, sous l'impulsion des Schneider, un vaste complexe sidérurgique sur le mode paternaliste. On y voit toujours les usines, un spectaculaire marteau-pilon qui fut, avant sa retraite, le plus puissant du monde et un ensemble de petites maisons ouvrières qui rappellent l'Angleterre, pays pionnier en la matière. Ce paysage urbain nouveau survit, nostalgique, raconté dans des musées et des écomusées évoquant une activité désormais révolue. À Blanzy et à La Machine, c'est l'univers minier de *Germinal* que l'on découvre, plongeant dans des galeries souterraines qui furent creusées par Colbert et agrandies au XIXe siècle par l'influente famille Schneider.

Identité et art de vivre

On ressort les légendes et la coiffe tuyautée, la capeline, pour amuser les touristes lors des fêtes votives, les patois ancestraux distraient encore quelques associations d'érudits, mais, ici comme ailleurs, la tradition s'est émoussée. Reste l'accent, rude ou chantant, qui contourne les "r" pour les fondre en "l" et s'attarde sur les voyelles. Si le Bourguignon aime la fantaisie, "ayant une goutte de vin dans l'esprit et suivant la joie de sa tête", selon la poétesse Marie Noël, il est fondamentalement modéré. Ici, les fêtes restent discrètes, sans grands débordements, et s'appuient sur des thèmes ancestraux, la vigne, le cheval, la batellerie ou encore l'escargot. Au-delà des différences de stature et de verbe entre le "montagnard" de Sombernon et l'homme de la plaine, entre l'éleveur haut-auxois et le vigneron son voisin, l'identité bourguignonne s'est forgée sur une forme d'individualisme, sur le goût de la précision (faire du vin ou pratiquer l'élevage ne s'improvisent pas) et sur l'art de recevoir. On a gardé ici le sens de la cérémonie comme expression, toujours retenue, d'une authentique convivialité.

LES FÊTES VIGNERONNES
Tâches collectives et festives, les vendanges furent toujours le théâtre de grandes libations, dont certaines perdurent à la Saint-Vincent, patron des vignerons. Le repas de fin de vendanges, la paulée, s'organisait autour d'un civet de lièvre, arrosé à satiété de vins, et se clôturait par un bal champêtre. Cette tradition s'ouvre désormais aux touristes, comme à Chalon-sur-Saône ou à Meursault.

HISTOIRES D'EAU Il y a tant d'eaux en Bourgogne qu'il n'est pas surprenant qu'elles aient marqué les esprits. On ne compte plus les sources, anciens lieux de culte païens qui furent christianisés, faute d'avoir pu être éradiqués. Aux sources de la Seine, les Celtes vénéraient la déesse Sequana – des ex-voto y furent retrouvés – ; celle de la Racherie, près de l'abbaye de Fontenay, guérissait la gale (la rache), dans le Morvan, celle de Lanty offrait l'assurance d'un lait abondant aux nourrices… Eaux guérisseuses, divinatoires, mais parfois aussi maléfiques. La fosse de Dionne, à Tonnerre, hébergerait dans ses profondeurs un basilic, dragon épineux à queue de serpent. D'autres seraient le refuge de vouivres, enleveuses d'enfants, de laveuses démoniaques qui noient le passant.

Gloires bourguignonnes

Déjà propice aux élans de la foi, la Bourgogne a également laissé beaucoup de noms dans l'histoire de la pensée, des sciences et des arts. Le XVIe siècle voit l'éclosion des intellectuels de la Réforme : Théodore de Bèze (1519-1605), qui place le théâtre au service de la foi, mais aussi les poètes Bonaventure des Périers et Pontus de Thiard. Le XVIIe siècle sera celui de **Bossuet** (1627-1704), enfant de Dijon, célèbre historien et ardent défenseur de la cause catholique, et celui de **Vauban** (1633-1707), né au cœur du Morvan. L'architecte militaire travaillera à ses fortifications, désormais classées au patrimoine de l'humanité, depuis son château de Bazoches. **Madame de Sévigné** (1626-1696) est née à Paris, mais cette voyageuse insatiable se rend souvent dans le château familial de Bourbilly et au château de Bussy, où fut exilé par Louis XIV son cousin, **Roger de Rabutin**, érudit, libertin et auteur d'une savoureuse *Histoire amoureuse des Gaules*. Les lettres alertes et piquantes de Madame de Sévigné, qui se lisent toujours avec plaisir, sont un réjouissant témoignage de ce que fut l'"esprit français". Au XVIIIe siècle, celui des Lumières règne ici avec **Rameau** (1683-1764), organiste à Notre-Dame de Dijon avant de composer les opéras qui feront sa gloire. **Restif de la Bretonne** (1734-1806), né à Sacy, s'initie à la typographie à Auxerre mais passera à la postérité pour ses écrits, parmi les plus atypiques du siècle. Paradoxal, à la fois libertin et pourfendeur de la débauche, il sera le chroniqueur attentif de la vie paysanne bourguignonne. **Buffon** (1707-1788), né à Montbard, y résidera la plupart du temps et y rédigera les 36 volumes de son *Histoire naturelle*. Nicéphore **Niépce** (1765-1833), né à Chalon, est un inventeur protéiforme, qui construira l'ancêtre du moteur à réaction, améliorera la technique de la lithographie, avant de mettre au point la "chambre noire" qui fixe, en 1826, la première image photographique du monde. Ce sera un paysage bourguignon. Le XIXe et le XXe siècle ferment en beauté cette galerie de portraits.

LAMARTINE, POÈTE ET POLITIQUE Né à Mâcon en 1790, Alphonse de Lamartine passe une enfance heureuse au village de Milly, devenu, dans son œuvre, le symbole absolu de la terre natale. La demeure familiale lui inspire ces vers fameux : "Objets inanimés, avez-vous donc une âme ?/Qui s'attache à notre âme et la force d'aimer"... Il ne quittera guère la Bourgogne, attaché au château de Saint-Point dont il fait un salon artistique couru, recevant Victor Hugo, Eugène Sue ou Franz Liszt. L'œuvre littéraire a occulté, aux yeux de la postérité, un courageux parcours politique (cf. GEOPlus, le poète député). "J'étais né pour un autre rôle que celui de poète fugitif, et il y avait dans ma nature plus de l'homme d'État (...) que du chantre contemplatif", avoue-t-il dans ses Mémoires. Parvenant à fédérer les intérêts divergents de la paysannerie et des notables auprès desquels il sait briller, il se fait élire député, à Bergues puis à Mâcon, dès 1833, défendant âprement les intérêts de la Bourgogne. Orateur magistral, adversaire de Napoléon III, il écrit une *Histoire des Girondins* (1847) qui se veut "une haute leçon de moralité révolutionnaire". Lui qui voyagea tant sera un très légitime ministre des Affaires étrangères en 1848, avant que le second Empire, qu'il méprise, ne mette fin à sa carrière publique. Cet homme sincère et entier mourra ruiné en 1869, occupé à de religieuses méditations, mais toujours "ouvert aux plaintes de la foule".

PIERRE LAROUSSE, LE PAPE LAÏC DU DICTIONNAIRE Toute sa vie, Pierre Larousse (1817-1875) reste fidèle à Toucy, son village natal de l'Yonne. Il y revient à 20 ans, après des études à Versailles, pour y être instituteur, inaugurant une pédagogie de l'éveil alors novatrice. Destiné à devenir charron à la suite de son père mais porté par l'école républicaine, Pierre Larousse sera grammairien et encyclopédiste comme son modèle, Diderot. En 1850, il fonde la maison Larousse, où il édite des manuels scolaires tout en peaufinant sa première œuvre : un *Nouveau Dictionnaire de la langue française*, outil de vulgarisation républicaine, le premier d'une longue série. Ses idées de libre-penseur y transparaissent sans fard : la définition de clérical comprend alors ces mots, "la Raison bafouée, la liberté maudite, etc." ; à église, on lit "épave au sein d'un monde qui s'est renouvelé". Ces outrances gommées, le "Larousse" sera une des grandes références de la culture française.

FRANÇOIS POMPON, UNE ŒUVRE TOUT EN SOUPLESSE La gloire viendra tard, en 1922, quand le sculpteur montrera son *Ours blanc* au Salon d'automne. La séduction de la sculpture tient à sa vérité, à ses lignes épurées qui, a-t-on dit, préfigurent l'abstraction et l'art d'un Brancusi. Les animaux de François Pompon (1855-1933) sont pourtant parfaitement reconnaissables. Comme pris sur le vif, ils se donnent à voir sans pelage ni plumes. Pompon commence l'apprentissage de la sculpture à Saulieu, où il naît, dans l'atelier d'ébénisterie de son père. "Il exécutait pour ses travaux des dessins nets, des ébauches précises que je m'efforcerai d'imiter", dira l'artiste. On retrouve Pompon dans l'atelier de Rodin vers 1890, mais il abandonnera vite le portrait pour se consacrer à la représentation des animaux "en mouvement", dont il trouve les modèles au Jardin des Plantes.

ROMAIN ROLLAND, UN LYRISME HUMANISTE Romain Rolland (1866-1944) se forme au lycée de Clamecy, ville qui le vit naître. Historien et musicologue, compagnon d'une féministe et wagnérienne notoire, Malwida von Meysenbug, il débute en littérature par le théâtre avant de rencontrer le succès avec des "romans-fleuves" (l'expression lui appartient) dont *Jean-Christophe*, biographie fictive d'un Beethoven fantasmé, est le premier d'une longue série – dix volumes publiés entre 1904 et 1912. Il saura aussi raconter la vie d'un paysan nivernais dans *Colas Breugnon* (1919). Ce grand idéaliste, pourfendeur de l'égoïsme et de l'hypocrisie, se nourrit "au souffle des héros", qui ne sont pas, selon lui, ceux qui ont triomphé par la force, "mais ceux qui furent grands par le cœur". Cela le mènera à admirer, paradoxalement, les tyrans de la Révolution russe mais aussi, grand écart, les mystiques hindous. Prix Nobel de littérature en 1916, la maturité venue, il se repliera à Vézelay, où il finit ses jours.

JULES RENARD En dépit de l'attrait que Paris exercera sur l'écrivain (1864-1910), la Nièvre sera l'inspiratrice de ses *Histoires naturelles* (1894) où paysages et monde animal sont admirablement décrits, et la toile de fond de *Poil de carotte* (1894), récit quasi autobiographique d'un enfant confronté à la haine maternelle. Républicain militant, Jules Renard défendra Dreyfus. Érudit, il est un des fondateurs du *Mercure de France* et rédige un journal (de 1887 à sa mort) qui égratigne avec ironie les mœurs littéraires de l'époque.

COLETTE, L'ÂME FÉMININE Née à Saint-Sauveur-en-Puisaye, Gabrielle Colette (1873-1954) a décrit, dans *La Maison de Claudine* (1922), les charmes de la demeure familiale en un style sensuel où se retrouvent de savoureuses déclinaisons du patois local. Autre chef-d'œuvre, *Sido* (1930), ode à la mère, se déroule aussi en Puisaye, sorte d'autofiction avant l'heure : la jeune fille farouchement indépendante qu'elle décrit lui ressemble – sens aiguisés, âme vagabonde, sans cesse partagée entre la passion de la liberté qui la jettera sur les routes pour une carrière aventureuse d'artiste de music-hall et le fantasme d'un bonheur stable. Elle le trouvera, à la fin de sa vie. Repliée dans sa maison de Saint-Sauveur pour de longues villégiatures, celle qui écrit "Je ne cesserai d'écrire que pour cesser de vivre" s'adonne avec brio à l'art de la nouvelle et à des passions désormais plus sages "mais qui ne déçoivent pas" : les jardins, la campagne, toujours décrite avec saveur, et les animaux, qu'elle croque avec d'incroyables bonheurs d'expression.

MARCEL AYMÉ, UN RÉALISME TEINTÉ DE MERVEILLEUX Né à Joigny, Marcel Aymé (1902-1967) développe un talent inimitable pour peindre les mœurs paysannes (*La Jument verte*, *La Table-aux-Crevés*, *La Vouivre*) et les travers humains. Il saura, mieux que personne, introduire le fantastique dans des descriptions d'une implacable vérité (*Le Passe-muraille*). Cet heureux mariage est le secret de la réussite de ses *Contes du chat perché*, publiés entre 1934 et 1946. Dès 1950, la carrière théâtrale (*Clérambard*) assure une grande popularité à celui que les Parisiens surnommèrent le paysan de Montmartre, où il habita un temps. Une longue série de romans d'inspiration historique trouve en *Uranus*, adapté en 1990 au cinéma par Claude Berri, un chef-d'œuvre satirique d'une drôlerie et d'une lucidité rares. Notre époque a rendu justice à cet auteur véritable considéré par ses contemporains comme un aimable amuseur.

HENRI VINCENOT, LE PAPE DES ESCARGOTS Né et mort à Dijon, mais ayant vécu à Commarin dans l'Auxois, Henri Vincenot (1912-1985) chanta son amour de la Bourgogne sur toile – il fut peintre – et sur papier en quelques romans dont *Le Pape des escargots* et *La Billebaude* sont les plus connus. Affable, truculent, Vincenot a séduit la France lors de ses fréquentes apparitions télévisées chez Bernard Pivot. L'homme est un conteur habile, doublé d'un romancier au style fleuri et truffé de termes dialectaux, qui nous entraîne dans une Bourgogne nostalgique, rude mais dispensatrice de joies simples.

CHRISTIAN BOBIN, L'ÉLOGE DE L'INFIME Né au Creusot, en 1951, de parents ouvriers aux usines Schneider, Christian Bobin est resté fidèle à sa ville natale. Ovni de la production littéraire contemporaine, développant des thèmes éloignés des modes, célébrant les plaisirs minuscules, usant d'un style poétique et épuré, l'auteur connaît un succès inattendu dans les années 1990. *Une petite robe de fête*, *Le Très-Bas*, *Autoportrait au radiateur* sont les ouvrages phares d'une œuvre atypique où la Bourgogne tient sa place.

Gastronomie et vins

Au musée des Beaux-Arts de Dijon, des stèles gallo-romaines célèbrent le bien boire et le bien manger bourguignons. Des escargots de pierre gravissent les colonnes romanes de l'église de Semur-en-Auxois, hommage à l'un des piliers de la gastronomie locale. Autre emblème talonnant l'escargot dans la course à la notoriété culinaire, la fameuse trilogie dijonnaise : moutarde, pain d'épice et kir. La cuisine bourguignonne, plantureuse et substantielle, régale depuis longtemps, et le premier livre de cuisine français a été rédigé au XVIIe siècle par Pierre de La Varenne, cuisinier du châtelain de Cormatin. Sans surprise, cette gastronomie s'appuie sur les laitages, la crème fraîche et le beurre fournis par les holstein, sur la viande goûteuse des charolais et des volailles de Bresse, et, bien sûr, sur le vin : bœuf bourguignon et civets, œuf poché en meurette servi nappé d'une réduction de vin sur pain aillé, saupiquet où le jambon morvandiau se marie au vin blanc aligoté. Les poissons d'eau douce s'invitent à table, en sauce, en matelote, ou en de savantes marinades que parfume la truffe car, ce n'est plus un secret, la Bourgogne est aussi productrice de "diamants noirs". Au rayon charcuterie, on trouve les jambons persillés du Morvan et les andouillettes d'Arnay-le-Duc, de Clamecy ou encore de Mâcon. Enfin, il n'est pas de vrai repas sans fromages, dont la Bourgogne est prodigue.

LE BŒUF BOURGUIGNON, RECETTE PARISIENNE ? Chef-d'œuvre de la gastronomie française, le bœuf bourguignon serait en fait une création parisienne ainsi baptisée parce que la recette, dès son origine, inclut de préférence des vins bourguignons. C'est un ragoût à base de bœuf, charolais de préférence, longuement mijoté dans un vin de région, avec aromates, carottes, oignons et champignons. Contrairement à ce qu'on peut lire parfois, il n'existe pas de recettes express de bourguignon, qui doit idéalement être cuit en deux temps : 24h de macération et 3h30 de cuisson. Bernard Loiseau, célèbre chef de Saulieu, a inventé une déclinaison de la recette ancestrale. L'originalité de sa recette tient à l'absence de farine, destinée à lier la sauce. "Les légumes de cuisson, finement mixés, assurent une liaison tout aussi onctueuse", disait-il.

L'ESCARGOT DE BOURGOGNE, ROI DES CASSOLETTES L'escargot de Bourgogne (*Helix pomatia*) se reconnaît par sa grande taille (3cm), sa coquille brune striée de blanc et sa chair fine. Après des décennies d'une prédation

Sacré bœuf

Emblème de l'élevage bourguignon, la race charolaise peuple et broute les bocages du Charolais-Brionnais, du Morvan autunois et de la Nièvre méridionale. Ces bovins de gros gabarit (1m45 au garrot et de 700 à 1 200kg) à robe blanche incarnent à merveille la "force tranquille". "Le Charolais, dit-on ici, est un cépage de bovin, comme le pinot est un cépage de vigne", richesse toujours en attente de labellisation. Ces anciens animaux de trait, naguère réputés pour leur rusticité et leur docilité, le sont désormais pour la qualité gustative de leur viande et, à force de sélections, ont gagné en cuisses et fessiers ce qu'ils ont perdu en poitrail.

FIN COMME MOUTARDE
Pour obtenir la moutarde, la graine de sénevé est broyée puis liée avec du verjus, suc de raisin vert. La fermentation libère un enzyme contenu dans la graine, l'allyle, qui donne au mélange cette pointe d'acidité si caractéristique à la moutarde. C'est un Dijonnais, Jean Naigeon, qui, en 1752, eut l'idée de substituer ce verjus au vinaigre, jusqu'alors traditionnellement utilisé pour la fabrication de la moutarde.

massive, l'animal en voie d'extinction est désormais protégé et son ramassage réglementé. Celui que l'on déguste aujourd'hui est élevé dans un centre d'héliciculture ou importé de Grèce et des pays de l'Est. Il est cuisiné au four, cuit au beurre ou arrosé de chablis, ou encore légèrement parfumé d'anis. Pour les Bourguignons, c'est une hérésie de le charger d'ail et de persil, qui en tuent le goût subtil, légèrement herbeux.

LA MOUTARDE Les ducs de Bourgogne offraient de la moutarde à leurs invités de marque, la moutarde que Rabelais célébrait comme un irremplaçable "baume réparateur d'andouille". Ce sont les Romains, encore eux, qui importèrent en Gaule la graine de sénevé, plante fourragère facile à acclimater. Elle fleurissait abondamment les campagnes bourguignonnes jusqu'en 1945, où elle fut remplacée par des plantes plus productives, comme le colza, qui lui ressemble beaucoup. Aujourd'hui, le sénevé est principalement importé du Canada et les industriels sont revenus à l'utilisation du vinaigre, au lieu du verjus, auquel ils adjoignent de l'acide citrique. Plus simple, moins cher. Heureusement, des moutardiers plus scrupuleux, tel Fallot, à Beaune, s'en remettent toujours à la tradition.

FROMAGES L'**époisses** aurait été inventé par les moines cisterciens au XVIe siècle et, dans la foulée, la vallée d'Époisses aurait délaissé la fabrication du beurre au profit de celle d'un fromage au lait de vache entier, à l'odeur franche et à la saveur relevée, longuement affiné (au minimum quatre semaines) et régulièrement lavé à l'eau enrichie de marc de Bourgogne. Concocté par les moines, l'**abbaye-de-cîteaux**, obtenu avec du lait de vaches montbéliardes, est lavé à la saumure. Lait de vache, toujours, pour l'**ami-chambertin** – proche cousin de l'époisses car lavé au marc de Bourgogne –, qui rehausse la dégustation des grands crus, ou pour l'AOC **chaource** et d'autres moins connus, comme le rochefontaine produit dans l'Auxois et le saint-florentin dans l'Yonne. Les crottins du Morvan,

L'époisses, fromage miraculé

Exode rural, collecte du lait par les industries agroalimentaires, l'époisses disparaît complètement au lendemain de la Seconde Guerre mondiale. Deux producteurs pugnaces, Simone et Robert Berthaut, le ressuscitent en 1956, avec un franc succès. La production repart, contrôlée par le syndicat de défense de l'époisses qui traque les contrefaçons et protégée par une AOC depuis 1991.

le vézelay, le mâconnais et autres innombrables chevrotons ou "boutons de culotte" sont au lait de chèvre et se dégustent arrosé d'un vin blanc de Pouilly-sur-Loire ou d'un mâcon.

LE PAIN D'ÉPICE La mythologie grecque raconte qu'on offrait un gâteau de farine, de miel et de fruits confits à Cerbère, gardien des Enfers, pour calmer ses colères. Les Chinois inventèrent au Xe siècle le *mi-kong*, littéralement pain de miel : cette recette est l'ancêtre de celle qui, via la Flandre, arrive en Bourgogne au XIVe siècle, sous le règne des grands-ducs. Les Bourguignons s'approprient ce dessert qu'ils populariseront à Paris sous le nom de "pavé de santé". Aujourd'hui, la recette s'est stabilisée : farine de blé et miel pour la préparation de la pâte-mère, qui doit longuement reposer. On ajoute ensuite œufs, aromates (anis, girofle, cannelle, coriandre…) et l'on cuit le tout, sous diverses formes : pavé ou nonnette – invention des religieuses, fourrée de confiture.

DOUCEURS CENTENAIRES

Le **Négus**, un caramel au chocolat, fut créé en 1902 pour commémorer la visite officielle en Bourgogne du souverain d'Abyssinie ; la **nougatine**, bonbon de sucre cuit aux amandes et enrobé de glace royale colorée, est une invention de Nevers qui fut popularisée par l'impératrice Eugénie. Les **anis de Flavigny** sont fabriqués depuis 1591 à l'abbaye, des confiseurs ayant remplacé les moines chassés à la Révolution.

KIR ET CASSIS Après que le phylloxéra a dévasté le vignoble, les Dijonnais trouvent une parade : replanter en groseilliers, framboisiers et surtout en cassissiers, autant d'arbustes jadis bien implantés mais que l'on avait négligés. Le cassissier, le plus robuste, a vite proliféré en Côte-d'Or et, dans son sillage, confiseurs, liquoristes et confituriers. Un kilo de cassis pour un 1kg de sucre et une fermentation d'un an, la crème de cassis est une spécialité qui entre, avec une bonne rasade de bourgogne aligoté, dans la composition du kir. C'est le chanoine Kir, élu maire de Dijon en 1945, qui eut le premier l'idée de cet apéritif dont le succès ne s'est jamais démenti. Trois quarts de Suze et un quart de crème de cassis fournissent un excellent "fond de culotte", autre apéritif prisé en Bourgogne. La baie de cassis parfume aujourd'hui moutardes, vinaigres et ketchups, mais aussi des vodkas commercialisées sous le nom de Vod'K6. Pour en savoir plus sur la baie noire, on visitera le Cassissium de Nuits-Saint-Georges, puis on fera le plein de spécialité à la ferme Fruirouge, dans les hautes côtes de Nuits.

"Aimable et vineuse Bourgogne"

Le fameux vignoble bourguignon a pris son visage actuel après les dévastations du phylloxéra dans la seconde moitié du XIXe siècle. Jusque-là, il était beaucoup plus étendu, mais se partageant toujours entre haute et basse Bourgogne, la Côte-d'Or aux crus mythiques et l'Yonne, qui brille surtout par son chablis. Pour en savoir plus sur le vignoble et les vins, se reporter à notre supplément GEOVins en fin d'ouvrage.

GEOPRATIQUE

Canal de Bourgogne (p.52).

INFORMATIONS UTILES DE A À Z

ALLER EN BOURGOGNE EN AVION

Il n'existe pas d'aéroport international en Bourgogne, le plus proche est celui de Lyon, d'où vous pouvez prendre un train ou une voiture vers la Bourgogne. L'aéroport de Dijon dessert Toulouse et Bordeaux.

de France

Eastern Airways Cette compagnie assure deux vols quotidiens de Dijon vers Bordeaux et Toulouse. Billet simple à partir de 80€. *Tél. 03 80 60 43 88 www.easternairways.com*

de Belgique

Brussels Airlines La compagnie relie quatre fois par jour Bruxelles à Lyon (1h25). Comptez 80€ AR minimum. *www.brusselsairlines.com*

de Suisse

Swiss Air Quatre vols quotidiens entre Lyon et Zurich pour 215€ AS (1h). *www.swiss.com*

du Canada

Air France Deux vols directs entre Montréal ou Toronto et Paris (12h), puis prévoir une correspondance vers la Bourgogne. Billet simple à partir de 500€. *www.airfrance.ca*

mesures de sécurité pour le bagage de cabine

Rappelons que, lorsqu'ils passent aux points de contrôle de sécurité des aéroports européens et canadiens, les voyageurs peuvent avoir en leur possession des produits liquides (de même que gels, substances pâteuses, lotions, récipients à pression, dentifrice, gel capillaire, boissons, potages, sirops, parfums, mousse à raser, aérosols...) à condition que les contenants ne dépassent pas, chacun, 100ml ou 100g et qu'ils soient regroupés dans un sac en plastique transparent à fermeture par pression et glissière, bien scellé, d'une capacité maximale de 1l (environ 20cmx20cm). Les articles ne doivent pas remplir le sac à pleine capacité ni en étirer les parois. Un seul sac est permis par personne. Les aliments pour bébé et le lait, quand les passagers voyagent avec un enfant de deux ans ou moins, de même que les médicaments vendus sur ordonnance et les médicaments essentiels en vente libre ne sont pas soumis à ces restrictions. Nous vous conseillons donc de placer dans vos bagages de soute, avant l'enregistrement, tous les produits liquides dont vous n'aurez pas besoin en cabine.

ALLER EN BOURGOGNE EN TRAIN

de France

AU DÉPART DE PARIS Une quinzaine de TGV relient tous les jours Paris à Dijon (1h40). Comptez en moyenne 45€ pour un AS en 2de classe. Plusieurs trains quotidiens à destination de Nevers (2h), Montbard (1h), Sens (1h) et Auxerre (1h30). Deux TGV par jour relient Paris à Châlon-sur-Saône (2h30). Attention, les trains sont au départ de la gare de Lyon ou de Bercy.

DU NORD DE LA FRANCE Un TGV par jour relie Lille à Dijon (2h45), comptez 80€ pour un AS.

DU SUD DE LA FRANCE Deux TGV quotidiens circulent entre Marseille et Dijon (3h30) pour 70€ l'AS, et entre Montpellier et Dijon (4h) pour 70€

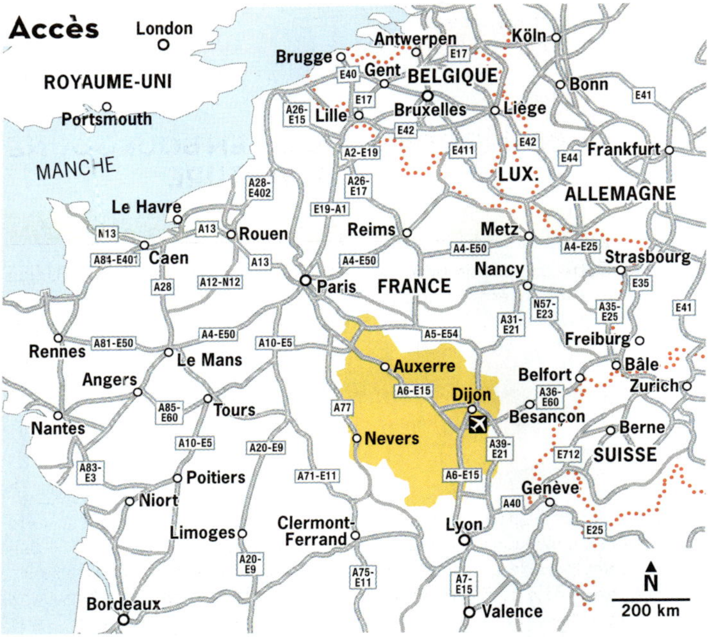

l'AS. Toulouse-Dijon s'effectue sans changement (6h) pour 100€ l'AS.

SNCF *Tél. 3635 www.voyages-sncf.com*

de Belgique

SNCB Il n'existe pas de liaison directe entre la Belgique et la Bourgogne. De Bruxelles, vous pouvez rejoindre Paris avec le Thalys pour 80€ environ (1h20), puis emprunter une correspondance. *Tél. 02 528 28 28 www.b-europe.com*

de Suisse

CFF Trois TGV par jour assurent la liaison Lausanne-Dijon (2h), un seul TGV entre Berne et Dijon (3h). Billet simple entre 50 et 60CHF en 2de classe. De Genève, correspondance à Lausanne ou Lyon (environ 3h). *Tél. 0900 300 300 www.sbb.ch*

réductions SNCF

La SNCF propose des cartes de réduction et des avantages pour les grands voyageurs, les familles nombreuses, les groupes, etc. La carte Bourgogne Liberté offre des réductions sur le réseau des TER de Bourgogne (pour le titulaire de la carte et quatre personnes l'accompagnant). Prix très attractifs également en réservant son billet longtemps à l'avance (billets Prem's). *www.mobigo-bourgogne.com www.ter-sncf.com*

InterRail

Les compagnies de chemin de fer de trente pays se sont unies pour proposer deux pass, Global Pass et One

Country Pass, permettant de voyager en 1re ou en 2de classe sans limite de trajets en dehors de son propre pays. *www.interrailnet.com*

ALLER EN BOURGOGNE EN CAR

de Belgique

Eurolines Cette compagnie propose deux liaisons par jour entre Bruxelles et Dijon (9h). Billet simple à 100€. Un car relie également Bruxelles à Chalon-sur-Saône (AS à 115€). *Gare du Nord Rue du Progrès 80 1000 Bruxelles Tél. 02 274 13 50 www.eurolines.be*

pass et réductions

Eurolines Le Pass Eurolines, valable 15 ou 30 jours consécutifs, permet de voyager entre plus de quarante villes européennes. Côté tarifs : comptez à partir de 175€ pour le Pass jeune 15 jours et à partir de 205€ pour le Pass adulte. Des réductions, jusqu'à 70% sur la plupart des destinations, sont proposées en fonction de la date d'achat. À savoir : plus la réservation est éloignée de la date de départ, plus la réduction est importante. Par ailleurs, une réduction de 10% sur les tarifs flexibles Eurolines est attribuée aux jeunes et aux seniors. *www.eurolines-pass.com*

ALLER EN BOURGOGNE EN VOITURE

formalités

Pour circuler sans souci dans l'Union européenne, n'oubliez pas de vous munir des documents requis : papiers du véhicule, assurance de responsabilité civile, permis de conduire et carte d'identité nationale ou passeport.

ASSURANCES

Il n'est pas nécessaire de souscrire une assurance spécifique : la Bourgogne ne présente pas de risque particulier. Si vous avez réglé votre séjour par carte bancaire (Visa, Gold, Eurocard Mastercard), l'assurance assistance médicale et rapatriement qui lui est associée est suffisante.
Europ Assistance *Tél. 01 41 85 94 85 www.europ-assistance.fr*
Mondial Assistance *Tél. 01 42 99 82 81 www.mondial-assistance.fr*

PRATIQUE

distances, parcours et coûts jusqu'à Dijon en voiture

Villes de départ	Distance	Durée	Principales autoroutes	Péages
Bruxelles	535km	5h10	A31	13€
Genève	200km	3h	A39	5€
Lille	505km	4h30	A26-A5	37€
Lyon	195km	1h50	A6	14€
Marseille	505km	4h35	A7-A6	37€
Montpellier	490km	4h30	A9-A7-A6	37€
Nantes	655km	6h	A11-A6-A38	51€
Nice	660km	6h	A8-A7-A6	53€
Paris	315km	3h	A6-A38	17€
Rennes	625km	5h40	A81-A11-A6	45€
Rouen	440km	4h10	A13-A6	28€
Strasbourg	330km	3h10	A35-A36	16€
Toulouse	675km	6h40	A20-A89-A71-A6	36€

accidents

SPORTS À RISQUES Si vous pratiquez des sports à risques (d'eau vive, escalade, VTT...), vérifiez que les accidents liés à ces activités sont bien inclus dans votre contrat. Si ce n'est pas le cas, souscrivez à une prise en charge spécifique ou choisissez un prestataire dont l'assurance couvre les clients.

pertes et vols

CARTES DE PAIEMENT Appelez le 0892 705 705 (24h/24), quelle que soit la carte.

CHÉQUIER Pour déclarer la perte ou le vol d'un chéquier, contactez le Centre national d'appels "chèques perdus ou volés" (24h/24) au 0892 683 208. N'oubliez pas de joindre immédiatement votre banque pour faire opposition.

TÉLÉPHONE MOBILE Notez bien le numéro d'identification IMEI (n° de série) de votre téléphone portable. Pour le connaître, composez le *#06# sur votre clavier. Ces chiffres vous seront demandés par votre opérateur pour toute déclaration de perte ou de vol.

BUDGET ET SAISONS TOURISTIQUES

saisons touristiques

La Bourgogne connaît une affluence touristique toute l'année, avec une haute saison comprise entre **Pâques et la Toussaint**. Le tourisme viticole tend à prolonger la saison touristique en automne (la majorité des chais se visitent toute l'année sur rendez-vous). Peu d'hôtels et de restaurants accueillent les touristes en hiver, sauf dans les villes. Le printemps ménage de superbes paysages, que les visiteurs peu nombreux apprécient en toute quiétude. Attention aux manifestations ponctuelles, comme la vente aux enchères des vins des hospices de Beaune, pendant lesquelles les hébergements sont pris d'assaut.

budget journalier

HÉBERGEMENT La Bourgogne offre une gamme d'établissements susceptibles de satisfaire tout type de budget. Comptez environ 15€ pour planter la tente dans un camping (deux personnes et un véhicule). Prévoyez en moyenne 60€ pour une chambre d'hôtes confortable, et entre 50 et 70€ dans les hôtels traditionnels, où les prix peuvent varier en fonction de la saison touristique.

RESTAURATION Il faut compter en général 20€ pour un repas complet le soir, et moins de 15€ à midi. De nombreux restaurants, disséminés aux alentours des villes, proposent une cuisine savoureuse et économique à prix doux. Et si vous avez des envies de folie, les restaurants gastronomiques sont légion en Bourgogne (formule déjeuner d'un excellent rapport qualité-prix).

GAMME DE PRIX	RESTAURATION	HÉBERGEMENT
Très petits prix	moins de 12€	moins de 30€
Petits prix	de 12 à 18€	de 30 à 50€
Prix moyens	de 18 à 25€	de 50 à 75€
Prix élevés	de 25 à 45€	de 75 à 115€
Prix très élevés	plus de 45€	plus de 115€

VISITES Si l'entrée dans les églises, parcs et sites naturels est libre, le prix moyen d'entrée des musées ou sites historiques se situe autour de 5€ par adulte et 3€ par enfant.

GAMME DE PRIX Les adresses d'hébergement et de restauration de votre GEOGuide sont classées selon les tarifs pratiqués en haute saison. Les prix correspondent à une chambre double, sans le petit déjeuner dans l'hôtellerie traditionnelle, et avec dans les chambres d'hôtes. Pour les restaurants, nous indiquons le prix d'un repas complet sans boisson (en général le premier menu).

CARTES ROUTIÈRES

Pour vos déplacements motorisés, la carte régionale Michelin 519 Bourgogne au 1/200 000 (1cm = 2km) est très précise. Pour plus de détails, procurez-vous les cartes routières départementales IGN au 1/125 000 (1cm = 1,25km) : Côte-d'Or, Nièvre, Saône-et-Loire et Yonne. L'IGN édite également les "Top 100" (1cm = 1km), qui mentionnent quelques indications utiles (sites touristiques, pistes cyclables, golfs, etc.) : Auxerre-Montargis, Dijon-Chalon-sur-Saône, Dijon-Montbard, Nevers-Autun et Roanne-Mâcon. Les cartes de la série "Top 25" (1cm = 250m) traitent de petites zones géographiques et conviennent parfaitement pour les randonnées.

FÊTES ET MANIFESTATIONS

Concerts, festivals, foires gourmandes, dégustations de vins nouveaux : les occasions de faire la fête ne manquent pas en Bourgogne. Retrouvez le descriptif de tous les événements dans la rubrique Mode d'emploi de chaque localité de cet ouvrage, dans le calendrier des fêtes et manifestations (cf. ci-dessus) et dans le calendrier des manifestations vitivinicoles (cf. GEOVins).

PRATIQUE

calendrier des fêtes et manifestations

Janvier	Sens	**Fêtes de l'âne** Festival dédié au Moyen Âge
Février-mars	Chalon-sur-Saône	**Carnaval**
Mars	Dijon	**Florissimo** Exposition de fleurs et plantes exotiques
Avril	Beaune	**Festival du Film policier**
Mai	Chalon-sur-Saône	**Les Montgolfiades**
	Semur-en-Auxois	**Fête de la Bague** Courses de chevaux et foire
Juin	La Charité-sur-Loire	**Festival du Mot**
	Le Creusot	**Blues en Bourgogne**
	Auxerre	**Les Nuits Métisses** Festival de musiques du monde
Juillet	Beaune	**Festival international d'art baroque**
	Couches	**Jazz à Couches**
	Cluny	**Grandes heures de Cluny** Concerts et dégustations
	Autun	**Musiques en Morvan** Festival de musique sacrée
	Chablis	**Festival du Chablisien** Concerts et dégustations
	Dijon	**Festival 4/14** Festival gastronomique franco-américain
	Nevers	**Les Z'accros d'ma rue** Festival des arts de la rue
	Chalon-sur-Saône	**Chalon dans la rue** Festival des arts de la rue
	Alise-Sainte-Reine	**Nuits Péplum d'Alésia** Chansons francophones

Juillet-août	Meursault	**De Bach à Bacchus** Musique classique et dégustations
	Saint-Fargeau	**Spectacle historique du château**
	Reigny	**Festival Paroles et Musiques**
Août	Vézelay	**Les Rencontres musicales de Vézelay**
	Saulieu	**Nuits de Cajun et Zydeco** Festival dédié à la Louisiane
	Corbigny	**Fêtes musicales** Concerts dans l'abbaye
	Anost	**Fête de la vielle en Morvan** Musiques traditionnelles
	La Charité-sur-Loire	**Festival Blues en Loire**
	Dijon	**Fête de la vigne**
	Toucy	**Les Estivales en Puisaye** Festival d'art vocal
Septembre	Beaune	**Jazz à Beaune**
Octobre	Dijon	**Les Écrans de l'Aventure** Festival du film d'aventure
Novembre	Mâcon	**Les Symphonies d'automne** Chant lyrique
	Nevers	**Rencontres internationales D'Jazz**
	Beaune	**Vente aux enchères des vins des hospices de Beaune**

HANDICAPÉS

Quelques sites sont accessibles aux personnes handicapées, notamment les constructions récentes (musées, hôtels et salles de spectacle). Les offices de tourisme fournissent des listes des sites, prestataires et établissements labellisés Tourisme et Handicap. Les délégations départementales de l'Association des paralysés de France (APF) les recensent également.

APF Siège national *17, bd Auguste-Blanqui 75013 Paris Tél. 01 40 78 69 00 www.apf.asso.fr*

APF Côte-d'Or *4, rue Tamaris 21600 Longvic Tél. 03 80 68 24 10*

APF Saône-et-Loire *118B, Grande rue La-Coupée 71850 Charnay-lès-Mâcon Tél. 03 85 29 11 60*

APF Nièvre *57, bd Léon-Blum 58000 Nevers Tél. 03 86 71 67 00*

APF Yonne *13, rue Madrid 89470 Moneteau Tél. 03 86 46 32 15*

HÉBERGEMENT

campings

De l'aire naturelle en forêt morvandelle au 4-étoiles avec jacuzzi, les campings de Bourgogne devraient satisfaire tous les amateurs. Préférez aux immenses campings les sites en retrait des axes touristiques ou le camping à la ferme (nombre de place limité). Si vous n'avez pas prévu de camper, l'hébergement de plein air est une alternative intéressante : de nombreux campings louent des bungalows confortables, et les locations originales se développent à toute allure (cabanes, yourtes, roulottes, chalets...). Bon à savoir : très peu de campings restent ouverts en basse saison en Bourgogne. La liste des sites peut être obtenue auprès des comités de tourisme de chaque département ou dans les offices de tourisme. La Fédération française de camping et de caravaning publie tous les ans un guide (12€), détaillant les équipements des terrains de camping français.

Fédération française de camping-caravaning *Tél. 01 42 72 84 08 www.ffcc.fr*

CAMPINGS À LA FERME Une dizaine de campings à la ferme sont recensés en Bourgogne : vignerons, agriculteurs et éleveurs vous reçoivent pour un séjour champêtre, avec un nombre d'emplacements limités.

Consultez la brochure gratuite "Bienvenue à la ferme". Certaines adresses sont labellisées Gîtes de France.
Bienvenue à la ferme *Tél. 03 80 48 43 00 www.bienvenue-a-la-ferme.com*

camping-cars

Les offices de tourisme recensent les aires municipales aménagées pour l'accueil des camping-cars, surtout situées en Saône-et-Loire. Selon la prestation (eau, électricité, récupération des eaux usées), la nuitée est payante (entre 4 et 12€).

auberges de jeunesse

Actuellement, il n'existe qu'une seule auberge de jeunesse dans la région, à Vézelay (agrée FUAJ). Pour y faire étape, il faut être détenteur d'une carte d'adhésion, valable un an et disponible au prix de 11€ pour les moins de 26 ans, 16€ pour les plus de 26 ans et 23€ pour les familles. Comptez 8€/personne pour une nuit.
Fédération unie des auberges de jeunesse (FUAJ) *27, rue Pajol 75018 Paris Tél. 01 44 89 87 27 www.fuaj.org*
Auberge de jeunesse de Vézelay *Route de l'Étang 89450 Vézelay Tél. 03 86 33 24 18 Ouvert déb. avr.-fin oct. Accueil 17h30-19h*

chambres d'hôtes et gîtes

CHAMBRES D'HÔTES Ce mode d'hébergement chez l'habitant connaît un succès considérable dans la région (forte concentration en Saône-et-Loire et dans les villages-vignerons de la Côte-d'Or). De la simple bâtisse dans les vignes au château du XIXe siècle, les chambres ont un point commun : l'accueil ! Certains propriétaires partagent leur maison, leur passion et leur connaissance de la région, d'autres ne font que louer des chambres d'amis. Le rapport qualité-prix s'avère plus intéressant que dans un hôtel traditionnel (comptez 60€ en moyenne pour une chambre double). Le prix de la nuitée inclut toujours le petit déjeuner, et la table d'hôtes est parfois proposée pour le dîner et sur réservation. Gîtes de France gère le réseau le plus important, vous pouvez également vous fier au label Clévacances.
Maison des Gîtes de France et du tourisme vert *59, rue Saint-Lazare 75439 Paris Cedex 09 Tél. 01 49 70 75 75 www.gites-de-france.com* **Côte-d'Or** *Tél. 03 80 45 97 15 www.gites-de-france-cotedor.com* **Saône-et-Loire** *Tél. 03 85 29 55 60 www.gites71.com* **Nièvre** *Tél. 03 86 36 42 39 http://site.gites-de-france-nievre.com* **Yonne** *Tél. 03 86 94 22 22 www.gites-de-france-yonne.com*
Clévacances *Tél. 05 61 13 55 66 www.clevacances.com*

GÎTES Généralement localisés dans la campagne ou dans les villages, les **gîtes ruraux** se louent à la semaine, et parfois le temps d'un week-end. Ces appartements et maisons individuelles, solution idéale pour des vacances en famille, sont classés en "épis" en fonction de leur standing. Près des sentiers de randonnée se trouvent les **gîtes d'étapes**, plus sommaires et économiques, comprenant parfois des dortoirs à partager avec randonneurs, cavaliers ou cyclistes. Une dizaine de **gîtes Panda** (hébergement Gîtes de France situé dans des sites naturels remarquables) sont répertoriés dans le Parc naturel régional du Morvan.
Maison des Gîtes de France et du tourisme vert *59, rue Saint-Lazare 75439 Paris Cedex 09 Tél. 01 49 70 75 75 www.gites-de-france.com*
Gîtes Panda *1, carrefour de Longchamp 75016 Paris Tél. 01 55 25 84 84 www.gites-panda.fr*

hôtels

La Bourgogne déploie la gamme de l'hôtellerie classique, de l'hôtellerie économique aux établissements de luxe. Depuis 2009, les hôtels sont classés de 1 à 5 étoiles en fonction du confort et des prestations offertes. La plupart des offices de tourisme peuvent gratuitement réserver une chambre et connaître les disponibilités via une centrale de réservation.

locations saisonnières

Pour profiter du large éventail de locations saisonnières disponibles dans la région, contactez les offices de tourisme, qui publient des listes mises à jour. Les prix sont très avantageux si vous réservez un appartement au cœur de la ville ou une maison dans les vignes plusieurs mois à l'avance. Pléthore de sites Internet proposent des locations de particulier à particulier. *www.cap-location.com www.locat-vacances.com www.locations-france.com www.pour-les-vacances.com*

INFORMATIONS TOURISTIQUES

Comité régional du tourisme de Bourgogne *5, av. Garibaldi 21000 Dijon Tél. 03 80 28 02 80 www.bourgogne-tourisme.com*

Comité départemental du tourisme de la Côte-d'Or *19, rue Ferdinand-de-Lesseps BP 1601 21035 Dijon Cedex Tél. 03 80 63 69 49 www.cotedor-tourisme.com*

Comité départemental du tourisme de la Saône-et-Loire *389, av. de-Lattre-de-Tassigny 71000 Mâcon Tél. 03 85 21 02 20 www.bourgogne-du-sud.com*

Comité départemental du tourisme de la Nièvre *2, av. Saint-Just 58000 Nevers Tél. 03 86 36 39 80 www.nievre-tourisme.com*

Comité départemental du tourisme de l'Yonne *1 et 2, quai de la République 89000 Auxerre Tél. 03 86 72 92 00 www.tourisme-yonne.com*

MÉDIAS

presse

Les journaux des départements de Bourgogne fournissent d'utiles renseignements sur les manifestations, expositions, animations, etc. N'hésitez pas à parcourir ces pages aux couleurs locales : *Le Journal de Saône-et-Loire*, *Le Bien Public* (Côte-d'Or), *L'Yonne Républicaine* et *Le Journal du Centre* (Nièvre). De belles pages sont consacrées à la région dans l'incontournable *Bourgogne Magazine* (bimestriel), axé sur le voyage, le patrimoine et l'art de vivre, ainsi que dans *Morvan Magazine* (trimestriel créé en 2010) qui met en avant les thèmes de l'agriculture, l'économie et la culture. Enfin, il existe une ribambelle de publications locales, souvent gratuites et distribuées dans les offices de tourisme, qui donnent le tempo de la ville ou du département. Citons notamment *Bing Bang Magazine* et *Dijonscope* pour Dijon, *Dijon Beaune Mag* pour l'actualité de la Côte et la *Gazette de Côte-d'Or* pour suivre le fil de l'information dans le département.

télévision

L'antenne régionale **France 3 Bourgogne** diffuse quotidiennement un bulletin d'informations locales pendant le "12/13" et le "19/20".

radio

La région reçoit les radios nationales et de nombreuses radios libres ou de pays à découvrir au fil de votre voyage. Citons notamment France Bleu Bourgogne (98.3 FM), France Bleu Auxerre (101.3 FM) et Vibration (106.6 FM) : ces stations diffusent des informations régionales toutes les heures.

PARC RÉGIONAL ET RÉSERVES NATURELLES

parc naturel régional du Morvan

Le Parc naturel du Morvan, à cheval sur les quatre départements de la Bourgogne, a pour mission la protection des espèces animales et végétales, ainsi que la promotion économique, sociale et culturelle du patrimoine local. La Maison du parc fournit aux visiteurs de nombreuses brochures (itinéraires de randonnée, panorama des espèces protégées, etc.). L'écomusée du Morvan, réparti en cinq maisons thématiques sur le territoire, met en avant le patrimoine du Parc naturel.
Maison du parc *58230 Saint-Brisson Tél. 03 86 78 79 00 www.parcdumorvan.org*

réserves naturelles

On en compte une en Saône-et-Loire, La Truchère-Ratenelle, une dans l'Yonne, le Bois du parc, une dans la Nièvre, le Val de Loire (qui se poursuit dans le Cher), et la Combe Lavaux-Jean Roland, située en Côte-d'Or. Sentiers balisés et randonnées accompagnées invitent à la découverte du patrimoine naturel et géologique de ces sites remarquables protégés.
Conservatoire des sites nationaux bourguignons *Ch. du Moulin-des-Étangs 21600 Fenay Tél. 03 80 79 25 99 www.sitesnaturelsbourgogne.asso.fr*

RESTAURATION

Amateurs de bonne chère et de produits du terroir, réjouissez-vous ! Du restaurant gastronomique à l'auberge rustique, les gourmands apprécient la profusion de bonnes tables, où s'invitent bœuf charolais, escargots de Bourgogne et volaille de Bresse. En Saône-et-Loire et en Côte-d'Or, de nombreux domaines viticoles ouvrent leurs portes pour un dîner à deux pas des vignes. Bon à savoir : en basse saison, vous aurez du mal à trouver un restaurant ouvert après 22h.

SPORTS ET LOISIRS

cyclotourisme

Virée dans le vignoble, promenade le long des canaux ou échappée sportive dans le Parc naturel régional du Morvan : la Bourgogne ne manque pas d'occasions de pédaler. Les offices de tourisme éditent des topo-guides (payants), qui indiquent les itinéraires cyclistes sur leur territoire ; la Fédération française de cyclotourisme répertorie quant à elle les loueurs de vélo, les manifestations et les itinéraires dans la région.
Fédération française de cyclotourisme *12, rue Louis-Bertrand 94207 Ivry-sur-Seine Cedex Tél. 01 56 20 88 88 www.ffct.org*

VOIES VERTES ET VÉLOROUTES

Les **Voies vertes** sont à la campagne ce que la piste cyclable est à la ville : des centaines de kilomètres de pistes en "site propre" (aucune circulation motorisée n'est autorisée) ont été aménagées sur d'anciens chemins de halage, des voies ferrées désaffectées, des routes forestières. Ces parcours sont également accessibles aux joggeurs, piétons, rolleurs et aux personnes à mobilité réduite. Quant

TOURISME FLUVIAL

Chacun cherche son canal

TROUVEZ VOTRE RYTHME DE CROISIÈRE SUR LES COURS D'EAU DE BOURGOGNE : ENTRE CANAUX ET KAYAK, APÉRO LES PIEDS DANS L'EAU ET NUIT ROMANTIQUE SUR UNE PÉNICHE...

PRATIQUE

MODE D'EMPLOI

Quelques conseils pour voguer sur le plus grand réseau navigable de France.
Où s'informer ? L'organisme des Voies navigables de France fournit de précieuses informations sur les canaux de Bourgogne : prestataires, tarifs, itinéraires, points de départ et d'arrivée, ouvrages d'art, etc. *Tél. 03 21 63 24 24 www.vnf.fr*
Quand partir ? La navigation est autorisée de mi-mars à début novembre
Quel bateau choisir ? Les bateaux habitables, à louer une journée ou une semaine, permettent des échappées en toute indépendance. Leur taille varie selon les prestataires : en général de 5 à 10 personnes peuvent embarquer. Les bateaux-promenade embarquent des passagers (de 15 à 100) pour une croisière sur les canaux.

Pour en savoir plus

Fixez les amarres et poussez la porte des lieux de visite dédiés aux canaux de Bourgogne, dont le **Cap Canal** à Pouilly-en-Auxois (p.137) et le **musée du Canal** à Écuisses (p.222). Pour tout connaître du flottage du bois, ne manquez pas le **Musée d'Art et d'Histoire Romain-Rolland** à Clamecy (p.352), le **Centre d'interprétation du Toueur** à Saint-Léger-des-Vignes (p.332).

En avant capitaine ! Lors de la location du bateau, les plaisanciers passent une rapide formation (amarrage et passage d'écluse) qui vient remplacer le permis. Pas d'inquiétude à avoir pour la maneuvre : les bateaux habitables sont très faciles à conduire ! Vitesse limitée à 5km/h sur les canaux, et, selon vos envies, vous pourrez faire halte en pleine nature, dans les ports ou les villages.

CANAL DE BOURGOGNE

Le plus long canal de la région (242km, 189 écluses) relie la Saône à la Seine, en serpentant à travers collines et forêts, sur les terres du duché de Bourgogne.

FAIRE UNE CROISIÈRE

Cap-canal (p.137) Montez à bord de *La Billebaude*, franchissez les écluses et profitez du panorama.

VOIR AU FIL DE L'EAU

Saint-Jean-de-Losne (p.133) Halte incontournable dans la capitale du tourisme fluvial, pour boire un verre ou visiter la maison des Mariniers.
Voûte de Pouilly-en-Auxois (p.137) La traversée en bateau de ce tunnel, long de 3km, se révèle fascinante !

ÊTRE BERCÉ PAR LES FLOTS

L'Écluse (p.146) Arrêt conseillé aux moussaillons qui voudraient mettre pied à terre... à deux pas du canal.
Lady A (p.145) Nuit romantique à bord d'une péniche des années 1930.

CANAL DU NIVERNAIS

Trait d'union entre la Loire et la Seine depuis 1842, le canal du Nivernais – 174km, 116 écluses – est apprécié des plaisanciers pour ses ouvrages d'art et son charme bucolique.

LOUER UNE EMBARCATION

Locaboat Holidays et **France fluviale** (p.418) Pour passer de l'Yonne à la Nièvre par le biais du canal, sur un bateau sans permis. Pour voguer en silence sur les canaux, louez un **bateau électrique** (p.413, 356).
Bateaux touristiques de l'Auxerrois (p.137) Partez d'Auxerre pour une croisière commentée ou un déjeuner flottant sur l'Yonne.
Camping les Ceriselles (p.418) Pagayer ou pédaler, à chacun son rythme, mais en kayak ou en pédalo, savourez un pique-nique sur le canal.

VOIR AU FIL DE L'EAU

Échelles de Sardy (p.355) Un chapelet de 16 écluses : superbe !
Voûtes de la Collancelle (p.355) Ne manquez pas de passer en bateau par ce tunnel et d'admirer la végétation.
Étangs de Baye et de Vaux (p.355) Envie de vous dégourdir les jambes ? Deux sentiers sont aménagés autour des étangs qui alimentaient le canal du Nivernais au XIXe siècle.
Écluse de Fleury (p.356) Vivez un bond dans le passé en franchissant ce barrage à aiguilles, comme au temps des bateliers.

ÊTRE BERCÉ PAR LES FLOTS

Les Ceriselles (p.420) Camping les pieds dans l'eau, côté piscine et côté canal du Nivernais.
Péniche Loreley (p.420) Laissez-vous bercer par les flots sur cette chambre-péniche d'hôtes à Auxerre.

Canaux à vélo

Devenez un fervent pratiquant des "cyclo-canaux" : embarquez des vélos à bord du bateau, et arpentez les charmants chemins de halage, réservés aux piétons et cyclistes. Cf. Sports et loisirs, Cyclotourisme (p.51)

CANAL DU CENTRE

Quelque 61 écluses séparent Chalon-sur-Saône de Digoin (112km de long) et jalonnent ce canal également connu comme le canal du Charolais. Il relie la Saône à la Loire et offre un tracé pittoresque à travers le vignoble bourguignon et la région du Creusot.

LOUER UNE EMBARCATION

Digoin (p.298) Si vous avez soif d'indépendance, louez un bateau sans permis et partez en goguette à partir de ce carrefour fluvial, ou embarquez à bord d'une vedette le temps d'une croisière-déjeuner.
Camping de la Chevrette (p.298) Louez un canoë-kayak pour filer au rythme du fleuve et au ras de l'eau.
Escargu'eau (p.196) Confort et originalité : péniche aménagée avec goût à louer pour une semaine.

VOIR AU FIL DE L'EAU

Chagny (p.196) Cette étape fluviale est située sur la côte chalonnaise, l'occasion rêvée de faire une dégustation de vin.

ÊTRE BERCÉ PAR LES FLOTS

Aqualogis (p.223) Passez la nuit dans une datcha sur l'eau après avoir pris un verre sur la terrasse flottante.
Hôtel-Restaurant Entre terre et mer (p.223) Le gîte et le couvert à prix doux sans oublier la vue sur le canal.

CONSEIL En été, et notamment pour naviguer sur le canal du Nivernais, n'hésitez pas à réserver une péniche plusieurs mois à l'avance.

aux **Véloroutes** (itinéraire cyclable de moyenne ou longue distance, linéaire et sécurisé), elles empruntent au maximum des aménagements en site propre. Des brochures présentant ces parcours sont disponibles dans les offices de tourisme. Quelques exemples de parcours : le canal du Nivernais, de Vaux à Lucy-sur-Yonne (175km), le canal de Bourgogne (42km), la véloroute Beaune-Santenay (23km)...

AF3V Le site Internet de l'Association française de développement des Véloroutes et Voies vertes de France recense les itinéraires en Bourgogne et fournit pour chacun un plan de route détaillé. *23, rue Gosselet 59000 Lille Tél. 03 20 95 27 45 www.af3v.org*

TOUR DE BOURGOGNE À VÉLO® Ce vaste projet (en cours de réalisation) vise à relier quelque 800km de pistes cyclables en Bourgogne, en passant par les principaux centres touristiques. Cinq trajets sont aujourd'hui accessibles, couvrent plus de 700km et ne présentent pas de réelles difficultés (accessibles à tous, notamment aux familles).

La Bourgogne du Sud Une boucle de 120km environ entre Chalon-sur-Saône et Mâcon, en passant par Cluny et Tournus (en cours d'aménagement entre Fleurville et Chalon-sur-Saône).

Le canal du Centre Un parcours de 171km entre Chalon-sur-Saône et Cronat, en longeant le canal du Centre puis le canal latéral à la Loire.

Le canal du Nivernais Un trajet de 175km d'Auxerre à Decize, en passant par Clamecy.

Le canal de Bourgogne Un itinéraire de 212km de Dijon à Migennes, via Montbard.

La Voie des vignes Un court circuit de 20km, qui traverse la côte de Beaune et ses vignobles mythiques (Pommard, Meursault et Puligny-Montrachet).

Comité régional du tourisme de Bourgogne Il fournit informations et brochures touristiques sur le Tour de Bourgogne à vélo®. Sur le site Internet, documents à télécharger : carnets de route, listes de prestataires, etc. *5, av. Garibaldi 21000 Dijon Tél. 03 80 28 02 80 www.la-bourgogne-a-velo.com*

Train+vélo Cette formule de la SNCF permet de transporter ou d'expédier votre vélo sur votre lieu de vacances. *Tél. 3635 www.velo.sncf.com*

randonnée pédestre

Parmi les sentiers qui parcourent la région, on distingue les **GR®** (sentiers de grande randonnée), balisés en blanc et rouge, dont le GR®13, qui relie Fontainebleau à Arcy-sur-Cure, en traversant l'Yonne ; les **PR®** (sentiers de petite randonnée), signalés d'un trait jaune et pour tout public. Des boucles locales, les **GRP®** (GR® de pays), balisées en jaune et rouge, ont aussi été mises en place. Le Comité régional de la randonnée pédestre édite des topo-guides détaillant les itinéraires de la région.

Fédération française de la randonnée pédestre (FFRP) *64, rue du Dessous-des-Berges 75013 Paris Tél. 01 44 89 93 90 www.ffrandonnee.fr*

Comité régional de la randonnée pédestre de Bourgogne *1, rue des Fleurs 21000 Dijon Tél. 03 80 43 15 64 www.bourgogne.ffrandonnee.fr*

LE CHEMIN DE SAINT-JACQUES-DE-COMPOSTELLE Vézelay est le point de départ d'une des quatre routes historiques qui mènent à Saint-Jacques, la **voie de Vézelay** (via Lemovicensis). Elle traverse la Bourgogne sur plus de 150km, de la basilique de Vézelay à Nevers. Un guide est édité par l'association des amis de Compostelle. *www.vezelay-compostelle.eu*

VOIES VERTES Les piétons (mais aussi les cyclistes et les adeptes des rollers) peuvent parcourir la Bourgogne par le biais d'itinéraires aménagés à l'abri de la circulation : le long du canal du Nivernais, à travers les vignes de la Côte ou dans la forêt morvandelle, la façon idéale de s'approprier la campagne bourguignonne.

AF3V Le site Internet de l'Association française de développement des Véloroutes et Voies vertes de France recense les itinéraires en Bourgogne et fournit un plan de route détaillé. *23, rue Gosselet 59000 Lille Tél. 03 20 95 27 45 www.af3v.org*

randonnée équestre

Le territoire bourguignon offre des aires de jeu diversifiées aux cavaliers : Route des grands crus à travers les vignobles, Voie verte le long des canaux, forêts, monts du Morvan, etc. Les centres équestres disposent souvent de poneys pour les enfants.

Fédération française d'équitation *www.ffe.com*

Comité régional d'équitation de Bourgogne *15, rue Pierre-de-Coubertin 21000 Dijon Tél. 03 80 38 29 95 www.tourismequestre-bourgogne.fr* **Côte-d'Or** *Rue du Bas 21390 Braux Tél. 03 80 64 62 93* **Saône-et-Loire** *389, av. Maréchal de-Lattre-de-Tassigny 71000 Mâcon Tél. 03 85 21 02 20* **Nièvre** *63, rue des Filles 58660 Coulanges-lès-Nevers Tél. 03 86 31 62 93* **Yonne** *Impasse de la Maladrerie 89740 Cruzy-le-Châtel Tél. 03 86 75 23 16*

golf

Une vingtaine de golfs, des parcours de 18 trous pour la plupart, sont répertoriés dans la région couverte par ce guide (un seul dans la Nièvre).

Fédération française de golf (FFG) *68, rue Anatole-France 92309 Levallois-Perret Cedex Tél. 01 41 49 77 00 www.ffgolf.org*

Ligue de golf en Bourgogne *15, rue Gaston-Roupenel 21200 Beaune www.lbgolf.fr*

canoë-kayak

Les adeptes de descente rapide trouvent des sources de frissons dans le Morvan, les amateurs de promenades en famille optent pour quelques heures sur la Saône, l'Yonne ou la Loire. La majorité des clubs de canoë-kayak adaptent leurs parcours en fonction de votre niveau et de vos envies. Cinq parcours **éco-pagayeurs®** ont été mis en place par la région pour les amateurs de canoë-kayak soucieux de l'environnement, à Bourbon-Lancy, Decize, Nevers, Saint-Jean-de-Losne-Seurre et Chaumeçon. Chaque embarcation est équipée d'un audio-guide et fournit au fil de la descente des informations sur le patrimoine local (faune et flore) et sur le respect des milieux naturels.

Fédération française de canoë-kayak *Tél. 01 45 11 08 50 www.ffck.org*

Comité régional de canoë-kayak *1, rue Étienne-Baudinet 21000 Dijon Tél. 03 80 45 32 83 www.canoekayak-bourgogne.fr*

pêche

La pêche est une activité largement répandue dans les torrents rapides du Morvan, les étangs tranquilles de Puisaye, les rivières calcaires de Côte-d'Or ou les eaux indomptables de la Loire. Attention, la réglementation est très précise et les contrôles fréquents (un permis journalier coûte en moyenne 10€).

Fédération nationale pour la pêche en France Pour tout savoir sur la pratique de la pêche. *www.unpf.fr* **Côte-d'Or** *Tél. 03 80 57 11 15* **Saône-et-Loire** *Tél. 03 85 23 83 00* **Nièvre** *Tél. 03 86 61 18 98* **Yonne** *Tél. 03 86 51 03 44*

sports aériens

Montgolfière, deltaplane, parachute ou parapente, à chacun sa façon d'apprivoiser le ciel. Le survol des vignobles de la Côte-d'Or en montgolfière est un grand classique, surtout en automne et au printemps. Contactez les offices de tourisme pour obtenir les coordonnées des prestataires.

Comité régional ULM de Bourgogne *14, rue des Hauts-de-Charon 71640 Mellecey www.ulm-bourgogne.fr*

Fédération française de vol à voile *29, rue de Sèvres 75006 Paris Tél. 01 45 44 04 78 www.ffvv.org*

Fédération française de parachutisme *62, rue de Fécamp 75012 Paris Tél. 01 53 46 68 68 www.ffp.asso.fr*

Fédération française de vol libre *Tél. 04 97 03 82 82 www.ffvl.org*

France Montgolfières *6, pl. de la Gare 89270 Vermenton Tél. 02 54 32 20 48 www.franceballoons.com*

sports nautiques

La région regorge de lacs, cours d'eau et rivières, aussi n'aurez-vous aucun mal à naviguer. Les lacs, comme ceux du Bourdon, de la Sorme, de Pannecière-Chaumard ou encore des Settons, ont des centres nautiques, où vous pourrez louer pédalos, planches à voile, avirons, etc. Contactez les offices de tourisme pour vous procurer la liste des prestataires.

Fédération française de voile *Tél. 01 40 60 37 00 www.ffvoile.org*

Fédération française d'aviron *Tél. 01 45 14 26 40 www.avironfrance.asso.fr*

Fédération française de ski nautique *Tél. 01 53 20 19 19 www.ffsnw.fr*

THERMALISME

Les établissements de Bourbon-Lancy, en Saône-et-Loire, et de Saint-Honoré-les-Bains, dans la Nièvre, accueillent en général les curistes pour des séjours de trois semaines. Vous pouvez également opter pour un week-end thermal ou pour des soins à la carte.

Thermes de Bourbon-Lancy *5, place d'Alligre Tél. 03 85 89 18 84*

Thermes de Saint-Honoré *Tél. 03 86 30 73 27*

TRANSPORTS

transports en commun

TRAIN Le réseau des TER (trains express régionaux) dessert les principales villes de Bourgogne : Dijon, Chalon-sur-Saône, Mâcon, Moulins, Nevers, Auxerre, Sens, Montbard, etc. Les villes de Mâcon et Le Creusot sont situées sur la ligne de TGV qui relie Paris au sud-est de la France. Des cars assurent les liaisons entre cer-

Tableau kilométrique

	Dijon	Auxerre	Nevers	Mâcon	Chalon-sur-Saône
Auxerre	150				
Nevers	186	108			
Mâcon	127	227	175		
Chalon-sur-Saône	70	170	154	57	
Château-Chinon	113	110	65	136	88

PRATIQUE

taines villes de la Nièvre et de l'Yonne, et dans le sud de la Saône-et-Loire.
SNCF *Tél. 3635 www.ter-sncf.com*

CARS Le réseau des transports de Bourgogne est géré par les conseils généraux. Les quatre départements ne connaissent pas de zone non desservie par les cars, y compris dans le Parc naturel régional du Morvan. Les réseaux intercommunaux en Saône-et-Loire et en Côte-d'Or permettent de se rendre dans les vignobles sans avoir de voiture.
Buscephales (Saône-et-Loire) *Tél. 03 85 39 93 40*
Transco (Côte-d'Or) *Tél. 03 80 63 69 20*
Nièvre *Tél. 03 86 60 67 00*
TransYonne *Tél. 03 86 72 89 89*

MOBIGO Le Conseil régional de Bourgogne a mis en place une centrale d'informations destinée à aider les voyageurs à préparer leur voyage en transport public (bus, car, train). Site Internet très complet avec recherches d'itinéraires, liaisons, tarifs, réductions, etc. *Tél. 0 800 10 2004 www.mobigo-bourgogne.com*

transports individuels

LOCATION DE VOITURES Les grandes agences sont présentes à proximité des gares principales.
Avis *Tél. 0820 05 05 05 www.avis.fr*
Europcar *Tél. 0825 358 358 www.europ-car.fr*
Hertz *Tél. 0825 861 861 www.hertz.fr*

URGENCES

D'un téléphone portable, même sans réseau, un seul numéro, le 112.
Samu *Tél. 15*
Police *Tél. 17*
Pompiers *Tél. 18*

GEOREGION

Beaune, toits de tuiles vernissées de l'Hôtel-Dieu (p.102).

CÔTE-D'OR

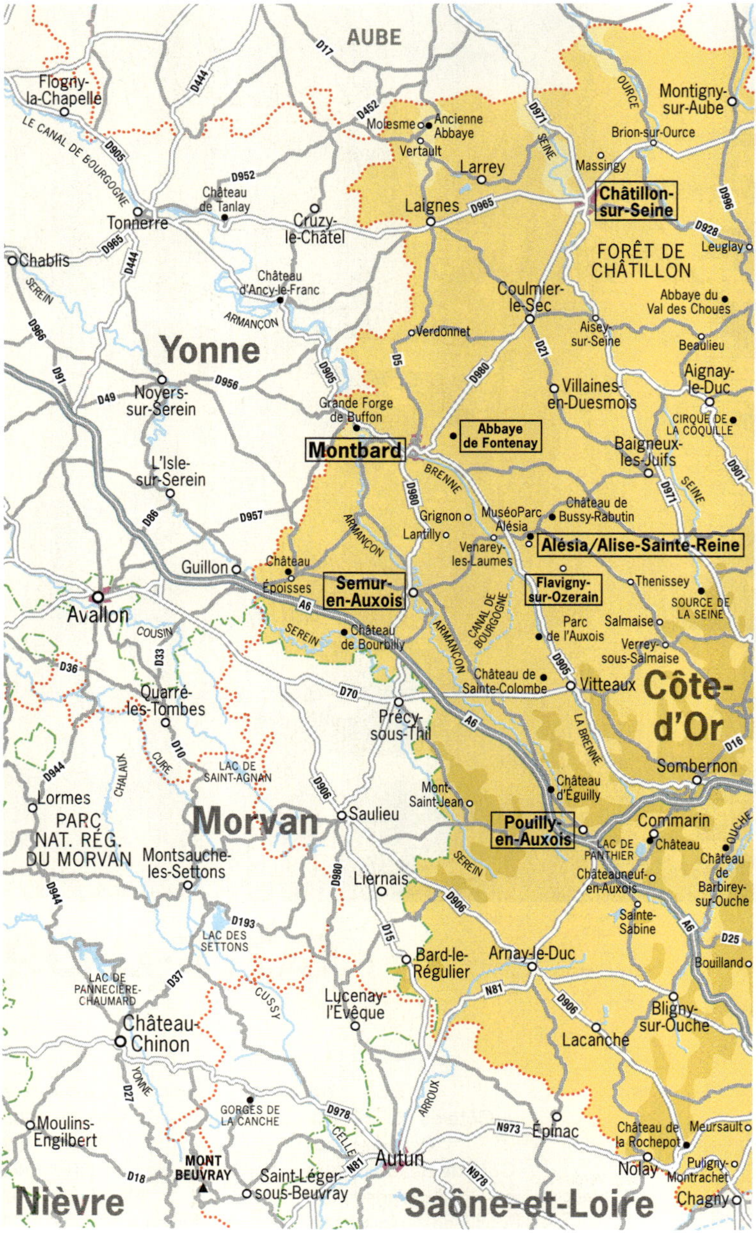
AUBE
Flogny-la-Chapelle
LE CANAL DE BOURGOGNE
Tonnerre
Château de Tanlay
Cruzy-le-Châtel
Chablis
Château d'Ancy-le-Franc
ARMANÇON
SEREIN
Yonne
Noyers-sur-Serein
L'Isle-sur-Serein
Guillon
Avallon
COUSIN
Quarré-les-Tombes
CURE
CHALAUX
LAC DE SAINT-AGNAN
Lormes
PARC NAT. RÉG. DU MORVAN
Morvan
Montsauche-les-Settons
LAC DES SETTONS
LAC DE PANNECIÈRE-CHAUMARD
Château-Chinon
YONNE
Moulins-Engilbert
MONT BEUVRAY
GORGES DE LA CANCHE
Saint-Léger-sous-Beuvray
Nièvre
Saulieu
Liernais
Lucenay-l'Évêque
CUSSY
Autun
CELLE
ARROUX
Bard-le-Régulier
Arnay-le-Duc
Lacanche
Épinac
Saône-et-Loire
Nolay
Château de la Rochepot
Meursault
Puligny-Montrachet
Chagny
Bligny-sur-Ouche
Bouilland
Sainte-Sabine
Châteauneuf-en-Auxois
LAC DE PANTHIER
Pouilly-en-Auxois
Commarin
Château
Château de Barbirey-sur-Ouche
OUCHE
Sombernon
Côte-d'Or
Château d'Éguilly
Mont-Saint-Jean
Précy-sous-Thil
Vitteaux
Château de Sainte-Colombe
LA BRENNE
Verrey-sous-Salmaise
Salmaise
Parc de l'Auxois
SOURCE DE LA SEINE
Thenissey
Flavigny-sur-Ozerain
Alésia/Alise-Sainte-Reine
MuséoParc Alésia
Château de Bussy-Rabutin
Venarey-les-Laumes
Grignon
Lantilly
CANAL DE BOURGOGNE
Semur-en-Auxois
Château Époisses
Château de Bourbilly
Montbard
Grande Forge de Buffon
Abbaye de Fontenay
BRENNE
Verdonnet
Coulmier-le-Sec
Villaines-en-Duesmois
Baigneux-les-Juifs
CIRQUE DE LA COQUILLE
Aignay-le-Duc
Beaulieu
Aisey-sur-Seine
Abbaye du Val des Choues
FORÊT DE CHÂTILLON
Leuglay
Châtillon-sur-Seine
Massingy
Brion-sur-Ource
Montigny-sur-Aube
OURCE
SEINE
Laignes
Larrey
Molesme
Ancienne Abbaye
Vertault
D17
D444
D452
D905
D952
D965
D971
D996
D928
D966
D91
D49
D956
D957
D86
D5
D980
D21
D901
D36
D33
D10
D944
D906
D70
A6
D16
D193
D37
D15
N81
D25
D27
D18
D978
N973
N978

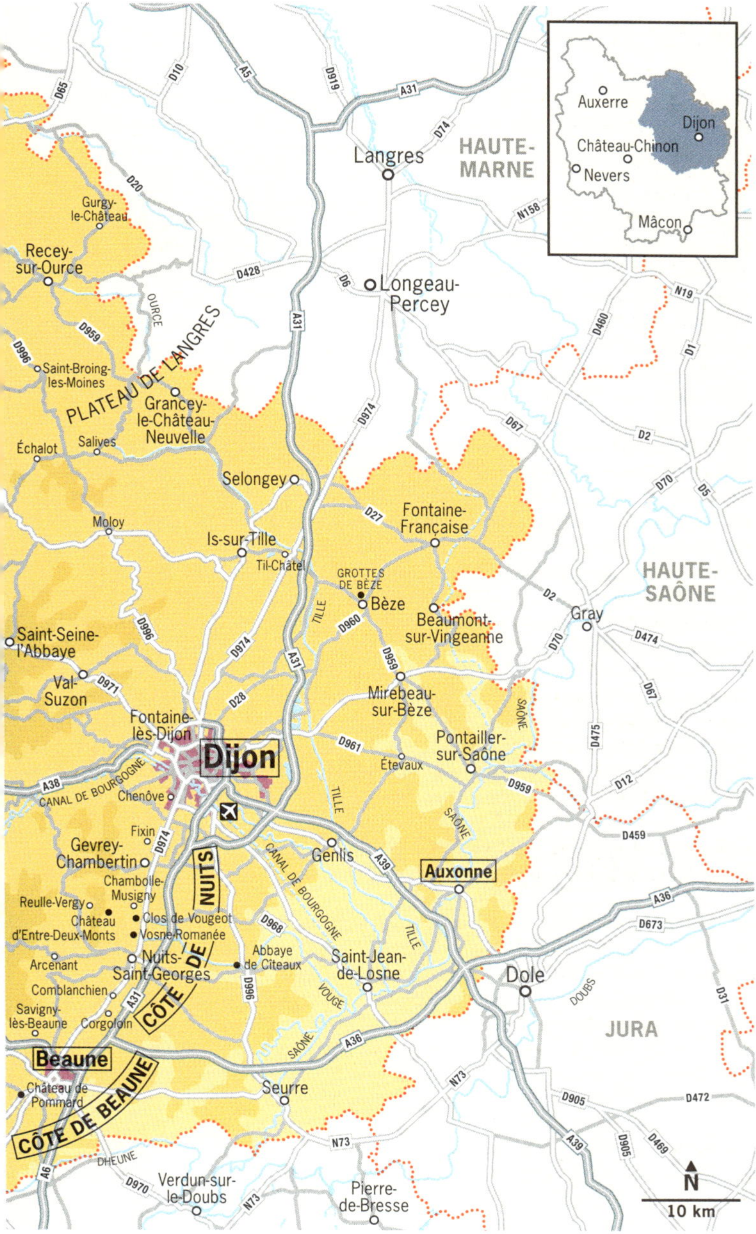
HAUTE-MARNE
Langres
Longeau-Percey
Auxerre
Dijon
Château-Chinon
Nevers
Mâcon
Recey-sur-Ource
Gurgy-le-Château
PLATEAU DE LANGRES
Saint-Broing-les-Moines
Grancey-le-Château-Neuvelle
Échalot
Salives
Selongey
Moloy
Is-sur-Tille
Til-Châtel
Fontaine-Française
GROTTES DE BÈZE
Bèze
Beaumont-sur-Vingeanne
HAUTE-SAÔNE
Gray
Saint-Seine-l'Abbaye
Val-Suzon
Mirebeau-sur-Bèze
Pontailler-sur-Saône
Fontaine-lès-Dijon
Dijon
Étevaux
Chenôve
CANAL DE BOURGOGNE
Fixin
Gevrey-Chambertin
Genlis
Auxonne
Chambolle-Musigny
Reulle-Vergy
Château d'Entre-Deux-Monts
Clos de Vougeot
Vosne-Romanée
CÔTE DE NUITS
Abbaye de Cîteaux
Arcenant
Nuits-Saint-Georges
Saint-Jean-de-Losne
Dole
Comblanchien
Savigny-lès-Beaune
Corgoloin
JURA
Beaune
Château de Pommard
CÔTE DE BEAUNE
Seurre
Verdun-sur-le-Doubs
Pierre-de-Bresse
N
10 km

★ DIJON

21000

Au cœur de la ville, la statue d'un jeune vendangeur, mi-Dionysos mi-Bacchus, foule le raisin avec entrain. Une grappe orne chacune des colonnes qui soutiennent les architectures Eiffel du marché couvert. Et tous les bistrots, du plus chic au plus modeste, servent le vin au verre. Dijon, que l'on sait être la capitale de la moutarde, est avant tout celle des grands crus : ses splendeurs architecturales viennent couronner les vignobles de la côte de Nuits. Les "Champs-Élysées" des appellations bourguignonnes s'ouvrent aux portes de la ville, passé le dernier feu rouge. Mais il y a tant à faire à Dijon qu'on en oublierait presque de trinquer et qu'on ne sait par où commencer. Pourquoi ne pas aborder la ville par ses toits, puisque le sommet de la tour Philippe le Bon invite à une vue aérienne ? De là, on saisit la variété d'un patrimoine exceptionnel et les entrelacs d'une histoire doublement millénaire. Alternance de tuiles et d'ardoises, ponctuée par quelques décors vernissés, profusion de flèches reflétant dix siècles d'architecture religieuse, ruelles tortueuses où s'alignent des maisons médiévales à pans de bois, rues nobles bordées d'hôtels particuliers et, à vos pieds, se dessine l'hémicycle parfait de la place de la Libération. Peu de cités honorent avec autant d'évidence leur label "Ville d'art et d'histoire". Ni avec autant de ferveur : les propositions touristiques abondent, pour découvrir la ville et le vignoble alentour. Ni avec autant d'hospitalité : les musées sont gratuits. Si aucun n'est à négliger, on commencera par le musée des Beaux-Arts, époustouflant. Dijon n'est pas une ville pour touristes pressés, invitant aussi à découvrir l'art contemporain, au Consortium, à musarder aux marchés, à déguster un nuits-saint-georges ou un mercurey aux terrasses de ses cafés, à tester ses restaurants et à profiter des soirées festives de la péniche *Cancale*. Pour le farniente : 700ha d'espaces verts. Échappez-vous au parc de la Colombière que tous les Dijonnais connaissent depuis le landau et installez-vous à l'ombre pour un pique-nique.

À L'ÈRE ROMAINE En l'an 70 av. J.-C., la huitième légion *Augusta* atteint la rive droite de l'Ouche, frontière du territoire éduen. Sur ce site stratégique – entre Seine et Saône, nord et Méditerranée –, les Romains établissent un campement modeste, celui de la Noue, qui préfigurera l'implantation de *Divio*. La cité grandira, comme en témoigne la richesse des vestiges exhumés de deux nécropoles et exposés au Musée archéologique, l'un des plus riches de France. Au IIIe siècle, ce *castrum* romain s'entoure de murailles dont on aperçoit les fondations dans l'église Saint-Étienne.

BENIGNUS, MARTYR FONDATEUR Dès le VIe siècle, une basilique est élevée à l'ouest du *castrum* romain, sur la tombe du martyr Benignus. Elle sera reconstruite au XIe siècle, sur un plan grandiose d'inspiration lombarde, par Guillaume de Volpiano, moine clunisien originaire d'Italie.

Autour de ce sanctuaire, décrit à l'époque comme "l'un des plus admirables de toute la Gaule", Dijon apparaît déjà comme une ville d'importance. Les évêques de Langres y résident et, au XIe siècle, le duc de Bourgogne Robert Ier fut le premier à ériger Dijon en capitale. Une enceinte plus vaste circonscrit la nouvelle agglomération (97ha, l'actuel secteur sauvegardé), qui bénéficiera d'une charte de franchise et frappera monnaie. La cité prospère autour d'une population de vignerons et d'artisans que financent Juifs et Lombards, seuls autorisés à pratiquer les métiers d'argent. Au XIIIe siècle, Dijon est un pôle d'attraction pour les ordres religieux : cisterciens, ordres mendiants, dominicains, franciscains y établissent des relais. Lorsque sévit la grande peste de 1348, la ville compte plus de 10 000 habitants.

DIJON, VILLE CAPITALE Aux XIVe et XVe siècles, les grands-ducs de Bourgogne confortent la ville dans sa position de capitale. Dijon est le centre de gravité d'un "empire" considérable, qui s'étend des Flandres à la Franche-Comté, supérieur en superficie et en puissance au royaume de France. Les ducs invitent architectes et artistes européens à embellir la ville. De cette époque d'intense mécénat, datent le palais des Ducs de Bourgogne, et la chartreuse de Champmol. À la mort de Charles le Téméraire (1477), la royauté française récupère la ville, qui restera le siège des grandes institutions bourguignonnes. La monarchie fait édifier le parlement de Bourgogne, qui rayonnera sur trois siècles de prospérité architecturale, économique et artistique. La richesse de l'élite parlementaire s'exprime dans la pierre : de superbes hôtels particuliers fleurissent ici en si grand nombre qu'il serait vain de les énumérer. La ville se façonne sur le mode aristocratique. Au XVIIe siècle, le palais ducal s'enrichit d'un palais des États et, à cette occasion, Mansart conçoit l'harmonieux hémicycle de la place Royale (actuelle place de la Libération).

DIJON AUJOURD'HUI La Révolution a guillotiné quelques clochers – la ville en comptait cent –, détruit quelques prestigieux édifices, et puis la ville s'est endormie au XIXe siècle. L'apparition du chemin de fer, sous Napoléon III, l'a redynamisée et l'essor n'a cessé de se poursuivre. Dijon a amorcé sa mutation "écolo" : vélos en libre-service, navette électrique en centre-ville, dans le quartier des affaires, la futuriste tour Elithis à énergie positive (produisant plus d'énergie qu'elle n'en consomme) et, à l'horizon 2013, 20km de tramway. Dijon apparaît comme une ville moderne, décomplexée, et qui sait vivre.

MODE D'EMPLOI

accès

EN VOITURE

Dijon est située à un carrefour autoroutier : l'A38 rejoint l'A6 (Paris, 300km), l'A39 file vers Genève (200km) et rejoint l'A36 qui continue sur Belfort, l'A31 venant du nord se prolonge au sud par l'A6 qui relie Lyon (190km).

EN TRAIN

Gare SNCF (plan 1, A2) Lignes TGV, TER, ou Téoz. Une vingtaine de liaisons quotidiennes vers Paris (env. 1h35) et Lyon (env. 2h). *Cour de* *la Gare (à 10min à pied du centre historique ou en bus)* **Boutique SNCF (plan 2, A2)** *55, rue du Bourg Ouvert lun.-sam. Tél. 3635*

EN CAR

Gare routière (plan 1, A2) Avec une trentaine de lignes régulières, Transco dessert les localités de la Côte-d'Or. *Cour de la Gare Tél. 03 80 63 69 20 ou 0800 10 2004 www.mobigo-bourgogne.eu*

EN AVION

Aéroport Dijon-Bourgogne La compagnie Eastern Airways assure trois lignes régulières avec Bordeaux et Toulouse. *À 5km du centre-ville Tél. 03 80 67 67 67* **Eastern Airways** *www.easternairways.fr*

se déplacer en ville

EN VOITURE On note quelques encombrements aux heures de pointe, et des itinéraires de déviation liés aux travaux d'installation du tramway (2013). *Informations sur le trafic Tél. 0 800 100 200 (gratuit depuis un poste fixe) ou 0 826 022 022 (0,15€/min) www.letram-dijon.fr*

Stationnement Une dizaine de parkings souterrains et payants dans le centre-ville, ouverts 24h/24. **Darcy-Liberté** *(plan 1, B1)* **Dauphine** *(plan 2, A2)* **Sainte-Anne** *(plan 2, A2)* **Trémouille-Marché** *(plan 1, C1)*

TRANSPORTS EN COMMUN

Diviacity Cette **navette électrique gratuite** circule en centre-ville, et dessert les principaux sites et les parkings. *Tél. 0800 10 2004 (numéro vert) Fonctionne lun.-sam. 7h-20h*

EN DEUX-ROUES

Velodi Vélos en libre-service dans une quarantaine de stations, majoritairement en centre-ville et à la gare. Nécessite un téléphone portable et une CB. Tarif 1€/sem. *Tél. 0 800 200 305*

TAXIS

Taxi Dijon (plan 1, A1) *20, cour de la Gare Tél. 03 80 41 41 12 Tlj. 24h/24*

orientation

Centre-ville (plan 1) Il est délimité à chaque point cardinal par de grandes places : au nord, la **place de la République** (proche de la préfecture) ; au sud, la **place Wilson** ; à l'ouest, les places **Darcy** et **Grangier** (dotées de parkings et proches de la cathédrale Saint-Bénigne et des halles) ; et, à l'est, la place **Saint-Michel** d'où l'on rejoint en à peine 3min de marche la place de la Libération et le **palais des Ducs de Bourgogne**.

Centre historique (plan 2) L'harmonieux hémicycle de la **place de la Libération** en est le centre de gravité. On s'y repère facilement, et les rues alen-

Tableau kilométrique

	Dijon	Nuits-St-Georges	Beaune	Alise-Ste-Reine	Chalon-sur-Saône	Châtillon-sur-Seine
Nuits-St-Georges	29					
Beaune	45	16				
Alise-Ste-Reine	61	82	83			
Chalon-sur-Saône	70	45	31	112		
Châtillon-sur-S.	84	105	134	49	158	
Auxerre	150	161	147	100	175	83

tour qui affichent des tendances bien affirmées sont autant de microquartiers qui s'imbriquent les uns dans les autres. Les mordus de **shopping** fileront vers les rues de la Liberté, des Godrans, Musette, via les halles ou la rue Verrerie (pour ses boutiques de décoration), et rue de la Chaudronnerie ou encore rue Jean-Jacques-Rousseau (quartier des **antiquaires et des brocantes**). **Pour une pause en terrasse**, deux incontournables : place de la Libération et place François-Rude. **En soirée**, on se dirigera vers la place de la République (plan 1, C1), quartier ingrat en journée, mais animé en fin de soirée ; rue Berbisey où Dijon offre un visage moins guindé et plus populaire (plan 1, B3) ou encore au port du Canal pour sa péniche-concerts (plan 1, A3, cf. Carnet d'adresses). **Pour se restaurer**, on trouve de bonnes tables un peu partout, avec toutefois de fortes concentrations de restaurants autour du marché, place Émile-Zola et rue Berbisey.

informations touristiques

Office de tourisme (plan 2, A1) Dynamique, cet OT propose de nombreuses formules de découvertes (cf. ci-après Visites guidées). De plus, il ouvre directement et gratuitement sur l'un des plus beaux édifices de Dijon, la chapelle des Élus. *11, rue des Forges Tél. 0892 700 558 (0,34€/min) www.visitdijon.com Ouvert avr.-sept. : lun.-sam. 9h30-18h30, dim. et j. fér. 10h-18h ; oct.-mars : lun.-sam. 9h30-13h et 14h-18h, dim. et j. fér. 10h-16h* ***Point info gare SNCF*** *15, cour de la Gare*

Forfait touristique L'OT décline en plusieurs formules le **"pass Dijon et vignobles des côtes de Nuits"**, qui permet de bénéficier de la gratuité des transports en commun du Grand Dijon et pour 35 prestations (visites guidées, châteaux, balades viticoles, etc.), ainsi que de substantielles réductions auprès de certains commerçants (18€/24h, 32€/48h, 45€/72h).

visites guidées

Visites guidées de la ville L'OT a conçu de belles propositions de parcours dont nous retenons : **"Dijon découverte"** (panorama historique et patrimonial, existe aussi en nocturne), **"Saveurs et piquant"** (visite historique jalonnée de pauses gourmandes), "Les hôtels particuliers" "Le palais des États" (ses coulisses et ses salons, s'ouvrant pour l'occasion), "Des Bourguignons connus et méconnus" (les plus célèbres, tels que Gustave Eiffel, Mme de Staël, comme les artistes de l'ombre). *Inscription à l'OT Tarif 6€-9€, réduit 3€, moins de 18 ans 1€*

Visite en Segway Trottinette électrique au maniement facile et intuitif (à partir de 12 ans), le Segway permet de s'évader dans le centre historique ou vers la Coulée verte. La visite, qui se déroule sous la conduite d'un accompagnateur (1h30, avec 10min d'initiation), est agrémentée de commentaires plus succincts que ceux des traditionnelles visites guidées, mais l'expérience est plus ludique. *Juin-sept. : ven., sam. ; juil.-août Inscription à l'OT Tarif 16€, réduit 7€*

Sacs à sentiers Sac malin contenant cartes et fiches d'activités adaptées à tous les âges. Trois parcours, l'un urbain, les deux autres champêtres à Plombières-lès-Dijon (pelouses calcaires et forêt). *10€/sac (valable pour la famille). Voir OT ou Tél. 03 80 45 92 23*

VISITE GUIDÉE DES VIGNOBLES

Deux départs quotidiens vers les vignobles (matin et ap.-m.) : 7 circuits en compagnie de guides, parmi lesquels on retient : "Bourgogne et fromages", "Circuit côte de Nuits" et "L'âme de la Bourgogne et l'esprit du vin". Également des nouveautés tous les ans, parmi lesquelles une visite en nocturne. *Réservation à l'OT À partir de 48€/pers.*

☺ **L'âme de la Bourgogne et l'esprit du vin** Découverte de la côte de Nuits par la route des Grands Crus avec une initiation à l'œnologie chez une viticultrice, une dégustation sur fûts à la pipette, et en bonus, une halte au clos de Vougeot et dans une fromagerie affineuse d'époisses. *Départ 9h45 (retour vers 13h30) Tarif 70€*

marchés

Marché (plan 2, A1) *Les halles : mar., jeu.-sam. En extérieur : mar. ven.-sam.*

Marché aux puces (plan 2, A1) *Rue Musette Mar., ven. et sam.*

fêtes et manifestations

L'été, on continue Un programme riche d'animations (concerts, expos, spectacles, Dijon plage, etc.). *Mi-juin-fin août*

Garçon, la note ! Des concerts gratuits animent terrasses des cafés et restaurants partenaires. *Juil.-août*

Fête de la vigne Voilà 60 ans que Dijon honore le vin par cette semaine de festivités, où les dégustations s'accompagnent de danses folkloriques, fanfares et concerts. *Fin août*

Foire internationale et gastronomique Culte gourmand né en 1921. 500 exposants y présentent la gastronomie locale et internationale. *1re quinzaine de nov.*

DÉCOUVRIR

Le centre-ville

☆ **Les essentiels** Le palais des Ducs et des États, le musée des Beaux-Arts, l'église Notre-Dame, la cathédrale Saint-Bénigne, le Musée archéologique
Découvrir autrement Faites une visite gourmande et historique avec l'OT, goûtez le pain d'épice chez Mulot ➤ Carnet d'adresses p.84

Le palais des Ducs et ses alentours

Place de la Libération (plan 2, A2) Cette place, d'une classe folle, porte la signature de Mansart, l'auteur, à Paris, de la place Vendôme et de la place des Victoires. L'architecte de Louis XIV supervise en 1686 des travaux d'urbanisme à l'échelle des ambitions royales. Il faut alors construire un palais des États où siégeront les trois ordres (noblesse, clergé et tiers état) chargés d'administrer la région et d'y lever les impôts directs. Le chantier doit se réaliser au centre de la ville, autour du palais des Grands-Ducs de Bourgogne. Érigé sur une base médiévale, agrandi et remanié pendant deux siècles, cet édifice affiche une disparité architecturale qui n'est pas du goût de Mansart. Il la masquera derrière un superbe déploiement de façades classiques qui engloberont le vieux palais ducal dans un projet cohérent et moderne : le palais des Ducs et des États de Bourgogne, deux palais qui n'en font plus qu'un. Louis XIV y dispose d'un logis royal face auquel l'architecte imagine une perspective solennelle. Une vaste esplanade est dégagée dans le tissu urbain, et un ensemble de demeures, elles aussi classiques, épouse l'hémicycle. Superbe écrin pour la statue équestre de Louis XIV, inaugurée en 1725, puis fondue et transformée en canons pour les besoins des guerres révolutionnaires. Baptisée successivement place Royale (à sa conception), place d'Armes (en 1792), place du maréchal Pétain (en 1941), puis place de la Libération (en 1944), elle a été restaurée en 2006 par le cabinet d'architecture Wilmotte. Désormais, trois lignes de jets d'eaux s'inscrivent dans la perspective des rues environnantes, les terrasses s'y déploient généreusement, selon un agencement favorable à la vue, et de nuit un éclairage savant sublime le site.

☆ **Palais des Ducs et des États de Bougogne (plan 2, A-B1)** Un palais, deux tours, trois cours et quatre siècles de remaniements. Tous les styles s'y côtoient, du gothique naissant au classique. Philippe le Hardi, premier des grands-ducs de Bourgogne, amorce en 1366 la construction d'un palais qui s'adosse aux anciennes fortifications du *castrum* romain. Massive, trapue, ne pouvant dissimuler ses origines médiévales, la tour de Bar doit son nom à René d'Anjou, duc de Bar et de Lorraine, qui y fut emprisonné de 1431 à 1437 par Philippe le Bon. Au flanc de cette tour, l'escalier de Bellegarde tempère l'austérité du cadre par la grâce de son style XVIIe siècle. Toute proche, la statue de Claus Sluter regarde les imposantes cuisines aménagées dans les années 1430, véritable temple de la gastronomie où six bœufs entiers pouvaient rôtir en même temps (actuellement une des salles du musée des Beaux-Arts). Sans cesse agrandi, les derniers travaux d'envergure datant du XVIIe siècle, le palais abrite aujourd'hui les bureaux de la municipalité et compte trois cours : la **cour d'honneur**, qui ouvre sur la place de la Libération par un portail encadré de colonnes toscanes, la **cour de Bar** qui ouvre l'accès au musée des Beaux-Arts et la **cour de Flore**. Au centre, un donjon domine l'ensemble : c'est la tour Philippe le Bon, construite en 1458, qui vient rompre la symétrie si parfaite des façades classiques.

LA VIGIE DU PALAIS Le plus beau belvédère de Dijon se mérite : 316 marches ! Ceint d'un garde-corps à remplage flamboyant, le sommet de la tour Philippe le Bon offre du haut de ses 46m une vue à 360° que l'on décrypte à l'aide de tables d'orientation. **Tour Philippe le Bon** *Accès par le passage ouvrant sur la cour d'honneur Ouvert Pâques-3e dim. nov. : tlj. 9h-12h et 13h30-17h30 ; 3e lun. nov.-Pâques : mer. 13h30-15h30, sam.-dim. 9h-11h et 13h30-15h30 Tarif 2,30€, réduit 1,20€*

Chapelle des Élus On y accède librement par l'office de tourisme. Un bijou polychrome façonné en 1738 : décor rocaille, sculptures d'un raffinement extrême, pilastres corinthiens, autel ciselé par Servandoni, artiste florentin. Dans ce sanctuaire dessiné par l'architecte Jacques Gabriel (1667-1742), auteur des ornementations du château de Versailles, on trouve l'esprit du règne de Louis XV. *11, rue des Forges Visite aux heures d'ouverture de l'OT (Cf. Mode d'emploi)*

☆ **Musée des Beaux-Arts** L'un des plus vieux musées de France (fondé en 1766) et l'un des plus fastueux. Installé dans l'aile orientale du palais des États, ce "petit Louvre" invite à un parcours encyclopédique et "cyclopéen" allant de la période égyptienne jusqu'au XXe siècle. La richesse des collections

Plan 1 Dijon, centre

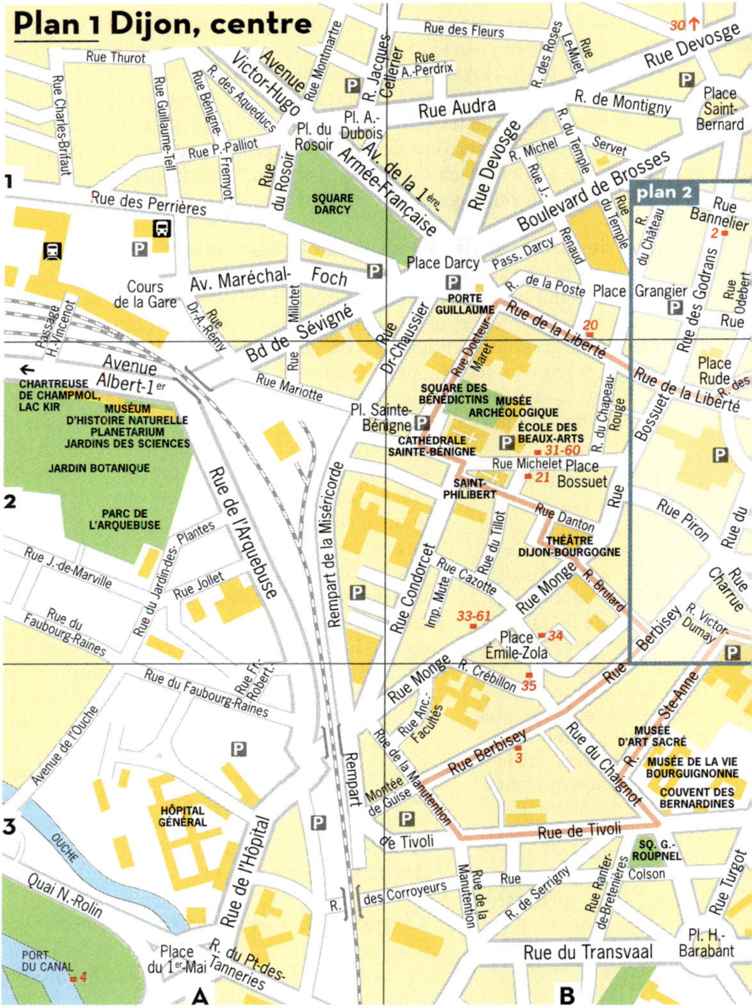

Cafés, bars et lieux de sortie (nos 1 à 4)
La Jamaïque ___ **1** C1
Le Caveau de la Chouette ___ **2** B1
Le Shanti ___ **3** B3
Péniche Cancale ___ **4** A3

Shopping (nos 20 et 21)
Boutique Maille* ___ **20** B1
Boutique Mulot et Petitjean* ___ **21** B2

Restauration (nos 30 à 37)
Hostellerie du Chapeau rouge ___ **31** B2
Le Bistrot des Halles ___ **32** C1
Le Chabrot ___ **33** B2
Le Coin caché ___ **30** B1
L'épicerie 34 B2
Le Parc de la Colombière ___ **37** C3
Les Pieds bleus ___ **35** B3
So Fresh* ___ **36** C1

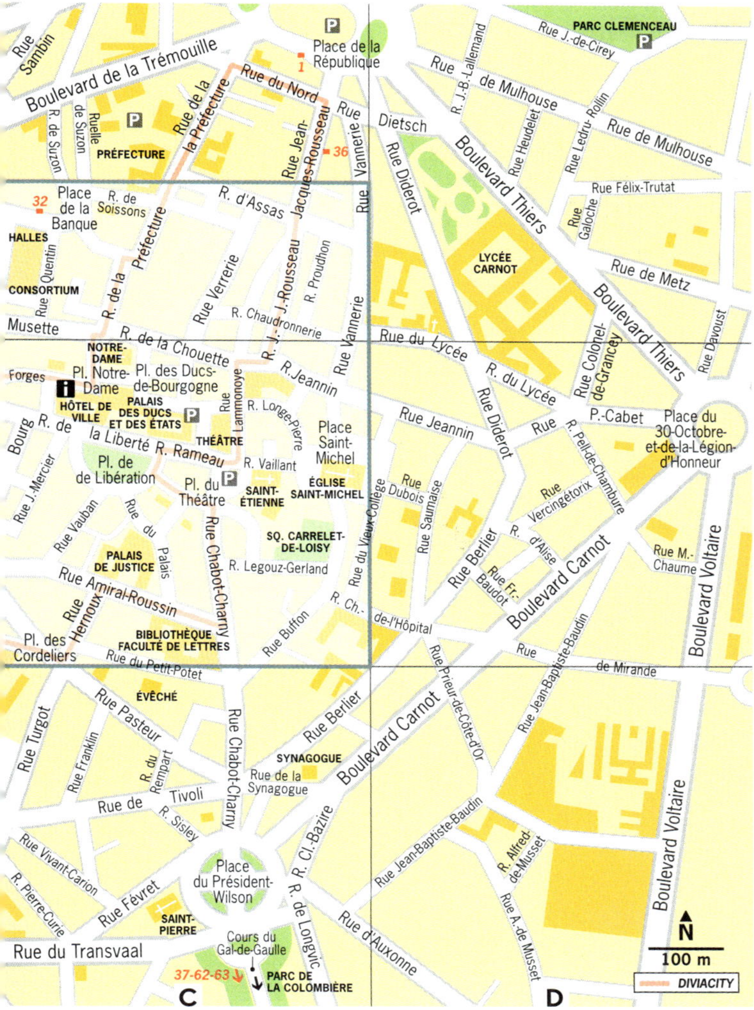

Hébergement (nos 60 à 63)

Hostellerie du Chapeau rouge ___ **60** B2
Hôtel des Allées ___ **63** C3
Hôtel Le sauvage ___ **61** B2
Hôtel-restaurant Le Parc de la Colombière ___ **62** C3

*À RETROUVER DANS LA PARTIE DÉCOUVRIR

Plan 2 Dijon, centre historique

Cafés, salons de thé, et lieux de sortie (nos 5 à 9)
- Le BHV* — 5 A1
- La Maison Millière* — 6 B1
- Le Quentin* — 7 A1
- L'Hôtel particulier* — 8 A1
- O Bareuzaï* — 9 A1

Shopping (nos 22 à 27)
- Bourgogne street* — 22 A1
- Chez Michelin* — 23 A1
- Dingovino* — 24 B1
- État d'esprit* — 25 B1
- Pâtisserie Carbillet* — 27 A1

Restauration (nos 38 à 48)
- B9 — 38 B2
- Chez Léon — 39 A1
- DZ'Envies — 40 A1
- La Causerie des monde* — 41 A2
- La Rose de Vergy* — 42 B1
- La Ruelle — 43 A1
- Le Grain de sel — 44 B1
- Le 3 Vauban — 45 A2
- Le BHV — 46 A2
- Les caves à Jules — 47 A2
- Osteria enoteca italiana — 48 A2

Hébergement
- Luxury flat in Dijon — 64 B2

*À RETROUVER DANS LA PARTIE DÉCOUVRIR

défie l'inventaire. Quelques repères : ce musée présente les "primitifs" allemands (collection unique en France), italiens, les Flamands, les peintres du règne de Louis XIV (Hyacinthe Rigaud), les paysagistes de Barbizon et une collection d'art contemporain où l'expressionnisme de Rouault côtoie les œuvres cubistes de Braque, celles des Nabis ou encore celles de Nicolas de Staël. Les romantiques ne sont pas oubliés, dominés par l'école française, avec Jacques Courtois dit le Bourguignon, Prud'hon, Géricault. Mais le musée témoigne aussi de la vitalité de la sculpture en Bourgogne, des maîtres romans jusqu'à Pompon en passant par des œuvres de Claus Sluter et Claus de Werve. Ces derniers, artistes attitrés de la cour des Ducs, livrent l'un des trésors du musée : les **tombeaux de Philippe le Hardi et de Jean sans Peur**, installés dans la salle des Gardes (cf. encadré). Près de ces tombeaux, le retable de la Crucifixion (XIVe s.), d'inspiration flamande, s'orne de sculptures dorées inspirées par l'art de l'orfèvrerie. La *Nativité* (vers 1420-1425), chef-d'œuvre de Robert Campin dit maître de Flémalle, préside un ensemble d'œuvres emblématiques des liens établis au XVe siècle entre la Bourgogne et les Pays-Bas. On aura préalablement parcouru les salles égyptiennes (portraits du Fayoum, tissus coptes, etc.), la **salle de la tour de Bar** où est évoquée la Toison d'or, ordre de chevalerie créé par Philippe le Bon (cf. GEOPanorama, Histoire), la **salle du Chapitre** qui abrite une collection de sculpture religieuse (du XIVe au XVIIe s.), le **salon Condé**, on ne manquera pas les symbolistes (Gustave Moreau, Odilon Redon), ainsi que les impressionnistes représentés par Manet, Monet, Boudin, Sisley... Une trentaine de salles au total dans un cadre époustouflant. *Palais des Ducs et des États Cour de Bar Tél. 03 80 74 52 70 Ouvert mai-oct. : lun. et mer.-dim. 9h30-18h ; nov.-avr. : lun. et mer.-dim. 10h-17h Fermé 1er jan., 1er mai, 8 mai, 14 juil., 1er et 11 nov., 25 déc. Entrée libre Visite avec audioguide conseillée 4€*

Musée Magnin (plan 2, B2) On est accueilli par un majestueux escalier couronné par un dôme au décor de stuc. Jeanne Magnin (1855-1937) et son frère Maurice (1861-1939), descendants d'une dynastie d'industriels et de politiciens, ont constitué une collection représentative des écoles de l'art flamand, italien et français du XVIe au XIXe siècle. Leur ambition ne fut pas d'accumuler les signatures illustres, mais plutôt d'établir "la chaîne des talents à travers les âges" en quelque 1 500 tableaux. Ce qui n'exclut pas les œuvres majeures. La *Vue du*

☆ Les tombeaux des ducs de Bourgogne

Claus Sluter et son neveu Claus de Werve sculptent le tombeau de Philippe le Hardi, de 1404 à 1410. Ces artistes flamands signent à Dijon les merveilles d'un art européen saisissant de minutie et de réalisme. Sur un socle de marbre noir, le gisant de Philippe le Hardi repose en habit d'apparat, les pieds appuyés sur un lion.

Les quatre faces du tombeau sont parcourues d'une galerie ajourée en marbre, en forme de cloître, où défilent quarante "pleurants" d'albâtre. Ce sont les parents, les officiers et serviteurs du défunt saisis en une variété stupéfiante d'attitudes et d'expressions.

Jean de la Huerta et Antoine Le Moiturier, aragonais et avignonnais, réalisent, de 1443 à 1470, le tombeau de Jean sans Peur et de Marguerite de Bavière, qui emprunte beaucoup au précédent, en un style plus "flamboyant".

Le même socle, la même puissance, la même richesse et la même grâce mystique. Ces tombeaux conservés au musée des Beaux-Arts proviennent de la chartreuse de Champmol, monastère qui fut le lieu de sépulture de la dynastie des grands-ducs. Détruit à la Révolution, il en reste tout de même un chef-d'œuvre incontournable : le Puits de Moïse (cf. Découvrir les faubourgs).

belvédère du Vatican de Jan Frans van Bloemen (1662-1749), d'un classicisme lumineux, *Le Christ et la femme adultère* de Giovanni Cariani (1480-1550), représentatif de la peinture vénitienne du XVIe siècle, *Suzanne et les vieillards* d'Alessandro Allori (1535-1607), aux visages expressifs jusqu'à la caricature, sont d'incontournables merveilles. L'école française, largement déployée dans les salles du premier étage, convoque de grands talents : Jean Boucher (1575-v. 1632), et Claude Vignon (1593-1670), inspiré par Le Caravage. Mais aussi Géricault (1791-1824), Philippe de Champaigne (1631-1681) pour un *Sermon sur la montagne*, les paysagistes de l'école de Fontainebleau, et quelques sculptures d'Auguste Préault (1809-1879). *4, rue des Bons-Enfants Tél. 03 80 67 11 10 www.musee-magnin.fr Ouvert mar.-dim. 10h-12h et 14h-18h Tarif 3,50€ (audioguide inclus), réduit 2,50€*

CABINET D'AMATEURS

Le musée Magnin offre un double intérêt : l'originalité de ses collections héritées d'une famille d'esthètes, et le privilège de pénétrer dans l'un des plus brillants hôtels particuliers de Dijon, construit au XVIIe siècle pour le parlementaire Étienne Lantin. Les œuvres habillent des chambres, des salons et des cabinets de travail richement meublés. Ces pièces nous parviennent telles qu'elles furent habitées par la famille Magnin qui légua ses trésors à l'État.

Musée Rude-Église Saint-Étienne (plan 2, B2) Depuis 1947, le transept de l'église Saint-Étienne abrite les moulages de l'œuvre de François Rude (1784-1855). Formé à l'école des Beaux-Arts de Dijon, c'est à Paris et à Bruxelles que le sculpteur connaîtra la célébrité. En 1846, la ville de Dijon s'avise qu'elle ne possède qu'une seule sculpture de l'enfant du pays (*Hébé et l'aigle de Jupiter*, musée des Beaux-Arts). La municipalité fait donc réaliser des moulages des œuvres majeures de l'artiste. En entrant dans l'église Saint-Étienne, on se trouve face à *La Marseillaise* (ou *Le Départ des volontaires de 1792*), moulage d'une sculpture exécutée pour l'Arc de triomphe (Paris). Une rencontre stupéfiante ; toute la fougue, l'ampleur et le romantisme du bas-relief nous frappent sans sommation. Tandis que les épreuves préparatoires nous révèlent un dessinateur hors pair, on découvre, entre autres, le *Petit pêcheur napolitain* (1831), un élégant *Mercure* (1834) ou encore le *Réveil de Napoléon* (1847). On peut également jeter un coup d'œil sur des vestiges romains (en cours de fouille). *8, rue Vaillant Tél. 03 80 48 64 83 Ouvert juin-oct. : lun. et mer.-dim. 9h30-18h Entrée libre*

Église Saint-Michel (plan 2, B2) La physionomie composite de la paroissiale Saint-Michel s'explique par les péripéties de sa construction, étalée sur plus d'un siècle. Commencée en 1494 dans un style gothique flamboyant, et déjà finissant, elle épousera le goût Renaissance qui préside en France à l'époque de son achèvement (1570). Sous un porche comportant trois portails, le tympan central illustre le Jugement dernier, traité ici de manière italianisante par un sculpteur d'origine flamande. Ce tympan est "gardé" par une multitude d'angelots, sculptés sur les caissons de voûtes. Au trumeau, saint Michel repose sur un socle mythologique où Apollon, Hercule et Vénus se mêlent sans complexe à des scènes bibliques (Salomon, Judith et saint Jean-Baptiste), traitées à la manière florentine. L'intérieur de l'église s'inscrit dans un style gothique plus sobre mais néanmoins très gracieux. *Rue Vaillant*

Rue de la Liberté (plan 2, A1) En partie redessinée au XVIIIe siècle, cette rue conserve de belles maisons médiévales. Mais aussi, au n°64, une façade Art nouveau et, au n°68, un hôtel particulier du XVIIe siècle. Envahie par de multiples enseignes, elle fera également le régal des amateurs de lèche-vitrine, qui rejoindront par cet axe la place de la Libération ou la place Darcy, via la porte Guillaume (arc de triomphe du XVIIIe s.)..

Où acheter des souvenirs gourmands ?

Bourgogne street (plan 2, A1 n°22) C'est simple : toutes les saveurs bourguignonnes sont là, chaque spécialité étant représentée par une signature emblématique du savoir-faire local. Pains d'épice de chez Auger, crème de cassis et marcs de Bourgogne de chez Carton ou Briottet, moutardes de chez Fallot, foies gras de chez Laprée, huiles de chez Leblanc, vins de propriétés sélectionnées, etc. On vous laisse le soin de compléter la liste avec les confitures et autres douceurs. Il suffit de pousser la porte pour être bien reçu, dans un cadre qui valorise les produits. *61, rue de la Liberté Tél. 03 80 30 26 28 www.bourgognestreet.fr Ouvert tlj.*

Boutique Maille (plan 1, B1 n°20) Maille n'est certes pas la plus artisanale des moutardes, mais la marque se décarcasse depuis plus de deux siècles pour inventer des recettes fines et inédites. Et si l'on croit tout connaître de la gamme, on pourrait bien avoir quelques surprises : voyez sa moutarde parfumée "noisette et muscade", ou "mangue et épices thaï". On trouvera aussi des vinaigres à la pulpe de fruits et d'originales tapenades. N'hésitez pas à entrer, pour déguster. *32, rue de la Liberté Tél. 03 80 30 41 02 www.maille.com Ouvert lun.-sam.*

Faire ses emplettes chez un caviste d'exception Dingovino est aux vins ce que Littré est au français : une encyclopédie ! Rien de l'univers viticole n'échappe aux enquêtes pointues de Lydia et François Chavériat, viticulteurs de la côte de Nuits. Les cahors de Mathieu Cosse, les madirans de Christine Dupuy, il fallait les dénicher. Et la Bourgogne ? Pas de souci, elle est là, au meilleur de sa forme, avec un choix implacable de nectars (souvent bio) vendus au prix "propriété". Ce caviste de quartier, un peu à l'écart des sentiers battus, mérite la visite. Ne serait-ce que pour son accueil. **Dingovino (plan 2, B1 n°24)** *29, rue Jeannin Tél. 03 80 28 50 88 www.dingovino.com Ouvert mar.-sam. et dim. mat.*

Où faire une pause en terrasse ? Au BHV ! Comprenez Bar de l'Hôtel-de-ville. Si l'on souhaite se restaurer place de la Libération, mieux vaut se fier à notre sélection (cf. Carnet d'adresses). Pour boire un verre, tous les bars conviennent. Pourtant, celui-ci a quelque chose de plus : le décor avec des allures élégantes de bistrot parisien sur un registre contemporain, l'ambiance, une équipe jeune et déterminée à bien recevoir, et une clientèle aimable. Et puis, le BHV se déploie sur deux terrasses : l'une fait face au palais des Ducs, au cœur de l'éventail de pierre ; l'autre, plus intime, bien connue des habitués, donne sur la belle rue Vauban. Une sélection de vins "nature" (en biodynamie et non sulfatés) à partir de 4€. Et si la faim se fait sentir, vous pourrez également vous laisser tenter par la carte (cf. Carnet d'adresses) **Le BHV (plan 2, A1 n°5)** *22, place de la Libération Tél. 03 80 41 81 50 Ouvert mars-début oct. tlj. ; oct.-mars : lun.-sam.*

De la place François-Rude à Notre-Dame

Place François-Rude (plan 2, A1) Elle se tient à l'angle des rues de la Liberté et des Forges, et sur fond de colombages se découpe la svelte silhouette du Bareuzai, petit fouleur de raisins surmontant la fontaine centrale. Bareuzai se traduit par "bas rosés", car, son travail accompli, le fouleur ressort de la cuve les jambes colorées par le jus du raisin. La place François-Rude a l'affection des Dijonnais, qui ne conçoivent pas une journée sans y faire une halte (cf. où Faire une pause en terrasse, manger sur le pouce ?).

Rue des Forges (plan 2, A1) De la place François-Rude, prenez la rue des Forges, ancien bastion protestant. Y voisinent, en une juxtaposition audacieuse, les arcatures et fenêtres géminées gothiques de l'**hôtel Aubriot** du XIIIe siècle (n°40) et l'ostentatoire maison Milsand (ou Maillard) du XVIe siècle (n°38) dont la façade est ornée de guirlandes, de masques, de trophées, de ces fameux choux bourguignons et de feuilles d'acanthe éclatées. Cette maison est l'œuvre d'Hugues Sambin(v. 1520-1601), architecte dijonnais de la Renaissance, qui apprit beaucoup de Michel-Ange, à Fontainebleau. Au n°34, on admire aussi l'**hôtel Chambellan**, exemplaire de l'architecture médiévale. Poussez la porte, empruntez le couloir pour découvrir la cour intérieure, bijou du gothique flamboyant avec sa galerie en bois, ouvragée, et son escalier à vis dont la voûte est soutenue par un atlante jardinier.

☆ **Église Notre-Dame (plan 2, A1)** Surgissant au cœur du quartier médiéval, la façade de l'église Notre-Dame provoque, dans un premier temps, une sorte de stupeur. Tout un peuple d'énormes (fausses) gargouilles vous considère, illustrations grimaçantes ou souriantes du Vice et de la Vertu. Alignées en quinconce, cantonnant deux niveaux d'arcatures, elles se détachent le long d'une façade qui poursuit son ascension vertigineuse par un beffroi dont les ferronneries forment un gracieux campanile. Là, une famille d'automates, les jaquemarts, sonne les heures. Notre-Dame, chef-d'œuvre gothique (XIIIe s.), est chère au cœur des Dijonnais. Ils y vénèrent une Vierge noire (XIe s.) – d'origine inconnue, cette Vierge du Bon Espoir aurait produit des miracles, sauvant les Dijonnais d'un siège organisé par les Suisses en 1513, après qu'ils l'eurent

Midi sonne ? C'est l'heure du jacquemart !

Peu avant midi, les badauds s'attroupent au pied de Notre-Dame pour voir le jaquemart frapper la cloche du beffroi. Cet automate est un trophée de guerre : Philippe le Hardi le rapporte en 1382 de Courtrai, ville des Flandres qu'il vient de soumettre, et l'offre à Dijon pour la récompenser de sa participation à la victoire. Au XVIIe siècle, les Dijonnais lui offrent une femme, Jacqueline, avec qui il sonnera les heures en alternance. Le couple sera fécond, mais la gestation longue : un siècle plus tard Jacquelinet et Jacquelinette aident leurs parents en marquant les demies et les quarts de chaque heure.

CÔTE-D'OR

SUIVEZ LA CHOUETTE

Le parcours pédestre de la chouette livre les secrets de la ville en 22 étapes. Jalonnée au sol par des petites flèches à l'effigie de la chouette fétiche, la balade n'oublie rien des principaux centres d'intérêt dijonnais (comptez env. 1h). Un livret riche en anecdotes accompagne le promeneur, et une version junior pose des énigmes aux lecteurs de 7 à 12 ans. *En vente à l'OT* 2,50€

portée en procession. L'église recèle un autre "porte-bonheur", une chouette, d'origine encore plus énigmatique (cf. encadré).

Rue de la Chouette (plan 2, B1) Au n°12, l'**hôtel de Vogüé** fournit un exemple magistral des hôtels particuliers dijonnais du XVIIe siècle. Voulue en 1614 par Pierre Bouhier, conseiller au Parlement, passée ensuite par alliance à la famille de Vogüé, cette demeure aux toits vernissés présente une décoration à la fois inspirée de la Renaissance italienne (putti, rinceaux et vases) et de l'art bourguignon (mascarons, choux et guirlandes de fruits). Passé le porche aux riches ornements, on découvre dans la cour d'honneur un portique de pierre rose finement ouvragée. Au n°10, la **maison Millière**, une échoppe du XVe siècle fermement restaurée au XIXe, témoigne avec force de l'architecture médiévale : pans de bois, encorbellement et sculptures. Levez les yeux : sur le toit, un chat et une chouette se font la grimace.

Rues Verrerie et Chaudronnerie (plan 2, B1) La rue Verrerie, qui ravira tous les amateurs de boutiques d'antiquités et de brocante, présente un alignement de maisons médiévales à pans de bois ou encorbellements. Vous bifurquerez ensuite dans la rue de la Chaudronnerie : au n°1 se tient une belle demeure au décor fait de bossages rustiques et de fenêtres à frontons. Toujours dans cette rue, à l'angle de la rue Comte, jetez un coup d'œil à la **maison aux Trois Pignons** (1440), typique d'un Moyen Âge

Oiseau de malheur ou porte-bonheur ?

L'oiseau emblématique de Dijon niche rue de la Chouette, à hauteur d'homme sur le flanc nord de Notre-Dame. On peine à reconnaître l'animal dans cette statuette usée d'avoir été trop caressée. Elle a été redécouverte au XVIIe siècle, quand l'église s'est libérée du carcan d'échoppes qui s'y collait. Depuis, les Dijonnais touchent leur chouette de la main gauche pour qu'elle exauce leurs vœux. Attention : ne regardez surtout pas le petit dragon, discrètement gravé à l'embrasure de la fenêtre voisine, car il dévorerait votre vœu. Personne ne connaît l'origine de cette superstition toujours vivace, d'autant plus inattendue que la chouette est généralement créditée d'intentions maléfiques. Sauf en Grèce, où elle fut le symbole de la sagesse. Aurions-nous là une chouette hellène ? Ou serait-elle, comme on l'a dit, une incarnation du Christ qui aimait les "hommes qui ne sont que ténèbres" ?

finissant, et à la **maison des Cariatides** (début XVIIe s.). À la fois superbe et malhabile, dans son imitation de temple, elle symbolise la réussite de riches marchands.

Où s'offrir une douceur, combler les petites faims ?

La Rose de Vergy (plan 2, B1 n°42) Une machine de 1850 préside toujours à la fabrication de bonbons artisanaux (parfums d'anis, de café, de cassis, de rose...). Aussi soigneusement préparés : pain d'épice au miel, nonnettes, biscuits dont le "casse-dents" aux amandes brutes, pâtes de fruits ou encore des chocolats. La Rose de Vergy vous retient également pour des formules petits déjeuners avec des confitures maison (5,50€), mais aussi des "tartinades" aux associations inédites (pain d'épice-fromage) ou plus traditionnelles (terrines et charcuteries). *1, rue de la Chouette Tél. 03 80 61 42 22 www.rosedevergy.com Ouvert mar.-sam. 10h-19h*

Pâtisserie Carbillet (plan 2, A1 n°27) Un seul coup d'œil et vous êtes perdu : la Dame de Vergy vous entraîne sur son coulis de mûres sur sorbet framboise, le Candide vous tend ses mousses de fruits exotiques et le Délice trois chocolats vous comble. Chocolats (nous vous conseillons les demoiselles de Bourgogne), pâtisseries exquises et desserts glacés, voilà la trilogie diabolique du maître Alexandre Carbillet, artisan hors pair qui excelle aussi dans de divins macarons. *58, rue des Forges Tél. 03 80 30 38 82 Ouvert mar.-sam.*

CÔTE-D'OR

Où se laisser tenter par l'écodesign ?

L'État d'esprit, c'est une éthique et pas un simple "dépôt-déco". Véritables œuvres d'art, les objets sélectionnés par cette boutique d'exception sont fournis par des ateliers associatifs du monde entier. Pour exemple, les incroyables baobabs malgaches sculptés dans le métal brut de bidons de pétrole. Cet écodesign s'appuie sur une filière équitable valorisée par la créativité de designers confirmés. Quelle qu'en soit l'origine, le résultat brille par son élégance et son invention. Miroirs, boîtes, bijoux, poteries, sacs... des pièces uniques ou en séries limitées. **État d'esprit (plan 2, B1 n°25)** *1 bis, Rue Verrerie www.etat-esprit-dijon.fr Ouvert mar.-sam.*

Où faire une pause en terrasse, manger sur le pouce ?

☺ **O'Bareuzai (plan 2, A1 n°9)** Pour observer Dijon en ethnologue, et contempler en esthète le callipyge vendangeur, on s'installera à la terrasse de ce bistrot à toute heure du jour. Café, thé pour le petit déjeuner, vin au verre pour l'apéritif (bon côte-de-nuits à 6€), champagnes pour une coupe tardive (6€), infusions, citronnade bio, etc. Pour prolonger le plaisir, des pâtisseries artisanales, des crêpes ou des propositions variées plus consistantes : fish & chips (13€), club sandwich, curry de poisson (14€) ou encore entrecôte charolaise (16€). De fins gourmets aux fourneaux et un service professionnel. *Place François-Rude Tél. 03 80 23 57 34 Ouvert tlj. 8h-23h*

☺ **La Maison Millière (plan 2, B1 n°6)** Jadis négoce de drapier, la maison Millière s'est tournée vers les douceurs, les souvenirs et les produits locaux. Un salon de thé y brave l'histoire dans un cadre ancestral et douillet. Pâtisseries maison, crêpes, thés, chocolats crémeux, sirops de fleurs ou de fruits, vins au verre, etc., cet instant gourmand est un délice. Aux beaux jours, un jardin intérieur, orné de trompe-l'œil et rafraîchi par une fontaine, vous retiendra parmi ses fleurs. La

Maison Millière est aussi un restaurant dont la salle, à l'étage, bourgeoisement gothique, sert une cuisine régionale très honorable (formule 13€ et menu 17€). *10, rue de la Chouette Tél. 03 80 30 99 99 www.maison-milliere.com* **Salon de thé** *Ouvert mar.-dim. 10h-19h* **Restaurant** *Ouvert déjeuner : mar.-dim., dîner : ven.-sam. soir*

So Fresh (plan 1, C1 n°36) Bouddha veille à la fraîcheur du produit, préparé maison. Dans un cadre qui se veut apaisant, défilent, en vitrine réfrigérée, salades (3€), sandwichs (club 3,50€), jus de fruits minute (3€) et desserts. Les mijotés du moment, plats chauds (6,50€), et soupes patientent aux fourneaux. Menus 6,50€-12€. *7, rue Jean-Jacques-Rousseau Tél. 03 80 28 79 93 www.sofresh.fr Ouvert lun.-sam.*

Le quartier des Halles

Les Halles (plan 2, A1) En 1878, de grands travaux d'urbanisme révolutionnent le centre-ville : la municipalité rase le monastère des Jacobins et quelques immeubles alentour pour concentrer en un seul lieu tous les marchés de la ville. Le projet retenu est celui de Gustave Eiffel, né à Dijon en 1832. La structure extérieure imite celle des architectures classiques : portes principales en forme d'arches, succession d'arcades, colonnes surmontées de chapiteaux, ici décorés de pampres de vigne. Le bandeau de la corniche se pare de têtes de lions. Autres ornementations : le blason de la ville, et les thèmes symboliques du marché – chevreuil, sanglier, volailles, poissons ainsi que Cérès et Hermès, déesse des moissons et dieu du commerce. L'ensemble, d'une belle élégance, regroupe le meilleur de la gastronomie artisanale locale dans une ambiance réjouissante où l'on croise parfois les chefs dijonnais en quête de produits rares. L'atmosphère de ce quartier, envahi de bistrots et de restaurants, contribue hautement à la réputation gourmande de la ville.

PLAISIRS GOURMANDS

Cantonné à l'intérieur des halles les mardi et jeudi matin, le marché gagne sur l'extérieur les vendredi et samedi avec des étalages de produits de toutes sortes. Craquez pour les foies gras et terrines de Pascal Laprée, les miels de la Ruche morvandelle, ou encore les fromages de chez Delin. À ne pas manquer !

Le Consortium (plan 2, A1) Figurant parmi les pionniers du genre "laboratoire des pratiques artistiques", le Consortium naît à Dijon à la fin des années 1970 d'un dialogue entre universitaires et étudiants autour de la nécessité de promouvoir l'art contemporain "autrement". L'art ne sera plus captif des musées, il voyagera d'appartements privés en boutiques, s'invitera à l'usine et dans la rue. Géré par l'association le Coin du miroir, le Consortium a réalisé plusieurs centaines d'expositions et engrangé quelque 200 œuvres d'artistes internationaux, représentatives de l'art contemporain des trente dernières années. Le Consortium, qui a conservé le nom de l'ancien magasin d'électroménager où il est né, présente des expositions de grande qualité et abrite une boutique, vitrine de ses activités (édition, production cinématographique, graphisme…). Au printemps 2011, le Consortium disposera, à la périphérie de Dijon (37, rue de Longvic), d'un autre lieu d'exposition : une usine désaffectée dont le réaménagement a été confié à l'architecte Shigeru Ban. *16, rue Quentin Tél. 03 80 68 45 55 http://leconsortium.fr Ouvert mar.-dim. 14h-18h, sam. 10h-12h et 14h-18h*

● Où boire un verre, manger sur le pouce ?

Le Quentin (plan 2, A1 n°7) Ce bistrot de quartier jette une passerelle entre nostalgie et esprit tendance, bobos et papis. Plus de musette, mais les sons électro du jour, finis les blancs limés qui esquintent l'estomac, mais une kyrielle de cocktails (le Quentinoff, vodka et pomme verte, le Russe blanc au café noir, etc.) ; et un bon choix de vins au verre (un saint-romain à 4,70€). À l'intérieur, comptoir bois et formica ; en extérieur, terrasse avec vue sur les halles. Pour se restaurer : baguette-terrine maison (7€), planche fromage-charcuterie (9€). Majoration 0,50€ après 21h, quand les soirées s'échauffent et que Le Quentin se transforme alors en repaire estudiantin. *6, rue Quentin Tél. 03 80 30 15 05 Ouvert lun. 11h-0h, mar.-mer 9h-1h, jeu.-sam. 9h-2h, dim. 11h-21h*

L'Hôtel particulier (plan 2, A1 n°8) Le bistrot happy few qui manquait à Dijon est arrivé. Les volumes aristocratiques de l'hôtel particulier Aubriot s'adonnent avec malice aux plaisirs enfantins de la décoration conceptuelle : "frigo à nouvelles fraîches", Playmobil géants et toutes sortes de facéties du même tonneau. N'hésitez pas à monter à l'étage, vous y trouverez un piano, des fauteuils et des toilettes tapissées de collages. Une clientèle branchée et *gay friendly* se réfugie aux beaux jours dans l'enclave charmeuse de la cour intérieure. Vins au verre (plus de cinquante appellations), whiskies (20 références), cocktails, carte de bières à partir de 2€ et de bonnes formules pour les petites faims. Apéro *mix party* avec buffet offert de 19h30 à 21h. *5, rue Musette Tél. 03 80 55 35 16 Ouvert lun.-sam. 10h-2h*

● Où croquer la Jacqueline ? Le confiseur Michelin a inventé la Jacqueline en hommage aux automates de Notre-Dame. Sa version croque délicieusement sous la dent, fine praline enrobée d'un manteau meringué. Jacqueline est rose, jaune ou brune, selon les parfums. Dans cette boutique à l'ancienne, au charme désuet, installée dans l'agréable rue piétonne qui relie les halles à l'église Notre-Dame, on trouve aussi les cassissines, pâtes de fruit à la liqueur de cassis, de succulents pains d'épice et bien d'autres produits locaux. **Chez Michelin (plan 2, A1 n°23)** *18, rue Musette Tél. 03 80 30 48 50 Ouvert mar.-sam.*

Saint-Bénigne et le quartier des parlementaires

☆ **Cathédrale Saint-Bénigne (plan 1, B2)** Le plus célèbre sanctuaire de la ville, celui autour duquel Dijon a grandi. L'édifice qui date du XIIIe siècle a connu une longue et chaotique histoire inaugurée au IVe siècle par la fondation d'un monastère destiné à abriter les reliques de saint Bénigne. Au XIe siècle, Guillaume de Volpiano, ami de l'abbé Mayeul de Cluny, venu à Dijon pour réformer ce monastère, décide la construction d'une somptueuse basilique. À son chevet s'appuyait une rotonde à trois étages, érigée à l'aplomb de la crypte, et dont un modèle possible fut le Panthéon de Rome. La basilique s'écroule en 1270, mais la rotonde reste debout. En remplacement, une nouvelle église, accolée à la rotonde, voit le jour au XIIIe siècle. Elle traversera les siècles, et si la rotonde manque aujourd'hui, c'est qu'elle a été saccagée à la Révolution. En façade, le gothique bourguignon s'épanouit dans toute sa splendeur, à la fois sobre et élancé. Deux tours couvertes de tuiles multicolores encadrent un portail refait dans le style roman, surélevé d'une galerie ajourée. Le tympan originel, martelé à la Révolution, a été remplacé par un tympan du XVIIIe siècle emprunté à l'église Saint-Étienne. À la croisée du transept s'élève une flèche de 93m, remaniée au XIXe et coiffée d'une girouette. La nef de cinq travées, flanquée de collatéraux, à transept non saillant, est un vaisseau de pur style ogival bourguignon. Noter le triforium qui, comme à Notre-Dame, porte une seconde galerie de circulation courant à la base des fenêtres. La cathédrale possède un orgue (XVIIIe s.), parmi les plus puissants de France.

Crypte Constituée en fait par l'étage inférieur, seul vestige de la rotonde de Guillaume de Volpiano, la crypte édifiée autour de l'an mille évoque avec force les balbutiements de l'art roman à venir. Les puissantes colonnes disposées en trois cercles (comme autour du tombeau du Christ, à Jérusalem), qui la supportent, s'achèvent par des chapiteaux à corbeilles monolithes. À l'extrémité est de la crypte, une chambre funéraire s'apparente aux *cella* gallo-romaines. Cette crypte recèle toujours le sarcophage de saint Bénigne (pèlerinage le 20 nov.) *Ouvert tlj. 10h-18h ; hiver dim.-ven. 11h-18h, sam. 11h-16h Tarif 2€*

CÔTE-D'OR

☆ **Musée archéologique (plan 1, B2)** À l'ombre de la cathédrale, sur son flanc nord, subsistent quelques vestiges de l'ancienne abbaye bénédictine (la salle capitulaire, le scriptorium et le dortoir des moines), qui abritent le Musée archéologique. On nous promet "un vaste panorama de la présence humaine en Bourgogne de la Préhistoire au Moyen Âge". Promesse magistralement tenue, et soutenue par d'inestimables trésors. Les voûtes gothiques de l'ancien dortoir des moines protègent les **collections médiévales**, des chapiteaux provenant de Saint-Philibert, des vestiges de la chartreuse de Champmol (buste du Christ attribué (?) à Claus Sluter, Christ en croix de Claus de Werve, les bras croisés de la Vierge) et une curieuse effigie de saint Bénigne marqué par les instruments de son martyre. Suivent, au deuxième niveau, le **trésor de Blanot** (900 av. J.-C.), composé de vaisselles et de parures de bronze et d'or, ainsi que de multiples découvertes provenant des fouilles régionales (céramiques décorées à l'étain, le bracelet de La Rochepot). L'ère gallo-romaine est appréhendée sous l'angle de la vie quotidienne, avec notamment la maquette d'une villa découverte à Selongey. Et enfin, l'époque mérovingienne livre mille raretés : bijoux incrustés de grenat, boucles de ceintures en argent, boucles d'oreilles en or, armes, etc. *5, rue du Dr-Maret Ouvert oct.-mi-mai : mer.-dim. 9h-12h30 et 13h30-18h ; mi-mai-sept. : lun. et mer.-dim. 9h-12h30 et 13h30-18h Entrée libre*

DÉESSE EN SEINE
Dans le scriptorium, rendez-vous avec la déesse Sequana, immortalisée dans une statuette de bronze la montrant trônant sur sa barque. En 1963, près des sources de la Seine où siégeait le culte à Sequana, sont retrouvées 200 statues en bois, ex-voto gisant depuis vingt-cinq siècles dans la glaise des marécages. Ces statues, restaurées et consolidées, sont là. Autour de celles-ci, d'autres ex-voto, anatomiques en tôle : viscères, cœur, sexes, jambes, yeux, pour lesquels les pèlerins imploraient la guérison.

Église Saint-Philibert (plan 1, B2) La paroisse Saint-Philibert fut le fief des "culs bleus", la remuante corporation des vignerons. L'église, du XIIe siècle, est amputée en 1825 (abside et deux absidioles) pour percer la rue des Vieilles-Étuves. Hormis la flèche (XVIe s.), elle arbore un style roman bourguignon, celui propagé par Cluny. *En cours de restauration*

Place Bossuet (plan 1, B2) La statue de Bossuet se dresse devant l'église Saint-Jean (XVe s.), elle aussi malmenée par l'Histoire. La Révolution décapite ses flèches et le XIXe lui fend le chœur pour dégager l'actuelle place. Elle abrite actuellement le Théâtre Dijon-Bourgogne. Jacques-Bénigne Bossuet, théologien et écrivain français né à Dijon en 1627, y fut baptisé. Avec Crébillon, Charles de Brosses, Bernard de La Monnoye, Alexis Piron, Jean-Philippe Rameau, eux aussi natifs de Dijon, Bossuet figure parmi ces grands esprits représentatifs du nouvel âge d'or de Dijon à l'époque classique (cf. encadré L'élan de l'âge classique).

● **Se régaler de pain d'épice dans un décor d'exception** Cette demeure du XVe siècle, repaire du parlementaire Richemont, devient au début du XIXe siècle un atelier de pain d'épice, quand la famille Mulot s'en empare. Première distinction de la boutique : sa façade néogothique aux colombages ornés d'animaux sculptés, où l'on devine même un petit mulot… prémonitoire. Il faut franchir la porte pour admirer un décor d'exception, aménagé en 1919, et conservé avec scrupule (plafonds à caissons, boiseries finement ouvragées, superbe carrelage). Cette bonbonnière fleure bon les parfums d'un pain d'épice artisanal, devenu institution. Depuis deux siècles, Mulot et Petitjean peaufinent en famille, et dans le strict respect de la tradition, des recettes qui savent aussi aller de l'avant. **Mulot et Petitjean (plan 1, B2 n°21)** *13, place Bossuet Tél. 03 80 30 07 10 www.mulotpetitjean.fr Ouvert lun. ap.-m. et mar.-sam.*

● **Goûter le thé tchaï, manger sur le pouce** Salon de thé de poche chaleureux, La Causerie des mondes propose une carte de 80 thés, des cafés rares, des jus de fruits qui intriguent et de tentants chocolats inspirés de recettes

L'élan de l'âge classique

Les hôtels particuliers, dont la construction a débuté au XVe siècle avec l'installation du Parlement, continuent d'éclore à l'âge classique, dans un style plus mesuré, délestés des ornementations ostentatoires qui firent la gloire de leurs aînés. Place Bossuet (n°8), l'hôtel Févret de Saint-Mesmin est exemplaire des architectures de l'époque, avec son toit à la Mansart. À deux pas, rue Vauban, l'hôtel Bouhier de Savigny (n°12) et l'hôtel Legouz de Gerland (n°27), remarquable par la conception en hémicycle de sa cour, mais surtout l'hôtel Bouhier de Lantenay (actuelle préfecture, 47, rue de la Préfecture) affichent la même élégance austère. Du XVe au XVIIIe siècle, plus de cent hôtels particuliers sont construits à Dijon. *Une visite guidée de l'OT présente les plus fameux (cf. Mode d'emploi)*

précolombiennes. Le tout préparé avec art par des spécialistes du voyage. Un rayon d'épicerie fine complète cette gamme nomade, et à l'heure du déjeuner on y trouve une restauration légère, de type méditerranéen, tendance bio : tartes, risotto, moussaka, pâtes, etc. à prix doux. Côté convivialité, la causerie s'installe comme une seconde nature et les débats alternent avec des lectures de poèmes. Réservez, le succès, lui aussi, s'est invité dans ce lieu atypique. **La Causerie des mondes (plan 2, A2 n°41)** *16, rue Vauban Tél. 03 80 49 96 59 Ouvert mar.-sam.*

Le couvent des Bernardines et ses alentours

Couvent des Bernardines (plan 1, B3) Au XVIIe siècle, l'implantation de nouveaux ordres religieux succède aux drames des guerres de Religion. En 1623, les Cisterciennes de Notre-Dame de Tart (près de Cîteaux), première fondation féminine de l'ordre, s'installent à Dijon. Le cloître est construit entre 1679 et 1681 ; l'église entre 1699 et 1708, sur le modèle de l'église bénédictine du Val de Grâce à Paris : un vaste vaisseau circulaire supportant une coupole. Cette rotonde distribue quatre chapelles, un vestibule et le chœur dit des Religieuses, salle voûtée d'arêtes que ferme une grille. Désaffectée à la Révolution, elle retrouve vie en 1979, devenant musée d'Art sacré, et le cloître se transforme en un musée de la Vie bourguignonne. *17, rue Sainte-Anne Tél. 03 80 48 80 90 Ouvert mai-sept. : lun. et mer.-dim. 9h-12h30 et 14h-18h ; oct.-avr. : 9h-12h et 14h-18h Entrée libre (billet commun à retirer au musée de la Vie bourguignonne)*

Musée d'Art sacré D'ambitieuses collections d'art religieux renseignent efficacement sur la vie artistique, dont elles sont le reflet, du XIIe au XXe siècle. Des panneaux décryptent la fonction des objets, l'histoire du site et celle des moniales cisterciennes. L'une des pièces maîtresses reste le **maître-autel** de marbre noir et de bronze (fin XVIIe s.) du sculpteur dijonnais Jean Dubois, mettant en scène la Visite de la Vierge à sainte Élisabeth, mais on se rendra également au musée pour ses statues romanes (Vierges du XIIe s. et de 1200, par ex. celle de Lantenay), pour les panneaux de triptyques (XVIe s.) traités en grisaille sur bois, pour les fascinants reliquaires (celui de saint Bernard, notamment), et pour les ciboires, crucifix et autres objets précieux liés à la liturgie, dont le musée abonde (500 pièces au total). Plus étranges, et peu répandues, sont ces **boîtes de dévotion** du XIXe siècle. Celle nommée Paradis se compose d'un calvaire autour duquel des nonnes en verre filé vaquent à leurs dévotions, dans un paysage de fantaisie où se retrouvent la grotte et la basilique de Lourdes. Coquillages, gravures et collages participent à ces émouvants ouvrages de piété populaire.

Musée de la Vie bourguignonne Encore un musée immense, par la taille et la qualité. Au premier niveau, on découvre une collection exceptionnelle d'art et traditions populaires rassemblée par un passionné, Perrin de Puycousin, à la fin du XIXe siècle. Le mobilier, les costumes, la vaisselle et une profusion d'objets domestiques sont présentés dans de belles reconstitutions de pièces animées de mannequins ; une muséographie particulièrement touchante (cartels admirablement calligraphiés et présentés sous forme de bulles). Les enfants aussi ont leur petite BD mettant en scène deux personnages qui les accompagnent dans la visite.

Premier étage Une allégorie de Dijon en carreaux de Sarreguemines marque la frontière entre l'intimité de la maison et la rue. La vie urbaine dijonnaise est

évoquée ici de manière originale sous forme d'une rue qui aligne une dizaine de boutiques. Le parcours se déroule comme un "lèche-vitrine" à travers le temps, de la Révolution à la Seconde Guerre mondiale : la modiste, la biscuiterie Pernot, la blanchisseuse, le salon de coiffure avec ses "œuvres d'art en cheveux" et ses instruments de torture (casques chauffants et fer à friser à l'ancienne), etc. Avec son manteau en poil de gorille et le témoignage d'une ouvrière devenue patronne, l'atelier du fourreur offre une pause émouvante et cocasse. On peut se faire tirer le portrait, en costume de scène, chez le photographe, et quant à l'herboristerie Gayvalet, elle abrite aussi la boutique-librairie du musée.
Deuxième étage Ici, sont déployés les éléments identitaires de la Bourgogne (vie industrielle et intellectuelle) avec, entre autres, un inventaire des métiers d'antan, l'histoire des moutarderies et une évocation de Bourguignons célèbres, tels que Niépce ou Eiffel. On y voit, des objets souvenirs imaginés en hommage à la fameuse "dame de fer" lors de l'Exposition universelle qui la vit naître (étuis à cigarettes, boutons de manchette, verres gravés...). Belle collection d'affiches publicitaires des chemins de fer PLM vantant les charmes touristiques de la Bourgogne, près d'un vieux train électrique en marche, et défilé de santons, œuvre du sculpteur Pierre Vigoureux (1884-1965), saisis dans leurs activités quotidiennes.

Rue Berbisey (plan 1, B3) La rue Berbisey taquine la narine avec ses fumets de kebabs, distrait l'œil avec sa cohorte de restaurants de cuisines du monde (Maroc, Italie, Inde...), son salon de coiffure africain, sa librairie érotique et ses terrasses populaires où Dijon tombe la cravate et les Ray-Ban.

Parc de l'Arquebuse

Du XVIe au XVIIIe siècle, des arquebusiers s'entraînaient au tir et à l'art de la guerre dans ce jardin, qui désormais s'emploie à populariser les sciences. Y sont réunis le muséum d'Histoire naturelle, un jardin botanique et un planétarium. *À 500m de la cathédrale Saint-Bénigne*

Muséum d'Histoire naturelle (plan 1, A2) Actuellement en travaux (réouverture de l'ensemble prévu en 2012), le muséum n'offre plus à la visite que son premier étage. C'est amplement suffisant pour un bon moment de pédagogie et de plaisir. Une longue galerie aux belles mises en scène présente, à l'aide de dioramas peuplés d'animaux naturalisés, les écosystèmes du département : combes, forêt, étangs. Et le voyage continue vers la toundra, la taïga, les déserts, la savane, représentés par l'infinie diversité de leurs faunes. L'occasion de voir des animaux rarissimes (lémuriens, papillons, colibris). Ces expositions, jalonnées de bornes interactives, suscitent mille questionnements. On y apprend, notamment, par quelles astucieuses stratégies les animaux s'adaptent à leur univers, aussi hostile soit-il, comment se colorent les plumes des oiseaux. Au centre de la galerie, le cabinet de curiosités plonge dans le passé du musée, présentant de très anciennes collections : monstres, coq à quatre pattes, moutons à deux têtes baignent dans le formol sous le regard des rapaces de la région, sagement alignés dans leur vitrine, et de singes importés des quatre continents. *1, av. Albert Ier Tél. 03 80 48 82 00 Ouvert lun., mer.-ven. 9h-12h et 14h-18h, sam., dim. 14h-17h (mai-août dim. 14h-19h) Entrée libre*

Jardin botanique (plan 1, A2) Fondé en 1833 par le savant Bénigne Legouz de Gerland, ce jardin à la française abrite 3 500 espèces dont les graines sont exportées vers quelque 600 instituts de recherche agronomiques du monde entier. Au-delà de la performance et de l'intérêt scientifique, le spectacle est éblouissant et se poursuit, plein de charme, vers les pelouses, elles aussi fleuries, l'arboretum conçu comme un petit parc romantique et les plans d'eau.

Planétarium Hubert-Curien (plan 1, A2) Prenez un bain d'étoiles filantes grâce aux spectacles astronomiques, savant cocktail de diapositives, jeux de lumières et vidéos. Exposition permanente, "De l'étoile au minéral", et expositions temporaires, en partenariat avec la Cité des sciences de Paris. *Ouvert cf. Muséum Spectacle 3€*

Les faubourgs

☆Les essentiels Le Puits de Moïse **Découvrir autrement** Allez vous balader au parc de la Colombière ; en été, louez un canoë à la base nautique du lac Kir **> Carnet d'adresses p.84**

Chartreuse de Champmol

☆ **Puits de Moïse** Il s'agit du socle d'un calvaire monumental, symbolisant l'eau, source de vie, et destiné à orner le bassin du grand cloître. La croix a disparu, reste la base (7m de haut, tout de même) où les prophètes de l'Ancien Testament montent la garde : un Moïse inspiré, au réalisme cru, et Jérémie, David, Zacharie, Daniel et Isaïe, extraordinaires de vigilance et d'attention. Richement vêtus de draperies et de brocarts, ils étaient peints en une polychromie violente dont on devine les teintes par endroits. Se glissant parmi eux, sur la corniche, six anges expriment la douleur de la Passion. Parmi tous les artistes convoqués pour la réalisation de la chartreuse, on retrouve ici Claus Sluter (v. 1360-1406), sculpteur de génie (cf. encadré Les tombeaux des ducs de Bourgogne). La fougue dramatique des lignes, le réalisme puissant des formes bouleversent tous les académismes des siècles précédents. La rupture est consommée avec le Moyen Âge, et pourtant, nous ne sommes qu'en 1384. *CHS la Chartreuse 1, bd du Chanoine-Kir (accès Bus n°3) Ouvert jan.-mars, nov.-déc. tlj. 9h-12h30 et 13h30-17h ; avr.-oct. tlj. 9h-12h30 et 13h30-18h Tarif 3,50€ Visite commentée sam. 15h*

DERNIÈRE DEMEURE DUCALE
Au XIVe siècle, Philippe le Hardi, duc de Bourgogne, fonde aux portes de la ville une chartreuse où les moines priaient pour son salut, et qui abritait la nécropole de la dynastie familiale. Mise à sac à la Révolution, les vestiges sont minces mais éloquents. Le site a été transformé en un vaste hôpital. N'hésitez pas à vous y rendre : l'effort est minime et largement récompensé (5min à pied de la gare).

Portail de l'église De l'église originelle, immense, il ne reste plus que le portail réalisé à la fin du XIVe siècle par Jean de Marville, puis Claus Sluter. Architecture sobre mais joliment ornée de statues, où l'on reconnaît la Vierge et l'Enfant (pilier central), saint Jean-Baptiste, sous les traits de Philippe le Hardi et sainte Catherine, à droite, sous ceux de Marguerite de Flandres. Ce portail a été intégré dans une chapelle néogothique du XIXe siècle qui évoque l'ancien oratoire des ducs. Sous le portail, et dans la chapelle, un montage sonore nous livre de passionnants commentaires.

● Se mettre au vert, se détendre au bord de l'eau

La Coulée verte et le lac Kir (plan 1, A2) La balade de 2km au départ du centre-ville vous mènera au lac Kir, via la chartreuse de Champmol, au fil du canal de L'Ouche. Créé dans les années 1960, le lac Kir (37ha), du nom d'un des plus fameux maires de Dijon, dispose d'une plage surveillée (5 juin-5 sept.), d'une base nautique - où l'on peut louer des canoës-kayaks - et de kilomètres de sentiers. ***Lac Kir*** *Accès en voiture Prendre la N5 (dir. Paris) En bus ligne 12 (place Darcy)*

Parc de la Colombière (plan 1, C3) Proche du centre, ce parc romantique à souhait, dessiné au XVIIe siècle, draine une foule de sportifs et de familles. Petit enclos animalier, aires de jeux et espace accrobranche (avr.-mi-sept.). Un merveilleux lieu de promenade, idéal pour un pique-nique. *Cours du parc (Par l'av. du G[al]-de-Gaulle) Accès en bus lignes 6 ou 11 (place du Théâtre-Vaillant)*

CÔTE-D'OR

CARNET D'ADRESSES

Lieux de sortie

L'Hôtel particulier, Le Quentin (cf. Où boire un verre, manger sur le pouce) et Les Caves à Jules (cf. Restauration) sont également trois bonnes adresses pour sortir en soirée dans le centre-ville.

La Jamaïque (plan 1, C1 n° 1) Commencez par l'incontournable des nuits dijonnaises, institution sans faiblesses. La Jamaïque est la "principauté" festive d'un monde bien terne : celui de la place Rép'. Sitôt franchi la porte de cette rhumerie, on respire : le luxe et la volupté y oublient leur habituel compère, le calme. Des apéritifs thématiques et des concerts irréprochables vous entraînent vers des soirées aussi sélectes que hautement perchées. Cadre rococo avec son lot de lourdes tentures rouges et ses alcôves où les miroirs baroques reflètent la fête. Et au sous-sol, le Cercle où l'on danse jusqu'à l'aube. *14, place de la République Tél. 03 80 73 52 19 mar.-sam. 15h-4h*

☺ **Péniche Cancale (plan 1, A3 n°4)** Deuxième adresse indispensable à Dijon : une péniche ventrue et coquette à la retraite, arrimée à quai. Sur le pont, guirlandes de lumières, façon guinguette et, en soute, une salle pour des concerts à prix symboliques (de 0 à 8€), des projections (soirées gourmandes autour d'un film), ou encore des spectacles insolites (où voir ailleurs de sauvages "mâchouilleurs d'ampoules" ?). La programmation pointue et bon esprit, initiée par une association dynamique, s'ouvre à tous les répertoires : de la boum avec DJ aux vertiges techno en passant par le déhanché latino... Consultez le programme sur le site Internet et vous verrez que les enfants ne sont pas oubliés (dim.). *14, av. Jean-Jaurès (place du 1er-Mai) Tél. 03 80 43 15 72 www.penichecancale.com jeu.-sam. 18h-2h, dim. 15h-20h*

Le Caveau de la Chouette (plan 1, B1 n°2) Une jolie chouette rouge et noire qui sait faire le bœuf ! Le jazz s'y donne en live ou sur écran où sont projetés des concerts mythiques. Ambiances chaleureuses dans un cadre feutré. Un florilège de cocktails (à partir de 7€) dont un divin Bellini vénitien et le French connection où le cognac s'encanaille avec l'amaretto. Mais aussi des vins (à partir de 3,50€ au verre) à accompagner de produits finement sélectionnés présentés sur une planche. *39, rue des Godrans Tél. 03 80 34 17 56 mar.-sam. 18h-2h*

Le Shanti (plan 1, B3 n°3) Tentures patchwork, coussins au sol, parfums d'encens et effluves de narguilé... Bienvenue "ailleurs", dans le monde enchanté des né babs, pour déguster le thé du fakir ou le lassi à la noix de coco et pour faire son yoga. On ne vient pas là pour taquiner l'alcootest, mais on peut se déchirer la tête aux soirées philo et s'abandonner à une douce sérénité (*shanti*, en sanskrit) sur de tendres arabesques musicales. *69, rue Berbisey Tél. 06 60 94 27 20 www.leshanti.com lun. 20h-2h ; mar.-sam. 15h-2h*

Restauration

N'oubliez pas non plus nos adresses Où manger sur le pouce ?, ainsi que deux hôtels-restaurants : Le Chabrot et le Chapeau rouge (cf. Hébergement)

petits prix

Les Pieds bleus (plan 1, B3 n°35) Ce bistrot souriant a créé une formule épatante : la cuisine végétarienne en libre-service. C'est simple : on se saisit d'un plateau et on choisit aux fourneaux. Buffet chaud avec légumes mitonnés et céréales aromatisées – où les néophytes découvriront qu'on peut se régaler sans convoquer la viande en sauce. Buffet froid de hors-d'œuvre variés, desserts, bières des Faucheurs et vins bio. Terrasse sur la place Émile-Zola et salle colorée. Buffets à volonté pour 12€, formule enfants à partir de 5,50€. *13, place Émile-Zola Tél. 03 80 50 06 66 Ouvert lun.-ven. 11h45-14h30, déjeuner seulement*

Le BHV (plan 2, A2 n^os^5-46) Dans le cadre magnifique de la place de la Libération, une cuisine sans façon mais consciencieuse, qui joue avec bonheur sur un registre étendu. Du végétarien Pad Thaï, sauté au wok, aux vraies tripes, mijotées en cocotte, en passant par l'entrecôte et les quenelles de brochet. À la carte, ou formule déjeuner à 13€ (en semaine) et menu à 15€. Également des idées "pique-nique" : planche charcutière ou fromagère accompagnée d'un verre de vin, salades et sandwichs dont le BLT (bacon, laitue, tomate et ce qu'il faut de mayonnaise). *22, place de la Libération Tél. 03 80 41 81 50 Ouvert mars-début oct. : tlj. ; oct.-fév. : lun.-sam.*

Et aussi...

Manger sur le pouce, bars, salons de thé

Au BHV ____ 73
La Maison Millière ____ 76
O Bareuzaï ____ 76
So Fresh ____ 77
Le Quentin ____ 78
L'Hôtel particulier ____ 78
La Causerie des mondes ____ 81

Shopping gourmand, pâtisseries, cavistes

Bourgogne street ____ 73
Boutique Maille ____ 73
Dingovino ____ 73
La Rose de Vergy ____ 76
Pâtisserie Carbillet ____ 76
Chez Michelin ____ 78
Mulot et Petitjean ____ 80

Le Grain de sel (plan 2, B1 n°44) Le chef possède l'art de faire rissoler les pommes de terre, celui de faire mariner le poulet et griller le magret. Des mets nature et soignés, maison, à l'image du décor, tout en simplicité. Un bon pain, ce qui ne gâte rien, accompagne les confits ou la côte de bœuf sauce époisses proposés à la carte (autour de 10€). Plat du jour 8€, à associer avec un honorable vin au pichet, à prix sage. Terrasse loin du bruit et sourires à la clef, du patron et des serveuses. *24, rue de la Chaudronnerie Tél. 03 80 36 80 18 Ouvert mar.-sam. et 3e dim. du mois pour le marché des antiquaires*

☺ **Les Caves à Jules (plan 2, A2 n°47)** Deux caves voûtées, un caveau pour l'hiver, et pour les beaux jours une terrasse sur une rue discrète à deux pas du palais des Ducs. À la barre de ce restaurant à vins, un sympathique trio de Dijonnais : l'enthousiasme de la jeunesse, l'amour des crus éclectiques et une bonne maîtrise culinaire. Laissez-vous guider dans le labyrinthe des millésimes par les serveurs. La carte est plus facile d'accès : salades, burger à Jules (un must dans le genre !), croque-monsieur, brochettes mais aussi œuf meurette avec une variante fromagère, gambas, poulet et coquilles Saint-Jacques. Bon rapport qualité-prix-plaisir. Formule et menu de 15 à 40€. Un restaurant intergénérationnel et convivial. *16/18, rue Jules-Mercier Tél. 03 80 49 94 84 Ouvert été : lun.-sam. ; hors saison : mar.-sam. 8h30-2h*

prix moyens

☺ **DZ'Envies (plan 2, A1 n°40)** Le médiatique (on n'a pas dit narcissique !) David Zuddas dirige ce restaurant avec son épouse. On lui savait du talent, il l'exprime ici tout à son aise, sans esbroufe. Celui qui a inventé le foie gras à l'anguille donne libre cours à sa fantaisie, surfant du Maroc au Japon sur la vague des saveurs bourguignonnes, dans son bistronomique de marché, zen à en faire pâlir Bouddha (qui veille, installé sur des étagères immaculées). Du bon, et du bio, des produits choisis chez les meilleurs producteurs... Bref, du grand David Zuddas. Formules 14 et 18€ (midi) et 30€ le soir. *12, rue Odebert (près des halles) Tél. 03 80 50 09 26 www.dzenvies.com Ouvert lun.-sam. service jusqu'à 22h*

La Ruelle (plan 2, A1 n°43) La Ruelle partage le fond d'une petite impasse, près des halles, avec la plus échevelée des gargotes alternatives. À La Ruelle, le monde tourne rond sans slogan, sinon peut-être celui-ci : tout est parfait, des luminaires au dessert. Salade de thon rouge mi-cuit au tofu, souris d'agneau confite, côte de veau et sa purée au foie gras, dorade entière grillée sont le reflet d'une gastronomie moderne et jouissive. Sur son piano, dans la cuisine ouverte, le chef joue des gammes virtuoses pendant que la salle diffuse de langoureux sons électro. À midi, menu 13€, le soir comptez 25€ à la carte. *8, rue Quentin (près des halles) Tél. 03 80 49 98 51 Ouvert lun.-sam. jusqu'à 22h*

Le Bistrot des Halles (plan 1, C1 n°32) Une brasserie à l'ancienne au décor typé : nappes vichy, banquettes en cuir et chaises en bois. La carte suit la tradition, sur une cuisine rajeunie, avec son cortège de classiques façon bistrot aux parfums de Bourgogne : jambon persillé, escargots, canard confit en croûte de pain d'épice, aile de raie pochée (à la carte de 9 à 16€). Un sans-faute culinaire, un service irréprochable par des garçons en tenue ; l'adresse mérite sa réputation. *10, rue Bannelier (près des halles) Tél. 03 80 49 94 15 Ouvert mar.-sam.*

B9 (plan 2, B2 n°38) Ce nouveau-né de la scène culinaire dijonnaise repose à l'ombre de son prestigieux aîné gastronomique, Le Pré aux clercs, dont il profite des fourneaux, des produits et du savoir-faire. B9 joue sur un registre contemporain, de son décor au design convenu jusqu'à l'assiette, garante de saveurs originales. Tarte feuilletée aux maquereaux frais, lapin en gelée à l'estragon, grillades à la plancha côtoient une carte type brasserie (copieux club sandwichs). Pour tous les budgets (entrée de 6 à 10€, plats de 11 à 14€), tous les appétits et pour le plaisir de se restaurer place de la Libération (certains plats sont servis toute la journée). *9, place de la Libération Tél. 03 80 38 32 02 Ouvert mar.-dim.*

Osteria Enoteca italiana (plan 2, A2 n°48) C'est toute l'Italie gourmande qui accourt ici, cuisinée à la lettre, *più que bellissima*. Les antipasti donnent le ton, irrésistibles dans leur vitrine, les pâtes sont exquises et le reste suit avec la même rigueur : escalope beurre et sauge, foie de veau au jambon cru, sauce vin blanc, poisson en croûte de sel, etc. Formules 13 et 16€, menu dégustation 36€ (une folie raisonnable). Et puis, la cave fournit d'excellents prétextes à quelques infidélités aux vins bourguignons. Quand le patron perd le sourire, le serveur l'a pour deux. *32, rue Amiral-Roussin Tél. 03 80 50 07 36 Ouvert mar.-dim.*

L'Épicerie & Cie (plan 1, B2 n°34) Pour retrouver le bonheur de "jouer à la marchande", ce restaurant a reconstitué le décor d'une épicerie boulangerie d'antan. Des jambons patientent, pendus au plafond ; les réclames nous livrent leurs slogans naïfs de l'ère du pré-marketing et les étagères leurs agencements à l'ancienne. Ces petits bonheurs nostalgiques se retrouvent dans l'assiette : langue de veau sauce piquante, purée maison, terrine d'andouillettes. De ces petits plats oubliés qui nourrissent bien et régalent. Plats de 11 à 16€, entrées et desserts env. 7€. Le service, lui, est jeune et vif. Terrasse sur la place Émile-Zola. *5, place Émile-Zola Tél. 03 80 30 70 69 www.lepicerie-dijon.fr Ouvert tlj., jusqu'à 23h le w.-e.*

☺ **Le Coin caché (plan 1, B1 n°30)** Un amour de restaurant, bien caché, pour baisers volés. "Chapelle" de verdure envahie de grimpantes, la terrasse se prête aux serments et la salle a comme un parfum d'Italie (la Vespa au mur... sans doute). À ce cadre romantique, il fallait une cuisine fraîche et délicate. Le chef vous l'offre : mille-feuille de foie gras poêlé aux mandarines, carré d'agneau et son tian de légumes, lasagnes de langoustines, chou farci au saumon et foie gras, et des tartes fines... Une gastronomie assise sur les produits du marché et de saison, qui, sans chercher l'épate, parvient à nous surprendre. Formule à 13€ (midi) et plat du jour 10€. Le soir, à la carte : entrées de 7 à 10€, plats de 15 à 20€. Belle sélection de vins de Bourgogne et quelques trouvailles, comme ce fameux Collioure. Service fluide et chaleureux. *2, place Barbe Tél. 03 80 55 35 55 Ouvert lun.-ven. et sam. soir*

GAMME DE PRIX	RESTAURATION	HÉBERGEMENT
Très petits prix	moins de 12€	moins de 30€
Petits prix	de 12 à 18€	de 30 à 50€
Prix moyens	de 18 à 25€	de 50 à 75€
Prix élevés	de 25 à 45€	de 75 à 115€
Prix très élevés	plus de 45€	plus de 115€

prix élevés

Chez Léon (plan 2, A1 n°39) Petit bouchon, petite carte (mais savoureuse), pour de grands moments orchestrés par Éric qui aime, lui aussi le "bien boire" et le "manger vrai". Classiques lyonnais et bons plats des familles : ris de veau aux morilles, pigeon au foie gras et rates, rognons de veau. Compter environ 30€. Peu de tables dans ce restaurant de poche, réservez. *20, rue des Godrans Tél. 03 80 50 01 07 www.restaurantchezleon.fr Ouvert mar.-sam.*

Au 3 Vauban (plan 2, A2 n°45) À deux pas de la place de la Libération, l'hôtel de Talmay incarne le charme Renaissance : volumes harmonieux, vastes salons voûtés sur croisées d'ogives. Du grand art. Le restaurant s'est glissé dans ce cadre du XVIe siècle avec une aisance et un raffinement contemporains. On y est bien. La cuisine d'Éric Briones, qui a déjà fait ses preuves, ailleurs, trouve là un écrin de choix. "La bonne cuisine, c'est quand les choses ont le goût de ce qu'elles sont", revendique-t-il dans le sillage d'Escoffier. Son bœuf charolais, oignons des Cévennes, topinambours à l'huile d'argan est exemplaire, entre autres, de ses ambitions. À midi, formules et menus de 23 à 38€ (avec 2 verres de vin). Le soir, menus de 38,50 à 69€. *3, rue Vauban Tél. 03 80 30 28 09 www.au3vauban.com Ouvert mai-oct. : lun.-sam. (déjeuner) ; lun. et jeu.-sam. (dîner) ; nov.-avr. : lun.-ven. (déjeuner), lun., ven. et sam. (dîner)*

Hébergement

petits prix

Hôtel des Allées (plan 1, C3 n°63) Une villa presque chic dans un parc, au cœur d'un quartier calme, proche du centre-ville. L'intérieur a moins de classe : une trentaine de chambres standard un peu désuètes, mais confortables pour un rapport qualité-prix satisfaisant. Double à partir de 53€, petit déjeuner buffet 7,50€. Parking gratuit. Accueil irréprochable. *27, cours du Gal-de-Gaulle Tél. 03 80 66 57 50 www.hotelallees.com (réception fermée dim.)*

prix moyens

Hôtel Le Sauvage-restaurant Le Chabrot (plan 1, B2 nos33-61) Un emplacement idéal : à l'orée de la place Émile-Zola. Il faut franchir le porche de cet ancien relais de poste pour en découvrir les charmes : une cour pavée à l'ancienne avec terrasse fleurie et murs de pierres apparentes. Les chambres n'ont pas cédé aux modes, juste équilibre entre le style classique d'un mobilier d'antan et une palette de couleurs modernes. Toute une gamme de prix, selon le confort, de 46 à 60€, petit déj. 6,50€. Garage, 5€. Le restaurant, Le Chabrot, aux ambiances conviviales de bistrot, invite à redécouvrir les classiques de la cuisine hexagonale, traités avec une pointe d'originalité : rognons, grillades, tête de veau, œuf meurette, cabillaud aux morilles, et d'irrésistibles desserts (s'il vous reste de l'appétit car l'assiette est copieuse)... Menus de 14€ (midi) à env. 30€. De bonnes références viticoles. *36, rue Monge Tél. 03 80 41 31 21 www.hotellesauvage.com Restaurant Ouvert lun.-sam.*

☺ **Chambres d'hôtes des Marcs d'or (hors plan)** La maison carrée trône au milieu d'un petit éden champêtre : jardin aux murs envahis de lierre, treilles généreuses et joli fouilli de massifs. Quatre chambres, dont deux mansardées, vous accueillent avec une sobriété chic et classique : meubles de famille, beaux parquets, tons apaisants d'amande ou d'ocre. Double à 65 ou 70€ et une suite "grand luxe" à

120€, petit déj. compris. Légèrement excentré (env. 5km du centre-ville), mais l'effort est largement récompensé, d'autant que l'adresse est bien desservie par les bus. *9, rue des Marcs-d'Or Tél. 03 80 43 30 44 www.chambre-hote-dijon.com*

Hôtel-restaurant Le Parc de la Colombière (plan 1, C3 nos 37-62) Un hôtel bien situé, dans un quartier résidentiel et face à l'entrée du parc de la Colombière. Accueil d'un professionnalisme sans faille, et des plus attentionnés. Une trentaine de chambres sans grand charme, mais néanmoins confortables et fonctionnelles (68€), et des petits déjeuners aux allures de brunch (9€). Côté restauration, la Colombière est très prisée des Dijonnais aux beaux jours, quand la terrasse se déploie à deux pas du parc. On y sert les bons plats d'une cuisine bourgeoise, où les spécialités du terroir figurent en bonne place : entrecôte charolaise et sa trilogie de sauces, magret au cassis, œufs meurette en cocotte. Des poissons, également, et de bons desserts. Menus de 20 à 47€ et formules déjeuner à partir de 11€. L'hôtellerie française en bonne forme ! Parking privé gratuit. *Rue du Parc Tél. 03 80 65 18 41 www.hotel-parc-dijon.com Restaurant Ouvert tlj.*

prix élevés

☺ **Luxury Flat in Dijon (plan 2, B2 n°64)** En plein centre, dans une rue sereinement bourgeoise, cette vieille demeure vit naître la baronne de Chantal, fondatrice au XVIe siècle, de l'ordre de la Visitation. Il y a là un silence de sacristie, une cour pavée tenue au secret derrière son grand portail et un charme suranné. Trois appartements y ont été aménagés au top du confort, avec un goût infaillible tour à tour cosy ou *arty* et disposant chacun d'une cuisine. L'appartement de la baronne de Chantal (2/3 pers.) nous livre des tons acidulés et un clin d'œil appuyé à la culture pop et sixties. Le logis des Frémyot (2 pers.) s'enveloppe d'une élégance rustique, avec ses parquets encaustiqués et sa cheminée de marbre. Boiseries, fauteuils de cuir et une adorable terrasse privative pour le chic Bénigne le Compasseur (4 pers.). Enfin, le studio Amiral-Roussin (2 pers.) obéit à des exigences "durables" (matériaux 100% naturels, joli poêle à bois). Voilà sans doute l'une des propositions les plus convaincantes de Dijon pour un rapport qualité-prix très honorable. À partir de 110€ la nuit (2 nuits minimum) ou 660€/sem. *5, rue du Palais Tél. 09 53 11 82 88 www.luxuryflatindijon.fr*

prix très élevés

Hostellerie du Chapeau rouge (plan 1, B2 nos 31, 60) À deux pas de la cathédrale Saint-Bénigne, derrière une façade bourgeoise, le Chapeau rouge nous convie au voyage et à l'audace. La gastronomie de William Frachot nous entraîne à la découverte de saveurs inédites : crabe à carapace molle en tempura et son bouillon de coquillages au miso ; noix de ris de veau croustillantes, pâtes vietnamiennes et bouillon de langoustines au lait de coco ; pigeon rôti laqué à l'amertume de cacao, etc. Le goût de l'aventure, quand il est à ce point maîtrisé, ne laisse que de savoureux souvenirs. Menus 41, 47, 88 et 100€, carte des vins pleine d'heureuses surprises. Une trentaine de chambres parfaitement douillettes au design contemporain, de 157 à 287€, selon le standing. Petit déj. 15€. Service hôtelier haut de gamme, voiturier, veilleur de nuit et organisation de vos échappées touristiques. *5, rue Michelet Tél. 03 80 50 88 88. www.chapeau-rouge.fr. Restaurant Ouvert mar.-sam.*

★ CÔTE DE NUITS

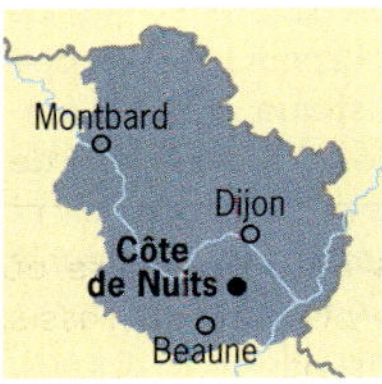

Aux portes sud de Dijon, la côte de Nuits inaugure 92la route touristique des vins qui file droit jusqu'au Beaujolais. On aborde ici les "Champs-Élysées" du vignoble bourguignon. Ce n'est pas la beauté des paysages, où Stendhal ne voyait "qu'une petite montagne bien sèche et bien laide", ni le charme de ses bourgades, assez ternes, qui lui valent ce prestigieux surnom mais l'incontestable qualité des vins, rouges pour l'essentiel, produits sur ce territoire. Sur 20km, de Marsannay à Corgoloin, et sur moins de 1km de large, se concentrent 24 grands crus sur les 33 que compte la Bourgogne. Des noms mythiques : Chambertin, Clos de Vougeot, Saint-Georges ou encore Romanée-Conti. Les œnophiles s'arrêteront pour jeter un coup d'œil ému aux ceps qui détiennent la clé de ces saveurs inouïes et méditer ce proverbe local : "Il y a cinq raisons de boire : l'arrivée d'un ami, la soif présente, la soif future, la qualité du vin et toutes celles qu'il te plaira d'imaginer." Les autres s'évaderont vers les Hautes-Côtes, pays du fruit rouge jusqu'à Bouilland, séduisant bout du monde au cœur d'un cirque calcaire.

MODE D'EMPLOI

accès

EN VOITURE

La route des Grands Crus De Dijon, rejoindre Marsannay-la-Côte par la D122 où débute cet itinéraire touristique qui rallie Beaune en 40km environ (cf. GEOVins).

EN TRAIN

TER Dijon-Mâcon Il dessert Gevrey-Chambertin (10min) puis Vougeot (15min) avant de rallier Beaune (30min). **Sncf** *Tél. 3536 www.ter-sncf.com*

EN CAR

Transco Au départ de la gare routière de Dijon, ce réseau dessert quotidiennement toutes les communes de la côte de Nuits : lignes 44 (Beaune), 60 (Saint-Philibert). Billet 1,50€. Voir aussi les visites guidées organisées par l'OT de Dijon. *Tél. 0800 10 2004 Plan et horaires www.mobigo-bourgogne.fr*

informations touristiques

Office de tourisme Dijon-Côte de Nuits D'intéressantes excursions (cf. Dijon Mode d'emploi).

Office de tourisme de Marsannay-la-Côte À ne pas manquer : les visites géo-viticoles, balades accompagnées d'un géologue et assorties de dégustations (juil.-mi-sept., 8€). Cet OT se double d'un musée des Arts et Traditions populaires, collectant coiffes et outils anciens de la viticulture (collection modeste). *41, rue de Mazy 21160 Marsannay-la-Côte Tél. 03 80 52 27 73 www.ot-marsannay.com Ouvert oct.-avr. : lun.-sam. 9h-12h et 14h-18h (fermé j. fér.) ; mai-sept. : lun.-sam. et j. fér. 9h-12h et 14h-19h, dim. 9h-12h*

Office de tourisme de Gevrey-Chambertin Visites guidées patrimoniales en été, suivies de dégustations. Carte randonnées pédestres et VTT (1€). *1, rue Gaston-Roupnel 21220*

Gevrey-Chambertin *www.ot-gevrey chambertin.fr Ouvert mai-sept. : lun.-sam. 9h30-12h30 et 13h30-19h, dim. 9h30-12h30 et 13h30-16h ; oct.-avr. : lun.-sam. : 9h30-12h30 et 13h30-19h*

☺ **Office de tourisme de Nuits-Saint-Georges** De nombreuses activités : balades œnologiques (ven. 10h, mai-août, 15€-25€) et des ateliers de dégustation à l'OT (mars-nov., à partir de 25€) ou chez des viticulteurs. Balades en calèche au milieu des vignobles, avec dégustation (82€/2h30). *21700* ***Nuits-Saint-Georges*** *3, rue Sonoys Tél. 03 80 62 11 17 www.ot-nuits-st-georges.fr Ouvert juil.-août : lun.-sam. 9h30-13h30 et 14h-18h30, dim. 10h30-13h et 14h30-17h30 ; juin et sept. lun.-sam. 9h30-12h30 et 14h-18h30, dim. 10h30-13h ; jan.-mars et nov.-déc. : lun.-sam. 9h30-12h30 et 14h-17h30*

fêtes

Fête du cassis Fête populaire où l'on assiste à la pressée du cassis. ***Concœur*** *Début sept.*

Musiques du Chambertin Repas, dégustations, concerts. ***Gevrey-Chambertin*** *Sept.*

DÉCOUVRIR

La côte de Nuits

☆ **Les essentiels** Le Clos de Vougeot, l'Imaginarium **Découvrir autrement** Échappez-vous sur les sentiers de la combe de Lavaux, visitez le Cassissium, achetez des souvenirs gourmands chez Fruirouge et Cie, faites une escapade au château d'Entre-Deux-Monts ➤ **Carnet d'adresses p.98**

Marsannay-la-Côte

Marsannay fut le théâtre d'un fameux tournoi médiéval opposant le Bourguignon Philippe le Bon au duc de Savoie, avant que l'armée autrichienne ne vienne mettre le village à sac en 1513. Le bourg, premier de la route des Grands Crus, a retrouvé le calme qui sied bien à la culture exigeante du pinot noir. Les points d'intérêt de Marsannay sont l'église Notre-Dame de l'Assomption (XIXe s.), un pigeonnier au toit de pierres, vestige du château féodal, et le cellier Saint-Urbain, survivant d'un prieuré du XIIe siècle qui abrite aujourd'hui l'OT et son petit musée du Patrimoine (cf. Mode d'emploi). *À 8km de Dijon par la D74 ou D122*

LES TROIS COULEURS DU VIN

Dans les vignes, le château de Marsannay, tout en rigueur, est l'un des rares sites tricolores de la côte de Nuits, produisant à la fois blancs, rouges et rosés. Il propose, sur réservation, des visites de la cave et des dégustations (10€). **Château de Marsannay** *Route des Grands Crus Tél. 03 80 51 71 11*

Fixin

Pour faire couleur locale, on prononcera "Fissin". Dominant le village, le manoir de la Perrière (privé) impose ses belles architectures (XIIe s.) d'inspiration cistercienne. Après avoir

SUR LES TRACES DE NAPOLÉON
Le parc Noisot invite à des balades thématiques vers la **combe de Fixin** sous les noms de "campagne d'Égypte" (30min), et "campagne de Russie," plus sportive, qui conduit au site des 100 marches que Noisot fit creuser dans la falaise en souvenir des 100 jours écoulés entre le retour d'exil de Napoléon et sa reconquête du pouvoir.

jeté un coup d'œil à la petite église romane coiffée d'un clocher pyramidal aux tuiles vernissées, on fera halte au lavoir circulaire (1827), paré d'une élégante galerie.

Parc Noisot et musée Napoléon La combe de Fixin conserve le souvenir de Claude Noisot. Ce soldat du bataillon des grenadiers de l'île d'Elbe a entretenu un culte fervent à Napoléon Ier dans sa propriété dont la commune hérita en 1861. Une allée de pins laricio mène à la clairière où l'on découvre un fortin crénelé, miniature de Longwood House où Napoléon vécut son exil. Cette étrange demeure abrite un musée qui réunit les souvenirs de Noisot (uniformes, bannières) et évoque l'épopée napoléonienne. Si l'on décide d'ignorer ce reliquaire, il faut néanmoins s'engouffrer dans le **sentier** bordé de buis, qui gravit les pentes d'une colline aux essences méditerranéennes. Délicieuse et courte balade vers une œuvre monumentale de François Rude (cf. Dijon, Musée Rude), ami de Noisot : *Le Réveil de Napoléon* (1847). On admire Rude à l'apogée de son art, rendant à merveille le mouvement de l'empereur qui, lentement, se redresse de la mort et, d'une main, lève au-dessus de sa tête l'ample manteau qui lui faisait linceul.
Parc *Entrée libre* **Musée** *Ouvert mi-avril-mi-oct. 14h-18h Tarif 4,50€*

CÔTE-D'OR

Gevrey-Chambertin

Gevrey, comme beaucoup de villages (Nuits-Saint-Georges, Chambolle-Musigny, Vosne-Romanée...), a tenu à se fleurir du nom de son meilleur cru, le Chambertin. Les *Portes de la Saint-Vincent,* sculpture remarquable (2000), marquent, tel un passage initiatique vers ce terroir de prestige, l'entrée du village. Le grand cru de Chambertin "qui fait voir l'avenir couleur de rose", selon Alexandre Dumas, pourrait bien détourner des autres attraits de la cité : le **château**, un prieuré clunisien fortifié au XIIIe siècle, ouvert à la visite ; l'élé-

Au bonheur des randonneurs, la combe de Lavaux

La D31 s'engouffre dans la combe de Lavaux, direction Bouilland. Rompant avec l'alignement parfait des vignobles, la nature y prend sa revanche. Ce val s'encaisse entre des falaises aux corniches déchiquetées où pointe l'aiguillon de Chambœuf. Classée réserve naturelle, la combe de Lavaux-Jean Rolland (du nom d'un naturaliste dijonnais) conserve une flore et une faune remarquables (lézards verts, faucons, chats sauvages). On y trouve des circuits de randonnées : le sentier Félix-Batier, entre Dijon et Nuits, de combe en combe (51km) ; le circuit Bernard-Quartreaux, plus sportif (8km/2h), etc. *Carte et rens. à l'OT de Gevrey-Chambertin*

gant hôtel particulier (XVIIe s.) Jobert de Chambertin (rue de Chambertin, ne se visite pas) et l'église Saint-Aignan (XIIIe s.) qui renferme une remarquable cuve baptismale (XVe s.), fièrement ornée d'animaux fantastiques, de feuillages et de têtes sculptées. *À 12km de Dijon* **Château** *Tél. 03 80 34 36 77 ou 06 89 76 04 23 Ouvert fin avr.-fin juin : sam. 14h30-18h, dim. 10h30-12h et 14h-18h ; juil.-août : mer.-dim. 10h-12h et 14h-18h Tarif 6€, 7-12 ans 3€, moins de 7 ans gratuit*

● **Sauter d'arbre en arbre** À 6km de Gevrey, la forêt de Curley accueille des parcours acrobatiques dans les arbres : 5km pour les adultes et 3km pour les enfants. On vous abandonne au plaisir des ponts de singes et autres tyroliennes après de solides explications (30min, un moment ludique avec les moniteurs). **Parc de loisirs de Curley** *À Curley, D31 puis D116 Tél. 06 82 08 19 18 ou 03 80 38 99 37 Ouvert mars-mi-sept. Tarif adulte à partir de 14€, enfant 12€*

Chambolle-Musigny et Vougeot

Chambolle-Musigny On s'y arrêtera pour l'église gothique Sainte-Barbe (peintures murales du XVIe s. et sculptures). La **combe de Chambolle**, aux parois escarpées s'annonce avec l'éperon du Grognot, ancien camp préhistorique. Dès Chambolle, on aperçoit Vougeot et franchissant la Vouge, on atteint le célébrissime Clos de Vougeot émergeant de ses vignes. *À 18km de Dijon*

☆ **Clos de Vougeot** Des vignes et des vignes, parcourues de murets en pierres sèches. Au cœur de cet océan vert, la superbe silhouette du Clos de Vougeot s'inscrit parfaitement dans son site. C'est le plus beau "tableau" de la côte de Nuits. Il doit sa célébrité à un vignoble créé par les moines de Cîteaux

Chevaliers du Tastevin, "jamais en vain, toujours en vin"

Au début des années 1930, et malgré de grands millésimes (1929, 1930, 1934), le vin dort dans les caves et ne se vend pas. En 1934, deux viticulteurs nuitons, Camille Rodier et Georges Faively, fondent une association pour la promotion des grands vins de Bourgogne, qui deviendra vite la confrérie des Chevaliers du Tastevin. Une opération marketing avant l'heure, sous le signe de la convivialité et de la gaieté. La confrérie grandira au-delà de tous les espoirs : on compte aujourd'hui 10 000 intronisés dans le monde. Ses activités sont nombreuses, et toujours "de mœurs viticoles irréprochables" : un mécénat actif (achat d'œuvres d'art) ; le Tastevinage, jury exigeant qui décerne un label de qualité ; dix-sept chapitres par an dont un qui précède la vente des vins des hospices de Beaune.
Une des victoires de la confrérie est le succès de la **Saint-Vincent tournante**, qu'elle crée en 1938. Chaque année un village différent se voit confier l'organisation de cet événement. *Pour connaître le programme des manifestations, consulter le site www.st-vincent-tournante.fr*

CÔTE-D'OR

au XIIe siècle. Aux origines, le domaine monastique et vigneron aux architectures sobres et fonctionnelles se partageait entre le cellier, la cuverie et la chapelle. Au XVe siècle, dom Loisier, 48e abbé de Cîteaux, ajoute une demeure d'agrément dont le charme tempère la sévérité des bâtiments primitifs. Le domaine est vendu à la Révolution, le vignoble morcelé. En 1944, le Clos de Vougeot est racheté par la confrérie mécène des Chevaliers du Tastevin qui le rétablit dans sa splendeur et en fait un musée vivant réunissant de nombreuses œuvres modernes. En dépit des siècles et des vicissitudes, malgré l'afflux des touristes, l'âme des origines n'a pas tout à fait déserté : la magie opère. La cour d'honneur s'inscrit dans un cercle parfaitement équilibré entre Moyen Âge et Renaissance. La visite est mémorable : la cuverie, ample et aérée (le vin en fermentation dégageant des gaz toxiques), retrace l'épopée cistercienne et abrite quatre pressoirs géants des XVe et XIXe siècles dont une vidéo nous explique le maniement. Le cellier, semi-enterré, a conservé sa charpente XIIe siècle et son volume soutenu par d'imposants piliers de chêne. Cet antre médiéval accueille des tapisseries contemporaines et une collection de taste-vin en argent. La cuisine des moines, voûtée sur croisée d'ogives et pavée de belles dalles calcaires, collectionne les souvenirs de la confrérie, et le dortoir abrite **un musée viticole**. Notre conseil : cette visite se combine idéalement avec celle de l'abbaye de Cîteaux (13km à l'est de Vougeot, cf. Beaune). *21640* ***Vougeot*** *Tél. 03 80 62 86 09 www.tastevin-bourgogne.com Ouvert avr.-sept. : tlj. 9h-18h ; oct.-mars : dim.-ven. 9h-11h30 et 14h-17h30, sam. 9h-11h30 et 14h-17h Tarif 4€, réduit 3€*

Vosne-Romanée

Le village tient au creux de la main mais attention, on aborde là le "sanctuaire" des grands rouges, six grands crus dont celui de la Romanée-Conti. Aussi légendaire (c'est le vin le plus cher au monde) que discrète (1,8ha et 5 000 bouteilles/an ; cf. GEOVins). Rien ne distingue ce vignoble, sinon un petit calvaire, en bord de route. *À 2,5km de Vougeot*

Nuits-Saint-Georges

Dans le Nuiton, l'art roman tardif trouve de belles expressions avec des portails en saillie, des façades et des absides souvent élégamment ouvragées, des clochers élancés. L'**église Saint-Symphorien** de Nuits (XIIIe s.) est un bel exemple de ces architectures de transition entre roman et gothique, avec son chevet gothique présentant de nombreuses figurines sculptées et sa nef de tradition cistercienne. Les toitures du beffroi (place de la République) hébergent un lanterneau dont le carillon rythme la vie de la cité. Les hospices (XVIIe s.), désormais maison de retraite, vendent leurs crus aux enchères (en juin), car là aussi, le vin est roi, même si le grand négoce du XIXe siècle a faibli au profit d'une multitude de domaines portés par l'excellence.

LE CLOS AU TROT
En été, joignez-vous aux balades en calèche, guidées par le truculent Michel, qui conduisent à travers les vignobles jusqu'au Clos de Vougeot, avec arrêt obligé dans une belle cave du XVIIe siècle pour une dégustation. *Sur réservation à l'OT de Nuits-Saint-Georges Tél. 03 80 62 11 17 Tarif 85€ pour 2 pers., 42€ pour 4 pers.*

Musée d'Histoire et d'Archéologie À la lisière de la ville, dans une boucle du Meuzin, on observe au sol les vestiges d'une cité gallo-romaine déployée autour d'une basilique et d'un temple arasés. Le site a livré des trésors, exposés au musée : des stèles mortuaires sculptées à l'effigie des défunts se dressent dans le silence d'une cave voûtée ; les plus émouvantes, stèles miniatures, sont celles des enfants. À voir également, une collection d'objets provenant d'autres sites archéologiques et d'époques plus tardives : des bijoux, des ex-voto animaliers, des statuettes de dieux gaulois ou déesses de tradition hellénistique. Chaque année, une exposition temporaire de qualité se penche sur un aspect de la longue histoire nuitonne. Un musée à ne pas négliger. *12, rue Camille-Rodier 21700* ***Nuits-Saint-Georges*** *Tél. 03 80 62 01 37 Ouvert mai-oct. : lun. et mer.-dim. 10h-12h et 14h-18h Tarif 2,30€, réduit 1,40€*

☺ **Cassissium** Que sait-on du cassis, sinon qu'il se boit en kir ? Rien. Et qui saurait décrire un cassissier ? Cette petite baie rouge (noire, en vérité) vous réservera ici bien des surprises grâce à une scénographie moderne et joyeuse (orgues à parfums, écrans tactiles…). Balzac, Flaubert, Maupassant ont écrit sur le cassis. Ici, ils vous en parlent. Les médecins du Moyen Âge utilisaient le cassis, intuitivement ; aujourd'hui, on sait pourquoi : il est anti-inflammatoire et antivieillissement. Les moines de Cîteaux, qui savaient tout, connaissaient déjà ses vertus. Ils furent les premiers en France à cultiver cette baie magique. On vous en expliquera les usages pharmaceutiques. En 1970, découverte de

☆ L'Imaginarium : des bulles ludiques !

Les architectures modernes de l'Imaginarium, tout en miroirs, ne laissent rien deviner de ses secrets. Ses beautés sont intérieures, qui nous propulsent dès le parcours "Sacrées vignes" dans un rêve éveillé. Les outils de la vigne, comme en lévitation, ou présentés sous forme d'accumulations, s'animent d'une vie nouvelle dans de savants jeux d'ombres et de lumières. Ils sont des centaines à se presser sur scène, de la bouille à dos au pique-cul. Le décor sonore ajoute au mystère. La première salle est une œuvre d'art, la seconde nous propulse dans l'ambiance des vendanges et la troisième, avec son théâtre de marionnettes aux personnages cocasses, révèle l'histoire et le secret des vinifications. À deux pas de Cîteaux, un moine raconte… On s'intéresse ensuite au monde festif de la bulle, du champagne au crémant bourguignon. Au fait, combien de bulles dans une flûte ? Et comment la bouteille fait-elle pour résister aux pressions de tant de bulles captives ? Et comment la bulle naît-elle ? Pour l'apprendre en direct, entrez dans… une bulle. Univers sensoriel, bornes interactives, films et diaporama projetés dans une salle superbe, cet espace multimédia joue la carte de "l'œno-divertissement". À la fin de la visite, dégustation commentée à la boutique. **Imaginarium** *Av. du Jura 21700* ***Nuits-Saint-Georges*** *Tél. 03 80 62 61 40 www.imaginarium-bourgogne.com Ouvert lun. 14h-17h30 et mar.-dim. 10h-17h30 Tarif 8€*

nouvelles propriétés, utiles aux parfumeurs, cette fois-ci. Mais eux, ne s'intéressent qu'aux bourgeons : écrasez quelques feuilles naissantes entre vos doigts, vous comprendrez pourquoi. Un peu de nostalgie avec l'épopée des liquoristes bourguignons, leurs vieilles carafes et réclames anciennes. Il vous restera ensuite à prendre quelques leçons de jardinage avant de visiter la liquoristerie Védrenne, voisine et mère du Cassissium. Enfin, il vous faudra goûter aux produits maison. *Rue des Frères-Montgolfier 21700* ***Nuits-Saint-Georges*** *Tél. 03 80 62 49 70 www.cassissium.fr Ouvert avr.-20 nov. : tlj. 10h-13h et 14h-19h 20 ; nov.-mars : mar.-sam. 10h30-13h30 et 14h-17h30 Tarif 7,50€, réduit 5,50€, moins de 12 ans gratuit*

● ☺ **Où acheter des produits 100% fermiers ?** Filez chez Fruirouge et Cie, une providentielle épicerie fermière où vous trouverez les délices dérivés du fruit rouge et serez tout autant alléchés par les saveurs bourguignonnes : vins de domaines amis, miels du Morvan, gâteaux à la peau de lait, plats cuisinés de la ferme des Louvières, etc. Également des cosmétiques à base de lait de jument et des plaids en mohair. **Fruirouge et Cie** *40, Grande-Rue 21700* ***Nuits-Saint-Georges*** *Tél. 03 80 27 31 59 www.fruirougeetcompagnie.com Ouvert mar.-sam. 10h-13h et 15h30-19h*

Les Hautes-Côtes

On est "ailleurs", les paysages prennent du relief, entre failles et collines, plateaux rocailleux, forêts et reliquats de vignobles. Partant de Gevrey, la D31 longe la combe de Lavaux jusqu'à Ternant ; bifurquez vers le **val de Vergy** (D35) et faites halte à Reulle-Vergy (église du XIIe s., sentier panoramique de la butte de Vergy) puis à Curtil-Vergy. À L'Étang-Vergy, on s'intéressera aux vestiges de l'**abbaye Saint-Vivant**, fondée au Xe siècle, reconstruite au XVIIIe et détruite à la Révolution – de beaux, mais tristes vestiges. **Messanges** a son moulin, imposant édifice, né au XIIIe siècle, puis agrandi et modernisé jusqu'à l'aube du XXe, et qui repose auprès d'un bief superbe. Enfin, prenez la minuscule D109 qui grimpe jusqu'à Concœur. **Moulin de Messanges** *visite sur rdv Tél. 05 62 99 09 96*

Goûter le ketchup au cassis

Sur le plateau de Nuits, Isabelle et Sylvain Ollier cultivent le cassis, la cerise et la fraise. Au mot "paysan" qu'ils s'attribuent, on ajoutera quelques qualificatifs : passionnés, passionnants et inventifs. Dans cette entreprise 100% artisanale, le cassis ne chôme pas. Il se transforme en crème ou en pâtes de fruits, ou, plus inédit, en ratafia, en ketchup (inspiré d'une recette anglaise du XVIIe s.), en beurre, pour les pâtisseries et les rôtis, mais aussi en Vod'K6 ! Voilà des fruits rouges et fous à découvrir absolument, à consommer sans modération pour leurs vertus antioxydantes. Dégustations et conversations à la boutique. **Ferme Fruirouge** *Place de l'Église 21700* **Concœur** *Tél. 03 80 62 36 25 www.fruirouge.fr Ouvert lun., jeu.-ven. 9h-11h et 14h-18h, sam.-dim 9h-11h Visite du laboratoire sur rdv*

☺ **Château d'Entre-Deux-Monts** De Concœur, il faut encore parcourir quelques kilomètres pour atteindre un plateau boisé. En lisière de forêt, se dresse, solitaire, ce château. La grange primitive, exploitée par les moines de Cîteaux, s'est transformée, au fil des siècles, sous la conduite de nobles locaux, en un château doté d'un corps de logis Louis XIII et d'ailes Renaissance. Un pigeonnier aux 1 500 boulins complète le tableau. De ce château, qui a gardé en partie ses crépis d'origine et les mêmes "maîtres" depuis 150 ans, émane un romantisme rustique, un charme désuet qui le rend très attachant. Le propriétaire, qui l'habite avec beaucoup d'affection et de détermination, mène des visites conviviales de la chapelle jusqu'aux écuries voûtées où repose "son petit musée des vieilleries", comme il dit. Le parc à l'anglaise, où la nature a partiellement repris ses droits, offre une formidable promenade sur 5ha avec ses statues et ses fabriques de jardin. *21700* ***Concœur*** *Tél. 03 80 33 38 21 Visites guidées en juil.-août : jeu.-sam. 14h, 15h30 et 17h*

DIAMANT NOIR
La première truffe dégustée à la cour des rois de France fut bourguignonne, apportée en présent par Philippe le Hardi. Ce fut une de ces fameuses *Tuber uncinatum* que l'on retrouve ici à la boutique installée dans les dépendances du château. Dégustation du diamant noir avec un vin de pays et démonstration de cavage avec un chien dressé. *Horaires et tarifs, téléphoner au 03 80 73 46 20*

Abbaye Sainte-Marguerite Un routin y mène, de Bouilland, mais aussi un beau sentier (env. 1,5km). Ne vous faites pas trop d'illusion, c'est une ruine qu'un brasseur belge a exhumée en défrichant les terres qu'il venait d'acheter. Tout le monde ici avait oublié Sainte-Marguerite, abbaye fondée au XIe siècle par des moines de l'ordre de Saint-Augustin, prospère jusqu'au XVIe puis rattrapée par l'abandon. La visite guidée se double d'une dégustation de bières belges. *À l'entrée de Bouilland, tourner à gauche, fléché Tél. 03 80 26 15 23. Ouvert mi-juil.-fin sept., horaires des visites variables, téléphoner Tarif 7€ (incluant la dégustation de bière)*

☺ Bouilland, "petite Suisse bourguignonne"

Toutes les combes mènent à Bouilland : la combe Pertuis de Nuits, la combe Lavaux de Gevrey-Chambertin et la combe à la Vieille, fraîche et verdoyante, de Savigny-lès-Beaune. Ce dernier itinéraire longe le Rhoin, rivière aux allures de torrent, qui dégringole de Bouilland, un de ces bouts du monde dont les Hautes-Côtes ont le secret. Plus de vignes, plus personne. Les pâturages et leurs vaches, les vergers et leurs pommes habillent des paysages qui se font presque montagnards... On parle de "petite Suisse bourguignonne". C'est excessif, mais il y a du vrai. On croise là moins d'amateurs de vins – et pourtant les crus des Hautes-Côtes ont de plus en plus la cote (cf. GEOVins) –, que de randonneurs ou passionnés d'escalade.

CARNET D'ADRESSES

Restauration, hébergement

prix moyens

☺ **Restaurant-chambres d'hôtes La ferme de Rolle** En fait de ferme, c'est un petit hameau perdu sur les "sommets" des Hautes-Côtes qui accueille aujourd'hui les amateurs de saine gastronomie du terroir. Cette échappée bucolique qu'orchestrent de vrais professionnels de l'accueil vaut le détour. La terrasse est exquise aux beaux jours, et la salle joue un registre un brin folklorique avec ses nappes rouge et blancs. On sert ici une cuisine de ferme, mais du dimanche, où de belles garnitures de légumes accompagnent charcuteries, grillades, poulet fumé ou jambon cuit à la broche, mais aussi des poissons. Deux menus à 21 et 25€, une carte et un menu végétarien à 20€. Et pourquoi ne pas séjourner dans ce site dépaysant, d'autant qu'on n'est pas si loin de la vallée et que les chambres d'hôtes, joliment champêtres, vous charmeront à coup sûr (de 65 à 80€, petit déj. compris). *Hameau de Rolle 21220* ***Ternant*** *(13km de Nuits par la D109) Tél. 03 80 61 40 10 www.fermederolle.fr Ouvert juil.-août : lun.-mar. et jeu.-dim. ; hors saison : lun. et jeu.-dim.*

☺ **Restaurant Au p'tit bonheur** En été, la terrasse jardin est irrésistible. La petite salle, plaisante, n'en fait pas trop : décor simple qui ne distrait pas de l'assiette. L'effort porte sur la cuisine avec des plats traditionnels, sans lourdeur : suprême de poulet, agneau au thym, quenelle de veau à l'ancienne et un fameux crumble. Le tout arrosé des vins du village. Accueil au sommet de la courtoisie et souriant. Compter env. 25€ à la carte, un excellent rapport qualité-prix. *21220* ***Curtil-Vergy*** *(13km de Nuits-Saint-Georges par la D109) Tél. 03 80 61 31 03 ou 06 70 66 32 37 www.auberge-aupetitbonheur.com Ouvert mai.-oct. : lun.-mar. et jeu.-dim. midi et soir ; nov.-fév. .lun. et jeu.-dim.*

☺ **Chambres d'hôtes Le Val de Vergy** Une de ces demeures de caractère qu'auraient pu habiter Lamartine ou George Sand. Un romantisme conservé, du goût pour les ambiances intemporelles, un mobilier rustique, des bouquets de fleurs fraîches, une cuisine à l'ancienne comme on n'ose plus les imaginer, et un parc conçu pour de douces rêveries. Ici le temps s'est arrêté au meilleur de l'horloge, mais le confort est douillet, adapté aux exigences de notre époque. Quatre chambres dont deux suites familiales ouvrant sur la verdure à 62 et 68€, petit déj. compris. Sans doute le meilleur rapport qualité-prix de la côte de Nuits. L'apéritif se déguste dans la cave voûtée avant de rejoindre la table d'hôtes où l'on se régale, aux chandelles, d'un poulet de Bresse, d'un coq au vin ou d'une blanquette (30 ou 40€, vin compris, pour un moment mémorable). *Pellerey 21220* ***Curtil-Vergy*** *(7,5km de Nuits-Saint-Georges par la D109) Tél. 03 80 61 41 62 www.valdevergy.com*

Hôtel de Vougeot Vous êtes à deux enjambées du Clos de Vougeot, au cœur du mythe nuiton et aux premières loges d'une superbe carte postale à contempler depuis la terrasse. Trois bâtisses vigneronnes distribuent 16 chambres, nettes, sobres, qui marient le bois, la pierre et les teintes claires (de 60 à 108€). Petit déjeuner avec de bons produits

CÔTE-D'OR

régionaux à 9,50€ ; repas casse-croûte à base de charcuterie avec du vin et des fromages de région (env. 20€). Sur place : des vélos pour s'évader dans le vignoble, et un caveau pour déguster et acheter une sélection de vins. *18, rue du Vieux Château 21640* ***Vougeot*** *(5km de Nuits-Saint-Georges) Tél. 03 80 62 01 15 www.hotel-vougeot.com Fermé 20 déc.-20 jan.*

Gîte Moulin de Cussigny Il suffit de peu, quelques kilomètres à l'écart de la D974, et les paysages se font délicieusement bucoliques. Ce moulin est un havre, son ruisseau serpente sur des pelouses. Une campagne sereine, hospitalière qu'habitent encore quelques paysans et des centaines d'oiseaux. Installé dans un bâtiment bien restauré, jouxtant le corps du moulin, ce gîte jouit d'un bel aménagement, sans chichis, confortable. On y loge à l'aise à 6 pers. (3 chambres, 2 sdb, cuisine équipée). Comptez 600 à 850€/sem. selon la saison (location possible pour un w.-e.). Et pour des conseils sur la région, demandez au maître des lieux qui a le vin pour métier. Il en sait tous les secrets. *Chemin de la Scie Cussigny 21700* **Corgoloin** *(10km de Nuits-Saint-Georges) Tél. 06 61 77 48 39 www.moulindecussigny.com*

prix élevés

Restaurant Chez Guy Voilà l'épure qui revient au galop avec une décoration au carré et en privilégiant le bio. Aux fourneaux, le jeune Yves Rebsamen qui s'est formé auprès de célèbres étoilés (Ledoyen, Loiseau) et, à la pâtisserie, son compère Damien Curie. Joyeux couple culinaire qui excelle dans une cuisine d'artiste, consciencieuse, et où l'on retrouve la pleine saveur du cabillaud, servi avec un cristal de fenouil, de la joue de bœuf cuite en 12h, de l'andouillette, tout simplement à la plancha avec une divine purée de charlotte au beurre d'Isigny (la Rolls du beurre !). Pour ses desserts, Damien ose d'ébouriffants mariages fruits-légumes et son audace paie. Superbe carte des vins. Tout est parfait dans le meilleur des mondes. Peut-être un peu plus de chaleur dans le cadre, non ? *3, place de la Mairie 21220* ***Gevrey-Chambertin*** *(11km de Nuits-Saint-Georges) Tél. 03 80 58 51 51 www.chez-guy.fr Ouvert tlj.*

Château Ziltener Cette demeure du XVIIIe siècle s'est bâtie sur les fondations d'une abbaye cistercienne. Pour filtrer la rumeur du siècle : un vaste parc. Ziltener est une de ces grandes maisons de négoce, également productrice récoltante, possédant une clientèle internationale qui se déplace ici comme on va au sanctuaire. Les dégustations sont de grands-messes pour amateurs de grands crus, et les chambres un sommet d'élégance bourgeoise (lits à baldaquin, murs tapissés de boiseries, salles de bains et cheminées de marbre). Une certaine idée de l'accueil, la qualité irréprochable des prestations, les prix, tout concourt à faire de ce château-hôtel une adresse emblématique de l'esprit "côtes de Nuits". Trois chambres à partir de 190€, 7 suites à partir de 230€, petit déj. 18€. *12, rue de la Fontaine 21220* ***Chambolle-Musigny*** *(6km de Nuits-Saint-Georges) Tél. 03 80 62 41 62 www.chateau-ziltener.com*

★ BEAUNE

21200

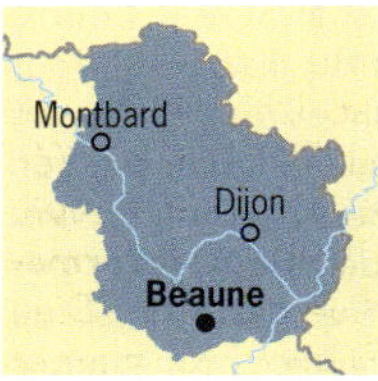

Beaune, un nom qu'on ne peut prononcer sans entendre rouler les fûts. Beaune, centre de gravité du vignoble de la Côte-d'Or, a réussi l'exploit de paraître aux yeux du monde comme la capitale française du vin (après Bordeaux), et le monde entier s'y bouscule. Toutes les autoroutes convergent vers cet "œno-parc" du business viticole. Adresses pour cartes de crédit dorées, accueil bourgeois, demeures retranchées sur leurs secrets, défendues par des portes qui en imposent... ce délicieux éden qu'il faut apprivoiser se livre avec réticence. Et nonchalance. Difficile sans doute d'y retrouver le bonheur que Proust ou Henry James connurent en foulant naguère les rues de la vieille cité, mais Beaune reste une étape indispensable, "à voir au moins une fois dans sa vie". L'histoire et l'art, les ressources de la cave et de la table concourent à une renommée que chaque pas justifie encore aujourd'hui. L'Hôtel-Dieu aux toits vernissés, l'un des bâtiments de France les plus courus, est le joyau émergé d'une ville dont la visite se prolonge dans la pénombre de ses caves labyrinthiques. Car il y a un Beaune souterrain, monde fascinant où les négociants font mûrir leurs trésors, et les font déguster.

DES DUCS ET DU VIN Beaune tire son origine d'un habitat gaulois que les Romains investirent sous le nom de *Beleno castrum*. Son nom vient de Belenos, dieu solaire celte protecteur des rivières, ici l'Aigue et la Bouzaise qui prend sa source au pied d'une colline pompeusement nommée "La Montagne". Les ducs de Bourgogne fixèrent brièvement leur résidence à Beaune au XIVe siècle et y installèrent un parlement avant de se fixer à Dijon. De puissants remparts, jalonnés de tours, corsètent alors la ville. Cette ceinture de pierres, aujourd'hui agrémentée de verdure, donne à Beaune un aspect plantureux que rien ne démentira. Au Moyen Âge, Beaune est une ville drapière ; les hauteurs de la Côte se peuplaient de moutons dont la laine était exportée vers l'Italie, ou traitée sur place. La cité doit aussi son opulence à ses vignobles, et à ses négociants. Le culte de Bacchus s'implante tôt ; un pilier funéraire du IIe siècle, conservé au musée du Vin, montre un satyre en pleine bacchanale. Au XIVe siècle, les crus locaux atteignent une renommée qui ne faiblira pas : les rois, les princes et le pape en font leur ordinaire. C'est en 1720 que fut fondée la première maison de négoce semblable à celles que nous connaissons aujourd'hui et qui, toutes, possèdent des caves abritant des fortunes. Mais Beaune est aussi une ville d'art : l'Hôtel-Dieu, l'hôtel des Ducs, où s'est installé le musée du Vin, la collégiale Notre-Dame et ses tapisseries remarquables, et le riche musée des Beaux-Arts en sont des incontournables. De nombreux hôtels particuliers offrant une tourelle, une baie et de nobles façades font aussi revivre le passé.

MODE D'EMPLOI

accès

EN VOITURE
Beaune est située à la jonction de trois autoroutes : l'A6 relie Paris (310km) à Lyon (160km), l'A3 dessert Metz et Lille via Dijon (45km) et l'A36 Belfort (111km).
Stationnement Évitez de pénétrer intra-muros où la circulation est difficile et les parkings payants. Optez pour le stationnement gratuit : **place Madeleine** (plan 3, B2), à 3min à pied du centre historique, ou **place des Tanneries** (plan 3, B2).

EN TRAIN
Gare SNCF (plan 3, B1) Ligne TGV Paris-Nice : deux AR quotidiens Beaune-Paris (2h). De nombreuses lignes TER : Dijon (20min), Lyon (1h40), Mâcon (1h10), Nevers (2h20). À 10min à pied du centre-ville, sinon ligne de bus (n°20) et taxis. *Tél. 3635 www.sncf-voyage* **Taxi** *Tél. 06 09 43 21 31*

orientation

Le centre historique se parcourt facilement à pied et les principaux attraits sont situés intra-muros, derrière les remparts circulaires que longent des boulevards extérieurs (en sens unique, à l'inverse des aiguilles d'une montre). Au-delà des murailles, le faubourg Madeleine, proche du centre (il suffit de traverser le boulevard Ferry), est un quartier vivant où de nombreux commerces et restaurants se concentrent autour de la place Madeleine.

informations touristiques

Office de tourisme intercommunal (plan 3, B2) Divers pass permettent des visites à tarifs réduits. *Porte Marie de Bourgogne 6, bd de Perpreuil Tél. 03 80 26 21 30 www.beaune-tourisme.fr Ouvert jan.-mars et nov.-déc. : lun.-sam. 9h-12h et 13h-18h, dim. et j. fér. 10h-12h30 et 13h30-17h ; avr.-mai et oct. : lun.-sam. 9h-18h30, dim. et j. fér. 9h-18h ; juin-sept. : lun.-sam. 9h-19h, dim. et j. fér. 9h-18h* **Point information (plan 3, A1)** *Rue de l'Hôtel-Dieu Tél. 03 80 26 21 32 Ouvert jan.-mars et nov.-déc. : lun.-sam. 10h-13h et 14h-18h ; avr.-mai et oct. : tlj. 10h-13h et 14h-18h ; juin-sept. : tlj. 10h-13h et 14h-18h*

visites guidées

Beaune Gourmand Considérations historiques et pauses dégustation chez les commerçants spécialisés dans les produits du terroir. *Rés. à l'OT Juil.-août ven. mat. Tarif 12€*
Moutarderie artisanale Fallot Visite commentée avec dégustation. *Dates et rés. à l'OT Tarif 10€, réduit 8€*
Chemin de lumières Visite audioguidée en nocturne (éclairages et projections lumineuses sur certains monuments) à télécharger sur un téléphone portable. *Avr.-sept.*
Visiotrain (plan 3, A2) Train touristique au départ de l'Hôtel-Dieu ; 45min de balade commentée dans le cœur de Beaune avec une échappée vers le parc de la Bouzaise. *Avr.-oct. : 11h, 12h, 14h30, 15h30, 16h30, 17h30 (et 18h30 en été) Tarif 6,50€, réduit 4€*

location de deux-roues

Bourgogne randonnées Une adresse professionnelle qui, outre la location de vélos, propose des circuits organisés accompagnés. Location 5€/1h, 18€/j. *7, av. du 8-septembre (proche de la gare) Tél. 03 80 22 06 03 www.bourgogne-randonnees.com Ouvert lun.-sam. 9h-12h et 13h30-19h, dim. 9h-12h et 14h30-19h*

marchés, manifestations

Marché (plan 3, A2) *Place de la Halle Mer. et sam. mat.*
Festival international d'art baroque Ce festival prestigieux perpétue la tradition musicale de la cour des grands-ducs de Bourgogne. *Tél. 03 80 22 97 20 Juil.*
Festival cours, eaux et jardins Un riche programme d'animations : concerts, récitals de poésie, soirées théâtrales, spectacles de rue et installations de jardins éphémères. *Tél. 03 80 24 58 51 Juil.-sept.*
Jazz à Beaune Des concerts de qualité assortis de dégustations conviviales des vins de Beaune. *Sept.*
☆ **Vente aux enchères des vins des hospices de Beaune (plan 3, A1)** Cf. encadré Les trois coups du marteau d'ivoire. *3e dim. de nov.*

DÉCOUVRIR

Beaune

☆ Les essentiels L'Hôtel-Dieu, le musée des Beaux-Arts, le musée du Vin
Découvrir autrement Apprenez à manier le taste-vin dans des caves historiques, achetez un tire-bouchon à l'Athéanum ➤ Carnet d'adresses p.113

Beaune intra-muros

☆ **Hôtel-Dieu-Hospices de Beaune (plan 3, A2)** Il fut fondé en 1443 (au lendemain de la guerre de Cent Ans), par Nicolas Rolin, chancelier du duc Philippe le Bon et par son épouse Guigone de Salins. Destiné à soigner les pauvres, à accueillir les infirmes et les orphelins, cet hôpital reçoit son premier patient le 1er janvier 1452. Les sœurs hospitalières en blanches cornettes assurent les soins. Elles se succéderont ici jusqu'en 1971. Amorcé dans un gothique flamboyant d'inspiration bourguignonne et flamande (la Flandre est alors une possession des ducs de Bourgogne), le bâtiment connaîtra maints agrandissements du XVIIe au XIXe siècle. La façade, simplement ornée d'un auvent et de quelques lucarnes ouvragées, se veut austère. Les richesses sont "intérieures", dans la cour d'honneur qui multiplie les splendeurs et dans la salle des "pôvres". Aujourd'hui, pour entrer, nul besoin de frapper le heurtoir du judas et d'attendre l'irruption d'une cornette, il suffit de faire la queue. *Rue de l'Hôtel-Dieu Tél. 03 80 24 45 00 www.hospices-de-beaune.com Ouvert jan.-mars : tlj. 9h-11h30 et 14h-17h30 ; avr.-nov. : tlj. 9h-18h30 ; déc. : tlj. 9h-11h30 et 14h-17h30 Tarif 6,50€, réduit 2,80€ (suppl. 2€ pour une visite guidée, réservation conseillée)*
Cour d'honneur Les toits polychromes étincellent comme au premier jour. Sur deux côtés, court un préau surmonté d'une galerie basse et de multiples lucarnes ciselées. C'est une féerie de campaniles, d'épis, de pinacles, de gargouilles et de girouettes armoriées, une floraison de dentelles de ferronnerie qui partent à la conquête du ciel. Et le regard retombe sur le vieux puits aux armatures de fer forgé.
Intérieurs La grande **salle des "pôvres"** est un véritable palais dont le volume impressionnant (50m de long sur 14m de large et 16m de haut) est magnifié par une charpente lambrissée en berceau brisé. Les poutres de chêne sont ornées de dragons multicolores et de visages sculptés qui sont

les caricatures des bourgeois de Beaune. À leur côté, des animaux sauvages apparaissent pour stigmatiser leurs turpitudes. Les lits s'alignent, masqués par de lourdes tentures rouges, et le sol est pavé de beaux carrelages où figurent les monogrammes des fondateurs. Au fond, un Christ en Pitié, mains liées, veille sur la salle depuis le XVe siècle. Une clôture de bois néogothique protège la chapelle où repose Guigone de Salins. Toutes les salles suivantes étaient également affectées à l'accueil des malades. La **salle Saint-Hugues** montre encore quelques lits et de somptueux tableaux. La **salle Sainte-Anne**, jadis réservée aux soins des "âmes nobles", évoque aujourd'hui les costumes d'antan. Toutes deux sont du XVIIe siècle. Le XVIIIe siècle ajoutera la **salle Saint-Nicolas**, où une exposition permanente présente l'histoire et les architectures de l'Hôtel-Dieu (ne manquez pas la maquette en paille confectionnée par un patient au XVIIIe s.). Dans la **cuisine**, le regard se porte d'abord sur l'immense cheminée gothique à deux foyers, équipée au XVIIe siècle d'un tournebroche qu'"actionne" un automate en costume d'époque. L'**apothicairerie** expose des tableaux du XVIIIe siècle illustrant les travaux du pharmacien, et des collections de pots de faïence ou de verre dont certains renferment encore des spécialités qui laissent songeur : poudre de cloportes, yeux d'écrevisses, etc.

Salle Saint-Louis Elle fut aménagée au XVIIIe siècle à la place d'une grange et d'une cuverie, l'Hôtel-Dieu possédant des vignes. Elle recèle un trésor, commandité par Nicolas Rolin : le **polyptyque du Jugement dernier** (v. 1440-1464), peint par un artiste majeur, le flamand Rogier van der Weyden. Ce chef-d'œuvre trônait jadis dans la chapelle de la salle des "pôvres". Il apparaît désormais dans une pénombre qui lui va bien, et met en valeur son souci de composition, l'admirable rendu des attitudes, des visages, l'harmonieux équilibre des différentes scènes, la surprenante vérité anatomique des nus. Pendant la semaine, le polyptyque fermé montrait aux malades les portraits des donateurs, Nicolas Rolin et son épouse en prière encadrant une Annonciation, mais aussi

☆ Les trois coups du marteau d'ivoire

Chaque année, le 3e dimanche de novembre, la halle médiévale accueille un événement mondial : devant un parterre international de "rois du bouchon" sont vendus aux enchères les vins que les hospices de Beaune récoltent sur les 60ha de leur domaine (entre Gevrey-Chambertin et Puligny-Montrachet). Sous les coups de marteau en ivoire du commissaire-priseur, les cours flambent ou chutent. Cette manifestation, née dans les années 1850, donne toujours les tendances du millésime et du marché.

Après cette cérémonie, le bastion médiéval accueille les invités pour un dîner de gala. Cette vente, dont les bénéfices sont versés au centre hospitalier de Beaune, est l'apogée de festivités qui se déroulent sur plusieurs jours. En amont, le rite des dégustations dans les caves, qui réunissait à l'origine les seuls négociants, s'est ouvert au grand public. En aval, les festivités prennent désormais les formes les plus diverses : un semi-marathon, un concours de débouchage de bouteilles et une fête foraine.

saint Sébastien (patron de chevalerie du chancelier) et saint Antoine (patron de l'Hôtel-Dieu). Les dimanches et jours de fêtes, le polyptyque s'ouvrait sur un Jugement dernier. Aux pieds du Christ, saint Michel pèse les âmes au milieu d'une cohorte de saints et de saintes. La Vierge, suppliante, se détache nettement. Au sol, la terre se craquelle d'où jaillissent les élus et les damnés. Cette salle Saint-Louis recèle également une collection de tapisseries, où se distinguent celle de Tournai (XVIe s.) illustrant la parabole de l'Enfant prodigue et celle d'Aubusson (XVIIe s.), la *Ronde des jeunes gens*.

Place Fleury (plan 3, A2) Elle jouxte la place de la Halle. Au n°13, on y trouve l'hôtel portant le nom de Jean de Saulx, qui fut, lui aussi, chancelier des Ducs. Un portail du XVIIe siècle précède les architectures du XVe de cette demeure à tourelle d'escalier, contemporaine de l'Hôtel-Dieu.

☆ **Musée des Beaux-Arts (plan 3, B2)** Pourtant installé près de l'office de tourisme, ce musée est trop souvent négligé par les touristes. Injustement. Loin des foules de l'Hôtel-Dieu, vous aurez tout loisir d'admirer au calme l'œuvre de Félix Ziem (1821-1911), brillant coloriste de l'école française du paysage, peintre contemporain de Turner avec lequel il partage une même obsession : saisir la lumière. S'il est né à Beaune, son œuvre s'attache à célébrer Venise, le désert nord-africain ou la Riviera française. Autre révélation du musée : Hippolyte Michaud (1823-1886), natif de Beaune lui aussi. Artiste "maudit", pourchassé par la misère, il puise l'inspiration dans un romantisme empreint de mysticisme et de symbolisme. Sa maîtrise des jeux d'ombres, son dessin précis, le rendu des anatomies en font un artiste rare qui livre ici, entre autres, un *Christ mort* qui va à l'essentiel. Ces deux artistes du XIXe siècle viennent compléter des collections consacrées à la sculpture médiévale, à la peinture française et flamande des XVIe et XVIIe siècles. Parmi les belles pièces de ces dernières collections, une *Vierge à l'Enfant* du XVe siècle, une *Résurrection du Christ*, de l'école

Croix vivante, trésor du musée de Beaune

Nulle part ailleurs en France, vous ne verrez un autre de ces étranges tableaux, profondément troublants, nommés "Croix vivantes". Il en existe quatre en Europe : dans un musée du Tyrol, à Ferrare, en Italie, à Toulouse, dans une collection privée, et à Beaune. Au-delà d'une représentation de la Crucifixion, il s'agit de l'affirmation de la nouvelle loi religieuse qu'inaugure la mort du Christ. Le fût et les montants de la croix s'animent de quatre bras. Celui qui jaillit sur la tête du Christ brandit la clé de la Jérusalem céleste. Celui de gauche couronne une fraîche jeune fille qui incarne l'Église. Celui de droite tranche le bras de l'ancienne loi (la synagogue) que symbolise une cavalière qui avance, les yeux bandés, sur un mulet. Celui du bas brandit un pic vers un diable noir enchaîné. Le squelette d'Adam gît au pied de la croix, près d'une représentation de l'Enfer. Cette curieuse iconographie est soutenue par un style très réaliste, incroyablement moderne pour une œuvre du XVIe siècle.

Plan 3 Beaune

Cafés, bars, lieux de sorties (n°s 1 à 3)

Le bistro des Cocottes — **1** B2
Le Bout du monde — **2** B2
Le Square — **3** A1

Restauration (n°s 10 à 20)

Koki food and shop* — **10** B2
Le Bistrot bourguignon — **11** A2
Le Café de l'abattoir — **12** B2
Le comptoir des Tontons — **13** B2
Le Gourmandin — **14** A2
Le jardin des remparts — **15** A2
Le palais des gourmets* — **20** A2
Le Parisien* — **16** B2
Le Piqu'bœuf — **17** B2
Sushikai — **19** B1
Via Mokis — **18** B1

Caves à vins, dégustation (n°s 30 à 33)

Bouchard ainé et fils* — **30** A1
Caves Patriarche* — **31** A1
Couvent des Cordeliers* — **32** A2
Sensation vin* — **33** A2

Shopping (n°s 40 à 45)

Boutique Mullot-Petitjean — **40** B2
Fromagerie Alain Hess — **41** B2
Galerie Graglia — **42** A2
L'Athénaeum de la vigne et du vin — **43** A2
Mille et une feuilles — **45** A2

Hébergement (n°s 50 à 54)

Domaine des Bressandres — **50** A1
Le Gourmandin — **51** A2
Le Home — **52** B1
Les jardins de Loïs — **53** A2
Via Mokis — **54** B1

Bien-être (n°s 60 et 61)

Spa Bourgogne* — **60** B1
Spa Via Mokis — **61** B1

*À RETROUVER DANS LA PARTIE DÉCOUVRIR

LE VIN DANS TOUS SES ÉTATS
Les plus pressés trouveront tout d'un seul coup : L'Athénaeum de 1 200m² propose à la fois un choix impressionnant (le plus vaste du monde, paraît-il !) d'ouvrages consacrés aux vins, à la vigne, au terroir ; une cave exceptionnelle où l'on reçoit de précieux conseils ; ainsi que de très nombreux accessoires, de la carafe au tire-bouchon. On peut y passer des heures. **L'Athénaeum de la vigne et du vin** *(plan 3, A2 n°43) 5, rue de l'Hôtel-Dieu Tél. 03 80 25 08 30 Ouvert tlj. 10h-19h*

flamande du début XVIe, une *Allégorie de l'eau* de Brueghel de Velours (1568-1625) et une œuvre d'une fascinante singularité : une **Croix vivante** (cf. encadré Croix vivante, trésor du musée de Beaune). *Porte Marie-de-Bourgogne (par le passage Sainte-Hélène) Tél. 03 80 22 08 19 Ouvert avr.-nov. : tlj. 9h30-18h ; nov.-mars : mer.-lun 9h30-17h Tarif 5,50€, réduit 3,50€*

☆ **Musée du Vin (plan 3, A2)** Un musée à la gloire du vin, à Beaune, ne pouvait que loger dans un cadre d'exception. Le palais des Ducs de Bourgogne (XVe et XVIe s.) est tout indiqué : superbe bâtiment à colombages, agrémenté d'une tourelle octogonale et de deux galeries de bois. Le créateur du musée des Arts et Traditions populaires parisien, Georges-Henri Rivière, crée ce musée en 1947 avec la complicité d'un autre ethnologue, André Lagrange. Gage de qualité, et si ce musée peut paraître un peu vieillot, il remplit remarquablement sa mission : montrer le travail méticuleux du vigneron, du tonnelier, la vie des confréries, leurs souvenirs et leurs bannières, d'époustouflantes collections de verres et de faïences de Nevers ou de Rouen. De grands pressoirs anciens sont exposés dans la splendide cuverie du XIVe siècle. On navigue de l'Antiquité au XXe siècle, de l'effigie gallo-romaine du dieu au maillet portant un vase rond où verser "le nectar de l'immortalité" (du vin !) jusqu'à la tapisserie de Jean Lurçat où le vin, source de vie, triomphe de la mort. On ne peut faire l'inventaire des trésors contenus dans les riches collections de ce musée ; notons un verre fougère du XVIe siècle, pièce unique, des statues des saints protecteurs de la vigne et une *Vierge à la grappe* (XVIe s.), autrement appelée *Notre-Dame de Beaune*, qui offre du raisin à un Jésus réjoui. *Rue d'Enfer Tél. 03 80 22 08 19 Ouvert déc.-mars : mer.-lun. 9h30-17h ; avr.-nov : tlj. 9h30-18h Tarif 5,50€, moins de 16 ans 3,50€*

☺ Un vin de jouvence

Nathalie Molinier a travaillé pour de prestigieux domaines avant d'ouvrir le Spa Bourgogne, voluptueux cocon où le raisin libère en douceur sur votre peau la plus redoutable des armes antivieillissement : les polyphénols. À vous de choisir entre un bain aux raisins rouges dans un ballonge en chêne (28€), un gommage au pépin de raisin (60€) et pourquoi pas un massage premier cru (60€). Un Spa viticophile où vous pouvez placer la conversation sur le thème du vin, votre hôtesse en connaissant tous les secrets. **Spa Bourgogne, vignes et bien-être (plan 3, B1 n°60)** *5, rue du Château Tél. 03 80 21 19 91 www.spa-en-bourgogne.com Ouvert lun.-sam.*

Collégiale Notre-Dame (plan 3, A2) La vue sur le porche est saisissante. Mais celle sur le chevet ne l'est pas moins, avec ses chapelles absidiales, son déambulatoire surmonté d'arcs-boutants gothiques, son chœur élancé et son clocher coiffé d'un toit à l'impériale (XVIe s.). À l'angle occidental sud, s'élève une chapelle Renaissance, véritable bijou. Chaque époque a porté ses ajouts, et sa richesse, sur un sanctuaire initialement roman (XIIe s.) de type clunisien. À l'intérieur, une collection de tapisseries exceptionnelles du XVe siècle relatant la vie de la Vierge. Le style de Pierre Spicre, artiste dijonnais qui en réalisa les dessins, est largement influencé par l'art des grands peintres flamands. Notre-Dame expose également une riche statuaire du XIIe au XVIIe siècle, des retables sculptés du XVIe et une collection de calices anciens. *Place du Gal-Leclerc Tél. 03 80 24 77 95 Ouvert avr.-mai et oct. : lun.-sam. 9h30-12h30 et 14h-17h et dim. 13h-17h ; juin-sept. : lun.-sam. 9h30-12h30 et 14h-19h Ouvert à certaines dates en nov. (téléphoner) Fermé déc.*

Beffroi (plan 3, A2) Situé sur la place Monge, où trône la statue du célèbre mathématicien né à Beaune en 1746, le beffroi (XIIIe et XIVe s.) dresse ses architectures élancées d'inspiration flamande. Il abrite deux horloges sous un campanile ajouré garni d'une flèche à gargouilles. Il renferme un cabinet de curiosités (visites guidées uniquement, sur rés. à l'OT). Face au beffroi, jetez un coup d'œil à l'hôtel de la Rochepot ; ce bel ensemble du XVIe siècle arbore en façade une galerie à trois étages (ne se visite pas). De la place Monge, on fera le détour par la rue Rousseau-Deslandes pour voir, au n°10, une survivante de l'époque médiévale, une maison du XIIIe siècle aux fenêtres à tympan tréflé.

● Où boire un verre de vin, manger sur le pouce ?

Le Parisien (plan 3, B2 n°16) À quelques pas de la place Carnot, ce mini bistrot à grands vins déploie une des plus belles terrasses de Beaune. Ce Parisien, vieille institution qui vit passer les diligences, sélectionne avec pertinence des vins servis au verre, que l'on peut accompagner d'assiettes de charcuterie ou de fromage. Pour manger chaud, la carte propose une cuisine familiale allant de la salade à la pièce de bœuf ou à la persillade de grenouille, via l'œuf meurette. Plat du jour env. 10€. *7, rue d'Alsace Tél. 03 80 22 18 58 lun.-sam.*

Koki Food and Shop (plan 3, B2 n°10) Un petit concept festif autour d'une de ces tables communautaires à la japonaise, où les plats défilent sur tapis roulant et que l'on saisit à la volée. Le chef, posté dans sa cuisine ouverte, alimente la

La balade des remparts

Deux kilomètres de murailles ininterrompues, ou presque, jalonnées de bastions, ceinturent Beaune. Construits au XIIIe siècle et consolidés sous Louis XI, au XVe, les remparts doivent beaucoup au XVIIIe siècle, quand ils furent réaménagés en promenades. De la porte Saint-Nicolas (XVIIIe s.), l'accès le plus spectaculaire de la ville, jusqu'au square des Lions, via les ruines du château, des ruelles piétonnes longent ces fortifications, un circuit plus plaisant que celui des boulevards.

L'art de manier le taste-vin

Ne quittez pas Beaune sans visiter au moins une des caves de la cité : des lieux insolites pour des dégustations inoubliables.

Caves Patriarche (plan 3, A1 n°31) Un conseil, suivez bien les flèches ! Si la visite débute sagement dans une ancienne chapelle (XVIIe s.) ornée de stucs foisonnants, elle se prolonge dans un dédale sans fin où paradent des millions de fûts et de bouteilles. Ces caves, creusées du XIIIe au XVIIe siècle, se déploient en un réseau de 5km dont la visite, jalonnée de bornes audiovisuelles, offre un bel aperçu. En fin de parcours, on vous invite à des dégustations (13 vins) assurées, à la lueur des bougies, par des sommeliers. En souvenir, vous conserverez votre taste-vin. *5, rue du Collège Tél. 03 80 24 53 78 www.patriarche.com Ouvert tlj. 9h30-11h30 et 14h-17h30 (oct.-mars fermeture à 17h sam.-dim.) Tarif 10€*

Bouchard Aîné et Fils (plan 3, A1 n°30) La visite guidée de ces caves nées en 1750 débute par quelques fondamentaux : les limites géographiques du vignoble, des explications sur l'univers complexe des appellations, etc. On s'enfonce ensuite dans les caves pour une visite en 5 pauses sensorielles. L'oreille découvre l'univers sonore du viticulteur, le nez renifle 15 arômes (le bouquet d'un vin), l'œil admire la transparence d'une robe haute couture (saviez-vous que la couleur du vin se décline en 48 nuances ?), et la main touche le velours dont les papilles décèleront aussi la sensation en savourant quelque grand cru. La soie évoque l'élégance d'un chambolle-musigny, la toile de jute, sèche et rugueuse, le jeune pinot noir, et la fourrure le clos-vougeot, grand cru gras et charnu. Une dégustation de crémants clôt cette visite savante et ludique. *4, bd du M^al-Foch Tél. 03 80 24 06 66 Ouvert mars-déc. : tlj. 9h30-12h30 et 14h-18h30 ; jan. et fév. : mar.-dim. 9h30-12h30 et 14h-18h30 Tarif 9,50€*

Couvent des Cordeliers (plan 3, A2 n°32) Accolé à l'Hôtel-Dieu, le plus ancien couvent de Beaune qui abrite ces caves naît en 1244, et s'il a connu bien des aléas, on y est toujours saisi par le souffle de l'Histoire. La cave propose des dégustations ; le promenoir et le verger conviennent à la méditation ; et la salle du chapitre, désormais boutique, regorge de vins et de produits régionaux. *Rue de l'Hôtel-Dieu Tél. 03 80 25 08 85 Ouvert tlj. 9h30-11h30 et 14h-17h30 Tarif 7€*

Sensation vin (plan 3, A2 n°33) Là, point de déambulation : on s'assoit et la table lumineuse qui vous accueille mériterait à elle seule de longs développements.
Mais la "star" de ces dégustations personnalisées est évidemment l'œnologue, ancien directeur de l'École des vins, dont les commentaires sont un régal.
Vous êtes nul en vins ? Posez sans complexe vos questions les plus naïves, les réponses seront limpides, et choisissez la formule "L'essentiel" (à partir de 21€). Vous avez de bonnes bases ? "Pure dégustation" est taillée pour vous avec ses 8 vins à l'aveugle. Espace vente aux prix du domaine. *1, rue d'Enfer Tél. 03 80 22 17 57 www.sensation-vin.com Ouvert tlj. 9h-19h*

ronde des saveurs. La couleur des assiettes définit le prix. Ultime facétie : ce ne sont pas des spécialités nippones qui, ici, vous ouvrent l'appétit, mais une cuisine à la plancha : bœuf aux épices, charcuteries ibériques, mais aussi verrine de foie gras, tartelettes carambar-noisettes, etc. (de 4 à 12€). Côté "Koki bag", une boutique d'épicerie fine avec des plats à emporter : salades, verrines, poisson et risotto ou viande et légumes, d'alléchants "bokos" (traduisez bocaux) remplis de recettes fraîches (de 3 à 12€). *10, place Ziem Tél. 03 80 24 06 61 Ouvert tlj. service continu 9h-22h*

Le Palais des gourmets (plan 3, B2 n°20) Connu pour ses cassissines (pâtes de fruits), ses Larmes de Bacchus (fameuses petites meringues à la framboise) et ses pâtisseries fines, ce palais opposé aux régimes sert gourmandises sucrées et salées en une telle abondance que le choix en devient cornélien. De l'assiette du maître pâtissier à des formules idéales pour les petites faims (salades, sandwichs, œufs dans tous leurs états, etc.), la carte décline mille et une tentations. *14, place Carnot Tél. 03 80 22 13 39*

● S'offrir des douceurs, acheter des souvenirs gourmands

Boutique Mullot-Petitjean (plan 3, B2 n°40) Plus de deux siècles au service du pain d'épice, le vrai, cuisiné artisanalement à partir de farine de froment, sans matières grasses ni lait. On y trouve les classiques de cette spécialité énergétique (nature en pavé, fourré à la confiture) et toutes sortes de savoureuses déclinaisons car, cette vieille et solide maison a aussi le goût de l'innovation. Accueil tout en douceur. *1, place Carnot www.mulotpetitjean.fr Ouvert tlj.*

Fromagerie Alain Hess (plan 3, B2 n°41) Cette élégante crémerie est une caverne aux trésors : prévoyez un grand cabas. Des délicatesses de toutes sortes partent à la conquête des murs, du sol au plafond : conserves artisanales, thés, cafés, moutardes, charcuteries divines et vins de pays. Tout confine à l'excellence, à commencer par les fromages (gamme exhaustive des Bourguignons fermiers et 80 références de chèvres), car Alain Hess, non content d'affiner, invente. Sa création, le Délice de Pommard, moulé au torchon, parfumé à la graine de moutarde, au cassis noir ou au pain d'épice fait les délices des soirées new-yorkaises ou vénitiennes. Le monde entier s'en régale. *7, place Carnot Tél. 03 80 24 73 51 Ouvert lun.-sam. hors saison ; lun.-dim. mat. saison*

● Où acheter des souvenirs originaux ?

☺ **Galerie Graglia (plan 3, A2 n°42)** La candeur d'un slogan, une palette vive, une indéniable qualité picturale : comment ne pas s'émouvoir devant ces affiches publicitaires qui vantaient naguère les mérites du vin, ceux d'un soda ou bien chantaient les louanges touristiques des régions de France ? De grands noms ont fait de "la réclame" un art (Savignac, Falter, Villemot, Cassandre, etc.), avant que l'affiche ne cède la place à d'autres médias dans les années 1980. Mais ici, on croise également Picasso, qui signe des dessins inédits pour annoncer ses propres expositions. Cette galerie nous livre des exemples rares de ces petits chefs-d'œuvre de l'éphémère, qui ont aussi, désormais, une valeur sociologique (et financière !). *21, rue Maufoux Tél. 03 80 22 23 50 www.galerie-graglia.com*

Mille et une feuilles (plan 3, A2 n°45) Tout le charme de ces boutiques où sommeillent de vieux livres, le silence quasi religieux qui les entoure, le temps figé

LES VIGNOBLES HORS DES SENTIERS BATTUS

En 4x4, à vélo, en calèche...

POUR APPROFONDIR VOTRE CONNAISSANCE DE LA BOURGOGNE ET DE SES CRUS, RIEN DE TEL QU'UN CIRCUIT DE VIGNES EN CAVES AVEC DÉGUSTATION À LA CLEF.

CIRCUITS COMMENTÉS

Chemins de Bourgogne Francis Jimeneau a réuni, et c'est une fière idée, côte de Beaune et Hautes-Côtes de Beaune en un seul circuit d'une journée (95€). Pour les Hautes-Côtes (2h), comptez 40€. *Tél. 06 60 43 68 86 ou rés. à l'OT*

Safari Tours Un circuit sur le terroir de la côte de Beaune (2h30, 40€), en rouge et blanc (Pommard et Meursault) à bord d'un minibus climatisé. Autre circuit thématique intéressant, "panoramas et châteaux" (2h, 38€). *Tél. 03 80 24 79 12 ou rés. à l'OT*

Vinéatours Une visite dans les côtes et Hautes-Côtes de Beaune pour traquer les meilleurs blancs (2h30, 47€). Pour découvrir les côtes de Nuits, une virée en 4x4 avec toit panoramique (2h30, 47€). *Tél. 06 73 38 37 19 ou rés. à l'OT*

À VÉLO

La Voie des vignes Ce parcours de type véloroute (itinéraire partagé avec les voitures) privilégie les petites routes peu fréquentées. Sans difficulté, il mène de Beaune à Santenay en 20km via Pommard, Meursault... *Départ du parc de la Bouzaize*

Bourgogne randonnées Cette agence de voyages professionnelle et enthousiaste, conduite par des Bourguignons et une Canadienne "tombée en amour pour les vignes", propose des circuits, des visites accompagnées (forfait 2 nuits incluant une journée à vélo guidée à partir de 375€). *Tél. 03 80 22 06 03 www.bourgogne-randonnees.com*

Insolite !

Des excursions œnologiques en calèche, vers le château de Pommard ou vers celui de Savigny, ponctuées de dégustations. Un beau cheval de trait donne le rythme et Joël Barbillon, cocher et guide, vous conte une histoire du vignoble pimentée d'anecdotes. **Dilivoyage** *Tél. 03 80 24 24 94*

SUR LES SENTIERS DE RANDONNÉE

La Montagne de Beaune Un itinéraire familial à travers les vignes et une vue panoramique. ***Départ*** *Parc de la Bouzaize* ***Parcours*** *Boucle de 10km, balisage jaune* ***Durée*** *2h30* ***Conseil*** *Procurez-vous le fascicule* Promenades en Pays Beaunois *(7,50€ en vente à l'OT)*

GRP® des Grands Crus Itinérante ou par tronçon, une randonnée sportive qui s'étire sur 87km entre Chenôve et Santenay. Achetez le topoguide (3,50€) dans les OT.

CONSEIL Avant de partir, consultez le site www.route-des-grands-crus-de-bourgogne.com pour connaître l'actualité de cet itinéraire touristique.

autour de reliures à l'ancienne et de trésors réchappés du pilon. Ce bouquiniste parvient à exhumer de l'oubli des ouvrages portant, entre autres, sur la Bourgogne, le vin et la vigne. *20, rue Maufoux Tél. 03 80 24 67 71 Ouvert mar.-sam.*

Beaune extra-muros

☺ **Moutarderie Fallot (Plan 3, A2)** Des 250 moutarderies que la région comptait jadis, il en reste une seule, entreprise familiale et consciencieuse au dynamisme rare. Fallot s'applique avec succès à produire la moutarde de Dijon et inaugure une nouvelle recette, la moutarde de Bourgogne à base de graines réintroduites dans les environs de Beaune où la production s'était éteinte, de blanc aligoté et de petits secrets bien gardés. Menée par de talentueux guides conférenciers, la visite commence, autour de l'antique meule de pierre, par un documentaire (les vertus de la moutarde et ses applications à travers le monde). D'autres films compléteront les commentaires de votre guide, sur l'histoire d'un maître moutardier d'antan et sur les techniques de fabrication. L'atelier du XIXe siècle recèle tamis, meules, tarares et malaxeurs en un aimable petit musée des savoir-faire ancestraux. Mais la déambulation est aussi active : on goûte les graines, petites billes noires qui diffusent en bouche piquant et amertume, on les pile au mortier pour fabriquer une pâte qui deviendra moutarde et, en fin de visite, on déguste l'étonnante gamme Fallot avec toasts, fromages et charcuteries. *31, rue du Fg-Bretonnière Tél. 03 80 26 21 33 www.fallot.com Visite mi-mars-mi-nov. (sur rés. à l'OT) Tarif 10€, moins de 10 ans 8€*

Église Saint-Nicolas Clocher carré en façade, flèche de tuf et porche charpenté, cette petite romane (XIIe s.) a du charme. Son tympan, sculpté au XIIIe siècle, relate la vie de l'évêque dont elle porte le nom. À l'intérieur, un bas-relief du XVIe siècle : la *Vierge aux sept glaives. Rue du Fg-Saint-Nicolas*

● **Se mettre au vert, partir sur les sentiers** Émergeant des vignes, le parc de la Bouzaize est un petit paradis vert où les Beaunois viennent canoter sur le lac alimenté par les sources de la Bouzaise. Le parking est le point de départ de la **Voie des vignes** (cf. Les vignobles hors des sentiers battus) et de belles balades dont celle de la **Montagne de Beaune**. **Parc de la Bouzaize (plan 3, A1)** *Accès par l'av. du Parc Demander les guides des randonnées à l'OT*

Mettre des bulles dans son bourgogne La veuve Ambal siège dans une entreprise aux lignes contemporaines qui attirent l'œil en bordure de l'A6. La marque a pourtant de la bouteille. Créée en 1898 à Rully par Marie Ambal, elle s'est déplacée à Montagny-lès-Beaune en 2005 pour un nouvel épisode d'une saga familiale aux multiples rebondissements dont les nouveaux figurants sont de fiers robots. Le ballet de ces monstres high-tech est un des moments forts d'une visite guidée passionnante (1h30). Preuve qu'on peut allier qualité, modernisme et tradition, ajouterait Marie Ambal, dont le fantôme veille, amical, au respect des méthodes ancestrales. Visite assortie de trois dégustations (sans alcool pour les enfants). **La Veuve Ambal** *Le Pré-neuf 21200* ***Montagny-lès-Beaune*** *(4km au sud de Beaune) Tél. 03 80 25 90 81 www.veuveambal.com Ouvert lun.-sam. : visites à 10h30, 11h30, 14h30, 15h30, 16h30 (+ 17h avr.-sept.) ; dim. (avr.-sept.) 11h30, 14h, 15h, 16h Tarif 6€, réduit (12-18 ans) 4€, moins de 12 ans gratuit*

Les environs de Beaune

☆ **Les essentiels** L'abbaye de Cîteaux **Découvrir autrement** Dégustez le fromage des moines, achetez des produits monastiques

➤ **Carnet d'adresses p.113**

☆Abbaye de Cîteaux

Née à Molesmes, près de Châtillon-sur-Seine, l'épopée cistercienne s'est ancrée là, en 1098, dans un terroir jadis hostile de forêts et de marécages insalubres dont elle tirerait son nom. Cîteaux, qui donne cistercien, vient de cistel (roseaux, en vieux français). L'arrivée du moine Bernard de Fontaine, en 1113, et de ses vingt-cinq compagnons fut décisive. Sous l'exigeante conduite de Bernard de Fontaine, puis des abbés Albéric et Harding, et en réaction à l'opulence de Cluny, le monastère allait bouleverser toute la Chrétienté et son histoire. Ils élaborèrent une règle modèle (travail, ascèse, silence), qui entraîna une réforme de la vie monastique, de la liturgie et de l'architecture religieuse, plus épurée. La Ferté, Pontigny, Clairvaux et Morimond sont les quatre premières "filles" d'un ordre qui aura essaimé 350 abbayes à la mort de saint Bernard et en comptera 742 sous Saint Louis, de l'Irlande au Danube, des Flandres à la Syrie. *21700* ***Saint-Nicolas-lès-Cîteaux*** *(env. 20km de Beaune) Tél. 03 80 61 32 58 www.citeaux-abbaye.com Visite guidée uniquement Ouvert fin avr.-juin et sept. : mer.-sam. : 9h45-18h30, dim. 12h-18h ; juil.-août : mar.-sam. 9h45-18h30, dim. 12h-18h30 Téléphoner pour connaître les horaires des visites Réservation vivement conseillée Tarif Diaporama 3€, réduit 1,50€, parcours accompagné 7€, réduit 5€ Diaporama et parcours accompagné 8€, réduit 6€*

MOINES VIGNERONS
En 1108, l'abbaye se voit offrir le Clos de Vougeot, "huit journaux de friche" où les moines plantèrent des vignes. Ce fut l'un des premiers climats de Bourgogne, prototype des explcitations futures. Si Vougeot n'appartient plus à Cîteaux, il demeure au cœur des traditions viticoles. Et la Bourgogne mystique trouve encore à prier à l'abbaye, où les moines sont revenus en 1898 après avoir été chassés à la Révolution. Ils sont aujourd'hui 35 cisterciens trappistes à vivre ici du travail de la terre, de l'élevage et de la vente de leurs fromages.

Extérieurs Au départ, un très modeste oratoire, relayé au XIIe siècle par une église caractéristique des sanctuaires cisterciens : chevet plat, plan simple avec nef à huit travées, transept saillant. À la fin du XIIe siècle, le chœur est agrandi. Au XIVe, une flèche de 40m fut élevée à la croisée du transept. Au XVe, les bâtiments abbatiaux s'étendent, organisés autour de trois cloîtres : celui du silence, ceux des copistes et des novices. Mais il est vain de décrire cette église phénoménale, qui renferma les tombeaux des premiers ducs de Bourgogne, puisque seules les gravures en gardent le souvenir, la Révolution s'étant acharnée sur ce symbole jusqu'à le raser. Ne restent plus que le marquage au sol du sanctuaire, la bibliothèque et le noviciat. On observe aussi un bâtiment conventuel du XVIIIe siècle où vivent les moines d'aujourd'hui et une église contemporaine.

Visite Malgré le peu de vestiges, la visite émeut, intéresse et reste un privilège : Cîteaux est l'un des deux monastères cisterciens en activité, l'autre étant Sénanque (Vaucluse), qui soient ouverts au tourisme. "Cesse ton bavardage, et ne sois pas pressé. Toi qui entres en ces lieux, rappelle-toi qu'ils sont une terre de silence où l'homme tient parole." La citation inaugure le **chemin du silence** (au sol, la mémoire de Cîteaux en 10 dates) qui mène à l'accueil. Là, un diaporama retrace la vie laborieuse des moines d'aujourd'hui et, en complément, une exposition de photos montre leur journée, de la prière de la nuit (3h45, heure du lever) jusqu'au coucher (20h30), après les complies, prières du soir. La visite guidée (1h15), respectueuse du silence qu'imposent les lieux, débute dans la **salle de lecture** où les textes fondateurs de l'ordre sont proposés à la méditation. Dans la **salle du chapitre**, rappel historique de l'aventure cistercienne. Dans la **bibliothèque**, aile nord d'un cloître du XIIIe siècle restauré à l'identique, on observe les ateliers reconstitués des moines copistes et, à l'étage, les reproductions des enluminures réalisées ici ainsi qu'une maquette de l'abbaye avant sa mise à sac. Le **noviciat** est un bâtiment en briques, et c'est ce qui le sauva, la brique n'ayant aucune valeur marchande. On y voit aujourd'hui une exposition qui invite à une réflexion écologique à partir des travaux, toujours innovants et respectueux du cadre de vie, que réalisèrent les moines : assèchement des marais, amélioration de la viticulture, etc. Tous les paysages environnants portent encore l'empreinte de leurs efforts.

Boutique On y trouve, évidemment, le fromage fermier au lait de vache des moines de Cîteaux et tout un assortiment de produits monastiques d'autres abbayes (biscuits, bonbons, conserves...). Librairie, CD de musiques sacrées, médailles, etc. *Ouvert mar.-sam. 10h-12h et 14h-18h30, dim. 14h-18h*

CARNET D'ADRESSES

Lieux de sortie

On pourra sortir le soir au **Bistrot bourguignon** (cf. Restauration) dont le propriétaire est l'un des fondateurs du festival Jazz à Beaune qui programme, tout au long de l'année, des concerts autour du piano de son bar (en général le samedi). La terrasse du **Parisien** (cf. Manger sur le pouce) reste ouverte tard aux beaux jours et le bar à vins de la **Via Mokis** (cf. Restauration) offre une belle occasion de repli pour le début de soirée (fermeture à 22h).

Bars

Le Bistro des Cocottes (plan 3, B2 n°1) "Cocottes" en clin d'œil aux Années folles que la décoration évoque, de loin. Prenez place sur la terrasse qui se déploie place Madeleine pour déguster un cocktail (excellent mojito basilic et punchs), ou un verre de vin (à partir de 3€) à accompagner d'une assiette de charcuteries. Concerts en fin de semaine. Ambiance simple, jeune (sans excès) et festive. *3, place Madeleine Tél. 03 80 22 17 82 Ouvert mar.-sam. 18h-2h ; en saison 12h-2h*

Le Bout du monde (plan 3, B2 n°2) Une façade sans grand génie d'où s'échappent quelques décibels. L'intérieur réserve de joyeuses surprises : patio à la marocaine, délicieux huis clos pour siroter un crémant ; sur les murs du bar le monde entier se bouscule en une déco "métissée" ; coin lecture (livres d'art et revues de voyages), concerts et spectacles dans le caveau et expositions à l'étage. Musique éclectique qui n'oublie pas l'électro ! De ce petit bout du monde, tout un univers à lui seul, montent de joyeuses clameurs. *7, rue du Fg-Madeleine Tél. 03 80 24 04 52 www.leboutdumonde.net Ouvert tlj. à partir de 18h*

Le Square (plan 3, A1 n°3) Adorable bistrot à brèves de comptoir. Un baby-foot comme jadis mais des concerts bien d'aujourd'hui portés sur un jazz exigeant ou un blues à tirer les larmes. De bons vins pour se consoler, des charcuteries et des fromages affinés pour bien les accompagner. Apéros concerts, certains vendredis soir. *26, bd du Mal-Foch Tél. 03 80 24 03 32 Ouvert lun.-sam.*

Restauration

Destination phare d'un tourisme international, Beaune n'est pas bon marché. Paradoxe, on y trouve un des restaurants les moins chers de France, l'Abattoir, ainsi que de nombreuses adresses pour manger sur le pouce.

très petits prix

Le Café de l'abattoir (plan 3, B2 n°12) Salle toute blanche et lumineuse. Cuisine maison nette et goûteuse. Juan épluche, poche, frit et mijote. Sa terrine est légendaire et ses beignets de calamars exquis. Un restaurant quasi militant qui sert pour le déjeuner un menu à 8€ (entrée, terrine, plat chaud, plateau de 5 à 6 fromages et dessert). On arrive en salopette ou en cravate, en Dior ou en haillons, l'Abattoir est le restaurant le moins frime de Beaune. Et pas encore l'ombre d'un touriste. Les enfants de Carmen et Juan reprennent cette adresse unique, souhaitons qu'ils aient retenu la leçon de leurs aînés : qualité, dignité, fraternité. À noter quelques chambres tranquilles pour 27€ (pension complète : 45€). *21, rue du Fg-Perpreuil Tél. 03 80 22 21 46 Ouvert lun.-sam. déjeuner uniquement*

Et aussi...

Boire un verre, manger sur le pouce

Shopping gourmand

prix moyens

☺ **Le Bistrot bourguignon (plan 3, A2 n°11)** Le Bistrot bourguignon a le vin gai et abondant (240 références), le goût du jazz et de la bonne chère. Petite décoration malicieuse, dans un esprit brocante décalé. Ce rendez-vous épicurien vous retiendra au bar, pour un verre entre amis, et si vous êtes seul, profitez de l'ambiance, il y en a ! Des banquettes, plus intimes, invitent à se poser pour déguster à la carte un festival de bons plats qui honorent la Bourgogne : escargots, côte de veau (17€), grenouilles, bœuf bourguignon (16€). Mais aussi, tartares, tournedos Rossini, poulet citron et sésame. Une adresse conviviale où l'on revient, avec l'intuition que ce pourrait être le meilleur rapport qualité-prix (et bonne humeur en prime !) de Beaune. *8, rue Monge Tél. 03 80 22 23 24 www.bistrotbourguignon.com Ouvert mars-jan. : mar.-sam.*

Le Comptoir des Tontons (plan 3, B2 n°13) Le bio et les produits fermiers ont conquis Pépita, prêtresse d'une cuisine sans OGM. Les légumes du potager revivent en des recettes où cinglent imagination et authenticité : la blette lucullus accompagne le carrelet grillé, la carotte Amsterdam épouse l'agneau de ferme en un mariage épicé, la charlotte au beurre, saupoudrée de quelques grains de pavot, s'acoquine avec le bœuf braisé. La carte des vins, intarissable, fait valser les étiquettes de tous les vignobles de France. Adresse chaleureuse qu'avait choisie Claude Chabrol lors de son séjour à Beaune. Une garantie ! Formule 20€, menus 28 ou 30€. *22, rue du Fg-Madeleine Tél. 03 80 24 19 64 www.lecomptoirdestontons.com Ouvert mar.-sam.*

Le Piqu'Bœuf (plan 3, B2 n°17) Bœuf de la ferme Fournier, andouillette de chez Lemelle, époisses de chez Berthot, pintade de chez Mairet, etc., la messe est dite, cette longue litanie de fournisseurs renommés augure une cuisine exigeante. Sur une base de produits irréprochables, les fourneaux nous livrent des recettes joyeuses : risotto de Saint-Jacques flambé au Noilly Prat, mignon de veau au cassis noir. Plat du jour 8€, formule et menu déjeuner 10 et 12€. Sinon, menus de 22 à 42€. Un cadre plaisant, dédié à la vache, avec un brin de fantaisie. *2, rue du Fg-Madeleine Tél. 03 80 24 07 52 www.piqueboeuf.com Ouvert jeu.-dim. et lun.*

Le Gourmandin (plan 3, A2 n^{os}14, 51) Pour le plaisir d'un moment savoureux place Carnot, en plein cœur de la ville. Une terrasse face au square et deux salles, l'une au cadre cosy de brasserie d'aujourd'hui, l'autre, plus théâtrale, avec d'imposants fauteuils rouges. Charme et discrétion. La cuisine professe la même élégance sur un registre régional net et soigné. Le menu bourguignon est une réussite, du jambon persillé jusqu'au sorbet cassis, en passant par les escargots, le bœuf en sauce au vin et époisses. Tout est dit en quelques plats. Menus 18,50€ (déj., en sem.) puis à 24, 30 et 37€. Deux chambres superbes de style contemporain à 140€, petit déj. 9€. *8, place Carnot Tél. 03 80 24 07 88 www.hotellegourmandin.com Ouvert tlj.*

prix élevés

Sushikai (plan 3, B1 n°19) Saveurs et tremblements : on croise ici le meilleur de la tradition japonaise, celle de la rigueur, de l'épure, de la cuisine ritualisée vécue comme un culte. Le jardin déploie pas à pas son symbolisme minéral, ses mousses et les branches graciles de son érable. La décoration vous immerge dans un cadre zen. Laurent Peugeot, après ses 4 années au pays du Soleil levant, a recréé à Beaune un îlot de culture nippone. La table sert les classiques (sushi, sashimi...) et cuisine le produit bourguignon à la manière de là-bas : pigeon de Bresse grillé en croûte de goma ou en karaage, raviolis d'escargots, poulet fermier en yakitori. Fameux et surprenant. Formule 20€, menus de 25 à 54€. *50, rue du Fg-Saint-Nicolas Tél. 03 80 24 02 87 www.sushikai.fr Ouvert ven.-dim. et lun.-mar.*

Le Jardin des remparts (plan 3, A2 n°15) Un restaurant qui suscite beaucoup de passions dans le huis clos beaunois, entre superlatifs et étrillages. Trêve de blabla, passons à table. Le moteur du chef, Roland Chanliaud, c'est l'audace. Ici, on ne choisit pas entre terre et mer, les deux se rejoignent dans la même assiette, tartare de bœuf et huîtres mêlés sur écume de mer, foie gras rôti à l'origan et cru de langoustines. Autres trouvailles : le maquereau aux cèpes et pommes Granny, tataki de chevreuil au café, salades d'agrumes au jus de persil. Mieux qu'un repas, c'est un voyage dans l'univers inventif d'un chef artiste. Et accessoirement fort sympathique. Service souriant et plein de petites attentions, au cœur d'un beau jardin. Formule 28€ (midi, en semaine) puis menus de 45 à 90€. *10, rue de l'Hôtel-Dieu Tél. 03 80 24 79 41 www.le-jardin-des-remparts.com Ouvert juil.-août : lun.-sam. ; sept.-juin : mar.-sam.*

Restaurant Via Mokis (plan 3, A2 n°18) Le restaurant de l'hôtel chic invente, sans jamais lasser, des plats nomades cuisinés par Dzidka Siles, chef funambule qui retombe toujours sur ses pieds. Menus à 26, 39 et 52€, lun.-sam. Tous les services (spa, bar à vins, restaurant...) sont accessibles à tous, nul besoin de séjourner à l'hôtel pour en profiter. Suites de 145 à 280€, selon saison. Petit déj. 15€. *1, rue Eugène-Spuller (côté restaurant) Tél. 03 80 26 80 80 www.viamokis.com Ouvert fév.-déc. Restaurant Ouvert lun.-sam. le soir uniquement*

Hébergement

Beaune et ses environs

À noter également, à Beaune : Le Café de l'abattoir qui propose des chambres à 27€ et Le Gourmandin qui offre 2 chambres à 140€ (cf. Restauration).

prix élevés

Hôtel Le Home (plan 3, B1 n°52) Cette maison vigneronne, entourée d'un parc, s'est transformée en un amour d'hôtel secrètement niché derrière ses murs. Des arbres, des fleurs et des grimpantes en façade pour une note de romantisme. Une vingtaine de chambres. Aucune ne se ressemble, mais toutes ont un petit supplément d'âme et une élégance intemporelle qui mêle adroitement nostalgie et modernité. Accueil dévoué, et d'excellents conseils pour votre séjour bourguignon. Chambres de 60 à 95€, selon le confort et la saison, petit déj. de 8 à 14€. *138, route de Dijon (entre le centre-ville et la sortie d'autoroute) 21200* ***Beaune*** *Tél. 03 80 22 16 43 www.lehome.fr*

Chambres d'hôtes Domaine des Bressandres (plan 3, A1 n°50) Vol au-dessus d'un nid de "climats" : l'adresse se perche en surplomb de Beaune et de ses vignobles, dans le quartier résidentiel de La Montagne. Le jardin en terrasses domine la situation et, dans la piscine, la brasse se fait panoramique. La grande maison bourgeoise abrite 2 chambres bien tenues (65€, petit déj. compris), claires et confortables. La suite (chambre et chambre-salon, sanitaires) se loue à 80€, petit déj. compris. *Chemin du Dessus-de-Bressandres La Montagne (env. 2km du centre-ville) 21200* ***Beaune*** *Tél. 03 80 22 93 50 www.maisondesbressandres.com*

☺ **Chambres d'hôtes Les Hêtres rouges** Logis de conte de fées, le cottage inspire la rêverie. Une glycine envahit la façade, et des rideaux de verdure embrassent le jardin privatif. Un verre sous la tonnelle ou des serments au coin du feu, une cuisine-salon pour dîner en tête à tête et une grande chambre ouvrant sur le parc. Idéal pour un séjour à deux, loin des tourments du siècle. Cette adorable maisonnette aménagée en suite (chambre, cuisine

GAMME DE PRIX	RESTAURATION	HÉBERGEMENT
Très petits prix	moins de 12€	moins de 30€
Petits prix	de 12 à 18€	de 30 à 50€
Prix moyens	de 18 à 25€	de 50 à 75€
Prix élevés	de 25 à 45€	de 75 à 115€
Prix très élevés	plus de 45€	plus de 115€

équipée, salon avec cheminée) est l'une des dépendances d'un relais de chasse du XVIIe siècle entouré d'un parc ombragé et clos de hauts murs. À l'étage de la demeure, deux chambres où les meubles composent un cadre de caractère. Petit déjeuner gourmand dans le grand salon fourmillant de souvenirs. Chambres à 90€, petit déj. compris. Cottage à la nuit (110 à 115€, petit déj. 10€), w.-e. (215€) ou semaine (590 à 630€). *10, route de Nuits 21200* ***Antilly*** *(15km au nord de Beaune) Tél. 03 80 62 53 98 ou 06 87 47 22 29 www.leshetresrouges.com*

prix très élevés

Chambres d'hôtes Les Jardins de Loïs (plan 3, A2 n°53) Les Dufouleur, portant un nom prédestiné aux vendanges, vinifient avec passion des premiers crus remarquables, saint-désiré ou clos-perrières, qu'ils vous feront déguster. Dans leur maison située dans le centre de Beaune, ils proposent des chambres spacieuses et calmes, ouvrant sur le jardin par de larges baies. Ce havre de paix, aménagé dans l'air du temps (tons sereins d'ivoire et de pastel), offre un confort seigneurial. Il y a même un hammam pour ajouter à la volupté du séjour. Ce charme est dûment tarifé (3 chambres à 130€, petit déj. compris, et suite à 160€), mais on aurait tort de se priver d'un tel bonheur. *8, bd Bretonnière* ***Beaune*** *Tél. 03 80 22 41 97 www.jardinsdelois.com*

Maison d'hôtes-Spa Via Mokis (plan 3, B1 n°54-61) C'est l'établissement branché, joli petit nid pour bobos, qui manquait à Beaune. De la petite cuillère aux lampadaires signés Wanders ou Morisson, tout est placé sous le signe du design et parfaitement réussi dans le genre "glacé-laqué". On pourrait même ne pas quitter cet éden, cadre de tous les plaisirs : le spa vous retient pour des massages haut de gamme ; les 5 suites sont évidemment contemporaines ; le bar à vins déploie une carte rusée qui survole le meilleur de la Bourgogne (50 vins au verre) ; et restaurant du même acabit (cf. Restauration). Suites de 145 à 280€, selon la saison, petit déj. 15€. *10, rue Bellecroix* ***Beaune*** *Tél. 03 80 26 80 80 www.viamokis.com Ouvert fév.-déc. Restaurant Ouvert lun.-sam.*

La Côte-d'Or en amoureux

Chambres de charme

★ CÔTE DE BEAUNE

La Côte fonde le prestige de Beaune, sa raison d'être, et ce n'est pourtant qu'une mince bande de terre qui s'étire de Ladoix-Serrigny à Santenay ancien relais thermal aux eaux lithinées. Il fallait bien "une ville d'eaux" à ces côtes entièrement vouées au vin. Les crus mythiques de Beaune sont des blancs. Exception notable, pour confirmer la règle : le pommard, rouge. La côte de Beaune, comme celle de Nuits, au nord, s'appuie au flanc d'un escarpement de crêtes calcaires où vient buter la plaine de Saône. Le versant oriental est tapissé de vignobles tirés au cordeau, et la Route des vins, "longue rue babillarde qui se chauffe au soleil levant", égrène des villages cossus, autant de promesses de saveurs. La gloire de cet itinéraire éclipse les Hautes-Côtes. Ces dernières se hissent sur des falaises au relief tourmenté, austères, pleines de failles et d'aspérités, qui sont le pendant sauvage des espaces domestiqués des vignobles. Le bourg de La Rochepot fait la jonction entre plaine et "montagne". Ensuite les villages se perchent sur les hauteurs, ou se postent dans l'entaille d'un cirque, les panoramas s'envolent, quelques vignes s'accrochent, dont certaines se sont spécialisées dans le rosé.

MODE D'EMPLOI

accès, orientation

EN VOITURE

Route des grands crus De Ladoix-Serrigny à Santenay, cet itinéraire de 25km longe la D974, un parcours bis exhaustif des villages viticoles.

Hautes-Côtes Nous vous conseillons de rallier Beaune par cette microrégion dépaysante. De Santenay, rejoignez Nolay, puis filez vers La Rochepot, point de départ d'une route buissonnière (D171) qui grimpe vers Baubigny, Evelle, Orches. Passé Orches, l'itinéraire livre de beaux points de vue. Ne manquez pas non plus Saint-Romain, où, les jours de soleil, on se croirait perdu dans on ne sait quel Luberon secret.

À VÉLO

La Voie des vignes La Véloroute Beaune-Santenay est une voie partagée de 22km, accessible à tous (faible dénivelé) et sécurisée, qui emprunte des départementales peu fréquentées. *Départ Beaune Parc de la Bouzaize Dépliant téléchargeable sur le site de l'OT de Beaune*

informations touristiques

Office de tourisme de Meursault Visites guidées du village, escapades accompagnées dans les vignes (juin-sept.) *9, place de l'Hôtel-de-Ville 21190* **Meursault** *Tél. 03 80 21 25 90 www.ot-meursault.fr Ouvert juin-sept. : lun.-sam. 9h30-12h30 et 14h30-19h ; oct. et Pâques-mai : lun.-sam. 9h30-12h30 et 14h30-18h30 ; nov.-mars : lun.-ven. 9h-12h et 14h-18h Fermé vac. de Noël*

Office de tourisme de Santenay Visites guidées "clin d'œil", patrimoine villageois et dégustations à la cave. *Gare SNCF 21590* ***Santenay*** *Tél. 03 80 20 63 15 www.ville-de-santenay.fr Ouvert jan.-mars et nov.-déc. : mar., jeu., sam. 14h-18h avr. et oct. : mar.-sam. 9h30-12h et 13h30-18h ; mai-sept. : tlj. : 9h30-12h et 13h30-18h*

Office de tourisme de Nolay Riche documentation sur les balades et accueil formidable. *24, rue de la République 21340* ***Nolay*** *Tél. 03 80 21 80 73 www.nolay.com Ouvert jan.-fév., nov.-déc. : mar.-sam. 10h-13h et 14h-17h ; mars-mai et sept.-oct. : mar.-sam. 10h-12h30 et 14h-18h30 ; juin-août : lun.-sam. 10h-12h et 14h-19h*

Location de deux-roues Dans les OT de Santenay et de Nolay : 10€/demi-journée, 15€/j.

fêtes et manifestations

Caves ouvertes ***Savigny*** *1er w.-e. de mai*

Élégance des Volnay Ambiance champêtre pour cette journée d'animation autour d'un concours des vins dont le jury est exclusivement féminin. ***Volnay*** *Fin juin*

Festival de Monthélie Spectacles de rues, concerts et portes ouvertes des caves. *Début juil.*

De ceps en verres Exposition d'artisanat, dégustations et concerts. ***Nolay*** *1er w.-e. d'août*

De Bach à Bacchus Concerts de musique classique assortis de dégustations. ***Meursault*** *Juil.-août*

DÉCOUVRIR

La côte de Beaune

☆ **Les essentiels** Les châteaux de Pommard, de Meursault, de Chassagne-Montrachet, de La Rochepot **Découvrir autrement** Programmez vos visites et dégustations à l'aide de notre cahier GEOVins ; au départ de Beaune, évadez-vous à vélo sur la Voie des vignes > **Carnet d'adresses p.129**

La côte de Beaune s'annonce par une constellation de villages viticoles de grande renommée : Pernand-Vergelesses, Aloxe-Corton (prononcer Alosse), Ladoix-Serrigny, Chorey. Une mince rivière, la Lauve, arrose **Ladoix-Serrigny**, alimentant un moulin et les douves d'un château érigé au XVe siècle (ne se visite pas). Dans l'église Saint-Marcel, vous admirerez le sol pavé de dalles gravées et, sur les arcs en cul-de-lampe, les curieuses sculptures figurant d'expressifs portraits de moines.

Haltes dégustation sur la Route des grands crus

La Route des grands crus est ponctuée d'une multitude de lieux de dégustation dans les châteaux (avec visite), chez les négociants ou chez les producteurs : **Le château de Savigny** (2-4€), **Le Cellier volnaysien** (3€), **château de Pommard** (18€) ; à **Meursault**, le château (15€) et La Cave des vieilles vignes ; **Le caveau de Puligny**, le **château de Chassagne-Montrachet** (12€), l'**abbaye de Morgeot** (12€) (cf. ci-après et GEOVins pour une sélection supplémentaire de bonnes adresses).

Savigny-lès-Beaune

Siège de la confrérie des Cousins de Bourgogne promettant "bouteille sur table et cœur sur main", Savigny affiche la couleur : rouge cerise et blanc à reflets émeraude. Vingt-deux climats classés en premier cru y produisent des "vins nourrissants, théologiques et morbifuges", comme on peut lire sur l'un des frontons de la rue Leclerc. Théologiques, c'est incontestable. Le mystique et le viticole ayant longtemps, en Bourgogne, tissé des liens serrés ; l'évêque d'Autun et les moines de Beaune ou de Cîteaux y avaient leurs ceps. Morbifuge ? Le vin que notre époque accuse de tous les maux était jadis reconnu par les médecins comme panacée aux fièvres les plus diverses. Savigny est un beau village, sage, que le propriétaire du château a choisi comme cadre à ses lubies. C'est lui qui a posé quelque 70 avions de chasse au cœur du vignoble. Plus pacifiques, des anges arborant les instruments de la Passion survolent les fresques (XVe s.) de l'église Saint-Cassien dotée d'une flèche de pierre richement ornée. *À 8km au nord de Beaune*

Château de Savigny À l'origine forteresse (XIVe s.), démantelé au XVe siècle, puis reconstruit au XVIIe, ce château "de conte de fées" semble avoir été dessiné par un enfant : carré, assorti de quatre tours pointues. Ressuscité une première fois au XVIIe siècle par la famille Bouhier, le château de Savigny a retrouvé il y a peu, en la personne de Michel Pont, un nouveau mécène déterminé. Cet ancien coureur automobile, habitué aux victoires, a inauguré la renaissance du domaine en y restaurant le vignoble. Après lui avoir rendu son honneur viticole, il y a installé ses collections. Rarement la passion pour la mécanique n'a atteint de tels sommets. La moto d'abord : 450 modèles de 1903 à 1960, de toutes marques et toutes origines. La voiture : une trentaine de prototypes de ces fameux bolides dessinés par Carlo Abarth (1908-1979). Les avions : 70 Mirages, Jaguars et Migs veillent sur les vignes. Ajoutez quelques hélicoptères et 2 500 maquettes. Enfin, des tracteurs "enjambeurs de ceps", dont le premier date de 1946, complètent les collections d'un musée dédié à l'ingénierie viticole. Pour épuiser les charmes de cet inventaire insolite,

Déjeuner dégustation dans un domaine viticole

À l'origine du domaine Comte Senard, un peu moins de 3ha sur la colline de Corton. Un siècle plus tard, et comptant 6ha de plus, les Senard, gourmets militants de la cause viticole, ont ouvert une table d'hôtes pour partager leurs meilleures bouteilles, reines du corton. La recette est simple : un accueil chaleureux, une cuisine goûteuse (des plats bourguignons sans façon : coq ou bœuf en sauce) servie dans un décor aux couleurs franches. Mais surtout, on trinque et on discute sans modération. Une authentique table d'hôtes qui échange et régale ! Menu 4 vins, 35€, 6 vins, 45€. **La Table Comte Senard** *1, rue des Chaumes 21420* ***Aloxe-Corton*** *(6km au nord de Beaune) Tél. 03 80 26 41 65 www.table-comte-senard.com Ouvert mar.-sam. Sur réservation*

musarder dans un parc de 12ha, et prendre le temps de déguster les vins du domaine (de 2 à 4€) il faut prévoir deux bonnes heures de visite (libre, avec livret). *21420* ***Savigny-lès-Beaune*** *Tél. 03 80 20 61 87 Ouvert mi-avr.-oct. : tlj. 9h-18h30 et nov.-mars : 9h-12h et 14h-17h30 Tarif 9€, réduit (10-16 ans) 4€*

Pommard

On aborde l'un des vignobles les plus connus au monde, 340ha consacrés aux rouges dont la renommée n'a d'égale que la rareté. "Un vin viril, c'est le combat du jour et de la nuit", disait Victor Hugo. Un vin puissant, certes, mais qui a gagné en finesse au fil du temps. Un océan de vignes : l'image éculée traduit bien l'impression quand on arrive à Pommard, village de carte postale de l'univers vigneron, dont le château, prestigieux, est l'intérêt majeur. *À 4km au sud de Beaune*

DÉJEUNER AU CHÂTEAU
Maria Goncalvès, connue à Beaune pour sa cuisine généreuse, a concocté un menu unique à 30€ qui honore le terroir (gougères, coq au vin, etc.) et que charpentent les vins de Pommard. Service dans la salle à manger du château. Une certaine idée de l'art de vivre, tout en volupté.
La Table du château
Ouvert avr.-nov. : lun.-mar. et jeu.-dim. déjeuner uniquement (réservation conseillée)

☆ **Château de Pommard** Magnifiquement restauré par les compagnons du Devoir, ce château d'une sobre élégance incarne avec noblesse tout un pan de l'histoire de France. Construit à l'amorce du XVIIIe siècle par un proche de Louis XVI, il appartint ensuite à la famille Monge, dont Gaspard (1746-1818), fondateur de l'École polytechnique, popularise le nom. Grand admirateur de Napoléon (il participe entre autres, aux expéditions en Égypte en 1798), il invite l'empereur à plusieurs reprises dans la propriété familiale. Le charme de Pommard est aujourd'hui largement partagé : 35 000 visiteurs par an. On y déguste les crus du domaine, appréciés depuis le XVIIe siècle, que produisent 20ha de vignes d'un seul tenant, cernés de hauts murs de pierres. Dans la cour, *Saint Georges terrassant le dragon* et *La Licorne*, sculptures de Salvador Dalí, vous réservent un accueil majestueux. Dans les salons, on retrouve le décor fastueux des grandes réceptions qui animèrent le château au XIXe siècle. La terrasse, domine, elle, un panorama de vignobles impeccablement ordonnés. Suit la visite de la cuverie qui révèle les secrets de la vinification, avant d'aborder le "sanctuaire" : 400 000 bouteilles et des centaines de fûts de chêne reposent dans des caves souterraines où les œnologues de Pommard vous convient à une **dégustation personnalisée**. On remonte par les cuisines et par un petit musée de la vigne dont le joyau est un pressoir du XVIIe siècle. Mais le château est aussi connu pour ses ambitieuses expositions d'art estivales. Après Dalí et Picasso, pourquoi pas Miró, Chagall ou Rodin ? *15, rue Marey-Monge 21360* ***Pommard*** *Tél. 03 80 22 12 59 www.chateaudepommard.com Ouvert mars-nov. : tlj. 9h30-18h30 Visite et dégustation 18€*

Volnay et Monthelie À 2km au sud de Pommard, Volnay mérite un arrêt pour une dégustation au Cellier volnaysien (cf. Carnet d'adresses), puis on atteint **Monthelie** posé sur un mamelon. Son église Saint-Germain (XIIe s.) est un bel édifice de style clunisien. Initialement carré, le clocher est agrémenté à la fin du XVIIIe siècle d'une flèche en tuiles vernissées. La nef est tapissée de dalles funéraires (XVIIe s.) présentant des motifs viticoles (des outils, notamment, comme la serpette). **Cellier volnaysien** *21190 Volnay (6km de Beaune) Ouvert 9h-16h, dégustation 3€*

LA CAVE AUX TRÉSORS

Amateurs de bons crus ou néophytes, passez à La Cave des vieilles vignes. Vous y achèterez en toute confiance les meilleures cuvées des propriétaires-récoltants et des maisons de négoce. Une sélection libre et indépendante. On y trouve l'auxey-duresses de Sylvie Boyer, les meursault de Jean-Marie Bouzereau, les maranges de Roger Belland, entre autres bijoux, car la cave couvre toute la Bourgogne. **La Cave des vieilles vignes** *13, place de l'Hôtel-de-Ville Tél. 03 80 21 29 07* ***Meursault*** *Ouvert tlj.*

Meursault

"Qui boit du Meursault, ni ne vit ni ne meurt sot." Ici, le blanc est roi, et quelle star ! Le débat est ouvert : a-t-il goût d'abricot ou de noisette ? Venez juger sur place, comme le fit Thomas Jefferson (1743-1826), troisième président des États-Unis, qui avouait avoir souvent "un besoin urgent de meursault". La bourgade se déploie autour de sa place centrale que Gérard Oury, la classant parmi les plus pittoresques de la Côte, a immortalisée dans *La Grande Vadrouille*. Vestige d'un château féodal du XIVe siècle, l'hôtel de ville aux toits polychromes y fit une brillante figuration. Autres attraits patrimoniaux d'un village riche, à tous points de vue : la flèche gothique de l'église Saint-Nicolas (XVe s.), haute de 50m, une curieuse léproserie (XIIe s.) en lisière de ville et, bien sûr, le château viticole de Meursault.

☆ **Château de Meursault** Si l'origine du château remonte au XIe siècle, il n'en paraît plus rien, hormis dans les caves voûtées d'inspiration cistercienne. Les moines de Cîteaux s'employèrent, au XIIe siècle, à faire fructifier le domaine – aujourd'hui 60ha de vignes, à l'encépagement de pinot noir et chardonnay, sur 21 climats classés en premiers crus. Des rouges et des blancs, donc, de grande renommée. De remaniements (XVIIe s.) en agrandissements (XIXe s.), le château affiche des lignes éclectiques mais non moins élégantes. Le parcours de visite débute dans l'orangerie du XIXe siècle, où vous accueillent quelques signatures de l'art moderne (Buffet, Carzou…). Puis le long tunnel des caves (XIIe et XIVe s.), parmi les plus vastes de Bourgogne, vous entraînera vers les fûts (par centaines) et les bouteilles (par centaines de milliers !). Dans les anciennes cuisines, sept vins médaillés sont offerts à la **dégustation**. On garde son verre sérigraphié en souvenir. Le château accueille (3e lundi de nov.) la célèbre Paulée de Meursault et son prix littéraire qui clôture la vente des vins de l'Hôtel-Dieu de Beaune. *Rue du Moulin-Fallot Tél. 03 80 26 22 75 www.chateau-meursault.com Ouvert Pâques-oct. : tlj. 9h30-12h30 et 14h30-18h30 ; nov.-Pâques : tlj. 9h30-12h et 14h30-18h Fermé 3e sem. déc.-1re sem. jan. Visite et dégustation 15€*

Puligny-Montrachet et Chassagne-Montrachet

Ces deux villages partagent le privilège de produire des blancs "cousus d'or", parmi les meilleurs du monde, et qui méritent toutes les dévotions : Alexandre Dumas les buvait "à genoux". À **Puligny**, deux étapes de choix :

La maison Leflaive fait visiter son vignoble (10€) et ouvre sa cuverie (cf. Carnet d'adresses), et le caveau de Puligny tenu par Julien Wallerand, jeune caviste déjà réputé. *À 12km au sud de Beaune*

Château de Chassagne-Montrachet Le château a survécu à la Terreur. Les révolutionnaires ayant envahi les caves en sont sortis si joyeux, qu'ils négligèrent de commettre leurs usuels forfaits. Sa silhouette actuelle de riche demeure néoclassique disposée en U date des années 1850. À l'entrée, un triporteur, témoin de la saga Picard qui débute en 1951 avec Louis Félix Picard, vigneron possédant 2ha de vignes à Chagny. Son fils Michel achète ce château en 1977, et sa petite-fille Francine Picard gère désormais un domaine de 65ha qui se déploie sur plusieurs appellations, offrant ainsi un large éventail de saveurs et l'une des étapes les plus convaincantes de la côte de Beaune. Les caves, admirables vestiges de l'ancien château (XIe et XIVe s.), accueillent pour de fines dégustations commentées. Autre plaisir : les expositions d'art contemporain, originales, qui présentent tour à tour gravures, estampes ou collages. *5, rue du Château 21190* ***Chassagne-Montrachet*** *Tél. 03 80 21 98 57 www.michelpicard.com Ouvert mars-nov. : lun.-sam. 10h-17h Visite dégustation 12€*

Abbaye de Morgeot Au XVe siècle, pour châtier les moines de leur fidélité à Marie de Bourgogne, les troupes du roi de France incendient l'abbaye fondée au XIIe siècle par les moines de Cîteaux. Ne la cherchez pas. En revanche, il reste de charmantes dépendances, délicieusement rustiques, formant un bel ensemble vigneron. C'est dans ce cadre champêtre, d'où le luxe ostentatoire est banni – hormis celui de déguster de bons vins –, que la très active duchesse de Magenta cultive en agriculture raisonnée (engrais organiques et désherbage mécanique, cf. GEOVins) un vignoble modeste en superficie mais produisant de grands crus et un crémant. Le domaine organise des **visites dégustation** sans formalisme, menées par la famille : un parcours qui va de caves en cuverie après un petit saut dans les vignes pour une lecture du paysage viticole. Une visite toute simple, conviviale, avec dégustation (jus de

Table d'hôtes et séjour de rêve au château

Francine Picard, propriétaire du château de Chassagne-Montrachet, a conçu un décor d'esthète, avec des choix radicaux : matériaux bruts, blanc immaculé, lignes épurées, une trilogie contemporaine bien orchestrée. On s'assoit dans des fauteuils Bellini, admirant des pièces de mobilier de grands designers contemporains ou des créations originales, telle la cheminée de tôle dessinant des ailes froissées signée du sculpteur Jean-Jacques Argueyrolles. On profite de cet univers raffiné le temps d'un repas à la table d'hôtes qui, autour des crus du domaine, offre l'occasion de savoureuses initiations sur les accords mets-vins (40 ou 50€). Et pourquoi ne pas s'offrir aussi le luxe de réserver l'une des cinq superbes suites du domaine ? (250€, petit déj. compris). **Château de Chassagne-Montrachet** *Tél. 03 80 21 98 57*

fruits et bonbons au cassis pour les enfants). *21190* **Chassagne-Montrachet** *(D113, dir. Santenay) Tél. 03 80 21 30 77 www.abbayedemorgeot.com Ouvert avr.-oct. Visite 14h et 18h (sinon sur rdv) Tarif 7,40€, réduit 4,80€*

Où déguster et acheter de bons crus ? Une érudition de sommelier aguerri, un accueil charmant : Julien Wallerand draine vers son caveau une clientèle déjà fidèle. L'autre raison de son succès réside dans le choix pléthorique de références (600 en 170 domaines, 60 000 bouteilles) et une sélection d'une rigueur absolue. Son terrain de chasse privilégié : la Bourgogne, qui s'offre ici de 6 à 350€. Dégustation commentée de 4 vins dont 3 en premier cru (10€) et, aux beaux jours, Julien dresse devant sa boutique quelques tables pour une dégustation des crus inscrits à l'ardoise. **Le Caveau de Puligny** *1, rue de Poiseul 21190* **Puligny** *Tél. 03 80 21 96 78 Ouvert mars-oct. : tlj. ; nov.-fév. : mar.-dim.*

● ☺ **Où manger sur le pouce ?** Épicerie de dépannage, bistrot festif et amical, l'Estaminet des Meix déploie sa vaste terrasse face à la place de Puligny. Bonne alternative aux adresses luxueuses du village, la carte brasserie aux prix sages propose une vraie cuisine familiale jaillie du terroir (œufs à l'époisses avec lardons et croûtons, fondue vigneronne, bœuf bourguignon, etc.). Menu 12€ (midi). Pour soutenir ces plats maison, ou plus modestement un croque-madame ou un tartare, la carte des vins fait le tour des appellations bourguignonnes (à partir de 12€ la bouteille, et vins au verre). Un seul tout petit bémol dans ce vaillant bistrot, une musique de fond un peu forte, et pas toujours du meilleur tonneau. **L'Estaminet des Meix** *Place des Marronniers 21190* **Puligny-Montrachet** *Tél. 03 80 21 33 01 Ouvert lun. midi et mer.-dim.*

● **Partir en randonnée-dégustation dans le vignoble** Les vignes ont leur muse : Muriel Deléger. Celle-ci arpente le vignoble sans relâche depuis 20 ans : chaque mètre carré lui est familier et elle connaît les secrets de chaque viticulteur, avouant un faible pour ceux qui ont adopté les principes d'une viticulture raisonnée. Elle a repéré l'heure la plus favorable pour faire tel ou tel circuit (une histoire de lumière !) et vous embarquera, s'il le faut, au lever

☺ S'évader à vélo sur la Voie verte

Santenay est l'une des belles étapes de la Voie verte, itinéraire cyclable qui longe le canal du Centre entre Chalon-sur-Saône et Saint-Léger-sur-Dheune. Vers le nord-ouest, elle se double d'un itinéraire parallèle, "Vallée de la Dheune et côte viticole", un circuit plaisant avec un aller par la Voie verte et un retour par un itinéraire bis (env. 25km). De Santenay, la Voie verte se prolonge aussi vers Nolay en suivant le tracé d'une ancienne voie ferrée, puis file en direction d'Épinac (13,5km, sans difficulté, env. 1h30). Autre itinéraire agréable, la Voie des vignes (véloroute sur des départementales peu fréquentées) qui rejoint Beaune en 22km (cf. Les vignobles hors des sentiers battus et Mode d'emploi). **Voie verte** *Itinéraire détaillé sur le site www.af3v.org*

Dijon centre historique, maisons à pans de bois et vue sur l'église Notre-Dame (p.74).

Beaune, la grande salle des "pôvres" de l'Hôtel-Dieu (p.102).

du jour ou au crépuscule. Chaque balade, superbement bâtie, est un diamant taillé à facettes. Son territoire de prédilection : Puligny et Chassagne-Montrachet. Balades dégustation de 2h (50€) à 2 jours, et à la carte avec de solides et mémorables casse-croûte bio. **Muriel Deléger** *Tél. 06 82 00 48 08 Sur réservation*

Santenay et Nolay

Santenay La petite cité met de l'eau dans son vin. Le canal du Centre y passe et des sources riches en lithium y jaillissent. Si les thermes sont provisoirement fermés, le charmant casino a conservé ses machines à sous et sa salle de spectacle. On aperçoit de loin les toits vernissés du château, phare viticole. Mais Santenay retient pour d'autres arguments : une adorable église romane, Saint-Jean-de-Narosse, adossée à un cirque de pierres, un moulin à vent et le mont de Sène (ou mont des Trois-Croix) dont le sommet (521m) offre un beau panorama. *21590* ***Santenay*** *(19km au sud de Beaune) Moulin Sorine et église Se rens. à l'OT Tél. 03 80 20 63 15*

Château de Philippe le Hardi Les toits vernissés, parmi les plus spectaculaires de la région, sont aussi récents que le château est ancien. La demeure seigneuriale érigée au XIe siècle, remaniée aux XIIe et XVIe, aurait appartenu à Philippe le Hardi, premier duc de la Grande Bourgogne au XIVe siècle. Légende ? Probablement. Le château, avec son vieux donjon et son parc arboré, n'en a pas moins de prestance et d'intérêt. Un intérêt double : architectural et viticole. Les 97ha de vignobles du domaine qui s'étend sur plusieurs appellations se concentrent sur le mercurey, et sur un joyau, le clos-de-Vougeot "grand cru". Si la culture de la vigne se fait dans le respect des traditions, et de l'environnement, la cuverie est hypermoderne, convoquant même un robot hydraulique. *1, rue du Château 21590* ***Santenay*** *Tél. 03 80 20 61 87 www.chateau-de-santenay.com Caveau boutique du domaine Ouvert avr.-oct. : tlj. 10h-18h*

☺ **Nolay** À mi-chemin entre Beaune et Autun, ce village s'étale au milieu des vignes et des prés où broutent des vaches charolaises. Nolay est traversé par la Cozanne, rivière qui dégringole du cirque du Bout du monde, un "petit Gavarnie" classé site naturel, refuge des orchidées sauvages et d'une faune

Heureux comme un cochon à Nolay

Sur les hauteurs de Nolay, à Cirey, des cochons, roses, noirs ou pommelés, se musclent les jambons en plein air pendant plus d'un an, quand leurs congénères industriels ont une espérance de vie de 4 mois. Voilà de beaux porcs qui passeront à table sous forme de spécialités charcutières. Menu unique à 21€ avec, entre autres, une terrine mémorable à déguster sur une terrasse au panorama grandiose. **Ferme auberge la Chaume des buis** *Route de Cirey 21340* ***Nolay*** *Tél. 03 80 21 84 10 www.ferme-auberge-nolay.com Ouvert mars-nov. Sur rés.*

FAIRE LE TOUR DU BOUT DU MONDE
La balade pour atteindre le cirque rocailleux d'où jaillit la Cozanne, nommé Bout du monde, est aisée, quasi familiale. Le parcours qui flirte avec de beaux points de vue passe par la cascade de la Cozanne et les rochers de Cormot équipés pour la varape. Idéal pour un pique-nique. ☺ **Cirque du Bout du monde** *Départ* *Hameau de Vauchignon (sortie de village, après le pont)* *Parcours* *12km* *Durée* *3h30* *Rens. à OT de Nolay*

préservée. Mais avant de vous aventurer sur les sentiers, faites une halte au village. Il faut pour cela s'écarter de la D973 et déambuler dans les ruelles du bourg médiéval serré autour de son église Saint-Martin, dont le clocher abrite des automates (les jacquemarts, que l'on retrouvera à Notre-Dame de Dijon) hérités de la tradition flamande. La halle (XIVe s.), un chef-d'œuvre, accueille, le lundi, un marché pittoresque, à observer de la terrasse du délicieux salon de thé qui lui fait face. Bien des poètes, Alexandre Dumas en tête, sont tombés amoureux de Nolay et de son vallon, si tranquille, si solitaire, et encore méconnu. *À 9km de Santenay et 20km de Beaune*

● ☺ **Où s'offrir une pause sucrée ou salée ?** Des bouquets de fleurs, une décoration dans un esprit brocante chic et éclectique, un plafond à la française, des fauteuils habillés de plaids douillets, quelques notes de piano en fond musical… On commence par savourer le simple plaisir d'être là, avant que le regard ne soit absorbé par les divines tartes du verger préparées par votre hôtesse. Thés, cafés, vins au verre à siroter en feuilletant l'un des livres de la bibliothèque, *L'Art de la sieste*, par exemple, en accord avec la quiétude des lieux. Tartes salées, assiettes de fromages, toasts, fruits secs macérés dans l'alcool (succulents avec un fromage blanc) et d'irrésistibles douceurs composent une carte alléchante à tout moment de la journée. Repas bistrot midi et soir (aux chandelles) à 19,50€ avec verre de vin et café. **Le Thé dans les vignes** *8, place des Halles 21340* **Nolay** *Tél. 06 29 54 03 37 Ouvert mai-déc. : mar.-dim. midi et soir*

Les Hautes-Côtes, La Rochepot et Saint-Romain

La Rochepot, point de départ de la route vers les Hautes-Côtes, offre de beaux rendez-vous avec l'Histoire. Pour commencer, l'église romane à trois nefs évoque l'épopée clunisienne (collatéraux voûtés en quart de cercle et chapiteaux historiés). Ensuite, le château, qui doit sa survie à la famille Carnot.

☆ **Château de La Rochepot** Il illustre une figure légendaire de l'époque des grands-ducs : Philippe Pot, chambellan, sénéchal de Bourgogne et chevalier de la Toison d'or qui naquit ici en 1428. Revendu comme carrière à la Révolution, le château sera démantelé. Il doit sa résurrection au colonel Sadi Carnot, président de la République en 1887, dont le grand-père, Lazare Carnot, naquit à Nolay. Généreusement restaurée au XIXe siècle, la forteresse, dressée sur un éperon, entre les toits colorés de tuiles émaillées et les créneaux, est de celles qui font rêver. L'imagination s'envole vers un Moyen Âge de fantaisie, teinté de romantisme, qui se régale de pont-levis, de fossés, de châtelets et de chemins de ronde. À l'intérieur, les grandes salles sont garnies de mobilier gothique. La visite guidée mène vers la chapelle, vestige du château originel, qui abrite une curieuse Vierge dite “au masque plat”. La salle des Gardes accumule les armes (lances, carquois, épées à deux mains, etc.) et les armures d’apparat. Dans la tour, on découvrira une chambre meublée d’un lit spacieux, d’un coffre-fort italien du XIVe siècle et ornée d’une *Sainte Trinité* (sculpture du XVe s.). La cuisine regorge d’ustensiles, et outre les habituelles batteries de casseroles, on y trouve un petit pressoir à fruits rouges et un tonnelet portatif de vigneron. La salle à manger, remarquable par son mobilier et son plafond orné de têtes de dragons, compte deux cheminées, l’une gothique, l’autre Renaissance, et une belle “verdure” des Flandres (XVIIe s.). Enfin, de la terrasse aménagée à la place de l’ancien donjon, on jouit d’une belle vue panoramique. *21340* ***La Rochepot*** *(4km de Nolay, 16km de Beaune) Tél. 03 80 21 71 37 www.larochepot.com Ouvert avr.-juin et sept. : lun., mer.-dim. 10h-17h30 ; juil.-août : lun., mer.-dim. 10h-18h ; oct. : lun., mer.-dim. 10h-11h30 et 14h-16h30 Tarif 7,50€, réduit 4€*

☺ **Saint-Romain** Le plus charmant des villages somnole sous d’imposantes falaises percées de grottes qui servirent de refuge du néolithique moyen au Moyen Âge (IXe s.). Au cœur de Saint-Romain, dans l’école, un petit **musée** évoque l’histoire de cette longue occupation humaine à travers des vestiges qui y furent retrouvés (armes, accessoires de cavalerie, bijoux). Poussez la porte, un archéologue au travail trouvera toujours le temps de vous renseigner, et de commenter pour vous la maquette du village médiéval, le squelette d’un ours préhistorique et la modeste collection ethnologique. Il faudra ensuite grimper à Saint-Romain-le-Haut, hameau hors du temps, isolé dans l’univers chaotique des crêtes calcaires, où l’on découvre une belle église du XVe siècle. Un chemin (suivre le panneau “Panorama”) conduit en quelques minutes aux ruines d’un château arasé, ancienne place forte des ducs de Bourgogne. Belle balade parmi les buis et le chant des cigales, vers un calvaire d’où la vue, vertigineuse, porte sur le vignoble beaunois et les villages en contrebas. *21190* ***Saint-Romain*** *(7km de La Rochepot, 12km de Beaune par la D973)* ***Musée*** *Tél. 03 80 21 28 50 Ouvert juil.-août : tlj. 14h-18h Entrée libre*

☺ La corniche des Hautes-Côtes

Empruntant la petite D171 qui part du château de La Rochepot, on grimpe vers la corniche des Hautes-Côtes (classée Natura 2000), traversant quelques villages ou hameaux étonnants : Baubigny (maisons traditionnelles, église romane à portail gothique, chantier archéologique sur un site médiéval abandonné au XVe s.), Evelle (belle chapelle, et poterie renommée) et Orches, le plus pittoresque des trois, installé à flanc de falaises. Quelques viticulteurs y vinifient du rosé, et près de la source du Chaigne se dressent des stèles gallo-romaines. La route longe ensuite le vide pour offrir des points de vue époustouflants sur le vignoble de Beaune et la plaine de la Saône. D’Orches (aire d’accueil à l’entrée du village), le **sentier des Roches**, tracé le long de cette falaise abrupte, mène vers Saint-Romain (15km). *Rens. à l’OT de Nolay*

CARNET D'ADRESSES

Restauration, hébergement

prix moyens

Hôtel-restaurant du Pont Ce bistrot attire les villageois, heureux de siroter un pommard en lisant la presse régionale. De conviviaux vins au verre à partir de 2,70€. Comptoir en bois autour duquel circulent brèves et bavardages, et une aimable terrasse où se poser tranquillement. L'établissement offre 6 chambres à la décoration peut-être un peu datée, mais plaisantes, bien tenues et pour un rapport qualité-prix peu usuel dans les parages (56€, petit déj. 6,50€). La table s'exprime en Bourguignon (escargots, bœuf en sauce, andouillette) et les prix parlent bas (menus de 13 à 18,50€). *Centre village 21630* ***Pommard*** *(5km de Beaune) Tél. 03 80 22 03 41* **Restaurant** *Ouvert lun.-sam.*

Hôtel de la Halle C'est un de ces petits hôtels à l'ancienne qui nous enchantent : un accueil familial, une simplicité de bon aloi et un univers un brin nostalgique. Les amateurs de mobilier ancien seront comblés : les 14 chambres en offrent de beaux exemples. Déployé autour d'une cour intérieure, l'hôtel ouvre sur la place de Nolay, ravissante avec sa halle et ses maisons de bois. Une adresse au charme sûr, qui n'a pas cédé aux modes. Double 60€, petit déj. 7€. *Place de la Halle 21340* ***Nolay*** *(26km de Beaune) Tél. 03 80 21 76 37*

Chambres d'hôtes Maison Gallien Le jardin se partage entre terrasse et pelouses. Figuier et lavandes marquent la frontière, secondés par les rosiers à l'ancienne. La solide demeure de pierres regarde un panorama insolent, celui d'Orches, village perché des Hautes-Côtes. La chambre (55€, petit déj. compris), modèle de confort et d'élégance discrète, profite du même point de vue. *Orches 21340* ***Baubigny*** *(15km de Beaune) Tél. 03 80 21 77 01 www.au-tillau.fr Ouvert été, vac. scol. et longs w.-e.*

Le Cellier volnaysien Une belle maison vigneronne enveloppée de feuillages, joliment romantique au fond de son jardin. Au pied de l'escalier à double révolution, la terrasse. Et, en sous-sol, les caves voûtées abritent un restaurant d'un classicisme feutré : vaisselle du dimanche, tables recouvertes de nappes blanches et service soigné. Ce sanctuaire recueilli invite aussi aux plaisirs du palais : cuisine bourguignonne finement ciselée (jambon persillé, volaille à la crème, coq au vin, fondue, etc.) et vins de propriété provenant entre autres du château de Savigny. Menus de 19,50 à 31€. *2, place de l'Église 21190* ***Volnay*** *(6km au sud de Beaune) Tél. 03 80 21 61 04 www.le-cellier-volnaysien.com Ouvert midi jeu.-mar. et sam. soir*

GAMME DE PRIX	RESTAURATION	HÉBERGEMENT
Très petits prix	moins de 12€	moins de 30€
Petits prix	de 12 à 18€	de 30 à 50€
Prix moyens	de 18 à 25€	de 50 à 75€
Prix élevés	de 25 à 45€	de 75 à 115€
Prix très élevés	plus de 45€	plus de 115€

Le Terroir Une adresse coquette où la gastronomie bourguignonne triomphe sur un répertoire raffiné : croustillant d'époisses, coq au vin en cocotte, bœuf rôti avec sa compotée d'échalotes. La mer fait irruption avec un poisson à la plancha aux épices douces. Une cuisine servie élégamment, dans un cadre qui reste simple. Adresse sûre et régulière. Menus de 22 à 40€. *19, place du Jet d'eau 21590* ***Santenay*** *(20km au sud de Beaune) Tél. 03 80 20 63 47 www.restaurantleterroir.com Ouvert lun.-mer. et ven.-dim. midi*

prix élevés

Restaurant Auprès du clocher Près de l'église de Pommard, l'ancienne maison vigneronne a été réaménagée dans un esprit contemporain. Les touches de rouge sur fond blanc reflètent subtilement la production de cette côte de Beaune dont la carte des vins décline ici le meilleur, et souvent le plus rare. Côté table, un régal : œuf à la neige en meurette d'escargots, effiloché de coq au vin servi en cannelloni, pressée de foie gras au poireau fondant et joue de bœuf, mousse tiède d'époisses au pain d'épice, etc. Le chef, qui fut second chez l'étoilé de Chagny, Lameloise, s'amuse à taquiner la tradition avec des inventions précises et posées. Un temple du goût où l'assiette flatte l'œil avant de ravir les papilles. Premier menu à 24€ (midi en semaine), puis 28€ et jusqu'à 68€. *1, rue de Nackenheim 21630* ***Pommard*** *(5km au sud de Beaune) Tél. 03 80 22 21 79 www.aupresduclocher.com Ouvert lun. et jeu.-dim.*

☺ **Domaine Corgette** Le délicieux village de Saint-Romain méritait une adresse de charme. Le Domaine Corgette nous l'offre avec un talent rare. Compositions sur le thème des oiseaux, ou du nid, murs habillés de couronnes champêtres. Sur une cheminée de pierre gravée, une drôle de poule somnole sur un lit de galets, dans une cage à l'ancienne... un brin de fantaisie, quelques touches poétiques apportent un supplément d'âme au décor ancré dans l'air du temps. Cette grande demeure claire, aux pierres aussi blanches que la falaise de Saint-Romain, transmet vite sa bonne humeur. Véronique reçoit avec simplicité et courtoisie, tandis que Julien travaille sur place un vin nature de grande réputation... l'occasion de trinquer. Cinq belles chambres claires, spacieuses à 85, 95 et 110€ (petit déj. compris). *Rue de la Perrière 21190* ***Saint-Romain*** *(12km au sud-ouest de Beaune) Tél. 03 80 21 68 08 www.domainecorgette.com*

prix très élevés

☺ **La Maison d'Olivier Leflaive** Héritier d'une dynastie vigneronne, Olivier Leflaive gère un domaine de 15ha et accompagne de ses conseils quelque 120 viticulteurs dans leur quête de qualité. L'homme, toujours chapeauté, figure parmi les précurseurs de la formule table d'hôtes viticole. Il a une solide érudition, le goût de l'échange et profite d'un cadre idyllique, une belle maison du XVIIe siècle, pour faire partager ses talents. Sa table d'hôtes, qui ne se cantonne pas nécessairement aux classiques bourguignons, fait valser les appellations. Comptez 40€ avec une dégustation de 10 vins et 50€ avec une quinzaine de vins. Et toujours en compagnie de sommeliers. Les chambres (14 dont deux suites) atteignent le sommet du charme, déclinaisons modernes de thèmes intemporels, le baroque, la campagne, le romantisme... à partir de

150€, petit déj. 12€. *Place du Monument 21190* **Puligny-Montrachet** *(12km au sud de Beaune) Tél. 03 80 21 37 65 www.olivier-leflaive.com*

Hôtel La Chouette Petits déjeuners et *tea-time* quasi gastronomiques, cuisinés avec gourmandise. Les effluves des muffins flottent sur un fond musical, un jazz langoureux, à l'image de ce 3-étoiles où le charme se conjugue avec sérénité, douceur et bonne humeur. Des couleurs reposantes pour asseoir un confort sans failles, une décoration cosy et un jardin face aux vignes. Suzanne, votre hôtesse, partage son carnet d'adresses pour vous dégoter de bons plans de visites ou de dégustations. Six chambres de 140 à 150€, selon la saison, petit déj. compris. Tarifs dégressifs et forfaits séjours thématiques. *3, rue des Creux de Chagny 21190* **Puligny-Montrachet** *(12km au sud de Beaune) Tél. 03 80 21 95 60 www.la-chouette.fr*

AUXONNE

21130

La flèche d'une église pointée vers le ciel comme une baïonnette. Sur la place d'Armes, la statue de Bonaparte encore lieutenant mais déjà la main dans le giron. Des rues tracées au cordeau, un kiosque à musique qui n'attend plus qu'une harmonie militaire. Sans oublier les immenses casernes, l'ancien arsenal, le fort qui toise la Saône. Auxonne affiche la couleur : bleu horizon ou kaki selon les époques. Pas besoin pour autant de marcher au pas cadencé : Auxonne est une ville où il fait bon flâner entre les berges de la rivière et les rues pavées du centre. C'est la capitale de la plaine de Saône-Vingeanne : une contrée verdoyante – les forêts sobres de conifères annoncent déjà le Jura voisin –, irriguée par la Saône et ses affluents, domaine des bateliers.

AUXONNE DANS L'HISTOIRE En 1477, Charles le Téméraire meurt devant Nancy. C'en est fini du duché de Bourgogne, qui est rattaché au royaume de France. Une poignée de seigneurs fidèles à Marie de Bourgogne, la fille du Téméraire, tentent de résister. Auxonne est l'une de leurs places fortes, ce qui vaut à la ville un siège en règle en 1479, et la décision de Louis XI de faire d'Auxonne une place militaire et d'y construire un château. C'est aussi que la cité est devenue ville frontière avec la Franche-Comté ; elle le restera jusqu'aux traités de Nimègue en 1678-1679 qui donnent la province à la France. Durant la guerre de Trente Ans (1618-1648), Auxonne est en première ligne. En 1673, Louis XIV confie au comte d'Aspremont la mission de fortifier la ville selon les principes modernes : une muraille défendue de bastions et protégeant un ensemble de casernements et d'arsenaux. C'est Vauban qui achèvera les travaux à partir de 1679. Mais Auxonne n'est plus alors ville frontière. Elle reste cependant une importante ville de garnison où stationnera à plusieurs reprises, en 1788-1789 et 1789-1791, le sous-lieutenant Bonaparte. Aujourd'hui, le 511e régiment du génie occupe les quartiers militaires.

MODE D'EMPLOI

accès

EN VOITURE
À 35km à l'est de Dijon par l'A39 ou la D905 et à 60km au nord-est de Beaune par l'A31.

EN TRAIN
Gare SNCF Liaisons TER avec Dijon (env. 20min). *Route de Tillenay 21130 Tillenay (3km du centre-ville) Tél. 3635 www.ter-sncf.com*

informations touristiques

Office de tourisme d'Auxonne *11, rue de Berbis 21130* **Auxonne** *Tél. 03 80 37 34 46 www.ot-auxonne.fr Ouvert lun. 14h-18h, mar.-sam. 9h-12h et 14h-18h*

DÉCOUVRIR

☆ **Les essentiels** Le château d'Auxonne **Découvrir autrement** Promenez-vous en barque sur la rivière souterraine des grottes de Bèze, séjournez à l'Auberge de la Quatr'Heurie de Bèze **➤ Carnet d'adresses p.135**

Auxonne

☆ **Château** Bien que largement remanié au XVIIe siècle, le château d'Auxonne reste un bel exemple d'architecture militaire de la fin du XVe siècle. C'est le seul entièrement conservé sur les trois (avec Beaune et Dijon) dont Louis XI ordonna la construction en Bourgogne après le rattachement du duché au royaume de France. L'entrée principale côté nord est veillée par trois tours d'origine médiévale. Sur la vaste esplanade intérieure se dresse la caserne de Vauban construite en 1689 (ne se visite pas). À gauche de l'entrée, la plus haute tour de l'ensemble, la tour Notre-Dame, abrite un petit musée napoléonien. Au rez-de-chaussée, sont présentées des collections de vaisselle d'époque impériale ainsi qu'un moulage du masque mortuaire de l'empereur. Au premier étage, on peut voir l'enseigne d'une auberge que fréquentait le jeune sous-lieutenant lorsqu'il était stationné à Auxonne. Grimpez ensuite au sommet de la tour (couverte d'une belle charpente du XVIIe s.) qui offre un beau point de vue sur les toits d'Auxonne. *Rens. Tél. 03 80 31 13 33 Ouvert mai-oct. : tlj. 10h-12h et 15h-18h Entrée libre*

Église Notre-Dame De l'extérieur, l'édifice doit beaucoup aux travaux de restauration entrepris au milieu du XIXe siècle : la haute flèche qui culmine à 70m, les chapelles latérales alignées comme à la parade avec la régularité de leurs pinacles et de leurs ouvertures néogothiques, les statues qui ornent le porche du XVIe siècle. À l'intérieur, la haute nef des XIIIe-XIVe siècles est prolongée d'un chœur, également gothique, où ont été déposées des stalles de la fin du XVIe siècle. Au pied de l'église, jouxtant l'hôtel du Corbeau, un lanterneau de bois annonce l'ancien arsenal construit en 1640. Il accueille aujourd'hui le marché de la ville (vendredi matin). *Place d'Armes Ouvert tlj. 8h-12h et 14h-19h*

Quartiers militaires À l'est de la vieille ville, se dressent les hauts bâtiments néoclassiques qui abritent les casernes : le quartier Marey-Monge et en face le quartier Bonaparte, toujours occupés par l'armée. C'est dans ce dernier que résida Bonaparte : sa chambre a été conservée en l'état (visite pendant les Journées du patrimoine uniquement). La rue du 8e-Chasseur, qui se glisse entre les deux quartiers, conduit à la porte royale, l'élément le plus imposant des anciennes fortifications. Elle fut construite par le comte d'Aspremont et achevée par Vauban à la fin du XVIIe siècle. Côté extérieur, la porte est surmontée d'une sculpture monumentale représentant des trophées de guerre.

Les environs d'Auxonne

Saint-Jean-de-Losne Avec sa jumelle Losne sur l'autre rive de la Saône, ce port a été une étape importante de la batellerie. On y observe encore quelques péniches de transport amarrées côté Losne, tandis que Saint-Jean, aujourd'hui dévolu à la navigation de plaisance, est la capitale fluviale de la Bourgogne (cf. GEOPratique, Tourisme fluvial). On y retrouve l'atmosphère attachante d'une escale fluviale, avec son quai National – restauré à la fin des années 1990 sur le modèle des quais à gradins du XVIIIe siècle –, ses bars de marins restés dans leur jus sur le quai ou dans les ruelles du centre-ville. Sans oublier l'animation que mettent les plaisanciers qui quittent leur bord le temps de se dégourdir les jambes et de boire un verre en terrasse. *21170* ***Saint-Jean-de-Losne*** *(20km au sud-ouest d'Auxonne)* **Office de tourisme** *2, rue de la Liberté Tél. 03 80 37 15 70 Ouvert mar.-sam. 9h-12h et 14h-18h*

AU TEMPS DES BATELIERS
Dans une maison de mariniers du XVe siècle sont exposés instruments de navigation, habits de marins, maquettes, etc. Dans l'escalier, jetez un coup d'œil à la splendide Vierge bourguignonne en bois (XVe s.) **Maison des mariniers** *3, rue de la Liberté* ***Saint-Jean-de-Losne*** *Ouvert mai-sept. : tlj. 14h30-18h30 Entrée libre, visite commentée 2€*

Seurre

Cette petite cité en bordure de Saône, à la limite entre la Côte-d'Or et la Saône-et-Loire, conserve un joli centre-ville ancien et une élégante collégiale (XIIIe-XVe s.), qui méritent 1 à 2h de visite. *À 45km au sud-ouest d'Auxonne*

Maison Bossuet Construite au début du XVIe siècle par les ancêtres du célèbre prédicateur né, lui, à Dijon en 1627, cette demeure abrite au rez-de-chaussée l'office de tourisme et dans les étages un **musée** municipal. Après une présentation archéologique de la région, le deuxième niveau est consacré à la batellerie : maquettes de bois, instruments de charpentier. Le troisième niveau évoque l'industrie phare de la ville, la fabrication de prothèses médicales, florissante depuis le XIXe siècle et qui se perpétue aujourd'hui. **Office de tourisme** *13, rue Bossuet 21250* ***Seurre*** *Ouvert lun.-sam : 9h-12h et 14h-19h Tél. 03 80 21 09 11* **Musée** *Ouvert lun.-sam. 9h15-11h15 et 14h15-17h15 Entrée 3€*

Musée de l'Hôtel-Dieu L'édifice actuel fut bâti au XVIIe siècle sur l'emplacement d'un premier hôpital fondé en 1350. Dans le musée, on découvre au fil de la visite guidée (1h30 env.) le visage de l'hôpital au XVIIe siècle ; la pharmacie, la salle des malades, la cuisine, la chapelle. *14, Grande-Rue 21250* ***Seurre*** *Tél. 03 80 20 39 19 Ouvert lun.-ven. 8h30-17h30 Tarif 5€, moins de 12 ans gratuit*

Écomusée de l'Étang-Rouge Initié en 1989, le projet visant la conservation du patrimoine rural a permis la sauvegarde d'anciennes maisons bourguignonnes des environs. Menacées de destruction, elles ont été démontées pierre à pierre puis reconstruites en lisière de Seurre. L'association chargée de l'animation du site propose des démonstrations de savoir-faire traditionnels. Cet écomusée en plein air donne rendez-vous aux chineurs : les 3e dimanches de juin à septembre s'y tient une brocante très courue. *Route de Franche-Comté Ouvert juil.-août : jeu. Visites à 15h, 16h et 17h Tarif 3€*

Bèze

Au creux de son vallon verdoyant, c'est certainement l'un des plus charmants de ce coin de Bourgogne. Le petit village s'est développé autour de l'abbaye au fil des siècles : on y découvre des vestiges de bâtiments monastiques, et sur les rives de la Bèze des maisons anciennes. Une étape plaisante avec en point de mire une table incontournable, l'Auberge de la Quatre'Heurie (cf. Carnet d'adresses). 21310 ***Bèze*** (38km d'Auxonne via Pontailler-sur-Saône)

Église Saint-Rémi Au cœur du village, cette église massive fut construite au XVIIIe siècle. C'est le quatrième sanctuaire à occuper ce lieu depuis le Xe siècle. Face au porche principal, on observera un Christ aux liens, romantique sculpture mangée par la mousse.

☺ Se mettre au frais dans les grottes de la Bèze

À flanc de falaise au-dessus de la résurgence ouvre une grotte qui donne accès à la rivière souterraine. Une promenade commentée (env. 40min) que l'on effectue à pied et en bateau. **Grottes de Bèze** *Tél. 03 80 75 31 33 Ouvert avr. et oct. : sam.-dim. 10h-12h et 13h30-17h30 ; mai-juin et sept. : mar.-dim. 10h30-12h et 14h-17h30 ; juil.-août : lun. 14h-18h, mar.-dim. 10h-12h et 14h-18h Tarif 5€, 4-12 ans 2,50€*

MOINES VIGNERONS Les amateurs de grands crus ont une pensée émue à l'évocation du clos de Bèze, l'un des domaines viticoles les plus fameux de l'appellation gevrey-chambertin. Et certainement l'un des plus anciens. Il appartenait au domaine agricole de l'abbaye de Bèze, richement dotée par le roi Dagobert au VIIe siècle.

Promenade de la source La résurgence de la rivière souterraine qui donne naissance à la Bèze a été aménagée en agréable promenade.

Vestiges de l'abbaye Sur la place centrale où trône la mairie, une façade gothique (XIIIe s.) signale l'ancienne école abbatiale fondée dès le VIIe siècle pour recevoir les enfants de la noblesse. En tournant à droite au-delà de l'école, on entre dans ce qui était le cœur du monastère, dont une grande partie a été détruite après la Révolution : un grand logis (aujourd'hui une école) s'appuie contre une des tours de défense de l'enclos monastique, et à son pied le joli petit lavoir des sœurs étire son demi-cercle face à la rivière. Une des vues les plus photogéniques du village. Le reste des bâtiments monastiques est une propriété privée.

CARNET D'ADRESSES

Restauration, hébergement

petits prix

Le Grand Saint-Jacques Restaurant traditionnel plutôt sympathique où sont proposés les grands classiques de la cuisine bourguignonne. Intéressante formule déjeuner à 12€. Menus de 15 à 27€. *Rue Thiers 21130* ***Auxonne*** *Tél. 03 80 31 47 66 Fermé dim., lun. et mar. soir Fermé 2 sem. en sept.*

Brasserie La Navigation C'est tout d'abord une très agréable terrasse en bordure de Saône ; au premier plan, les bateaux de plaisance, sur l'autre rive, les péniches des mariniers. Le dimanche, on se dispute les tables. Pour la vue, mais aussi pour l'assiette. On y déguste de succulentes (et copieuses) fritures d'ablettes, qu'on peut faire précéder d'une terrine maison. Et lorsque le temps tourne au frais, le patron console ses clients d'être privés de terrasse, en leur mitonnant une tête de veau dans les règles de l'art. Service gentiment débordé. Formule 13€, à la carte comptez 20-25€. *Quai National 21170* ***Saint-Jean-de-Losne*** *(20km d'Auxonne) Tél. 03 80 29 03 62 www.restaurant-lanavigation.com Fermé mer. et jan.*

prix moyens

Hôtel Le Corbeau-restaurant Les Halles Bien situé au cœur d'Auxonne,

GAMME DE PRIX	RESTAURATION	HÉBERGEMENT
Très petits prix	moins de 12€	moins de 30€
Petits prix	de 12 à 18€	de 30 à 50€
Prix moyens	de 18 à 25€	de 50 à 75€
Prix élevés	de 25 à 45€	de 75 à 115€
Prix très élevés	plus de 45€	plus de 115€

face à l'église, cet hôtel propose 9 chambres confortables (belles sdb modernes et fonctionnelles). L'établissement possède un restaurant très recommandable (terrasse à la belle saison). Parmi ses spécialités, l'oignonade d'Auxonne (11€) : des oignons confits (2h de cuisson dans de l'aligoté, du fond de volaille et de la tomate) servis avec du pain grillé, du jambon et un œuf. Menu du jour à 14€. Double à partir de 60€, petit déj. 6€. *1, rue de Berbis, 21130* ***Auxonne*** *Tél. 03 80 27 05 30 www.hotel-auxonne.com* **Restaurant** *Ouvert juin-sept. : tlj. ; oct.-mai : lun.-dim. midi*

prix moyens à élevés

☺ **Restaurant de la Quatr'Heurie** L'auberge du même nom (cf. ci-après), abrite un restaurant tout aussi réputé. On s'y attable sur des bancs en vue de la cheminée ou en terrasse à la belle saison. Ici, le grill est roi : des viandes de premier choix sont cuites dans la cheminée quand il fait frais, sur le barbecue aux beaux jours (entre 17 et 30€). Le chef concocte aussi des plats plus élaborés comme son magret de canard et couronne de fruits (24€). Menu gastronomique à 52€ avec foie gras maison, grenouilles en persillade et côte de veau aux morilles. Et avant de passer à table, descendez à la cave pour y choisir votre vin. Belle attention pour les enfants : les patrons ont installé une petite salle de classe à l'ancienne où les petits jouent pendant que les parents sont à table. Une maison généreuse, où l'on se rend à toute heure pour les "quatre heures de Prosper", assiette de charcuterie et de fromages accompagnée d'un verre de vin (16€). *21310* ***Bèze*** *(38km d'Auxonne) Tél. 03 80 75 30 13 www.quatrheurie.com Ouvert tlj.*

☺ **Auberge de la Quatr'Heurie** Voilà bientôt 40 ans que Nicole et Michel consacrent leur bonne humeur et leur fantaisie à ce lieu immanquable. Une auberge installée dans six maisons du village qu'il a fallu réunir. Le résultat : des escaliers pentus (un ascenseur dessert une aile de l'hôtel), des passages biscornus, un grenier aménagé au détour d'un couloir... Au bout de ce labyrinthe, des chambres tout aussi originales avec lits à baldaquin, meubles rustiques et pour une partie d'entre elles, une mezzanine conçue pour loger deux enfants. Notre préférée : la chambre Roméo et Juliette, avec son lit à baldaquin et sa salle de bains ouverte avec une double baignoire. Le petit déjeuner est servi sur de grandes tables de bois, au coin d'un feu de cheminée. Une vingtaine de chambres de 60 à 130€, petit déj. 9€. Et pour épater son amoureuse, un forfait à 280€ comprenant une nuit dans la chambre Roméo et Juliette, le dîner avec vin, le petit déjeuner et une bouteille de champagne (à siroter dans la baignoire à bulles). *21310* ***Bèze*** *(38km d'Auxonne) Tél. 03 80 75 30 13 www.quatrheurie.com*

GAMME DE PRIX	RESTAURATION	HÉBERGEMENT
Très petits prix	moins de 12€	moins de 30€
Petits prix	de 12 à 18€	de 30 à 50€
Prix moyens	de 18 à 25€	de 50 à 75€
Prix élevés	de 25 à 45€	de 75 à 115€
Prix très élevés	plus de 45€	plus de 115€

POUILLY-EN-AUXOIS

21320

Autant l'avouer d'entrée, Pouilly-en-Auxois n'est pas la ville la plus affriolante de Bourgogne, même si elle est loin d'être antipathique. Presque à mi-chemin entre Paris et Lyon, tout près d'une sortie de l'autoroute du Sud, c'est en revanche une étape commode. D'autant que les possibilités hôtelières permettent de s'y loger agréablement. Mais aussi parce que ses environs méritent d'être découverts : entre randonnées dans la vallée de l'Ouche, châteaux entourés de somptueux jardins – ceux de Barbirey notamment –, églises bourguignonnes ou moments de détente au lac de Panthier, c'est une semaine qu'on pourrait passer autour de Pouilly sans risquer de s'ennuyer.

MODE D'EMPLOI

accès

EN VOITURE
À 44km à l'ouest de Dijon par l'A38, à 40km au sud-est de Semur-en-Auxois, et à 42km au nord de Beaune par l'A6.

EN CAR
Transco La ligne 48 assure la liaison avec Dijon, Arnay-le-Duc et Saulieu (lun.-sam.). *Tél. 0800 10 2004 www.mobigo-bourgogne.com*

informations touristiques

Office de tourisme *Le Colombier 21320* ***Pouilly-en-Auxois*** *Tél. 03 80 90 74 24 www.pouilly-auxois.com Ouvert avr.-mi-oct. : lun.-sam. 9h30-13h et 14h-18h30, dim. 10h-12h ; mi-oct.-mars : au port de plaisance lun.-sam. 9h30-13h et 14h-17h*
Location de deux-roues Auprès de l'OT, pour se balader sur la véloroute canal de Bourgogne. *Tarif 12€/j.*

DÉCOUVRIR

Pouilly-en-Auxois

☆**Les essentiels** Cap Canal **Découvrir autrement** Embarquez pour une croisière sur le canal de Bourgogne **> Carnet d'adresses p.145**

☆ **Cap Canal** Pouilly-en-Auxois se trouve sur le point le plus haut du canal de Bourgogne (378m) : la ligne de partage des eaux entre la Méditerranée, la Manche et l'Atlantique. À cet endroit, le canal s'engouffre sous les collines de Pouilly par un tunnel long de 3 333m, que l'on appelle la Voûte. Jusqu'au XIXe siècle, lorsque les bateaux étaient tirés sur le canal depuis les chemins de halage, on franchissait la Voûte en poussant les embarcations à l'aide de gaffes : une opération qui prenait une dizaine d'heures. Dans la seconde moitié du XIXe siècle, des "toueurs" – remorqueurs –, à vapeur, firent leur apparition :

AU FIL DE L'EAU Embarquez à bord du bateau de promenade, *La Billebaude*, pour une croisière sur le Canal, avec l'impressionnante traversée de la fameuse Voûte : circuit de la Voûte (2h, 11,50€ incluant l'entrée à l'institut du Canal), et circuit des écluses (journée entière, 25€). ***La Billebaude*** *Rens. et rés. Tél. 03 80 90 77 36 Horaires des croisières variables*

la traversée en fut réduite à 3h, mais dans les fumées de combustion que les 32 cheminées ne parvenaient pas à évacuer. En 1893, les toueurs deviennent électriques et resteront en fonction jusqu'en 1987. Autour du bassin du Port de plaisance qui précède l'entrée de la Voûte, un parcours retrace cette aventure. *Port de plaisance 21320* ***Pouilly-en-Auxois*** *Tél. 03 80 90 67 20 www.cap-canal.fr Ouvert avr.-oct. : mar.-sam. 10h-12h30 et 14h-18h, dim. et j. fér. 14h-18h ; juil.-août : tlj. 10h-12h30 et 14h-18h Fermé 1er mai, 14 juil. Tarif 3€, réduit 2€*

Halle du Toueur Sous une insolite voûte de tubes de cartons et d'aluminium, œuvre de l'audacieux architecte japonais Shigeru Ban, qui a participé à la conception du Centre Pompidou de Metz, est exposé un toueur électrique lancé en 1893. *Accès libre*

Institut du Canal Dans un beau bâtiment de verre, autre réalisation de Shigeru Ban, est présentée une exposition consacrée au canal de Bourgogne, au passage de la Voûte et à la vie des mariniers. *Fermé pour travaux en 2011*

CÔTE-D'OR

● **Passer une journée au bord de l'eau** Couvrant 130ha, le lac de Panthier est un des principaux bassins d'alimentation du canal de Bourgogne. C'est surtout l'occasion de passer un agréable moment au bord de l'eau, entre farniente et baignade. Le petit restaurant du camping offre la possibilité de grignoter en terrasse. Les plus sportifs y pratiquent la voile, la planche à voile ou le canoë, en location au Centre de voile. **Lac de Panthier** *À 8km au sud-est de Pouilly-en-Auxois*

Centre de voile du lac de Panthier *Ouvert été : tlj. 10h-18h ; hors saison : mer., sam. et dim. Tél. 03 80 49 26 92 Tarif des locations (Optimist, planche à voile, canoë) de 15€/h à 55€/j.*

Camping du lac de Panthier *21320* ***Vandenesse-en-Auxois*** *Tél. 03 80 49 21 94 www.lac-de-panthier.com Ouvert début avr.-mi-oct.*

Les environs de Pouilly-en-Auxois

☆ **Les essentiels** Le château de Commarin, l'église Saint-Thibault, Châteauneuf-en-Auxois, le château et les jardins de Barbirey-sur-Ouche **Découvrir autrement** Montez à bord du petit train de la vallée de l'Ouche, offrez-vous une nuit insolite sur la péniche *Lady A* **➤ Carnet d'adresses p.145**

☺ **Château d'Éguilly** Tout le monde a remarqué un jour ce beau château médiéval comme jeté au bord de l'autoroute entre Paris et Lyon. Forteresse du XIIe siècle défendant le grand axe de communication nord-sud dans lequel s'est glissée l'autoroute, le château d'Éguilly est passé entre bien des mains avant d'aboutir dans celles de Roger et Françoise Aubry. Ce couple de galeristes parisiens consacre depuis trente ans toute son énergie à la sauvegarde et à la restauration de ce bijou médiéval. Sous leur conduite, vous pourrez flâner à l'intérieur des murailles, découvrant les tours de guet, l'ancienne chapelle et les communs. Roger et Françoise Aubry n'en ont pas pour autant oublié leur passion première : l'art contemporain. Plusieurs salles sont réservées à des expositions permanentes de leurs artistes fétiches, parmi lesquels Jean Aujame (1905-1965), dont Roger Aubry fut le marchand et l'ami. On y découvrira également de nombreuses réalisations de Pierre Huard, un jeune artiste natif de Tain-l'Hermitage (Drôme), maître des arts du feu, qui a laissé ici nombre de ses étonnantes sculptures. *21320* ***Éguilly*** *(6,5km au nord de Pouilly) Tél. 03 80 90 72 90 Ouvert avr.-juin et sept.-oct. : tlj. 9h-12h et 14h-18h ; juil.-août : tlj. 9h-12h et 14h-19h ; nov.-mars : tlj. 10h-12h et 14h-17h Tarif 5€*

☆ **Château de Commarin** Ce château féodal dont l'origine remonte au XIIIe siècle fut réaménagé au XVIIIe par la marquise d'Antigny, l'aïeule de Talleyrand. Au cours de la visite, on découvre les écuries laissées dans leur état du XIXe siècle, ainsi que la chapelle du XIVe siècle, une des parties les plus anciennes du château. Outre ses boiseries du XVe siècle, on y admire une Mise au tombeau, terre cuite du XVIe siècle. Les appartements ont conservé leur aspect de la fin du XVIIIe siècle avec leur décoration et leur mobilier originaux, et une remarquable série de tapisseries héraldiques du XVe siècle. Le château est aujourd'hui la propriété du comte de Vogüé. *21320* ***Pouilly-en-Auxois*** *Tél. 03 80 49 23 67 (10km à l'est de Pouilly) www.commarin.com Ouvert avr.-début nov. : tlj. 10h-12h et 14h-18h Visite guidée uniquement (30min env.) Tarif 6,50€, réduit (6-16 ans) 3,50€*

☆ **Collégiale Saint-Thibault** Vue de l'extérieur, l'église Saint-Thibault arbore une curieuse physionomie : un haut chœur gothique digne d'une cathédrale, et un moignon de nef ouvrant par une banale façade. Elle fut construite au XIIIe siècle, pour accueillir les reliques de saint Thibault, qui, on ignore pour quelle raison, furent déposées dans le modeste prieuré se tenant là depuis le XIe siècle. Le culte à saint Thibault étant l'un des plus populaires de l'époque, l'affluence des pèlerins et de leurs offrandes, ainsi que les dons des seigneurs permirent d'édifier une église digne de la célébrité du saint. Le pèlerinage continua d'enrichir le sanctuaire malgré les troubles de la guerre de Cent Ans. Mais à partir du XVIe siècle, il entama un long déclin ponctué de catastrophes (écroulement du clocher en 1712 qui détruit la nef et le transept, incendie en 1728). Il faudra vingt-cinq années de travaux de restauration pour aboutir à la physionomie de l'église telle qu'on la découvre aujourd'hui. Si le porche principal ne présente aucun intérêt, le portail latéral (côté nord de l'édifice) est une exceptionnelle réalisation de l'art gothique ; les voussures portent tout un peuple de personnages – Vierges folles et sages, saints, évêques, figures de l'Ancien Testament, seigneurs et nobles dames du XIIIe siècle –, tandis qu'au tympan apparaissent des scènes dédiées à la Vierge. À l'intérieur, le haut chœur gothique est ceinturé d'un élégant double triforium. Au centre trône un retable (XIVe s.) illustrant la vie de saint Thibault d'une manière vivante et pittoresque. Un enfeu abrite le gisant d'un chevalier, peut-être le fondateur du prieuré au XIe siècle. À voir également, à droite de la nef, une splendide *Vierge à l'Oiseau*, statue de bois du XIVe siècle. À gauche de la nef, un passage ouvre sur la chapelle Saint-Gilles où repose la châsse monumentale de saint Thibault (XIIIe s.).

*21350 **Saint-Thibault-en-Auxois** (14km au nord-ouest de Pouilly) Ouvert mi-mars-mi-nov. : tlj. 9h-18h Entrée libre (La chapelle n'est ouverte qu'exceptionnellement : lors des Journées du patrimoine par exemple ; la possibilité d'une ouverture permanente au public est à l'étude, une affaire à suivre sur le site http://les-amis-de-saint-thibault-en-auxois.blogspot.com)*

☆ **Châteauneuf-en-Auxois** Juché sur le rebord d'un plateau, surveillant en contrebas la plaine de l'Auxois et au loin les hauteurs du Morvan, Châteauneuf est un splendide exemple de forteresse médiévale. La forteresse de Châteauneuf fut construite à la fin du XIIe siècle par un cadet d'une puissante famille bourguignonne. Celle-ci donna le nom de Châteauneuf à sa lignée, qui posséda le château jusqu'au milieu du XVe siècle. Les sépultures de quelques-uns des représentants des premiers maîtres de Châteauneuf sont encore visibles dans l'église paroissiale du village de Vandenesse, à 3km en contrebas. *21320 **Châteauneuf-en-Auxois** (10km au sud-est de Pouilly) Tél. 03 80 49 21 89 Ouvert mi-mai-mi-sept. : 9h30-12h30 et 14h-18h45 : mi-sept.-mi-mai : 10h-12h30 et 14h-17h45 Fermé lun. et 1er jan., 1er mai, 1er et 11 nov. et 25 déc. Visite guidée uniquement, départ toutes les heures Tarif 5€, réduit (12-18 ans) 3,50€ ; supplément visite des combles du grand logis 1,50€*

Extérieurs Ce n'est au départ qu'une puissante tour carrée, que les troubles de la guerre de Cent Ans renforceront au milieu du XIVe siècle d'un système de défense que l'on découvre aujourd'hui : une redoutable enceinte, défendue d'un fossé creusé dans le roc et de tours percées de meurtrières. C'est que Châteauneuf est une importante sentinelle plantée sur le rebord occidental du duché de Bourgogne auquel n'appartient pas alors le Morvan. En 1456, la lignée s'éteint : saisi par le duc de Bourgogne, le château est remis à l'un de ses plus fidèles conseillers, Philippe Pot. Après la mort de Charles le Téméraire, en 1477, il fait allégeance au roi de France : c'est à ce moment que le nouveau maître de Châteauneuf y entreprend une vaste campagne de travaux, construisant notamment un somptueux logis contre l'intérieur du rempart, digne des fastes du palais ducal de Bruges où il avait naguère ses habitudes. Après la mort de Philippe Pot, en 1493, Châteauneuf échoit à plusieurs grandes familles, dont les Montmorency qui en font un fief de la Ligue au xvie siècle jusqu'aux Vogüé qui, en 1936, cèdent le château à l'État. Depuis 2008, il est propriété du Conseil général de Côte-d'Or.

Visite du logis Admirablement conservé, ce noble bâtiment est le clou de la visite du château, avec ses appartements et les vues somptueuses qu'ils offrent sur la vallée en contrebas. Dans la chapelle est exposée une reproduction du tombeau de Philippe Pot (original au Louvre), chef-d'œuvre de la sculpture bourguignonne du XVe siècle. Aux murs apparaît un ensemble de peintures représentant les apôtres, remarquable travail du XVe siècle. En été, le château accueille un programme de manifestations : expositions, concerts, ateliers, visites nocturnes théâtralisées, etc.

Village Après la visite du château, ne manquez pas de flâner dans le petit bourg qui se développa à l'époque médiévale au pied des remparts. La longue rue qui le traverse est ponctuée de places dont les noms – place aux Porcs, du Marché, aux Chevaux, aux Bœufs, aux Moutons – rappellent leur ancienne fonction au Moyen Âge. On verra également un bel ensemble de maisons médiévales.

La vallée de l'Ouche

Bligny-sur-Ouche De Bligny-sur-Ouche à Sainte-Marie-sur-Ouche (26km), la vallée de l'Ouche offre l'un des plus beaux paysages de Bourgogne : un ruisselet cascadant entre collines et prairies verdoyantes le long duquel serpente la route départementale (D33) ; un itinéraire très prisé des randonneurs à moto. Deux belles étapes en chemin : **la grotte du Bel Affreux** à Antheuil (15km au nord de Bligny) ; un ruisseau en descend vers le village en franchissant une série d'escaliers constitués des minéraux qu'il y a déposés. On peut en remonter le cours jusqu'à sa source (200m env.), la grotte du Bel Affreux (ainsi nommée en raison de l'alternance du paysage paisible que compose le ruisseau à la belle saison et des crues spectaculaires qui peuvent survenir en hiver). Un coin idéal pour le pique-nique. L'autre étape incontournable est le château de Barbirey et ses merveilleux jardins (cf. ci-après). *À 22km au sud-est de Pouilly*

AUX DEUX COUPS DE SIFFLET

Des passionnés de chemin de fer ont remis en service une partie de la ligne de chemin de fer de la vallée de l'Ouche. Inaugurée en 1830, elle fut fermée en 1968. À bord de voitures anciennes, tirées par une locomotive à vapeur ou diesel, on parcourt à petite vitesse les 7km qui relient la gare de Bligny à Pont-d'Ouche. **Chemin de fer de la vallée de l'Ouche** *Tél. 06 30 01 48 29 Départ juil.-août : lun.-sam. 15h30 ; mai, juin et sept. : dim. et j. fér. 14h45 et 16h30 Durée 1h30 env. Tarif 8€, réduit (3-10 ans) 2,50€*

Musée des Outils de bois et de la Vie paysanne Une jolie collection constituée d'outils, d'objets et de photos rend hommage à l'industrie du bois, jadis florissante dans la région : tous les métiers y sont évoqués – bûcheron, charpentier, tonnelier – au travers d'objets et de panneaux explicatifs. Visites guidées uniquement. *7, rue du Moulin-Papotte 21360* ***Bligny-sur-Ouche*** *Tél. 03 80 20 12 71 Ouvert juil.-août : tlj. 14h30-18h ; mai-juin et oct. : dim. et j. fér. Tarif 3€*

Paradisea À l'origine de cet étonnant musée à ciel ouvert, quatre amoureux des papillons qui, chaque année, se lancent dans une expédition lointaine pour partir à la recherche des plus beaux lépidoptères du monde. L'idée leur est venue de faire profiter le public de leurs trésors, et ils ont donc opéré un choix drastique parmi les milliers de papillons de leur collection, pour les présenter

Explorer la vallée de l'Ouche par les sentiers

La "Suisse bourguignonne" se prête admirablement à la randonnée pédestre : 7 sentiers de difficulté variable sont balisés à partir de Bligny. Topoguides en vente à l'OT. **Office de tourisme du canton de Bligny-sur-Ouche** *21, place de l'Hôtel-de-Ville 21360* ***Bligny-sur-Ouche*** *Tél. 03 80 20 16 51 www.ot-cantondeblignysurouche.fr Ouvert avr. et oct. : mar.-sam. 9h30-12h30 et 14h-18h, dim. (sauf oct.) 9h-13h ; mai-sept. : tlj. 9h-13h*

Dijon, portail sculpté d'une demeure ancienne (p.80).

L'ART AU JARDIN Tous les ans, les jardins de Barbirey deviennent une des scènes du festival Entre cour et jardins auquel sont conviés les plus décoiffants des artistes, musiciens, plasticiens contemporains : concerts, expositions, lectures, vidéos, installations, performances, etc. **Festival Entre cour et jardins** *Fin août-début sept. Programme à consulter sur le site www.ecej.fr*

de façon très poétique dans des vitrines joliment éclairées. On aura tout intérêt, moyennant un supplément de 2€/pers., à suivre une visite commentée. *14, route de Beaune 21360* ***Bligny-sur-Ouche*** *Tél. 03 80 20 13 13 ou 06 21 89 00 90 Ouvert mi-avr.-juin et sept. : lun. et mer.-dim. 13h30-19h ; juil.-août : tlj. 13h30-19h ; oct.-déc. : mer. et w.-e. 13h30-18h Tarif 4€, réduit (6-18ans) 2€*

☆ **Château et jardins de Barbirey-sur-Ouche** Visite impérative pour les amoureux des jardins : devant ce château des XVIIIe-XIXe siècles entouré de ses communs, se déploient 8ha de jardins. Lors des travaux de réhabilitation conduits depuis la fin des années 1990, on a voulu ici, non pas se contenter de restituer les jardins tels qu'ils pouvaient apparaître au XVIIIe siècle, mais faire véritablement acte de création en invitant paysagistes et artistes, qui leur ont donné leur singularité. Ici, point de coupure entre un jardin œuvre d'art et une nature tenue à distance par des clôtures, mais un dialogue permanent entre les espaces créés et les paysages alentour : le potager en terrasses semble un prolongement du village, tandis que le regard file librement des pièces d'eau et de la prairie vers les collines à l'horizon. Une expérience unique qui mérite le détour. Enfin, le jardin accueille des fêtes auxquelles participent les habitants du village : Fête du printemps le 1er mai ou Fête du potiron en octobre. *21410* ***Barbirey-sur-Ouche*** *(31km à l'est de Pouilly) Tél. 03 80 40 08 81 www.barbirey.com Ouvert mai et sept.-oct. : w.-e. et j. fér. 14h-19h ; juin-août : mar.-dim. 14h-19h Tarif 6€, moins de 12 ans 2€*

Arnay-le-Duc

Avec ses toits pentus et son réseau de ruelles médiévales, Arnay-le-Duc est l'une de ces petites villes bourguignonnes où il fait bon s'arrêter quelques heures, le temps d'une promenade et, pourquoi pas, d'une halte gastronomique. L'histoire du lieu, occupé dès l'époque romaine, débute au XIe siècle : un château, un seigneur, une population industrieuse et un suzerain, le duc de Bourgogne. En 1361, à l'extinction du dernier représentant de la dynastie locale, la ville est de fait rattachée au duché de Bourgogne. Le château féodal est confié aux habitants de la ville, à charge pour eux d'en assurer l'entretien. Ils n'en feront rien : laissée à l'abandon, l'ancienne bâtisse féodale tombe progressivement en ruine avant de servir de carrière. *21230* ***Arnay-le-Duc*** *(17km au sud-ouest de Pouilly)*

La vieille ville De l'office de tourisme, la rue César-Lavirotte mène jusqu'à la place Bonaventure-des-Périers qui marque le centre-ville et sur laquelle se trouve la mairie. Au débouché de la rue, sur la droite, la **maison Bourgogne** est un bel édifice Renaissance du XVIe siècle avec ses tourelles et ses décorations sculptées. Derrière l'hôtel de ville, se dresse l'**église Saint-Laurent**, ancienne chapelle du château remontant au XIIIe siècle. Reconstruite plus tard, la partie la plus ancienne, la nef, date du XVe siècle ; au siècle suivant furent ajoutées les chapelles latérales. Au chevet de l'église, on verra l'unique vestige du château féodal, la **Motte-Forte**, une puissante tour circulaire du XIVe siècle qui accueille désormais des expositions temporaires. En revenant sur vos pas vers la place Bonaventure-des-Périers, empruntez la rue Saint-Honoré (au n°24, belle maison à colombages du XVIe s.), puis bifurquez à droite par la pittoresque ruelle du Château qui vous mènera jusqu'au château des Princes de Condé, élevé au XVIe siècle, qui se signale par ses tourelles d'angle et ses fenêtres à croisillons (ne se visite pas). **Office de tourisme** *15, rue Saint-Jacques Tél. 03 80 90 07 55 www.arnay-le-duc.com Ouvert mi-juin-mi-sept. : tlj. 9h-12h30 et 14h-18h ; mi-sept.-mi-juin : mar.-sam. 9h-12h et 14h-17h* **Visites guidées de la ville** *Juil.-août : mer. départ 10h (durée 1h40) Tarif 3,50€, réduit (12-18 ans) 2€* **Tour de la Motte-Forte** *Ouvert juin et sept. : mar.-dim. 14h30-18h30 ; juil.-août : mer.-dim. 10h-12h et 14h30-18h30 Entrée libre*

EN SOUVENIR D'HENRI IV

Arnay connut son heure de gloire le 27 juin 1570 : sous les murs de la ville se déroula une bataille entre catholiques et protestants conduits par Coligny. Elle se solda par la victoire des Réformés ; parmi leurs chefs, le jeune Henri de Navarre, 16 ans, le futur Henri IV. Le passage du Vert galant à Arnay a valu à la ville la création de la confrérie gastronomique de la Poule au pot, qui tient toujours un chapitre annuel.

Maison régionale des Arts de la Table

Cette institution originale créée en 1981 présente chaque année une exposition temporaire autour d'un thème lié aux arts de la table. On a pu ainsi voir une exposition autour du "bleu" à travers les vaisselles du monde. Le musée ne disposant pas d'un fonds propre, la dynamique équipe du musée doit prospecter pour chaque nouvelle saison les collections publiques et privées, puis solliciter des prêts. *15, rue Saint-Jacques Tél. 03 80 90 11 59 www.musee-artsdelatable.com Ouvert avr.-11 nov. : tlj. 10h-12h et 14h-18h Tarif 5,50€, réduit (8-14 ans) 4,50€*

Bard-le-Régulier

Bien que les panneaux indiquent "Bard", les habitants en tiennent ici plutôt pour Bar. N'importe, ce petit village cerné par les collines possède une remarquable église : la chapelle d'un prieuré fondé vers 1110 et qui connut son apogée aux XIIe et XIIIe siècles. Au XVIIIe siècle, les bâtiments monastiques furent abandonnés et seule subsista la chapelle devenue église paroissiale. *21430* ***Bard-le-Régulier*** *(35km au sud-ouest de Pouilly)*

Église Derrière sa sobre façade romane ouvre la nef, qui en trois degrés s'élève vers le chœur. C'est ce dernier qui abrite le chef-d'œuvre du lieu : un ensemble de stalles du XIVe siècle où les sculpteurs ont laissé libre cours à leur imagination : aux extrémités on identifiera, juchés sur des colonnettes, un joueur de biniou, un paysan ou encore une chèvre. Les panneaux des stalles sont illustrés de scènes empruntées au Nouveau Testament, exécutées dans un style pittoresque d'une grande fraîcheur. Un livret en vente sur place détaille chacune de ces scènes. Ne manquez pas non plus l'autel en pierre (XIIIe s.), rare exemplaire conservé de ce type, et la statue de saint Jean l'Évangéliste, réalisée au XVe siècle par le maître dijonnais Guillaume Chandelier. *Ouvert été : tlj. 9h-18h30 Entrée libre*

CARNET D'ADRESSES

Restauration, hébergement

petits prix

Auberge du Marronnier Une halte des plus sympathiques après la visite de Châteauneuf-en-Auxois : une jolie terrasse aux beaux jours et une salle chaleureuse. Cuisine bourguignonne traditionnelle avec un plat du jour à 10,50€ et un menu à 16,50€. En dehors des heures de repas, on prend un verre en terrasse. *Place du Marché 21320* ***Châteauneuf-en-Auxois*** *(10km au sud-est de Pouilly) Tél. 03 80 49 21 91 Ouvert avr.-11 nov. : tlj. ; mi-nov.-mars : sam.-dim.*

Restaurant L'Eire du Temps L'unique commerce du petit village de Barbirey, fermé depuis les années 1960, a repris vie grâce à une Irlandaise dynamique, qui a troqué le vert du Connemara pour celui des collines de Bourgogne. Elle a adopté pour l'occasion les recettes de la région qui voisinent avec des spécialités irlandaises (délicieux *Irish stew*). Comptez 15-20€. Très agréable terrasse à la belle saison. *1, place de la Mairie 21410* ***Barbirey-sur-Ouche*** *(31km à l'est de Pouilly) Tél. 03 80 49 24 35 Ouvert mai-sept. : mar.-dim ; oct.-avr. : mar.-mer. midi, jeu.-sam. et dim. soir*

Hôtel-restaurant du Commerce Petit hôtel familial avec 16 chambres simplissimes mais agréables. On peut également prendre ses repas dans la grande salle de restaurant, rendez-vous des villageois qui viennent y passer une joyeuse soirée. Carte traditionnelle ; comptez 15 à 20€ pour un repas complet. Double à partir de 48€, petit déj. 6,50€. *Place de la Libération 21230* ***Pouilly-en-Auxois*** *Tél. 03 80 90 88 23 Restaurant Ouvert lun.-mar. et jeu.-dim.*

prix moyens

Hôtel-restaurant de la Poste Pensez à réserver les week-ends d'été : l'endroit est très prisé des estivants qui font halte ici sur la route des vacances. Des habitués, souvent, qui retrouvent avec plaisir

☺ Séjour insolite à bord d'une péniche

Au cœur de la Bourgogne fluviale, un hébergement ad hoc : une péniche des années 1930, entièrement réhabilitée et réaménagée en chambre d'hôtes. *Lady A* dispose de 3 chambres confortables avec salle de bains privée, un agréable salon collectif et un pont terrasse, idéal pour prendre un verre le soir au pied du château de Châteauneuf splendidement illuminé. Double avec petit déj. 80€ (70€ à partir de la 2e nuit). Il est également possible d'affréter l'ensemble de la péniche (6 pers.) pour une croisière de plusieurs jours sur le canal de Bourgogne. Table d'hôtes sur réservation 25€. On peut aussi y louer des vélos (15€/j.). ***Lady A*** *21320* ***Vandenesse-en-Auxois*** *(8km au sud de Pouilly) Tél. 03 80 49 26 96 www.peniche-lady-a.com Pas de CB*

la chambre confortable qu'ils ont occupée l'année précédente. L'établissement est fier de son restaurant qui joue la carte gastronomique avec un goût prononcé pour les présentations séduisantes. C'est assez réussi, mais un peu cher néanmoins si l'on s'écarte du menu. Menu 19€, formules entre 33 et 45€. Six chambres à partir de 49€, petit déj. 7,50€. *Place de la Libération 21320* ***Pouilly-en-Auxois*** *Tél. 03 80 90 86 44 www.hoteldelapostepouilly.fr Restaurant Fermé dim. soir et lun. Fermeture annuelle 2 sem. en nov.*

☺ **Chambres d'hôtes-gîte L'Écluse** En bordure du canal de Bourgogne, cet ensemble de bâtiments traditionnels abrite 4 chambres et un gîte, de tout confort. Un lieu de séjour au calme. Table d'hôtes sur réservation (23€) et si l'on a une petite soif, un caveau de dégustation (ouvert 8h15-19h15) où l'on trouvera quelques bons crus des producteurs de la région. Double à partir de 54€, petit déj. inclus. *21320* ***Vandenesse-en-Auxois*** *(8km au sud de Pouilly) Tél. 03 80 49 27 12 www.gite-ecluse.com*

☺ **Chambres d'hôtes Closerie de Lavigne** Pour un séjour de charme à Arnay. Dans cette vénérable bâtisse du XVIIe siècle, Francine de Lavigne, céramiste, propose 3 chambres dont 2 suites (pour 4 ou 5 pers.). L'ensemble décoré avec un goût très sûr offre de plus un excellent confort. À disposition, le salon où l'on piochera dans l'abondante discothèque de la maison. Double de 55 à 75€, petit déj. inclus. *14, rue César-Lavirotte 21230* ***Arnay-le-Duc*** *(17km au sud-ouest de Pouilly) Tél. 03 80 64 52 88 www.closeriedelavigne.com Ouvert mai-fin nov. Pas de CB*

prix élevés

☺ **Hôtel-restaurant Chez Camille** LA référence gastronomique d'Arnay. Une maison familiale on ne peut plus traditionnelle, certains diraient vieillotte, mais sympathique en diable et qui donne envie de se nouer la serviette autour du cou. Plats préparés dans les règles de l'art et sans esbroufe moderniste. Et comme la carte donne envie de tout goûter, Armand Poinsot, le maître des lieux, propose des dégustations : 3 entrées à 22€, 3 plats à 28€. Belle carte des vins. Côté hôtellerie, le confort est au rendez-vous dans le bâtiment principal (double à 79€, petit déj. 9€), l'annexe proposant des chambres plus simples pour un coût moindre (42€, petit déj. 5€). Une excellente initiative à destination des familles : la gratuité complète (repas et hôtel) pour les enfants jusqu'à 11 ans. Et ils auront droit à un vrai repas choisi dans la carte. *4, place Édouard-Herriot 21230* ***Arnay-le-Duc*** *(17km au sud-ouest de Pouilly) Tél. 03 80 90 01 38 www.chez-camille.fr Ouvert tlj. (fermé 24 déc. soir)*

☺ **Restaurant Le Médiéval** Un rendez-vous gastronomique couru des habitants de la région. La carte

GAMME DE PRIX	RESTAURATION	HÉBERGEMENT
Très petits prix	moins de 12€	moins de 30€
Petits prix	de 12 à 18€	de 30 à 50€
Prix moyens	de 18 à 25€	de 50 à 75€
Prix élevés	de 25 à 45€	de 75 à 115€
Prix très élevés	plus de 45€	plus de 115€

du Médiéval honore avec une maîtrise parfaite tous les classiques de la cuisine bourguignonne – œufs en meurette 12,50€, escargots 19€ la douzaine, charolais à l'époisses 19€ – et s'aventure au-delà du canal de Bourgogne, proposant par exemple une terrine de homard en gelée de brocolis ou un filet de poulet à la tapenade. Belle salle intérieure, et très agréable terrasse en plein cœur du village (pensez à réserver). *Place de la Halle 21320* ***Mont-Saint-Jean*** *(18km à l'ouest de Pouilly) Tél. 03 80 84 34 68 www.restaurant-lemedieval.com Ouvert mi-mars-oct. : mar.-dim. ; nov.-mi-mars : mar. soir-ven. soir uniquement sur réservation*

Chambres d'hôtes-gîte Le Manoir des Roches Un repaire d'amoureux. L'histoire de la demeure l'exige : elle fut construite, dit-on, par un magistrat qui, entre ses allers-retours Paris-Dijon, faisait halte ici pour y retrouver l'élue de son cœur. Un bien bel endroit avec 5 chambres luxueusement aménagées, des parties communes douillettes, et un vaste jardin ouvrant sur les collines alentour. Un lieu idéal pour se ressourcer le temps d'un week-end. L'occasion aussi de se promener dans ce joli village médiéval juché sur une hauteur. Table d'hôtes les jeudi et samedi (32€, apéritif compris) et dîner à la carte les lundi et vendredi. La maison dispose également d'un gîte composé d'un salon et de 2 chambres, chacune pourvues de sanitaires privés (950€/sem.). Double à partir de 125€, petit déj. inclus. *21320* ***Mont-Saint-Jean*** *(18km à l'ouest de Pouilly) Tél. 03 80 84 32 71 www.lesroches-burgundy.com*

SEMUR-EN-AUXOIS

21140

Le site est spectaculaire : une ville perchée sur un plateau, enserrée dans une boucle de l'Armançon, avec ses remparts vertigineux ponctués de puissantes tours médiévales. Occupé dès l'Antiquité – on dit que les survivants d'Alésia y trouvèrent refuge –, Semur devint une des principales places fortes de Bourgogne, possession des ducs dès le XIe siècle. Une fois grimpé sur le plateau, on découvre une charmante cité médiévale, avec ses maisons à pans de bois, ses anciennes portes... sans oublier l'attrayante rue Buffon animée de terrasses de café. En outre, son offre hôtelière en fait une base idéale pour sillonner la campagne environnante.

MODE D'EMPLOI

accès

EN VOITURE
À 72km à l'ouest de Dijon (ou à 80km par l'A6, sortie n°23).

EN TRAIN ET EN CAR
Transco Liaisons avec Dijon, Avallon et Montbard (gare TGV). Borne SNCF et vente de billets de car à l'OT. *Tél. 0800 10 2004 www.mobigo-bourgogne.com*

informations touristiques

Syndicat d'initiative *2, place Gaveau 21140* ***Semur-en-Auxois*** *Tél. 03 80 97 05 96 www.ville-semur-en-auxois.fr Ouvert jan.-avr. et oct.-déc. : mar.-sam. 9h-12h et 14h-18h (sam. 17h) ; mai-juin et sept. : lun.-sam. 9h-12h et 14h-18h, dim. 10h-12h30 et 15h-18h ; juil.-août : lun.-sam. 9h-12h30 et 13h30-18h, dim. 10h-13h30*

fêtes et manifestations

Fêtes médiévales du Roi chaussé Les fêtes médiévales célébrant le retour des beaux jours ont été remises à l'honneur. Défilés costumés, bateleurs, marché médiéval. La fête s'adresse aussi au jeune public : chasse au trésor et le concours des douze épreuves du Roi chaussé. *Rens. www.collectifmedieval.over-blog.com 3e w.-e. de mai*

Fête de la Bague Spectaculaires courses de chevaux en plusieurs épreuves (montés, attelés) : les concurrents prennent le départ à 2km du centre-ville avant de s'élancer sur la longue ligne droite du mail. Cette manifestation, qui s'accompagne d'une fête foraine, attire chaque année plusieurs milliers de spectateurs. *Fin mai*

Fête patronale Bal et feu d'artifice tiré au pied des remparts. *15 août*

Les Saisons classiques Tout au long de l'année, Semur accueille une riche programmation de musique classique avec des instrumentistes de premier plan. Les concerts sont donnés dans le charmant théâtre des Remparts. *Rens. www.saisons-classiques.com*

CÔTE-D'OR

DÉCOUVRIR

☆ **Les essentiels** La collégiale Notre-Dame, les vues sur la ville des rives de l'Armançon **Découvrir autrement** Promenez-vous sur les traces de Madame de Sévigné du château de Bourbilly à Époisses, séjournez dans la demeure historique de la Porte Guillier ➤ **Carnet d'adresses p.152**

Semur-en-Auxois

☆ **Collégiale Notre-Dame** Objet d'une grande admiration de la part de Viollet-le-Duc qui en conduisit la restauration, la collégiale Notre-Dame est l'un des fleurons de l'architecture gothique en Bourgogne. Un premier élan de travaux au XIIIe siècle engagea l'édification du chœur, du transept, des premières travées de la nef ainsi que du bas-côté sud. Le XIVe siècle acheva la construction de la nef et dressa l'élégant clocher octogonal, et le XVIIe se chargea des chapelles latérales. Encore fallait-il offrir à l'église une esplanade digne d'elle : ce fut chose faite au XVIIe siècle ; on rasa les maisons trop proches de la façade pour dégager la belle place que l'on voit aujourd'hui avec son ensemble de demeures qui pour la plupart datent de cette époque. Outre la majesté de ses dimensions, l'intérieur offre une passionnante plongée dans le monde médiéval.

Intérieur Plusieurs chapelles latérales furent construites par des corporations qui ont tenu à rappeler leurs métiers dans la décoration. Ainsi, dans le bas-côté nord (à gauche), la chapelle Saint-Blaise (la première en partant du chœur) était celle des drapiers. Elle conserve un ensemble de vitraux (seuls les quatre panneaux inférieurs sont d'origine, XVe s.) illustrant les activités des membres de la corporation. La partie haute, qui été remaniée au XIXe siècle à partir d'éléments existants, fait apparaître un foulon curieusement "rhabillé" (sur le vitrail original l'ouvrier était nu). Dans la chapelle suivante, on observera deux vitraux du XVIe siècle montrant deux bouchers à l'œuvre. Sur le même côté, vous remarquerez une admirable Mise au tombeau du XVe siècle, réalisée dans le style d'Antoine Le Moiturier (v. 1425-v. 1497), sculpteur officiel de la maison de Bourgogne. Plus loin, un retable sculpté du XVIe siècle relate des épisodes de la vie du Christ. À la base du triforium, qui court des transepts au chœur, une trentaine de bustes sculptés, jadis polychromes, forment une véritable galerie de portraits de personnages du XIIIe siècle. Le chœur a gardé une partie de ses vitraux du XIIIe siècle, qui éclairent l'espace d'une belle lumière rouge et bleue. Sur le bas-côté sud, une porte conduit à l'ancien cloître, dont il demeure aujourd'hui une galerie du XIIIe siècle, les autres parties ayant été intégrées à l'hôtel de ville voisin. *Place Notre-Dame Ouvert tlj. 9h-19h*

Musée municipal Il est caractéristique de ces musées de province aux richesses parfois insoupçonnées et au cachet un brin nostalgique avec ses vitrines de bois et ses parquets anciens. Un musée dans le musée. Riche d'une collection de plus de 10 000 fossiles, la section géologique met en avant ceux du Sinémurien, une période du Jurassique (env. 200 millions d'années) qui tire son nom de la région de Semur. De la section archéologique où l'on verra quelques ex-voto issus du sanctuaire des Sources de la Seine, on passe à la salle qui évoque la période médiévale à travers quelques sculptures et éléments architecturaux provenant de la collégiale. La section la plus riche, celle des beaux-arts, a été constituée à partir d'un fonds réuni au XIXe siècle par le peintre Étienne Bouhot (1780-1862), auquel s'est ajouté le legs d'une soixantaine d'œuvres issues de l'atelier du sculpteur Auguste Dumont (1801-1884) – l'auteur du Génie ailé qui surmonte la colonne de Juillet de la place de la Bastille à Paris). Le musée possède également quatre tableaux de Corot. *Rue Jean-Jacques-Collenot Tél. 03 80 97 24 25 Ouvert mai-sept. : lun. et jeu.-ven. 10h-12h et 14h-18h, sam.-dim. 14h-18h (fermé j. fér.) ; oct.-avr. : lun. et mer.-ven. 14h-18h Entrée libre*

Tours du château Quatre puissantes tours gardaient jadis l'entrée du château établi au point le plus haut de la ville. Elles se dressaient à l'endroit le plus étroit du plateau, moins de 50m, et donc le plus facile à défendre. Reliées entre elles par une courtine, elles dessinaient une forteresse inexpugnable dont la construction remonte probablement au XIIIe siècle. La plus haute,

☆ Balade photogénique sur les rives de l'Armançon

Semur-en-Auxois se découvre aussi depuis les rives de l'Armançon, en contrebas des murailles. De la place François-Mitterrand, prenez la rue de l'Abreuvoir, puis à droite la rue Chaude qui conduit vers la rivière. Bordée de modestes maisons basses, c'était jadis un quartier artisanal où exerçaient notamment les tanneurs. Peu après, on aboutit au **pont Pinard** dominé par la masse des tours du château. Sans doute la vue la plus photogénique de Semur. Du pont, la rue du Fourneau remonte en escalier vers la ville haute.

PROMENADE DU REMPART
À la pointe du plateau, là où s'élevait le château, s'est développé au XVIIIe siècle un quartier aristocratique de beaux hôtels particuliers néoclassiques. Une promenade ombragée y a été aménagée en surplomb de la boucle de l'Armançon qui coule en contrebas. *De la tour de l'Orle d'Or, continuer tout droit par la rue du Rempart*

la **tour de l'Orle d'Or**, est balafrée par une inquiétante fissure, qui serait due à l'explosion d'une charge durant les guerres de la Ligue à la fin du XVIe siècle. En face, la **tour de la Prison** est masquée par une école. Au-delà de la tour de l'Orle d'Or, la **tour de la Géhenne** servait de prison, tandis que du côté opposé, le charmant théâtre des Remparts, une salle à l'italienne construite au début du XXe siècle, s'appuie sur la **tour Margot**.

Tour de l'Orle d'Or Ses trois niveaux présentent une exposition consacrée aux réalisations d'une société savante qui a participé notamment aux fouilles du site d'Alésia. L'intérêt de cette visite conduite par un guide tient surtout à la découverte de ce magistral ouvrage militaire dont les ouvertures offrent des vues splendides sur l'Armançon en contrebas. *Rue du Rempart Ouvert 26 juin-31 août : mar.-dim. 14h-18h20 (départ de la dernière visite) Tarif 3€, moins de 18 ans gratuit*

CÔTE-D'OR

Où s'offrir une douceur ? Voilà plus d'un siècle que la pâtisserie Bruno Cœur, petite boutique sans prétention, propose les Semurettes, de délicieuses petites truffes au chocolat. Le Montauxois, gâteau aux amandes, et le pain d'épice valent aussi le détour. **Pâtisserie Bruno Cœur** *14, rue Buffon Tél. 03 80 97 09 40 Fermé lun.*

Où chiner ? Un lieu original qui retiendra l'attention des chineurs invétérés et des esprits les plus curieux. Siège d'une maison d'édition du même nom, la galerie Spiralinthe expose et vend une jolie sélection de livres anciens, de bibelots, d'objets du monde... qui se mêlent à des créations artisanales et des expositions de photos, de sculptures, etc. **Galerie Spiralinthe** *26, place Notre-Dame Tél. 03 80 97 30 22 Fermé dim. et lun. et fév.*

Où boire un verre, manger sur le pouce ? Rendez-vous au Carpe Diem : idéal pour prendre un verre en salle ou sur la terrasse. Les vendredi et samedi soir des formations de tous styles viennent s'y produire. Petite restauration avec des plats autour de 8€. **Carpe Diem** *4, rue du Vieux-Marché Tél. 03 80 97 00 35 Ouvert mar.-sam. 12h-22h (plus tard les soirs de concerts) et dim. matin*

Les environs de Semur-en-Auxois

Château de Bourbilly "Tout à coup, au-dessus du lit mouvant des brumes, je vis transpercer et surgir, comme une coque de navire en perdition, une tour noire au faîte de laquelle une volée de corneilles s'ébattait en jetant des cris ; deux autres tourelles sortirent peu à peu de l'ombre, puis le toit rouge d'un haut et large donjon carré. - Où sommes-nous ? - À Bourbilly, château de

Madame de Sévigné." De la route à travers bois au bout de laquelle apparaît le château de Bourbilly niché dans son vallon, l'approche est aujourd'hui tout aussi séduisante que du temps de Lamartine. C'est ici, dans la propriété de son père, que Madame de Sévigné connut les premiers bonheurs de l'enfance. Toute sa vie, elle eut à cœur d'entretenir le château familial. Les pièces ouvertes à la visite ont été redécorées au XIXe siècle dans le goût romantique. Le parc à l'anglaise a été dessiné sous le Second Empire par Jean-Charles Alphand, le créateur à Paris du parc Monceau et de celui des Buttes-Chaumont. *21140* ***Vic-de-Chassenay*** *(11km de Semur-en-Auxois) Tél. 03 80 97 05 02* **Château** *Visite guidée juil.-mi-sept. : lun. et mer.-dim. : 10h-12h et 15h-18h Tarif 5€, moins de 16 ans 3€* **Parc** *Ouvert toute l'année : tlj. 10h-18h Tarif 2€*

☺ **Château d'Époisses** Pour les gastronomes, Époisses, c'est tout d'abord un fromage. C'est aussi un château, un des plus romantiques et des plus chargés d'histoire de Bourgogne. Pour retracer ses origines, la tradition convoque la reine Brunehaut, maîtresse de la Bourgogne au VIe siècle. De fait, le château d'Époisses fut dans les premiers siècles de son histoire un fief confié à des lignées de seigneurs fidèles aux ducs de Bourgogne. Au fil du temps, la puissante forteresse militaire défendue de sept tours reliées par de hautes murailles s'adoucit peu à peu en demeure d'agrément, où résida le Grand Condé, et où la marquise de Sévigné, venue en voisine de son château de Bourbilly, fit de fréquents séjours. Mais la forteresse devait sembler encore trop menaçante pour les révolutionnaires de 1789, qui ordonnèrent la destruction de trois de ses tours et de sa partie sud. C'est ainsi que l'on découvre aujourd'hui une moitié de château entouré d'un parc splendide et renommé pour sa roseraie. La visite guidée vous conduira à travers une

CÔTE-D'OR

Époisses, le roi des fromages

Pour Brillat-Savarin, l'époisses était le roi des fromages. Une recette, en tout cas, que la tradition fait remonter au XVIe siècle et aux moines cisterciens : un fromage à pâte molle, à la croûte qui oscille entre l'ivoire et l'orangé, à la texture crémeuse et au parfum... persistant. Depuis plus de quatre siècles, les procédés de fabrication sont restés inchangés : au cours de l'affinage sur des claies (de 5 à 8 semaines), le fromage est lavé manuellement 2 à 3 fois par semaine avec une eau de plus en plus enrichie de marc de Bourgogne. La fabrication faillit disparaître au lendemain de la Seconde Guerre mondiale sans l'opiniâtreté d'un couple de laitiers, les Berthaut, qui en relancèrent la production. Les meilleures saisons pour déguster ce fromage, qui a obtenu son AOC en 1991, sont le début de l'été (juin-juil.) et la fin de l'automne (nov.-déc.). À accompagner d'un Bourgogne blanc si le fromage n'est pas trop affiné, ou, s'il est à cœur, d'un rouge de Beaune jeune. **Fromagerie Berthaut** *Place du Champ-de-Foire 21460* ***Époisses*** *Tél. 03 80 09 44 44 Ouvert lun.-sam. 9h-12h15 et 14h-18h ; juil.-août : dim. 10h-12h*

partie des appartements, le vestibule orné d'une galerie de portraits réalisés au XVIIe siècle, le salon de musique du XIXe, la salle à manger où trône en bonne place le portrait d'une de ses plus célèbres invitées, la marquise de Sévigné, ou encore le grand salon, resté dans son état du XVIIe siècle et où fut reçue la reine d'Angleterre Élisabeth II. *21460* ***Époisses*** *(13km à l'ouest de Semur-en-Auxois)* **Château** *Visite guidée juil.-août : lun. et mer.-dim. 10h-12h et 15h-18h Tarif 7€, réduit (12-18 ans) 3,50€* **Parc** *Ouvert toute l'année : 9h-19h Tarif 2€, moins de 18 ans gratuit*

CARNET D'ADRESSES

Restauration, hébergement

petits prix

☺ **Café des Arts** L'endroit où il faut faire halte impérativement ! Géré par Seka, qui a quitté son Sénégal natal pour les collines bourguignonnes, le Café des Arts s'est vite affirmé comme un des lieux les plus animés de la ville : au comptoir on y croise les retraités du voisinage venus prendre un café, à l'heure des repas on s'attable devant des spécialités africaines, excellent yassa de poulet (12€) arrosé comme il se doit d'une bière Gazelle made in Sénégal, le tout dans une ambiance conviviale. À ne pas manquer. *4, place Gaveau 21140* ***Semur-en-Auxois*** *Tél. 03 80 89 45 18 Ouvert mar.-dim. : 12h-0h (ou plus) Fermé fév.*

Restaurant La Goulue L'été, on s'installe à la terrasse dressée sur la rue piétonne, l'hiver on s'attable au coin du feu dans un décor qui emprunte au néorustique et à la brasserie parisienne. Carte sans surprise de spécialités bourguignonnes et un bon choix de salades pour qui souhaite manger plus léger. Un intéressant menu à 18€ avec jambon persillé et bœuf bourguignon, le tout préparé maison. Belle carte. *15, rue Buffon 21140* ***Semur-en-Auxois*** *Tél. 03 80 97 28 97 Ouvert lun.-mar. et jeu.-dim. service jusqu'à 21h*

prix moyens

Restaurant Les Minimes Au pied des remparts, c'est le rendez-vous incontournable des amateurs d'une cuisine simple et goûteuse dans une sympathique ambiance bistrot. En vedette, une impeccable tête de veau à 15,50€. Belle carte de vins de propriétaires. *39, rue des Vaux 21140* ***Semur-en-Auxois*** *Tél. 03 80 97 26 86 Ouvert mar.-sam. Fermé jan.*

Restaurant Au Douze On s'éloigne ici de la cuisine traditionnelle et c'est plutôt réussi. Le cadre tout d'abord : une salle à manger zen avec ses lignes à l'épure et son économie de décoration. La carte propose par exemple poissons en papillotes frais et parfumés ou travers de porc. Plats entre 17 et 22€. Service professionnel et de bon conseil. Les plats étant préparés à la commande, on sert ici dans des créneaux horaires assez stricts : 12h-13h45 et 19h15-21h30. *12, place Notre-Dame 21140* ***Semur-en-Auxois*** *Tél. 03 80 96 33 67 Ouvert mar.-dim. midi Rés. recommandée*

Hôtel Les Cymaises Un jardin au cœur de la ville médiévale : c'est ce que propose ce bel hôtel particulier du XVIIIe siècle. Dix-huit chambres de bon confort, accueil courtois et calme assuré. Double à partir de 63€, petit déj. 8€. Parking privé. *7, rue du Renaudot 21140* **Semur-en-Auxois** *Tél. 03 80 97 21 44 www.hotelcymaises.com Fermé fév. et nov.*

prix élevés

Chambres d'hôtes de la Porte Guillier Dormir dans une des portes de la ville médiévale, c'est possible grâce à Véronique et Jean-Guy qui ont aménagé une maison d'hôtes dans ces murs historiques. Trois chambres de dimensions confortables avec meubles anciens, tentures et lits à baldaquin, cheminée. Petit jardin au pied de la tour pour écrire ses cartes postales. Amoureux de leur ville et de leur région, vos hôtes se rendront toujours disponibles pour vous prodiguer conseils et suggestions de visites et d'excursions, car pour eux, l'accueil c'est aussi à chaque fois l'occasion d'une rencontre. Double à partir de 100€, petit déj. inclus. *5 bis, rue de l'Ancienne-Comédie 21140* **Semur-en-Auxois** *Tél. 03 80 97 31 19 www.laporteguillier.com*

FLAVIGNY-SUR-OZERAIN

21150

La petite cité, dressée sur sa colline cernée par l'Ozerain et la Brenne, n'a pas usurpé son appartenance au club des "plus beaux villages de France" : portes médiévales et ruelles bordées d'édifices du Moyen Âge et Renaissance font le bonheur des flâneurs. Après avoir connu, dès le début du XXe siècle, un inexorable déclin démographique, Flavigny a été réinvesti depuis quelques années par des amoureux de vieilles pierres : les vénérables demeures tourmentées par les siècles ont retrouvé leur superbe, pour beaucoup transformées en résidences secondaires où se côtoient Anglais, Allemands, Américains, tandis que d'autres accueillent des ateliers d'artistes et d'artisans. Après des décennies de sommeil, Flavigny a renoué avec l'activité, grâce aux nouveaux arrivants et aux visiteurs toujours plus nombreux.

UNE CITÉ RELIGIEUSE Sur cette colline, on a vu César préparant le siège d'Alésia. Après la victoire romaine, elle est confiée à un vétéran, Flavinius, qui en fait le centre d'un riche domaine agricole. C'est au VIIIe siècle qu'un seigneur burgonde, Wideradus, y fonde une abbaye qui va connaître un essor exceptionnel à l'époque carolingienne. Maîtres d'un vaste domaine, les abbés sont des seigneurs dont les possessions s'étendent jusqu'au plateau de Langres. Au milieu du IXe siècle, Flavigny devient également un lieu de pèlerinage. On vient y vénérer les reliques de sainte Reine transférées alors dans la crypte de l'abbatiale. Une cité se développe avec ses artisans et ses notables pour lesquels sont construites de riches demeures. Entreprise dès le XIe siècle, la fortification de la cité se poursuit dans les siècles suivants avec l'élévation des portes monumentales qui veillent encore aux entrées de la ville : la porte du Val (XIIIe s.), la Poterne et la porte du Bourg (XVe s.). Au XIIIe siècle, une nouvelle église est construite, Saint-Genès, bel exemple d'architecture gothique. Après l'implantation de nouvelles communautés monastiques au XVIIe siècle, Flavigny restera fidèle à sa tradition religieuse jusqu'au XIXe siècle. Le père Lacordaire signe ici la renaissance de l'ordre dominicain – dissous depuis 1790 –, avec la fondation d'une première communauté en 1848. Mais déjà, les splendides édifices de la ville commencent de tomber en ruine : vendus comme biens nationaux à la Révolution, ils ont été transformés en exploitations agricoles quand ils n'ont pas servi de carrière.

MODE D'EMPLOI

accès, stationnement

EN VOITURE
À 65km à l'ouest de Dijon via Vitteaux (A38, D905) ou Seine-l'Abbaye (D971) et à 16km de Semur-en-Auxois.
Stationnement L'accès au centre-ville est interdit aux voitures excepté riverains et clients des hôtels. Parc de stationnement gratuit en contrebas de l'entrée principale de la ville.

informations touristiques

Maison au Donataire *Rue de l'Église 21150* ***Flavigny-sur-Ozerain*** *Tél. 03 80 96 25 34 Ouvert lun. et mer.-dim. 10h-12h30 et 13h30-18h30*

DÉCOUVRIR

☆ **Les essentiels** L'église Saint-Genès **Découvrir autrement** Faites une halte à la boutique des anis de Flavigny ; en famille, passez un après-midi au parc animalier de l'Auxois ➤ **Carnet d'adresses p.158**

Flavigny-sur-Ozerain

La vieille ville La **porte du Bourg** ouvre magistralement l'accès au centre historique. Dans son prolongement, la Grande-Rue conduit à l'église Saint-Genès. En chemin, on croise à droite le monastère bénédictin, dont les bâtiments se groupent autour d'un ancien hôtel particulier du début du XVIIIe siècle. Plus loin, la Grande-Rue laisse à droite la rue de l'Ancienne-Cure conduisant à la Poterne construite au XIVe siècle. En poursuivant toujours tout droit, on atteint le chevet de l'église Saint-Genès. Avant d'y entrer, on pourra s'avancer dans la courette au nord du chevet, bordée d'édifices qui appartenaient au couvent des Ursulines fondé au XVIIe siècle.

☆ **Église Saint-Genès** Construite au XIIIe siècle au-dessus d'un lieu de culte plus ancien, l'église a été remaniée et agrandie au XVe. À l'intérieur, les chapelles latérales ont été aménagées au XVIe siècle. On remarque la présence d'une tribune, un dispositif rare à cette époque mais rendu nécessaire par l'affluence des fidèles à certaines grandes fêtes du calendrier liturgique. L'édifice recèle des œuvres d'art de première importance, parmi lesquelles, dans la première chapelle latérale du bas-côté droit, une **Vierge en bois** du XVe siècle, issue de l'atelier de Claus Sluter, maître sculpteur originaire des Flandres (v. 1360-1406) à la cour de Philippe le Hardi (cf. Dijon, Les tombeaux des ducs de Bourgogne). La troisième chapelle du même côté abrite le chef-d'œuvre de l'église et l'emblème de Flavigny : le magistral **Ange de l'Annonciation** (XVe s.), une des plus belles réalisations de la sculpture gothique champenoise. Dans le chœur, les **stalles** réalisées au XVe siècle dans le goût flamand présentent un ensemble de reliefs et de sculptures particulièrement séduisant. Face au portail, la rue de l'Église aligne quelques belles maisons médiévales du XIIIe siècle. À une fenêtre apparaît une statue de la Vierge du XIVe siècle. Jetez un coup d'œil, au côté droit, à la **maison du Donataire**, édifice Renaissance construit pour un marchand de la ville. Elle héberge aujourd'hui le siège de la Société des Amis de Flavigny. En prenant à gauche au bout de la rue, on rejoint les vestiges de l'ancienne abbaye. *Ouvert juin-début oct. : lun. 10h30-12h et 14h-18h ; mer. 14h-18h ; jeu.-dim. 10h30-12h et 14h-18h (19h le dim.) Entrée libre*

Église abbatiale Saint-Pierre La Révolution a signé la perte de l'abbaye millénaire de Flavigny, vendue comme bien national. Ses bâtiments ont été méthodiquement démantelés, à l'exception d'un reste de portail roman du XIIe siècle et d'un pan de mur du chœur du XIe. Il a fallu attendre les années 1950 pour dégager les vestiges les plus anciens de l'édifice, sa crypte, dont l'origine remonte au IXe siècle. Dans une première partie, on découvre une abside précédée de quatre colonnes carolingiennes : c'est là qu'étaient déposées les reliques de sainte Reine. Dans son prolongement fut ajoutée entre 860 et 880 une seconde abside circulaire, transformée par la suite (probablement au XIe s.) en abside hexagonale. On retrouve ici la disposition des cryptes

Le bonbon à l'anis des moines

Tout le monde a eu un jour au fond de la poche la petite boîte ovale qu'on achetait jadis dans les distributeurs de friandises des quais du métro parisien, et dans laquelle s'entrechoquaient les boules à l'anis de Flavigny. C'est aux moines que l'on en doit la recette : une graine d'anis enrobée de sucre, nature ou parfumée. Après la Révolution, on comptait huit artisans qui avaient pris la succession des moines. Ces fabriques furent rachetées une à une par Jacques Edmond Galimard. C'est son successeur, Jean Troubat, qui eut l'idée de proposer ces sucreries dans les distributeurs automatiques, assurant la célébrité au petit bonbon des moines.

La production est toujours gérée aujourd'hui par ses héritiers. Dans la boutique, on découvrira tous les parfums des anis de Flavigny, nature, violette, menthe, rose... avec désormais une gamme bio. **Anis de l'Abbaye de Flavigny** *Tél. 03 80 96 20 88 www.anisdeflavigny.com* ***Visite des ateliers*** *lun.-ven. 9h-11h Fermé j. fér., vac. de Noël et les 3 premières semaines d'août* ***Boutique*** *Ouvert fév.-mars : tlj. 9h30-12h et 14h-18h30 ; avril-11 nov. : lun.-ven. 9h-12h30 et 13h30-19h, sam.-dim. 10h-12h30 et 13h30-19h*

de l'église Saint-Germain d'Auxerre : la confession où étaient déposées les reliques et où le commun des pèlerins ne pénétrait pas, prolongée d'un sanctuaire où étaient célébrés les offices. *Ouvert mars-mi-nov. : 9h-18h ; mi-nov.-fév. : 9h-17h15, sam.-dim 10h-18h Entrée libre*

Les environs de Flavigny-sur-Ozerain

Vitteaux De la brioche, des chevaux et des éclairages fantomatiques signés Boltanski : trois raisons de venir à Vitteaux. Les chevaux, on les verra évoluer sur l'hippodrome flambant neuf en lisière de la ville, lors des deux réunions qui se tiennent annuellement sur l'unique champ de course de Côte-d'Or (juillet et août). C'est à la veille de la seconde réunion que se déroule la Fête de la brioche vittellienne, qu'on ne peut déguster qu'à ce moment de l'année. Pour l'occasion est allumé le four géant de la place du Docteur-Quignard. Lors de son inauguration en 1991, on y avait cuit une brioche de 141kg : un record du monde. La ville est dominée par une butte où, depuis le XIIe siècle, se dresse un château, propriété des ducs de Bourgogne. Sous sa protection s'est développée une petite cité dont subsistent quelques beaux témoignages, groupés autour de l'office de tourisme (installé lui-même dans une maison à pans de bois du XIVe siècle) : des halles des XIIIe-XIVe siècles (remaniées au XVIIIe s.), ou encore la maison Bélime (XIIIe s.) qui borde la place face à l'OT. Sur cette même place, on remarquera une tour octogonale, dont l'escalier est le seul vestige d'un ensemble de maisons médiévales. Ensuite, il faudra se hisser jusqu'à l'église Saint-Germain, édifiée sur un plateau qui domine la ville. Cette belle réalisation gothique du XIIIe siècle, coiffée d'un clocher trapu à l'allure encore romane, renferme un splendide buffet d'orgue en bois ouvragé du XVe siècle, un retable de mode flamande et un Christ gothique du XIVe siècle (côté droit de la nef). *21350 **Vitteaux** (15km au sud de Flavigny)* **Office de tourisme** *16, rue Hubert-Languet Tél. 03 80 33 90 14 Ouvert juin-sept. : mar.-ven. 9h-12h30 et 14h30-19h, sam. 9h-12h30 et 14h-18h (et dim. juil.-août : 9h30-12h30) ; oct.-mai : mar.-sam. 9h30-12h30 et 14h-18h*

LES FANTÔMES DE BOLTANSKI
Chaque soir, à l'heure où s'allument les éclairages publics, des ombres mystérieuses - sorcière chevauchant son balai, profils inquiétants, têtes de mort, chats... - sont projetées sur les murs des maisons de la ville. C'est l'œuvre du plasticien Christian Boltanski, une commande de la municipalité, inaugurée en 2004 et remaniée en 2010.

Camp de Myard Cet éperon rocheux qui domine Vitteaux et la vallée de la Brenne fut occupé dès le IVe millénaire et par intermittence jusqu'à la fin de la période du bronze (IXe siècle avant notre ère). Les archéologues y ont découvert un outillage important et ont dégagé des vestiges de fortifications encore imposants, datant pour l'essentiel de la dernière occupation du site. Un sentier aménagé et des panneaux explicatifs invitent à parcourir le site. La promenade (env. 1h) vaut également pour les jolis panoramas sur la vallée de la Brenne. *À 4,5km au sud de Vitteaux (suivre la dir. Vesvres puis grimper au-delà jusqu'au sommet de la route en lacets et prendre à droite dir. Ferme de Myard) Accès libre*

Château de Sainte-Colombe Le château du XVIIe siècle a retrouvé une seconde vie. Transformé depuis le XIXe siècle en exploitation agricole, il a fait l'objet depuis 1986 de spectaculaires travaux de restauration qui l'ont sauvé de la ruine. Sous l'égide de l'association Arcade, qui poursuit la réhabilitation des lieux, il est devenu un centre de création artistique. Trois expositions y sont organisées chaque année tournant autour des métiers d'art et du design (printemps, été et automne). Parallèlement, l'association propose un programme de stages en été sur les thèmes les plus divers : atelier d'écriture, raku, moulage... Le 1er août, le château accueille un vide-grenier très couru. On y trouve enfin un gîte d'étape (cf. Carnet d'adresses). *21350* ***Sainte-Colombe-en-Auxois*** *(16km au sud de Flavigny) Tél. 03 80 49 63 69 www.arcadeweb.fr Ouvert mai-mi-oct. : sam.-dim. 14h-18h ; juil.-août : mar.-dim. 14h-18h Tarif exposition de 3 à 4€*

Saint-Seine-l'Abbaye C'est le fils d'un seigneur local qui, au VIe siècle, jeta les fondations d'une abbaye dans les replis de ce pays de Seine. La tradition lui a donné le nom de saint Sequanus, devenu saint Seine. Son œuvre se perpétua en une puissante abbaye qui, au XIIIe siècle, se dota de l'imposante église que l'on découvre aujourd'hui. Un incendie lui imposa des restaurations au siècle suivant ; les travaux s'achevèrent avec l'édification de la façade au XVe siècle. À l'intérieur, la clôture Renaissance du chœur conserve un bel ensemble de peintures datant du tout début du XVIe siècle. Sur le côté gauche, une vingtaine de tableaux retracent l'histoire de saint Seine. Du côté opposé figurent plusieurs panneaux parmi lesquels on reconnaît un arbre de Jessé. *21440* ***Saint-Seine-l'Abbaye*** *(34km à l'est de Flavigny)* **Abbaye** *Ouvert Pâques-Toussaint : tlj. 8h-19h* **Office de Tourisme** *Place de l'Église Tél. 03 80 35 07 63 Ouvert juin-sept. : tlj. 10h-12h30 et 15h-18h30 ; oct.-mai : mar. et ven. 14h-18h (il propose un livret de visite de l'église)*

● Se distraire en famille Parc animalier vedette de la Côte-d'Or, le Parc de l'Auxois se déploie sur 30ha et accueille près de 1 500 animaux regroupés en aires géographiques (Amérique du Sud, Afrique, Asie...). En vedettes, les lémuriens

☺ Balade aux sources de la Seine

Au creux d'un vallon boisé du plateau de Langres, la Seine n'est ici qu'un petit ruisseau tout guilleret à l'idée d'aller faire un tour dans la capitale. Elle s'échappe d'une grotte aménagée en rocaille au Second Empire et ornée d'une "nymphe de la Seine". Celle que l'on voit aujourd'hui fut installée en 1934. Les Gaulois déjà vénéraient ici la déesse Sequana. Les fouilles, entreprises dès 1836, ont révélé de nombreux ex-voto ainsi que la célèbre statuette en bronze de la déesse, découverte en 1933 et exposée au musée archéologique de Dijon. Le site est depuis 1864 propriété de la Ville de Paris. C'est ici que l'on pourra franchir le premier des 257 ponts jetés sur le fleuve, une petite passerelle de pierre construite en 1970. *À 24km au sud-ouest de Flavigny Accès libre* **Bureau de tourisme** *Ouvert juil.-août : mar.-dim. 13h30-17h30*

de Madagascar. On y découvre dans des espaces ouverts des singes magots, des autruches, des loups... Tout au long de la journée, des animations sont programmées : déjeuner des lémurs, présentation des reptiles, promenade en petit train à travers le domaine. Le parc propose aussi des manèges pour les tout-petits, une piscine pour tous, des aires de jeux et de pique-nique. Prévoyez une bonne partie de la journée. Cafétéria sur place. **Le Parc de l'Auxois** *21350* ***Arnay-sous-Vitteaux*** *(16km au sud de Flavigny) Tél. 03 80 49 64 01 www.parc-auxois.com Ouvert fév.-mars et oct.-nov. : tlj. 14h-18h ; avr.-sept. : tlj. 10h-19h Tarif 12€, réduit (3-12 ans) 9,80€*

CARNET D'ADRESSES

Restauration, Hébergement

petits prix

Restaurant La Grange Une preuve de plus pour affirmer que Flavigny reprend vie. Voici l'initiative sympathique d'une quinzaine d'agriculteurs locaux qui se sont regroupés pour ouvrir un restaurant et y proposer des plats maison réalisés à partir de produits fermiers, dont de fameuses terrines et des pâtés. Le tout à consommer sur place sur des bancs de bois, à l'intérieur ou en terrasse, ou à emporter. Plats de 10 à 12€. *21150* ***Flavigny-sur-Ozerain*** *Tél. 03 80 96 20 62 Ouvert déjeuner uniquement mars-déc. : dim. et j. fér. ; juil.-sept. : mar.-dim.*

Hôtel-restaurant Relais Flavigny Dans sa minuscule cuisine, le patron concocte des plats régionaux savoureux servis allégrement dans la belle salle rustique. Une petite terrasse, vite envahie aux beaux jours, invite à prendre un verre en attendant qu'une table se libère. Plats env. 15€, intéressant menu complet à 26€ (entrée, plat, fromage et dessert). Côté hôtellerie, c'est simple (très simple) et sympathique : les 11 chambres sont un peu vieillottes, toutes n'ont pas de sanitaires, la literie est un peu fatiguée, mais la gentillesse de l'accueil fait vite passer ces petits inconvénients. D'autant que l'établissement devrait déménager d'ici fin 2011, pour s'installer dans une maison voisine dotée d'aménagements plus modernes. Double 32€ (avec douche), 27€ (douche et toilettes extérieures). *Place des Anciennes Halles* ***Flavigny-sur-Ozerain*** *Tél. 03 80 96 27 77 www.le-relais.fr Ouvert Pâques-Toussaint : lun. midi et mar.-dim. ; Toussaint-Pâques : lun. et mer.-dim.*

Brasserie Séraphine Un déjeuner sans façon autour d'un plat du jour. C'est ce que propose la sympathique brasserie Séraphine, où l'on peut s'installer agréablement en terrasse. Rien d'exceptionnel, mais une honnête cuisine familiale préparée au quotidien à partir de produits frais. *Rue Edmé-Millot 21350* ***Vitteaux*** *(15km au sud de Flavigny) Tél. 03 80 33 90 06 Ouvert tlj. 6h30-19h*

Gîte d'étape Château de Sainte-Colombe L'association Arcade, qui a fait du château un lieu de création contemporaine (cf. Découvrir les environs), propose également des formules d'hébergement en chambres à 2, 3 et 4 lits (avec sanitaires privés) et dans un dortoir de 8 lits. L'ensemble est assez spartiate mais propre et bien tenu. Cuisine et salle à manger sont à la disposition des hôtes (prévoir son ravitaillement, il n'y a pas de commerces dans le village). L'occasion de passer une soirée avec les artistes et les artisans en stage au château. Double à 40€. Pas de petit déjeuner ni de restauration. *21350* ***Sainte-Colombe-en-Auxois*** *(16km au sud de Flavigny) Tél. 03 80 49 63 69 www.chateau-saintecolombe-arcade.com*

L'Auberge campagnarde Une grande salle sans coquetterie, un service à la bonne franquette, et un menu ouvrier épatant pour environ 12€ : au programme, une cuisine faite maison (des terrines aux desserts) accompagnée d'un pichet de rouge. Le goût de l'authentique ! Simplissime mais tellement amical : Marie-Claude Duthu réserve à ses hôtes un accueil familial dans la vieille grange qu'elle a aménagée en hôtel de 12 chambres. Fille du terroir, elle connaît sa région comme sa poche et saura vous conseiller pour vos balades. Double 42€, petit déj. 5€. *15, rue Carnot 21440* ***Saint-Seine-l'Abbaye*** *(34km à l'est de Flavigny) Tél. 03 80 35 01 46 Ouvert lun.-dim. midi*

prix moyens

Chambre d'hôtes Judith Lemoine Au cœur du village médiéval, Judith et son mari, l'une anglaise, l'autre bourguignon, ont installé dans leur maison deux chambres pimpantes dont les larges fenêtres ouvrent sur le splendide paysage environnant. Un petit jardin est à la disposition des hôtes. Possibilité de stationnement semi-privé devant la maison. Double 55€, petit déj. inclus *Couvent des Castafours 21150* ***Flavigny-sur-Ozerain*** *Tél. 03 80 96 24 92*

CÔTE-D'OR

★ ALÉSIA

Alise-Sainte-Reine 21150

Nous sommes en 52 av. J.-C. Toute la Gaule est occupée. Toute ? Non, quelques dizaines de milliers d'irréductibles Gaulois résistent encore, retranchés sur le plateau d'Alésia. Le reste est raconté par Jules César : le déploiement des légions, le siège, la victoire romaine. L'affaire aurait pu en rester là : un épisode de la guerre des Gaules dont la localisation exacte restait inconnue. C'est sous le Second Empire qu'Alésia retrouve une actualité : Vercingétorix, chef de toutes les tribus gauloises, devint le précurseur de l'unité nationale. Pour mettre un paysage sur cette page du roman français, il restait à trouver un site. *Guerre des Gaules* en main, historiens et archéologues conclurent qu'il s'agissait de la place forte naturelle située au-dessus du village d'Alise-Sainte-Reine. Les premières fouilles les confortèrent dans leur choix. Elles se poursuivent toujours, confirmant selon l'avis majoritaire des scientifiques l'hypothèse bourguignonne. Des irréductibles, il en reste toujours : un groupe de chercheurs qui ont reconnu Alésia dans le site de Chaux-des-Crotenay, dans le Jura. Le débat continue.

DE LA BATAILLE À LA CITÉ GALLO-ROMAINE En 52 avant notre ère, Jules César vient de se heurter à la résistance farouche de Gergovie. Forts de leur victoire, les Gaulois pour une fois réunis se placent sous le commandement de Vercingétorix qui regroupe ses forces sur le plateau d'Alésia :

80 000 hommes, fantassins et cavaliers, selon Jules César, seule source historique sur la bataille (cf. GEOPlus Vercingétorix). Pour César, l'occasion est trop belle d'en finir d'un coup avec la résistance gauloise. Les légionnaires se mettent aussitôt à l'œuvre : ils érigent deux lignes fortifiées autour de la place, l'une tournée vers l'intérieur, l'autre vers l'extérieur, et une trentaine de camps jalonnent les quelque 21km de fortification. Le siège va durer d'un mois et demi à trois mois selon les interprétations des historiens. Malgré le renfort d'une armée gauloise de secours, qui après de furieux combats est mise en déroute, les Gaulois sont contraints de se rendre. Vercingétorix, fait prisonnier, croupira dans les geôles romaines avant d'être exécuté en 46 av. J.-C. Le site d'Alésia ne reste pas abandonné : une ville s'y développe qui, au tournant de notre ère, prend l'aspect d'une cité romaine avec son réseau de rues perpendiculaires et ses édifices civiques.

MODE D'EMPLOI

accès

EN VOITURE
À 67km au nord-ouest de Dijon via l'A38 (sortie n°29), à 15km au nord de Semur-en-Auxois et à 6,5km au nord-ouest de Flavigny-sur-Ozerain. À 100km au sud d'Auxerre par l'A6 (sortie n°29). Le site d'Alésia domine la commune d'Alise-Sainte-Reine.

EN TRAIN ET EN CAR
La gare SNCF la plus proche est celle de Montbard : liaisons TGV avec Paris et Dijon. *www.voyages-sncf.com www.ter-sncf.com*
Transco Liaisons avec Semur-en-Auxois. *www.mobigo-bourgogne.com Tél. 0800 10 2004*

informations touristiques

Office de tourisme du Pays d'Alésia
Place Bingerbrück 21150 ***Venarey-les-Laumes*** *Tél. 03 80 96 89 13 www.alesia-tourisme.net Ouvert avr.-mai et sept. : 9h30-12h30 et 14h-19h ; juil.-août : lun.-sam. 9h30-12h30 et 14h-19h, dim. 10h-12h ; oct.-mars : lun.-sam. 10h-12h et 15h-18h*

fêtes et manifestations

Le martyre de Sainte-Reine Cf. encadré ci-après *Dernier w.-e. d'août*
Les Nuits du Péplum Concerts de chansons francophones au théâtre des Roches. *Rens. à l'OT de Venarey-les-Laumes. Fin juillet Concerts de 10 à 25€, forfait 45€/3 j.*

DÉCOUVRIR

☆**Les essentiels** Le MuséoParc, le site archéologique, le château de Bussy-Rabutin **Découvrir autrement** Fin août, assistez au spectacle historique du martyre de Sainte-Reine ➤ **Carnet d'adresses p.163**

Alésia

☆ **MuséoParc** Au pied d'Alise-Sainte-Reine, le tout nouveau centre d'interprétation sera l'étape obligée avant d'entreprendre la visite du site. À l'intérieur de cet audacieux bâtiment circulaire – conçu par Bernard Tschumi, l'architecte,

"ALÉSIA ? CONNAIS PAS"
Si vous ne voulez pas user de la fameuse expression d'Abraracourcix, chef gaulois du village d'Astérix, grimpez jusqu'au sommet du belvédère : on découvre le splendide panorama du champ de bataille qu'observait César depuis son camp situé sur le plus haut plateau à l'ouest, au-delà de la vallée.

entre autres, du nouveau musée de l'Acropole à Athènes –, une scénographie moderne plongera le visiteur au centre de la fameuse bataille, à l'aide de projections et de maquettes. Des jumelles pointées vers l'extérieur permettront de superposer des images reconstituées sur le paysage. Ce centre d'interprétation, dont l'ouverture est prévue au printemps 2011, est le premier jalon d'un projet plus vaste qui prévoit la construction d'un musée archéologique sur le site (ouverture à l'horizon 2014). *Téléphoner pour connaître les jours et horaires de visite*

☆ Site archéologique-champ de fouilles Un parcours fléché et un dépliant explicatif permettent de découvrir les lieux. Des vestiges réduits pour l'essentiel à des soubassements : le théâtre, dont on devine encore la forme semi-circulaire, le forum, le quartier des artisans. Plus évocateur, l'**édifice d'Ucuetis** était probablement un sanctuaire dédié à cette divinité celte : un vase portant son nom y a été mis au jour. Situé en contrebas du forum, il arbore une haute façade précédée d'une cour et dans laquelle ouvre une pièce souter-

Sainte Reine, vierge du mont Auxois

Au milieu du IIIe siècle, une jeune bergère convertie au christianisme repoussa les avances d'Olibrius, le gouverneur romain. Refusant de l'épouser pour ne pas abjurer sa foi, elle fut décapitée. Il semble que dès le siècle suivant, un culte lui ait été rendu, au pied du mont Auxois, le lieu de son martyre.
En 1909 fut découvert un service liturgique daté de la fin du IVe siècle, accompagné du nom de Regina.
Au IXe siècle, ses reliques furent transférées à l'abbaye de Flavigny voisine : réputées miraculeuses, elles attiraient une foule de pèlerins dans l'espoir d'une guérison.
Les plus anciens témoignages de la célébration d'un drame liturgique en son honneur remontent au XVIesiècle. Le temps d'un week-end, la population d'Alise-Sainte-Reine et des environs commémorent en costume le supplice de la sainte.
Ils jouent pour l'occasion un drame religieux écrit en 1870 par un père bénédictin, dans le cadre du théâtre des Roches, une scène en plein air. Le samedi soir, après une retraite aux flambeaux, se déroule la première représentation. Le dimanche matin, un cortège en costume où sont évoqués divers épisodes de la vie de sainte Reine précède la messe solennelle. Une seconde représentation est donnée le dimanche à 15h. **Le martyre de Sainte-Reine** *Rens. à l'OT de Venarey-les-Laumes www.lemartyredesaintereine.blog4ever.com Dernier w.-e. d'août Tarif 7€*

raine taillée dans le roc. Ne manquez pas de grimper jusqu'au sommet du **belvédère** (cf. encadré "Alésia ? Connais pas"). *www.alesia.com Ouvert fév.-mars 10h-17h ; avr.-juin et sept. : 9h-18h ; juil.-août : 9h-18h ; oct.-14 nov. : 10h-17h Tarif 3,20€, moins de 26 ans 2,60€, 7-16 ans 2€ Visite guidée 2€, moins de 7 ans gratuit*

Statue de Vercingétorix Le site visité, ne reste plus qu'à rendre hommage au héros du lieu, Vercingétorix (cf. Panorama GEOPlus, Les sept vies de Vercingétorix). Dressé sur le rebord occidental du plateau, le chef gaulois – un colosse de 6,60m de tôle de cuivre statufié sous Napoléon III (1865) et hissé sur un piédestal de 7m en granit dessiné par Viollet-le-Duc – toise le champ de bataille. *Accès par un sentier à la sortie du site archéologique (10min) ou en voiture à partir du haut du village (panneau indicateur)*

Les environs d'Alésia

☆ **Château de Bussy-Rabutin** Nichée dans le creux d'un vallon, dissimulée aux regards, la forteresse médiévale avait tout d'un fauve tapi dans sa tanière, prêt à fondre sur sa proie. Lorsque le comte Bussy-Rabutin revient au château où il passa une partie de son enfance, c'est un grand seigneur blessé, chassé de la cour par Louis XIV. Sa faute ? avoir laissé publier un roman, *Histoire amoureuse des Gaules*, dans lequel il relate les amours des courtisans en vue et qu'il avait rédigé dans son château bourguignon lors d'un premier exil en 1659. Louis XIV, ivre de rage de voir ses proches ainsi moqués, lui ordonne de disparaître de la Cour. Bussy-Rabutin est sommé de résider sur ses terres bourguignonnes. Il y reste dix-sept ans, le temps d'achever la décoration du château de Bussy entamée par son aïeul, et d'orner les murs d'étonnantes peintures. Agrémentées de remarques

De la forteresse au château de plaisance

Comme ses quatre massives tours d'angle circulaires en témoignent, c'est tout d'abord une forteresse médiévale. La seigneurie de Bussy est mentionnée depuis le XIIe siècle, et c'est probablement au XVe siècle que la vieille demeure médiévale prend l'aspect d'un château fort cantonné de tours. Il appartient alors à la noble famille des Rochefort qui, au XVIe siècle, transforme l'édifice en demeure d'agrément : une aile de la muraille est abattue dégageant une cour d'honneur entourée de portiques à la mode de la Renaissance. Au début du XVIIe siècle, François de Rabutin en fait l'acquisition : il fait reconstruire le logis principal, avec la belle façade que l'on découvre aujourd'hui. Les travaux sont achevés par son petit-fils, Roger de Bussy-Rabutin, l'exilé de Louis XIV. Après avoir connu une succession de propriétaires, le château est acheté par l'État en 1929.

piquantes, elles font, avec la beauté du site, tout le charme de la visite. *Ouvert mi-mai-mi-sept. : 9h15-12h et 14h-18h ; mi-sept.-mi-mai : mar.-dim. 9h15-12h et 14h-17h Tarif 7€, réduit (18-25 ans) 4,50€, moins de 18 ans gratuit Visite guidée (départ toutes les heures) ou visite libre avec un fascicule explicatif remis à l'entrée*

Extérieurs La cour d'honneur est encadrée de deux ailes terminées par les tours rondes de la forteresse médiévale. Celle de gauche abrite une chapelle qui renferme un beau retable italien du XVIe siècle, illustrant l'épisode de la résurrection de Lazare. L'aile droite abritait les communs, on y découvrira l'ancienne cuisine ainsi que la réserve à fruits (au rdc d'une tour d'angle).

Intérieur L'ensemble des pièces ouvertes à la visite a conservé en grande partie la décoration choisie par Bussy-Rabutin. Au rez-de-chaussée, la **salle des Devises** doit son nom aux maximes – en français, latin, espagnol, italien – que le comte a voulu faire figurer en commentaire d'images parfois naïves illustrant l'amertume d'un courtisan exilé. Sous son portrait apparaît ainsi le volcan de sa fureur (au-dessus de la cheminée). Les murs sont ornés de représentations de palais de l'époque (le Luxembourg, Versailles…). L'étage comprend une vaste antichambre, le **salon des Hommes de guerre**, où sont peints, accompagnés d'une courte notice évoquant leurs faits d'armes, les portraits de grands soldats de tous les temps et de tous les pays, de Du Guesclin à Turenne qui pourtant avait fait jeter le comte en prison pour malversation. Pour Bussy-Rabutin, c'était un rappel de ses propres exploits militaires. De là, on passe à la chambre à coucher (les meubles sont d'époque mais n'ont pas appartenu au comte) rehaussée d'une **galerie de portraits féminins** : la marquise de Sévigné sa cousine (immédiatement à l'entrée à gauche), mais aussi de grandes amoureuses royales. La chambre ouvre sur le **salon de la Tour dorée**, incontestablement la plus belle pièce de l'ensemble. Au-dessus de scènes puisant leur inspiration dans l'Antiquité, agrémentées de maximes en l'honneur de l'amour, telle la fameuse "Si l'on n'aime pas trop, on n'aime pas bien", on admire les portraits de grands hommes et de nobles dames du temps du comte. Mais surtout, on s'intéressera aux "notices" qui les accompagnent tant elles sont savoureuses : ainsi d'Angélique de Montmorency qui "ne faisait pas cas de la bagatelle ", ou de Louis XIV "les délices et la terreur du genre humain". À picorer avec délectation.

CARNET D'ADRESSES

Restauration, hébergement

Contrairement à ce que l'on pourrait imaginer, on ne trouve que peu d'établissements à proximité de ce grand site touristique ; reportez-vous à nos carnets d'adresses de Flavigny, qui n'est qu'à 7km au sud d'Alésia, ou de Montbard, à 17km au nord.

petits prix

Hôtel-restaurant Alésia Pour passer la nuit au plus près du site, voilà un petit hôtel tout simple et familial. Confort minimal mais correct. Double 35€, petit déj. 5€. *16, rue du Miroir 21150* ***Alise-Sainte-Reine*** *Tél. 03 80 96 19 67*

☺ **Auberge du Château** Ce bistrot de pays dans son jus est le lieu de rendez-vous des villageois à l'heure de l'apéritif. Attablé dans la petite salle où trône le bar ou sur la jolie terrasse de l'autre côté de la rue, on peut opter pour le menu du jour à 13€ avec entrée, plat, fromage et dessert. Spécialités de la maison : les omelettes aux cèpes – en saison –, et surtout la divine brouillade d'œufs aux truffes (issues de la production locale, elles sont conservées d'une année sur l'autre dans le cognac). Excellents vins de producteurs (vente à emporter). La meilleure façon d'attendre l'ouverture du château... et d'oublier l'heure de départ de la visite. *21150* ***Bussy-le-Grand*** *Face à l'entrée du château Tél. 03 80 96 17 69 Ouvert tlj. midi ; soir sur rés. uniquement*

Auberge du Cheval Blanc Régis Bolatre a repris de main de maître la maison familiale. Après avoir fait ses classes auprès de chefs reconnus, il s'est mis derrière son propre piano pour offrir une cuisine classique impeccable : escargots préparés maison dans les règles de l'art, fondante joue de bœuf au vin rouge... À l'exception du dimanche et des jours fériés, il propose également une avantageuse formule déjeuner à 15€ (18€ avec le dessert) : une affaire. Menus de 22,50 à 45€. Avec ses tons reposants, sa cheminée, ses tables espacées, la salle de restaurant est particulièrement agréable. *9, rue du Miroir 21150* ***Alise-Sainte-Reine*** *Tél. 03 80 96 01 67 www.regis-bolatre.com Ouvert mer.-dim. midi*

★ABBAYE DE FONTENAY

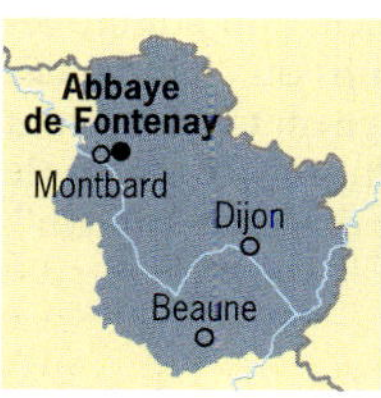

C'est comme à l'accoutumée, dans une nature solitaire, loin des villes et des châteaux, qu'un groupe de moines cisterciens conduit par saint Bernard, choisit de s'établir au XIIe siècle. Il en reste une magistrale abbaye, avec son église, chef-d'œuvre de l'art cistercien, et son cloître, le plus ancien de l'ordre conservé à ce jour. Propriété privée, l'abbaye – inscrite au Patrimoine mondial de l'humanité de l'Unesco depuis 1981 – fait l'objet de constants embellissements et accueille de nombreuses manifestations culturelles. Une étape indispensable sur les routes de la Bourgogne médiévale.

L'IDÉAL CISTERCIEN En 1118, saint Bernard et douze moines quittent l'abbaye de Cîteaux (cf. Beaune, Les environs). L'extraordinaire engouement que suscite l'ordre cistercien impose de créer de nouvelles colonies. Cette fois, ce sera un vallon sauvage, retraite de deux ermites, tout près du château familial de saint Bernard. Après douze ans passés à défricher la forêt et à travailler la terre, les moines gagnent la plaine marécageuse pour y fonder une abbaye suffisamment vaste pour accueillir les nouvelles vocations. C'est la naissance de l'actuelle abbaye dont l'église est consacrée en 1147, en présence du pape, de cardinaux et du ban des seigneurs bourguignons. À la fin du XIIe siècle, le réfectoire est achevé en même temps que la forge qui ajoute l'industrie aux activités agricoles traditionnelles des cisterciens. Fontenay s'affirme comme l'une des plus puissantes abbayes de l'ordre. Au XIIIe siècle, elle obtient de Saint Louis le titre d'abbaye royale qui l'exempte de tout impôt et autorise ses moines à circuler librement dans tout le royaume sans payer d'octroi. Forte de 300 moines au XIVe siècle, elle est à la tête d'immenses richesses, bois, vignes et terres agricoles, bien loin de l'idéal cistercien d'austérité. Ravagée pendant la guerre de Cent Ans par les Anglais puis par les grandes compagnies de mercenaires qui mettent la Bourgogne à feu et à sang, elle doit se protéger derrière de hauts murs. L'institution des abbés commendataires au XVIe siècle signe la fin définitive de son aura spirituelle. Elle n'est plus qu'une source de revenus facile pour des abbés qui s'en désintéressent et n'y résident que rarement. En 1791, alors qu'un grand nombre de ses bâtiments menace ruine, elle est vendue comme bien national.

UNE SECONDE VOCATION INDUSTRIELLE En 1820, l'abbaye est vendue à Elie de Montgolfier, descendant des célèbres précurseurs des vols en ballon. Il en fait une papeterie, qui sera en activité jusqu'en 1902. Les bâtiments monastiques sont transformés en ateliers, de hautes cheminées encadrent l'église : l'abbaye renoue avec la vocation industrielle de ses origines. En 1906, le gendre du dernier Montgolfier entreprend de détruire les ateliers pour rendre à l'abbaye son aspect originel. Ses descendants, les actuels propriétaires, poursuivent son œuvre.

MODE D'EMPLOI

accès, orientation

EN VOITURE

À 80km de Dijon par l'A38 (sortie n°29), à 6km à l'est de Montbard et 22km au nord de Semur-en-Auxois.

EN TRAIN ET EN TAXI

Gare TGV de Montbard sur la ligne Paris-Dijon. Taxis, place de la Gare.

informations touristiques

Abbaye de Fontenay *21500 Montbard Tél. 03 80 92 15 00 www.abbayedefontenay.com Ouvert 11 nov.-mars : tlj. 10h-12h et 14h-18h ; avr.-10 nov. : tlj. 10h-18h Tarif 9,20€, moins de 26 ans 5,50€*

Visite guidée Incluse dans le prix du billet d'entrée. *Avr.-10 nov. : toutes les heures (sauf à 13h) 10h-17h Durée env. 45min*

☆ **Visites nocturnes à la chandelle** Accompagnées de chants grégoriens, ces visites exceptionnelles se déroulent deux fois dans l'été : aux alentours du 15 juillet et du 15 août (22h-0h).

manifestations

De nombreuses manifestations sont organisées, principalement durant l'été : conférences, expositions, concerts. Le programme de ces manifestations est disponible sur le site Internet de l'abbaye.

DÉCOUVRIR
L'abbaye de Fontenay

☆ **Les essentiels** L'église abbatiale **Découvrir autrement** Suivez une visite aux chandelles ; amateurs de randonnée, partez sur les sentiers tracés alentour ➤ **Carnet d'adresses cf. Montbard ou Flavigny**

Du parc de stationnement, on découvre tout d'abord le mur d'enceinte de l'abbaye percé par le porche de la Porterie, bâtiment massif du XVe siècle, qui ouvre sur l'ensemble abbatial. Le guichet d'entrée franchi, on débouche sur l'ancien domaine des moines, une vaste esplanade dominée à gauche par l'église abbatiale, au-delà d'un pavillon du XIXe siècle et du logis des abbés commendataires (début XVIIIe s.).

Église abbatiale Premier édifice de l'abbaye, l'église fut construite entre 1139 et 1147, du vivant de saint Bernard, grâce aux libéralités d'un prélat anglais, Ebrard. Fuyant les persécutions, celui-ci avait trouvé refuge à Fontenay. C'est l'un des plus beaux exemples des principes architecturaux des cisterciens : une église à croix latine dont la nef est flanquée de bas-côtés, un chevet plat, des autels annexes dans les bras du transept pour permettre aux moines ordonnés de célébrer leurs messes. Et aucune décoration qui vienne distraire les moines dans leur prière, à peine quelques feuilles esquissées sur les chapiteaux de la nef. L'ensemble est recouvert d'une toiture de pierre supportant des tuiles, dont certaines remontent à la construction de l'église. La grandeur et l'austérité cisterciennes, à l'état pur. À l'exception des nombreuses pierres tombales qui en dallent le sol : les cisterciens n'autorisaient pas en général l'inhumation des grands dans leurs églises. On trouve ici les gisants d'un chevalier – le seigneur de Mello – et de son épouse, ainsi que la dalle funéraire (dans le chœur) de l'évêque Ebrard, le bienfaiteur de l'abbaye. Une splendide Vierge du XIIIe siècle y a également trouvé refuge.

Dortoir Du bras droit du transept, un escalier monumental conduit à cette vaste salle où, selon les règles de l'ordre, les moines devaient dormir ensemble, sans cellule individuelle ni feu pour se réchauffer l'hiver. L'escalier leur permettait d'accéder directement à l'église pour assister aux nombreux services nocturnes.

Cloître Contemporain de ceux de Cîteaux et de Clairvaux aujourd'hui disparus, le cloître de Fontenay est le plus ancien des édifices cisterciens de ce type. Là encore, contrairement aux cloîtres clunisiens où les sculpteurs donnaient libre cours à leur fantaisie, aucune décoration ne vient rompre la sobriété des lieux.

Salle capitulaire et scriptorium La galerie nord du cloître donne accès à la salle du chapitre où les moines venaient, sous la présidence de leur abbé, débattre de la vie de l'abbaye. Communicant avec la salle capitulaire, le scriptorium est

SUR LES SENTIERS Trois sentiers de randonnée balisés partent du parc de stationnement face à l'entrée. Pour mettre ses pas dans ceux des moines, on peut ainsi suivre le sentier des Mines (1h env.). *Les topoguides sont en vente dans la boutique du site*

constitué d'une longue pièce soutenue par des voûtes en ogive où les moines recopiaient les manuscrits. Elle accueille aujourd'hui des expositions temporaires.

Forge C'est là que les moines de saint Bernard façonnaient le métal pour en tirer les objets nécessaires à l'activité de l'abbaye. Ce vaste édifice d'une longueur de 53m était construit au bord de la rivière, qui à cet endroit avait été canalisée (les travaux hydrauliques étaient la spécialité des cisterciens) pour pouvoir actionner les engins hydrauliques. On verra, ici, la reconstitution d'un marteau hydraulique grandeur nature, tel qu'il devait être utilisé par les moines.

MONTBARD

21500

Dominée par les tours de son ancien château médiéval, Montbard conserve peu de vestiges d'un passé qui remonte à l'Antiquité. Le grand homme ici c'est Buffon, le naturaliste natif de la ville à laquelle il est toujours resté fidèle. Il y a créé une forge moderne qui a contribué à donner naissance à la vocation industrielle de la ville. Aujourd'hui encore, plusieurs entreprises de métallurgie sont présentes dans cette ville ouvrière, parmi lesquelles Vallourec (installée ici à la fin du XIXe siècle), qui fabrique les tubes d'acier et de titane nécessaires à l'industrie nucléaire. Bordée par le canal de Bourgogne, Montbard est une étape commode à proximité immédiate de sites touristiques majeurs comme l'abbaye de Fontenay et le site d'Alésia.

MODE D'EMPLOI

accès

EN VOITURE
À 98km au nord-ouest de Dijon par l'A38 et l'A6 via Semur-en-Auxois (25km), et à 105km au sud-est d'Auxerre par l'A6.

EN TRAIN ET EN CAR
Gare SNCF Sur la ligne TGV Paris (1h)-Dijon (35min), et TER Dijon-Auxerre (env. 1h). *Place Henri-Vincenot www.voyages-sncf.com www.ter-sncf.com*
Transco Correspondances routières avec le TGV pour Châtillon-sur-Seine, Semur-en-Auxois, Avallon, Saulieu. *Tél. 0800 10 2004 www.mobigo-bourgogne.com*

informations touristiques

Office de tourisme de Montbard *Place Henri-Vincenot (face à la gare SNCF) 21500* ***Montbard*** *Tél. 03 80 92 53 81 www.ot-montbard.fr Ouvert sept.-juin : lun.-sam. 9h-13h15 et 14h-18h30 ; juil.-août : lun.-sam. 9h-13h15 et 14h-18h30, dim. 9h-13h*

DÉCOUVRIR

☆ **Les essentiels** Le musée Buffon **Découvrir autrement** Offrez-vous un séjour de charme au château de Malaisy ➤ Carnet d'adresses p.170

Montbard

Musée des Beaux-Arts Eugène Guillaume (1822-1905), directeur de l'École des beaux-arts de Paris, professeur au Collège de France, membre de l'Académie française, fut un artiste connu en son temps. Même si le musée d'Orsay présente quelques-unes de ses œuvres, il serait bien oublié aujourd'hui si Montbard, sa ville natale, ne lui rendait pas hommage en présentant une cinquantaine de ses sculptures. Elles sont exposées dans l'ancienne chapelle des Ursulines (1870) et voisinent avec une curieuse collection de bicyclettes anciennes léguées à la ville par un amateur. *Rue Piron Tél. 03 80 92 50 42 Ouvert juil.-sept. : lun. et mer.-dim. 10h-12h et 14h-18h Entrée libre*

☆ **Musée Buffon** L'ancienne Orangerie du château présente une exposition permanente dédiée à Buffon. Une muséographie originale plonge le visiteur dans le cabinet de travail d'un érudit du temps des Lumières. Le lieu accueille également plusieurs expositions temporaires par an consacrées à l'histoire naturelle. *Rue du Parc-Buffon Tél. 03 80 92 50 42 Ouvert mars-oct. : lun. et mer.-dim. 10h-12h et 14h-18h ; oct.-fév. : lun. et mer.-ven. 14h-17h, w.-e. 10h-12h et 14h-17h Entrée libre*

Buffon, fou de plantes et père de l'évolutionnisme

Georges-Louis Leclerc (1707-1788), comte de Buffon (la seigneurie fut achetée par son père), est une figure emblématique du siècle des Lumières, familier de Voltaire et de Jean-Jacques Rousseau. Après des recherches en mathématiques, sa première passion, il est chargé d'une étude sur les bois de marine avant d'être nommé en 1739 intendant des Jardins du roi, qui deviendront le Jardin des Plantes à Paris. C'est là que l'homme donnera toute sa mesure. D'un jardin de plantes médicinales, il fait un conservatoire raisonné des espèces végétales du monde entier. Secondé par Daubenton (1716-1800), également natif de Montbard, il élargit son champ de recherche à l'ensemble de l'histoire naturelle, étudiant les espèces dans leur évolution et leur interrelation avec le milieu ambiant. Il est le père de l'évolutionnisme, une théorie révolutionnaire qui exclut toute intervention divine. Le fruit de ses recherches est publié dans une monumentale *Histoire naturelle* dont les 36 volumes paraissent de 1749 à 1788. Parallèlement à ses travaux scientifiques, Buffon s'improvise industriel en créant des forges près de Montbard, où il passera six mois par an jusqu'à sa mort.

Parc Buffon Dominant la ville, ce jardin public occupe l'emplacement du vieux château médiéval des comtes de Montbard dont les origines remontent au Xe siècle. Lorsque Buffon en fit l'acquisition, l'édifice était déjà largement en ruine. Le naturaliste n'en conserva que deux tours : la **tour Saint-Louis**, où naquit en 1070 la mère de saint Bernard et dont il fit sa bibliothèque, et la plus élevée, la **tour de l'Aubespin** construite au XIVe siècle. Sur le rebord de l'ancien rempart, il aménagea son **cabinet de travail** où il composa une grande partie de son *Histoire naturelle*. Son tombeau se trouve dans une crypte attenante à l'**église Saint-Urse** qui s'élève à l'entrée du jardin. *Ouvert avr.-sept. : des visites guidées gratuites permettent d'accéder à l'intérieur de ces différents édifices (les horaires sont affichés à la porte de la tour Saint-Louis ; en principe 10h30, 14h15, 15h30 et 16h30)*

Les environs de Montbard

Grande Forge de Buffon Esprit ouvert sur son temps, Buffon conçut de créer dans son pays natal une forge selon des principes rationnels et modernes : une entreprise industrielle intégrée qui réunissait ateliers de production et logements ouvriers. Les travaux débutèrent en 1768 et dès l'année suivante la production commençait. La forge poursuivit son activité après la mort de Buffon jusqu'en 1866, lorsqu'elle fut transformée en cimenterie. Un incendie en 1923 mit un terme définitif à l'activité industrielle. C'est aujourd'hui une propriété privée. Le site industriel est établi au bord de l'Armançon, dont les eaux dérivées

La Côte-d'Or en famille

Hébergement

Petites faims

Visites et activités

permettaient d'actionner les engins hydrauliques. Un dépliant remis à l'entrée présente les diverses parties de l'installation. Il est cependant préférable de suivre la visite guidée, au terme de laquelle vous saurez tout sur la "gueuse " et le "ringard ". *21500* ***Buffon*** *(8km au nord-ouest de Montbard) Tél. 03 80 92 10 35 Ouvert avr.-oct. : lun. et mer.-dim. 10h-12h et 14h30-18h ; juil.-août tlj. 10h-12h et 14h30-18h Tarif 6€, réduit (12-18 ans) 5€ Visites guidées gratuites juin-sept. : ap.-m. (1h env.) départs toutes les heures*

CARNET D'ADRESSES

Restauration, hébergement

prix moyens à élevés

Hôtel de la Gare Un hôtel pour faire étape, que l'on vienne en train (il est face à la gare) ou en voiture (vaste parc de stationnement gratuit à proximité). Sans être follement originales, les 20 chambres sont vastes et claires, parfaitement insonorisées grâce au double vitrage. Double à partir de 53€, petit déj. 7,50€. *10, av. Mal-Foch 21500* ***Montbard*** *Tél. 03 80 92 02 12 www.hotel-de-la-gare-montbard.com*

Restaurant-Hôtel de l'Écu Une table traditionnelle très recommandable. Pas d'exubérance dans les présentations et les saveurs, mais des produits de qualité dans une mise en œuvre classique. Les viandes – du charolais – sont une des spécialités de la maison, avec par exemple, le tournedos au foie gras. Menus de 21 à 43€. Belle carte des vins. Côté hôtellerie, ce 3-étoiles propose des doubles de 80 à 92€, petit déj. 12€. *77, rue Auguste-Carré 21500* ***Montbard*** *Tél. 03 80 92 11 66 www.hotel-de-l-ecu.fr* ***Restaurant*** *Ouvert avr.-11 nov. : tlj. ; 12 nov.-mars : lun.-ven. midi*

Hôtel-restaurant Château de Malaisy Besoin d'une étape reposante ? Cap sur cet hôtel installé dans un château du XVIIIe siècle qu'entoure un parc de 15ha, idéal pour le jogging matinal. Et si l'on veut vraiment entretenir sa forme, une salle de sport, un sauna et une piscine sont à la disposition des hôtes. Les 22 chambres de tout confort se répartissent dans la demeure et dans une dépendance. Et pour ne rien gâter, on s'y régale d'une cuisine gentiment audacieuse, avec par exemple, du saumon fumé au houmous (17€) ou un ris de veau aux escargots (25€). Menu déjeuner à 24€. Double à partir de 80€, petit déj. 10€. *21500* ***Fain-lès-Montbard*** *(5km au sud de Montbard) Tél. 03 80 89 46 54*

GAMME DE PRIX	RESTAURATION	HÉBERGEMENT
Très petits prix	moins de 12€	moins de 30€
Petits prix	de 12 à 18€	de 30 à 50€
Prix moyens	de 18 à 25€	de 50 à 75€
Prix élevés	de 25 à 45€	de 75 à 115€
Prix très élevés	plus de 45€	plus de 115€

CHÂTILLON-SUR-SEINE

21400

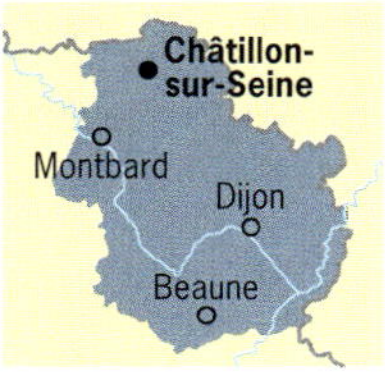

Traversé par la Seine, encore un bien modeste cours d'eau, Châtillon présente un visage moderne, au pied de sa colline coiffée de l'église Saint-Vorles : un rare exemple d'architecture préromane. Si l'on visite ces confins nord de la Bourgogne, à la limite de la Champagne, c'est surtout pour découvrir, au musée local, le trésor de la Dame de Vix, un ensemble de dépôts funéraires d'époque celte qui a livré le plus grand cratère de bronze grec. Une fois rendu hommage au passé, on pourra explorer le vignoble alentour, l'une des principales régions de production du crémant de Bourgogne, ou suivre de splendides sentiers balisés à travers la forêt de Châtillon. C'est de Châtillon que Joffre commanda en 1914 la contre-offensive victorieuse de la Marne.

MODE D' EMPLOI

accès

EN VOITURE
À 85km au nord-ouest de Dijon par la N71 (dir. Troyes) et à 33km au nord-est de Montbard par la D980.

EN TRAIN ET EN CAR
SNCF La gare la plus proche est celle de Montbard, de là des bus TER assurent la liaison avec Châtillon-sur-Seine (15min). *Boutique SNCF Théâtre Gaston-Bernard place du 8-Mai-1945* ***Châtillon-sur-Seine*** *Tél. 03 80 91 39 51*
Transco Liaisons avec Dijon et Montbard. *Tél. 0800 10 2004 www.mobigo-bourgogne.com*

informations touristiques

Office de tourisme de Châtillon En juillet-août, il propose des visites thématiques dans le Pays châtillonnais (2€). *Place Marmont 21400* ***Châtillon-sur-Seine*** *Tél. 03 80 91 13 19 www.pays-chatillonnais.fr Ouvert lun.-sam. 9h-12h et 14h-18h ; juil. : lun.-sam. 9h-19h et dim. 10h-13h (l'OT devrait être transféré rue du Pont courant 2011 ; le numéro de téléphone restera inchangé)*

fêtes et manifestations

Fête du crémant et Tape Chaudrons Pendant une journée, les viticulteurs de la région viennent présenter et faire déguster leur production de crémant. Cette manifestation s'accompagne d'un joyeux carnaval avec défilé de chars : un rappel des temps anciens où l'on frappait sur ses chaudrons pour chasser l'hiver. *3e sam. de mars*
Journées châtillonnaises Démonstration de savoir-faire par les artisans locaux : travail du bois, de la pierre, métiers de la vigne, etc. *Dernier w.-e. de juin*
Semaine musicale de Saint-Vorles et du Châtillonnais L'ensemble de musiques anciennes le Concert de l'Hostel Dieu de Lyon s'installe tous les ans en résidence pendant une semaine à Châtillon. Chanteurs et musiciens animent des ateliers ponctués par des concerts. *Dernière sem. d'août*

DÉCOUVRIR

☆ **Les essentiels** Le musée du Châtillonnais, le trésor de la Dame de Vix
Découvrir autrement Allez écouter le brame du cerf dans la forêt de Châtillon, assistez à la soupe des chiens à l'abbaye du Val des Choues, pique-niquez au cirque de la Coquille > **Carnet d'adresses p. 176**

Châtillon-sur-Seine

☆ **Musée du Châtillonnais** Il fallait bien les vastes bâtiments de cet ancien couvent, qui abrita l'hôpital de la ville de 1806 à 1990, pour accueillir la riche collection archéologique qu'a livrée la région. Avec pour figure de proue le trésor de la Dame de Vix et son célèbre vase, le plus grand bronze grec connu. Autour de lui est exposée une importante collection celte et gallo-romaine, qui fait le principal intérêt du musée. *14, place de la Libération Tél. 03 80 91 24 67 www.musee-vix.fr Ouvert jan.-juin et sept.-déc. : tlj. 9h-12h et 14h-18h ; juil.-août : tlj. 10h-19h Tarif 6€, réduit (7-18 ans et étudiants) 3€, moins de 7 ans gratuit*

SACRÉ CRATÈRE Pesant pas moins de 208kg et d'une contenance de 1 100l de liquide – sans doute une boisson servie lors du banquet funéraire de la défunte –, le cratère de Vix a été réalisé dans le sud de l'Italie, vers 530 av. J.-C., alors colonie grecque. Confectionné par martelage, il présente deux anses ouvragées de têtes de gorgone tandis que sur son col court une frise où alternent guerriers à pied et chars dans le style caractéristique de la période archaïque grecque.

Rez-de-chaussée Présentation de la forêt de Châtillon et de ses animaux : parmi eux les loups, dont le dernier a été tué en 1883.

Âge du fer (niveau 1) Le Châtillonnais fut, au premier millénaire avant notre ère, la zone d'expansion la plus occidentale d'une culture dont le foyer se trouvait dans la région du haut Rhin et du haut Danube. Cette civilisation de Hallstatt (du nom du site éponyme en Autriche, 750-450 av. J.-C.) pratiquait l'inhumation des défunts de haut rang sous des tumulus, dans des tombes où la dépouille était accompagnée de riches dépôts funéraires, armes, bijoux, céramique… C'est à cette période qu'appartient l'extraordinaire **trésor de la Dame de Vix**. Daté du tout début du Vᵉ siècle av. J.-C., il a livré un important matériel funéraire dont le célèbre **cratère de bronze**, ainsi qu'un splendide **torque** en or de la fin du VIᵉ siècle : un travail local qui nécessita près de 500g d'or, d'un haut degré de civilisation comme en témoigne la délicatesse des deux chevaux ailés aux extrémités du bijou. Une vitrine propose la reconstitution de la tombe avec ses dépôts funéraires et son char.

Section gallo-romaine (niveau 1) La région est riche en sites gallo-romains, pour beaucoup des lieux de culte à des divinités liées aux sources, nombreuses dans le Châtillonnais. Ainsi la source de la Douix, dans la ville même, ou celle de la Coquille. On y a retrouvé un grand nombre d'ex-voto en remerciement de guérisons miraculeuses ou de souhaits exaucés : sculptures de pieds, de mains, d'enfants. À Vertault (27km à l'ouest de Châtillon), les fouilles ont révélé les vestiges d'une cité gallo-romaine prospère, *Vertillum*. Elle recouvrait un habitat

FAIRE UN TOUR AU CAFÉ
Le Bistrot du Potier est l'endroit le plus attrayant de Châtillon pour boire un verre en terrasse ou dans la salle pimpante où sont exposées les poteries du maître des lieux. Petite restauration avec des tartines salées autour de 7€. **Bistrot du Potier** *Place de la Ville-du-Puy. Tél. 03 80 91 43 62 Ouvert lun.-sam. 7h30-20h30*

plus ancien où l'on pratiquait l'inhumation d'animaux : on y a découvert les restes d'une quarantaine de chevaux (dont deux squelettes sont exposés ici), et de près de 200 chiens.
Deuxième niveau Le Pays châtillonnais fut un des berceaux de l'expansion cistercienne. Une salle évoque l'histoire de l'abbaye Notre-Dame fondée en 1130, dont les bâtiments du musée sont les héritiers, au travers de quelques éléments architecturaux. Une salle est consacrée au plus célèbre enfant du pays, le maréchal Marmont, qui combattit aux côtés de Napoléon, de Toulon à l'expédition d'Égypte et à la bataille de France en 1814. Il fut nommé gouverneur des Provinces illyriennes (la Croatie actuelle) avec le titre de duc de Raguse, ce qui ne l'empêcha pas de trahir Napoléon en livrant Paris aux alliés le 31 mars 1814 et en se ralliant à Louis XVIII. Rentré dans son pays natal, il y favorisa l'expansion de l'industrie sidérurgique. Son château, face au musée, est aujourd'hui une propriété privée.
Ancienne abbatiale Notre-Dame Avant de quitter l'enceinte du musée, on pourra découvrir (à gauche de la cour en sortant) l'ancienne chapelle du monastère cistercien. Amputée de son chœur originel, elle conserve trois travées du XIIe siècle, un admirable exemple de dépouillement architectural propre à l'ordre fondé par saint Bernard.

Vieille ville Si Châtillon offre de prime abord un visage moderne, on peut tout de même y découvrir de vieux quartiers, dont les ruelles se pressent au pied de la colline coiffée de l'église Saint-Vorles.

Dame de Vix, princesse ou prêtresse ?

En janvier 1953, alors qu'ils étaient près de mettre un terme à leur campagne de fouilles, Maurice Moisson et René Joffroy découvrent une sépulture au pied du mont Lassois : une fosse de 3m sur 3, contenant la dépouille d'une femme richement parée de bijoux et entourée de dépôts funéraires, parmi lesquels le célèbre cratère. De toute évidence, il s'agissait d'une personne de haut rang, reine ou plus probablement prêtresse, décédée à l'âge d'une trentaine d'années. Dans les années 2000, d'autres campagnes de fouilles se sont succédé sur le mont Lassois. Sur le plateau, les vestiges d'une véritable ville datée du VIe siècle av. J.-C. ont été mis au jour. Une révolution dans la connaissance du monde celte : on pensait jusque-là que le développement urbain n'était survenu qu'à la fin du millénaire. En 2007, les fouilles ont révélé les soubassements d'une vaste demeure. On y a vu le “palais de la Dame de Vix”. *En juillet-août, l'OT propose des visites commentées du site*

CÔTE-D'OR

Église Saint-Nicolas C'est une fondation cistercienne du XIIe siècle, dont la nef austère est très proche de celle de l'abbatiale Notre-Dame. Le chœur est en revanche d'un gothique très ouvragé. Sur le flanc nord de l'église, se dresse un bel hôtel Renaissance (fin du XVIe s.). En poursuivant la promenade par la rue des Evolots, on grimpera jusqu'à Saint-Vorles qui domine la ville.

Collégiale Saint-Vorles C'est un rare exemple d'architecture préromane construit vers l'an mille et reprise au cours des siècles : une haute nef séparée des bas-côtés par des piliers d'une grande simplicité, sur lesquels s'appuient des arcs supportant de hauts murs. Restaurée dans les années 1950, l'abside principale a retrouvé son aspect originel (les absides latérales sont gothiques). Le bras gauche du transept abrite une remarquable Mise au tombeau issue d'un atelier champenois du XVIe siècle. *Ouvert avr.-mi-juin : sam.-dim. et j. fér. 14h30-16h30 ; mi-juin-août : tlj. 10h30-12h et 14h30-17h30 ; sept. w.-e. et j. fér. : 14h30-17h30*

Vignoble du Châtillonnais

Aux confins de la Champagne, le vignoble du Châtillonnais se consacre au crémant, élaboré selon la méthode champenoise à partir des cépages pinot noir et chardonnay. Relancé depuis quelques années, ce terroir produit aujourd'hui près de 20% du crémant bourguignon. Avant de partir à la découverte des vignobles situés au nord de la ville et à la rencontre des vignerons, dont beaucoup ont des caveaux de dégustation, passez à l'OT de Châtillon pour retirer le dépliant *Route du Crémant*. Parmi les nombreux sites, deux lieux et un sentier ont retenu notre attention.

Vignerons de Haute Bourgogne Cette boutique est la vitrine d'une coopérative qui réunit une vingtaine de producteurs de crémant. Pour faire ses emplettes en toute confiance. À découvrir, la cuvée rosée : un vin sec et nerveux à déguster en apéritif en été. *26, rue Maréchal-de-Tassigny 21400* ***Châtillon-sur-Seine*** *Tél. 03 80 91 46 63 mar.-sam. 9h30-12h et 14h30-19h*

Ampélopsis L'héritier de quatre générations de vignerons a créé un remarquable espace découverte sur sa propriété : sur près de 1 200m², il présente de façon très ludique les techniques de la vigne et de la vinification. Cette visite se poursuit par le Jardin de Bacchus, où sont plantés déjà 80 pieds de cépages des différentes régions françaises (à terme, les 120 cépages des 13 régions viticoles françaises devraient être représentés). *21400* ***Massingy*** *(7km au nord-est de Châtillon) Tél. 03 80 91 15 12 http://museeampelopsis.pagesperso-orange.fr Ouvert avr.-déc. : ven.-sam. et dim. 9h30-12h30 et 14h30-18h30 ; août : tlj. aux mêmes horaires Tarif 8€, réduit (5-18 ans) 4€*

Le sentier des Vignes Un itinéraire balisé à travers le vignoble de Massingy. ***Départ*** *Massingy, place du Village* ***Parcours*** *Boucle de 8km* ***Balisage*** *Jaune* ***Durée*** *2 à 3h* ***Difficulté*** *Aucune* ***Conseil*** *Téléchargez le topoguide sur le site www.pays-chatillonnais.fr*

Source de la Douix Au pied de la colline, la source de la Douix, résurgence de type vauclusien, offre son cadre verdoyant pour quelques instants de repos, avant de rejoindre la partie moderne de la ville en suivant la rive de la Seine, enjambée par le pont médiéval du Perthuis au Loup.

Les environs de Châtillon-sur-Seine

Forêt de Châtillon Le Châtillonnais est un pays d'eau et de forêts : ces dernières couvrent environ 45% du territoire, soit 84 000ha, dont la forêt de Châtillon représente 9 000ha. C'est le domaine du hêtre et du chêne sur un sol calcaire creusé de vallées. C'est aussi le territoire des grands mammifères, tels que cerfs et sangliers, et un terrain d'exercice privilégié pour les chasseurs. La forêt de Châtillon sera intégrée, à l'horizon 2012, à un vaste parc national forestier qui s'étendra jusqu'à la Champagne.

RANDONNER EN FORÊT
Trois sentiers ont été balisés à travers la forêt. Celui du Val des Choues est certainement le plus attrayant. ***Départ*** *Parking de l'abbaye du Val des Choues Essarois* ***Parcours*** *Boucle de 9km* ***Balisage*** *Jaune* ***Durée*** *2h30* ***Difficulté*** *Aucune* ***Conseil*** *Téléchargez les topoguides sur le site www.pays-chatillonnais.fr (rubrique tourisme puis randonnée)* ***Attention*** *Renseignez-vous sur les périodes de chasse.*

Maison de la forêt Installé en bordure du massif forestier, non loin de l'étang des Maros, ce centre d'interprétation abrite une exposition permanente présentant la diversité de la flore et de la faune forestières. On y découvre aussi l'importance de la filière bois, qui représente aujourd'hui environ 700 emplois dans la région. À noter, de nombreuses animations, parmi lesquelles une sortie "brame du cerf" (mi-sept.–mi-oct.), des promenades champignons ou des sorties découverte des grands mammifères (tarif 7€, 5 pers. min.). *Ruelle de la Ferme 21290* ***Leuglay*** *(20km à l'est de Châtillon) Tél. 03 80 81 86 11 www.maison-foret.com Ouvert mi-avr.-oct. et vac. scol. : mar.-ven. 9h-12h et 14h-18h ; w.-e. 14h-18h*

☺ **Abbaye du Val des Choues** Le lieu tout d'abord est exceptionnel : une immense clairière au beau milieu de la forêt. C'est là que choisirent de s'installer les bénédictins à la fin du XIIe siècle. Ils y demeurèrent jusqu'à la Révolution, après laquelle une grande partie des bâtiments furent démantelés. Il en reste la porterie, les logis des convers, des dépendances, ainsi qu'une demeure seigneuriale construite au XVIIe siècle. Les actuels propriétaires ont entrepris depuis 1963 la restauration des bâtiments où sont exposés trophées de chasse et animaux naturalisés. Ils possèdent en effet un équipage de vénerie du sanglier et organisent chaque jeudi des chasses à courre auxquelles participe une meute de 120 chiens, des grands français tricolores (en juillet et août, on peut assister à 16h au repas des chiens). Au fond de la propriété a été aménagé un splendide jardin à la française. *21290* ***Essarois*** *(22km au sud-est de Châtillon) Tél. 03 80 81 01 09 www.abbayeduvaldeschoues.com Ouvert avr.-sept. : lun. et mer.-dim. 13h-17h ; juil.-août : tlj. 10h-18h ; oct. : w.-e. 13h-17h Tarif 5€, réduit 2€*

CÔTE-D'OR

Cirque de la Coquille Une jolie promenade dans un des sites naturels protégés de Bourgogne. Ici, le plateau calcaire s'est éboulé en un vaste cirque, sous l'action de la source de la Coquille, un affluent de la Seine, et des eaux d'infiltration. Sur ces débris rocheux s'est agrippée une végétation spécifique, parmi laquelle des espèces alpines favorisées par un microclimat particulièrement froid : telle la linaire des Alpes. La source a fait l'objet d'un culte dans l'Antiquité : des ex-voto y ont été découverts (cf. musée du Châtillonnais). Un sentier de découverte balisé permet de se hisser jusque sur le rebord du cirque, d'où l'on découvre une large vue sur les environs (env. 1km, 1h ; passages très escarpés, bonnes chaussures impératives). Si vous envisagez un pique-nique, vous pourrez vous ravitailler au village voisin d'Aigny-le-Duc, dominé par sa belle église du XIIIe siècle. *21510* ***Étalante*** *(37km au sud-est de Châtillon) Fascicule de découverte téléchargeable sur le site Internet du conservatoire des sites naturels bourguignons www.csnb.fr*

CARNET D'ADRESSES

Restauration, hébergement

petits prix

Hôtel Sylvia Voilà sans doute l'établissement le plus sympathique de Châtillon. Une belle maison bourgeoise agrémentée d'un agréable jardin pour un séjour au calme garanti. L'intérieur est décoré avec goût de même que les 17 chambres. L'accueil est particulièrement chaleureux et l'on se sent vite ici comme chez soi. Un billard permet de disputer quelques parties (pas après 21h30, tranquillité des clients oblige). Parking fermé pour les motos. Double à partir de 44€, petit déj. 7€. *9, av. de la Gare 21400* ***Châtillon-sur-Seine*** *Tél. 03 80 91 02 44 www.sylvia-hotel.com*

Hôtel Le Centre Idéal pour une famille. Une étape simple et sans prétention, qui propose des chambres récentes dont beaucoup sont équipées d'un ou de deux lits d'enfant. Les chambres du premier étage donnant sur la place sont dotées d'une terrasse, celles de l'étage supérieur de larges baies lumineuses. Double à partir de 44€, petit déj. 5€. *Place de la Résistance 21400* ***Châtillon-sur-Seine*** *Tél. 03 80 91 48 71 http://hotelducentre.e-monsite.com/*

prix moyens

Restaurant La Forge de Tarperon Un endroit bien agréable : l'ancien bâtiment industriel au bord d'une rivière, la Coquille, a été aménagé en une douillette auberge de campagne où l'on allume la cheminée aux premiers froids. Aux beaux jours, on choisira plutôt la terrasse. Et toute l'année, on y trouve une cuisine rustique sortie des fourneaux de la maison, du pâté en croûte aux desserts. Menus à partir de 18€. *Beaunotte 21510* ***Aignay-le-Duc*** *(33km au sud de Chatillon) Tél. 03 80 93 96 10 Ouvert mer.-dim. midi*

prix élevés

Restaurant La Tour des Délices Ouvert en 2010, l'établissement s'est imposé rapidement comme le meilleur de Châtillon et certainement le plus agréable : une salle de restaurant intime (20 couverts) avec un parquet chaleureux et des teintes douces, où est servie une cuisine gastronomique à la hauteur. On choisira entre 3 menus (à partir de 26€), composés avec des produits de qualité. Accueil et service parfaits. *Place du 8-Mai 21400* ***Châtillon-sur-Seine*** *Tél. 03 80 91 28 80 Ouvert jeu. soir-dim. midi (réservation conseillée)*

Chambres d'hôtes L'Abbaye du Val des Choues On propose dans ce lieu historique (cf. Les environs de Châtillon-sur-Seine) 2 chambres d'hôtes. C'est une halte hors du monde, au beau milieu de la forêt de Châtillon. De là, on peut entreprendre d'épatantes balades à pied conseillées par les maîtres des lieux, qui connaissent les environs comme leur poche. Double 90€, petit déj. inclus. Table d'hôtes, sur réservation (25€, vin compris). *21290* ***Essarois*** *(22km au sud-est de Châtillon) Tél. 03 80 81 01 09 www.abbayeduvaldeschoues.com Ouvert avr.-Toussaint*

Côte-d'Or gourmande

Bonnes tables

Cavistes

Shopping gourmand

GEOREGION

Vignoble du Mâconnais (p.251, 502).

SAÔNE-ET-LOIRE

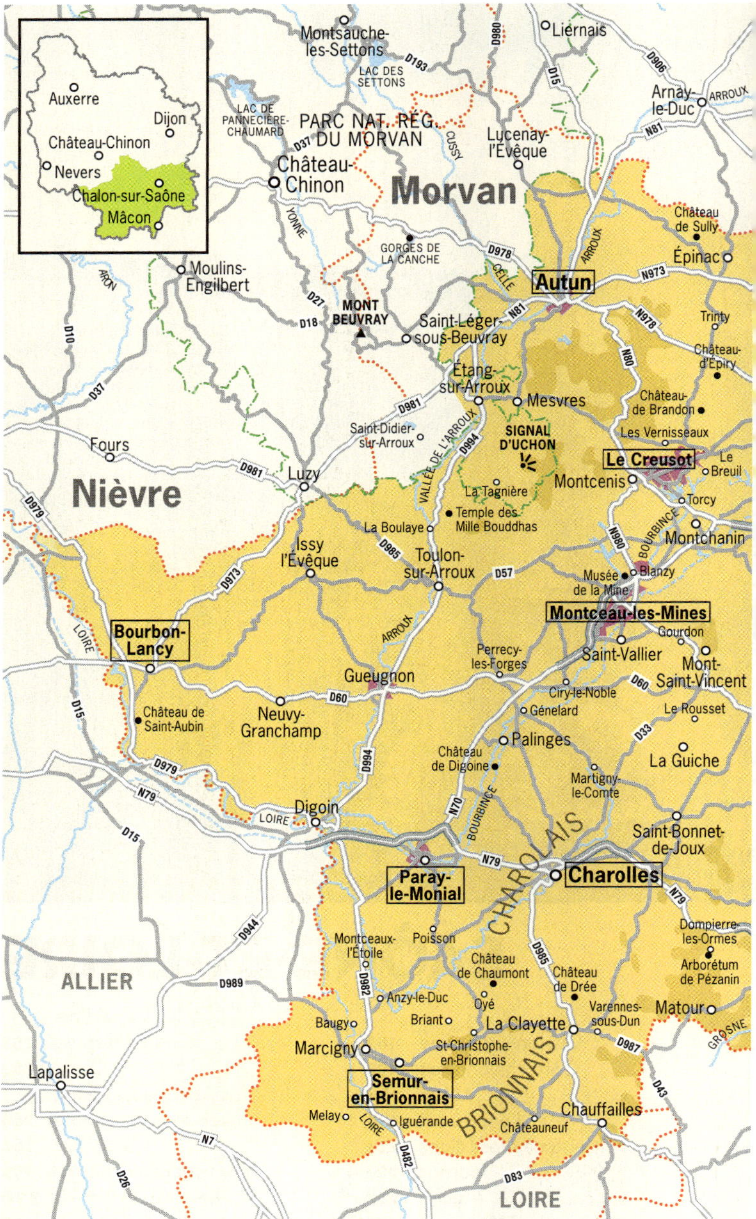
Auxerre
Dijon
Château-Chinon
Nevers
Chalon-sur-Saône
Mâcon
Montsauche-les-Settons
LAC DES SETTONS
LAC DE PANNECIÈRE-CHAUMARD
PARC NAT. RÉG. DU MORVAN
Château-Chinon
Morvan
Liernais
Arnay-le-Duc
Lucenay-l'Évêque
Château de Sully
Épinac
GORGES DE LA CANCHE
Autun
Moulins-Engilbert
MONT BEUVRAY
Saint-Léger-sous-Beuvray
Trinty
Château-d'Epiry
Étang-sur-Arroux
Mesvres
Château-de Brandon
Les Vernisseaux
Saint-Didier-sur-Arroux
SIGNAL D'UCHON
Le Creusot
Le Breuil
Fours
Nièvre
Luzy
La Tagnière
Montcenis
Torcy
Temple des Mille Bouddhas
La Boulaye
Montchanin
Issy l'Évêque
Toulon-sur-Arroux
Musée de la Mine
Blanzy
Montceau-les-Mines
Bourbon-Lancy
Gourdon
Saint-Vallier
Perrecy-les-Forges
Mont-Saint-Vincent
Gueugnon
Ciry-le-Noble
Château de Saint-Aubin
Neuvy-Granchamp
Génelard
Le Rousset
Palinges
Château de Digoine
La Guiche
Martigny-le-Comte
Digoin
Saint-Bonnet-de-Joux
CHAROLAIS
Paray-le-Monial
Charolles
Dompierre-les-Ormes
Arborétum de Pézanin
Montceaux-l'Étoile
Poisson
ALLIER
Château de Chaumont
Château de Drée
Anzy-le-Duc
Oyé
Varennes-sous-Dun
Matour
Baugy
Briant
La Clayette
Marcigny
St-Christophe-en-Brionnais
Lapalisse
Semur-en-Brionnais
BRIONNAIS
Melay
Iguérande
Châteauneuf
Chauffailles
LOIRE

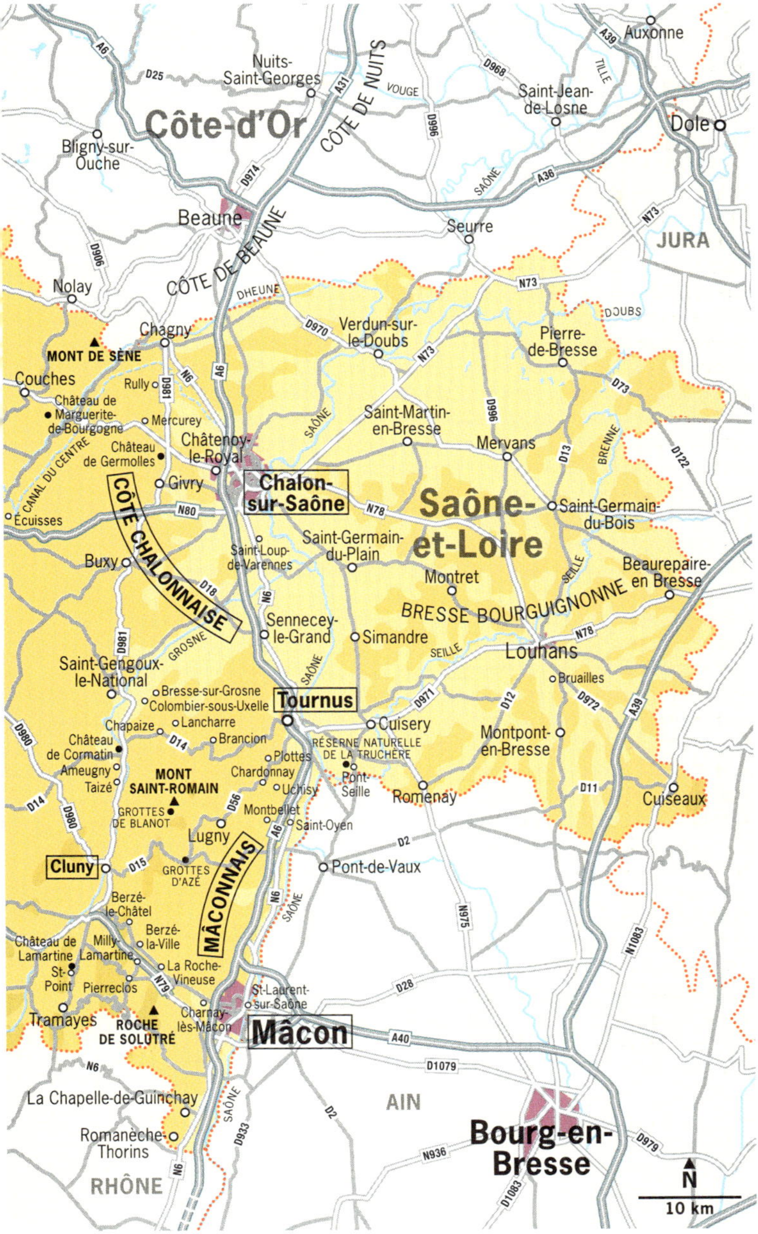
Côte-d'Or
Saône-et-Loire
JURA
AIN
RHÔNE
Auxonne
Nuits-Saint-Georges
Saint-Jean-de-Losne
Dole
Bligny-sur-Ouche
CÔTE DE NUITS
Beaune
CÔTE DE BEAUNE
Seurre
Nolay
Chagny
MONT DE SÈNE
Couches
Rully
Château de Marguerite-de-Bourgogne
Mercurey
Château de Germolles
Châtenoy-le-Royal
Chalon-sur-Saône
Givry
CANAL DU CENTRE
Écuisses
CÔTE CHALONNAISE
Buxy
Saint-Loup-de-Varennes
Verdun-sur-le-Doubs
Pierre-de-Bresse
Saint-Martin-en-Bresse
Mervans
Saint-Germain-du-Bois
Saint-Germain-du-Plain
Montret
Beaurepaire-en-Bresse
BRESSE BOURGUIGNONNE
Sennecey-le-Grand
Simandre
Louhans
Bruailles
Saint-Gengoux-le-National
Bresse-sur-Grosne
Colombier-sous-Uxelle
Tournus
Cuisery
Chapaize
Lancharre
Brancion
Château de Cormatin
RÉSERVE NATURELLE DE LA TRUCHÈRE
Montpont-en-Bresse
Ameugny
Taizé
MONT SAINT-ROMAIN
Plottes
Chardonnay
Uchizy
Pont-Seille
Romenay
Cuiseaux
GROTTES DE BLANOT
Montbellet
Saint-Oyen
Lugny
Cluny
GROTTES D'AZÉ
MÂCONNAIS
Pont-de-Vaux
Berzé-le-Châtel
Berzé-la-Ville
Château de Lamartine
Milly-Lamartine
St-Point
La Roche-Vineuse
Pierreclos
St-Laurent-sur-Saône
Tramayes
ROCHE DE SOLUTRÉ
Charnay-lès-Mâcon
Mâcon
La Chapelle-de-Guinchay
Romanèche-Thorins
Bourg-en-Bresse
SAÔNE
DOUBS
DHEUNE
GROSNE
SEILLE
VOUGE
TILLE
BRENNE
A6
A31
A39
A36
A40
N73
N78
N80
N6
N79
N975
N936
N1083
D25
D968
D996
D974
D906
D970
D981
D73
D122
D13
D18
D980
D14
D15
D56
D12
D972
D971
D11
D2
D28
D1079
D979
D933
D1083
N
10 km

☺ CHALON-SUR-SAÔNE 71100

Ne vous laissez pas abuser par les zones d'activités qui s'étendent en périphérie de Chalon. Il suffit d'un coup de volant pour quitter la N6 et, en deux minutes, on aborde le centre historique. La surprise est de taille : le cœur de Chalon- classée Ville d'art et d'histoire -, est resté intact avec ses ruelles médiévales et sa place Saint-Vincent, dominée par une somptueuse cathédrale. Et puis la Saône apparaît, douce et plantureuse, pour dessiner une île. La ville exprime une bonne humeur et une décontraction qui trouvent leur plus belle expression sur les marchés. "À Chalon, la vie éclate comme une grenade mûre", écrivait le romancier et essayiste Raymond Dumay, et c'est vrai. Ici, nul goût pour l'ombre ou la prudence, comme cela arrive souvent en Bourgogne. Donc, au programme de cette étape réjouissante, on inscrira une visite au musée Niépce, "Mecque de la photo", une croisière sur la Saône, la découverte des œuvres de Denon, fondateur du musée du Louvre, ou encore une pause sur l'une des terrasses de l'élégante esplanade de l'hôtel-de-Ville, où l'on sirotera un rouge de Mercurey ou un blanc de Rully.

CHALON, UNE ÎLE POUR BERCEAU La Saône avance "si incroyablement lente qu'on ne peut discerner dans quel sens elle coule", écrivit César. Les Éduens jettent les premiers ponts vers l'île, en font un port, qu'ils partageront avec les Romains. Le "fleuve" fut longtemps la raison d'être de Chalon-sur-Saône, la batellerie ayant entretenu une forte activité commerciale, et ce jusqu'au lendemain de la Seconde Guerre mondiale où fonctionnait encore un port de commerce, relié au canal du Centre. On y voit encore des grues, le plus souvent solitaires, parfois visitées par un collectif d'artistes, "le Bureau des vérifications". Aujourd'hui, si l'île Saint-Laurent a toujours son port, il est de plaisance, avec ses pontons flottants et ses bateaux de croisière. Les bateliers ont été remplacés par des cuisiniers, car cette île, aussi baptisée "île d'Amour", compte à elle seule une trentaine de restaurants qui célèbrent l'amour de la bonne chère.

Tableau kilométrique

	Chalon-sur-Saône	Tournus	Beaune	Autun	Mâcon	Dijon
Tournus	27					
Beaune	31	54				
Autun	53	81				
Mâcon	59	36	88	117		
Dijon	70	95	45	54	127	
Cluny	84	61	113	81	29	153

MODE D'EMPLOI

accès

EN VOITURE

Chalon est desservie par l'A6 et la N6 venant de Dijon (env. 55km). La N80, vers l'ouest, file en direction de Moulins via Montceau-les-Mines (44km). L'est s'aborde par la N73 ; Dole est à 60km.
Stationnement Évitez d'entrer en voiture dans l'hypercentre. ***Parking payant de l'Hôtel de ville*** *(plan 4, B2)* ***Grand parking gratuit Place Mathias*** *(plan 4, D1) à 3min à pied du centre*

EN TRAIN

Gare SNCF (plan 4, A1) Liaisons par trains TER pour Dijon (50min), Mâcon (30min), Autun, et en car TER pour Chagny. *À 10min à pied du centre*

informations touristiques

Office de tourisme (plan 4, C2) Actif et efficace. Espace librairie régionaliste, cadeaux. *4, place du Port-Villiers (à l'angle du quai des Messageries)* ***Chalon-sur-Saône*** *Tél. 03 85 48 37 97 www.achalon.com Ouvert jan.-avr. et oct.-déc. : lun.-sam. 9h-12h30 et 14h-18h ; mai, juin et sept. : lun.-sam. 9h-12h30 et 14h-18h30, dim. et j. fér. 15h-18h ; juil.-août : lun.-sam. 9h-12h30 et 13h30-19h, dim. et j. fér. 10h-12h et 15h-19h*

VISITES ET DÉGUSTATION

Visite libre L'OT fournit gratuitement un plan et un fascicule descriptif du patrimoine.
Visites spectacles thématiques Avec conteuses, balades lectures ; le dimanche matin à vélo sur les bords de Saône, ateliers pour les enfants... Compter 1h30 et de 3 à 8€. *Rés. à l'Espace patrimoine Tél. 03 85 93 15 98*
Les Rondes de nuit Visites théâtralisées assurées en soirée par une association de théâtre amateur. Des personnages historiques font irruption dans des lieux emblématiques de Chalon pour y interpréter avec humour des saynètes. *Rés. à l'OT*
Dégustation de vins L'OT organise dans ses locaux des dégustations commentées avec des viticulteurs.

orientation, quartiers

Les ruelles du centre sont très vivantes. La plupart sont piétonnes et commerçantes (Grande-Rue, rues au Change, du Châtelet, aux Fèvres...).
Centre historique Il est circonscrit par la rue Gloriette (à l'est), le boulevard de la République et la rue du Palais-de-Justice (au nord), puis par l'avenue Mathias (à l'ouest) qui borde le parc Georges-Nouvelle. Dans le prolongement de la Grande-Rue, le pont Saint-Laurent relie l'île du même nom, où la rue de Strasbourg, piétonne, concentre les restaurants.
Quais On se rend sur les quais de Saône, Gambetta, des Messageries, peu animés, pour le musée Niépce et l'Espace patrimoine.

se déplacer en ville

Le pouce Navette gratuite en centre-ville. *Lun.-sam. 7h30-19h30*
Vélo Reflex Vélos en libre-service 1€/j. *Se connecter à www.reflex-grandchalon.com*

marchés

Marchés *Place Saint-Vincent et rue aux Fèvres (plan 4, C1), et déballage forain place de Beaune (plan 4, C1) Ven. et dim. matin*

fêtes et manifestations

Festival Kontact Sonores Un festival ambitieux : une semaine de concerts électro et électroacoustiques en divers lieux (Abattoir, conservatoire, etc.) *Début avr.*

Les Montgolfiades Rassemblement de montgolfières venues de toute l'Europe. *W.-e. de Pentecôte*

Les Saônates d'été La ville se réapproprie ses quais pour des rendez-vous festifs autour d'une plage artificielle (baptêmes de plongée, pédalos, tournois sportifs, etc.). *Mi-juil.*

Chalon dans la rue Festival d'audience nationale proposant le meilleur en matière d'arts de la rue : théâtre, danse, cirque, installations urbaines... *5 jours, vers le 20 juil.*

DÉCOUVRIR Chalon-sur-Saône

☆**Les essentiels** La cathédrale Saint-Vincent, le musée Denon, le musée Niépce **Découvrir autrement** Achetez un cru à La Maison des vins ; amateurs d'espaces verts, promenez-vous au jardin géobotanique ; offrez-vous un apéritif festif au 120 **➤ Carnet d'adresses p.192**

Le centre-ville

Place Saint-Vincent (plan 4, C1) Cernée de maisons médiévales et du XVIIIe siècle, cette place adorable est dominée par une cathédrale surdimensionnée et bordée de terrasses de cafés providentielles pour une pause pittoresque, hors du temps.

☆ **Cathédrale Saint-Vincent (plan 4, D1)** Cet ensemble homogène représente pourtant des époques différentes, allant du XIe (absidioles) au XIXe siècle (façade néogothique reconstruite en 1825). À l'intérieur, les piliers de la nef et du chœur, romans, surmontés d'étonnants chapiteaux historiés, se marient avec bonheur à la voûte gothique. Quelques détails remarquables : une rosace en étoile entre la nef et le transept, des claustras de pierre fermant les chapelles latérales, le dais sculpté du chœur. Et des trésors : un vitrail représentant la Vierge de l'Apocalypse dans une des chapelles du XVe siècle, des fresques superbes consacrées à la Dormition de la Vierge, le triptyque de Tassel (début XVIIe s.) illustré par une crucifixion, une pietà du XVe siècle et une tapisserie du Saint-Sacrement de 1510.

Rue aux Fèvres (plan 4, C1) On observe dans cette rue commerçante de belles demeures chalonnaises et, au n°32, le théâtre Piccolo (XVIIIe s.), dont il ne reste que la façade, aimable plagiat de l'Opéra royal de Versailles, arborant de grands pilastres de pierre et des chapiteaux ioniques.

Place de l'Hôtel-de-Ville (plan 4, B1) Cette place aérée, généreusement ensoleillée, est encadrée de monuments majestueux : l'hôtel de ville, construit en 1845 à l'emplacement d'un ancien couvent des Carmes, le musée Denon et l'église Saint-Pierre. Réservée aux piétons, elle attire les Chalonnais qui ont pris leurs habitudes en terrasse sous les étranges mâts luminaires conçus par l'architecte designer Sylvain Dubuisson.

Église Saint-Pierre (plan 4, B2) Au XVIe siècle, les bénédictins érigent un couvent sur ce site. Une église suivra, au début du siècle suivant, réalisée dans le style Contre-Réforme, et dont la façade sera recomposée en 1900. Entrez pour y voir l'orgue de Philippe Hartmann, installé en 1970, et, dans le chœur, tout un petit peuple de statues où se pressent sainte Anne, la Vierge, saint Pierre et saint Benoît… *Place de l'Hôtel-de-Ville*

☆ **Musée Denon (plan 4, B1)** Il est installé dans un ancien couvent des Ursulines du XVIIIe siècle, affichant après maints remaniements une ostentatoire façade néoclassique. *Place de l'Hôtel-de-Ville Tél. 03 85 94 74 41 Ouvert 9h30-12h et 14h-17h30 Fermé mar. Entrée libre Visites découvertes thématiques 3€ (moins de 18 ans gratuit)*

Section archéologique Les collections renferment, entre autres, les silex les plus fins du monde, ceux de Volgu, taillés en feuilles de laurier à l'époque solutréenne. Ces lames blondes dont on admire la réalisation virtuose sont classées parmi les armes d'apparat. Exhumés de l'inépuisable gisement que constitue le lit de la Saône, les vestiges gallo-romains participent à la réputation du musée, qui s'illustre aussi par les sculptures et stèles funéraires dont l'une, chef-d'œuvre de l'art antique, représente un gladiateur terrassé par un lion. Autre centre d'intérêt, les "trésors" livrés par les nécropoles mérovingiennes de la région : bouteilles, gobelets, bijoux, armes…

Section Beaux-Arts Le champ est vaste, couvrant la création artistique du XVIe au XXe siècle (écoles française, italienne et flamande). Quelques œuvres remarquables : une *Vue de Venise* de Bassano (1557-1622), une étonnante *Vierge à la bouillie* de Bernardo Strozzi (1581-1644), le *Retour de Perséphone* du Napolitain Luca Giordano (1634-1705), dont le style décoratif préfigure le rococo, ou encore une *Tour Eiffel* (1982) de Robert Delaunay. L'art d'hier est mis en perspective avec celui d'aujourd'hui, ce dernier étant représenté, entre autres, par une généreuse donation du sculpteur contemporain Jean-Louis Faure (né en 1931), dont l'œuvre singulière porte un regard critique sur l'Histoire. Son invraisemblable *Machine à espionner les porcs*, inspirée par les travaux de Charcot sur l'hystérie, ne laisse personne indifférent.

PRÉCURSEUR DE LA MUSÉOLOGIE

Graveur, écrivain, diplomate, collectionneur, Vivant Denon (1747-1825) obtient les faveurs de Napoléon Ier qu'il accompagne en Égypte, avant d'organiser le musée du Louvre à partir de 1802. Le musée Denon présente un éventail représentatif de son œuvre graphique, ainsi qu'un documentaire réalisé autour du témoignage d'historiens d'art et d'artistes commentant ses gravures de voyage, retraçant sa vie.

● **Où prendre le pouls de la création ?** Boutique à trésors, Acte 2 choisit ses créateurs au coup de cœur ! Superbes vases poissons, luminaires hors normes, compositions en fil de fer viticole, bijoux, peintures et objets improbables, poétiques et cocasses... l'œil s'amuse et s'émeut. Une cinquantaine d'artistes et d'artisans sont exposés ici pour un survol de la création bourguignonne. Autre originalité du lieu : un espace pour enfants, sur le berceau desquels se penchent des designers créatifs. **Acte 2 (plan 4, C1 n°40)** *37, rue aux Fèvres Tél. 03 85 91 16 90 Fermé lun., mer.*

Plan 4 Chalon-sur-Saône

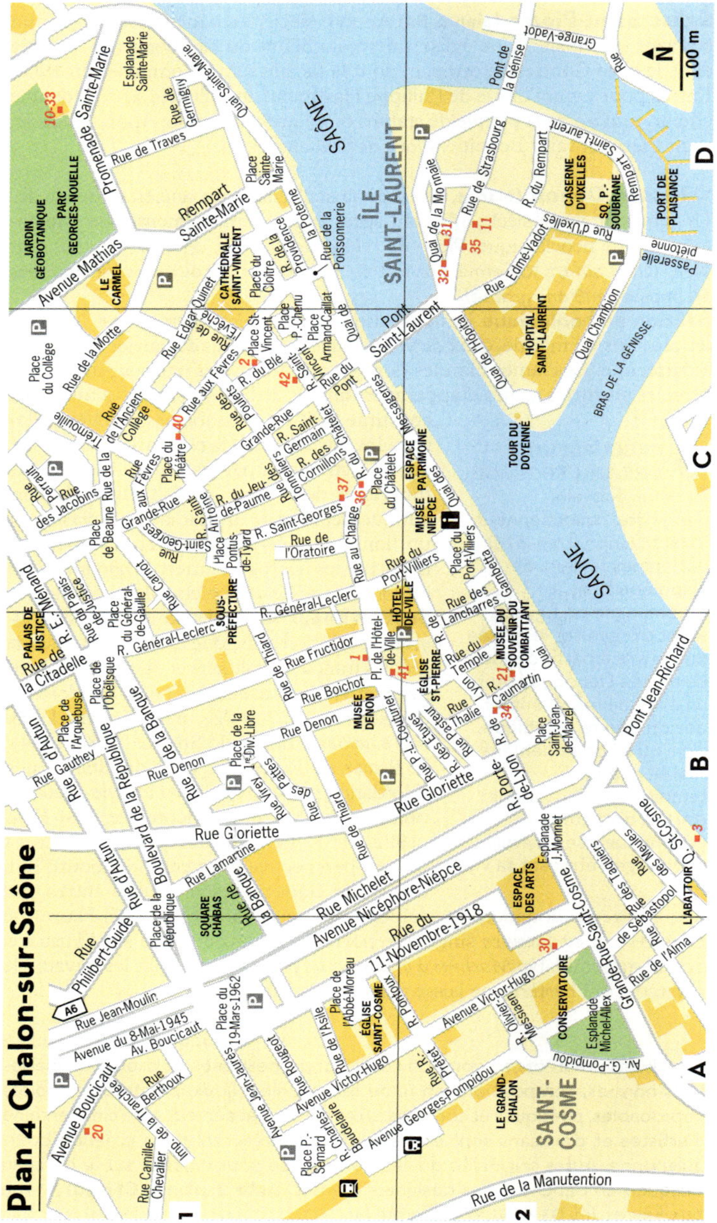

Cafés, bars et lieux de sortie (nos 1 et 2)
Café Charbon* **1** B1
Le 120 **2** C1

Cavistes (nos 10 et 11)
La Maison des vins de la côte chalonnaise* **10** D1
Terroirs et millésimes* **11** D2

Hébergement (nos 20 et 21)
À la villa Boucicaut **20** A1
Hôtel Saint-Jean **21** B2

Restauration (nos 30 à 37)
À table ! **30** A2
Chez Jules **31** D2
Da Nunzio **32** D2
La Maison des vins **33** D1
La Pierre vive **34** B2
Le Bourgogne **35** D2
Le Cha'lon **36** C1
L'Intégral* **37** C1

Shopping (nos 40 à 42)
Acte 2* **40** C1
Chez Allex* **41** B1
Gallet traiteur* **42** C1

*À RETROUVER DANS LA PARTIE DÉCOUVRIR

● Où boire un verre, manger sur le pouce ? Le Café Charbon, avec sa façade amusante et sa terrasse chaleureuse, est bien l'adresse la plus originale de la place de l'Hôtel-de-Ville. Les vins servis au verre accompagnent des petits plats réjouissants : assiette P'tit Louis à midi (viande mijotée aux aromates, ses 4 légumes et son fruit, 10,50€) ou le "croque toasté" du soir. Sans oublier ses desserts pleins de malice, dont l'un, divin, à base de meringue. **Café Charbon (plan 4, B1 n°1)** *14, place de l'Hôtel-de-Ville Tél. 03 85 94 06 11 Ouvert mar.-sam. 8h-21h30 Fermé 2 semaines en février et 2 semaines en août*

● Où s'offrir un pique-nique chic, céder à la gourmandise ?
Gallet traiteur (plan 4, C1 n°42) Chaque mets proposé par ce traiteur est une composition subtile, régal pour l'œil et les papilles. On peut craquer pour un fondant de saumon aux crevettes, un tiramisu de langoustines ou un marbré de caille et pintade mi-figue mi-raisin... histoire de s'offrir un pique-nique royal. Gallet propose également des fromages affinés et des "prêts-à-manger". Plateau-repas froid à 9,50€. *8, rue Saint-Vincent Tél. 03 85 48 39 15 Ouvert mar.-sam. 9h-12h30 et 15h-18h, dim. 9h-12h Fermé 2 semaines en août*
Chez Allex (plan 4, B1 n°41) Sanctuaire du chocolat, Chez Allex sélectionne les meilleurs crus de cacao et les torréfie dans son laboratoire, assurant ainsi une base irréprochable à ses recettes finement élaborées. Le tout sans conservateurs ni colorants. L'adresse nous livre des gourmandises d'exception (chocolats, nougats, caramels, glaces et pâtisseries) auxquelles il est difficile de résister. *11, place de l'Hôtel-de-Ville Tél. 03 85 48 04 52 Ouvert lun.-ven. 8h30-19h30, sam.-dim. 8h-19h30 Fermé en août*

Les quais

Dessinés pour l'essentiel au XVIIIe siècle, et alors destinés au trafic fluvial, les quais sont aujourd'hui livrés à la circulation automobile. Pas de commerces, encore moins de terrasses. On les longe néanmoins avec plaisir, tournant le regard vers la Saône et vers l'île Saint-Laurent, intemporelle et fleurie.

Musée du Souvenir du combattant (plan 4, B2) Hommage aux maquis de la région, évocation de la ligne de démarcation, de la déportation et de la libération de Chalon : la Seconde Guerre mondiale est le sujet phare de ce musée, mais ne sont oubliés ni les précédents conflits mondiaux, ni les guerres d'Indochine ou d'Algérie. Témoignages de combattants, armes, décorations et, surtout, une intéressante collection d'uniformes. *4, rue du Temple Tél. 03 85 43 03 03 Ouvert 14h-18h Fermé mar. Tarif 3€, réduit 1€, moins de 12 ans gratuit*

☆ **Musée Niépce (plan 4, C2)** Niépce est immortalisé dans le bronze, place de Port-Villiers. À deux pas, son musée est installé dans l'ancien hôtel des Messageries royales (XVIIIe s.). Créé en 1974, il aura fallu quatre décennies pour le constituer. C'est l'une des collections les plus riches et originales d'Europe, représentant plus de trois millions d'images retraçant l'histoire de la photographie depuis les héliographies de Nicéphore Niépce jusqu'au numérique. Au fil d'un parcours, exhaustif et initiatique, on croise les daguerréotypes, les premières épreuves couleur de Louis Ducos du Hauron, les cyclographes (photographies panoramiques), les vues stéréoscopiques et l'holographie. Portraits émouvants des débuts, premières réclames, reportages géographiques à valeur documentaire : le musée présente et décrypte les différents univers photographiques, intimes, commerciaux ou pédagogiques… Depuis les inventions visionnaires de Niépce (son diaphragme et sa chambre pliante) jusqu'à la révolution de l'appareil 24x36 qui démocratisera la photographie, le musée endosse toute la panoplie des découvertes technologiques et présente aussi des collectors insolites, comme cet appareil en tout point similaire à celui qu'Armstrong emporta sur la Lune. Enfin, après avoir découvert les pionniers, on se confronte aux œuvres contemporaines les plus innovantes à l'occasion d'importantes expositions temporaires. *28, quai des Messageries Tél. 03 85 48 41 98 www.museeniepce.com Ouvert 9h30-12h et 14h-17h30 Fermé mar. Entrée libre*

SAÔNE-ET-LOIRE

Espace patrimoine (plan 4, C2) Aménagé dans un hôtel particulier du XVIIIe siècle, ce lieu nous convie à une lecture urbanistique de la ville depuis l'époque des enceintes gallo-romaines jusqu'aux extensions récentes des quartiers d'habitat populaire. Une visite érudite avec audioguide. *24, quai des Messageries Tél. 03 85 93 15 98. Ouvert juin-sept. : tlj. 10h-18h ; oct.-mai : mar.-dim. 10h-13h et 14h-18h Tarif 3€, moins de 18 ans gratuit*

Niépce, inventeur lumineux

Né en 1765 à Chalon, rue de l'Oratoire, Joseph Niépce, dit Nicéphore (prénom qu'il s'est choisi), révèle tôt un caractère curieux, en particulier pour la physique-chimie. Ses premières recherches portent sur le pouvoir colorant du pastel. Parallèlement, il invente, avec son frère Claude, le pyréolophore, moteur à explosion destiné à la navigation fluviale, puis la première bicyclette, la draisienne. Fasciné par la lithographie, il étudie l'action de la lumière sur les sels d'argent et découvre, par accident, un procédé pour fixer la réalité : la plaque à émulsion photographique. De là, naît la boîte à images avec un diaphragme à iris, ancêtre des Reflex, avec laquelle Niépce réalise sa première image, "le toit des Gras" – Gras étant le nom de la demeure familiale des Niépce, à Saint-Loup-de-Varennes (transformée en musée, cf. Les environs). Peu après sa mort (1833), son associé Daguerre s'approprie la paternité de l'invention, développant le procédé sous le nom de daguerréotype. Nadar, qui n'était pas dupe, écrivit : "le daguerréotype devrait s'appeler le niépcétype".

● ☺ **Où manger sur le pouce ?** Installé à 50m des quais, via la place du Châtelet, L'Intégral, restaurant-snack, offre un choix cornélien. Se bousculent, à la carte, de bonnes formules de "grignotage" : pâtes, paninis, salades, tartines, crêpes, sandwichs complets. Formules de 9,50 à 11€, des prix doux qui ne négligent ni la qualité ni le décor. **L'Intégral (plan 4, C1 n°37)** *2, rue Saint-Georges Tél. 09 81 93 42 85 Ouvert mar.-dim. 9h30-20h, lun. 9h30-13h30*

● **S'évader au fil de l'eau** *Le Delta* est une belle et ample péniche, pas un de ces bateaux promenade lambda trop largement répandus. Elle navigue sur la Saône, la moins pentue et la plus alanguie de nos grandes rivières. Balade commentée (1h30, 12€, réduit 7€), mais aussi des croisières pique-nique (16€), déjeuner ou dîner (43 à 50€). Restauration de qualité et accueil très *british* par de sympathiques capitaines, Roger et Bryan. **Le Delta** *Rés. à l'OT www.croisières-saonoises.fr*

Île Saint-Laurent

Hôpital Saint-Laurent (plan 4, C2) La façade de l'hôpital Saint-Laurent allait impressionner Victor Hugo en visite à Chalon. Difficile, il est vrai, d'ignorer ce monumental et fier édifice, fondé au XVIe siècle (pignons à redents d'inspiration flamande), remanié au XVIIIe (belle façade centrale à l'antique) et modernisé au XIXe. Hugo y voyait "un hôpital désirable pour les poètes". L'intérieur abrite des trésors souvent ignorés : des pots en faïence, des étains, des boiseries de style rocaille, "luisantes comme du bronze", la table parquetée de 6m de long du réfectoire des sœurs et des vitraux du XVIe siècle. *Départ des visites devant l'ancienne pharmacie (à l'entrée du centre hospitalier) à 15h Oct.-mai : mer. et 1er dim. du mois ; juin-sept. : mer., jeu., ven. et 1er dim. du mois (et tous les dim. juil.-août) Fermé vac. de Noël Tarif 3€, réduit 2,50€, moins de 12 ans gratuit*

Tour du Doyenné (plan 4, C2) Cet édifice du XVIe siècle, initialement implanté au chevet de la cathédrale Saint-Vincent, fut démonté pierre par pierre, vendu, puis racheté par un mécène américain qui le restituera à la municipalité en 1927. Depuis, il se dresse à la pointe de l'île, tel un phare.

Un tour à la cave

Deux très bonnes adresses chalonnaises à retenir pour les amateurs de vin : l'excellent caviste Terroirs et millésimes installé dans l'île Saint-Laurent, où l'on trouve des crus aux prix du domaine (et quelques trésors introuvables ailleurs), et la très sérieuse Maison des vins de la côte chalonnaise, avec ici l'assurance de déguster le meilleur du vignoble pour un rapport qualité-prix inégalé en Bourgogne (cf. GEOVins).

☺ **Terroirs et millésimes (plan 4, D2 n°11)** *36, rue de Strasbourg Tél. 03 85 48 01 48 Ouvert lun.-ven. 14h-18h*

☺ **La Maison des vins de la côte chalonnaise (plan 4, D1 n°10)** *2, promenade Sainte-Marie Tél. 03 85 41 64 00 www.maisonvins.bourgogne.com Ouvert lun.-sam. 9h-19h*

Aux abords du parc Georges-Nouvelle

Jardin géobotanique (plan 4, D1) Délicieux huis clos de 1,5ha, ce jardin se compose d'une mosaïque de milieux naturels où se mêlent plantes cultivées et sauvages. Autant de paysages en miniatures joliment conçus : vigne et cadole pour la côte chalonnaise, pinède et rocaille à cactées pour la Provence, cascade pour le Morvan granitique, etc. Le tout distribué autour d'un plan d'eau. *Place Mathias (en lisière du parc G.-Nouvelle) Ouvert 8h-22h (17h en hiver)*

Les environs de Chalon-sur-Saône

☆ **Les essentiels** La maison Nicéphore Niépce **Découvrir autrement** Offrez-vous une pause réjouissante au jardin d'arts matures, faites une escapade en Bresse, pour son riche écomusée **> Carnet d'adresses p.192**

☺ **Jardin d'arts matures** Cet espace de "verdure à vivre" s'habille chaque année de nouvelles fantaisies, installations éphémères inspirées du land art, tandis que les dépendances abritent des expositions d'art les plus diverses (peinture, sculpture, photographie, design...) et un salon de thé. Nos jardiniers sont eux-mêmes des artistes, et le site, miroir de leur sensibilité, révèle de savantes perspectives, s'organise en tableaux vivants où les topiaires, le potager ornemental, le bassin japonisant, les charmilles, le verger à l'ancienne sont autant de jardins secrets. Quand vous aurez épuisé les charmes d'une conversation avec le grand saule aux frondaisons tentaculaires, avec le chaos des rocailles ou les multiples vivaces, tournez-vous vers les propriétaires pour de nouveaux bavardages. La rencontre est belle avec ces plasticiens enthousiastes et chaleureux. *Chemin de Marnay 71100* ***Lux*** *(3km du centre-ville) Tél. 03 85 93 03 63 www.artsmatures.com Ouvert juin-1re sem. de juil., dernière sem. d'août et 3e sem. de sept. : ven.-dim. 15h-19h Tarif 3€, moins de 18 ans, gratuit*

☆ **Maison Nicéphore Niépce** Voilà la maison de la famille Niépce, héritée de l'arrière-grand-père Antoine, où Nicéphore inventa la photographie. Vendue par les enfants pour éponger les dettes paternelles, la demeure connaîtra bien des remaniements. Le photographe Pierre-Yves Mahé, en devenant locataire d'une partie de la propriété, a réussi à sauver le saint des saints : la pièce où Niépce perfectionna sa chambre obscure et où l'inventeur immortalisa Saint-Loup-de-Varennes en le fixant sur plaques sensibles. La déambulation dans cet univers reconstitué prend la forme de passionnantes visites guidées. Faites un tour à la boutique pour ses ouvrages spécialisés et ses belles copies de la chambre obscure de Niépce. *1, rue Niépce 71240* ***Saint-Loup-de-Varennes*** *(6km au sud de Chalon) Tél. 03 85 94 84 60 ou 01 40 09 18 58 Ouvert juil.-mi-sept. : tlj. 11h-19h (départ toutes les heures) Tarif 6€, réduit 4,50€, enfant 3€*

● **Déguster des escargots dans une ferme hélicicole** Ici, les escargots montent sur les planches. Leur scène ? 900m² en extérieur, cocktail de verdure et de planches aménagées en abris. Les observer, sous la conduite de Jérôme Marchand, est un spectacle cocasse. Et les commentaires de votre hôte, héliciculteur attentif, vous livrent les secrets d'un animal plein de ressources. Au laboratoire, on goûtera les spécialités de la ferme : coquilles à la bourguignonne, feuilletés escargots-roquefort, etc. **Les planches 71** *Rue de la Planche 71370* ***Saint-Germain-du-Plain*** *(10km de Chalon) Tél. 03 85 87 89 04 ou 06 14 12 43 15 Horaires variables téléphoner Visite-dégustation 4€*

La Bresse

☺ **Écomusée de Pierre-de-Bresse** Dans un univers aussi profondément rural, à la lisière d'une bourgade sans histoire, la surprise est de taille : un monumental château (XVIIe s.) aux lignes classiques d'une grande élégance. Son dernier propriétaire, le comte d'Étampes, mort en 1955, a laissé des souvenirs émus. Décrit par les villageois comme "possédant une culture inouïe et un sens du partage qui en faisait le seul véritable philanthrope du coin", l'aristocrate légua son château au conseil général, qui fit du site une vitrine de la vie bressane et un centre culturel. Démarrant par une évocation de la vie de château (reconstitution d'un salon XVIIIe s.), l'écomusée dresse ensuite le portrait exhaustif de la Bresse. Les premières salles décrivent la géologie, les paysages, la faune et la flore régionales. Ces présentations géographiques posées, le musée s'attache aux **arts et traditions populaires** : costumes (incroyables coiffes "à cheminée"), mobilier des XVIIe et XVIIIe siècles (horloges, armoires de mariage, vaisseliers). Suivent les métiers d'antan, évoqués par des reconstitutions d'ateliers : chaisiers, ébénistes, potiers… Sous les combles du château, la salle "habiter et bâtir" présente, sous forme de maquettes, une typologie des églises bressanes et des fermes traditionnelles. Bornes interactives et documentaires nous invitent à nous pencher, avec humanité, sur la vie paysanne et la richesse patrimoniale de la région, où dominent bois et brique. Pour clore la visite, une curiosité : une maquette de cirque ambulant, réalisée avec des matériaux de récupération. Faites une pause au salon de thé, installé dans la superbe rotonde. Le parc, son étang, son enclos à chèvres et à daims, sa clairière à poneys sont en accès libre. *71270* ***Pierre-de-Bresse*** *(38km au nord-est de Chalon) Tél. 03 85 76 27 16 www.ecomusee-de-la-bresse.com Ouvert mi-mai-sept. : tlj. 10h-12h et 14h-18h ; oct.-14 mai : lun.-ven. 10h-12h et 14h-18h, dim. 14h-18h Tarif 6€, 7-18 ans 2€*

SAÔNE-ET-LOIRE

L'écomusée éclaté de la Bresse

L'écomusée de Pierre-de-Bresse a créé à travers toute la Bresse bourguignonne des antennes thématiques. À Verdun-sur-le-Doubs, on visite la **Maison du pain**, à Saint-Martin-en-Bresse, la **Maison de la forêt**. Animaux de trait et machines agricoles vous donnent rendez-vous à Saint-Germain-du-Bois, à la **Maison de l'agriculture**. À Rancy, riche en laîches (prairies humides), le **musée des Chaisiers et Pailleuses** évoque le savoir-faire d'artisans dont les derniers représentants offrent encore des démonstrations. L'**atelier de *L'Indépendant***, au musée de l'Imprimerie de Louhans, vous immerge au cœur du journalisme naissant (cf. Tournus, Les environs). Enfin, dernier-né, l'**écomusée du Terroir et de la Volaille**, installé à Romenay dans une ferme bressane superbement restaurée.

CARNET D'ADRESSES

Lieux de sortie

Consultez le programme de l'Espace des arts, scène nationale (Tél. 03 85 42 52 00) ; du théâtre Piccolo (Tél. 03 85 42 52 12) ; et celui de l'Abattoir, Centre national des arts de la rue (Tél. 03 85 90 94 70), et de sa salle de concerts, La Péniche.

Bar

☺ **Le 120 (plan 4, C1 n°2)** Bar à vins et à tapas à l'ambiance cosy. Un crémant à l'apéritif sera, entre amis, le prélude à des soirées plus délurées, qui s'emballent à minuit autour d'un malt irlandais. Plafond aux boiseries apparentes, murs laqués framboise, ce bar de copains, taillé pour la convivialité, offre cent vins à la carte (à partir de 4€), que l'on peut accompagner d'une assiette de charcuteries et de fromages. *3, rue du Blé 71100* ***Chalon*** *Tél. 03 85 93 29 91 www.le-120.com Ouvert mar.-sam. 18h-1h, dim. 10h-14h*

Restauration

petits prix

☺ **La Pierre vive (plan 4, B2 n°34)** Cuisine uniquement végétarienne, majoritairement bio et entièrement "maison". Laissez-vous guider par l'instinct, les buffets sont en libre-service. Une soupe, des tartes, des crudités, des céréales cuisinées, des légumes du potager... Un large choix pour une formule à 12€ (13€ avec le dessert), une salle à manger claire et conviviale, bref, un lieu chaleureux, piloté par des Chalonnais amateurs d'art et de musique électro. *33, rue de Lyon 71100* ***Chalon*** *Tél. 03 85 93 26 50. Ouvert mar.-ven. 11h30-15h30*

À table ! (plan 4, A2 n°30) Décoration au goût du jour, accueil radieux et recettes mitonnées sur place devant vos yeux. On pratique ici une cuisine de retour de marché, toute simple, proposée dans une formule à 12,50€ (plat du jour + dessert) ou en assiettes gourmandes avec croques croustillants (12€) qui font un repas sain et complet. Parmi les spécialités : le poulet quinoa et sa fondue carottes-poivrons. *4, av. Victor-Hugo 71100* ***Chalon*** *Tél. 03 85 93 44 81. Ouvert lun.-ven. 11h45-14h Fermé 3 semaines en août*

La Maison des vins (plan 4, D1 n°33) On aime la terrasse ouverte sur le parc Georges-Nouvelle, la lumière prodiguée par les larges baies vitrées. On raffole moins du décor un peu désuet, mais l'essentiel est là, dans l'assiette : l'émincé de canard au cassis ou la pièce de bœuf sont traités avec subtilité. Heureuse escapade italienne au dessert, avec un bon tiramisu, et une exploration viticole sans fausse note, avec une carte chalonnaise bien charpentée. Plat du jour 12€, menus

GAMME DE PRIX	RESTAURATION	HÉBERGEMENT
Très petits prix	moins de 12€	moins de 30€
Petits prix	de 12 à 18€	de 30 à 50€
Prix moyens	de 18 à 25€	de 50 à 75€
Prix élevés	de 25 à 45€	de 75 à 115€
Prix très élevés	plus de 45€	plus de 115€

de 18 à 40€. *2, promenade Sainte-Marie 71100* ***Chalon*** *Ouvert mar.-sam. midi et soir*

prix moyens

☺ **Da Nunzio (plan 4, D2 n°32)** L'Italie cuisinée à la lettre ! N'ayez pas le réflexe pavlovien de commander des pâtes (bien que les petites pâtes sardes ou les *tortellini in brodo* soient excellents), il y a ici tant de plats succulents qu'on peut céder à d'autres curiosités. La fricassée d'encornets, les noix de saint-jacques et artichauts toscans, les lasagnes croustillantes, l'omble chevalier cuisiné à l'huile d'olive noire avec ses fleurs de brocolis évoquent l'Italie que l'on aime, avec ici ce petit supplément d'âme qui fait la différence. Desserts divins et dives bouteilles. Menus de 18€ (sem.) à 50€. *3, rue de Strasbourg 71100* ***Chalon*** *Tél. 03 85 48 39 83 www.danunzio-restaurant.com Ouvert lun.-mar. et ven.-dim.*

Le Cha'lon (plan 4, C1 n°36) Une maison de confiance au confort chaleureux, dans une demeure historique du centre. La terrasse, ombragée en été, ou la salle reçoivent pour une cuisine franche misant sur le produit frais et de bons plats de brasserie : poisson sauvage cuit à la minute, viande du marché, tête de veau, choucroute ou ris de veau. À midi, des formules à 15,50€ (plat du jour + entrée ou dessert) et deux menus à 18,50 et 22€, ce dernier autour d'un fameux cœur de rumsteck. Le soir, le Cha'lon aborde une gastronomie plus sophistiquée (menus 21,50 et 25€). Service jusqu'à 23h (rare à Chalon) et ouverture dès 9h pour un verre en terrasse. *12, place du Châtelet 71100* ***Chalon*** *Tél. 03 85 48 06 58 www.barchalon.com Ouvert lun. midi, mar. midi et mer.-dim. Fermé oct.-avr. : dim. soir*

Et aussi

Chez Jules (plan 4, D2 n°31) Des coqs sculptures, des coqs photos et des coquelicots animent la sobriété du lieu. L'affaire tourne rond autour de valeurs simples et de produits frais. La viande sort des pâturages de la région et le sandre, tout frétillant, de la Saône. Jérôme Ruget, aux fourneaux, ennoblit ces saveurs franches : le poisson se parfume au fumet de vin rouge, le bœuf épouse l'époisses, le pied de veau se confit à l'ancienne. Autre mariage réussi, le veau en croûte de lait ou la sardine grillée aux poivrons marinés. D'excellents et originaux desserts, telle cette île flottante aromatisée thym et lavande. En salle, Lucien Gomez, à la tête d'une équipe jeune, assure un service attentif. Menus de 19 à 36€. *11, rue de Strasbourg 71100* ***Chalon*** *Tél. 03 85 48 08 34 Ouvert tlj. lun.-ven. 12h30-13h30 et 19h-21h30, sam. 12h30-13h30*

☺ **Le Bourgogne (plan 4, D2 n°35)** On s'installe confortablement dans un décor classique aux touches rétro avenantes. Service en douceur pour une cuisine qui honore avec élégance les traditions bourguignonne et française, à travers une symphonie de saveurs nobles : foie gras, ris de veau et langoustines safranées, filet de charolais Rossini, bar au fenouil, etc. Ce restaurant d'une régularité absolue se hisse dans le peloton de tête des tables chalonnaises. Menus de 19 à 50€. *28, rue de Strasbourg 71100* ***Chalon*** *Tél. 03 85 48 89 18 www.restau-lebourgogne-chalon.fr Fermé lun., sam. midi, dim. soir, 1re sem. de mai et 1re quinzaine de juil.*

Hébergement

petits prix

☺ **Hôtel Saint-Jean (plan 4, B2 n°21)** Pour ceux qui veulent dormir dans le lit de la Saône (ou presque), l'hôtel Saint-Jean propose des chambres avec vue. On est sur les quais, mais suffisamment en retrait pour échapper aux nuisances de la circulation. Du charme, celui d'un ancien hôtel particulier patiné par le temps, un accueil attentionné, quasi familial, et des prix sages pour 25 chambres simples, soignées et faciles à vivre. Double 56€, petit déj. 6€. *24, quai Gambetta 71100* ***Chalon*** *Tél. 03 85 48 45 65 www.hotelsaintjean.fr*

prix élevés

☺ **À la villa Boucicaut (plan 4, A1 n°20)** Ce havre de paix insoupçonnable est retiré dans un quartier résidentiel proche de la gare. La façade donne le ton, qui se dissimule sous une fresque en trompe l'œil aux dessins champêtres primesautiers. Cette originalité ne faiblit pas à l'intérieur, où l'élégance prime sur l'humour : on tient là un hôtel de charme, dirigé par des esthètes, une délicieuse "maison d'hôtes" qui offre le sentiment d'être chez soi. La décoration a de l'esprit, avec une ligne contemporaine rehaussée de touches d'inspiration baroque. Votre chambre, douillette et lumineuse, ouvrira sur le jardin (ou sur un balcon à l'étage). Une douzaine de chambres à 98€, certaines communicantes. Petit déj. 9,50€. Parking privé, 7€. *33 bis, av. Boucicaut 71100* ***Chalon*** *Tél. 03 85 90 80 45 www.la-villa-boucicaut.fr*

Restauration, hébergement

Dans les environs

petits prix

☺ **Restaurant L'île Chaumette** Un paysage à grand spectacle mis en scène par une Saône qui multiplie les effets de manche, se dédoublant en bras vifs et bras morts pour enserrer une presqu'île. Au milieu des eaux, un restaurant avec des vues sauvages et une ambiance amicale. Les enfants nourrissent les cygnes et les canards pendant que les grands s'offrent un crémant en regardant ondoyer la rivière. On viendra ici en priorité pour la friture, les grenouilles, le sandre et le brochet, mais sont servies aussi d'honorables spécialités carnées (pavé à l'époisses, poulet à l'écrevisse ou magret et aiguillettes de canard). Menus de 16,50 à 28€. *71480* ***Épervans*** *(4km au sud de Chalon par la D933) Tél. 03 85 96 60 75 Ouvert mars-déc. : lun. et jeu.-dim.*

prix moyens

Hôtel-restaurant Aux berges de Saône Un chemin de halage, en bord de Saône, comme une image sépia peuplée de pêcheurs à la ligne qui guettent les carpes. À quelques pas des berges, cet hôtel-restaurant dispose de terrasses, de salons et de tonnelles, sous les arbres. La table, baptisée Ma campagne, met à l'honneur le poisson de rivière : farci d'anguilles à l'aneth, dos de brochet rôti, goujonnette de carpe, brochette de saint-jacques et sandre. Quelques viandes de région pour les inconditionnels du bœuf charolais. Votre hôte, Christian Belleville, qui est aussi viticulteur, fait déguster ses rully et mercurey. Menus de 17 à 35€, plats à la carte de 15 à 19€. Une douzaine de chambres à partir de 55€, petit déj. 9€. 56, *quai Bellevue 71100* ***Saint-Rémy*** *(2km du centre de Chalon, dir. Lyon) Tél. 03 85 48 33 80 www.hotel-restaurant-macampagne.com Ouvert mar.-dim. midi*

Chambres d'hôtes La Corteline
Pour un séjour au vert qui requinque ! Demeure d'âge vénérable, restaurée avec art, La Corteline s'habille de teintes naturelles d'écru, de gris taupe ou d'ivoire qui font bon ménage avec l'esprit campagnard des lieux. Trois chambres bucoliques où l'on peut prendre ses aises, nettes et douillettes, à 65, 70 et 75€, petit déj. compris. *5, rue des Marronniers, le Cortelin 71100* ***Saint-Rémy*** *(4km du centre de Chalon sur la N80, dir. Montceau-les-Mines) Tél. 03 85 48 97 92 ou 06 84 34 91 93 www.lacorteline.com*

prix élevés

Restaurant L'Amarillys de Martorez
La N80 et l'autoroute ne sont pas loin, et pourtant on se retrouve ici au cœur d'un bosquet providentiel émergeant de la plaine chalonnaise. Au bout du chemin, un ancien moulin du XVIIIe siècle qui brasse toujours les eaux de la rivière sert de cadre à une excellente table. On s'attardera dans le petit salon pour un apéro chaleureux, avant de passer dans la salle largement ouverte sur le bief et avec vue sur les entrailles du moulin. Mais rien ne vous distraira de l'assiette, où les classiques bourguignons sont chatouillés par une modernité créative. Escargots en brochette, tête de veau pressée et frite, lapin au sang… traités avec esprit par Cédric Burtin, jeune chef étoilé, et servis avec la réserve qui sied aux grandes tables. Menus 37, 46 et 58€. *Chemin de Martorez 71100* ***Saint-Rémy*** *(4km du centre de Chalon, dir. Montceau-les-Mines) Tél. 03 85 48 12 98 www.lamaryllis.com Ouvert mar. midi-dim. midi*

☺ CÔTE CHALONNAISE

De Chagny à Saint-Gengoux-le-National, la vigne en rangs serrés trame le paysage, menant le regard vers d'amples horizons de collines aux reliefs doux, admirablement agencés par la nature. L'homme a fait le reste, travaillant une terre rouge qui apparaît à vif sous les ceps, entretenant les forêts et bocages. Les bourgades, champêtres mais vivantes – Givry ou Buxy –, ont du charme ; et l'on peut se perdre dans des vallons préservés ou découvrir encore d'illustres châteaux (Germolles, Rully)… Un vrai bonheur à parcourir par la Voie verte ou en suivant ces routes buissonnières dont la région a le secret.

MODE D'EMPLOI

accès en voiture

Pour explorer la Côte, rejoindre Givry (10km de Chalon-sur-Saône), ou du nord au sud par Chagny (18km), et suivre les panneaux "Route des vins".

informations touristiques et location de deux-roues

Office de tourisme de Chagny Visites guidées du patrimoine. Location de deux-roues 10€ la 1/2 j., 15€/j. *2, rue des Halles 71150* ***Chagny*** *Tél. 03 85 87 25 95 www.chagny-bourgogne-tourisme.com Ouvert juil.-août : lun.-sam. 9h-12h30 et 14h-18h30, dim. 10h-12h30 ; mars-juin et sept. : lun.-sam. 9h-12h et 14h-18h ; oct.-fév. : lun.-sam. 9h30-12h et 14h-17h30*

Office de tourisme de Givry En été, l'OT s'installe dans la halle ronde, place centrale, qui accueille également une exposition d'art et une boutique de produits locaux. Location de deux-roues 12€ la 1/2 j., 17€/j. *2, rue de l'Hôtel-de-Ville 71640* ***Givry*** *Tél. 03 85 44 43 36 http://givry.tourisme.71.free.fr Ouvert juil.-août : tlj. 9h30-12h30 et 14h30-18h30, hors saison : mar.-ven. 9h-12h30 et 14h-17h30, sam. 9h-12h*

Office de tourisme de Buxy Visites guidées, sorties découvertes thématiques, fiches de randonnées. Location de deux-roues *10€ la 1/2j, 15€/j. Place de la Gare (le long de la Voie verte) 71390* ***Buxy*** *Tél. 03 85 92 00 16 www.buxy-tourisme.com Ouvert avr. et oct. : tlj. 9h30-12h30 et 13h30h-17h30 ; mai-sept. : tlj. 9h30-12h30 et 13h30-18h30 ; nov.-mars : lun.-ven. : 9h-12h30 et 13h30-17h30 Fermé 1er mai et 23 déc.-10 jan.*

fêtes et manifestations

La chasse au trésor La côte chalonnaise organise un rallye vélo-auto où l'on chemine d'énigme en surprise, à la rencontre des viticulteurs. *Avril*

Les Musicaves Programmation éclectique de concerts arrosés de vin de pays ***Givry et environs*** *www.musicaves.fr Fin juin-début juil.*

Les Nuits du Mont Rome Festival de musique classique dans un site naturel panoramique : le mont Rome transformé en théâtre de plein air. *71510* ***Saint-Sernin-du-Plain*** *Tél. 03 85 45 52 78 www.nuitsdumontrome.isisprod.org Fin juin*

DÉCOUVRIR

☆**Les essentiels** Le château de Rully, la Route des vins, le château de Germolles **Découvrir autrement** Faites une étape gourmande à l'Annexe des chais de Givry ➤ Carnet d'adresses p.202

Chagny

Les visiteurs les moins pressés aborderont Chagny, étape fluviale, par le canal du Centre ou par la Voie verte. Chagny invite à visiter son apothicairerie, son église Saint-Martin, d'inspiration cistercienne, ses tours de guet et son port de plaisance, charmant. *À 18km au nord de Chalon-sur-Saône*

● **S'évader à bord d'un escargot flottant** De la rencontre fortuite mais fructueuse entre Giacomo Gadola, architecte suisse, et Philippe Papillon, ébéniste, est né l'Escargu'eau : une maison sur l'eau originale, alternative confortable aux pénichettes standard. Ainsi a été créé le Snaily, "appartement flottant" qui allie chic et sécurité. Tout y est conçu avec astuce : cabines avec des lits de taille normale, salon, cuisine de 10m², etc. On peut désormais rêver au fil du canal, sans hâte (6km/h), dans une coque douillette. À partir de 1 700€/sem. pour 4 pers. Réservez, les Snaily sont très courtisés. **Escargu'eau** *Pont de Bouzeron 71150* ***Chagny*** *Tél. 06 98 58 85 90 www.snaily.ch. Ouvert avr.-oct.*

Rully et alentours

Dressé sur son tertre, happant tous les regards, le château force l'admiration. Rully, c'est un château prestigieux, donc, et de grands vins. Ce village cossu vinifie des rouges, des blancs et du crémant, tenus au secret dans de nobles domaines. Tout, dans les rues apaisées de Rully, respire le calme et l'aisance.
À 5km au sud de Chagny

☆ ☺ **Château de Rully** La route se hisse par-dessus les vignes et s'élève en panorama jusqu'aux communs, un ensemble magistral construit au XVIIIe siècle. *71150* ***Rully*** *Tél. 03 85 87 20 89 www.chateauderully.fr Ouvert en juil.-août : mar.-dim. 12h30-18h30 pour la visite libre des dépendances et du parc (expositions et dégustation) Tarif Exposition 4€, dégustation 2€ Visites guidées du château : mer.-dim. à 15h, 16h et 17h Tarif 4€*

Communs L'obsession de la symétrie, chère au XVIIIe siècle, prend là quelques libertés et se coiffe de toits en pierre (les laves, en patois). Un matériau qui compose ici le plus grand déploiement de toitures de pierre de Bourgogne. Si leur architecture à elle seule subjugue, les dépendances du château retiennent l'attention pour d'autres raisons. Les **expositions d'art** y convoquent des signatures prestigieuses, sous la houlette de Sara Sarras qui avoue un faible pour les arts singuliers. De l'art encore au cellier, mais viticole cette fois-ci. La maison Antonin Rodet, qui exploite les 45ha de vignobles du domaine, vous fait découvrir ses premiers crus lors de **dégustations commentées**.

Logis Clôturant l'admirable perspective offerte par les communs, le château s'impose comme une forteresse médiévale (fin XIIe s.) transformée au fil du temps en logis de plaisance. Par on ne sait quel miracle, la même famille

Pédaler sur la Voie verte

De Chalon à Saint-Léger-sur-Dheune, la Voie verte, itinéraire cyclable plat, roulant mais peu ombragé, longe l'ancien chemin de halage du canal du Centre sur 31km. Enchanteresse à hauteur de Rully, où apparaissent les premières vignes, elle se poursuit vers Bouzeron, Chagny, Santenay, Cheilly-lès-Maranges. Des boucles de cyclotourisme prolongent ce parcours, comme celle du vignoble de la côte chalonnaise (21km, 2h) à partir de Buxy (cf. Côte chalonnaise). *Consulter le site www.le-tour-de-bourgogne-a-velo.com ou www.bourgognedusud.com*

habite ici depuis les origines, c'est-à-dire depuis huit siècles. C'est un château habité, dans tous les sens du terme, où s'inscrivent l'épaisseur et la patine du temps. La châtelaine, Brigitte de Ternay, ouvre ses portes. Cette conteuse-née pioche dans les anecdotes familiales, décrypte les architectures et survole l'histoire avec un enthousiasme vite contagieux qui "désennuiera" les plus blasés. On la suit du vestibule, qui abrite un leurre en cuir médiéval (mannequin destiné à tromper l'ennemi), jusqu'à la salle de billard, où l'un de ses ancêtres a sculpté un étonnant mobilier (coffre, table, meuble à secrets), médaillé d'or à l'Exposition universelle de 1889. Dans l'intervalle, on aura vu, entre autres, l'immense cuisine voûtée, nichée au rez-de-chaussée du donjon, la luxueuse salle à manger, ornée d'un plafond haussmannien et d'une mosaïque fignolée par des artistes italiens. Les siècles se télescopent à travers cette visite personnalisée dont on méditera les enseignements en parcourant ensuite les allées du parc à l'anglaise.

Bouzeron Caché à l'écart des routes entre les collines de l'Ermitage et de la Folie, Bouzeron, village pittoresque aux demeures vigneronnes à galeries serrées autour d'une église du XIIe siècle, s'est taillé une solide réputation avec sa production de vins blancs issue du cépage aligoté (cf. GEOVins). *6,5km au nord de Rully*

Mercurey et la vallée des Vaux

Mercurey La vie s'écoule ici autour de vins rubis et parfumés, qui, selon les connaisseurs les plus exigeants, supportent allègrement la comparaison avec les grands crus de Beaune. Ils sont moins chers, c'est tout. La rue principale aligne les demeures des XVIIIe et XIXe siècles de la bourgeoisie viticole, et Mercurey s'éparpille ensuite en une constellation de hameaux qui méritent le détour :

☆ Sur la Route des vins

Laissé pour mort, à la fin du XIXe siècle, après la crise du phylloxéra, le vignoble de la côte chalonnaise a vu sa résurrection sur les coteaux les mieux exposés avec des cépages nobles (pinot noir, chardonnay, aligoté et gamay). En 1990, les efforts sont récompensés par l'attribution d'une AOC **bourgogne-côte-chalonnaise**, vins injustement méconnus. La Route des vins, balisée par des panneaux, conduit de Cheilly-lès-Maranges à Saint-Gengoux-le-National, soit un parcours d'environ 70km.

Une escapade s'impose également vers le **pays des Maranges** où l'on musardera de village en village. Dezize-lès-Maranges, Sampigny, Cheilly, autant de "capitales" viticoles longtemps confondues avec celles de la côte de Beaune, mais érigées depuis 1989 en une appellation communale : maranges. On peut ensuite s'évader vers le **Couchois** (cf. Autun), autre détour d'environ 20km où, là encore, on retrouvera le savoir-faire vigneron avec les bourgognes côtes-du-Couchois, vins robustes issus du pinot noir. *Cf. GEOVins*

Chamirey, Jamproye, Clos l'Évêque ou encore Touches, si touchant, en effet, avec ses architectures vigneronnes fleuries et son église, nettement romane, aux puissants contreforts. *À 11km au sud de Chagny et 6km au sud de Rully*

☆ **Château de Germolles** Ce domaine est chanceux ; ses propriétaires actuels lui vouent un culte amoureux et la visite est un moment d'érudition et de passion. D'abord, le rez-de-chaussée, dédié aux services. Outre une cuisine aux décors médiévaux recréés au XIXe siècle et des objets de piété, issus d'une collection particulière, on croisera une cheminée d'apparat dont les piliers datés du XIVe siècle sont l'œuvre de Claus Sluter (v. 1360-1406), sculpteur à la cour des ducs de Bourgogne. L'étage recèle le trésor de Germolles, exemple quasi unique en France de **peintures murales médiévales** de la fin du XIVe siècle. Elles sont ici à motifs de chardon (symbole de fidélité et de protection), sur fond de prairie où s'enlacent les initiales du couple ducal. Retour au XIXe siècle, dans le cellier, vestige du château d'origine, qui se développe en un superbe volume voûté gothique. Deux chapelles, l'une romane, l'autre gothique, complètent la visite qui se clôturera par une promenade dans un parc romantique aux essences rares. *71640* **Germolles** *(Mellecey, 4km au sud-ouest de Mercurey) Tél. 03 85 98 01 24 www.chateaudegermolles.fr Ouvert mi-mars-avr. et mi-oct.-mi-nov. : mar.-dim. 14h-18h (et lun. de Pâques) ; mai-mi-oct. tlj. 9h45-12h30 et 14h-19h30 jan.-mi-mars : sur rdv Tarif Château et parc 7,50€, réduit 3,50€, moins de 12 ans 1,50€ (parc seul 2,50€, réduit 1,50€, moins de 12 ans gratuit)*

Vallée des Vaux Parcourue par l'Orbize, la vallée des Vaux est un de ces petits édens où la nature s'affirme avec douceur. La vigne cède du terrain

SAÔNE-ET-LOIRE

Palais princier des ducs de Bourgogne

Deux mots d'histoire : nous sommes en 1380 ; Philippe le Hardi, premier duc de Bourgogne de la dynastie des Valois, offre le **domaine de Germolles** à son épouse, Marguerite de Flandre. C'est alors un château fort martial et massif. Le couple ducal, l'un des plus influents de l'Europe occidentale, mérite mieux qu'une forteresse à l'ancienne. Marguerite de Flandre entreprend des travaux pharaoniques, convoquant architectes, peintres et sculpteurs en vogue, pour s'offrir une villégiature de plaisance et assouvir son amour de la campagne. Elle sera ici une princesse-bergère s'intéressant aux bovins du Charolais, cultivant les roses et introduisant le mouton dont la laine fit la prospérité de son pays natal. Le nouveau palais est une réussite, que le couple montrera au roi Charles VI, invité en 1390. S'il a changé, subi avanies et démolitions aux XVIIIe et XIXe siècles, ce château n'en est pas moins l'un des mieux conservés de la glorieuse époque des grands ducs de Bourgogne, et il a gardé l'essentiel : son air de noblesse. La saison culturelle de Germolles (soirées théâtrales ou musicales, conférences) fait revivre, d'octobre à mai, les fastes de la cour ducale.

aux forêts, aux pâtures et aux eaux vives et les reliefs se font plus tourmentés. Mellecey ouvre la vallée. Le château de Germolles y voisine avec une grotte néolithique. Suivent **Saint-Jean-de-Vaux** (maisons à galeries, croix rogatoire face à l'église romano-gothique), **Barizey** (bel ensemble de maisons rurales dont un presbytère XVIIIe s.), Saint-Denis-de-Vaux ou encore **Saint-Mard-de-Vaux** (ferme fortifiée, calvaires et une forêt immense couvrant la colline du Montabon). Un formidable terrain de jeu pour les amateurs de randonnée (cf. Mode d'emploi, OT de Givry).

● Se balader avec des ânes Les chèvres, les poules, les oies et les dindons de l'Asinerie de l'Orbize attirent l'attention des enfants, mais les vedettes de la ferme sont les ânes. Ils vous accompagneront pour des balades de 5 à 15km. Parmi celles-ci, la "visite historique" est la plus alléchante : un après-midi entier passé au rythme d'une calèche tirée par une paire d'ânes. Leurs maîtres, Bernadette et Hugo, vous font découvrir la région : le château de Germolles (visite guidée et parcours en attelage dans le parc), halte dégustation chez un viticulteur et passage à gué de l'Orbize. Tarif 300€ (2 à 4 pers.). **Asinerie de l'Orbize** *Route de la Vallée 71640* ***Mellecey*** *(4km au sud de Mercurey) Tél. 03 85 48 15 93*

● S'évader en Willys Grimpez dans une jeep historique de type Willys, conduite par un chauffeur qui fera office de guide. Des circuits hors des sentiers battus vers la côte chalonnaise - entre autres — vue sous des angles inédits : villages vignerons, pauses dégustations et incursion dans la vallée de Vaux. À partir de 60€ (2 pers.). **Bresse Willys** *Tél. 06 88 80 10 61 Toute l'année sur rés.*

Acheter des bons crus

À ma cave Christelle et Hubert Bureaux ont créé leur cave à vin pour faire déguster les crus de leur domaine et ceux de viticulteurs amis. L'occasion de goûter d'excellents mercurey mais aussi une gamme de rully, givry, etc. et des crémants (de 4,50 à 30€). *40, Grande-Rue 71640* ***Mercurey*** *Tél. 03 85 45 28 28 www.amacave-mercurey.com Ouvert lun.-sam. 9h-12h et 14h-18h30, dim. 10h-12h*

Cave des vignerons de Buxy 80 ans d'âge, l'enthousiasme des premiers jours et l'expérience en bonus ! Plus de 370 vignerons adhèrent à cette institution, enracinés pour la plupart dans la tradition viticole chalonnaise mais accueillant des collègues du Mâconnais. La gamme est complète : des premiers crus de Montagny, tel le divin Les Chaniots, des givry, des rully, des mercurey, etc., tous répondent à l'appel. Dégustations commentées et visite guidée des caves et cuveries avec projection d'un documentaire sur la spécificité chalonnaise. Accueil chaleureux, à l'image de ce terroir attachant. Et, bien sûr, un excellent rapport qualité-prix. *71390* ***Buxy*** *Tél. 03 85 92 04 30 www.vigneronsdebuxy.fr Ouvert lun.-sam. 9h-12h et 14h-18h30 Entrée libre Dégustation juil.-août tlj. 11h-12h ; hors saison : sam.*

☺ Givry

Givry offre un ensemble architectural unique et inattendu dans une petite ville qui, aussi attachante et animée soit-elle, n'en est pas moins modeste. L'un des plus brillants architectes du XVIIIe siècle, Emiliand Gauthey, enfant du pays, signe là quelques chefs-d'œuvre : l'église, l'une des plus curieuses que le style classique ait pu enfanter, empile les volumes pyramidaux, les frontons et les coupoles. L'hôtel de ville, à campanile et toit vernissé, apparaît sous la forme d'un arc de triomphe. Au cœur de la ville, une halle circulaire (XIXe s.) signée Narjoux, architecte chalonnais, abritait les marchés aux grains. Aujourd'hui, l'office de tourisme s'y est installé, organisant des dégustations de ce fameux vin givrotin qui faisait, dit-on, le régal d'Henri IV. Les amateurs d'art roman ne manqueront pas la Maison-Dieu gothique, qui vaut le coup d'œil (ne se visite pas), vestige d'un imposant établissement hospitalier (XIIIe s.) dressé au sud de la ville (D987). Givry est une étape joyeuse et gourmande, avec son marché du jeudi matin et ses restaurants (cf. Carnet d'adresses). *À 12km à l'ouest de Chalon*

● L'aventure en forêt Dans la somptueuse forêt de Givry, Acro Givry vous garantit le frisson : une vingtaine de parcours progressifs (8 pour enfants, dont un pour les 3 à 7 ans, 8 parcours "famille" et 5 plus sportifs). Plus de 200 jeux : ponts de singes, lianes de Tarzan, filets suspendus, etc., et 20 tyroliennes vertigineuses assurent de belles émotions. Sécurité maximale et décor de rêve avec buvette et aire de pique-nique. **Acro Givry** *71640* **Givry** *Tél. 06 80 00 35 45. www.acrogivry.com Ouvert juil.-août tlj. 10h-19h, mars-juin et sept.-oct. : jours et horaires variables (téléphoner) Tarif Parcours "bambin" 11€ et à partir de 18€ pour plus de 1,40m*

Buxy

Le centre de cette bourgade séduisante et pleine de vitalité s'organise en amande autour d'une église romane. Les vieilles demeures de la rue des Fossés et les vestiges des remparts confèrent à Buxy un cachet médiéval. À 18km au sud de Mercurey et à 19km à l'ouest de Chalon

Alentours À 3km, Montigny, dressé au cœur d'un amphithéâtre de vignes, produit un vin blanc d'exception que l'on dégustera à l'incontournable **cave coopérative** de Buxy (cf. encadré Où acheter de bon crus ?). D'autres villages satellites méritent le détour : **Chenôves**, pour son église romane, son calvaire et son château du hameau le Thil ; **Saint-Boil,** pour sa carrière gallo-romaine et sa galerie d'art contemporain, le Grenier des Chailloux. On s'évadera ensuite vers le sommet du **mont Avril** (421m) où, au départ de Cersot, un sentier d'interprétation (2km) grimpe vers un panorama à 360°. **Le Grenier des Chailloux** *Rue de l'Église 71390 Saint-Boil Tél. 03 85 44 09 91* **Sentier découverte Mont Avril** *Fiche descriptive à télécharger sur le site www.csnb.fr*

SAÔNE-ET-LOIRE

CARNET D'ADRESSES

Restauration, hébergement

camping

Camping de la vallée des Vaux Une quarantaine d'emplacements tous parfaitement ombragés, un snack et une grande piscine : ce camping est à l'image de la vallée des Vaux, refuge de la douceur de vivre. Forfait env. 9€/2 pers. *124, rue de la Piscine 71640* ***Saint-Jean-de-Vaux*** *(14km à l'ouest de Chalon) Tél. 03 85 45 11 98 Ouvert mai-sept.*

petits prix

Chambres d'hôtes Asinerie de l'Orbize Faites plaisir aux enfants, présentez-leur du beau monde : des poules, des canards et des dindons, des chevaux et des ânes. Adhérente au label Accueil paysan, cette asinerie a ouvert 2 chambres d'hôtes dans sa maison (un peu trop "moderne") ceinte d'un jardin que baigne l'Orbize. Confort simple, adresse agréable. Double à partir de 43€, petit déj. compris. Les deux chambres se partagent les mêmes sanitaires. *Route Vallée 71640* ***Mellecey*** *(12km à l'ouest de Chalon) Tél. 03 85 48 15 93 www.rando-en-ane.fr*

Restaurant Le Charme Le Charme fait l'unanimité : on vous met au défi de trouver un avis négatif sur ce restaurant consciencieux. La cuisine nous régale, un brin artiste sur un solide tempérament bourguignon. Des classiques régionaux : escargots, persillé de lapin, canard au vin et de belles envolées maritimes avec un loup laqué à la crème d'anchois. Décor gentiment bourgeois et accueil professionnel. Nous rejoignons le concert des louanges ! Menu 14,50€ (midi, en sem.), puis de 20 à 32€. *Route d'Autun 71640* ***Mercurey*** *(13km à l'ouest de Chalon) Tél. 03 85 45 28 49 www.restaurant-lecharme.com Ouvert lun. et jeu.-dim.*

☺ **Restaurant La Billebaude** De bons et conviviaux services côté bar, avec une cave à bières d'exception (200 références) et des concerts. Côté restaurant, l'adresse est une institution prisée par une fidèle clientèle de vignerons que l'on n'abuse pas quant à l'assiette. Ce bistrot de pays sans manières rend hommage au terroir : les escargots, la pièce de bœuf ou l'émincé de magret sont exemplaires de régularité et de savoir-faire. Menus 12€ (boisson et café compris, midi en sem.), sinon de 17 à 33€. *4, place d'Armes 71640* ***Givry*** *(9km à l'ouest de Chalon) Tél. 03 85 44 34 25 www.labillebaude.fr Ouvert mar.-sam. midi et soir (fermé mer. soir)*

prix moyens

Restaurant Pierre & Jean-la cuisine d'en face La version bistrotière du restaurant Lameloise. Pierre et Jean, ce

GAMME DE PRIX	RESTAURATION	HÉBERGEMENT
Très petits prix	moins de 12€	moins de 30€
Petits prix	de 12 à 18€	de 30 à 50€
Prix moyens	de 18 à 25€	de 50 à 75€
Prix élevés	de 25 à 45€	de 75 à 115€
Prix très élevés	plus de 45€	plus de 115€

sont Pierre et Jean Lameloise, père et fils, deux chefs qui ont porté la gastronomie française à l'excellence. Éric Pras a repris le sanctuaire sans trahir ni faiblir. Ici, on sert des plats estampillés "qualité France" réinterprétés de façon festive et bien présentés : escargots, pied de cochon, suprême de pintade fermière, râble de lapin rôti, etc., qui vous coûteront de 21 à 32€ (menu enfant 12€). Pour les grandes occasions, on traversera la rue en direction de **Lameloise**, la maison-mère (menus 65€, midi en sem. ; 98 et 126€). *2, rue de la Poste* ***Chagny*** *(17km au nord de Chalon) Tél. 03 85 87 08 67 www.pierre jean-restaurant.fr Ouvert mar.-sam. midi et soir, dim. midi*

Restaurant Le Mercurey Quand la Bourgogne flirte avec la gastronomie lyonnaise. Cette table vous met du baume à l'estomac avec des classiques de brasserie généreusement servis. Croustillant à la tête de veau, pied de cochon à la moutarde, joue de bœuf sauce au vin, ris de veau et sabodet chaud au court-bouillon sont autant de variations réussies d'une cuisine bien française élaborée avec entrain. Menus (entrée, plat, fromage ou dessert) 20€, 23€ (fromage et dessert...). Lors de notre passage, le restaurant nichait dans un bistrot-tabac villageois promis à des travaux d'embellissement. *Grande-Rue 71640* ***Mercurey*** *(13,5km au nord-ouest de Chalon) Tél. 03 85 45 13 56 Ouvert jeu.-lun.*

☺ **Restaurant L'Annexe des Chais** Nouveau, mais déjà coqueluche de la côte chalonnaise. Tout beau, avec sa décoration contemporaine. Tout bon, avec une cuisine très en verve. Ce "petit restaurant de qualité" offre une carte sobre composée avec les produits de saison traités en un répertoire simple et moderne. Lapin au romarin et à la graine de moutarde, merlu à la plancha, navarin d'agneau délicieusement printanier précèdent des desserts raffinés. Menus 13€ et 16,50€ (midi, en sem.), sinon de 22 à 32€. *7, rue de Varanges 71640* ***Givry*** *(12km à l'ouest de Chalon) Tél. 03 85 91 48 24 www.annexedes chais.fr Ouvert mar. et jeu.-dim. midi*

SAÔNE-ET-LOIRE

La Saône-et-Loire en amoureux

Chambres de charme

À la villa Boucicaut (Chalon/Saône) 194
Côté Park (Givry) 204
Domaine de Couches (Couches) 212
Maison Sainte-Barbe (Autun) 215
Le domaine du Petit Bois (Couches) 217
Aqualogis (Le Creusot) 223
La fontaine du Grand Fussy (Le Grand Rousset) 229
Jean de Saône (St-Oyen) 240
Le Temps suspendu (Cuisery) 241
Côté vigne (Igé) 263
La source des Fées (Fuissé) 263
Hôtel-restaurant Le relais de Montmartre (Viré) 264
Hôtel-restaurant Le Bourgogne (Cluny) 284
La maison des gardes (Cluny) 284
Le Bourgogne (Cluny) 284
Le Foineau (Bresse-sur-Grosne) 285
Hôtel de la Poste-Restaurant Frédéric Doucet (Charolles) 291
Le château de Vaulx (env. de Charolles) 292
Les cadoles de Troisgros (Iguerandes) 309

prix élevés

Chambres d'hôtes La Maison romaine C'est d'abord le plaisir de loger à Saint-Désert et, de plus, dans l'une des plus charmantes propriétés de ce village. Une maison vigneronne du XIXe siècle vous accueille, ceinte de hauts murs qui protègent un parc aux essences centenaires, idéal pour le farniente ou pour un crawl sportif, puisque la piscine est de bonne taille. Le 1er étage, réservé aux hôtes, offre 5 chambres romantiques, aux accents Belle Époque, où chaque détail est soigné. Double de 75 à 95€, petit déj. compris. *Avenue de Bourgogne 71640* ***Saint-Désert*** *(5km au sud de Givry et 11km à l'ouest de Chalon) Tél. 03 85 47 91 81 www.maison-romaine.com*

Chambres d'hôtes Côté Park Les évêques d'Autun imaginèrent le lieu au XVIIIe siècle pour abriter leur villégiature d'été. Un paradis aujourd'hui réaménagé avec tact et élégance pour l'agrément du voyageur. Mobilier chic, cheminées en marbre, miroirs ouvragés offrent une touche bourgeoise à une décoration sûre et dans l'air du temps. Séjour royal dans deux chambres à 130€ ou un pavillon privatif à 150€, petit déj. compris. Parc à l'anglaise impeccablement peigné et belle piscine. Le spa vous attend pour d'autres voluptés. *18, rue Clemenceau 71640* ***Givry*** *(9km à l'ouest de Chalon) Tél. 03 85 94 88 91 www.cotepark.com*

★AUTUN

71400

Autun n'est pas une ville banale. Entre plaine et collines, la ville dresse ses clochers et ses tours sur fond de montagnes boisées qui préfigurent le Morvan. Le site a du caractère et l'histoire s'y est imprimée avec force : les soldats éduens, les bâtisseurs romains, les saints de la chrétienté émergente, les puissants évêques et leurs chanoines, les mécènes et leurs sculpteurs de génie vous escortent dans une ville deux fois millénaire. Dans le secteur sauvegardé de 74ha de cette "ville musée", la promenade se fait dans la douce harmonie des couleurs passées, entre maisons à pans de bois et hôtels particuliers. Mais Autun a aussi des arguments plus festifs : marchés vivants, manifestations en tout genre, sportives ou culturelles, et bonnes tables. Entre le Morvan, à deux pas, et Beaune à 45km, Autun offre un aimable séjour, aux prix sages, d'où l'on rayonne facilement dans une campagne environnante qui fourmille d'idées de balades : signal d'Uchon, châteaux de Sully et de Couches, Bibracte, etc.

HIER Ville manifeste, outil de romanisation, *Augustodunum* est née de la volonté de l'empereur Auguste (27 av. J.-C.-14 ap. J.-C.). Il marque ainsi son empreinte en territoire éduen, près de Bibracte, en érigeant une capitale romaine dont la beauté et la richesse seront telles, qu'on la dira "sœur et émule de Rome". Marbre sur marbre, pierre après pierre, surgissent des temples, des palais, un forum, des aqueducs, une nécropole et le plus grand théâtre de Gaulle (20 000 places). Distinction suprême au Ier siècle, 6km de remparts cernent le tout, hauts de 11m et percés de quatre portes monumentales. Bibracte s'efface, ses habitants rejoignant en masse *Augustodunum* et, pour compléter le caractère attractif de la ville nouvelle, des écoles sont créées où enseigneront les plus grands maîtres romains et grecs. Cible de choix pour les convoitises, la ville parvient à survivre aux hordes gauloises de Tetricus en 269, mais le siège et la mise à sac de la ville amorcent le déclin. Très vite, la vie reprendra autour des reliques chrétiennes de saint Lazare. Le premier évêché se constitue au IVe siècle : un autre âge commence pour Autun, tout aussi prestigieux, celui d'une ville qui va devenir un grand foyer religieux.

MODE D'EMPLOI

accès

EN VOITURE

À 53km à l'est de Chalon-sur-Saône par la D978. De Paris, quitter l'A6 sortie n°24 (Pouilly-en-Auxois 45km). De Château-Chinon (36km), prendre la D978.

Stationnement Dans le centre : stationnement payant sur l'esplanade du Champ-de-Mars (OT), gratuit sur la place adjacente (côté hôtel de ville).

EN TRAIN ET CAR

Réseau Buscéphale Liaisons par car avec la gare TGV Montchanin-Le Creusot à 28km d'Autun (rares de mi-juil. à mi-août). Une ligne à destination ou au départ de Chalon-sur-Saône. *Tél. 0800 071 710 www.r-s-l.fr*

informations touristiques

Office de tourisme d'Autun et de l'Autunois Demandez le pass découverte (5€, réduit 3€), qui offre des réductions sur diverses activités culturelles ou sportives, et le guide de visite de la ville, très complet (2€). *13, rue Gal-Demetz (esplanade du Champ-de-Mars) Tél. 03 85 86 80 38 www.autun-tourisme.com Ouvert juil.-août : tlj. 9h30-12h30 et 14h-18h ; juin et sept. : lun.-sam. 9h30-12h30 et 14h-18h et dim. matin ; oct.-mai : mar.-sam. 9h30-12h30 et 14h-18h Antenne touristique, place du Terreau (ou de la Cathédrale) Ouvert juin-sept. Horaires variables*

Visites guidées Parmi les nombreuses propositions, nous vous conseillons les **visites nocturnes** en juillet-août (mer. soir 6,50€, moins de 16 ans gratuit) ; les **"Nuits de la gargouille"**, parcours théâtralisé avec comédiens et musiciens (8,70€) ; et les **balades gourmandes** à vélo, grand tour de ville avec guide conférencier et pause gourmande à la ferme du Rivau. Visite de la ville en **train touristique** en juillet-août (départ place du Champ-de-Mars, 6€, réduit 3€)

marchés, fêtes et manifestations

Marchés *Petit marché* *: mer. matin* ***Grand marché*** *ven. matin (producteurs locaux et déballage forain) dans les halles et place de la Mairie*

Festival Musiques en Morvan Musique sacrée et chant choral. *Juil.*

Journées romaines Trois jours de fête ponctués de nombreuses animations (ateliers de cuisine gauloise, marché romain, banquets et spectacles de gladiateurs, entre autres). *Début août*

Fête de la Saint-Ladre Grande foire commerciale traditionnelle. *Fin août*

DÉCOUVRIR

Autun

☆**Les essentiels** La cathédrale Saint-Lazare, le musée Rolin **Découvrir autrement** En famille, visitez le Muséum ; remplissez votre panier pique-nique chez Isabelle Lally et au cellier Lally ➤ **Carnet d'adresses p.214**

Esplanade du Champ-de-Mars Sur cette vaste place se déroulaient naguère les populeuses foires aux bovins de la Saint-Ladre (l'autre nom de saint Lazare), parmi les plus importantes de France. Aujourd'hui bordée de terrasses, elle est dominée par le théâtre à l'italienne et l'hôtel de ville. Le côté sud-ouest de la place est occupé par un collège de style classique (début XVIIIe s.) fondé par les jésuites, où Napoléon fit ses études, et sa chapelle (actuelle église Notre-Dame) dont la façade reprend les lignes de celle du Gesù, à Rome. Près de l'office de tourisme, un passage couvert (XIXe s.), aux lignes néo-Renaissance, rejoint la rue des Cordiers, l'une des plus commerçantes du centre historique.

☆ **Cathédrale Saint-Lazare** En 1114, le pape Calixte II encourage les chanoines à construire un sanctuaire digne de recevoir les reliques de saint Lazare. La cathédrale sera bâtie entre 1120 et 1146. La flèche de 77m (XVe s.), de style gothique flamboyant, remplace l'ancien clocher décapité par la foudre, les chapelles sont des ajouts du XVIe siècle ; et le XIXe siècle remaniera abondamment les deux tours encadrant le porche, prenant Paray-le-Monial pour modèle. Malgré ces apports et remaniements, l'édifice présente une parfaite harmonie. Le roman triomphe toujours dans la nef et au tympan, où Gislebertus signe l'une des plus belles pages de la sculpture bourguignonne.
Tympan Autour d'un Christ monumental et hiératique, l'artiste aborde avec une rare intensité dramatique un thème récurrent dans le premier Moyen Âge : le Jugement dernier. Un élégant saint Michel y fait pencher la balance du bon côté malgré un diable grimaçant. En route vers la Jérusalem céleste, les élus sont plus nombreux que les damnés. L'élancement des personnages, la démesure de certains, les plissés tourbillonnants de leurs vêtements, la riche palette d'expressions, allant de la douce tendresse de la Vierge à l'Enfant au comique grotesque de la chute de Simon le magicien, l'émotion mêlée à la drôlerie et à un goût malicieux pour les horreurs, tout cela nous montre un Gislebertus bouleversant la tradition plastique des années 1140. Son talent s'incarne aussi dans de nombreux chapiteaux extérieurs et intérieurs.

Quartiers de la cathédrale et Sainte-Barbe La rue Notre-Dame s'enfonce dans un quartier secret, encore frémissant des mystères du Moyen Âge (beaucoup de charme la nuit). À l'angle de l'impasse Maîtrise, se trouve la maison du Tripot, à pans de bois, où se distrayaient les chanoines, dont les maisons sont toujours là, nombreuses dans la pittoresque impasse Notre-Dame. On remarquera l'hôtel d'Alligny (XVIIIe s.) et son escalier extérieur en fer à cheval, avant d'aborder le quartier Sainte-Barbe par la jolie petite place

ÈVE COUCHÉE
Ondoyante, serpentine, elle se glisse au travers des feuillages et, d'une main qu'elle veut distraite, cueille la pomme fatale. Cette Ève, qui ornait jadis le linteau du portail latéral de la cathédrale - et dont Malraux dira qu'il est "le nu le plus osé de l'art roman" -, est née de l'inspiration du maître Gislebertus (cf. encadré, Le génie de Gislebertus).

du Réfitou et la rue Saint-Quentin. On poussera jusqu'au passage du Breuil, où la porte du même nom offre une vue sur la campagne et la pierre de Couhard.

☆ **Musée Rolin** Ce musée d'art et d'histoire est installé dans l'hôtel de Rolin (XIVe-XVe s.), domicile de Nicolas Rolin (Autun, 1376-1462) – chancelier de Bourgogne et fondateur de l'hôtel-Dieu de Beaune – puis de son fils, le cardinal Jean Rolin, évêque d'Autun. À travers ses vingt salles, ce musée propose une déambulation chronologique depuis l'Antiquité jusqu'au XIXe siècle. Ses collections archéologiques d'une grande richesse proviennent du mont Beuvray (Bibracte) et d'*Augustodunum* : stèles funéraires, vaisselle en verre soufflé, bijoux, statuettes de divinités, de gladiateurs ou d'acrobates, etc. Mais ce sont sans doute les mosaïques ornementales qui frappent le plus l'imagination, et plus particulièrement le *Triomphe de Neptune*. Outre la célèbre *Tentation d'Ève* (XIIe s.), on admirera d'autres œuvres inestimables : la Vierge d'Autun (XVe s.), pièce maîtresse des ateliers de sculpture Claus de Werve, et une Nativité peinte sur bois (XVe s.) signée du maître de Moulins, où le cardinal Rolin figure en donateur. La section Beaux-Arts réunit des peintures françaises du XVIIe au XXe siècle ; et une collection d'œuvres nabi de Maurice Denis inaugure l'ère contemporaine où se retrouvent, entre autres, Desvallières et Souverbie. *3, rue des Bancs Tél. 03 85 52 09 76 Ouvert avr.-juin et sept. 9h-12h et 13h30-18h ; juil.-août 10h-18h ; oct.-mars : 10h-12h et 14h-17h Fermé mar. Tarif 4€, réduit 2€, moins de 18 ans gratuit*

Muséum d'Histoire naturelle Un hôtel particulier (XVIIIe s.) abrite ce muséum, qui brille par ses expositions temporaires et ses ambitions péda-

☆ Le génie de Gislebertus

La salle capitulaire de Saint-Lazare expose des chapiteaux du chœur et du transept. Tous sont admirables, trois sont incontournables : *La Fuite en Égypte*, avec sa Vierge sereine et son Jésus à l'expression grave ; *Le Sommeil des Mages*, délicatement éveillés par un ange ; *La Pendaison de Judas*.
Ces émouvantes sculptures, sans doute inspirées de celles de Cluny et de Vézelay, sont attribuées à Gislebertus. Exemple rare, sinon unique dans la sculpture romane, ce talentueux artiste, qui a inscrit son nom sur le portail occidental, s'affranchit pourtant ici de ces modèles, affirmant une indéniable originalité et un art raffiné dans la représentation sensuelle des expressions humaines. Son "chef-d'œuvre", *La Tentation d'Ève*, dite *Ève couchée*, est conservé au musée Rolin.

SAÔNE-ET-LOIRE

gogiques. Les collections d'animaux naturalisés (oiseaux, tigres, rhinocéros laineux, etc.) et de minéraux animent les salles les plus spectaculaires. Le département géologie se penche sur l'histoire des schistes bitumineux, dont l'extraction et le traitement pour la production d'huiles comparables au pétrole animèrent l'économie locale de 1800 à 1957. Plus loin, on fera connaissance avec les dinosaures morvandiaux. *14, rue Saint-Antoine Tél. 03 85 52 09 15 Ouvert juin-août : mer.-dim. 14h-17h30 (17h hors saison) Tarif 4€, réduit 2€, scolaires et étudiants, gratuit*

Musée national des Anciens Enfants de troupe Le grand séminaire (XVIIe s.), aux toits vernissés de vert et de jaune, fut affecté, après le départ des ecclésiastiques, à une école militaire de cavalerie. Depuis 1985, un musée siège dans l'ancienne chapelle et sa crypte, retraçant le quotidien des enfants de troupe. Reconstitution d'une chambre, drapeaux, insignes, souvenirs divers et photos se partagent une dizaine de salles. *Rue Gaston-Joliet Tél. 03 85 86 55 37 Ouvert tlj. 10h-17h30 Entrée libre*

Musée lapidaire Saint-Nicolas La chapelle romane Saint-Nicolas et Saint-Éloi, dont l'abside accueille une fresque du XIIe siècle (Christ pantocrator d'inspiration clunisienne), et son jardin forment l'annexe du musée Rolin. Y sont recueillis les vestiges les plus volumineux des époques romaine et médiévale d'Autun : une quinzaine de chapiteaux, des colonnes, datant pour l'essentiel du XIIe siècle. Des corniches de marbre sculptées et 150 stèles funéraires évoquent *Augustodunum*. *10, rue Saint-Nicolas Tél. 03 85 52 27 23 Ouvert avr.-sept. : 14h-18h Fermé mar., sam. Entrée libre*

● **Goûter le grain défendu et le café Talleyrand** L'occasion de se souvenir que Talleyrand, fin politique (1754-1838), fut évêque d'Autun (1788-1789) et accessoirement grand amateur de café. Des torréfacteurs passionnés d'histoire locale, après maintes recherches, ont retrouvé dans la correspondance de l'ecclésiastique son exigeante recette pour un bon café. Un savant mélange d'arabicas désormais torréfiés et vendus chez la Pause café. Autre saveur maison : les grains défendus, hommage à l'Ève couchée, où un grain de café s'enrobe de chocolat fin. Plus tentateur que la pomme. **La Pause café** *9, rue aux Cordiers Tél. 03 85 86 34 60 Ouvert mar.-dim.*

Autun antique

Des vestiges témoignent encore de la splendeur d'*Augustodunum*, et d'abord, deux portes miraculées : celle de Saint-André (dir. Besançon) et celle d'Arroux, la plus complète (dir. Saulieu). Une partie des remparts (4km) survit sous forme de ruines. Le théâtre antique a été arasé mais des gradins en marquent l'empreinte. En lisière de ville, se dressent le **temple dit de Janus**, aux allures de fortin, et la **pierre de Couhard**, dont on dit qu'elle fut un mausolée et qui peut s'aborder par la belle balade de la Cascade (accessible par les rues Faubourg-du-Breuil et de la Cascade).

Où acheter des souvenirs gourmands et de bons vins ?

Isabelle Lally Une boutique qui nous épargne la corvée de courir la Bourgogne pour y glaner les meilleurs produits du terroir. Ils sont tous là, rigoureusement sélectionnés : vins, liqueurs, crèmes de cassis, saucissons à la graine de moutarde, ou nature, terrines médiévales (poulet à l'hysope, lapin aux épices), moutardes, biscuits... *5, rue Saint-Saulge Tél. 03 85 52 00 94 Ouvert juin-sept. tlj. 9h-12h et 14h-19h Fermé dim., lun. hors saison*

Caveau Talleyrand Dans une cave voûtée, on déguste, en compagnie d'un jeune viticulteur, le nec plus ultra des bourgognes. On trouvera les vins de Claude Nouveau, en maranges et santenay, ceux de la maison Triennes et bien d'autres savoureuses surprises. *21, petite rue Chauchien Tél. 03 85 82 16 97 Ouvert mar.-sam. 10h-13h et 15h-19h*

☺ **Le cellier de Benoît Lally** Évoquer le vin à Autun équivaut à parler de la famille Lally. Benoît a savamment continué l'œuvre des cinq générations de négociants qui l'ont précédé. S'il a un faible pour les rouges de la côte de Nuits, s'il est l'un des très rares dépositaires du romanée-conti, il a néanmoins réuni mille et une références où apparaissent des vins "surprise", de garde ou prêts à boire, d'ici, ou d'ailleurs, plus modestes en prix. Sa cave d'Ali Baba est un labyrinthe de 300m2 où, entre fûts géants, cuves rutilantes et alambics, on découvre mille souvenirs et curiosités viticoles liés à l'histoire de la famille, du canon antigrêle au tire-bouchon à blaireau anticire. Ce caviste propose également des dégustations thématiques. *14, rue de la Grange-Vertu Tél. 03 85 52 24 83 www.vins-lally.com Ouvert sept.-mai : mar.-sam. 8h30-12h00 et 14h-19h ; juin-août : lun.-sam. 10h-12h et 14h-19h*

Où boire un verre, manger sur le pouce ?

Café des tilleuls Sous les tilleuls de la place du Champ-de-Mars, ce café prend ses aises aux beaux jours. Une scène de plein air convie en soirée des musiciens et chanteurs pour des concerts (jazz, rock, chanson française). Quelques formules de restauration rapide pour grignoter en musique : le 4h du Morvan, avec sa charcuterie et son omelette ciboulette (10€), formule *bruschetta* et dessert (9€). *6, rue Gal-Demetz Tél. 03 85 52 51 44 Ouvert tlj.*

New Café in Des murs épais assurent la climatisation des lieux, il y fait frais en été et chaud en hiver quand crépite la cheminée miniature. Ce sympathique café-restaurant invite, pour le déjeuner et en journée, à des pauses gourmandes. Crêpes et pâtisseries maison accompagnent les thés, le cappuccino ou un chocolat crémeux parfumé au rhum. Des produits honnêtes soutiennent une cuisine maison, simple mais goûteuse : tartes et tourtes (env. 7€), menu à 12,50€ (galette complète servie avec une salade et un dessert). Des livres et des jeux de société aident à patienter. *9, rue Saint-Saulge Tél. 03 85 86 19 32 Ouvert lun.-sam. (et mar. hors saison)*

Faire un tour au bord de l'eau À 5 minutes du centre-ville, la base de loisirs Marcel-Lucotte se déploie sur 100ha de verdure baignés par un lac dont un sentier longe les rives (2km). Convivial, sérieux, le centre Lucotte offre une grande diversité d'activités – voile, kayak, pédalo – et des propositions très stimulantes autour du VTT : 140km de circuits balisés dans la **forêt de Planoise**, en balades accompagnées (21€, vélo compris) ou libres (9€ la demi-journée). Tout est donc possible au bord de ce lac, sauf la baignade, mais la piscine voisine y supplée : espace détente (sauna, hammam, etc.) et 4 bassins surveillés (extérieurs, intérieurs), dont un récréatif avec pentagliss et toboggan. **Base de loisirs municipale Marcel-Lucotte** *Route de Chalon-sur-Saône Tél. 03 85 52 47 09 ou 03 85 86 95 82 Ouvert été lun.-sam. 10h-12h et 14h-19h, dim. 14h-19h*

● **Galoper en forêt** Céline et Arnaud, les moniteurs d'Équi-centre, sont des professionnels aguerris, et vous les suivrez en toute confiance dans les balades et circuits qu'ils proposent en forêt autunoise ou vers les grands lacs du Morvan. Promenades à partir de 18€/h. Pour les plus jeunes (moins de 6 ans), baptême de poney (9€) et, pour tous, stages et cours en manège. **Équi-centre** *Chemin des Ragots Tél. 03 85 54 56 28 Ouvert toute l'année*

Les environs d'Autun

☆ Les essentiels Le château de Sully, le château de Couches **Découvrir autrement** Étonnez-vous au temple des Mille Bouddhas, séjournez dans une roulotte ou dans un cabane lacustre **> Carnet d'adresses p.214**

☆ ☺ **Château de Sully** Madame de Sévigné a vu en Sully le "Fontainebleau de la Bourgogne", avec raison. Ce château doit sa popularité à la splendeur de ses architectures à la fois Renaissance et XVIIIe siècle, à ses parcs et jardins, mais aussi à ses animations et festivités magistralement orchestrées par la duchesse de Magenta et ses enfants. *71360* ***Sully*** *(12km au nord-est d'Autun) Tél. 03 85 82 09 86 www.chateaudesully.com Ouvert fin mars-mi-nov., tlj. 10h-18h (19h en juil.-août) Salon de thé et boutique librairie Tarif Château, parc et jardin 7,50€, enfant 4,80€ Parc et jardin 3,50€, enfant 3€*

Extérieurs Sur le domaine, s'élevait au Moyen Âge une forteresse cernée par les eaux de la Drée. Elles baignent aujourd'hui l'harmonieux château de plaisance construit au XVIe siècle sur les plans de Nicolas Ribonnier, architecte pour le roi au duché de Bourgogne. Les lignes élégantes de la seconde Renaissance française s'expriment dans la cour centrale. Avec les frères Morey, marquis de Vianges, le XVIIIe siècle a surenchéri en splendeur, remaniant la façade sur le parc (l'agrémentant de pilastres toscans et d'un fronton central) et dessinant des terrasses ornées d'un magnifique miroir d'eaux.

Mac-Mahon, duc de Magenta et sa descendance

En 1750, par le jeu des mariages, le château de Sully revient à la famille Mac-Mahon, qui le possède toujours et y vit. Maurice de Mahon naît ici en 1808. Militaire, il se distinguera à la bataille de Magenta (1859), qu'il emporte sur les troupes autrichiennes. L'exploit lui vaut le bâton de maréchal et le titre de duc de Magenta. Premier président de la République française élu par l'Assemblée en 1873, il instaurera le septennat. Aujourd'hui, ses descendants administrent le domaine viticole de l'abbaye de Morgeot (cf. Côte d'Or, Chassagne-Montrachet) et proposent de déguster l'appellation au château de Sully, autre bonne raison de s'y rendre !

Intérieurs Le château est si vaste et si riche, que deux visites d'une heure chacune sont proposées (rdc et étage). On pénètre chez la duchesse de Magenta, qui relève le défi de faire vivre un patrimoine exceptionnel. C'est un château habité, dans tous les sens du terme, et qui vit sans emphase. Au hasard de la visite, on croise les photos de famille, les jouets des enfants… Mais retiennent surtout l'attention les cheminées monumentales, l'escalier majestueux, pièce maîtresse du château, de malicieux trompe-l'œil, un mobilier raffiné, des souvenirs du maréchal Mac-Mahon, des tapisseries des Flandres, une somptueuse salle de bal, une cuisine aménagée au XIXe siècle, les chambres, dont celle de la marquise Charlotte qui, à 80 ans, tint tête aux Révolutionnaires. Les siècles se télescopent et les anecdotes fourmillent.
Parc Il a été dessiné au XIXe siècle par le paysagiste Achille Duchêne (1866-1947). En sous-bois, une chapelle abrite les sépultures des Mac-Mahon. Le potager, classé Jardin remarquable, épouse les lignes d'un jardin à la française.
Animations Bal masqué du Chat botté, chasse aux œufs et "Congrès international des Souris"… À chacune des périodes de vacances scolaires, le château prévoit de belles animations. À noter également la Fête des jardins (printemps), le retour des Croisades pour honorer les Journées du patrimoine ou encore des concerts et expositions. *Programme sur le site Internet*

☆ ☺ **Château de Couches** Ce château semble tout droit sorti d'une gravure de Gustave Doré. La disparité de ses architectures, maintes fois remaniées, à la fois rudes et sophistiquées, lui donne, au final, un charme fou. Rehaussées d'un redoutable donjon à mâchicoulis, les murailles ouvrent sur une vaste esplanade. Et au cœur d'un ensemble richement bâti, le logis de maître de style troubadour prend racine sur les fondations d'une forteresse du XIIe siècle. La visite guidée (1h30) décrypte l'histoire du site à travers l'incroyable enchevêtrement de ses styles. L'occasion d'évoquer l'évolution des techniques de construction, celle des stratégies militaires mais aussi de l'art de vivre au fil des siècles. Du donjon (XIIe s.), transformé en cuverie, jusqu'au logis d'un

Couches, château de légendes

Au début du XIVe siècle, le château de Couches est le puissant domaine d'Étienne de Montaigu, époux de Marie de Bauffremont. Il est rapporté que la châtelaine aurait recueilli en secret sa cousine Marguerite de Bourgogne (1290-1315), épouse du roi de Navarre, Louis le Hutin. En 1314, le scandale de la tour de Nesle met aux prises le roi Philippe le Bel et sa belle-fille, la reine de Navarre. Celle-ci, surprise en flagrant délit d'adultère dans ladite tour, est alors, selon la version officielle, condamnée et enfermée dans la forteresse des Andelys, puis assassinée en 1315 sur ordre de son époux, devenu Louis X de France. Une version que les Couchois contestent, sans grandes preuves il est vrai. Selon eux, la reine maudite aurait été accueillie à Couches et y aurait vécu jusqu'à sa mort en 1333, clandestine mais heureuse, et hanterait toujours leur château.

NUIT ROMANTIQUE AU CHÂTEAU
Sur le **domaine de Couches**, près du bassin, un délicieux petit manoir abrite des suites de luxe, conçues comme une extension du logis de maître, c'est-à-dire aménagées et meublées en style néogothique. Offrez-vous cette petite folie à partir de 350€.

éclectisme savoureux (belle galerie, chemin de ronde reconverti en terrasse), on circule ensuite dans un labyrinthe de galeries creusées et bâties du XIIe au XVe siècle. Jetez un coup œil au jardin de topiaires avant de rejoindre la chapelle (XVe s.) et ses trésors (statues, tapisserie des Gobelins, iconostase byzantine, retable franc-comtois du XVIe siècle). Suivra la découverte de la salle de Justice (collection d'armes), des salles des Gardes (avec un puits où l'on jetait les condamnés à mort) et de la résidence seigneuriale (trois superbes tapisseries d'Aubusson du XVIIIe s.). De juin à septembre, la chapelle et la cuverie offrent leur cadre à un programme de concerts : festival de jazz en juillet mais aussi musique baroque ou encore médiévale (consultez le calendrier sur le site Internet). *71490* ***Couches*** *(17km au sud-est d'Autun) Tél. 03 85 45 57 99 www.chateaudecouches.com Ouvert juin-sept. : tlj. 10h-12h et 14h-18h ; avr., mai et oct. : w.-e. et j. fér. 14h-18h Tarif 7€, réduit 4€* ***Dégustations commentées*** *de 1,50 à 4,50€ (juin-sept. tlj. 11h15)*

Vallée de l'Arroux

Temple des Mille Bouddhas On se trouve face à une pagode immense, dont les décorations exubérantes ont été réalisées par des artistes venus du Bhoutan. Les trois niveaux du temple symbolisent, de bas en haut, le corps, la parole et l'esprit de Bouddha. La roue flanquée de deux biches, érigée sur le toit, évoque le parc où Bouddha reçut son premier enseignement. Autour du temple, le rituel moulin à prières, les stûpas, des drapeaux à prières et des bannières flottant au vent. Les fidèles y pratiquent le bouddhisme de la Voie du Diamant, sous l'autorité du Vénérable lama Sonam. Dans la galerie du premier niveau, on voit un de ces mandalas de sable dont la fabrication est assimilée à un exercice de méditation et l'autel aux offrandes. Puis on découvre la salle des Cérémonies, où trônent trois statues monumentales : Bouddha, encadré par le gourou Rinpoché – qui introduisit le bouddhisme au Tibet – et Tara, la déité au féminin qui offre un lotus, symbole de pureté.
Célébrations et stages On peut assister aux rituels, où tambours, hautbois et trompes rythment les chants tibétains (compter 1h). Le centre organise, par ailleurs, des séances d'initiation à la culture bouddhique himalayenne, des stages de yoga, de sophrologie, d'astrologie… *71320* ***La Boulaye*** *(30km au sud d'Autun) Tél. 03 85 79 62 53 www.mille-bouddhas.com Ouvert juil.-août : tlj. 10h-12h et 14h30-18h30 Hors saison 14h30-17h (18h30 le w.-e.) Petit snack et boutique* ***Parc*** *Accès libre* ***Visite de la galerie*** *5€ Rituels ven.-mar. 7h, 19h (18h en hiver)*

Où acheter confitures et chutneys ? Le jardin foisonnant où Charlotte et Jean-Marie cultivent fleurs, fruits, plantes et légumes (issus de l'agriculture biologique) bénéficie d'une vue plongeante sur la vallée de l'Arroux. Confitures de fruits rouges, purées de fruits et chutneys (condiments doux épicés) sont réalisés artisanalement sur place. **Ouche fleurie** *Velet 71190* ***Étang-sur-Arroux*** *(20km au sud d'Autun) Tél. 03 85 82 37 17*

Descendre l'Arroux en canoë À Étang-sur-Arroux, la rivière file, rectiligne, et rencontre l'un de ses affluents, le Mesvrin. Si le courant vif trébuche à quelques endroits, il reste pour l'essentiel très paisible. Au départ du camping des 2 rives, on peut pagayer en toute liberté sur un parcours de 11km, en kayak (18€) en canoë 2 places (32€). Ceux qui préfèrent un sport plus contemplatif resteront sur la rive pour pêcher barbots, brochets ou chevesnes dans des eaux presque parfaites (les premières pollutions apparaissent à Gueugnon). Étang-sur-Arroux se passionne aussi pour le sabot. Un musée y collectionne les sabots de toute l'Europe. **Camping des 2 rives** *71190* ***Étang-sur-Arroux*** *(17km au sud d'Autun) Tél. 03 85 82 39 73* **Point pêche** *Vente de cartes à la journée OT d'Étang-sur-Arroux Tél. 03 85 82 29 38* **Musée du Sabot** *Tél. 03 85 82 24 89 (visite sur rdv juin.-sept.)*

S'amuser en famille Toulon-sur-Arroux peut s'enorgueillir de son pont à 13 arches (XIIe s.), de ses vieilles maisons campagnardes, d'une église romane... et d'un parc de loisirs qui fêtant ses 10 ans en 2010, fait figure de gamin. C'est un parc "autrement", autrement plus écolo, autrement plus rigolo et autrement moins cher que les autres parcs de loisirs de ce type. Mais comment tout faire ? Après le parcours d'agilité des ouistitis, le sentier "pieds nus" pour se dérider les orteils, la cueillette des fruits, le minigolf, le kart à pédales... il faudra encore aller caresser les vaches Galloway, nourrir les animaux... et trouver le temps de dévorer un pique-nique bio ! Prévoyez l'après-midi, ou mieux, séjournez sur place dans une cabane ou une roulotte (cf. Carnet d'adresses). **Diverti'parc** *Route de Gueugnon 71320* ***Toulon-sur-Arroux*** *(44km au sud d'Autun)Tél. 03 85 79 59 08 www.divertiparc.com Ouvert juil.-août 10h30-19h ; sept. : 2 premiers dim. : 11h-18h ; vacances scol. de printemps et Toussaint tlj. 11h-18h ; mai, juin : sam., dim. et j. fér. 11h-18h Tarif 8,80€, moins de 3 ans gratuit*

Uchon et alentours

Signal d'Uchon On s'écarte de la vallée de l'Arroux, pour mieux la dominer. Le contraste est étonnant : à peine a-t-on quitté la plaine, amorcé les premiers lacets d'une route parfois rude, qu'on se croirait en montagne. Le signal d'Uchon (680m) est une "résurgence" du Morvan tout proche : le même granite, les mêmes bruyères, les mêmes forêts sombres. Quelques étangs, çà et là, aux tons argentés. La distinction du Signal, ce sont ses roches aux formes fantasques, erratiques ou agglomérées en chaos qui défient les lois de la pesanteur. Elles portent des noms éloquents : la Roche qui croule, le Sphinx, le Carnaval, ou le Mammouth… Les plus spectaculaires se trouvent près du sommet. Bûcherons, fendeurs, sabotiers ou charbonniers qui peuplaient le village d'Uchon ont déserté, les diables et les légendes qu'ils colportaient aussi. Restent, en été, les randonneurs et les amateurs de vol libre. *À 27km au sud d'Autun*

Monastère orthodoxe Saint-Hilaire-et-Saint-Jean-Damascène Uchon fut longtemps une destination de pèlerinages pour conjurer les pestes. L'église (XIIe s.) est toujours là, à cheval sur la roche dont elle épouse les contours et, à 20m, se trouve le monastère orthodoxe, enfoui sous les arbres. Pimpant mais modeste. En 1989, un moine orthodoxe, peintre d'icônes, a le coup de foudre pour Uchon et y crée un centre orthodoxe. Aujourd'hui, accueilli par des sœurs de l'Église orthodoxe serbe, on y respire les odeurs de miel et d'encens tout en admirant de superbes fresques d'inspiration byzantine, ainsi que des icônes et d'autres ouvrages religieux. La visite, recueillie, se prolonge vers le parc et la forêt du monastère. *71190 **Uchon** Tél. 03 85 54 47 75. Ouvert mi-juil.-mi-sept. : mar, jeu., sam. et dim. 15h-18h ; mi-mars-mi-juil. et mi-sept.-21 déc. : sam., dim. 15h-18h*

● **Marcher dans les chaos** Du village, suivez le fléchage "Signal d'Uchon", puis Rochers du Carnaval ; de là, un sentier facile (500m) chemine entre les chaos les plus fameux. D'autres sentiers partent de l'auberge La Croix Messire Jean dont un, sans difficulté, propose un circuit en sous-bois de 11km, ponctué d'étangs et de chaos. **Uchon randonnées** *Tél. 03 85 80 89 73 ou* **PNR Morvan Randonnées** *guidées avec les guides du Morvan Tél. 03 85 54 28 95*

CARNET D'ADRESSES

Lieux de sortie

Bars

L'Irish pub Un beau pub, modèle du genre, où, en attendant la Fin du monde (bière belge), on taquine la Poiluchette, une blonde délicate, avant de céder aux délices de la Maudite, plus nerveuse, ou de la Queue de Charrue, bien pourvue en degrés. Vous aurez jusqu'à 2h pour épuiser les charmes d'une carte interminable et faire un billard dans un cadre sympathique. Petite carte brasserie. *5, rue Mazagran Tél. 03 85 52 73 90 Ouvert mar.-dim. 11h-2h (3h le w.-e.)*

Le Lutrin Autre pub, face à la cathédrale, dans une cave voûtée. Ambiance jeune, clientèle "aux tenues correctes souhaitées" mais détendue. *Place de la Cathédrale Tél. 03 85 52 48 44 Ouvert mai-sept. tlj. 20h30-2h (3h le w.-e.) ; oct.-avril : fermé lun.-mar.*

Restauration, hébergement

petits prix

Hôtel Le Grand Café En plein centre d'Autun, près de l'hôtel de ville, un bar à ne pas manquer les jours de marché. Brasserie honorable. Le Grand Café propose également 9 chambres simples pour 43€, petit déj. au bar 6€. Un excellent rapport qualité-prix et un bon accueil. *19 bis, rue De-Lattre-de-Tassigny 71400 **Autun** Tél. 03 85 52 27 66 www.hotel-legrandcafe-autun.fr*

GAMME DE PRIX	RESTAURATION	HÉBERGEMENT
Très petits prix	moins de 12€	moins de 30€
Petits prix	de 12 à 18€	de 30 à 50€
Prix moyens	de 18 à 25€	de 50 à 75€
Prix élevés	de 25 à 45€	de 75 à 115€
Prix très élevés	plus de 45€	plus de 115€

La Bourse Cette brasserie au style Art nouveau, classée monument historique, a été restaurée avec soin dans des coloris d'époque, vifs et bien tranchés, à dominante pivoine. Miroirs sculptés ornés de visages féminins, plafonds moulurés de motifs floraux où retrouver les iris chers à Mucha, huisseries ornementées, tables en marbre. Un cadre cosy pour redécouvrir les joies du Bananarama ou du Chat Mallow (cocktails), avant de s'intéresser à la carte inventive élaborée autour de la fameuse assiette de la Bourse (samoussa, curry de crevettes, tandoori de poulet et cake au crabe). Au déjeuner, menu 12€ et plat du jour 9,50€. Ouvrant tôt et fermant tard, La Bourse adapte ses propositions de l'expresso matinal jusqu'au verre de fin de soirée, via la coupe glacée du goûter. *18, av. Charles-de-Gaulle 71400* ***Autun*** *Tél. 03 85 52 11 77 Ouvert lun.-sam. 8h-1h (2h le w.-e.) Fermé parfois le sam. en hiver*

☺ **La Trattoria** Autun ne fut-elle pas romaine avant de céder aux ducs de Bourgogne ? Sur une base de produits bio, ce restaurant de poche cuisine à la lettre les classiques transalpins. À la carte, un large choix de pâtes à se pâmer (spaghettis aux escargots, crème ail et basilic, *rigatoni* à la sicilienne, etc.), de pizzas et d'antipasti. Vins de Bourgogne, estampillés "biodynamiques", et d'Italie. Menu à 13€ (en sem.). L'une des adresses les plus attachantes et ensoleillées d'Autun. À deux pas de la cathédrale. *2, rue des Bancs 71400* ***Autun*** *Tél. 03 85 86 10 73 Ouvert lun.-sam.*

☺ **Le Chateaubriand** Le plus fielleux des gastronomes ne parviendrait pas à trouver un quelconque défaut à cette table consciencieuse et constante. Une cuisine bourguignonne sans frime : l'œuf meurette, le filet de bœuf à l'époisses, le magret fermier, le saupiquet du Morvan atteignent la perfection. Ici, on cuisine, mijote, tranche et poche maison. La carte des vins participe à l'effort. Prix sereins : menus à partir de 16€, bonne formule à 17€. Le cadre : un style brasserie modernisé, discret, qui ne distrait pas de l'essentiel, l'assiette. *14, rue Jeannin (derrière la mairie) 71400* ***Autun*** *Tél. 03 85 52 21 58 Ouvert mar.-sam.*

SAÔNE-ET-LOIRE

prix moyens

☺ **Maison Sainte-Barbe** Dans le dédale des rues médiévales, ce restaurant offre en façade le visage grave d'une ancienne demeure canoniale. Le jaune des volets tempère l'impression, et le porche ouvre sur le plus romantique des jardins clos. Avec ses rosiers qui partent à l'assaut des façades, sa réplique de la grotte de Lourdes, cet éden est un miracle. Desservies par un escalier à vis du XVe siècle, les 3 chambres, vastes et confortables, prolongent le bonheur d'un séjour assurément aimable. Double 65€, petit déj. compris. *7, place Sainte-Barbe 71400* ***Autun*** *Tél. 03 85 86 24 77 www.maisonsaintebarbe.com*

prix élevés

☺ **Restaurant Le Chapitre** À l'ombre de la cathédrale, ce petit restaurant de charme ne compte que 15 couverts (pensez à réserver !). Intimité, qualité, service. La cuisine se tient à une même rigueur pour les viandes et les poissons : le cabillaud et ses lasagnes herbes-champignons ou le filet mignon et sa purée de persil racine aux chips de betterave sont des mets savoureux. À cette table audacieuse, déjà très remarquée, l'émotion ne fait jamais défaut. Menus 28 et 35€.

*11, place du Terreau 71400 **Autun** Tél. 03 85 52 04 01 www.lechapitre71.com Ouvert mar. soir-dim. midi*

Dans les environs

camping

Camping des 2 rives Sur les rives de l'Arroux et du Mesvrin, ombragé et paisible, ce camping comblera les amateurs de calme et de belle campagne. Ici, pas d'animations tonitruantes, mais des activités autrement plus excitantes : canoë (location sur place), randonnées au signal d'Uchon, pêche et toute une panoplie de balades. Selon la saison : forfait 2 pers. de 17 à 22€, location caravane (4 pers.) de 240 à 450€/sem. *26, route de Toulon 71190 **Étang-sur-Arroux** (17km au sud d'Autun) Tél. 03 85 82 39 73 www.des2rives.com Ouvert avr.-oct.*

petits prix

Auberge La Croix Messire Jean Parfum d'encaustique et parquets ancestraux, saveurs du terroir... Cette auberge rustique, nichée au cœur de la forêt sur les escarpements granitiques du signal d'Uchon, loue 4 chambres douillettes. Côté table, Messire Jean a ancré sa réputation sur les plats typiquement bourguignons, servis copieusement, qui honorent consciencieusement la tradition et draine les foules le week-end (pensez à réserver). En semaine, Messire Jean retrouve le calme qui sied le mieux à la vocation de cet ancien ermitage. Deux chambres à 35€ (douche et WC sur le palier) et deux autres tout équipées 45€. Petit déj. 7€. Menus à partir de 13€ et des formules demi-pension. *71190 **Uchon** (1km du centre) Tél. 03 85 54 42 06 Ouvert juil.-août tlj. Fermé mar. soir-mer. hors saison*

Chambres d'hôtes Domaine de Corfeuil Cette ferme pittoresque aux solides moellons de granite fait face au signal d'Uchon. La famille Naullin produit des céréales, entretient avec amour son jardin, le tout en bio, élève chevaux trotteurs et vaches Jersey et gave à l'ancienne le canard – une activité hautement sportive. Le foie gras, exquis, et tous les délices dérivés du canard s'invitent à cette table d'hôtes "100% fermière" pour des dégustations mémorables (24 et 38€, vins fins com-

☺ Dormir dans une cabane lacustre

Une immersion nature 100% insolite ! À Saint-Didier-sur-Arroux, le relief se creuse soudain. Tout un chapelet de plans d'eau repose au creux d'un vallon où plus rien n'existe que le silence. Pour seul horizon, les collines du Morvan. Pour voisins, les hérons, les biches et les martins-pêcheurs. Au bout d'une piste de 1,5km (carrossable), vous découvrez la première cabane "lacustre" sur pilotis, bâtie à fleur d'eau, comme l'incarnation d'un rêve d'enfant. Il y en a deux, sur le même modèle (10m²), tout en bois, prolongées d'une terrasse, équipées de toilettes sèches et d'une salle d'eau, sommaires. On y accède en barque. Comptez 120€ la nuit petit déj. inclus, tarif dégressif dès la 3e nuit. Possibilité de se faire livrer un dîner pour 20€. **Les Cabanes sur pilotis** *71190 Saint-Didier-sur-Arroux (22km au sud-est d'Autun) Tél. 03 85 82 31 14 www.cabanes-sur-pilotis.com*

pris). Les deux chambres, confortables, regardent le panorama (50€, petit déj. compris). Une belle expérience de vie à la campagne, labellisée Bienvenue à la ferme et Terroirs de Saône-et-Loire. *71190* ***La Tagnière*** *(26km au sud d'Autun) Tél. 03 85 54 52 12 ou 06 83 98 90 63 www.corfeuil.fr*

Chambres d'hôtes La Lison Entre Autun et Beaune, Lusigny est un hameau perdu dont les maisons s'éparpillent sur le vert des pelouses. Une campagne authentiquement bourguignonne. Derrière une façade banale, La Lison cache un jardin où les oiseaux donnent concert et 3 chambres d'hôtes vastes et cosy. Double 45 et 51€, petit déj. compris, et tarif dégressif dès la 4e nuit. Pour 18€, un repas généreux concocté avec de bons produits régionaux. *Lusigny 71490* ***Tintry*** *(20km à l'est d'Autun) Tél. 03 85 82 98 98 ou 06 72 17 59 93 www.bourgogne-chambres-hotes.com*

prix moyens

Les Roulottes du Clos d'Aventure À deux pas du parc de loisirs Diverti' Parc et autour d'un jeu d'échecs géant, le Clos d'Aventure propose trois types d'hébergement hors norme : de petites cabanes dites "éco-prod", sortes de tentes en dur (2 à 3 pers., de 50 à 70€ selon la saison, petit déj. 7€), deux roulottes, intimes et chaleureuses, avec sanitaires et cuisinettes (de 2 à 5 pers, de 90 à 125€, ou de 490 à 580€/sem.). Le carré d'étoiles est un "cabanon design" dont le toit transparent permet d'admirer les constellations (documentation et télescope fournis), version confort d'une nuit à la belle étoile (95€/2 pers., petit déj. inclus, 125€ pour 3 ou 4 pers.). *Route de Gueugnon 71320* ***Toulon-sur-Arroux*** *Tél. 03 85 79 59 08 www.roulottes-clos-aventure.com Ouvert avr.-oct.*

prix élevés

☺ **Restaurant La Petite Auberge** Du "bistronomique" ancré dans les bocages de l'Autunois. À quelques kilomètres du signal d'Uchon, les paysages s'apaisent mais la passion demeure. Cette Petite Auberge en est l'incarnation. Le patron, aimable dandy, son épouse, tout sourire, et le chef Thomas Dossi, cuisinier d'intuition, unissent leurs talents dans le cadre cosy d'une maisonnette conviviale. Un chic sans formalisme, un brin bohème. Le chef concocte un menu surprise à 26€, ouvrage d'artiste qui obéit à sa fantaisie et aux exigences du marché. Tout est frais, cette charmante petite entreprise ne connaît pas le surgelé. *71190* ***Saint-Didier-sur-Arroux*** *(22km au sud d'Autun) Tél. 03 85 82 22 46 www.la-petite-auberge.eu Ouvert jeu.-lun.*

Chambres d'hôtes Le domaine du Petit Bois En surplomb du village de Couches, un parc de 3ha abrite une maison de maître habillée de vigne vierge. Fréquenté par les chevreuils et les écureuils, le site est éminemment romantique. Les chambres reflètent le même charme : murs aux teintes claires agrémentées de touches de couleurs fraîches et que réchauffe le bois d'un mobilier ancien. C'est un bonheur de voir filer les heures sous les frondaisons du parc, de piquer une tête dans la belle piscine (avec nage à contre-courant) ou de s'offrir une pause au salon de thé du domaine. Accueil particulièrement attentionné. Double 98€, petit déjeuner très *british* inclus. *Les Gobillotes 71490* ***Couches*** *(17km au sud-est d'Autun) Tél. 03 85 45 51 20 ou 06 81 51 36 16 www.domainedupetitbois.fr*

LE CREUSOT

71200

Georges Riguet, instituteur et poète au Creusot, décrivait ainsi sa ville : "Les grandes cheminées au garde-à-vous, pincées dans leur tunique de briques, dressent au long de votre passage une parade raide et figée." C'était avant-guerre, avant les 3 600 bombes qui ravagèrent en 1942 et en 1943 le complexe industriel, c'est-à-dire le centre du Creusot, puisque la ville s'était développée en plusieurs quartiers autour de son "cœur industriel". Les usines qui restent, le long des avenues de L'Europe ou de Verdun, se sont modernisées pour satisfaire aux exigences du progrès. L'aspect originel de la cité a été gommé par les reconstructions et réhabilitations. Aujourd'hui, Le Creusot est une cité aérée où rien vraiment ne heurte le regard, ni ne l'enchante. Le nouveau centre-ville s'est cristallisé autour de l'esplanade François-Mitterrand, aux constructions modernistes. Un autre quartier, plus ancien, rénové après-guerre, fait toujours office de centre : c'est la place Schneider, avec ses quelques terrasses de café, son cinéma et l'église Saint-Laurent. Paradoxe : Le Creusot, cité industrielle, a pris des airs de ville à la campagne.

SAÔNE-ET-LOIRE

VILLE USINE Le Creusot ne fait pas mystère de son origine métallurgique : un marteau-pilon en forme de tour Eiffel vous accueille au carrefour sud de la ville. Les bases de son développement viennent de son sous-sol : du charbon, exploité industriellement à partir de 1781, et des ressources en eau qui seront rationalisées par le creusement de réservoirs (aujourd'hui autant de lacs). L'histoire est lancée : une fonderie royale s'installe en 1781 avec ses hauts fourneaux où, pour la première fois, le charbon se substitue au bois. La manufacture des cristaux de la reine Marie-Antoinette, initiative alors destinée à concurrencer les importations des verreries de Venise et de Bohême, quittera Sèvres pour Le Creusot en 1787. Mais l'activité s'était déjà étiolée quand en 1836 arrivent Adolphe et Eugène Schneider, industriels visionnaires venus de Lorraine. La première locomotive, la *Gironde*, sort des usines deux ans plus tard, et c'est le début d'une extraordinaire épopée qui fera du Creusot, à la fin du XIXe siècle, le plus grand complexe industriel d'Europe.

APRÈS-GUERRE En 1960, avec la mort de Charles Schneider qui avait créé la SFAC (Société des forges et ateliers du Creusot), l'empire industriel décline. En 1970, la SFAC fusionne avec les Forges de la Loire pour une nouvelle aventure qui s'avérera moins fructueuse : Creusot-Loire. Les crises successives de la sidérurgie, le choc pétrolier de 1973, l'enlèvement du baron Empain (1978), alors à la tête de l'entreprise fragilisent Creusot-Loire, qui déposera le bilan en 1984. Diverses entreprises reprendront une société démantelée, saignée à blanc.

Une nouvelle ère industrielle commence, dont la reconversion s'appuiera sur les activités historiques revitalisées par de grands groupes nationaux et mondiaux (General Electric, la Snecma, Areva, Alstom, BSE).

MODE D'EMPLOI

accès

EN VOITURE
À 40km à l'est de Chalon-sur-Saône par la N80 et à 30km au sud d'Autun. L'autoroute A6 est à 40km environ. Une fois arrivé, vous n'aurez guère à vous éloigner du château de la Verrerie (proche de la place Schneider), bien indiqué, et de l'esplanade François-Mitterrand.

EN TRAIN
Gare de Montchanin Liaisons par TGV avec Paris (1h30), Lyon (30min) et par TER pour Chalon-sur-Saône (env. 45min). Liaison de/vers le centre-ville par les bus Mon Rézo. *Sur la N80 (4km du Creusot).* **Mon Rézo** *Tél. 03 85 73 01 10*

informations touristiques et visites

Office de tourisme *Château de la Verrerie Tél. 03 85 55 02 46 www.le-creusot.fr Ouvert mai-Journées du patrimoine : lun.-ven. 9h30-12h30 et 14h-18h, w.-e. 14h-18h ; lendemain des journées du Patrimoine-avr. : lun.-ven. 10h-12h et 14h-17h30, sam. 14h-18h*
Visite audioguidée Avec un MP3 (2h, 3€) *Au départ de l'OT*
Visites guidées "Flâneries poétiques dans le parc de la Verrerie" (1h30, 4€, réduit 3€ et forfait famille 10€) et "le cœur industriel du Creusot" via le jardin des Terrasses (1h30, même tarif).

marchés, fêtes et manifestations

Marchés *Mar. : Croix-Menée ;* ***jeu.*** *: 4-Chemins ;* ***ven.*** *: place Saint-Charles ;* ***sam.*** *: place Schneider*
Festival des Giboulées Chansons, musiques nouvelles et du monde. *Avr.*
Festival de blues *Fin juin*

DÉCOUVRIR

☆ **Les essentiels** Le château de la Verrerie **Découvrir autrement** En famille, prévoyez un après-midi au parc des Combes ; à Écuisses, embarquez pour une balade sur le canal du Centre ➤ **Carnet d'adresses p.223**

Le Creusot

☆ **Château de la Verrerie** Aujourd'hui musée, office de tourisme et siège des bureaux de la municipalité. Jadis manufacture de cristal, le château de la Verrerie n'a véritablement de château que le nom. Le bâtiment (1787) ressemble à ces manufactures de la fin du XVIIIe siècle construites, avant que le concept d'usine n'existe et faute de modèle, selon les plans des demeures nobles. Ici, ce sera un long bâtiment atelier et deux ailes de logements ouvriers en retour d'angle. À l'extrémité de la cour centrale, deux cônes en briques abritent les fours et les ateliers. En 1845, les Schneider décident d'y habiter, apportant, de génération en génération, embellissements extérieurs (ajout d'un étage sur le corps central, aménagement de jardins) et intérieurs, redessinant l'espace en une enfilade de salons. Un des fours coniques sera transformé en théâtre. Endommagée par les bombardements, la propriété sera restaurée par Charles Schneider (1898-1960), dont la mort clôturera cette dynastie de grands patrons. Prévoir deux bonnes heures, en faisant vite. Livret-jeu pour les enfants (8-12 ans). *Place Schneider Tél. 03 85 73 92 00 www.ecomusee-creusot-montceau.fr Ouvert juil.-août : tlj. 10h-12h et 13h-18h et w.-e. 14h30-18h30 ; hors saison : lun., mer.-ven. 10h-12h et 14h-18h, w.-e. et j. fér. 14h-18h Tarif 6€, réduit 3,80€, moins de 10 ans gratuit (sept.-juin : gratuit le 1er dim. de chaque mois)*

Musée de l'Homme et de l'Industrie L'histoire du Creusot y est déclinée en trois thèmes : la technologie, la production de cristallerie et la vie des Schneider. La technologie, plus amplement développée dans la salle du Jeu de paume (cf. ci-après), est ici évoquée par une gigantesque maquette animée représentant les ateliers à la fin du XIXe siècle, réalisée avec un réalisme minutieux par un ouvrier des forges. On jettera un coup œil amusé à la vitrine des “bricoles”, objets réalisés clandestinement à l'atelier par les ouvriers, sur leur temps de travail. À l'étage, de nouvelles maquettes, des photos et des tableaux illustrent l'histoire du Creusot et précèdent une importante collection de pièces en cristal transparent, en cristal d'opale “gorge de pigeon”, en cristal incrusté, datées pour l'essentiel de l'Empire à la Restauration. Baccarat, qui

LA VERRERIE CÔTÉ JARDIN

Dessiné fin XVIIIe siècle sur l'emplacement originellement destiné aux jardins ouvriers de la cristallerie, le parc de la Verrerie est un huis clos de charme de 28ha. Étang, pelouses, bosquets, statues, parcours botanique aux multiples essences exotiques composent une promenade où l'on croise aussi daims, lamas, chèvres naines et écureuils.
Accès libre

SAÔNE-ET-LOIRE

☆ Le marteau-pilon, emblème d'une réussite

Le premier marteau-pilon à vapeur de grande puissance est inventé au Creusot en 1840 par François Bourdon, ingénieur chez Schneider. En 1877, un nouveau marteau-pilon naît au Creusot : ses coups résonnent à 10km à la ronde, il pèse 1 300 tonnes, et sa force de frappe (110t) en fait le plus puissant du monde. Il le restera jusqu'à ce que les forges de Saint-Chamond et celles de Bethlehem (USA) parviennent à en réaliser des copies. Devenu obsolète dans les années 1930, il est démonté et se dresse désormais au carrefour du 8-Mai, témoin nostalgique de l'âge d'or creusotin. D'autres vestiges subsistent de cette période : “le Hall des grues et des locomotives”, réhabilité en bibliothèque universitaire, et les ruines de hauts fourneaux du Jardin des terrasses, (proche du château de la Verrerie).

racheta l'usine en 1830, y est richement représenté. La visite s'achève par les salons meublés des Schneider, où est présentée la dynastie qui inventa Le Creusot.

Le métal, la machine et les hommes Dans la **salle du Jeu de paume**, l'académie François-Bourdon (inventeur du marteau-pilon à vapeur, cf. encadré) rend hommage aux grands ingénieurs de l'ère Schneider. On y découvre une exposition présentant l'histoire des évolutions technologiques de la métallurgie du fer, du XVIIIe siècle à nos jours. Vidéos, photos, maquettes (très éloquente reconstitution du Creusot en 1900) jalonnent un parcours très didactique.

Théâtre de la Verrerie Cet ancien four de fusion de la cristallerie est transformé en théâtre au début du XXe siècle, à l'initiative d'Eugène Schneider désirant proposer un divertissement à ses hôtes de marque, le roi d'Égypte, le sultan du Maroc ou encore Raymond Poincaré. Côté scène, ce "théâtre de poche" accueillit des vedettes telle Sarah Bernhardt. Au sous-sol, visite des loges et des machineries. *Visites guidées uniquement en été : 11h45, 14h45, 16h45 et 17h45*

● **Se distraire en famille** Ancienne déchetterie industrielle, le plateau des Combes a reçu jusqu'en 1950 les scories et autres déblais des hauts fourneaux qu'amenait là un petit train baptisé **le tacot des Crouillottes**. Aujourd'hui, la locomotive a repris du service pour des promenades touristiques (2 circuits de 45min ou 1h45). Pour plus de sensations, on choisira la **luge d'été** : 640m de "long pour une glisse à 40km/h. D'autres attractions spectaculaires (tyrolienne, bateau Mississipi, Nautic Jet, etc.) suivront, pour tous âges, dans les airs, sur terre ou dans l'eau. L'ancien plateau minier a

Schneiderville

Soucieux de sédentariser ses employés et ses activités, le capitalisme, dit "paternalisme social", des Schneider comportait un ensemble d'œuvres sociales très complet et inédit, qui réunissait écoles et instituts de formation, hôpitaux, salles des fêtes, cercle des ouvriers, bibliothèques, espaces verts et terrains de sport. Cette organisation sociale inventa aussi les premières caisses de retraite, les allocations familiales, la santé gratuite, et facilita l'accession à la propriété. Pendant des décennies, l'ouvrier creusotin a vécu dans un univers clos dont les piliers furent l'éducation, l'ordre et la religion. **La cité des mineurs de la Villedieu** fut la première des cités construites par les industriels. Sur les 105 logements monofamiliaux avec potager privé, bâtis en deux phases (1867-1870), on en observe aujourd'hui 71 (accès par la rue de l'Étang-de-la-Forge, au sud du parc de la Verrerie). La **cité ouvrière Jean-Schneider** s'aborde par la rue Rebillard. Chacun des 61 pavillons, ici construits après la Seconde Guerre mondiale, abritait deux familles et un grand jardin. Les deux cités figurent sur le "Circuit des cités ouvrières" (balade n°2, 12km qui peuvent se faire en voiture), dont l'OT offre le plan.

réussi sa reconversion touristique, devenant, pour une part, l'un des parcs d'attractions les plus courus de Saône-et-Loire et, pour l'autre, une zone verte et boisée parcourue de circuits pédestres et VTT. On y fera une petite digression culturelle au **Fossiloscope**, près du circuit de karting, pour s'initier à l'histoire géologique du Creusot et se rappeler que le charbon est un fossile végétal. Dans la partie sud du parc, le **belvédère des Crêtes** offre un point de vue complet sur le bassin creusotin. **Le parc des Combes** *Rue des Pyrénées Tél. 03 85 55 26 23 www.parcdescombes.com Ouvert mars-oct. : vac. scol., w.-e. et j. fér. ; été : lun.-sam. 11h-19h et dim. 14h-19h Pass donnant accès à toutes les attractions 17€ (plus de 16 ans), 14€ (enfants de 1,25m à 16 ans), 9€ (enfants de 1m à 1,25m)*

Les environs du Creusot

Château de Brandon Une forteresse on ne peut plus stratégique, qui scrute les vastes horizons de la vallée du Mesvrin et les domine avec superbe. Coiffé de toits pentus et jalonné de tours, cet ensemble martial fait forte impression. Le château ne renie pas ses origines médiévales et purement militaires mais, au fil des siècles, il a su se rendre plus coquet, présentant un savant ordonnancement de volumes imbriqués. La visite débute près de la poterne et du mâchicoulis, pour observer les remaniements opérés depuis l'enceinte mérovingienne jusqu'au XIXe siècle. De l'écurie (XIIe s.), qui présente une passionnante leçon sur la symbolique des blasons, on passe à la tour de la Chapelle, où l'on apprend avec frisson que six hommes emmurés debout y furent découverts. Dans le corps de logis, réaménagé au XIXe, puis au XXe siècle, mais toujours paré de sa façade Louis XIII, sont évoquées les péripéties sentimentales de la Dame blanche. Petit plus pour les familles : au cours de la visite guidée, les enfants sont invités à se déguiser en chevaliers. *71670* ***Saint-Pierre-de-Varennes*** *(8km au nord du Creusot) Tél. 03 85 55 45 16 ou 06 87 37 51 30 www.chateau-de-brandon.com Ouvert mi-avr.-mi-sept. : 12h30-17h30 (départ de la dernière visite) Tarif 6,50€, réduit 3,80€*

Au fil de l'eau, sur le canal du Centre

Le canal du Centre, jonction entre la Loire et la Saône, a contribué au développement économique de la région en favorisant le transport du charbon de Blanzy (Montceau-les-Mines) et celui des produits métallurgiques du Creusot. Profitant de l'aubaine, de nombreuses industries céramiques s'implantèrent ensuite sur ses rives. Aujourd'hui, plus fréquenté par les plaisanciers que par les mariniers, ce canal reste le témoin muet d'une époque remarquable par ses innovations et sa prospérité.

SUR L'EAU
Le musée du Canal propose des balades commentées en bateau (2h) sur la portion la plus charmante du canal, jusqu'à la ligne de partage des eaux. *Juil.-août : tlj. à 15h ; mai-juin et sept.-oct. : dim. et j. fér. à 15h Tarif 8,70€, réduit 5,60€*

☺ **Musée du Canal** La visite commentée glisse de la maison éclusière, contemporaine du creusement du canal (1790), vers l'écluse dont on vous expliquera le maniement, et s'achève dans une péniche (des années 1950), qui repose désormais dans le jardin. Elle offre l'occasion rare de pénétrer le cadre de vie, exigu, du marinier et de sa famille. Belle évocation de la vie des canalous – qui, souvent, tractaient eux-mêmes leur bateau à "col d'homme", depuis le chemin de halage – et passionnantes explications (maquettes, plans, photos…) de l'aventure humaine que fut le creusement de ce canal. *71210* ***Écuisses*** *(10km à l'est du Creusot) Tél. 03 85 78 97 04 Ouvert avr.-juin et sept.-oct. : tlj. 14h-18h ; juil.-août : tlj. 10h-12h et 14h-18h30 Tarif 3,10€, réduit 1,50€*

Piquer une tête Anciens réservoirs à eau pour l'industrie, les seize lacs du Creusot, grands et petits, sont d'intérêt inégal. Celui de Montaubry (128ha) a un certain charme : ses rives encore sauvages offrent un parcours de randonnée et une plage avec baignade surveillée. **Lac de Montaubry** *Sur la* ***commune du Breuil*** *(5km à l'est du Creusot) Circuit balisé facile (6,5km, 1h45) Départ de la plage des Patins (plage surveillée, pique-nique et snack)*

SAÔNE-ET-LOIRE

CARNET D'ADRESSES

Restauration, hébergement

petits prix

Brasserie du Théâtre Face aux jets d'eau de l'esplanade François-Mitterrand, cette grande brasserie moderne sait accueillir autour d'une cuisine simple et bien maîtrisée. Tartares de fromage (fromages assaisonnés avec des échalottes, du thym…), cuisse de canard au miel, loup en crème tomatée pour 14,50€ (formule) ou 12,50€ (plat du jour copieux). Adresse centrale et sérieuse. *Espace François-Mitterrand 71200* ***Le Creusot*** *Tél. 03 85 56 19 01 Ouvert lun.-sam. midi et ven.-sam. midi et soir*

Hôtel-Restaurant Entre terre et mer Cette maison de l'ancienne cité ouvrière des usines Perrusson, modernisée, héberge désormais hôtel et restaurant. La terrasse regarde passer le canal et le hall se

☺ Ma cabane sur l'eau

Aqualogis 100% nature ! Quatre datchas sur l'eau s'arriment aux berges d'un lac dans un environnement boisé, cerné de douces collines. Ce concept dans l'air du temps, primé par un 1er prix du Développement durable, est aussi un enchantement : chaque fenêtre, chaque baie compose un tableau vivant ouvert sur des perspectives champêtres ; le bois blond, les lignes épurées apaisent l'esprit, et le salon se prolonge tout naturellement par une terrasse sur l'eau. Parfait pour une échappée amoureuse ou un séjour entre amis (jusqu'à 8 pers., de 210 à 300€/sem., possibilité de louer pour 2 ou 3 j., w.-e. ou milieu de semaine.). *Moulin du Mesvrin* ***Les Vernizeaux*** *(4km au nord du Creusot) Tél. 03 85 78 64 63 ou 06 80 02 92 36*

couvre des fameux carreaux de grès cérame Perrusson. La table navigue entre Bretagne, le pays natal de madame, et Bourgogne, le terroir du chef. Terre et mer, donc, pour une carte équilibrée en saveurs variées (agneau, canard, grenouilles, poissons frais de l'Atlantique). Une cuisine fraîche à prix doux : menus 15 et 20€. Onze chambres simples 43€, petit déj. 5€. *72, route du Canal 71210* ***Écuisses*** *Tél. 03 85 78 93 88*

prix moyens

☺ **Le Restaurant** Une maison bougrement amicale qui applique des prix tout en douceur sur une cuisine haut de gamme. Les ingrédients, sélectionnés chez des fournisseurs exigeants et chez des producteurs pratiquant l'agriculture raisonnée ou bio, épaulent une cuisine vive et curieuse, fidèle à son temps, qui s'évade avec entrain des codes du terroir. La carte des vins est un modèle du genre. Terrasse ou salle, dans un décor moderne sans frime. Menus 18, 22 et 29€. *Rue des Anciens-Abattoirs 71200* ***Le Creusot*** *Tél. 03 85 56 32 33 Ouvert lun.-ven. Fermé août*

Restaurant La Rotonde Dans un univers industriel peu propice à la rêverie, La Rotonde a conçu un petit monde charmeur et serein. La terrasse sous les platanes nous porte jusqu'aux rives du lac, quand la rotonde aux larges baies vitrées nous abrite des intempéries tout en conservant la vue. La carte, alléchante et aux multiples propositions (magret rôti et sa crème brûlée au foie gras, truite aux escargots de Bourgogne, etc.), tient toutes ses promesses. Accueil et service aimables et bon rapport qualité-prix. Formule 13€ à midi, sinon menus 18, 24 et 29€ *Plage des Sapins 71210* ***Torcy*** *(au sud du Creusot par la D28) Tél. 03 85 77 11 50 Ouvert mar.-dim.*

prix élevés

Chambres d'hôtes Le domaine de Montvaltin Il n'est pas question au Creusot de dénicher la fermette bourguignonne séculaire. Cette adresse est une maison contemporaine qui, tournant le dos à la ville, regarde la campagne. On y renoue avec le chant des oiseaux et le hennissement discret des chevaux. Cinq chambres aux volumes généreux, de plain-pied sur le jardin, lumineuses et douillettes, à partir de 85€, petit déj. compris. TV dans les chambres, piscine. *71670* ***Le Breuil*** *(6km à l'est du Creusot, à deux pas du lac de l'étang du Breuil) Tél. 03 85 55 87 12 domainedemontvaltin@hotmail.com*

MONTCEAU-LES-MINES

71300

Imprimant au paysage urbain son image linéaire et sereine, le canal du Centre traverse la ville de bout en bout. Quelques plaisanciers s'en souviennent pour une escale entre les deux ponts levants qui bornent le cœur de la ville. Il leur suffit de traverser le quai et la rue du Général-de-Gaulle pour s'installer en terrasse à l'ombre des arbres ou pour arpenter les rues piétonnes, toutes

proches. Façades colorées, commerces actifs : le centre offre le visage souriant d'une ville ancrée dans son temps. Montceau avance, plus soucieuse de reconversion économique, voire écologique, que de vaines nostalgies. L'époque industrielle de cité minière, totalement révolue, offre çà et là des témoignages épars : une centrale thermique au charbon, en reconversion, un lavoir à houille désaffecté ou encore un monument dédié aux victimes de la mine.

MODE D'EMPLOI

accès

EN VOITURE
À 110km de Dijon via Chalon-sur-Saône (45km). À 22km au sud du Creusot.

EN TRAIN
Gare de Montchanin Liaisons par TGV avec Paris (1h30), Lyon (45min) et par TER pour Chalon-sur-Saône (env. 45min). Liaison de/vers le centre-ville par les bus Mon Rézo. *Sur la N80*
Mon Rézo *Tél. 03 85 73 01 10*

informations touristiques

Office de tourisme Demander les guides *Circuits de mémoire. Quai Général-de-Gaulle (près de la capitainerie) Tél. 03 85 69 00 00 www.montceau-tourisme.fr Ouvert en été : lun. 14h-18h, mar.-sam. : 9h-12h et 14h-18h ; hiver mar.-sam. 9h-12h et 14h-18h*

marchés, fêtes et manifestations

Marché *Face à l'hôtel de ville. Sam.*
Festival Tango, swing et bretelles Un festival qui réconcilie artistes d'hier et d'aujourd'hui autour du piano du pauvre, qui eut toujours la faveur des pays miniers. *Tél. 03 85 67 78 10 Oct.*

DÉCOUVRIR

☆ **Les essentiels** Le musée de la Mine **Découvrir autrement** Visitez le Centre d'interprétation de la ligne de démarcation, faites un saut au mont Saint-Vincent, offrez-vous une pause gastronique au restaurant Le France
➤ Carnet d'adresses p.228

Montceau-les-Mines

Monument aux Victimes de la mine Créé en 1905 par Louis Thiven, sculpteur chalonnais, il se profile en forme de pyramide, abritant les sculptures grandeur nature d'un mineur, d'un forgeron, d'une veuve et de son enfant, entre autres. Le tout couronné par une allégorie de la République. Ce monument commémore l'accident de 1867 où, victimes d'un coup de grisou, 89 mineurs trouvèrent la mort. *Place de l'Hôtel-de-Ville*

Maison de l'école Dans un parfum d'encre et de craie, ce musée associatif retrace l'évolution de l'institution scolaire et de son fonctionnement, des établissements patronaux, ouverts par les industriels, aux écoles républicaines. Expositions temporaires et reconstitutions minutieuses de salles de classe. Le matériel pédagogique est le reflet de son époque : les blouses rappellent qu'avant l'invention des marques, tous les écoliers se glissaient dans une même tenue, qui gommait les disparités sociales pour quelques heures. *37, rue Jean-Jaurès Ouverture variable (s'adresser à l'OT)*

Parc Maugrand-Saint-Louis Dans ce parc superbe, emblématique du Montceau d'aujourd'hui, la ville se réinvente sans oublier son histoire. Jadis puits de mine et crassiers, ces 180ha hébergent des lacs, une ferme animalière et des aires de jeux, mais on peut également y parcourir un sentier didactique qui, en 13 étapes (autant de puits désaffectés), nous conte l'histoire de l'exploitation minière. *Accès par l'avenue des Alouettes*

Les environs de Montceau-les-Mines

☆ ☺ **Musée de la Mine** L'association La Mine et les Hommes gère ce musée en hommage aux générations de mineurs qui, de père en fils, ont extrait ici 200 millions de tonnes de charbon entre 1810 et 2000. Souvenirs, outils, reconstitution d'un intérieur en 1920, court documentaire : l'exposition "Être mineur à Blanzy", bonne introduction à la visite, nous révèle le quotidien de ces ouvriers soumis à de rudes conditions de travail ainsi que l'histoire du charbonnage en France.

Puits Saint-Claude Il s'agit ici de refaire pas à pas le parcours des gueules noires, de la lampisterie jusqu'aux galeries. Une visite accompagnée par les commentaires éclairés, et souvent émus, de mineurs ou enfants de mineurs

De l'ère primaire à l'ère industrielle

À la fin de l'ère primaire (-300 millions d'années), une vaste dépression se creuse que viennent couvrir des forêts de type tropical. Les arbres géants, engloutis à maintes reprises, leurs débris végétaux entraînés puis abandonnés comme alluvions par de grands fleuves, sont la base des formations houillères de Montceau, abondantes mais irrégulières. Les premières concessions d'exploitation minière apparaissent autour des années 1500, s'intéressant aux filons qui affleurent à ciel ouvert. On ne creusera des galeries qu'à partir du XVIIIe siècle. Deux pôles miniers se développent, Le Creusot, épuisé en premier, et, Montceau-les-Mines, qui prend le relais. En 1856, la famille Chagot, grande dynastie d'industriels parisiens, crée Montceau de toutes pièces à partir d'un hameau de 300 habitants et y régnera jusqu'en 1900. La ville n'a pas attendu la fermeture de sa dernière mine en 2001 pour entamer une reconversion, amorcée dès 1970, vers la métallurgie fine, les technologies nouvelles et les entreprises de textiles innovantes, entre autres.

(env. 1h30). Tout est resté en place depuis la fermeture et certaines machines fonctionnent encore, que votre guide mettra en route. On vous expliquera l'activité d'un puits avec ses locomotives de mine et ses circuits de roulage ; on vous montrera la salle des machines d'extraction à vapeur et ses pompes d'épuisement pour écoper l'eau. Ce cheminement sous galerie montre l'évolution des techniques d'abattage du charbon, avec, à Blanzy, une innovation inédite en France, le plateau-rabot. Cette aventure nous laisse un peu abasourdi et, revenu à la lumière, on considère d'un autre œil ce grand échassier de fer, haut de 20m, appelé chevalement. Il se dresse toujours à l'aplomb du carreau de mine, témoin d'une épopée industrielle et humaine révolue. *34, rue du Bois-Clair 71450* ***Blanzy*** *(4km au nord de Montceau) Tél. 03 85 68 22 85 Ouvert mi-mars-11 nov. : sam., dim. et j. fér. départs de visite de 14h à 17h ; juil.-août : lun. et mer.-dim. départs de visite de 14h à 17h Tarif 5,50€, moins de 10 ans gratuit*

☺ **Centre d'interprétation de la ligne de démarcation** "Défense de traverser : qui n'arrête pas à l'appel sera fusillé", prévient encore un panneau. Dès juillet 1940, à la suite du traité d'armistice franco-allemand du 22 juin 1940, la ligne de démarcation sépare la France en deux, partant du Jura, traçant vers l'ouest jusqu'à Tours et redescendant en oblique jusqu'à Pau : 1200km, 13 départements concernés, dont la Saône-et-Loire. Entre une ancienne fonderie et le bassin à écluses du canal du Centre, ce musée évoque cette "frontière intérieure". On revit, à travers documents, photos, plans, l'histoire de cette ligne verte qui sera supprimée en mars 1943 : l'installation des guérites aux couleurs du IIIe Reich, l'instauration d'un système de laisser-passer, l'activité clandestine des passeurs, etc. Passionnant et didactique ! *Place du Bassin 71240* ***Génelard*** *(15km au sud de Montceau par la N70) Tél. 03 85 79 23 12 www.lignededemarcation.fr Ouvert mars-11 nov. : mer.-sam. 10h-12h et 14h-18h ; juil.-août : lun.-sam. 10h-19h, dim. 14h-19h Tarif 3,40€, réduit 2,40€*

Briqueterie Vairet-Baudot Spécimen exemplaire des architectures industrielles du début du XXe siècle, avec ses deux grandes cheminées et ses volumes massifs, cette briqueterie s'installa en 1893, parmi d'autres, au cœur de la "vallée de la Céramique". Produisant des carreaux de pavage, l'usine connut son heure de gloire dans les années 1920. Fermée en 1967 et livrée à l'abandon, elle sera finalement réhabilitée à partir de 1995. La visite retrace le processus de fabrication de la "brique noire de fer", spécialité qui fit la prospérité de l'entreprise. Elle donne lieu en fin de parcours à une démonstration de moulage de brique. Expositions temporaires d'art contemporain. À 200m de la briqueterie, une aire de pique-nique en bord de canal, sous des platanes géants (tables, barbecue, point d'eau). *Route du Canal (D974) 71420* ***Ciry-le-Noble*** *(10km au sud de Montceau) Tél. 03 85 79 18 98 www.ecomusee-creusot-montceau.fr Ouvert juin-oct. : mar.-dim. 14h-19h Tarif 3€, réduit 2,50€, moins de 12 ans gratuit Livret-jeu pour enfants, 1,50€*

Perrecy-les-Forges L'église (XIe-XVe s.) arbore un porche connu de tous les amateurs d'art roman. Le narthex (XIIe s.), coiffé d'un imposant clocher, est doté d'un portail orné d'un exceptionnel ensemble de sculptures exécutées par des artistes venus de Cluny ou de Paray-le-Monial. Au tympan apparaît un Christ en majesté entouré de deux séraphins à six ailes (vision d'Isaïe). Le linteau illustre le cycle de la Passion dans une veine tragique et théâtrale. Jetez un coup d'œil aux piliers, véritable inventaire iconographique de tout un bestiaire fantasmagorique de l'époque romane : éléphant, sirène, oiseau à trois têtes, femme dévorée par des serpents, mystérieux masques, etc. *À 15km au sud de Montceau-les-Mines Fermé (en cours de restauration)*

Mont Saint-Vincent Du haut de ses 600m d'altitude, le mont Saint-Vincent offre des vues panoramiques sur toute la région. Un village secret anime ce bout du monde dont l'église, aux allures de bastion, défie les vents. Curieuse silhouette, privée de son clocher au XVIIIe siècle, précédée d'un porche protecteur et dont les volumes harmonieux de la nef s'inspirent avec humilité de Saint-Philibert de Tournus. Ce sanctuaire de campagne domine un panorama éblouissant, devant lequel méditer avant de visiter le **grenier à sel** dont l'exposition archéologique retrace 3 500 ans d'histoire locale. On peut poursuivre l'excursion vers **Gourdon** (4km). Ce village, posé sur un tertre voisin du mont Saint-Vincent, possède une église (XIe s.) qui présente des sculptures d'un émouvant archaïsme, et conserve des peintures médiévales restaurées. *À 13km au sud-est de Montceau-les-Mines* **Musée** *Tél. 03 85 69 00 00*

● Où se rassasier d'un bon casse-croûte bourguignon ? Le bistrot du village fait simple et substantiel, proposant le casse-croûte bourguignon traditionnel, qui vaut un solide repas : des charcuteries, une omelette que l'on peut arroser de cidre, comme le faisaient les paysans jadis, une salade et du fromage de la région pour 12,50€. **Le Bec fin** *Mont-Saint-Vincent Tél. 03 85 79 80 61 Ouvert mai-oct. : mer.-lun. 10h-21h ; nov.-avr. : sur rés.*

CARNET D'ADRESSES

Restauration, hébergement

prix moyens

Hôtel Nota Bene Situé en plein centre, au bord du canal, ce 2-étoiles moderne offre un service professionnel et une quarantaine de chambres confortables de 50 à 75€ (selon jours et saisons). Petit déj. buffet 7€. Salle de remise en forme et bar-restaurant à prix raisonnables, où l'on goûtera la *tavola*, digne ancêtre de la pizza. *70, quai Chagot 71300 Montceau-les-Mines Tél. 03 85 69 10 15 www.notabene.fr* **Restaurant** *Ouvert lun.-sam. 12h-14h30 et 19h-22h*

GAMME DE PRIX	RESTAURATION	HÉBERGEMENT
Très petits prix	moins de 12€	moins de 30€
Petits prix	de 12 à 18€	de 30 à 50€
Prix moyens	de 18 à 25€	de 50 à 75€
Prix élevés	de 25 à 45€	de 75 à 115€
Prix très élevés	plus de 45€	plus de 115€

Chambres d'hôtes La Vigne vierge Entièrement recouverte d'ampélopsis, cette maison n'usurpe pas son nom. À 5min du centre de Montceau, dans un quartier résidentiel, cet établissement chaleureux propose 3 chambres au bon rapport qualité-prix (55€, petit déj. compris). On lézardera sur la terrasse ombragée d'une végétation luxuriante, face au jardin, avant de passer à table (sur rés.) pour un dîner gourmand à base de produits le plus souvent bio (22€). *23, rue des Prés 71300* ***Montceau-les-Mines*** *Tél. 03 85 57 88 32*

☺ **Chambres d'hôtes La fontaine du Grand Fussy** Maison d'hôtes de charme, authentique et singulière, cette grande demeure du XVIIIe siècle, flanquée de deux pavillons, coiffe au poteau toutes les adresses environnantes. Sur fond de prairies et de forêts, elle accueille sans trop de solennité, débordant de générosité, déployant en de nobles volumes une décoration soignée mise en scène par une maîtresse de maison virtuose du trompe-l'œil et des enduits chaulés. La piscine se love au pied d'un arbre vénérable. Cinq chambres à 68€. Table d'hôtes sur réservation à 20€. Gîte dans les dépendances. *71220* ***Le Grand Rousset*** *(15km au sud-est de Montceau) Tél. 03 85 24 60 26. www.fontaine-fussy.com Fermé jan.*

prix moyens à élevés

☺ **Hôtel-Restaurant Le France** Une poitrine de canette caramélisée arrosée de jus de jambon fumé, accompagnée de courgette farcie à la purée d'artichaut et de pignons de pin fraîchement torréfiés, un divin foie gras servi sur une brioche maison qui croustille et avec de la pomme granny subtilement parfumée à la coriandre... ces exemples valent tous les discours. La cuisine d'auteur de Jérôme Brochot, chef étoilé, a trouvé le bon angle culinaire entre recettes ancestrales, saveurs oubliées et audace. Belle cave, servie par Maria, l'épouse devenue incollable en matière de vins. Un moment d'exception. Menus 22€ (midi, en sem.), 40 et 75€. Côté hôtel, 9 chambres impeccables à partir de 65€, petit déj. 8€. *7, place Beaubernard 71300* ***Montceau-les-Mines*** *Tél. 03 85 67 95 30 www.jeromebrochot.com Fermé lun., sam. midi et dim. soir*

SAÔNE-ET-LOIRE

TOURNUS

71700

Postée sur l'A6 à la "frontière" du nord et du sud, Tournus est trop souvent considérée comme une simple halte sur la route des vacances, un lieu de passage. La ville mérite mieux. Si tous les regards convergent vers l'abbaye Saint-Philibert, où l'émotion est garantie, la ville a d'autres charmes que l'on n'épuise pas en un tour de cadran : l'hôtel-Dieu, dont la salle des malades supporte la comparaison avec celle de Beaune, une multitude de tables gourmandes, des ruelles déjà méridionales glissant vers la Saône, "fleuve" tranquille qui, sachant prendre son temps, montre l'exemple.

Et surtout, Tournus est au cœur d'une région superbe qui déploie toute une palette de paysages aux charmes captivants et aux découvertes en tout genre.

UNE VILLE DEUX FOIS MILLÉNAIRE En amont de Tournus, le menhir de Vénière atteste d'une occupation très ancienne. Dès l'âge du bronze, les marchands élisent ces rives de la Saône pour étape. Les embarcations y transportent, via la Seille, le sel descendu de Lons-le-Saunier. À l'ère romaine, sur le passage de la fameuse via Agrippa, les Romains érigent un castrum, *Ternocium* (actuel quartier de la Madeleine). Dès 150, saint Valérien, originaire d'Asie Mineure, membre de la communauté chrétienne lyonnaise, évangélise le Tournugeois. Il subira le martyr en 177. Son corps, enseveli par ses disciples près du fort romain, sera l'objet d'un culte longtemps clandestin, puis officialisé par l'installation d'un ordre monastique vers 530, quand le culte chrétien sera autorisé. Les moines vendéens de Saint-Philibert (île de Noirmoutier), fuyant les persécutions normandes, s'installent à Tournus en 875 sur l'invitation de Charles le Chauve, duc de Bourgogne. Ils bâtissent leur abbaye, qui sera vite prospère, battra monnaie et parviendra à rester indépendante de sa puissante voisine, Cluny.

MODE D'EMPLOI

accès

EN VOITURE

À 95km de Dijon. Entre Mâcon au nord (30km) et Chalon-sur-Saône au sud (35km), sur l'A6 et la N6.

EN TRAIN

Gare SNCF Connexions TER fréquentes (env. chaque heure) avec les gares TGV de Mâcon et Chalon-sur-Saône (env. 15min). *En lisière du centre-ville*

informations touristiques

Office de tourisme Demandez le dépliant de visite de la ville (gratuit), ainsi que le Pass'malin (5€), qui offre des réductions ou la gratuité pour une vingtaine de sites et activités. *2, place de l'Abbaye Tél. 03 85 27 00 20 www.tournugeois.fr Ouvert juil.-août : tlj. 9h30-13h et 14h-18h (hors saison, horaires variables)*

location de deux-roues

Location de vélos électriques *À l'OT* Tarifs 5€/h, 10€/demi-journée ou 15€/j.

Moustik 2 roues *5-7, rue Jean-Jaurès Tél. 03 85 51 16 69 Ouvert en saison : mar.-sam. ; hors saison, se rens. Tél. 03 85 40 21 33 Tarifs 4€/h, 8€/demi-journée ou 14,50€/j.*

marchés, fêtes et manifestations

Marché Pittoresque marché place Lacretelle à Tournus. *Le samedi*

Tournus-passion L'OT et la mairie s'associent pour programmer des festivités : concert dans l'abbaye, salon des antiquaires, randonnées, etc. *Juin-oct.*

☺ **Marché du livre** *1er dim. du mois à Cuisery (8km à l'est de Tournus)*

DÉCOUVRIR

Tournus

☆**Les essentiels** L'abbaye Saint-Philibert, l'hôtel-Dieu-Musée Greuze
Découvrir autrement Amateurs de bons crus, filez à la cave des vignerons de Mancey ; petits et grands curieux, offrez-vous une visite insolite au musée du Vélo
➤ **Carnet d'adresses p.238**

☆ **Abbaye Saint-Philibert** Placée au centre d'une belle esplanade, elle est entourée de maisons qui ont pris la place d'une ancienne enceinte dont subsistent trois tours, les deux tours des Champs et celle du Portier. *Ouvert été : tlj. 8h-19h ; hiver : tlj. 9h-18h Visite libre (en dehors des horaires de messes) Visite audioguidée 2,50€ (audioguide, versions adulte et enfant à retirer à l'OT)*
Extérieurs La hautaine façade de Saint-Philibert, "à la carrure grave et massive" (Victor Hugo), fait forte impression. Les pierres rosées en tempèrent l'austérité, maçonnées avec une technique achevée qui fait de l'architecture son propre ornement. C'est une splendide interprétation, datée du XIe siècle, de l'église-porche carolingienne. L'appareillage de petits moellons, le décor de lésènes, la double rangée de "dents d'engrenage"et de petites pierres plates posées en zigzag à la naissance des tours sont autant de caractéristiques du premier art roman, dont ce monument est le spécimen le plus grandiose encore debout en France. Le portail est un ajout du XIXe siècle, ainsi que les créneaux à mâchicoulis entre les deux tours. À cette façade en forme de donjon, succède un vaisseau dépourvu de tout décor, puis, sur la croisée de transept s'élève un clocher, dont l'appareillage soigné et les baies ouvragées nous ramènent au plus pur art roman du XIIe siècle. L'édifice, qui se prolonge par un avant-chœur aux murs évidés de profondes arcatures aveugles, est terminé par un chevet consolidé de contreforts-colonnes et orné d'une belle marqueterie de pierres. En contournant l'église (côté OT), on trouve le **logis abbatial** (XVe s.) à tourelle octogonale.
Nef L'avant-nef ou narthex assurait l'accueil des pèlerins – on y voit quelques vestiges de fresques, un Christ en gloire du XIIe siècle et une crucifixion du XIVe. Trapue, cette avant-nef contraste avec l'envolée de la nef principale, qui, par une conception hardie, développe un parti pris architectural rare, quasi unique : elle se voûte d'une succession de berceaux transversaux (perpendiculaires à la nef). Ce procédé innovant, qui fait supporter le poids de l'édifice sur le chœur et l'avant-nef – et non plus sur les murs latéraux –, permet d'ouvrir de larges baies et apporte une hauteur et une luminosité exceptionnelles pour un

VIERGE AUVERGNATE

Au milieu du mur latéral sud de la nef, une niche de style gothique flamboyant abrite une étrange statue romane : Notre-Dame la Brune, Vierge noire sculptée dans du bois de cèdre. Cette Vierge, hiératique et sévère, brandit un Christ dont le visage a les traits d'un adulte. Un art typiquement auvergnat. Ce sont les moines de Saint-Philibert qui l'ont rapportée du Massif central, où ils firent étape lors de leur périlleux périple entre Noirmoutier et Tournus.

sanctuaire du XIe siècle. Les grosses colonnes, dépourvues de chapiteaux, réduites à leur fonction de supports de la nef, s'inscrivent puissamment dans l'espace intérieur, qu'elles rythment avec solennité. Les vitraux modernes (1960) de la nef remplissent bien leur office, apporter la lumière, quand ceux des chapelles gothiques sont à vocation ornementale et didactique.

Transept et chœur Ils datent du XIIe siècle. Autre époque, autres mœurs : la sculpture apparaît sur les chapiteaux et stigmatise nos défauts – tels le chapiteau à gauche de l'orgue, illustrant la médisance, ou cet autre plus énigmatique, montrant un démon saisissant un joueur de tambourin avec des pincettes. Ouvrant sur cinq chapelles rayonnantes, le **déambulatoire** se distingue par ses mosaïques du XIIe siècle. Les signes du zodiaque et les mois de l'année défilaient en une vingtaine de médaillons. Seuls restent ceux des gémeaux et du cancer, et les mois associés : mai symbolisé par un chasseur à l'épervier, juin par un faucheur.

Crypte L'impression saisissante de pénétrer les arcanes du temps. Les petites voûtes en arêtes sont faites de moellons bruts scellés par un "bain" de mortier et disposés sur des moules en bois jusqu'au décintrement. L'empreinte des planches est encore visible. Cette technique "brute de décoffrage" date du XIe siècle. Le déambulatoire conduit à la chapelle qui abrite le sarcophage de saint Valérien. De menues colonnes monolithes aux chapiteaux sculptés (probables remplois d'édifices romains) encadrent la chapelle centrale. Au fond, un puits alimentait le monastère en eau.

Cloître Partiellement détruit, il est accessible par la ruelle face au logis abbatial. Saint-Philibert est bien une pure abbaye bénédictine : tout s'organise autour de ce cloître qui distribue le cellier, le **réfectoire** (derrière la bibliothèque municipale, lieu d'expositions temporaires), la **salle capitulaire** voûtée d'ogives aux accents gothiques (XIIIe s.) et le **parloir**. Cette dernière salle, désormais **musée lapidaire**, renferme les statues-colonnes des saints Philibert et Valérien, qui semblent plongés dans une méditation éternelle. Du parloir, on accède à la **chapelle Saint-Michel**, sommaire, mais émouvante avec ses étonnantes sculptures posées de part et d'autre d'une arcade dite l'arc de Gerlannus. L'une représente un personnage armé d'un marteau, issu des légendes celtes, l'autre, un masque, sans doute un portrait.

☆ ☺ **Hôtel-Dieu-Musée Greuze** Il faut absolument prendre le temps de visiter cet hôtel-Dieu (XVIIe et XVIIIe s.) dont l'architecture extérieure peu ornementée, bien que signalée par un gracieux campanile, ne laisse en rien présager les richesses déployées à l'intérieur. Le site est à la fois un remarquable musée hospitalier, un musée des Beaux-Arts et renferme des collections archéologiques résumant l'histoire du Tournugeois depuis la préhistoire jusqu'à la période mérovingienne. De surcroît, la muséographie, sobre et didactique, y est exemplaire. *21, rue de l'Hôpital Tél. 03 85 51 23 50 Ouvert avr.-oct. : 10h-13h et 14h-18h Fermé mar. Tarif 4€, réduit 2€, moins de 12 ans gratuit Audioguide 2€ Animations enfants pendant les vac. scol. Un programme de visites dès 5 ans (3€) et d'ateliers (le petit apothicaire et le sculpteur)*

Hôtel-Dieu Il ne compte pas moins de trois salles des malades, dont les volumes imposants s'organisent en croix autour d'une chapelle. Des soins y furent prodigués jusqu'en 1982 et tout est resté en place, intact, des tomettes jusqu'aux plafonds en bois moulurés. Les lits en alcôve, le rouge des édredons tranchant sur les murs blancs, le poêle central de la salle des Hommes, les étains médicaux de la salle des Femmes : la reconstitution, tout en justesse, est saisissante. Tout aussi magistrale, avec ses quelque 300 pots de faïence ou de verre soufflé et son plafond richement peint d'angelots, l'**apothicairerie** (XVIIe s., l'une des plus anciennes de France) se prolonge par un jardin des simples où sont inventoriés, in situ, les remèdes naturels d'antan.

Musée Greuze L'œuvre de Jean-Baptiste Greuze se décline sous tous ses aspects : six tableaux dont une œuvre de jeunesse, *Saint François d'Assise recevant les stigmates*, et deux prodigieux autoportraits, des gravures et des dessins dont des "têtes d'expression", un genre prisé au XVIIIe siècle et qui montrait comment s'incarnent sur le visage les "mouvements de l'âme". Le musée présente également une collection de tableaux des écoles française, italienne ou flamande du XVe au XXe siècle et des sculptures d'artistes tournugeois du XIXe siècle ayant atteint une célébrité nationale : les sculpteurs Pierre Curillon et Désiré Mathivet. La section contemporaine est, pour l'heure, moins convaincante.

Rue de la République et alentours En sortant du musée, les plus curieux iront voir l'**impasse du Bief Potet**, ruelle très étroite, jadis parcourue par un ruisseau affluent de la Saône – recouvert depuis 1905. De là on rejoindra, par la rue de l'Hôpital, la place de l'Hôtel-de-Ville. Côté rue de la République, les deux angles de cette place pittoresque se signalent par le **logis de l'Escargot** (1616), ainsi nommé à cause de sa tourelle à encorbellement, et par une maison à porche du XVe siècle. En continuant sur cet axe, on rejoint la **place Carnot**, où l'on jettera un coup d'œil au **logis de la Tête noire**, maison médiévale à encorbellement. Levez les yeux, un ange vous regarde, posté en façade.

Quartier de la Madeleine Jadis, la rue de la Boiterie était celle des cabarets, la rue de la Beauté, celle des filles de joie. Aujourd'hui, ce quartier n'est plus que sérénité et l'on peut y faire, le soir, de paisibles flâneries vers l'église Sainte-Madeleine, bel édifice roman dont le porche est orné de fines colonnettes sculptées de guirlandes et de chapiteaux décorés de feuillages et d'oiseaux.

Jean-Baptiste Greuze

Aujourd'hui dignement représenté dans les musées internationaux, Jean-Baptiste Greuze (1725-1805), natif de Tournus, fut déjà un artiste renommé en son temps, surtout apprécié pour ses portraits "psychologiques" et ses scènes de genre. Un certain moralisme, un sentimentalisme exacerbé et une forme de naïveté cohabitent chez Greuze avec beaucoup de verdeur, de tendresse et de talent.
La collection de Tournus nous conforte dans l'idée qu'il figure parmi les grands. On peut voir la statue de Greuze au centre de la place de l'Hôtel-de-Ville et sa maison natale au n°5 de la rue qui porte désormais son nom.

Où s'offrir une douceur, acheter des produits fermiers ?

Pâtisserie Lathuilière Comment résister ? Gilles Lathuilière concocte un gâteau diabolique, le Tournusien, une meringue à la noisette et crème au beurre vanillée. Et comble de malheur pour notre régime, on peut repartir aussi avec de divines douceurs chocolatées, tel le Greuze Émotion. Les viennoiseries sont également parfaites. *55, rue du Docteur-Privey Tél. 03 85 51 06 61 Ouvert mar.-dim.*

Alimentation Claude Bey Qui se souvient encore de ce qu'est "une alimentation" ? Le "petit commerce" de Claude Bey, comme surgi d'un film des années 1950, ravive la nostalgie, et pourtant il est bien vivant : on y trouve de tout et de qualité avec, entre autres, un bon choix de produits fermiers locaux, des charcuteries, des fromages affinés et des volailles labellisées. *16, rue Alexis-Bessard Tél. 03 85 32 52 08 Ouvert mar.-dim. mat.*

En périphérie

Musée du Vélo Michel Grézaut, l'âme de ce musée, commence sa collection à l'âge de 20 ans, réparant le triporteur du crémier ou un grand bi échoué dans le grenier de ses parents. Il constituera une collection unique en France de 200 vélos, depuis les balbutiements du genre, la draisienne en bois sans pédales, jusqu'au vélo de course. L'homme n'est plus, mais son accumulation de pièces rares nous offre ici l'occasion de feuilleter une page d'histoire où se mêlent sport et technologie. Souvenirs en tout genre, affiches et même timbres fiscaux datant de l'époque (de 1893 à 1958) où l'État taxait les vélos. Pour les enfants, un espace réservé aux vélos-jeux et jeu de piste "vélo = zéro pollution". *Av. du Mal-de-Lattre de Tassigny-N6 Le Pas-Fleury 71700* ***Tournus*** *(N6 sud, dir. Mâcon) Tél. 03 85 20 01 28 www.enviesdevelo.com Ouvert mar.-dim. 14h-18h (en principe) Tarif 5€, réduit 3€, moins de 10 ans gratuit*

Bonnes adresses pour amateurs de bons crus

Caves de Saint-Valérien
Ce caviste érudit pourrait jouer les pédants. Il a choisi d'être sympathique. Tous les bourgognes sont là, en une fine sélection, les rhodaniens aussi, et de bonnes surprises du côté des bordeaux. *58, rue du Docteur-Privey* ***Tournus*** *Tél. 03 85 51 78 71 Ouvert tlj.*

Cave des vignerons de Mancey
À la pointe nord du vignoble mâconnais, le cépage chardonnay trouve sa terre de prédilection. L'aligoté fournit des blancs vifs et fruités, le gamay des rouges à boire jeunes, le pinot noir, le plus noble des cépages, offre des vins d'appellation bourgogne. Cette riche palette, à laquelle il faut ajouter un crémant médaillé d'or, est défendue par 80 vignerons passionnés dont beaucoup parient sur le développement durable. *RN6 (2km du centre de Tournus, dir. Chalon)* ***Tournus*** *Tél. 03 85 51 00 83 www.cave-mancey.com Ouvert lun.-sam. 8h-12h et 14h-18h, dim. et j. fér. 9h30-12h et 14h30-18h*

Les environs de Tournus

☆ **Les essentiels** Brancion **Découvrir autrement** Jouez les rats de bibliothèque à Cuisery, pagayez sur la Seille, faites un saut à Louhans un lundi, jour de marché ➤ **Carnet d'adresses p.238**

Cuisery

☺ **Village du livre** En bord de Seille, et déjà en Bresse, ramassé autour de son église Notre-Dame (début XVIe s.), Cuisery se distingue en s'étant proclamé en 1999, non sans arguments, Village du livre – ils sont sept en France à avoir mené l'aventure. Une quinzaine de libraires spécialisés, de bouquinistes et d'artisans du livre s'y sont installés avec succès. Aucun n'a déclaré forfait, et quelques éditeurs les ont même rejoints (Hérode, l'Harmattan). Un journal littéraire est né, *La Casquette*. *71290* ***Cuisery*** *(8km à l'est de Tournus)* ***Rens****. OT Cuisery Tél. 03 85 40 16 08*

VILLAGE À LA PAGE Chaque 1er dimanche du mois, un marché du livre investit les rues de Cuisery, attirant 30 000 fidèles, collectionneurs, amateurs de beaux livres ou simples curieux. Expositions, dédicaces avec des écrivains, conférences rythment l'année. ☺ **Village du livre** *http://cuisery.livre.free.fr*

Centre Eden La nature bourguignonne livre ici ses secrets en six salles thématiques : salles de la Maquette (carte en relief de la Bourgogne), de la Terre, des Indices, de l'Air, de l'Eau et enfin une dernière consacrée à la Météo, plus modeste. L'objectif est d'apprendre à mieux connaître la faune et la flore en s'amusant (jeu des parfums, bornes interactives) et en observant (aquariums d'eau douce, ruche et fourmilière vivantes…). La visite se poursuit dans le parc, entre le pavillon de la Forêt et le potager avec son "HLM à insectes", via le planétarium et l'étang. Consultez le programme des escapades-nature et des "soirées astro" qui se déroulent dans le parc. *Rue de l'Église 71290* ***Cuisery*** *(8km à l'est de Tournus) Tél. 03 85 27 08 00 www.centre-eden.com Ouvert Pâques-juin et sept.-Toussaint : mar.-dim. 14h-18h ; juil. août : tlj. 10h-18h*

● **Se balader de dunes en forêt alluviale** Près la confluence de la Seille et de la Saône, les paysages échappent à l'emprise de l'homme pour s'autoriser quelques fantaisies. La réserve naturelle de la Truchère permet de découvrir trois types de milieux cohabitant sur un mouchoir de poche (93ha) : des tourbières, un étang et, contrastant avec ces deux premiers, l'univers désertique des dunes de sable. Ce sont des mondes insolites, mais fragiles, où l'on s'aventure avec respect. Deux sentiers les parcourent : celui des dunes (45min) et celui de l'étang (15min), qui s'avance en partie sur pilotis vers l'observatoire des oiseaux. Sortie thématique sur réservation. **Réserve naturelle de la Truchère-Maison de la réserve** *Pont de Seille 71290* ***La Truchère*** *(5km de Cuisery) Tél. 03 85 51 35 79*

● **Au fil de la Seille en croisière ou en canoë** D'un bout à l'autre de son parcours, la Seille a le secret des paysages enchanteurs. À Cuisery,

SAÔNE-ET-LOIRE

elle dessine quelques méandres dans le vert paisible de la Bresse, traverse la réserve naturelle et s'épanouit à la Truchère, halte nautique autant que village, avant de se jeter dans la Saône.

Camping de Cuisery Balade en canoë sur une Seille bien paisible, sans courant ni danger. Préférez la balade en amont, qui offre des paysages plus sauvages. *7€/h, 15€/j. 71290* ***Cuisery*** *Tél. 03 85 40 08 72 Ouvert printemps-été*

Base nautique de la Truchère Pour une croisière Saône-Seille (1h30) avec franchissement d'une écluse et virée vers la réserve naturelle (départs 15h et 17h ; 10€, réduit 5€, sur réservation uniquement). Pour plus d'autonomie, on peut louer un bateau électrique sans permis, maniable et silencieux. 2/4 places et 5/6 places 25 ou 35€/h ; 65 ou 85€ la demi-journée. *71290* ***La Truchère*** *Base nautique sur le quai face au restaurant l'Escale Tél. 03 85 51 70 93*

☆ ☺ Brancion

Une immersion dans le Moyen Âge ! Ce nid d'aigle, au sommet d'un éperon taillé entre deux ravins, contrôlait jadis la route de Cluny. Tout y témoigne de l'importance passée : le donjon, les halles et l'église. C'est un mirage médiéval qui, après de délicates restaurations, s'ouvre au monde. Centré autour de sa halle du XVIIe siècle à toit de lauzes superbement charpentée, le village aligne ses ruelles pavées le long desquelles se dressent des maisons des XIIIe, XVe et XVIe siècles. *71700* ***Martailly-les-Brancion*** *14km à l'ouest de Tournus (D14, dir. Comartin) Attention, l'accès au village est interdit aux voitures (stationnement 200m en contrebas).*

Château Vindicatifs et brigandant à l'occasion le village de Cluny, les seigneurs de Brancion érigent ce fort dès le XIe siècle. Ruinés par de désastreuses croisades, ils sont contraints, en 1259, de céder leurs possessions aux ducs de Bourgogne, qui doteront le site d'un monumental corps de logis reliant le donjon et la tour quadrangulaire du XIIe siècle. L'ensemble en impose, se

Itinéraire roman dans le Tournugeois

Tout itinéraire roman bourguignon passe par l'église Saint-Martin à **Chapaize** (7km de Brancion par la D14). Fier comme un campanile de Lombardie, son clocher défie les vents depuis le Xe siècle. Deux étages de fenêtres jumelées guettent l'horizon et trois absides (XIIe s.) flanquent élégamment le chevet. À l'intérieur, règne la rigueur bénédictine. De l'église de **Lancharre** (3km de Chapaize), fondée au XIe siècle, ne subsistent plus que le transept et le chœur, mais quels émouvants vestiges et quelle grandeur ! Au sud de Tournus (9km par la N6), on verra aussi les églises d'**Uchizy**, construites au XIe siècle par les moines de Tournus (beau beffroi roman aux allures de tour de guet), ou, à équidistance mais au nord, l'église Saint-Julien, à **Sennecey-le-Grand**, qui conserve de ses origines romanes la nef et le clocher ainsi que des fresques du XIe siècle. Et on n'oubliera pas les sanctuaires de Brancion et du mont Saint-Romain, si romantiques.

déployant en terrasses du sommet du rocher culminant sur la vallée à plus de 400m. On visite le logis de Beaufort (XIIe s.) et ses tours défensives, le logis de Beaulieu (fin XIIIe s.), où les baies trilobées et les vastes cheminées illustrent la puissance ducale, les tours du préau, de la gaité (du guet) et le donjon originel, d'où le panorama englobe la vallée de la Grosne bornée par le mont Saint-Vincent. *Tél. 03 85 32 19 70 www.chateau-de-brancion.fr Ouvert Pâques-sept. : tlj. 10h-12h30 et 13h-18h30 ; oct.-12 déc. : w.-e., vac. scol. 10h-16h Tarif 5€, réduit 2,50€, moins de 5 ans gratuit Audioguide 2€ Visite costumée pour les 6-11 ans*

Église Saint-Pierre Postée à l'autre sommet de la colline, cet édifice est un exemple remarquable du roman tardif sous influence cistercienne. L'austérité est de règle : puissant clocher carré, transept légèrement saillant avec trois modestes absidioles, appareillage régulier de fins moellons. Il conserve un gisant du XIIIe siècle et les traces de peintures réalisées sans doute avant 1265, sur l'initiative du seigneur de Brancion, dont une *Résurrection des morts* (mur nord, du côté du cimetière) et l'*Arrivée des pèlerins au sanctuaire de Saint-Jacques à Compostelle* (rite de la prière sur le seuil de l'église). *Visites libres aux horaires du château*

SAÔNE-ET-LOIRE

Louhans

La capitale de la Bresse bourguignonne tire son charme d'une longue enfilade de maisons à arcades de la Grande-Rue. C'est une curiosité unique en France, dont l'origine remonte au XVe siècle quand la cité, située à la confluence de la Seille et du Solnan, vivait du négoce du drap et de la toile de chanvre. Le marché du lundi est un événement incontournable de la vie locale depuis le XVe siècle. Toujours spectaculaire avec ses poulets vivants, ses produits locaux, ses déballages en tout genre, il se double désormais d'un marché bio. Plus qu'un marché, c'est une fête, l'expression de tout un terroir. Continuez la journée en visitant l'hôtel-Dieu (XVIIe s., remarquable apothicairerie) et le musée de l'Imprimerie. *71500 Louhans (35km au sud-est de Chalon)* **Office de tourisme Saône et Seille** *Place Saint-Jean Tél. 03 85 75 05 02 www.bresse-bourguignonne.com Ouvert jan.-mai et oct.-déc. : lun.-sam. 9h30-12h et 14h-18h (oct-mars : sam. fermeture à 17h) ; juin-sept. : lun.-sam. 9h30-12h30 et 14h-18h30 (sam. fermeture à 18h)*

LE LUNDI À LOUHANS

Lundi, à Louhans, c'est tête de veau ! Une tradition : les producteurs venus pour le marché l'avalent au casse-croûte de 8h et tous les restaurants la servent à midi. Rendez-vous à l'Hutau, bonne et généreuse table familiale, qui propose cette spécialité dans un menu à 14€. **L'Hutau** *cf. Carnet d'adresses*

Musée de l'Imprimerie-Musée municipal des Beaux-Arts Choisissez la visite guidée pour mieux appréhender les secrets, un peu techniques, de l'imprimerie. Le rez-de-chaussée, qui vaut plus que le simple musée de l'Imprimerie qu'on nous annonce, fut le berceau du journal *L'Indépendant*. Né en 1878, ce journal mythique fut imprimé ici pendant plus d'un siècle. Les ateliers ont fermé en 1984 et tout est resté à l'identique : les bureaux du secrétariat et de la direction, mais aussi les ateliers et leur incroyable défilé de machines, pour la plupart encore en état de marche. Presses à platine de 1900, presses rotatives, imposante presse Perfection de 1929, linotypes : les techniques évolueront jusqu'à l'offset et la visite en suit les progrès. À l'étage, le Musée municipal accueille les peintres locaux, dont Jules Guillemin (1866-1934), spécialiste du portrait, et Auguste de Loisy (1868-1934), qui signe de beaux paysages bressans. Plus proche de nous, le pointilliste Pierre Lenoir (1900-1988) et Louis James (1920-1994), artiste complet, écrivain, caricaturiste et musicien de jazz. Petit musée de charme qui réserve de belles surprises. *29, rue des Dôdanes Tél. 03 85 76 03 41 Ouvert tlj. 14h-18h Tarif 3€ (visite guidée comprise dans le prix du billet)*

● Où goûter la corniotte louhannaise ? Pâte à choux dans pâte brisée, le tout sucré et généralement aromatisé à la fleur d'oranger, la corniotte prend place dans la famille des viennoiseries. Une douceur née à Louhans, dans les cuisines de l'hôtel-Dieu où officiaient les nonnes à cornette : d'où la déformation "corniotte", que l'on sert traditionnellement à l'Ascension. Nicolas Cadot en fait d'excellentes, entre autres gourmandises, qu'il vend dans sa pâtisserie salon-de thé. **Pâtisserie Cadot** *68, Grande-Rue* ***Louhans*** *Tél. 03 85 75 19 54*

CARNET D'ADRESSES

Restauration

petits prix

Le Charles-V Hormis une modeste halte nautique, les quais de Saône à Tournus sont quasi à l'abandon. Le Charles-V relève le défi de les faire vivre, y dressant une terrasse en été. À la carte, spécialités bourguignonnes et bressanes (cuisses de grenouilles en persillade, poulet au bleu, escargots). Menus 12€ (midi) et 21€, plat du jour 8,50€. Riche sélection de vins, à déguster également au bar. *Sur les quais (en été) et 1, rue Mathivet 71700* ***Tournus*** *Tél. 03 85 22 54 53 Ouvert tlj.*

prix moyens

☺ **Le Bourgogne** Spécialités bourguignonnes et lyonnaises paradent au Bourgogne, parées de leur plus bel uniforme, touchantes d'authenticité et à deux pas de l'abbaye. Avant d'aller vous ruiner aux enseignes "gastronomiques", commencez donc par profiter de la cuisine généreuse de ce chef formé à l'école Ducloux (cf. encadré ci-après). Du vrai, du copieux, du convivial. Menus de 15 à 25€. Pensez à réserver, en toute saison, car l'adresse compte de très nombreux fidèles. *Rue du Docteur-Privey 71700* ***Tournus*** *Tél. 03 85 51 01 74 Ouvert jeu.-lun.*

Aux Terrasses Tout un périple initiatique a conduit Jean-Michel Carrette chez les chefs les plus illustres, de Bocuse à Ducloux. Ce Bourguignon de souche, comme il dit, ne pouvait pas trahir ses aînés ni le savoir-faire de son père, célèbre étoilé. Sur de solides bases traditionnelles, la cuisine est jeune d'esprit, vivante et, en salle, la gentillesse est de rigueur. Accordez-vous la folie raisonnable de vous faire plaisir, l'adresse est sans failles. Menus de 25 à 75€. *18, av. du 23-janvier 71700* ***Tournus*** *Tél. 03 85 51 01 74 www.aux-terrasses.com Ouvert mar. soir-dim. midi*

prix élevés

Meulien Valéry Meulien ose le poulet de Bresse basse température aux pommes de terre douces et décline les noix de saint-jacques en quatre expressions. Un savoir-faire virtuose soutenu par un passage chez Bocuse et Ducloux et éclairé par une inspiration brillante. Encore une grande et bonne table du Tournugeois déjà largement engagée sur la voie du succès. Ce bon refuge pour amateurs de cuisine raffinée s'aborde à 25€ (menu du marché, à midi), puis menus de 32 à 55€. *1 bis, av. des Alpes (rive gauche de la Saône) 71700* ***Tournus*** *Tél. 03 85 51 20 86 www.meulien.com Ouvert mar. soir-dim. midi*

Restaurant Greuze Greuze a connu bien des aléas depuis que Ducloux a cédé l'affaire en 2003. Redorer le blason de cette table mythique, voilà le défi de Yohann Chapuis, tout jeune chef bourguignon formé aux grandes tables rhodaniennes. Déjà étoilé, il s'y emploie avec succès, ayant, comme son aîné, le sens des saveurs qui émeuvent et sachant moderniser sans esbroufe ni dérives. Copeaux de queues de lotte au tandoori, poitrine et cuisse de pigeonneau au jus de carcasse et une déclinaison de foie gras déjà culte. Premier menu 35€. *1, rue Albert-Thibaudet (à l'angle de l'av. Gambetta) 71700* ***Tournus*** *Tél. 03 85 51 09 11 www.restaurant-greuze.fr Ouvert jan.-mars et nov.-déc. : lun. et jeu. soir-dim. ; avr.-oct. : lun.-mar. et jeu. soir-dim.*

Restauration, hébergement

Dans les environs

très petits prix

Camping de Cuisery Ce camping à taille humaine propose un séjour bucolique en bord de Seille, près de la halte nautique. Snack convivial, sanitaires bien tenus. Location de canoës (cf. Découvrir). Forfait env. 15€/j. (pour 2 pers.). *71290* ***Cuisery*** *(8km à l'est de Tournus) Tél. 03 85 40 08 72 Ouvert printemps-été*

La nostalgie Ducloux

Jean Ducloux (1920-2010), star atypique des fourneaux, a fait de Tournus l'une des capitales de la gastronomie française. Entré en cuisine à l'âge de 13 ans comme apprenti chez Racouchot, à Dijon, puis chez l'immense Dumaine à Saulieu, Ducloux se perfectionne à Paris. En 1947, il crée dans sa ville natale le restaurant Greuze, où vibrera pendant des décennies l'âme de la cuisine française. Ducloux signe une cuisine de tradition, d'artisan, et persistera en dépit des modes et des dérives d'une "nouvelle cuisine", déclarant : "Le goût juste est beaucoup plus difficile à maîtriser que le goût fou." Ses quenelles de brochet, son soufflé au Grand Marnier, sa côte de bœuf sont au sommet du patrimoine culinaire français. Dans le sillage de Ducloux, Tournus, où le maître a formé des escouades de cuisiniers, reste un incontournable des étapes gastronomiques.

petits prix

Chambres d'hôtes Chez Meunier Un hameau de fermettes vigneronnes, accroché à flanc de coteau, occupe le "creux des Anges", un vallon secret. D'emblée, on s'y sent détendu. Les trois grandes chambres (49€, petit déj. compris et cuisine à disposition), agréablement champêtres, font le choix de la sobriété : pas de fioritures mais une décoration en parfaite harmonie avec l'architecture rurale. Charmant accueil par une famille pour qui comptent la musique et les arts. Faites comme votre hôte musicien, profitez de votre séjour pour écrire quelques vers... le lieu s'y prête. *71700* ***Royer*** *(10,5km à l'ouest de Tournus) Tél. 03 85 51 03 42 www.dormiraroyer.com Ouvert fév.-mi-nov.*

L'Hutau Fidèle à la tradition louhannaise, L'Hutau sert chaque lundi la tête de veau dans un menu à 14€, entre charcuteries et tarte maison. Mais ce restaurant propose aussi tous les classiques de la région : poulet à la crème ou au vin jaune, grenouilles en persillade... sans oublier la corniotte fourrée aux crevettes, version salée de la traditionnelle viennoiserie créée à Louhans. *9, rue des Bordes 71500* ***Louhans*** *Tél. 03 85 75 35 94. Ouvert lun., mar., jeu. midi, et ven.-dim.*

prix moyens

Bar-Restaurant-Chambres d'hôtes Le Chardon Une adresse toute simple au cœur du village de Chardonnay. Des Anglais ont ressuscité ce commerce villageois à l'abandon pour en faire un bar-restaurant comme on les aime, convivial et sans chichis. Touristes et viticulteurs s'y retrouvent autour d'un verre de chardonnay, et le soir, autour d'un menu unique à 18€, cuisiné maison. De 10h30 à 16h30, Le Chardon propose une carte snack (omelettes, salades, steack-frites, 8-12€). Également 4 chambres à 60€ (90€ pour 4 pers.), petit déj. compris, et un beau gîte aménagé dans une ferme XVIIIe siècle. *Place du Millénaire 71700* ***Chardonnay*** *(8km au sud de Tournus) Tél. 03 85 40 53 61 www.lechardon-chardonnay.com Restaurant Fermé mar.*

Auberge des Gourmets La réputation de l'auberge n'est plus à faire, sa démarche astucieuse, fraîche et sans frime révèle un talent réel. Dans cet éden culinaire, la pintade se parfume à l'estragon et le sandre se poêle au pied de cochon. Petit plus insolite pour les gourmets du printemps : vous découvrirez l'ornithogale, ou asperge des bois. Menus à partir de 22 et 28€. *Place de l'Église 71700* ***Le Villars*** *(5km au sud de Tournus) Fermé mar. soir, mer. et dim. soir*

☺ **Restaurant-Chambres d'hôtes Jean de Saône** Un bout du monde (facile d'accès) aux frontières du paradis : la Saône en majesté, ses berges peuplées de cygnes et de hérons et un calme absolu qu'égaie le chant des passereaux. Dans ce tableau bucolique, une grande demeure de pierres, ancien poste de douane trois fois séculaire, abrite un restaurant dédié aux produits frais : poissons de rivière, volailles de Bresse, grenouilles fraîches, etc. Formules à 16 et 22€ et un menu à 26€. Et 3 chambres exceptionnelles, bénéficiant d'une vue sur la rivière (80 à 90€, petit déj. compris). Accueil enthousiaste. *Saint-Oyen 71260* ***Montbellet*** *(12km au sud de Tournus) Tél. 03 85 33 10 70 www.jeandesaone.com Ouvert avr.-oct. : tlj.*

Restaurant Le Saint-Martin Les miroirs démultiplient l'espace de ce restaurant de poche à l'ambiance courtoise et détendue. Une cuisine maison sérieuse et goûteuse régale à coup sûr ; et, le soir, lorsque est éclairée la superbe église de Chapaize qui vous fait face, c'est tout simplement divin. L'adresse, qui cultive gourmandise et raffinement, est une institution, et de nombreux aficionados se disputent le peu de tables, réservez ! Comptez env. 21€ à midi et le soir, à partir de 23€. *71460* ***Chapaize*** *(20km à l'ouest de Tournus) Tél. 03 85 50 13 08 Ouvert mer.-dim.*

prix élevés

☺ **Chambres d'hôtes La Maison des cœurs** Tout près de Tournus, cette maison d'hôtes nous immerge en pleine campagne, entre un bois de pins qui coiffe la colline et de généreuses prairies baignées par la Natouze. Un grand jardin à l'anglaise, ponctué de massifs d'iris et de lavande, entoure la fermette. Restaurée avec délicatesse dans un style campagnard et embellie par une décoration raffinée, cette Maison des cœurs a aussi de l'âme et de l'esprit. Trois chambres irréprochables et indépendantes à 75 et 80€. *Lieudit Pingeon 71700* ***Boyer*** *(6km au nord de Tournus) Tél. 03 85 51 78 14 ou 06 77 66 35 32*

Chambres d'hôtes Le château de Messey La Natouze se faufile dans les champs avant de s'alanguir près d'un hameau de maisons vigneronnes, sur lequel veille un château viticole posté sur sa colline. Dans ce cadre idéal, les propriétaires ont aménagé deux chambres d'hôtes dans le château, trois dans les maisons, toutes également cossues et confortables (de 97 à 127€), ainsi que trois gîtes de charme (de 245 à 740€, selon la saison et le confort). Une ambiance de vacances joyeuses, sans promiscuité. La table d'hôtes, aux saveurs soignées, prolonge le plaisir (30€), tout comme la dégustation de vins du château. Accueil jeune, passionné et professionnel. *Messey 71700* ***Ozenay*** *(6km à l'ouest de Tournus) Tél. 03 85 51 16 11 www.messey.fr*

Chambres d'hôtes Le Temps suspendu Une demeure de maître dont les murs robustes et le parc, intime, filtrent efficacement les tourments du siècle. À Cuisery, ville du livre, l'univers romanesque de cette maison d'hôtes renoue avec l'essentiel : le temps suspendu et retrouvé. On y (ré)apprend à prendre le temps : plaisirs contemplatifs dans le parc, bonheur et confort douillet dans les quatre chambres (de 90 à 100€) - dont les noms et les ambiances sont des clins d'œil à quelques chansons légères. Sans oublier le bien-être zen dans le spa. *8, rue du Marché au beurre 71290* ***Cuisery*** *(8km à l'est de Tournus) Tél. 03 85 40 00 93 www.maison-temps-suspendu.com*

☺ **La ferme de Marie-Eugénie** Le nom résonne comme le titre d'un roman régionaliste, et c'est un peu ça. Sur une vraie ferme bressane, dont elle a su garder le caractère et la patine du temps, Marie-Eugénie Dupuy a greffé un univers champêtre idéalisé, tendre et poétique. C'est la campagne sans contrainte et servie avec tact : une décoration rustique revisitée dans l'esprit du temps pour confort idyllique ! La table d'hôtes, savoureuse, met à l'honneur les mets bressans - terrine de foies de volailles, poulets à la manière d'ici, etc. - cuisinés avec énergie par la maîtresse de maison. Les 5 chambres ouvrent sur un jardin joliment fleuri. Double 95€ petit déj. compris, table d'hôtes 30€. *225, allée de Chardenoux 71500* ***Bruailles*** *(5,5km au sud de Louhans) Tél. 03 85 74 81 84 ou 06 15 15 32 25 www.lafermedemarieeugenie.fr Réservation conseillée*

MÂCON

71000

Du pont Saint-Laurent, Mâcon se dévoile sous son meilleur jour : la Saône y prend des allures de fleuve, les façades osent les enduits pastel et les toits se parent de tuiles rondes, dites provençales, comme un clin d'œil au Sud. La cité lâche ses amarres bourguignonnes pour lorgner vers le Midi, dont elle emprunte le soleil et la douceur de vivre. Les tours octogonales du vieux Saint-Vincent dominent le quartier historique, qui glisse en pente douce vers la Saône. Et lorsque l'on aura épuisé les charmes de la cité et ceux du foisonnant musée des Ursulines, on fera une pause au jardin romantique du quai Lamartine, avant d'explorer les richesses du Mâconnais, entre le val Lamartinien, la Roche de Solutré et les vignobles aux confins du Beaujolais.

DE *MATISCO* À MÂCON Les Éduens, l'un des quatre peuples gaulois qui se partageaient la Bourgogne, fondent *Matisco* au IIe siècle avant J.-C. La cité éduenne précède l'implantation romaine, modeste. C'est la vocation fluviale de la cité qui lui valut son développement. Port-étape d'importance, Mâcon fut longtemps animée par La Marine de la Saône et du Rhône, puissante confrérie de négociants et de bateliers dont l'activité s'étendait des rivages méditerranéens aux ports du Nord. La proximité de Cluny donna à la ville ses lettres de noblesse et ses premiers grands vignobles. L'opulence de Mâcon naquit aussi de sa situation frontalière entre le Royaume franc et le Saint Empire romain germanique qui, de 843 à 1601 (traité de Lyon), engloba l'actuelle Bresse. En 1790, Mâcon devient le chef-lieu d'un département nouvellement créé : la Saône-et-Loire. En cette même année naît Lamartine, enfant du pays et conseiller municipal de la ville de 1840 à 1848, puis conseiller général et député.

MODE D'EMPLOI

accès, orientation

EN VOITURE

Filant vers Dijon au nord (120km) et vers Lyon au sud (70km), l'A6 contourne Mâcon par l'ouest (sortie n°29). Parallèle, la N6 traverse la ville. Venant de l'est (Bourg-en-Bresse, 37km), l'A40 rejoint l'A6 au nord de Mâcon.

Stationnement Le centre historique tient dans un mouchoir de poche et se parcourt aisément à pied. Les rues les plus commerçantes sont piétonnes (rues Carnot, Dombey, Dufour) ou à circulation restreinte. Le plus pratique est de se garer sous les platanes de l'**esplanade Lamartine** (plan 5, B3), en bord de Saône (parking payant mais moins cher qu'en centre-ville).

EN TRAIN

Mâcon possède deux gares desservies par des TER et des TGV (Paris 1h40, Lyon 2h) et reliées entre elles par une navette (ligne régulière E). **SNCF** *Tél. 36 35 www.voyages-sncf.com* **Navette** *Tél. 03 85 21 98 78 www.trema-bus.fr ou navette à la demande sur rés. Tél. 0800 35 00 34*

Gare de Mâcon-ville (plan 5, A3) Accueille les TER mais aussi certains TGV. *Rue Bigonnet (600m du centre)*
Gare de Mâcon-Loché-TGV *À 7km au sud-est de Mâcon*

informations touristiques

Office de tourisme du Mâconnais-Val de Saône (plan 5, B3) *1, place Saint-Pierre (face à l'hôtel de ville) Tél. 03 85 21 07 07 www.macon-tourism.com Ouvert juil.-août : tlj. 9h30-12h30 et 14h-19h ; mai-juin et sept. : lun.-sam. 9h30-12h30 et 14h-18h30 ; nov.-avr. : mar.-sam. 10h-12h et 14h-19h*
Visites guidées L'OT, actif et souriant, propose un dépliant gratuit pour vos visites libres et des visites thématiques passionnantes de mi-juin à fin août (6€, moins de 12 ans gratuit) : "Mâcon, marmite d'histoires", un tour complet du centre historique pimenté d'anecdotes ; "Mâcon insolite" et deux propositions de sorties dans les environs (10€), l'une menant vers Charnay-lès-Mâcon et l'autre sous forme d'un circuit d'une demi-journée dans le Mâconnais. Également des balades en bateau sur la Saône (cf. encadré Croisières sur la Saône).

marchés, manifestations

Grand marché (plan 5, B3) *Quai Lamartine Sam.*
L'été frappé Un programme estival de concerts et de spectacles gratuits (jazz, techno, variétés et musique classique). *20 juin-20 août*

SAÔNE-ET-LOIRE

DÉCOUVRIR

Mâcon

☆ **Les essentiels** L'hôtel Senecé-Musée Lamartine, le musée des Ursulines
Découvrir autrement Sirotez un verre de mâcon à l'Embarcadère, faites le plein de souvenirs gourmands à la Maison mâconnaise des vins, évadez-vous à vélo sur la Voie verte
➤ **Carnet d'adresses p.249**

Pont et Île Saint-Laurent (plan 5, B2) Enjambant la Saône de ses douze arches, il relie Saint-Laurent – département de l'Ain – au centre historique. De Mâcon, on n'hésitera pas à le traverser pour rejoindre les restaurants et bars du quai Bouchacourt, ensoleillé en fin d'après-midi, plus intime et piétonnier.

Quai Lamartine-Hôtel de ville (plan 5, B3) On y croise l'effigie du poète (1878), un bronze signé Falguière. L'allée de granite tracée à travers le jardin récite, en incrustations d'acier poli, les vers du poète. Façade sobre et néanmoins monumentale (XVIIIe-XIXe s.), l'hôtel de ville se dresse sur le quai et ouvre, côté ville, sur la place Saint-Pierre. Au bout du quai, à l'angle des rues Herriot et Gambetta, autre hommage à Lamartine : une immense mosaïque contemporaine évoque la participation active de l'écrivain, devenu homme politique, au sein du gouvernement provisoire de 1848 (cf. GEOPlus, Le poète député).

Église Saint-Pierre (plan 5, A3) Détruite à la Révolution, elle sera reconstruite de 1859 à 1867 selon les plans de l'architecte Berthier, élève de Viollet-le-Duc. Passionné par l'époque médiévale, comme son maître, Berthier imagine l'ouvrage sous les traits d'un sanctuaire mi-roman, mi-gothique.

Plan 5 Mâcon

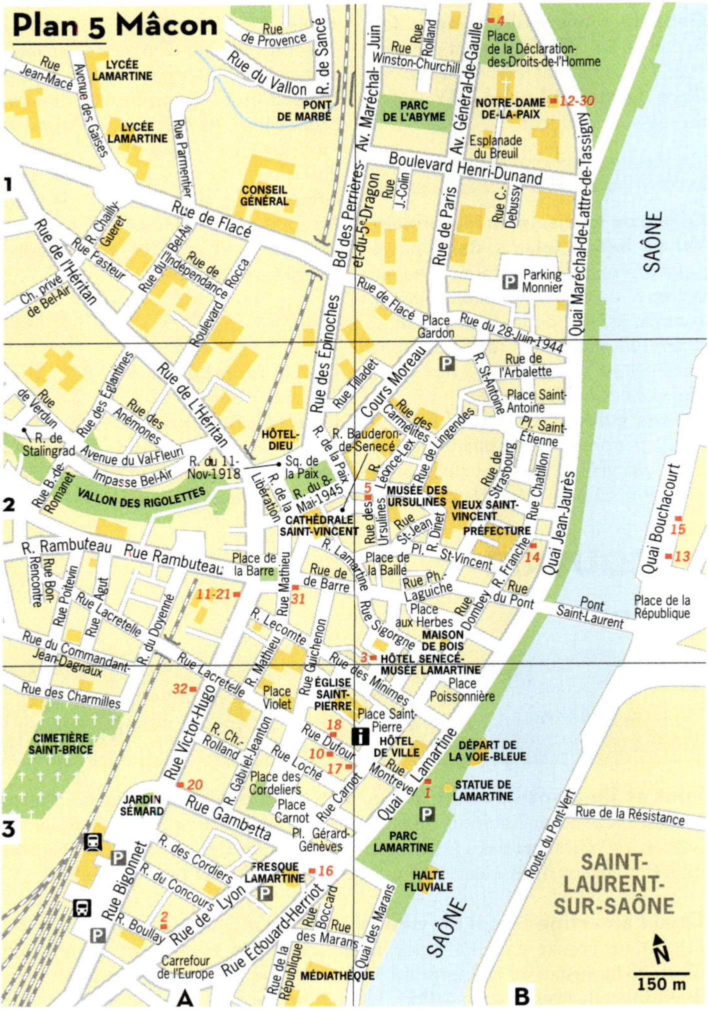

Cafés, bars et lieux de sortie (nos 1 à 4)

- Cap nord* ________ 1 B3
- La Cave à musique ________ 2 A2
- Orphée théâtre ________ 3 B2
- Scène nationale ________ 4 B1

Restauration (nos 10 à 18)

- Bazar café* ________ 10 A3
- Chez Pierre ________ 17 A3
- Hôtel-restaurant Le Bourgogne ________ 11 A2
- La Maison mâconnaise des vins ________ 12 B1
- Le 119 ________ 13 B2
- Le Matisco ________ 14 B2
- L'Embarcadère* ________ 15 B2
- L'Ethym'sel ________ 16 A3
- Zing' A' T* ________ 18 A3

*À RETROUVER DANS LA PARTIE DÉCOUVRIR

Hébergement (nos 20 et 21)

- All Seasons ________ 20 A3
- Hôtel-restaurant Le Bourgogne ________ 21 A2

Shopping gourmand (nos 30 à 32)

- Maison mâconnaise des vins* ________ 30 B1
- Pâtisserie Noyerie* ________ 31 A2
- Pâtisserie Poissonnet* ________ 32 A3

AU BORD DE L'EAU Du matin au soir, suivez la courbe du soleil sans en perdre un rayon, le regard fixé sur le cours de la Saône. L'expresso matinal se prend quai Lamartine à la terrasse du **Cap nord**, et l'apéritif se déguste les pieds dans l'eau, sur le quai d'en face, à **L'Embarcadère** (cf. Où boire un verre, manger sur le pouce ?).

L'église recèle trois œuvres d'importance : un bas-relief d'autel sculpté par Perrache (XVIIIe s.), un marbre funéraire Renaissance du tombeau de la famille Beauderon de Senecé et un orgue dû à Aristide Cavaillé-Coll (1866).

Place aux Herbes (plan 5, B2) De cette placette envahie de terrasses, tous les regards convergent vers la **Maison de bois**, une curiosité comme il en existe peu en France. Véritable catalogue rabelaisien et mythologique, la façade ciselée de colonnettes sculptées affiche des figures grotesques, des animaux fantastiques et des scénettes étranges où des hommes nus prennent des poses provocantes. Cette demeure, pastiche des architectures Renaissance, aurait été construite au XVIIe siècle (et non pas au XVe, comme il est souvent dit) pour abriter des confréries bachiques.

☆ **Hôtel Senecé-Musée Lamartine (plan 5, B2)** Exemple le plus abouti de ces hôtels particuliers qui donnent à certaines rues de Mâcon un petit air aristocratique, l'hôtel Senecé (fin XVIIIe s.) est de pur style Régence. On entre par la cour d'honneur, superbe, mais on ne négligera pas l'autre façade, ouvrant sur la rue Senecé. La demeure appartient à l'Académie de Mâcon, fondée en 1805 et jadis présidée par Lamartine, qui y organise des expositions temporaires de qualité. À l'étage, le musée Lamartine. *41, rue de Sigorgne Tél. 03 85 39 90 38 Ouvert mar.-sam. 10h-12h et 14h-18h, dim. 14h-18h Tarif 3,40€ (billet groupé avec le musée des Ursulines), moins de 18 ans gratuit*
Musée Lamartine Le souvenir d'Alphonse de Lamartine (1790-1869) est comme livré à lui-même dans ce musée gentiment désuet. On découvre tour à tour le grand voyageur (l'Orient, pour un pèlerinage, l'Italie, où il fut ambassadeur), l'homme politique d'envergure qui combattit l'esclavage et la peine de mort (ses discours, exposés, méritent lecture) et, enfin, le poète des années sombres, soumis aux "travaux forcés littéraires" pour éponger ses dettes. De nombreux portraits de Lamartine accompagnent la visite : on le voit adolescent, peint par Jean Laronze, ou châtelain, entre ses deux lévriers, immortalisé en 1839 par Henri Decaisne. Quelques toiles réalisées par son épouse, Mary-Ann Birch, sont là aussi, émouvantes. Cette immersion, totale et érudite, dans la vie de Lamartine s'opère dans les nobles volumes d'un hôtel de Senecé encore superbement meublé (coffres, crédences, buffets, vases vénitiens, etc.) et toujours orné de tapisseries (Aubusson, XVIIe s.) et de tableaux qui dévoilent les charmes du Mâconnais ou de contrées plus exotiques, telles ces belles études de paysages italiens ou anglais.

Vieux Saint-Vincent (plan 5, B2) Dédiée à saint Vincent, patron des vignerons, cette cathédrale fut construite du XIe au XVe siècle. Cible des guerres de Religion, puis de la Révolution, elle sera méthodiquement saccagée. Ses tours octogonales dominent un ensemble mutilé où l'on devine l'amorce de la nef. Il reste le narthex (XIIe s.), quelques arcades d'un cloître (XVe s.) et

VISITES ET BOULE DE GOMME
Mais non, on ne s'ennuie plus au musée ! Celui des Ursulines propose aux enfants de 4 à 12 ans "l'enquête mystérieuse", un parcours sous forme d'énigmes. Les plus fins limiers se verront remettre un diplôme. *Questionnaire ludique à l'accueil*

un tympan fracassé, qui dut être grandiose, figurant le Jugement dernier où l'on peine à distinguer le paradis de l'enfer. *Accès par la rue de Strasbourg*

☆ **Musée des Ursulines (plan 5, B2)** Il occupe l'ancien couvent d'une congrégation d'ursulines venue à Mâcon au XVIIIe siècle. Il fut transformé en prison à la Révolution ; et le père de Lamartine y subit, comme beaucoup de nobles, une rude captivité. Ce lieu a un double attrait, celui de son architecture et celui des superbes collections mises en valeur par une muséographie claire et soignée. Au rez-de-chaussée, l'**archéologie** nous entraîne de la préhistoire en Mâconnais à l'ère gallo-romaine. Plus loin, statues et collections lapidaires témoignent de la richesse romane et gothique du Mâconnais. La visite se poursuit au premier étage avec une section dédiée aux **traditions régionales** (avec reconstitution d'un intérieur rural du XIXe s.). On s'intéressera à la vigne, à la poterie du Val de Saône, si spécifique, mais c'est sans doute l'évocation des liens unissant jadis Mâcon et sa rivière qui suscite le plus de surprises, nous plongeant dans tous les aspects de la vie des radeleurs et pêcheurs professionnels ou illustrant d'autres activités plus ludiques, comme celles de l'aviron et des régates. Le second étage est consacré aux **beaux-arts**, avec des œuvres allant du XVIe siècle (peintures flamande et française, avec une superbe *Vénus au miroir*) à nos jours. Ce sont de belles collections où se distinguent l'école du paysage (fin XIXe s., avec Appian, Monet, Corot, Ziem) et le mouvement symboliste (XIXe s.), dont on retrouve Fantin-Latour, le maître Puvis de Chavannes et deux de ses élèves, natifs de la région : Hippolyte Petitjean et Gaston Bussière. La collection contemporaine s'intéresse aux artistes de "l'abstraction géométrique" ; on y croise les noms de Jacques Villon, de Le Corbusier, mais surtout un vibrant *Hommage au carré* de Josef Albers. *5, rue des Ursulines Tél. 03 85 39 90 38 Ouvert mar.-sam. 10h-12h et 14h-18h, dim. 14h-18h Billet groupé avec le musée Lamartine Tarif 3,40€, moins de 18 ans gratuit*

Rue Lamartine (plan 5, A2) Au n°15, se tient la demeure où Lamartine se livra à ses *Méditations poétiques*, qui lui valurent succès et fortune. Au n°3 de la rue Bauderon-de-Senecé, toute proche, un hôtel particulier fut construit en 1740 par le grand-père du poète, et devint l'une des résidences de la famille.

Cathédrale Saint-Vincent (plan 5, A2) Passant par Mâcon, et navré par le spectacle tragique des ruines de Saint-Vincent, Napoléon décide la construction d'une cathédrale. Elle sera néoclassique, dessinée par Guy de Gisors, l'architecte de l'église de la Madeleine et du palais Bourbon. Récemment restaurée, c'est désormais un crépi jaune qui habille ses pierres calcaires fragilisées par le temps. *Square de la Paix*

Hôtel-Dieu et apothicairerie (plan 5, A2) Face à la cathédrale, de l'autre côté du square de la Paix, l'hôtel-Dieu (toujours hôpital de la ville) fut construit sur les plans de Soufflot, auteur du Panthéon, entre 1761 et 1770. Un élève du maître en supervisa les travaux, avec une certaine négligence, puisque l'on constate une légère asymétrie dans la silhouette du dôme. On visitera l'apothicairerie, située dans une salle Louis XV aux précieux lambris. *344, rue des Épinoches Tél. 03 85 39 90 38 Ouvert juin-sept. : mar.-dim. 14h-18h Entrée libre*

Où succomber aux douceurs mâconnaises ?

Pâtisserie Noyerie (plan 5, A2 n°31) Joël Noyerie a tiré de l'oubli l'Idéal mâconnais, une meringue aux amandes, garnie de crème au beurre et de nougatine pilée, qui existe également en version glacée. On se rend aussi chez Noyerie pour d'excellents sorbets. *39, rue de la Barre Tél. 03 85 38 31 11. Ouvert mar.-dim. mat.*
Pâtisserie Poissonnet (plan 5, A3 n°32) Cylindrique et alvéolée, la gaufrette mâconnaise craque sous la dent, libérant des parfums de caramel et de vanille. On l'offrait jadis aux repas de noces, on la déguste aujourd'hui au gré du caprice. Grand maître de la confrérie de la gaufrette, Claude Poissonnet est le virtuose de cette spécialité. *54, rue Victor-Hugo Tél. 03 85 38 47 31 Ouvert mar.-dim.*

SAÔNE-ET-LOIRE

Où déguster le virvolte, acheter un bon cru ?

Initiative des viticulteurs, la Maison mâconnaise des vins est, depuis 1958, la vitrine la mieux fournie de la région. On y part à la découverte des appellations de Bourgogne du sud, sans exception, du pétillant virvolte au saint-amour en paradis. Dégustations commentées, large sélection de produits locaux et également restaurant (cf. Carnet d'adresses) **Maison mâconnaise des vins (plan 5, B1 n° 30)** *484, av. De-Lattre-de-Tassigny (au bord de la N6, dir. Chalon) Tél. 03 85 22 91 11 www.maison-des-vins.com Ouvert tlj. 9h-19h*

Où boire un verre, manger sur le pouce ?

Cap nord (plan 5, B3 n°1) Une terrasse sur le quai Lamartine pour laisser le regard glisser au fil de l'eau, et une salle aux larges baies vitrées pour les jours de pluie. Petit déjeuner, carte brasserie à midi (salades, brochettes à la plancha, pizza, compter 25€ pour un repas complet), glaces et crêpes pour le goûter. *Quai Lamartine Pas de tél. Ouvert tlj. en été seulement*

Croisières sur la Saône

Les travaux nécessaires à la navigation ont depuis longtemps domestiqué les flots, mais il existe des platis sauvages (hauts fonds) où la nature reprend ses droits. Pas d'écluses, un courant vif mais sans embûches, quelques péniches, mais pas trop, dont la rencontre ajoute au plaisir des paysages.
Location de bateaux Des bateaux sans permis faciles à manier. **ATFH** *Tél. 06 61 69 94 09 Tarif pour un bateau 6 places 35€/h ou 95€/j.*
Croisières Au choix, sur inscription à l'OT : formule **Mâcon sur l'eau**, pour une balade (1h30) au départ du port de plaisance (avr.-oct. : mar., jeu. et sam. Tarif 12€, réduit 6€) ; ou **Croisière déjeuner**, pour une escapade d'une journée (10h30-17h30) sur la Saône, la Seille et le canal de Pont-de-Vaux, incluant un copieux déjeuner composé de cuisses de canette et de paupiettes. *Départ à Pont-de-Vaux (mi-avr.-mi-oct., à partir de 56€)*

L'Embarcadère (plan 5, B2 n°15) À l'heure où le soleil bascule derrière Mâcon, le quai Lamartine est à l'ombre. On traversera le pont et, en 3min de marche, on retrouvera la pleine lumière quai Bouchacourt. Là, L'Embarcadère compte deux terrasses dont l'une se déploie au bord de la Saône. Idéal pour l'apéritif du soir, avec vue sur le pont et les façades fluviales de Mâcon. Le patron propose des petites balades sur l'eau, quand ça lui chante. *178, quai Bouchacourt Tél. 03 85 38 91 34. Ouvert en saison : tlj. 17h-1h ; hors saison : lun.-sam. 17h-1h*

Zing' A' T (plan 5, A3 n°17) Une carte gourmande de saison propose des tartines-repas aux noms loufoques : la Mississipi sardine ou la "C'est à en rendre Joey jaloux", en clin d'œil au héros boulimique de Friends. Mais aussi des salades (8,50€) – on conseille la "Nœud pap' à Parme" –, des assiettes composées (10€) et d'exquises pâtisseries à accompagner de l'un des trente thés – de l'explosif Stromboli au prometteur Rouge-baiser. Fleur et Christine pilotent avec humour et délicatesse cet incontournable du bon et sain grignotage. *19, rue Dufour Tél. 03 85 39 04 56 Ouvert lun. 9h-16h, mar.-ven. 9h-18h et sam. 9h-12h*

CYCLOTOURISME

S'évader à vélo

POUR LES AMOUREUX DE LA PETITE REINE ET POUR CEUX QUI VEULENT PRENDRE LEUR TEMPS, DEUX ITINÉRAIRES FORMIDABLES : LES VOIES VERTE ET BLEUE

LA VOIE VERTE

Pas de difficulté majeure, sinon quelques petits raidillons. Dotée d'un revêtement goudronné bien roulant, la Voie verte suit presque en totalité d'anciens parcours ferroviaires. Elle part de Charnay-lès-Mâcon (au bord de la D54, dir. Solutré) pour s'engouffrer dans le val lamartinien, flirtant avec la Roche de Solutré, puis file vers Cluny pour rejoindre Chalon-sur-Saône, ultime étape. Le tout jalonné de points d'eau et d'aires de pique-nique.

Étape Charnay-Cluny : *21km, compter 2h30 (aller), avec traversée d'un beau tunnel ferroviaire de 1,6km. Loueur de vélos sur place, à l'OT.*

LA VOIE BLEUE

Cet itinéraire longe la Saône vers l'amont, sur un ancien chemin de halage réaménagé.

Étape Mâcon-Fleurville : 17km d'une promenade familiale, absolument plate. *Départ quai Lamartine.*

Location de deux-roues

Office de tourisme de Charnay-lès-Mâcon Vélos VTC et VTT (5 à 7€ selon vélo la 1/2 j., 18 à 20€/j.). 71850 *Charnay-lès-Mâcon* Au départ de la Voie verte (5,5km de Mâcon dir. Solutré, D54).

CONSEIL **Pour bien préparer vos itinéraires cyclistes, consultez le site Internet www.le-tour-de-bourgogne-a-velo.com.**

Bazar café (plan 5 , A3 n°10) Un "bazar" joliment organisé autour de couleurs gaies, de patines et de matières brutes. Du bio, un peu, du frais, toujours, du bon, assurément ! La cuisine, familiale, excelle dans les petits plats du jour et desserts maison que l'on retrouve dans un menu à 12€ ; sélection de vins au verre. *34, rue Dufour Tél. 03 85 50 72 44 Ouvert lun.-sam. 8h-18h sauf sam. 10h-18h*

Les faubourgs

Domaine de Champgrenon Bien restauré, ce site prestigieux entouré d'un parc fut, au XIXe siècle, la demeure du comte de Rambuteau, chambellan de Napoléon. Il accueille, aujourd'hui, le public pour des balades et des spectacles (concerts en été). On y découvrira, dans le cadre des visites guidées de l'OT de Mâcon ou sur rdv, l'**huilerie artisanale Mazoyer** (noix, colza) qui fonctionna de 1860 à 1974. *71850* ***Charnay-lès-Mâcon*** *(5,5km de Mâcon)*

Où acheter du vin et autres souvenirs gourmands ? Quatre-vingt-dix vignerons des coteaux de la région confient leurs vendanges à la Cave de Charnay. Blancs, rouges, crémants, une vieille fine de Bourgogne et des crémantines à la violette, à l'abricot ou au coquelicot qui font merveille pour un kir ou sur les coupes dessert. Produits du terroir, huiles et terrines. **Cave de Charnay-lès-Mâcon** *Chemin de la cave 71850* ***Charnay-lès-Mâcon*** *(5,5km de Mâcon, près du départ de la Voie verte) Tél. 03 85 34 54 24 Ouvert lun.-sam. 9h-12h et 14h-18h, dim. 9h30-12h et 15h-18h*

CARNET D'ADRESSES

Lieux de sortie

Salles de spectacle

Mâcon a sa **Scène nationale** mais aussi, au cœur de la ville, un curieux petit théâtre, l'**Orphée théâtre**, dirigé par un viticulteur, Olivier Sandler, qui se lance sur les planches et propose une programmation intéressante, notamment des récitals de chant. **Scène nationale (plan 5, B1 n°4)** *1511, av. Charles-de-Gaulle Tél. 03 85 22 82 80 www.theatre-macon.com* **Orphée théâtre (plan 5, B2 n°3)** *2, rue Senecé Tél. 03 85 33 32 65*

La Cave à musique (plan 5, A3 n°2) Ce lieu associatif attachant propose, outre une programmation variée de concerts et de spectacles (humour, jazz, pop garage, indie pop, folk, etc.), des apéros acoustiques dans la cour, qui s'éternisent sous les étoiles. *19, rue Boullay Tél. 03 85 21 96 69 www.cavazik.org Ouvert selon programmation*

Restauration, hébergement

Notre sélection n'aborde pas les tables étoilées, déjà bien connues, où vous pouvez vous rendre les yeux fermés, telles que le restaurant **Chez Pierre** (menus à partir de 29€ ; 7, rue Dufour Tél. 03 85 38 14 23 plan 5, A3 n°17) et **La Table de Chaintré**, à Chaintré (Tél. 03 85 32 90 95).

petits prix

Le 119 (plan 5, B2 n°13) Un cadre contemporain, des serveurs attentifs, une terrasse à deux pas de la Saône, baignée le soir par les lumières du couchant, et une cuisine saine. Enfin de bonnes brochettes, marinées à souhait, cuites à point, des frites qui croustillent et un tartare de saumon honorable. On trouve aussi des pâtes, un choix de salades, bref, une carte pour tous les budgets et tous les appétits. Menus à 12€ (midi), une formule à 15€, un menu "grenouille" à 18€, etc. *119, quai Bouchacourt 71750* ***Saint-Laurent-sur-Saône*** *(rive gauche, 10min à pied par le pont Saint-Laurent) Tél. 03 85 39 46 10 Ouvert mar.-dim.*

L'Ethym'sel (plan 5, A3 n°16) Dans un décor clair et net, le chef Patrick Chantemesse manie l'épice et l'audace avec distinction pour une cuisine désormais culte, "honnête, simple et sincère". Dorade à l'embeurrée de chou, sandre à l'émulsion de lait de coco, poitrine de caille et galette de cuisse à l'origan, filet de veau lardé aux herbes : de la tradition savamment maîtrisée et sans cesse revigorée par l'inspiration. Service impeccable. Menus à partir de 17€ (midi), puis de 26 à 33€. *10, rue Gambetta* ***Mâcon*** *Tél. 03 85 39 48 84 Ouvert juil.-août : mar.-sam. ; hors saison : lun., mar. midi et jeu.-dim. midi*

Le Matisco (plan 5, B2 n°14) Ce restaurant emprunte au terroir quelques-uns de ses meilleurs produits, le poulet fermier rôti, le filet de charolais grillé et nappé ici d'une sauce au foie gras. Le patron, nostalgique de ses origines italiennes, aménage sa carte en un vibrant hommage transalpin : côte de veau au gorgonzola, pâtes de toutes sortes, risotto et un divin tiramisu. Ce mariage italo-bourguignon s'accomplit pour le meilleur ! Compter de 15 à 30€ pour un excellent rapport qualité-prix. *53, rue Franche* ***Mâcon*** *Tél. 03 85 38 79 84 Fermé dim., lun. soir et mar. soir*

☺ **Le Café de la gare** Ce bistrot participe pour beaucoup au charme du lieu, où une gare miniature à l'ancienne donne désormais le départ aux vélos de la Voie verte. Au choix : une terrasse aussi bucolique que paisible, une salle type bistrot et une véranda sous les platanes. À la carte, des recettes du terroir cuisinées à la lettre : l'entrecôte charolaise (16€), la bavette à l'échalote, mais aussi des tagliatelles fraîches aux deux saumons ou des omelettes, ainsi qu'une formule intéressante à 13€. *2705, route de Davayé (D54) 71850* ***Charnay-lès-Mâcon*** *Tél. 03 85 34 87 99 Ouvert ven.-dim.*

prix moyens à élevés

La Maison mâconnaise des vins (plan 5, B1 n°12) De grandes salles, l'une d'elles ornée d'un limonaire, et une carte solide, concentrée sur les classiques de la région servis en de copieuses portions : escargots, andouillette mâconnaise, gâteau de foie blond aux crêtes de coq, bœuf bourguignon, etc. Adresse prisée des gens du cru et des viticulteurs, que l'on n'abuse pas sur l'assiette. Formule 11€ (midi), menus 17 et 22€ et carte des vins bien fournie. Service à la journée, efficace et souriant. Parking aisé. *484, av. De-Lattre-de-Tassigny (N6, direction Chalon)* ***Mâcon*** *Tél. 03 85 22 91 11 www.maison-des-vins.com Ouvert tlj.*

☺ **Hôtel-restaurant Le Bourgogne (plan 5, A2 n°s 11-21)** Cette fière demeure, dont la façade lie-de-vin domine la place de la Barre, est un ancien relais de poste. L'établissement a été remis au goût du jour sans trahir son charme suranné. On aime le professionnalisme sans faille de l'accueil, le décor dans l'air du temps et les chambres confortables (50 au total). Double de 76 à 95€, petit déj. buffet 10€ et garage privé. Le restaurant La Perdrix offre la même qualité dans le registre d'une cuisine traditionnelle revisitée. Large choix de menus de 10€ (midi) à 33€ et deux propositions à 19€ (menus terroir et basses calories). Incontestablement la meilleure adresse en ville. *6, rue Victor-Hugo* **Mâcon** *Tél. 03 85 21 10 23 www.hoteldebourgogne.com Restaurant fermé lun.*

Hôtel All Seasons (plan 5, A3 n°20) On retrouve le design des All Seasons – chaîne d'hôtels franchisés sous un label vantant des formules économiques – mais, ici, avec l'avantage d'une piscine. Chambres climatisées de 83 à 108€ selon la période. Restaurant (le soir) à la carte à partir de 12€ (formule salade). Standard mais pratique, une adresse de dépannage si Le Bourgogne affiche complet. *91, rue Victor-Hugo (proche gare Mâcon-ville)* **Mâcon** *Tél. 03 85 39 17 11*

LE MÂCONNAIS

Limités à l'est par la plaine de la Saône et à l'ouest par la vallée de la Grosne, les monts du Mâconnais culminent à 758m au signal de la Mère Boitier, développant un relief vigoureux de corniches calcaires où se distinguent les profils accentués des Roches de Solutré et de Vergisson. Sur les sommets prospère la forêt, tandis que les versants les mieux exposés portent la marque la plus fameuse de la Bourgogne : son vignoble, omniprésent. Sa superficie, la première en Bourgogne, représente 6 500ha, depuis Tournus au nord jusqu'à Romanèche-Thorins au sud, où ses frontières se confondent avec celles du Beaujolais. Aux portes de Mâcon, entre bocages, forêts et vignes, le val Lamartinien invite à une belle excursion sur les traces du poète.

MODE D'EMPLOI

accès

Comptez 17km de Mâcon à Romanèche-Thorins, par la N6, et environ 50km pour la "Route Lamartine", qui commence à Mâcon et se poursuit vers l'ouest par la D17.

informations touristiques

L'OT de Mâcon propose un circuit d'une demi-journée dans le Mâconnais (val Lamartinien, Solutré). *Cf. Mâcon, Mode d'emploi www.macon-tourism.com*
Office de tourisme du Val Lamartinien *Pas d'accueil mais un site Internet www.france-bourgogne.com*

DÉCOUVRIR

☆ **Les essentiels** Le val Lamartinien, la chapelle des Moines, la Roche de Solutré, le musée départemental de la Préhistoire **Découvrir autrement** Marcheurs, inscrivez la Roche de Solutré à votre palmarès ; prévoyez une demi-journée au Hameau Dubœuf ➤ Carnet d'adresses p.260

☆ ☺ Le val Lamartinien

Château de Monceau Lamartine (1790-1869) écrit : “Monceau est une élégante habitation, avec une apparence splendide, des terrasses et des maisons de vignerons.” Le poète y fait du vin, mais aussi ses mondanités, recevant des visiteurs de marque, utiles à sa carrière politique : notables locaux, députés parisiens, ainsi que des artistes tel Franz Liszt, qui donna ici un concert mémorable en 1845. Un pavillon, la Solitude, perdu dans les vignes et toujours visible, abritait en été son inspiration littéraire. Aujourd'hui, le château a été transformé en maison de retraite. *Sur la D17, un peu après Prissé, à droite (8km de Mâcon) Ne se visite pas*

☆ ☺ **Milly-Lamartine** On fera quelques pas autour de l'église du XIIe siècle, puis on jettera un coup œil au buste qui honore Lamartine, près de l'école, avant de s'inviter dans sa maison d'enfance. La magie opère d'emblée, ce logis est en fait une fort jolie maison, rustique et harmonieuse dans ses lignes. Cet ancien “vendangeoir” de 1705 repose sur une crête parmi les vignes

Saône-et-Loire insolite

et c'est du vin de Milly que Lamartine répandra au mont des Oliviers, à Jérusalem, lors de son pèlerinage en Orient. Le poète passe sa jeunesse ici : la vie de la famille est simple, les revenus modestes, mais les jours heureux s'impriment, indélébiles, dans le cœur du jeune homme. Lamartine rêvait d'y finir sa vie. Criblé de dettes, il dut vendre la propriété en 1860, “à un prix de détresse”. Toutefois, la famille qui l'a achetée en 1861, et dont les descendants assurent aujourd'hui les visites, a pieusement conservé la mémoire des lieux. L'enchantement commence dans le parc aux cèdres séculaires. Suivent la table de pierre où Lamartine écrivait, les charmilles, l'allée de la Méditation où sa mère récitait son rosaire… Le temps semble s'être cristallisé autour de ce vers : “Tout s'y souvient de moi, tout m'y connaît, tout m'aime” (*Harmonies*,1830). La maison s'aborde par un “seuil désuni de trois marches de pierres”. Comptez bien, il y en a 5, mais les romantiques ont l'art et la manie d'arranger les choses qui n'en ont pas besoin. À la suite de votre hôtesse, conteuse précise, vous visiterez le vestibule, la cuisine, la salle à manger aménagée dans le goût anglais que prisait le XIXe siècle. La famille qui habite ici s'est glissée avec tact, simplicité, et bonheur dans l'univers du poète. Quelques concessions à la modernité, discrets anachronismes, ne font en fait qu'ajouter à la séduction d'une demeure toujours habitée, dans tous les sens du terme. *71960* ***Milly-Lamartine*** *(17km de Mâcon) Tél. 03 85 37 70 33 Visite guidée 1h Ouvert Pâques-Toussaint : tlj. 15h et 16h30 ; hors saison : téléphoner Tarif 7€, moins de 12 ans gratuit*

CONFIDENCES Enfant, Lamartine se rendait à Bussières pour suivre l'enseignement de l'abbé Dumont (1767-1832), lequel deviendra son ami et son confident. Cet abbé a été immortalisé dans un long poème de 8 000 vers, *Jocelyn* (1836). Sa tombe, dont Lamartine a rédigé l'épitaphe, s'adosse au chevet de la très belle église romane du village. ***Bussières*** *(2km de Milly)*

☆ **Château de Pierreclos** Avec un donjon trahissant l'origine médiévale, des échauguettes, lignes et allure martiales, ce château est un costaud qui s'est civilisé au cours des siècles et est orné de quelques toitures vernissées. Les vestiges d'une église romane (XIIe s.), le clocher et une travée de la nef dominent la cour intérieure. La Renaissance (magnifique escalier intérieur se déroulant en spirale) et le XVIIe siècle apporteront des agrandissements au fortin originel. La visite, libre, soutenue par des panneaux explicatifs, a pour fil rouge “la vie au Moyen Âge”. Ce thème est développé depuis la salle des Armes jusqu'au sommet de la tour, pièce magnifique, en passant par la cuisine richement meublée, la boulangerie, les latrines, etc. La tour Jean-sans-Peur accueille des expositions temporaires, les caves voûtées nous initient au travail de la vigne et de sombres cachots nous ramènent au XIIe siècle. Une évocation de Lamartine rappelle que le poète fréquenta ce château alors habité par son ami le comte Guillaume Michon de Pierreclos dont il courtisa l'épouse. Livret-jeu pour les 7-12 ans. *71960* ***Pierreclos*** *(env. 6km de Milly) Tél. 03 85 35 73 73 www.chateaudepierreclos.com Ouvert avr.-oct. : lun.-jeu. et dim. 10h-18h, ven.-sam. 10h-16h (visites nocturnes juil.-août) ; nov.-déc. et fév.-mars : lun.-ven. 10h-12h et 14h-17h, sam. 10h-12h et 14h-16h Fermé jan. Tarif 6,50€, réduit 4€* ***Dégustation commentée*** *des vins du château 3€ (visite + dégustation 8€)*

☆☺ **Château de Saint-Point** Si Milly est le cocon de l'enfance, Saint-Point sera le refuge de la maturité. Lamartine reçoit le château, propriété de son père, le jour de son mariage. Il s'y installe en 1821 et, de retour d'Angleterre où il s'éprend de la mode architecturale anglo-saxonne, il restaure le château, dévasté à la Révolution, dans le style néogothique. Les ajouts sont nombreux : une galerie quadrilobée à terrasse, un porche à colonnettes devant la porte d'entrée, une tour d'escalier, un donjon, dit de l'horloge, et un parc à l'anglaise, toujours amoureusement entretenu. Aussi fortement remanié, le château prend l'allure cocasse d'un castel d'opérette. Le poète trouve à Saint-Point une sérénité seulement troublée par la visite de quelques intimes, Victor Hugo, Eugène Sue, ou encore la cantatrice La Malibran. Levé avant l'aube, couché tôt, le poète gentleman-farmer se promène, solitaire, chasse, gère son domaine cependant que son épouse Mary-Ann peint. Les tableaux sont toujours là, notamment celui consacrant la mémoire de leur fille Julia. Du salon au cabinet de travail, monacal, en passant par la chambre tendue de cuir de Cordoue, toutes les pièces se figent dans une heureuse nostalgie. Véritable reliquaire lamartinien, elles accumulent les objets laissés par le poète lui-même : des marbres représentant ses enfants, Alphonse et Julia, des bijoux, ceux de sa mère ou de sa femme, le châle de son amour napolitain, Graziella, le carnet de son séjour en Italie, le drapeau tricolore qu'il fit acclamer sur les marches de l'Hôtel de Ville de Paris lors de la révolution de 1848. Lamartine semble précéder chacun de nos pas, et la visite s'en ressent, qui laisse une forte impression. On poursuivra la promenade vers le cimetière de Saint-Point, où repose le poète. *71520* ***Saint-Point*** *(15km de Pierreclos) Tél. 03 85 50 50 30 www.chateaulamartine.com Visite guidée uniquement Ouvert avr.-oct. : sam., dim. et j. fér. à 11h, 15h, 16h, 17h, 18h ; juil.-août : tlj. aux mêmes horaires Tarif 7€, moins de 12 ans gratuit*

TROP CHAUD ? Jetez-vous à l'eau ! Le lac de Saint-Point se prête à la baignade (plage surveillée) et aux virées en pédalo. Également un snack porté sur le bio, pour de sains grignotages, et un loueur de VTT, pour s'évader en sous-bois. Ce lac agréable aurait-il inspiré des vers à Lamartine, dont le château est à deux pas ? ☺ **Lac de Saint-Point** *À 500m du château de Saint-Point*

Col des Enceints À la sortie de Pierreclos (dir. Bourgvilain), la D212 franchit le col des Enceints (529m). On s'y arrêtera, comme le faisait Lamartine, pour jouir d'un panorama idéal sur les croupes du Mâconnais et la vallée de la Saône. "Il y aurait de quoi regarder tout le jour devant ce panorama de Dieu", écrit encore le poète. Un bar-restaurant, La Pierre sauvage, propose une agréable terrasse (cf. Carnet d'adresses). Pour profiter des points de vue, on suivra à travers forêt et pâtures le **sentier pédestre** qui franchit le col. *À 5km de Pierreclos* ***Sentier Départ*** *Parking de la mairie de Bourgvilain* ***Parcours*** *3,8km* ***Balisage*** *Jaune* ***Durée*** *2h40*

☆ **Chapelle des Moines-Berzé-la-Ville** Cette chapelle est le seul vestige d'un prieuré que fit construire au XIIe siècle saint Hugues, troisième abbé de Cluny dont l'aura spirituelle et l'importance politique dépassaient les frontières. Il en fit un refuge pour l'étude, à quelques lieues de la bruissante abbaye-mère.

GEOPLUS

LAMARTINE (1790-1869)

Le poète député

Par **Pierre Guitton**, écrivain voyageur

À Milly, les vendanges inspirent au poète son plus beau poème lyrique,* la Vigne et la Maison. *Il y chante les souvenirs émus qui l'attachent au terroir. C'est ce Lamartine intime que l'on croise ici, celui que les paysans nommaient " notre Alphonse", celui dont les œuvres éditées en fascicules bon marché circulaient dans les veillées.

"Périssent nos mémoires pourvu que nos idées triomphent" Élu à l'Académie française en 1829, adulé à Paris par la génération des romantiques pour ses *Méditations*, le poète est populaire jusque sur ses terres, dont il sera le député dès 1837. Il y crée le journal *Le Bien public*, menant un combat pour "ces classes laborieuses, ces masses prolétaires foulées sous nos lois aveugles". Émule des Girondins, ministre de l'éphémère République de 1848, ce républicain convaincu se présente aux élections présidentielles contre le prince Louis-Napoléon. Il sera battu, sans appel. Le Second Empire, qu'il exècre, anéantit sa carrière politique. Alors commence une vieillesse pauvre. Pour payer ses dettes, dues à ses ambitions politiques mais aussi à son incroyable générosité, Lamartine travaille sans répit, forçat de la plume, à des compilations historiques, à un *Cours familier de littérature* vendu sur abonnements et à de nostalgiques récits autobiographiques (*Confidences*, *Raphaël*). Il y évoque sa ferveur religieuse, ses aventures sentimentales (la belle Julie Charles, emportée par la phtisie – qui inspira son poème *Le Lac* –, la Napolitaine Graziella et l'épouse anglaise, Mary-Ann Birch), ses drames (la mort de sa fille Julia, âgée de 10 ans) et ses voyages (Naples, alors qu'il est diplomate, le pèlerinage en Orient, quand il doute de sa foi). Il meurt en 1869. Dès 1838, il fait savoir avec vigueur qu'il refuse de pompeuses funérailles nationales, contrairement à son contemporain Victor Hugo qui, lui, aimait tant les honneurs et l'argent. Il ne veut pas non plus de tombe au Panthéon. Il veut être enterré à Saint-Point, parmi les anonymes

> *"Je persiste à croire, contre tout le monde, que j'étais né pour un autre rôle que celui de poète fugitif, et qu'il y avait dans ma nature (...) plus de l'orateur politique que du chantre contemplatif de mes impressions de vingt ans."*

Après la Révolution, la chapelle servit de grange et c'est par miracle, en 1887, que le curé de la paroisse découvre, dans le chœur, des peintures datées du XIIe siècle recouvertes d'un badigeon. D'une facture remarquable et d'une riche polychromie, elles se nourrissent d'influences byzantines : le Christ pantocrator arbore cette expression hiératique, emblématique de l'iconographie byzantine, qui a alors cours en Italie, où saint Hugues se rend souvent pour visiter le pape. Les douze apôtres entourent la mandorle dont le Christ s'extrait, comme voulant "entrer en humanité". On assiste aussi (côté nord) au martyre de saint Blaise et, en vis-à-vis, à celui de saint Vincent, soumis au supplice du gril. Ces peintures donnent un exemple précieux de ce que dut être l'ornementation de la nef de Cluny III, rasée à la Révolution. Pour saisir la symbolique complexe de cette œuvre et pour connaître le contexte politique qui apparaît en filigrane sous le pinceau des artistes, nous vous conseillons l'admirable petit ouvrage *Les Peintures murales de la chapelle des Moines* (en vente sur place). *71960* ***Berzé-la-Ville*** *(10km à l'ouest de Mâcon par la D17). Ouvert juil.-août : tlj. 9h-12h30 et 15h30-18h ; mai-juin et sept. : tlj. 9h-12h et 14h-18h ; mars-avr. et oct.-nov. : tlj. 10h-12h et 14h-17h30 Tarif 3€, moins de 12 ans gratuit*

SAÔNE-ET-LOIRE

Berzé-le-Château Il surgit, solitaire, sur un piton dont il prolonge l'escarpement. Le curieux emboîtement des volumes, les ceintures de remparts, les pentes irrégulières des toits, la puissance des tours médiévales, pas moins de treize, lui dessinent une silhouette singulière, d'une force rare. Cette superbe carte postale a pour toile de fond les coteaux de la vallée préservée de la Petite-Grosne. Pour protéger l'accès méridional de Cluny, la forteresse s'agrandit au XIIIe siècle, autour d'un donjon du Xe. Le château assumera sa vocation martiale, assailli par les Armagnacs pendant la guerre de Cent Ans, puis par les troupes de Louis XI. Il connaîtra ensuite les tourments de l'oubli avant que ne le restaurent, au XIXe siècle, les comtes de Milly, toujours

Le Cros du Charnier, une découverte majeure

Autour de la Roche de Solutré, les chasseurs du Paléolithique supérieur (35 000 à 10 000 av. J.-C.) traquaient les chevaux sauvages lors de leurs migrations saisonnières. Ces chevaux préhistoriques, proches du poney, étaient mangés après cuisson, ou boucanés, et les os jetés dans un trou argileux, où ils allaient se fossiliser. Un gisement considérable de ces carcasses (1ha sur 1m d'épaisseur), baptisé le "Cros du Charnier", a été découvert en 1866 et fait toujours l'objet de fouilles. C'est à Solutré que fut exhumé un outil jusqu'alors inconnu des spécialistes et qui fut désigné comme solutréen. Le terme qualifiera par extension une culture préhistorique datée de 20 000 à 16 000 ans avant notre ère. L'outil retrouvé ici est un biface, en silex ou cristal de roche. Taillé en forme de "feuille de laurier" et dégrossi à l'aide de percuteurs, il marque une étape dans la technique de fabrication des projectiles destinés à la chasse. Les Solutréens inventèrent aussi l'aiguille à chas.

propriétaires aujourd'hui. La visite guidée s'attache à l'aspect défensif de cette fabuleuse "machine de guerre", qui s'abandonne désormais à la douceur de vivre et au charme de ses **jardins** installés dans les cours où jadis s'entraînaient les garnisons (verger, potager, petit parc à la française). Le meilleur est pour la fin : une **chapelle carolingienne**, troglodytique, datée du IXe siècle. C'est un château exceptionnel où il ne faut pas s'attendre à trouver mobilier et fanfreluches mais une beauté farouche. *71960* ***Berzé-le-Châtel*** *(3km au nord de Berzé-la-Ville) Tél. 03 85 36 60 83 Ouvert juil.-août : tlj. 10h-18h (visite guidée seulement) ; juin et sept. : 14h-18h Fermé jeu. Hors saison se rens. au préalable www.berze.fr Tarif 6,50€, moins de 10 ans gratuit*

★ La Roche de Solutré

Forteresse de calcaires pétrifiés culminant à 492m, la Roche de Solutré rampe sur le socle de ses débris en une lente ascension qui se clôt en précipice. Théâtral. À son sommet, la lande, à son pied, un océan de vignes bien peignées et des villages bien tenus. Un gisement du Paléolithique supérieur, particulièrement fécond, distingue les lieux, alimentant la recherche et un passionnant musée, taillé dans la roche. La Roche de Solutré et sa voisine, celle de Vergisson, appartiennent au réseau "Grand site de France", à l'égal de la baie du Mont-Saint-Michel ou d'Alésia. Restauration et protection des milieux naturels et réorganisation des sentiers sont inscrites au programme, ainsi que l'ouverture au printemps 2011 d'une Maison du site qui accueillera et sensibilisera le public.

ASCENSION PRÉSIDENTIELLE
François Mitterrand contribua beaucoup à la popularité de la Roche de Solutré. C'est son beau-frère, Roger Hanin, qui lui fait découvrir le site avant-guerre. D'abord député de la Nièvre, puis maire de Château-Chinon, François Mitterrand a gravi la Roche de Solutré dès 1946, dans une relative discrétion. Le rituel, organisé chaque lundi de Pentecôte, tourne au cirque médiatique à partir de 1981, quand le Morvandiau d'adoption est élu président de la République. Les courtisans se bousculent alors sur les pas du président, face aux caméras.

☆ **Musée départemental de la Préhistoire** On ne peut rêver plus discret : creusé dans la roche, ce musée apparaît comme l'un de ces abris préhistoriques qu'occupèrent nos ancêtres, à la différence près que cette "grotte" très hospitalière dégage un vaste espace intérieur ouvert, pour finir sur un panorama et un parc botanique. Ce musée érudit se met à notre portée en déployant des scénographies limpides et éloquentes – cartes, maquettes, films, audioguide inclus dans le prix du billet… –, où le néophyte trouvera des réponses claires à ses questions les plus naïves. Autour d'expositions temporaires qui occupent le centre du musée, le voyage en préhistoire se fait en trois étapes dont la première propose des généralités sur cette période (enfin un tableau chronologique compréhensible !), des explications sur la taille du silex ou encore la faune périglaciaire (impressionnantes molaires de mammouth à l'appui). On découvre ensuite les spécificités du site de Solutré et, pour finir, l'art solutréen, gravures et sculptures certes sommaires mais émouvantes. Ensuite, on prendra l'air dans le jardin botanique où la vue, dégagée, offre de beaux horizons. La promenade nous y renseigne sur la flore locale et, en huit stations, sur la géologie, les techniques de chasse ou les fouilles, etc. *71960* ***Solutré-Pouilly*** *(10km à l'ouest de Mâcon) Tél. 03 85 35 85 24 Ouvert tlj. : avr.-sept. 10h-18h ; jan.-mars et nov. 10h-12h et 14h-17h Fermé déc., 1er jan. et 1er mai Tarif 3,50€, réduit 2€, moins de 18 ans gratuit*

Sommet de la Roche de Solutré Si Pascal Sevran et Jack Lang l'ont fait, dans le sillage de Mitterrand, tout le monde peut s'y atteler. Le sommet de Solutré, dont l'escarpement paraît vertigineux, s'aborde en pente douce. Ascension facile, donc, par un bon sentier long de 1 100m. Là-haut, on profite d'un panorama époustouflant (jusqu'aux Alpes par temps clair). Les amateurs de marche pourront également s'offrir l'ascension de la Roche de Vergisson (480m) ***Sentier de la Roche de Solutré Départ*** *Parking Panorama des deux Roches (à côté de l'entrée du musée)* ***Parcours*** *Aller-retour* ***Durée*** *env. 45min* ***Conseil*** *Chaussures adaptées à la randonnée* ***Sentier de la Roche de Vergisson Départ*** *Parking (396m) accessible par la D177 à la sortie de Vergisson* ***Parcours*** *Aller-retour* ***Durée*** *env. 45min* ***Conseil*** *Chaussures adaptées à la randonnée*

SAÔNE-ET-LOIRE

● Se balader à dos d'âne Charlot, Rigolo, Pacific et Galopin, entre autres, sont des ânes dociles que l'on peut bâter et qui savent prendre le temps d'une belle randonnée. Ils vous promèneront, en famille, dans les paysages du Mâconnais pour 2h, une demi-journée ou plusieurs jours, au départ de Vergisson. Pas de souci, Aude, l'ânière, vous expliquera tout. Comptez 20€/h, 54€ les 2 j. **Ânes et sentiers** *71960* ***Vergisson*** *(2km de Solutré) Tél. 03 85 35 84 28 www.anes-sentiers.com*

Route des vins, les villages vignerons du Mâconnais

Autour de la Roche de Solutré et hormis les sommets des monts coiffés de feuillus, les paysages sont les tableaux d'une "douce France" dédiée aux vins. Les coquets villages vignerons vivent au rythme des travaux viticoles où prennent part les "enjambeurs", ces curieux tracteurs que l'on croirait perchés sur des échasses : **Vergisson**, **Davayé**, **Leynes**, charmant, disposé en amphithéâtre face au soleil, **Chaintré** aussi, qui somnole à l'ombre de son château du XVe siècle et **Chasselas**, qui reste à jamais le village de Claude Brosse (Cf. GEOVins). En chemin sur la Route des vins, faites une halte à la cave de Solutré-Pouilly. À la fois viril et caressant, le pouilly-fuissé, produit à partir du seul chardonnay, est l'un des fleurons des vins bourguignons. L'Atrium, représentant 250 producteurs récoltants, vous le fait déguster avec le sourire et sans compter son temps. **L'Atrium** *Place centrale (face à l'église) 71960* ***Solutré-Pouilly*** *(9,5km de Mâcon) Tél. 03 85 35 83 83 www.pouilly-fuisse.net Ouvert mar.-sam. 10h-12h et 14h-19h (18h en hiver), dim. et j. fér. mars-déc. 14h30-19h30*

Romanèche-Thorins

☺ **Le Hameau Dubœuf** Entre nostalgie et incursions modernistes, objets ancestraux et technologie de pointe, cet œnoparc, destination populaire par excellence adaptée à tous les publics et à tous les âges, raconte l'histoire viticole jusque dans ses aspects les plus inattendus, depuis le premier vigneron, Noé, ressuscité de manière saisissante dans un théâtre optique. L'intérêt ne faiblit pas au long de cette épopée répartie sur trois sites : le Hameau du vin, la gare et la cuverie. *71570* ***Romanèche-Thorins*** *(20km au sud de Mâcon) Tél. 03 85 35 22 22 www.hameauduvin.com Ouvert avr.-oct. : tlj. 9h-19h ; nov.-mars : tlj. 10h-18h Tarif avr.-déc. : 16€ ; jan.-mars : 13€, moins de 16 ans gratuit*

Hameau du vin Ce quartier de l'ancienne gare de Romanèche rassemble une dizaine de maisons et commerces transformés en un musée labyrinthique consacré aux métiers de la vigne et du vin. Pour soutenir l'attention, entre autres : deux films en 3D, le meilleur étant *La Balade des crus*, un théâtre d'automates contant les saisons de la vigne, un théâtre optique et une cave gigantesque où reposent mille barriques. Enfin, une salle aux allures de temple présente de multiples objets à usage viticole cohabitant avec des œuvres d'art telle la compression de taste-vin de César. À la sortie, passage obligatoire par la boutique et le clinquant café du Hameau, où l'on peut déguster le vin du jour ou déjeuner (carte type brasserie et menu 19€).

Gare Elle constituait une étape stratégique pour la commercialisation des vins sur la ligne du PLM, Paris-Lyon-Méditerranée. Une locomotive de 1876 et le wagon impérial de Napoléon III conservent le souvenir de cette époque

MINIGOLFEURS

Après la visite, livret-jeu en main et une séance d'émerveillement devant le théâtre d'automates, les enfants (récompensés par un cadeau surprise pour leur brillante participation) iront s'entraîner au *putting* en famille, tandis que les plus jeunes gambaderont dans les espaces jeux des jardins. **Adventure Golf** *Ouvert avr.-sept. : lun.-ven. 13h-18h, w.-e., vac. scol. et j. fér. 11h-18h ; oct.-début nov. : tlj. 13h-17h*

SAÔNE-ET-LOIRE

Saga Dubœuf

Silhouette nerveuse, loin des clichés du vigneron bachique, Georges Dubœuf, viticulteur et as du marketing, a popularisé le beaujolais dans le monde entier. Celui que les Américains appellent le roi du beaujolais naît en 1933, descendant d'une dynastie de vignerons qui vendange depuis cinq siècles à Chaintré. Il fonde son entreprise en 1964 avec un projet de génie : présenter le beaujolais, jusqu'alors essentiellement vendu en vrac, dans des bouteilles portant son nom, mais aussi celui du producteur. Le vin y gagne en traçabilité et sort des vignerons talentueux de l'anonymat. Georges Dubœuf exportera aussi l'idée du beaujolais nouveau servi à date fixe, un concept qui s'appuie sur une vieille institution rhodanienne. Précurseur de l'œnotourisme, cet entrepreneur insatiable fonde en 1997 le Hameau du vin, sur lequel veillent désormais son fils Franck et son épouse.

mythique. C'est un train touristique que l'on prendra pour se rendre à la cuverie, éloignée d'un petit kilomètre.
Cuverie On pénètre là les secrets d'un site professionnel, domaine exclusif des vignerons et des œnologues. Une passerelle circule en surplomb d'un ensemble de 150 cuves en Inox dernier cri, offrant une vision futuriste. Au sommet, terrasse panoramique sur les vignes. Reste à parcourir les six jardins thématiques qui ont grandi autour de la cuverie.

☺ **Musée du Compagnonnage** Né, selon la tradition, lors de la construction du Temple de Jérusalem, apparu en France lors de l'élévation des grandes cathédrales, combattu par la Révolution, ressuscité sous la Restauration, le compagnonnage est un ensemble de sociétés d'ouvriers ayant pour but "le perfectionnement professionnel, spirituel et moral, ainsi que l'assistance mutuelle". Le musée de Romanèche relate le parcours d'un compagnon du Devoir d'exception, natif du bourg : Pierre-François Guillon (1848-1923), fondateur de l'École de trait (dessin appliqué à l'enseignement de la charpente, de l'escalier, de la menuiserie), dont les élèves essaimèrent dans le monde entier, de Genève à Valparaíso. À travers la vie édifiante de Guillon, c'est l'histoire du compagnonnage que l'on découvre, contée de manière attractive. Photos, objets rituels, diplômes et bien sûr de nombreux chefs-d'œuvre compagnonniques jalonnent un parcours passionnant, soutenu par les commentaires d'un audioguide inclus dans le prix modique du billet. Atelier pour les enfants en été (juil.-août, mar. et jeu. : construction d'une cabane). *Le Bourg 71570* ***Romanèche-Thorins*** *Tél. 03 85 35 83 23 Ouvert juin-sept. : tlj. 10h-18h ; hors saison : tlj. 14h-18h Fermé mi-déc.-2 jan. et 1er mai Tarif 3,50€, réduit 2€*

Touroparc Un zoo avec près de 650 animaux, dont les nouveaux venus, des tapirs terrestres. Mais aussi, sur ce domaine de 12ha, des attractions foraines, une évocation des vieux métiers, des jeux aquatiques avec toboggans, un parcours acrobatique (à partir de 8 ans ou 1m20) avec tyrolienne de 20m de long. De quoi passer la journée (restauration sur place) ! *Maison Blanche, 71570* ***Romanèche-Thorins*** *Tél. 03 85 35 51 53 www.touroparc.com Ouvert fév.-mi-nov. : tlj. 9h30-18h (zone aquatique juin-août : 13h30-17h30)*

CARNET D'ADRESSES

Restauration, hébergement

camping, location de chalets

Camping du lac Petit paradis familial blotti sous les arbres, près d'un lac adapté à la baignade, où les enfants sont choyés (ateliers, festival circassien "P'tit bout d'art", en août). Restauration légère à base de produits frais de la région. Forfait pour 2 pers. : 8 à 12€ ; accueil de camping-car : 8 à 12€. Chalets et mobile homes à partir de 429€/4 pers. en été. *71520* ***Saint-Point*** *Tél. 03 85 50 52 31 www.campingsaintpoint.com Ouvert avr.-oct.*

petits prix

Restaurant Le port Saint-Nicolas Au bord de la Saône et de la Voie bleue, ce restaurant mêle les genres avec bonheur : la friture d'ablettes, excellente, côtoie le poulet de Bresse au vin jaune, le faux-filet à la bourguignonne, un épatant carpaccio et des spécialités créoles ou mauriciennes dont le chef, le talentueux Christophe Gien, a appris les secrets en Suisse. Chaque étape de ce voyage gourmand est un régal. Vins d'ici et d'ailleurs. Service rayonnant. Formule 11€ et menu 14€ à midi, menus à partir de 23€ le soir. *RN6-Bord de Loire 71118* ***Saint-Martin-Belle-Roche*** *(9km au nord de Mâcon) Tél. 03 85 36 00 86 Ouvert en saison : tlj. midi et soir ; hors saison : fermé lun. soir, mar. soir et mer. midi et soir*

Restaurant Chez Jack Avec ses tables de bois recouvertes de nappes en coton, ses nostalgiques affiches de cinéma et ses photos sépia, cet établissement a tout d'un bistrot à l'ancienne. Dans ce décor réjouissant, Jack honore la gastronomie lyonnaise (rosette, pied de veau, entrecôte, rognons) en de copieuses assiettes. Menus 12€ (midi) et 18€. À cela s'ajoute un bon choix de vins pour illustrer l'adage de Ronsard : "Le bonheur, on ne le rêve pas, on le boit." *71960* ***Milly-Lamartine*** *(17km à l'ouest de Mâcon, près de l'église) Tél. 03 85 36 63 72 Ouvert juin-sept. : mar.-dim. midi et mer.-sam. soir ; oct.-mai : mar.-dim. midi et ven.-sam. soir*

☺ **Auberge La Pierre sauvage** Il faut, quittant les vignes, grimper au sommet du col des Enceints pour renouer avec une nature sauvage et le chant des oiseaux. Tapie sous une exubérante végétation, La Pierre sauvage régale avec des classiques de région : andouillette, cassolette d'escargots ou pavé de charolais. Formule à 17€ et, pour les réfractaires aux délices carnés, une assiette végétarienne à 14€. ***Col des Enceints*** *(15km à l'ouest de Mâcon, 5km de Pierreclos) Tél. 03 85 35 70 03 www.la-pierre-sauvage.com Ouvert juil.-août : mar.-dim. ; demi-saison : mar. soir-dim. midi ; en hiver : ven.-dim.*

Restaurant Le Moustier Une maison mâconnaise du XVIIIe siècle envahie par la glycine, une cour ombragée de marronniers et une salle à manger toute simple. "Faire tout simple" est d'ailleurs le credo du jeune restaurateur du Moustier, qui pratique avec modestie une saine cuisine familiale et régionale : friture d'éperlans, poulet à l'estragon, daubes, bœuf poêlé. Une table agréable qui nourrit un grand nombre de fidèles. Menus 14€ (midi), sinon 15 et 19€. *Rue principale 71960* ***Berzé-la-Ville*** *(18km au nord de Mâcon) Tél. 03 85 37 77 41 Ouvert déjeuner : lun., mar. et jeu.-dim ; dîner : ven.-sam. ; juil.-août Ouvert lun.-mar. et jeu.-dim.*

prix moyens

☺ **Hôtel-restaurant La Courtille de Solutré** Au cœur du village. En été, la petite terrasse est irrésistible : pierres sèches, ombrages et mobilier coloré. Version bistrot à midi avec une formule

GAMME DE PRIX	RESTAURATION	HÉBERGEMENT
Très petits prix	moins de 12€	moins de 30€
Petits prix	de 12 à 18€	de 30 à 50€
Prix moyens	de 18 à 25€	de 50 à 75€
Prix élevés	de 25 à 45€	de 75 à 115€
Prix très élevés	plus de 45€	plus de 115€

du marché à 17€ et un menu à 20€ en semaine (21€ le w.-e.), ainsi qu'un bon plan "grignotage" l'après-midi (assiette de pays 12€ de 14h à 18h, en été), La Courtille s'habille le soir, tables recouvertes d'une nappe et lumières tamisées, pour nous convier à un de ses rendez-vous gastronomiques. Cuisine raffinée, maîtrise technique et respect du produit font de La Courtille une adresse déjà renommée malgré son jeune âge. Le rouget mariné et son émulsion de chorizo, le filet de bœuf et sa fine sauce au moût de raisin et foie gras sont déjà les stars de la formule dîner (35€, menu carte entrée-plat-dessert). Vous pourrez également passer la nuit dans une des chambres au style campagnard élégant de 40€ (lavabo) à 60€ (sdb). ***Solutré-Pouilly*** *(10km à l'ouest de Mâcon) Tél. 03 85 35 80 73 www.lacourtilledesolutre.fr Restaurant Ouvert mar. soir-dim. midi (en hiver, mer.-dim. midi)*

Chambres d'hôtes Le Puyé À flanc de coteau, une maison flambant neuve regarde un époustouflant panorama. Le jardin d'agrément cascade en terrasses de la châtaigneraie, tandis qu'érables du Japon et glycines se mêlent aux potirons et aux tomates cœur de bœuf. Les hôtes, des Belges retraités, amoureux de la Bourgogne et rois de l'accueil proposent trois chambres, à la décoration un peu chargée, dont l'une avec vue sur la Roche de Solutré et celle de Vergisson. Terrasse et coin cuisine à disposition. Double 65€, incluant un petit déjeuner joliment dressé par d'anciens spécialistes des arts de la table. *71960* ***Vergisson*** *(14km à l'ouest de Mâcon) Tél. 03 85 35 84 69*

Auberge des 2 Roches Appuyée contre une belle demeure vigneronne à galerie, face à l'église de Vergisson, où passe le chemin de Saint-Jacques-de Compostelle, cette auberge propose de bonnes formules "pèlerin" (13 et 20€, dim. soir.-ven. midi) et un menu enfant (10€). La carte (compter 35€) invite à un voyage gourmet d'excellente qualité, entre terrine de grenouilles aux langoustines et filet de canette au boulgour citron et coriandre. Cuisine fraîche, novatrice, et desserts divins. Terrasse agréable, sur la place de l'église. *71960* ***Vergisson*** *(10km à l'ouest de Mâcon) Tél. 05 38 35 86 50 www.aubergedes2roches.fr Fermé mer. en saison ; mar.-jeu. soir hors saison*

Chambres d'hôtes et gîtes La Grange du bois L'expression "Avoir le cœur sur la main" semble avoir été inventée pour qualifier Karine et Guy. Lui s'occupe de son élevage bio de broutards et de chèvres alpines, à qui l'on peut rendre visite, tandis qu'elle se charge de l'accueil des hôtes. On apprécie l'atmosphère chaleureuse et détendue, gage d'un séjour serein. En bonus, l'une des plus belles vues du Mâconnais. Trois chambres simples et agréables à 50€, petit déj. compris, et deux gîtes (4 à 6 pers.) de 200 à 310€/sem. *71960* ***Solutré*** *(env. 8km à l'ouest de Mâcon) Tél. 03 85 35 85 28 www.la-grange-du-bois.com*

GAMME DE PRIX	RESTAURATION	HÉBERGEMENT
Très petits prix	moins de 12€	moins de 30€
Petits prix	de 12 à 18€	de 30 à 50€
Prix moyens	de 18 à 25€	de 50 à 75€
Prix élevés	de 25 à 45€	de 75 à 115€
Prix très élevés	plus de 45€	plus de 115€

La Gloriette Un petit nid écolo (équipé de panneaux solaires et photovoltaïques), niché dans une végétation foisonnante de rosiers et de grimpantes, avec une gloriette en vigie sur les paysages. On se réjouit de ces ambiances de campagne authentiques. Trois chambres simples et confortables à 52€ (50€ la 2e nuit), petit déj. compris. Table d'hôtes à base de produits locaux, et végétarienne le mardi (21€, incluant un fameux juliénas). *69840* ***Jullié*** *(20km au sud de Mâcon) Tél. 04 74 06 70 95*

prix élevés

Restaurant L'Arbre blanc Grand-mère Paulette a initié son petit-fils, le jeune chef Alexandre Blanc, aux bonheurs et aux saveurs simples. Ducasse et le fameux Maximin de Vence suivront, pour d'autres révélations, avant qu'Alexandre, avec sa fougue habituelle, ouvre en 2010 ce petit restaurant villageois sans frime. Sa cuisine accomplie décline les saveurs dans des menus de 25 à 40€ avec, à égalité, viandes (excellente tapenade de côtes d'agneau) et poissons (goûter sa sole barbue aux artichauts, c'est mourir un peu, de plaisir). Le dimanche, on se souvient de Paulette autour d'un succulent déjeuner, un hommage mémorable (menu unique à 42€). *Place de l'église 71960* ***Chevagny-lès-Chevrières*** *(6km à l'ouest de Mâcon) Tél. 03 85 40 63 26 http://restaurant-alexandre-blanc.e-monsite.com Ouvert mer. midi-dim.*

☺ **Hôtel-restaurant Chez Lannuel-Relais du Mâconnais** Après l'émotion face aux fresques médiévales de Berzé, celle des papilles, chez Arnaud Lannuel. Timide dans la vie, comme tous les authentiques, le chef devient lyrique face à ses fourneaux, où il refait le monde des saveurs et ravigote la tradition. Son sens esthétique très sûr (ses assiettes sont de minutieux tableaux) augure d'une virtuosité culinaire qui sera au rendez-vous. Veau en croûte de noix, bar rôti aux agrumes, tout est juste, précis, poétique et délectable. Sans oublier des desserts pleins de facéties, comme ce "mojito" revisité et son cigare after-eigth. Le décor, lui aussi, a pris un coup de jeune et le service, affable, sait rester zen. Menus 28€, 40€, et plus. Chambres à partir de 50€, petit déj. 10€. *La Croix-Blanche 71960* ***Berzé-la-Ville*** *(18km à l'ouest de Mâcon, sur la D17) Tél. 03 85 36 60 72 www.lannuel.com Ouvert mar.-dim. midi*

☺ **Chambres d'hôtes Côté vigne** C'est une maison vigneronne du XIXe siècle déployée en U autour de son jardin. Des esthètes s'en sont emparés pour lui offrir une brillante résurrection : l'œil s'étonne à chaque instant devant l'accumulation d'objets hétéroclites qui composent d'étranges collections. Un univers inépuisable, à déguster sans modération, entre farniente au jardin et plongeons dans une piscine avec vue sur les vignes. Table d'hôtes remarquable piloté par Marc, cuisinier émérite qui propose également des séjours œnologiques. Cinq chambres de standing de 85 à 120€, petit déjeuner gourmand compris. *71960* ***Igé*** *(15km au nord-ouest de Mâcon, à la lisière du superbe hameau de Domange) Tél. 03 85 33 46 64 www.cotevigne.com*

☺ **Chambres d'hôtes La Source des Fées** La source jaillit de la colline, s'épanche dans un bassin du jardin qui ouvre sur une parcelle de vignes : un site 100% viticole, au cœur de Pouilly. Nous sommes chez des viticulteurs dont les vins (pouilly, saint-vérand, mâcon) sont vinifiés et se dégustent sur place, près de cette vaste demeure datant du XVIe siècle dont la restauration soignée laisse admiratif. Les quatre chambres (95 à 145€, petit déj. gourmet compris) mêlent subtilement raffinement contemporain et touches campagnardes. Et puisque ces viticulteurs sont aussi mélomanes, on profitera du très beau salon avec piano à queue où s'égrènent quelques notes en soirée. Table d'hôtes sur le thème du terroir à 28€. *Le Bourg, route du May 71960* ***Fuissé*** *(9km au sud-ouest de Mâcon) Tél. 03 85 35 67 02 http://fuisse.pagesperso-orange.fr*

prix très élevés

☺ **Hôtel-restaurant Le Relais de Montmartre** Cet ancien relais de poste du XVIIe siècle nous offre les délices de la campagne. Frédéric Carrion et son épouse Marie nous convient à un voyage gastronomique œcuménique : les meilleurs produits de France s'invitent aux fourneaux, de la langoustine bretonne au pata negra pyrénéen, en passant par les emblèmes bourguignons que sont le poulet, la charolaise ou l'escargot. Une sélection rigoureuse que sublime une cuisine étoilée. Voilà une grande table qui a les mêmes exigences de qualité pour ses chambres. Décoration branchée et un luxe sans apprêt qui se retrouve dans l'accueil, chaleureux, réservant à ses hôtes de divines surprises (pique-nique dans les vignes). Menus de 25€ (midi), puis de 36 à 70€. Chambres et suite, avec spa, de 150 à 320€. *71260* ***Viré*** *(env. 18km au nord de Mâcon, Tél. 03 85 33 10 72 www.relais-de-montmartre.fr Fermé sam. midi, dim. soir et lun.*

Chambres d'hôtes Domaine de Poiseuil De ce vaste domaine aux multiples propositions (chambres d'hôtes, gîtes), on retiendra les six formidables cabanes, déjà très courtisées, qui se hissent dans les arbres (de 4 à 8m de haut). Expérience ludique, en famille, ou amoureuse, à deux. Pas d'électricité mais des bougies pour s'éclairer, pas d'eau mais des toilettes sèches et, surtout, des couettes moelleuses et le frisson garanti : se réveiller à la cime des arbres, nez à bec avec les oiseaux. 125€ petit déj. compris. *Route de Poiseuil 71260* ***Saint-Albin-le-Haut*** *(16km au nord de Mâcon) Tél. 03 85 33 11 15 www.poiseuil.com*

★ CLUNY

71250

Pour décor : le cours naïf de la Grosne et les escarpements soutenus par les collines du Cras et du Fouettin. Ces courbes douces, ces prairies à l'ancienne, cette campagne riante, sans heurts, annoncent la force d'un mythe : Cluny. C'est là que s'est forgée l'utopie spirituelle du Moyen Âge, la triomphale épopée d'une abbaye qui rayonna sur toute la chrétienté. Le site fut saccagé à la Révolution ; et les vestiges de l'abbaye gisent, épars, dans la ville qu'elle a fait naître. S'il fallait, hier encore, mobiliser toute son attention pour ressusciter le rêve clunisien, l'imaginaire est aujourd'hui secondé par la technologie : un film en 3D fait revivre l'abbaye et des images virtuelles époustouflantes de précision (appelées ici "tableaux de réalité augmentée") reconstituent les parties disparues à jamais. Cluny attire

toujours les foules vers ce qu'il reste de sa glorieuse histoire, unique. Accueillante, vivante toute l'année, la cité reçoit sans solennité ; elle est même franchement pimpante aux beaux jours, animée de commerces en tout genre et de festivités.

MODE D'EMPLOI

accès

EN VOITURE

À 25km de Mâcon par la voie rapide N79, puis la D980 et à 50km de Chalon-sur-Saône par la D981 ou 85km par l'A6, via Mâcon (sortie n°29).

Stationnement Cluny se visite à pied. Inutile de tenter, en saison estivale, de pénétrer dans le centre-ville, engorgé. De grands parkings gratuits tout autour de la ville (porte Sainte-Odile, route de la Digue, celui des haras, au pied de la tour Fabry) permettent de rejoindre le cœur historique en moins de 5min de marche.

EN TRAIN ET EN BUS

Buscéphale Liaison par car avec les gares de Chalon-sur-Saône (ligne 7) et Mâcon (ligne 9). *Tél. 0800 071710 www.mobigo-bourgogne.com*

EN DEUX-ROUES

Par la **Voie verte** : au sud-est, de Charnay-lès-Mâcon à Cluny (21km), et au nord, de Chalon-sur-Saône à Cluny (50km).

se déplacer en ville

Équinavette Une voiture hippomobile sillonne le centre-ville. *Rens. Tél. 03 85 59 05 34 Départs de la gare routière, du haras, de la place du Champ-de-foire et du parking de la tour Fabry. Mer.-dim. 10h-17h30 env. Gratuit*

Cluny Pouss' (plan 7, A1) Petite voiture électrique avec chauffeur proposant des circuits commentés de Cluny (25min). *Tél. 03 85 59 09 15 Départ à côté de l'abbaye Circule avr.-oct., tlj. en saison, sinon w.-e. et j. fér. Tarif 4,50€, 12€ pour 3 pers*

informations touristiques

Office de tourisme (plan 7, A2) Vous pourrez y acheter un dépliant (1€) pour la visite du centre historique et un livret-jeu pour les enfants (2,50€). *Tour des Fromages 6, rue Mercière 71250 Cluny Tél. 03 85 59 05 34 www.cluny-tourisme.com Ouvert mai-sept. : tlj. 9h30-19h ; oct.-avr. : lun.-sam. 10h-12h30 et 14h30-17h*

marchés, fêtes et manifestations

Marché Particulièrement vivant. *Place de l'abbaye Sam. matin*

Foire de la Saint-Germain Avec grande vente de bestiaux. *Début nov.*

Les grandes heures de Cluny De prestigieux concerts suivis de dégustations de vin dans les plus beaux sites du Clunisois. *Tél. 03 85 59 23 83 Mi-juin–mi-août*

Festival d'Aujourd'hui à demain Musiques contemporaines, pièces de théâtres. *Tél. 03 85 59 34 48 Début juil.*

Festival des spectacles vivants de Lournand Théâtre, cirque, danse, concerts suivis d'une guinguette festive et gourmande. *71250 **Lournand** (4km de Cluny) Tél. 03 85 59 29 02 Dernière sem. juil.*

Jazz Campus Concerts, impros, initiation, etc. *Tél. 09 64 30 66 63 Fin août*

GEOPLUS

L'ABBAYE DE CLUNY

Un creuset de la chrétienté

Par **Pierre Guitton**, écrivain-voyageur

Lorsque, par un acte daté du 11 septembre 910, Guillaume le Pieux, duc d'Aquitaine et comte de Mâcon, cède à Bernon, abbé de Baume, dans le Jura, sa résidence de chasse de Cluny, rien ne pouvait laisser présager la puissance future de l'abbaye naissante.

Naissance d'un prodige Premier abbé de Cluny, Bernon impose la règle bénédictine, rigoriste : prière, ascèse, ferveur et modestie. La communauté de douze moines n'est riche au début que de sa fraternité et de son unanimité (au sens étymologique très fort "d'unité d'âme"). Alors, comment expliquer le succès fulgurant de Cluny ? Pourquoi les rois et le peuple s'y précipitèrent-ils dans un même élan ? Quelques pistes : l'abbaye, dès son origine et selon le vœu de Guillaume le Pieux, n'est soumise à aucune puissance, ni religieuse ni laïque. Elle élira librement ses abbés et choisira des hommes exemplaires, hommes de foi et d'envergure, certains mêmes seront reconnus comme saints : Odon, Mayeul et Hugues. Placée sous la protection du Saint-Siège, elle deviendra vite le centre d'un empire spirituel et politique où empereurs et rois viendront quêter conseils ou arbitrages. Si le peuple suit, c'est parce que Cluny s'ouvre à une fonction nouvelle, jusqu'alors inédite dans les sanctuaires bénédictins : être un lieu de pèlerinage autour de reliques, ici celles des apôtres Pierre et Paul, vénérées dès 927. Par ailleurs, l'abbé Odilon popularise Cluny en imposant la Trêve de Dieu, qui interdit toute guerre et tout conflit du mercredi au lundi. Il amplifie le rite des prières d'intercession, destinées à assurer le repos de l'âme des défunts, et instaure la fête des Morts. Seigneurs et notables versent d'importantes offrandes pour s'assurer le bénéfice de ces "prières perpétuelles". Vers 1150, l'abbaye compte près de 500 moines et a essaimé : 400 sanctuaires hors de France et 880 sur

● **GRANDES ÉTAPES DE CONSTRUCTION**

Cluny I *Bernon, premier abbé de Cluny, lance la construction d'une abbatiale, qui sera terminée en 927.*

Cluny II *Mayeul (942-948) remplace la première église, devenue trop petite, par un édifice qui sera consacré en 981.*

Cluny III *La première pierre est posée en 1088.*

notre sol, dont Paray-le-Monial et la Charité-sur-Loire, les deux "filles" de Cluny. Devant l'affluence, l'abbaye ne cessera de s'agrandir et restera le plus vaste sanctuaire de l'Occident jusqu'à la reconstruction de Saint-Pierre de Rome au XVIe siècle.

Cluny III, l'apogée Les vagues de remaniements trouvent leur expression la plus aboutie dans Cluny III, construite de 1088 à 1130 sur la base des sanctuaires précédents. Voulue par l'abbé Hugues, Cluny III – *maior eclesia* ou parvis des Anges – fut sans précédent. Outre ses dimensions colossales, Cluny III inaugure une nouvelle ère architecturale, en termes d'ornementation, notamment : les 1 200 chapiteaux témoignent d'une sculpture savante attribuée au "Maître de Cluny", qui officia aussi à Vézelay. À cela, il faut ajouter l'éclat des peintures murales, attestées par les chroniques d'époque, qui inspirèrent celles de l'église voisine de Berzé-la-Ville – toujours visibles. Cependant, Cluny n'incarne pas l'excès de luxe qu'on a laissé croire. Le croisillon du transept restant et les documents sauvés montrent que les décors se trouvaient noyés, comme aspirés dans la structure générale qu'ils ne faisaient que souligner aux emplacements stratégiques.

Décadence et tragédies Au début du XIIe siècle, apparaît un nouveau mouvement monastique mené par saint Bernard, qui fondera l'ordre rival des Cisterciens, stigmatisant violemment les riches liturgies clunisiennes et prônant une spiritualité sans ostentation ni artifices. Il faudra toute la sagesse de l'abbé Pierre le Vénérable pour apaiser les esprits, mais, déjà, l'époque n'est plus à l'extension. Pourtant, malgré la guerre de Cent Ans et le schisme d'Occident – deux papes siégeront, l'un à Rome, l'autre à Avignon –, Cluny reste prospère jusqu'au XIVe siècle, où sont construits le palais dit "du Pape Gélase", le cellier et le farinier. La décadence s'amorce sous François Ier quand, début XVIe siècle, le roi prend le pouvoir sur Cluny et nomme à la tête de l'abbaye des personnages, dont de nombreux laïcs, comme le duc de Guise. Ces abbés siégeront désormais à Paris dans leur résidence parisienne – l'hôtel de Cluny –, bâtie à cet effet. Lors des guerres de Religion, Cluny III sera pillée à deux reprises, en 1563 et en 1575. De prestigieux abbés tenteront en vain d'enrayer le déclin : le cardinal de Richelieu (de 1629 à 1642), le prince de Condé (de 1642 à 1654), le cardinal de Mazarin (à partir de 1655) et le cardinal de Bouillon (à partir de 1683). La Révolution marquera la fin définitive de l'épopée clunisienne : en 1791, les moines sont chassés ou déportés vers le bagne de l'île de Ré. Dans la foulée, le mobilier est dévasté, les tombeaux profanés, la nef mutilée et le dépeçage ira bon train, jusqu'à ne laisser de Cluny qu'un petit dixième de sa superficie : le croisillon sud des transepts et le splendide clocher octogonal de l'Eau-Bénite qui domine la tour de l'Horloge, elle aussi miraculée

DÉCOUVRIR

Cluny

☆ **Les essentiels** L'abbaye et ses tableaux de réalité augmentée, le musée d'Art et d'Archéologie, la Tour des Fromages **Découvrir autrement** Flânez dans le bourg monastique et faites une pause au salon de thé Germain, assistez à la parade des étalons du haras ➤ Carnet d'adresses p.282

☆ L'abbaye

Un même billet permet de visiter l'abbaye et le musée d'Art et d'Archéologie. Il offre, pour le même prix, la visite guidée de l'abbaye, vivement conseillée. *Accueil place de l'Abbaye (palais du Pape Gélase, plan 6, n°8) Tél. 03 85 59 12 79. Ouvert tlj. sept.-avr. : 9h30-12h et de 13h30-17h, mai-août : tlj. 9h30 à 18h30*

☆ **Musée d'Art et d'Archéologie (plan 6, n°1)** Il prend place dans le palais de Jean de Bourbon, premier abbé à se faire construire, au XVe siècle, une résidence privée indépendante de l'abbaye. Ce petit palais multiplie salles et salons d'apparat desservis par des escaliers à vis. Un **film en 3D** montrant Cluny III (cf. GEOPlus, L'abbaye de Cluny), une maquette de l'abbaye telle qu'elle apparaissait au XIIIe siècle : voilà pour l'introduction. La visite continue en sous-sol et à l'étage vers quelques trésors d'art roman, civil et religieux, glanés à Cluny. Éléments fragmentaires mais éloquents : ce sont des claires-voies provenant de maisons médiévales, aux linteaux ornés d'arcs trilobés, de figures monstrueuses ou de feuillages, des chapiteaux sculptés ou des vestiges de mobilier liturgique (entablement du tombeau de l'abbé Hugues, clôture du chœur de Cluny III). Sont également présentés, dans la bibliothèque, 4 000 ouvrages et des pavements in situ de la fin du Moyen Âge.

CLUNY EN IMAGES VIRTUELLES

Pour vous aider à visualiser l'abbaye du temps de sa splendeur, un film en 3D est diffusé à l'entrée (côté cloître) et deux **tableaux de réalité augmentée** sont installés, l'un dans le transept (plan 6, A), l'autre en extérieur, près du Farinier (plan 6, C). Un troisième se trouve en centre-ville, au sommet de la tour des Fromages (plan 6, B).

Parvis et avant-nef (plan 6, nos 3 et 4) En contrebas du musée d'Art et d'Archéologie, une table d'orientation propose un plan de Cluny III avant destruction, afin de visualiser clairement l'ampleur de l'abbaye. Le **clocher de l'Eau-Bénite**, distant de plus de 150m, n'est qu'un élément de ce que fut le transept sud ! Et tout ce vide, devenu une vaste esplanade, ainsi que les bâtiments de l'actuel hôtel-restaurant de Bourgogne occupent l'espace laissé vacant par la nef après son démantèlement. Les **portes d'honneur** (n°2) à double accès (XIIe s.) ouvraient sur l'avant-nef et participaient à un réseau d'enceintes fortifiées protégeant un enclos abbatial de 12ha. Ont survécu, jalonnant ces remparts, la tour Ronde (n°19), la tour Fabry (n°20), la tour du Moulin (n°18) et la tour des Fromages (n°17), qui seule se visite. L'**avant-nef** (n°4) avait une façade cantonnée de

Plan 6 Abbaye de Cluny

1 Musée d'Art et d'Archéologie-Palais Jean de Bourbon
2 Portes d'honneur
3 Parvis
4 Avant-nef
5 Tours Barabans
6 Hôtellerie de l'Abbé Hugues
7 Place de l'Abbaye
8 Palais du Pape Gélase
9 Cloître classique
10 Passage Galilée
11 Grand transept de Cluny III
12 Croisillon sud
13 Tour de l'Horloge
14 Chapelle Jean-de-Bourbon
15 Bâtiments conventuels du XVIIIe siècle
16 Farinier
17 Tour des Fromages
18 Tour du Moulin
19 Tour Ronde
20 Tour Fabry
21 Palais de Jacques d'Amboise
A, B, C Bornes de réalité augmentée

deux tours carrées, les Barabans (n°5), dont seuls les soubassements ont survécu. On voit, sur le sol, une projection du dessin des voûtes de cette avant-nef. S'élevant sur quatre étages et comportant cinq travées, une nef et deux collatéraux, elle était éclairée par une rosace de 10m de diamètre.

Hôtellerie de l'Abbé Hugues (plan 6, n°6) Sur la place de l'Abbaye (n°7), remarquable par sa façade percée de trous de boulins et ses volumes puissants, l'hôtellerie construite par l'abbé Hugues en 1095 recevait, à l'étage, les hôtes de marque, le rez-de-chaussée servait d'écuries. Le pignon sud, composition saisissante d'équilibre, porte la sculpture d'un lion.

Palais du Pape Gélase (plan 6, n°8) Il s'élève sur deux étages. Le rez-de-chaussée et le premier niveau ont été remaniés en 1873 par un élève de Viollet-le-Duc. Le dernier étage a conservé ses claires-voies originelles, fenêtres gothiques à trèfle du début XIIIe siècle. La façade était ornée d'une porte de style Louis XIII, dont la commande est attribuée à Richelieu. Déposé au XIXe siècle, ce portail monumental a été remonté près du cloître.

Cloître classique (plan 6, n°9) Ce cloître immense, austère, de plan carré, (58m de côté) a été édifié à partir de 1750 à l'emplacement de l'ancien cloître roman. Onze arcades en plein cintre animent chacun de ses côtés, et deux de ses angles sont ponctués d'escaliers de pierre ornés de rampes en fer forgé.

Passage Galilée (plan 6, n°10) Cet ancien passage (XIIe s.), destiné aux processions bénédictines, reliait l'avant-nef de Cluny II (baptisée "Galilée") au collatéral de Cluny III. Quatre travées voûtées d'arêtes le composent, posées sur des arcs-doubleaux en plein cintre. Il mène à la cour de la Congrégation.

Grand transept de Cluny III (plan 6, nos 11, 12) Ce bras d'église est à lui seul saisissant de majesté : d'un seul jet, la coupole sur trompe s'élève à 33m. Elle est couronnée par le **clocher de l'Eau-Bénite**, tour romane de 65m de haut, splendide, impériale, qui alterne arcatures aveugles et baies sculptées. À ses côtés, plus modeste, la **tour de l'Horloge** (n°13). Sur le **croisillon sud** (n°12), s'ouvrent les chapelles Saint-Étienne, romane, et Saint-Martial, datée du XVe siècle. Subsiste également, édifiée au XVe, la **chapelle Jean-de-Bourbon** (n°14), de style gothique flamboyant, dont le luxe est encore perceptible malgré les mutilations. Quinze prophètes de l'Ancien Testament, magnifiquement représentés par les sculpteurs des ducs de Bourgogne, soutiennent des niches couronnées de dais qui abritaient les statues (disparues) des apôtres, de saint Jean Baptiste et de la Vierge. Les clefs de voûtes arborent les armes de l'abbaye (les clés de saint Pierre et

Grands abbés de Cluny

Bernon (909-927) Premier abbé, il introduit la règle bénédictine.
Odon (927-942) Homme de grande culture, il constitue la bibliothèque et prône une riche liturgie. Sous son abbatiat, l'influence de Cluny s'étend à la Bresse, au Jura et à l'Italie.
Mayeul (942-948) Il précise les rites de l'ordre clunisien.
Odilon (994-1049) Il érige Cluny en une véritable théocratie, désormais étendue à toute la Bourgogne et à la péninsule Ibérique.
Hugues (1049-1109) Grâce à lui, l'Ordre s'implante dans le Languedoc, à Toulouse et en Angleterre. Il consolide les liens avec l'Espagne, mariant sa nièce au roi Alphonse VI qui contribuera à la construction de Cluny III.
Pierre le Vénérable (1122-1156) Il restaure finances et discipline. Ce brillant intellectuel fait traduire le Coran pour comprendre et combattre l'islam.

TOUR DES FROMAGES

Cette tour, édifiée du XIe au XIIIe siècle et coiffée d'une toiture pyramidale au XIIIe siècle, abrite l'office de tourisme. Sa visite est une excellente introduction à la découverte de Cluny, parce qu'elle offre une vue aérienne sur la cité et, qu'à son sommet, un dispositif de réalité augmentée nous restitue l'abbaye en son entier dans le contexte de la ville contemporaine. Saisissant !

☆ **Tour des Fromages (plan 6, n°17)** *6, rue Mercière Ouvert aux horaires de l'OT Tarif 2€, réduit 1€*

le glaive de saint Paul). Ce transept miraculé qui possède à lui seul la taille d'une cathédrale (celle d'Autun, par exemple) ne représente que le 1/10e de Cluny III. Le reste est à imaginer : la nef, qui pouvait accueillir un millier de pèlerins, l'autre transept et les cinq autres clochers.

Bâtiments conventuels du XVIIIe siècle (plan 6, n°15) Leurs façades classiques s'ordonnent en U, l'essentiel de leur ornementation figurant sur l'avant-corps central et sur les ailes en retour, couronnées de frontons triangulaires. Un rythme architectural symétrique et rigoureux, que soulignent les corniches en saillie séparant les niveaux. L'effort décoratif se concentre sur les agrafes des portes, de style rocaille, et sur les riches balcons en fer forgé, rehaussés de dorures. Les moines avaient là leurs cellules.

Farinier (plan 6, n°16) Accolé à la tour du Moulin (n°18), c'est l'un des rares bâtiments restants de l'église médiévale. Il conservait les vivres d'une nombreuse population monastique (500 moines vers 1150). Au rez-de-chaussée : le cellier, divisé en deux nefs égales soutenues par une rangée de colonnes octogonales, servait au stockage du vin. À l'étage, le farinier avec sa remarquable charpente en berceau abrite un trésor : les **chapiteaux** qui ornaient jadis, à leur sommet, les hautes colonnes du chœur de Cluny III. Leurs principaux thèmes iconographiques, certains encore bien mystérieux, groupent deux par deux les vertus et les saisons, quatre par quatre les tons du chant grégorien personnifiés par des musiciennes et des musiciens. On y voit aussi Adam et Ève, le sacrifice d'Abraham ou encore des feuilles d'acanthe et les animaux fantasmagoriques du bestiaire roman ; et partout on admire l'élégance des attitudes, la vitalité des corps, la fluidité des draperies. On admire surtout l'habileté du ciseau de ces artistes anonymes.

Le bourg

L'office de tourisme édite un dépliant "Parcours-découverte" (1€) qui décrit un circuit complet de 2h30. Sinon, le Centre d'études clunisiennes organise des visites guidées (rens. à l'OT).

Palais de Jacques d'Amboise (plan 6, n°21) Aujourd'hui hôtel de ville, cet hôtel particulier du début XVIe siècle aurait été commandité par l'abbé Jacques d'Amboise pour y recevoir des hôtes de marque en visite à Cluny. Le corps de logis est cantonné par deux élégants pavillons ornés d'albâtre et de motifs inspirés par la Renaissance italienne (au 2e niveau). *À côté du musée d'Art et d'Archéologie Ne se visite pas*

Rue Mercière (plan 7, A2) Elle affiche un style classique, avec une série de façades du XVIIIe siècle et une fontaine de la même époque. Elle se prolonge par les rues Lamartine et Filaterie, vers l'est, et par la rue du Merle, vers l'ouest. C'est l'axe le plus vivant de Cluny, avec la place de l'Abbaye.

Église Notre-Dame (plan 7, A2) Son parvis modeste, agrémenté d'une fontaine, présente de belles façades classiques. Élevée au début XIIe siècle, Notre-Dame fut ensuite parée de gothique flamboyant. L'avant-nef a été détruite, le tympan martelé, mais la nef aux nobles proportions garde toute sa majesté. À voir aussi pour la lanterne carrée à poterne sur la croisée du transept et les boiseries Régence.

Église Saint-Marcel (plan 7, B3) Le magnifique clocher roman (début XIIe s.) a été couronné au XIVe siècle d'une flèche en brique. L'église accueille désormais des expositions d'art contemporain. *Rue Saint-Marcel*

Hôtel-Dieu (plan 7, A3) Bâti au XVIIIe siècle à l'initiative du cardinal de Bouillon, abbé de Cluny, l'hôtel-Dieu (qui a toujours vocation d'hôpital) s'organise autour d'une chapelle où convergent les salles des malades. La **chapelle**, décorée d'une fresque contemporaine de Marc-Camille Chaimowicz, recèle les statues en marbre destinées au mausolée que le cardinal de Bouillon désirait placer initialement dans l'abbaye. On visite, librement : la salle des Malades, la salle des Administrateurs, riches de tableaux, et l'apothicairerie de style Empire, aux collections de faïences et d'étains (monnayeur, 2€, pour l'éclairage). Moins spectaculaire, mais néanmoins troublante, une châsse reliquaire contient quelques fragments de la crosse de saint Hugues, l'un des plus fameux abbés de Cluny. *Place de l'Hôpital Tél. 03 85 59 59 59 Ouvert tlj. 9h-17h*

Haras national (plan 7, A1) Aujourd'hui partenaire de la prestigieuse École nationale d'équitation de Saumur, le haras de Cluny fut créé dès 1806, sous Napoléon Ier, en partie à la place de l'abbaye, notamment de son chevet, et

Bourg monastique

Une cité de marchands et d'artisans, apparue dès la construction du sanctuaire et stimulée par l'affluence des fidèles, s'est tout naturellement développée autour de l'abbaye. Les demeures les plus remarquables s'érigent du XIIe au XIVe siècle, se hissant sur deux niveaux ; au rez-de-chaussée, la boutique et à l'étage, le logis éclairé par des claires-voies, galeries en plein cintre aux colonnades et linteaux souvent ouvragés. Cet urbanisme a survécu au travers de quelques maisons que l'on observe principalement dans les rues Lamartine, du Merle, d'Avril – où un opulent hôtel dit "des Monnaies" côtoie d'autres beaux édifices romans – et rue Filaterie, où il faut voir, au n°23, la maison du Pontet (XIIe-XIIIe s.).

Circuit de l'Agneau *Au départ de l'OT, un circuit de découverte du bourg est marqué au sol par des clous représentant l'agneau pascal*

Plan 7 Cluny, ville

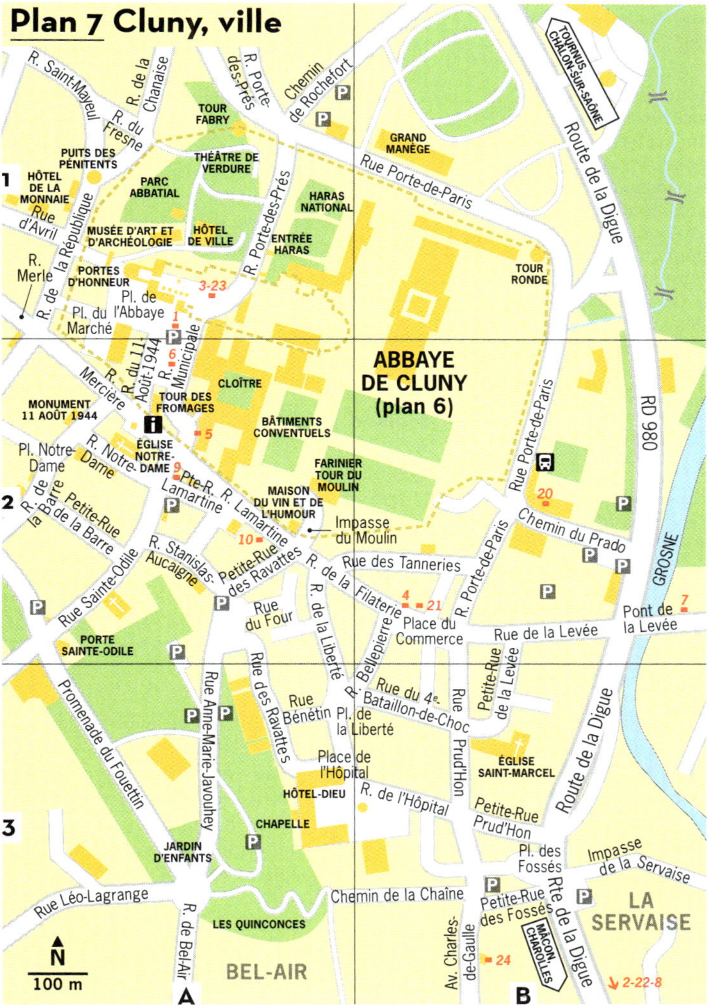

Restauration (nos 1 à 9)
- Bar-restaurant du Nord — **1** A2
- Hôtellerie d'Héloïse — **2** B3
- Hôtel-restaurant Le Bourgogne — **3** A1
- Le Bistrot — **4** B2
- Le Café du Centre — **5** A2
- Le Cellier de l'abbaye* — **6** A2
- Le Forum — **7** B2
- Restaurant bio, le pain sur la table — **8** B3
- Salon de thé Germain* — **9** A2

Shopping (n°10)
- Art et dentelle* — **10** A2

Hébergement (nos 20 à 24)
- Cluny-Résidence — **20** B2
- Hôtel du Commerce — **21** B2
- Hôtellerie d'Héloïse — **22** B3
- Hôtel-restaurant Le Bourgogne — **23** A1
- La Maison des gardes — **24** B3

*À RETROUVER DANS LA PARTIE DÉCOUVRIR

ÉTONNANTS ÉTALONS
"Les jeudis de Cluny" sont devenus un incontournable : rendez-vous à 15h pour la parade en musique des étalons, suivie d'une visite commentée des ateliers (du bourrelier, du maréchal-ferrant, soins aux animaux...). Pour finir, le clou du spectacle : des artistes équestres en résidence présentent leurs numéros. *Sur réservation Tél. 03 85 59 85 19 ou 06 22 94 52 69 Fin juin-sept. : jeu. 15h Tarif 9€, réduit 4,50€*

avec ses nobles pierres taillées. Les coulisses du haras, sa sellerie d'honneur, ses box, sa collection de voitures hippomobiles se dévoilent lors de visites guidées ou du parcours ludique "en selle pour la chevauchée des sens", plus particulièrement destiné aux enfants (mer. à 10h en été). Le haras programme de nombreux spectacles (les cabarets équestres), concours et courses hippiques. *Porte des Prés Tél. 03 85 59 85 19 ou 06 22 94 52 69 Se rens.* ***Visite guidée*** *uniquement fév.-mars : mer., ven., dim. 14h ; avr.-juin : mar.-dim. 14h et 16h ; juil.-sept. : mar.-dim. 14h, 15h30 et 17h, oct.-nov. : mer., dim. 14h Fermé déc.-jan. Tarif 6€, réduit 5€, moins de 18 ans gratuit*

Maison de l'humour et du vin (plan 7, A2) On peut commencer par se délier les zygomatiques avec une dégustation de vins de Prissé, avant d'aller fouiner dans la boutique du rire (livres, CD, affiches). Au rendez-vous de ce sympathique bric-à-brac : des rééditions d'œuvres rares (les fameux canulards téléphoniques de Francis Blanche, pionnier du genre, sont en bonne place), quelques objets loufoques de Michel Mercey, dont "la machine à cintrer les bananes", et des expositions temporaires. Attention, tout chapardeur sera immédiatement entarté... *32, rue Lamartine Tél. 03 85 35 72 26 ou 06 75 48 31 86 Ouvert jan.-mars : mar.-dim. 10h-12h30 et 15h-19h30 ; avr.-déc. tlj. 10h-12h30 et 15h-19h30*

● Où dénicher un souvenir 100% artisanal ? Le jeune homme qui, devant sa vitrine, fait de la dentelle à l'ancienne sous l'œil perplexe des touristes perpétue une tradition locale : la dentelle clunisoise, tramée de points d'esprit et de picots – les motifs d'origine s'inspiraient, dit-on, de la grande rosace de l'avant-nef de l'abbaye. La boutique vend sa propre production et des " importations" du Puy-en-Velay : linge de maison, coussinets de lavande ou marque-pages sont ici à disposition en un large choix. **Art et dentelle (plan 7, A2 n°10)** *15, rue Lamartine Tél. 03 85 50 27 81 Ouvert mai-mi-oct. : tlj. 10h-19h*

● Déguster du vin, manger sur le pouce

Le Cellier de l'abbaye (plan 7, A2 n°6) Une treille court sur la façade de cette demeure abbatiale où loge désormais une excellente cave proposant des vins d'ici et d'ailleurs (500 références), une sélection rigoureuse d'épicerie fine et la possibilité de se restaurer d'en-cas (fromages affinés, charcuteries bourguignonnes, ibériques ou italiennes). L'occasion de grignoter dans un décor bachique où la tentation surgit à chaque coup d'œil. *13, rue Municipale Tél. 03 85 59 04 00 Ouvert oct.-mi-nov., mi fév.-avril : mar.-dim. 9h30-12h30 et 15h-19h ; mai-sept. : tlj. 10h-19h, j. fér. 10h-12h30*

☺ **Salon de thé Germain (plan 7, A2 n°9)** Posée en vitrine, entourée de douceurs et de pâtisseries fines, la fontaine à chocolat hypnotise les passants. On achètera d'exquises Roches de Solutré ou des caramels au chocolat noir, entre autres tentations. Côté salon de thé, Germain propose à midi des formules simples (plateau-repas 12€), des quiches maison et d'exceptionnelles coupes glacées. L'une d'entre elles mêlant fraises, fruit et sorbet au pain d'épice laisse de savoureux souvenirs. *25, rue Lamartine Tél. 03 85 59 11 21 www.chocolaterie-germain.fr Ouvert tlj. 6h30-20h*

● Se balader à vélo ou à dos d'âne

Voie verte Au départ de Cluny, la Voie verte qui emprunte le tracé d'une ancienne voie de chemin de fer mène sur 22km jusqu'à Saint-Gengoux. On longe la vallée de la Grosne, et chaque étape est une heureuse surprise, à commencer par Taizé, que l'on atteint au prix d'un petit raidillon de courte durée. Pause à Ameugny, où le Pays des fées attend petits et grands. Franchissant la Grosne, on pédale ensuite jusqu'à Cormatin. Malay, remarquable par son église romane, précède Saint-Gengoux, gros bourg médiéval bien vivant.

Location de deux-roues Ludisport VTT, VTC de 5 à 7€/h ou de 18 à 20€/j., etc. *Ancienne gare (rue des Griottons), près de l'accès à la Voie verte Tél. 06 62 36 09 58 www.ludisport.com Ouvert juil.-août : tlj. (horaires variables, téléphoner) ; hors saison : w.-e., j. fér. et vac. scol. Fermé déc.-jan.* **Cluny Récompense** Services équivalents à ceux de Ludisport. *10, rue des Griottons Tél. 06 33 07 28 12*

☺ **Les ânesses de Julie** Cléopâtre l'a su la première : le lait d'ânesse combat efficacement la ride véloce et fait la peau douce. Julie fabrique, avec le lait de ses 12 ânesses, une gamme complète de produits de beauté qu'elle vend dans sa boutique. Mais ce n'est pas tout, cavalière émérite, partenaire du Haras de Cluny et familière depuis toujours des randonnées avec les ânes, Julie propose aussi des balades avec ses ânes dans la superbe campagne clunisoise. *À 2km de Cluny dir. Mâcon, puis Corbette Tél. 06 62 24 55 80 Ouvert tlj. sur rdv*

SAÔNE-ET-LOIRE

Les environs de Cluny

☆ **Les essentiels** Les grottes d'Azé, le château de Cormatin **Découvrir autrement** Laissez-vous surprendre par l'art de la récup' au Musée du Poilu de Cormatin ou par les fées à Ameugny ➤ **Carnet d'adresses p.282**

Au nord de Cluny

Blanot et Azé À l'est de Cluny, les villages d'Azé et de Blanot, distants de 8km, ont chacun leur grotte, chacune différente. Celle d'Azé, qui suit le cours horizontal d'une rivière souterraine, recèle des traces visibles d'occupation d'animaux préhistoriques ; celle de Blanot nous propulse au fond d'un gouffre d'effondrement. Il y fait frais (env. 12°C), pensez à vous couvrir.

Grotte de Blanot Cette grotte d'effondrement, au fond de laquelle se réfugie un petit ruisseau intermittent, nous invite à une descente dans les entrailles de la Terre. Après la visite d'une première salle longue de 50m, on s'enfonce sous terre le long d'une sorte de puits équipé d'un escalier. Près de 80m plus bas, c'est un dédale de galeries, un chaos de roches et de concrétions. Impres-

INSOLITE D'avril à octobre, le mardi, profitez des visites théâtralisées (dès 5 ans) animées par le truculent professeur Azémar, qui dévoile avec talent et humour les mystères de la grotte d'Azé. Stalactites, stalagmites, draperies n'auront plus de secret pour vous ! *Sur réservation Tél. 03 85 33 32 23*

sionnant, mais totalement sécurisé. À noter : des soirées musicales à la buvette de la grotte. *71250* ***Blanot*** *(10km de Cluny) Tél. 03 85 50 03 59 Visites guidées uniquement Ouvert juil.-août : tlj. 12h-19h Tarif 5,50€, réduit 3€*

☆ **Grottes d'Azé** La préhistoire s'invite à l'orée du village pelotonné au cœur d'un cirque de collines paisibles. On y visite deux galeries de ses grottes creusées par un torrent vif, la Verzée. **La première**, délaissée par le cours d'eau et déjà occupée par *Homo erectus* il y a 350 000 ans, servit ensuite d'abri aux populations traquées. Les Gaulois s'y cachèrent pour fuir les Romains, qui s'y réfugièrent à leur tour pour se soustraire aux persécutions barbares. Chacun a laissé sa petite empreinte, mais ce sont les animaux préhistoriques qui ont déposé le plus de traces : des lions, des hyènes et des ours dont on voit clairement les ossements fossilisés. **La seconde** galerie offre un tout autre périple : on suit, le long de la rivière souterraine astucieusement éclairée, le parcours déblayé par les spéléologues depuis 1963. Un exploit qui permet aujourd'hui une balade pleine de surprises et de poésie. Ne manquez pas, près de l'accueil, le petit musée des fouilles, qui recèle de belles curiosités. Visites guidées uniquement (1h30). *Rizerolles 71260* ***Azé*** *(12km de Cluny) Tél. 03 85 33 32 23 Ouvert avr.-mi-juin et sept. : tlj. 10h-12h et 14h-19h ; mi-juin-fin août : tlj. 10h-19h Tarif 7€, réduit 4€, moins de 7 ans gratuit*

☆ ☺ **Château de Cormatin** Posé sur un puissant socle à bossages d'origine féodale, le château qui émerge d'une pièce d'eau offre un tableau superbe. Si la silhouette, tout en rigueur et symétrie, épouse la mode classique, l'intérieur s'abandonne sans complexe au luxe et à l'extravagance d'un style Louis XIII assumé sans complexe. Les chambres, peintes du sol au plafond, se prolongent par des salons byzantins aménagés à la Belle Époque. Boiseries ornées, opulentes tapisseries, mobilier précieux et tableaux de maître font de ce palais bourguignon une visite éblouissante, qui se poursuit

Taizé, village œcuménique

À quelques kilomètres au sud de Cormatin, une foule de jeunes gens envahit en été les bocages d'une campagne sans histoires. On entend parler une soixantaine de langues, la psalmodie de prières chantées à l'unisson et le carillon d'un curieux sanctuaire en bois d'inspiration orthodoxe. Nous sommes à Taizé, invention du pasteur protestant Roger Schutz qui fonda en 1940, au village natal de sa mère, une communauté œcuménique, la Source de Taizé. Le père Roger fut assassiné par un psychopathe en 2005, au cours d'une cérémonie. Taizé reçoit de plus en plus de pèlerins, que l'on peut croiser en s'installant tout simplement à la buvette, ouverte à tous.

Tournus, Abbaye Saint-Philibert (p.231).

dans un grand parc à la française et dans un potager magnifiquement ordonnancé. *71460* **Cormatin** *(13km de Cluny) Tél. 03 85 50 16 55 Ouvert mi-juil.-mi-août : tlj. 10h-18h30 ; avr.-mi-juil. et sept.-mi-nov. : tlj. 10h-12h et 14h-17h30 Tarif 9€, réduit 4€ Parc seul 5€, réduit 3€*

Extérieurs Du palais initial, il ne reste que le corps de logis et une aile en retour d'équerre. Des portails, joliment ouvragés, tempèrent la rigueur des façades d'inspiration classique. Au-delà des douves, parc et jardins enchanteurs furent jadis le lieu de promenade de Lamartine venu visiter Nina de Pierreclos, alors châtelaine de Cormatin. Il décrit le parc comme "un séjour plein d'attraits, d'art et de délices", et on ne saurait mieux dire. Descendez à la cave pour jeter un coup œil, en contre-plongée, au superbe escalier. *Visite libre*

Intérieur L'escalier à cage vide, innovation du XVIIe siècle, s'inspire de celui du palais du Luxembourg et affirme avec emphase le caractère aristocratique du château. *Visite guidée (compter une bonne heure)*

Bibliothèque Réaménagée fin XIXe siècle, tout y est luxe, confort et profusion décorative, un fatras savamment organisé de statuettes, de tableaux, dont la *Ronde antique* d'Auguste Feyen-Perrin (vers 1863) qui inspira Matisse, d'animaux naturalisés, de trophées de chasse, etc.

Appartements de la marquise Ils sont ainsi agencés : une antichambre, où l'on attendait plus ou moins longtemps, selon son rang ; une chambre, également lieu de réception ; un cabinet privé, seule vraie pièce d'intimité ; et une garde-robe. Dans ces appartements, on observe de nombreux tableaux aux sujets hautement symboliques (Louis XIII adolescent, Minerve, déesse

SAÔNE-ET-LOIRE

Cormatin, un château choyé

L'opulence de Cormatin reflète la toute-puissance de la dynastie du Blé d'Huxelles. Dès le XIIe siècle, la famille construit là un fortin défensif, qu'Antoine du Blé transforme au début XVIIe siècle en une résidence d'agrément quasi royale. Nommé lieutenant général et gouverneur de Chalon-sur-Saône par Henri IV, Antoine du Blé règne sur tout le sud de la Bourgogne. Son fils Jacques fréquente assidûment la reine régente Marie de Médicis, qui fait alors construire le palais du Luxembourg (l'actuel Sénat), dont Cormatin s'inspire largement.
À la Révolution, le château est sauvé par un habile stratagème de ses propriétaires, les Dézoteux, qui exhument de leurs caves de copieuses réserves de vin. Enivrés, les émeutiers venus incendier le château en oublient leur sinistre projet. En 1888, Raoul Gunsbourg, directeur de l'opéra de Monte-Carlo, devient propriétaire et fait du château un rendez-vous culturel et mondain, y organisant les "Concours musicaux" où les vedettes lyriques de l'époque, parmi lesquelles Caruso, donneront de la voix.
Ce brillant épisode passé, le château tombe dans l'oubli jusqu'à sa résurrection due à un vaillant trio d'esthètes qui, à son tour, l'été, y organise, un festival de concerts et représentations théâtrales de grande qualité.

de la guerre, Diane chasseresse, etc. ; autant d'images de l'autorité, quand le roi Salomon, lui, représente la sagesse). Dans les premières pièces, des boiseries peintes où dominent l'or et le bleu de lapis-lazuli habillent les murs jusqu'au plafond. Pas un seul espace n'a échappé aux pinceaux de ces artistes virtuoses que la famille Huxelles avait "empruntés" aux chantiers de la régente Marie de Médicis (cf. encadré Un château choyé). Entre l'appartement de la marquise et celui du marquis, un **passage privé** abrite un **cabinet de curiosités** empli d'objets hétéroclites et de souvenirs exotiques rapportés par des navigateurs du XVIIe siècle : dents de requins-scies, tatou empaillé, miroirs vénitiens, ainsi que quelques peintures flamandes.

Cabinet Sainte-Cécile Ce bureau de méditation, orné à la feuille d'or que rehaussait la lueur des bougies, est entièrement peint de motifs symboliques : les vertus cardinales encadrent le portrait de la sainte, des sirènes y incarnent la passion, etc. Le guide ferme les volets, et, dans une pénombre éclairée de veilleuses, ce décor époustouflant semble quasi irréel.

Cuisine Réaménagée après la Révolution à l'emplacement de l'antichambre du marquis, elle regorge d'ustensiles dont de belles pièces de dinanderie.

Chambre du marquis Pareillement parée de dorures et agrémentée de tableaux (ici, dix empereurs romains à cheval vus par Stradanus, peintre de la fin du XVIe siècle), de tapisseries flamandes tissées de soie, d'or et d'argent. Spectacle stupéfiant, une fois de plus.

L'ART DE LA RÉCUP' Tous les projectiles de la mitraille ont été glanés par les poilus, puis sublimés en un art de la récupération très imaginatif dont on trouve ici mille exemples : vases, bijoux, porte-plume, briquets, cadres sculptés, crucifix.

Musée du Poilu Une évocation très humaine de la Guerre 14-18. Il y a ce qu'il faut de considérations historiques, mais ce musée s'attarde surtout à présenter ces objets utilitaires ou décoratifs que les soldats bricolaient dans les tranchées, ou à l'arrière, pendant une convalescence ou une permission. Il s'agissait aussi de tuer le temps... et de conjurer l'angoisse. Quelques reconstitutions de scènes avec mannequins illustrent divers thèmes : "le champ de bataille", où courent en boucle des images d'archives d'autant plus parlantes qu'elles sont muettes ; "l'attente de l'épouse" espérant des nouvelles du front (on peut lire quelques lettres de soldats) ; "l'infirmerie", etc. *71460* ***Cormatin*** *(entre Cormatin et Ameugny) Tél. 03 85 50 16 00 Ouvert Pâques-juin : mer.-lun. 14h-18h ; juil.-août : tlj. 11h-18h ; sept.-11 nov. : dim. 14h-18h Tarif 4,80€, réduit 3€*

Où remplir son panier de produits gourmands ? Installée dans une friche industrielle où l'on traitait jadis le crin de cheval, la galerie artisanale de Cormatin a des allures de grande surface. En tête de gondole, les produits locaux (terrines, miel, douceurs...), que côtoient des spécialités hexagonales. Une fois clos ce tour de France gourmand, on passe dans la salle, plus vaste encore, où tous les aspects de l'artisanat défilent au complet (chaises, coutellerie, bijoux, sculptures, tissages...). Difficile de repartir les mains vides, même si le meilleur s'accompagne parfois du pire. **Galerie artisanale et gourmande** *71460* ***Cormatin*** *Tél. 03 85 50 35 34 Ouvert juil.-août : tlj. 10h-12h et 14h30-19h ; mi-mars-juin et sept.-déc. : ven. ap.-m., w.-e. et j. fér. (horaires variables, téléphoner)*

● **S'échapper au Pays des fées** Un univers onirique, presque enfantin, imaginé par Lyne Dor. L'artiste peint ou modèle, avec un soin amoureux, des fées et autres personnages fantastiques. On entre par l'atelier et on poursuit la balade derrière trois maisons de poupée, anciens refuges vignerons. Dans le jardin de poche, conçu comme l'illustration d'un conte, un dragon de rocaille brave les visiteurs devant son bassin. Les enfants apprécieront et les grands, retombés en enfance, parleront botanique avec Lyne, parmi les bonzaïs. Vous repartirez avec un trèfle à 4 feuilles, assurément porte-bonheur. **Les Blés d'or** *71460* ***Ameugny*** *(entre Cormatin et Taizé) Tél. 03 85 50 10 01 Ouvert mi-mai-mi-oct. : tlj. 14h-19h Atelier-exposition Accès libre Jardin 2,50€*

Au sud de Cluny

Matour Les paysages changent, les routes sinuent, les vignes s'espacent pour faire place aux pâturages bordés de haies vives, et les forêts occupent le sommet de collines aux reliefs doux, mais marqués. Matour attire les amateurs de tourisme vert. La petite ville, dynamique, a ses adresses (un restaurant réputé, Christophe Clément, menus à partir de 12€), une passionnante Maison des patrimoines qui organise des symposiums de sculptures contemporaines (tous les 3 ans), et dont les œuvres (une douzaine à ce jour) s'installent ensuite durablement dans les rues et les paysages. *À 25km de Cluny*
OT de Matour et du Haut-Clunisois *Tél. 03 85 59 72 24 www.hautclunisois.com*
Restaurant Christophe Clément *Tél. 03 85 59 74 80 Ouvert mar.-dim. midi*

☺ **Maison des patrimoines** Un ravissant manoir, rustique à souhait, situé au cœur d'un parc arboré, accueille ce musée qui réserve d'heureuses surprises. On y croise le père Gélin, curé de la paroisse et, surtout, pionnier du cinéma du réel, et aussi, plus anecdotique, la belle et scandaleuse Otero (1868-1965). Trois thèmes richement illustrés y sont développés : nature, histoire et traditions. Le premier montre, entre autres, la faune à travers une belle collection d'animaux naturalisés et dévoile le secret des abeilles, avec la ruche transparente où s'active un essaim. La section histoire et traditions s'intéresse à l'architecture locale – mosaïque d'influences, charolaise, brionnaise et clunisoise – et, enfin, nous montre les émouvants ou cocasses petits films du père Gélin qui, dans les années 1950, filma tous les événements de la vie locale (fêtes, travaux agricoles, sorties des pompiers…). Et la belle Otero ? vous apprendrez pourquoi, dans les années 1930, elle choisit Matour pour s'y mettre au vert. La Maison des patrimoines organise des sorties nature et des journées à thèmes (pain, abeilles, environnement) ou festives. *Manoir du Parc 71250* ***Matour*** *Tél. 03 85 59 78 84 Ouvert juin-sept. : mer.-lun. 14h-19h ; avr.-mai et sept.-oct. : mer.-dim. 14h-18h Tarif 4,60€, réduit 3,10€*

Galerie européenne de la forêt et du bois Cette structure de bois, épurée et linéaire, accueille des expositions temporaires d'artistes et artisans d'art inspirés par le bois. Les expositions permanentes sont présentées de façon très conceptuelle ; heureusement, une équipe d'animateurs est à votre écoute. Parfaitement contournable. *71520* ***Dompierre-les-Ormes*** *(22km de Cluny, 10km de Matour) Tél. 03 85 50 37 10 www.gefb-cg71.com Ouvert juil.-août : tlj. 10h-18h ; hors saison : mar.-dim. 14h-18h Tarif 4€, réduit 3,50€, moins de 18 ans gratuit*

☺ **Arboretum domanial de Pézanin** Riche de 500 espèces rares provenant du monde entier, cet arboretum, aujourd'hui géré par l'ONF, a été créé en 1903 par Philippe de Villemorin, fondateur d'une grande dynastie de grainetiers. Un site superbe, vallonné, avec l'agrément d'un lac romantique, très "lamartinien", sur la rive duquel se dressent des douglas géants d'Amérique et un séquoia de Californie. On fait le tour du lac en 1h, délicieuse balade sur le territoire des hérons et des colverts. On y pique-niquera (tables avec barbecue), on pêchera (permis vendu chez le marchand de journaux de Dompierre-les-Ormes) ou l'on s'engouffrera dans les sentiers thématiques.
71520 ***Dompierre-les-Ormes*** *(22km de Cluny, 10km de Matour) Tél. 03 85 50 28 43*
Jours et heures d'ouverture aléatoires, téléphoner

● **Jouer les funambules entre deux chênes** Délires pour grands et ateliers pour petits, les parcours bien sécurisés d'Acro'bath, parc accrobranche aux accents écolo (snack bio et toilettes sèches), s'ouvrent à tous, dès 5 ans. Les

SAÔNE-ET-LOIRE

La Saône-et-Loire en famille

Activités

Visites

Petites faims

Hébergement

habituelles tyroliennes et autres classiques du funambulisme sont au rendez-vous, doublés ici de propositions variées destinées à ceux qui ont le mal de l'air ou le vertige : jeu de piste botanique, mikado et casse-tête géants, sentier pédestre, spectacles (concerts, danse voltige, clown), aire minikid (3/5 ans) gratuite... Aire de pique-nique avec barbecue, boutique de produits régionaux et quelques moutons à caresser. **Acro'bath** *71250* ***Bergesserin*** *(10km de Cluny) Tél. 03 85 50 87 14 Ouvert Pâques-juin et sept.-Toussaint : pendant vac. scol. , w.-e. et j. fér. 14h-19h ; juil.-août : tlj. 10h-19h Tarif 17€, enfant 10-13€ Aire minikid gratuite*

● **Se balader en carriole** L'âne est le meilleur ami des enfants qui ne lui tirent pas les oreilles. Ceux de Francis, très familiers, sont éduqués à porter vos bagages et à tirer une carriole (3 pers.). Ici, on peut partir avec son âne pour une heure ou plusieurs jours, guidé ou en toute liberté, et on peut faire des petits tours de carriole. C'est l'âne à la carte, à partir de 20€/h (tarifs dégressifs). **Les ânes de Francis** *Montillet 71520* ***Tramayes*** *(16km de Cluny) Tél. 06 74 67 79 94*

CARNET D'ADRESSES

Restauration, hébergement

très petits prix

Cluny-Résidence (plan 7, B2 n°20) Un établissement fonctionnel, dans un cadre solennel entouré de verdure : l'ancienne ciergerie (XVIIIe) de l'abbaye de Cluny (à 200m de la rue principale). Une vingtaine de chambres en simples, doubles, ou pour 3 et plus, chacune équipée d'un lavabo et d'une douche (WC sur palier). Accueil élégant et chaleureux, pour une clientèle jeune et festive. À partir de 16,70€ la nuit/pers. en chambre à partager, petit déj. inclus et draps fournis. *22, rue Portes-de-Paris 71250* ***Cluny*** *Tél. 03 85 59 08 83*

Le Café du Centre (plan 7, A2 n°5) Façade en boiseries et peintures murales champêtres, ce bistrot à l'ancienne est un incontournable. À la manière des Clunisois, on s'y s'attardera autour d'un crémant en feuilletant la presse locale. Une carte brasserie bien conçue donne toute satisfaction : plats substantiels (du filet charolais aux beignets de calamars) et formules en-cas : sandwichs, salades, omelettes. Plat du jour env. 10€. *4, rue Municipale 71250* ***Cluny*** *Tél. 03 85 59 10 65 Ouvert mar.-dim. midi*

Restaurant Le Bistrot (plan 7, B2 n°4) Clin d'œil yéyé, avec accumulation de pendules sixties, murs dédiés aux "réclames", vaches qui rient et vaches Melba, formica et frigo rose : une décoration originale qui donne le ton à ce joyeux bistrot de quartier. Outre des concerts et des dîners thématiques, Le Bistrot propose une carte "grignotage", un plat du jour (poulet sésame et fenouil, râble de lapin ratatouille, etc.) de 8,50 à 12€ et des menus à prix doux que clôt une fameuse réinterprétation bourguignonne du tiramisu (à base de pain d'épice et cassis). Service non-stop à partir de 11h. *14, place du Commerce 71250* ***Cluny*** *Tél. 03 85 59 08 07 Ouvert mer.-lun.*

Restaurant bio, Le Pain sur la table (plan 7, B3 n°8) Le tout Cluny écolo y défile le matin pour acheter pain et viennoiseries bio. À midi, le restaurant installe ses tables dans la cour, en surplomb de la Grosne, pour un menu à 15€ et une formule à 12€ dans lesquels les plats - bœuf bourguignon, tajines, tartines garnies, salades... - sont cuisinés avec les produits paysans locaux triés sur le volet. L'après-midi, une carte "en-cas" pour les petites faims. Adresse légèrement excentrée (env. 1km de l'hypercentre), mais près de laquelle il est aisé de stationner. *Pont de l'Étang 71250* ***Cluny*** *Tél. 03 85 59 24 50 www.autrementbio.free.fr Ouvert mi-juin-mi-sept. : tlj. 8h-19h ; hors saison mar.-sam.*

petits prix

Brasserie-restaurant du Nord (plan 7, A1 n°1) Idéalement situé sur la place de l'abbaye, où convergent tous les touristes, l'établissement aurait pu se laisser aller à la facilité. Il n'en est rien. Les spécialités régionales (jambon persillé, bœuf bourguignon) ainsi que les produits de la mer (bonnes coquilles saint-jacques poêlées) sont dignement cuisinés. Vaste terrasse. Service vif et attentif. Menu à partir de 18€. *Place de l'Abbaye 71250* ***Cluny*** *Tél. 03 85 59 09 96 Ouvert tlj.*

☺ **Hôtel du Commerce (plan 7, B2 n°21)** En plein centre, cet hôtel discret compte une quinzaine de chambres méticuleusement entretenues. Accueil adorable. Le Commerce appartient bien à cette famille d'hôtels simples et bon marché comme on aimerait en voir plus souvent. Chambres de 28 à 44€ (selon le confort), petit déj. 7€. *8, place du Commerce 71250* ***Cluny*** *Tél. 03 85 59 03 09 www.hotelducommerce.com*

prix moyens

Restaurant Le Forum (plan 7, B2 n°7) À deux pas du centre-ville, on découvre un autre monde : un jardin enchanteur planté d'arbres fruitiers, qui se cache derrière ses murs de pierres sèches. Les petits gambadent à leur gré, les grands bavardent, l'esprit libre. Les tables sont dressées sur l'herbe pour des repas simples mais goûteux. Viandes de région, poissons de Méditerranée en plats du jour, pizzas de 6 à 10€, pâtes italiennes à partir de 7€ (spaghettis à la crème de truffe blanche d'Alba, 14€). Véranda largement vitrée et salle intime et accueillante avec cheminée pour les soirées d'hiver. *Pont-de-la-Levée 71250* ***Cluny*** *Tél. 03 85 59 31 71 Ouvert mar.-sam.*

Hôtellerie d'Héloïse (plan 7, B3 n°22) Tout le monde s'accorde, Clunisois et touristes d'une même voix, pour faire l'éloge d'Héloïse. Au premier coup d'œil, le lieu paraît banal. Dès la porte franchie, la gentillesse de l'accueil, la véranda sur la Grosne, l'ambiance feutrée sans être guindée rendent le sourire ; et la cuisine séduira à coup sûr. De bons produits, une bonne technique, des cuissons justes, auxquels s'ajoutent un brin d'invention et du caractère, ainsi qu'une belle cave. Formule 18€ (midi, en semaine), menus de 24 à 48€. Une vingtaine de chambres de

GAMME DE PRIX	RESTAURATION	HÉBERGEMENT
Très petits prix	moins de 12€	moins de 30€
Petits prix	de 12 à 18€	de 30 à 50€
Prix moyens	de 18 à 25€	de 50 à 75€
Prix élevés	de 25 à 45€	de 75 à 115€
Prix très élevés	plus de 45€	plus de 115€

49 à 65€ (certaines rénovées, d'autres pas) ; demandez de préférence les chambres donnant sur la cour. *Pont de l'Étang 71250* **Cluny** *Tél. 03 85 59 05 65 www.hostelleriedheloise.com Ouvert mi-fév.-nov. Restaurant Fermé mer., jeu. midi et dim. soir.*

Chambres d'hôtes-gîte La Maison des gardes (plan 7, B3 n°24) Au cœur de Cluny et entourée d'un parc à l'anglaise, une demeure de caractère où se lit la patine du temps. On se réjouit du goût sûr qui a guidé l'aménagement des cinq chambres sans céder aux sirènes de la décoration branchée – meubles de famille, tapis, bons fauteuils –, ainsi que de l'accueil détendu et familial. Double 60€, (suite 3 pers. 80€, 4 pers. 100€), petit déj. compris. Cuisine et salon à disposition pour les séjours de plus de 3 jours. Un gîte indépendant (2 à 7 pers.) de 450 à 750€/sem. ; 350€/w.-e. *18, av. Charles-de-Gaulle 71250* **Cluny** *Tél. 03 85 59 19 46 ou 06 80 24 37 02 www.lamaisondesgardes.com*

prix élevés

Hôtel-restaurant Le Bourgogne (plan 7, A1 n°23) La situation de cette hostellerie historique, ouverte en 1817, est évidemment irrésistible : d'un côté le clocher de l'abbaye, de l'autre un patio fleuri. Romantique ? oui ! Lamartine y avait déjà sa chambre, qui aujourd'hui porte son nom. L'établissement a conservé son charme, sans trop augmenter ses tarifs. Treize chambres de 89 à 129€ la double (selon le confort) et 10,50€ pour un divin petit déj. À cela s'ajoute une table très estimable, avec des menus à partir de 17€ (midi), puis de 25 à 45€. Sandre à la plancha et son risotto ou filet charolais sauce au vin rouge, des classiques noblement cuisinés et, pour finir, un millefeuille chocolat-fruits rouges. *Place de l'Abbaye 71250* **Cluny** *www.hotel-cluny.com Restaurant Ouvert fév.-nov. : jeu.-lun.*

Dans les environs

camping

Camping municipal d'Azé La vraie campagne, aux portes d'Azé, avec une belle piscine municipale au bout de la tente et les grottes à deux pas. Ce camping offre des emplacements qui prennent leurs aises (100m²). Forfait pour 2 pers. : env. 15€. *Rizerolles 71260* ***Azé*** *Tél. 03 85 33 36 48 www.camval.com Ouvert mi-mai-mi-sept.*

petits prix

Restaurant Larochette aubergiste Au cœur de Bourgvilain, cette auberge s'honore d'une cuisine fine, juste et savoureuse : mousseline de sandre, croustillant de chèvre et pain d'épice, pièce de bœuf, blanquette fondante, saint-jacques sauce Noilly. Et, aux beaux jours, une terrasse sous les acacias. Parfait. À midi, menu 15€, formules 12, 18 et 24€. *71520* ***Bourgvilain*** *(7km au sud de Cluny) Tél. 03 85 50 81 73 Ouvert mar.-dim. midi*

prix moyens

Restaurant La Grange Finot Une table de campagne où le terroir met à l'honneur la gastronomie et non le folklore. La salle est toute simple et la cuisine, extrafraîche, se renouvelle de façon inventive au fil des saisons. Serge Curtil marie le poulet et l'abricot sec, la perche et la rhubarbe, le chocolat et la mandarine, mais pratique aussi une tradition cuisinée à la lettre, avec, entre autres, une persillade de grenouilles et des œufs en meurette. Menu 14€ (midi, en semaine), puis de 20 à 27€. *71350* ***Bray*** *(12km au nord*

SAÔNE-ET-LOIRE

de Cluny) Tél. 03 85 50 04 29 www.lagrangefinot.fr Fermé avr.-oct. : dim. soir et mar. soir ; nov.-mars : dim. soir, lun. soir, mar. soir et mer.

Ferme-auberge de la mère Boitier Sur les flancs du mont Boitier, un couple d'agriculteurs respectueux des traditions (élevage ovin, bovin et volailles) prend le temps de délaisser les exigeants travaux des champs pour se livrer à leur autre passion, assumée avec la même ferveur : la cuisine. Un menu unique à 20€, frais et nourrissant, s'organise invariablement – mais comment s'en lasser ? – autour de charcuteries maison (excellentes rillettes), de gratin, de viandes de la ferme accompagnées des légumes du potager, de fromages régionaux et de bons desserts. *Le Grand Chemin 71520* ***Tramayes*** *(16km au sud de Cluny) Tél. 03 85 50 59 83 www.mereboitier.com Ouvert sur réservation seulement, au moins 24h à l'avance.*

Chambres d'hôtes Ferme de la Corbette Ce n'est pas une ferme d'opérette et la décoration ne sera pas du goût des fashonistas urbaines. C'est une ferme, labellisée "Accueil paysan", avec ses bâtiments et ses engins agricoles, ses poules, ses agneaux, sa jument, sa truie, ses 80 charolaises et quelques salers. Deux générations d'éleveurs vivent là. Édith reçoit avec une générosité et une bonne humeur inoxydables. Trois chambres à 55€ (petit déj. compris) et cuisine à disposition des hôtes. Table d'hôtes, avec les produits de l'exploitation ou des fermes voisines, à 18€. On peut simplement passer par la Corbette pour sa boutique de produits maison, dont la terrine de bœuf. Le TGV passe un peu près ? Oui, mais il se couche tôt. ***La Corbette*** *(2km au sud de Cluny, dir. Mâcon) Tél. 03 85 31 86 57 ou 06 87 61 22 33 http://fermedelacorbette.free.fr*

☺ **Chambres d'hôtes-gîte Le Pré de Clunes** En lisière du hameau de Varanges, Le Pré de Clunes et sa poignée de maisonnettes disposées autour d'une grande cour dessinent les contours d'un petit paradis terrestre typiquement bourguignon. À flanc de coteau, on regarde sans se lasser un panorama qui se déroule à l'infini. Tout a été restauré avec délicatesse, à commencer par les trois chambres à la décoration champêtre. Double de 67 à 82€, selon confort et saison. Belle piscine, dans la prairie. Et pour les tribus, un gîte installé dans une maison vigneronne à galerie (6-8 pers. à partir de 425€/sem.). Une adresse où l'on s'installerait bien pour la vie. *Varanges 71250* ***Cortambert*** *(6km au nord de Cluny) Tél. 03 85 50 05 52 www.lepredeclunes.fr*

☺ **Chambres d'hôtes Le Foineau** Sur la base d'une ferme et de son ancienne grange à foin, Le Foineau compose le cadre d'un séjour idyllique. Une décoration en clin d'œil à la région, pleine de charme et de malice. Des attentions pour vous : un salon de jardin posté au cœur du verger, face au couchant, des vélos à disposition pour explorer la campagne. Mais pourquoi sortir ? La piscine est là, derrière la treille, les chambres sont irrésistibles et, pour le soir, on vous concocte une cuisine bourguignonne raffinée dont les effluves vous chatouillent déjà les narines. Le livre d'or est éloquent : qui est venu une fois reviendra et re-reviendra encore. Les prix sont si doux que c'en est incroyable : double à partir de 57€, petit déj. compris ; table d'hôtes 22€. Une adresse bientôt culte ! *Colombier-sous-Uxelles 71460* ***Bresse-sur-Grosne*** *(22km au nord de Cluny, via Cormatin) Tél. 03 85 92 67 22 www.lefoineau.fr*

Chambres d'hôtes Chez Nicole et Daniel Ruy Fleuri de roses, le parc de la maison de maître ouvre sur un paysage de collines boisées. Les plus contemplatifs s'arrêteront d'ailleurs sous la tonnelle pour profiter du beau point de vue. Tandis que les plus pragmatiques feront leur choix entre la vaste chambre chez les propriétaires (55€, petit déj. compris) ou un appartement familial indépendant, parfaitement aménagé, avec cuisinette (60€). *26, Grande-Rue 71520* ***Matour*** *(25km au sud de Cluny) Tél. 03 85 50 88 19*

CHAROLLES

71120

La cité ramasse ses maisons historiques à la confluence de l'Arconce et de la Semence, laquelle se divise en deux bras, formant une île. *Kadrigel,* nom de baptême de Charolles au temps des Celtes, signifie : "forteresse entourée d'eau". Cette profusion d'eaux enjambées de ponts et de passerelles, l'abondance des fleurs, les vieux toits de tuiles, les ruelles qui grimpent vers les vestiges du château donnent à la bourgade un certain charme. En lisière de ville, la Maison du Charolais, réjouissant musée dédié aux bovins, invite à explorer la campagne environnante : un bocage peuplé de bœufs blancs et de moutons, des collines aux sommets boisés qui culminent à la butte de Suin (597m), d'amples horizons où s'attardent les affluents de la Loire. Le Charolais, prolongé par le Brionnais, dispense les clichés d'une France bucolique où la vie coule au ralenti. Cette campagne hospitalière retrouve l'usage de son patois sur les marchés de Charolles, le mercredi matin.

SAÔNE-ET-LOIRE

MODE D'EMPLOI

accès

EN VOITURE

Charolles est traversée par la N79-E62. Mâcon est à 55km. La N79 file vers Moulins (80km), via Paray-le-Monial (10km).

EN TRAIN ET CAR

La gare de Montchanin-Le Creusot (env. 55km) est reliée à celle de Paray-le-Monial (10km) par le réseau TER. De là, des cars assurent la liaison avec Charolles. De la gare TGV de Mâcon (60km), le réseau de cars Buscéphale dessert Charolles. **Car Buscéphale** *Tél. 0800 071 710 www.r-s-l.fr*

informations touristiques, marchés

Office de Tourisme Demandez le plan de visite de la ville (gratuit). En été, l'OT organise les "Nocturnes médiévales", visites théâtralisées où est contée par le menu l'épopée de Charolles (6€). *24, rue Baudinot (ancien couvent des Clarisses) 71120 Charolles Tél. 03 85 24 05 95 www.charolles.fr Ouvert Pâques-sept. : lun.-sam. 9h-12h et 14h-18h ; oct.-Pâques : lun.-ven. 10h-12h et 14h-17h*

Marchés *Charolles* *: mer.* ***La Clayette*** *: mar.* ***Chauffailles*** *: ven.*

DÉCOUVRIR

☆ **Les essentiels** Le musée du Prieuré, la maison du Charolais, le château de Drée **Découvrir autrement** Faites un saut à Varennes-Sous-Dun pour caresser les moutons de la filature Plassard ➤ **Carnet d'adresses p.291**

Charolles

☆ **Musée du Prieuré** Fondé au Xe siècle par Raoul de France, duc de Bourgogne, roi de France de 923 à 936, le prieuré de la Madeleine se lie à Cluny au XIIe siècle et épouse un style Renaissance au XVe sous l'influence de son prieur Sébastien de Rabutin. La salle d'apparat conserve de cette période une spectaculaire poutre engoulée – c'est-à-dire sculptée de gueules de dragons d'où elle semble jaillir – qui soutient un plafond polychrome à la française. Dans ce cadre multiséculaire, le musée expose la faïence charolaise depuis ses origines (1844). La production, sommaire à son début, s'embellit quand, en 1879, le fondateur de l'entreprise, Hippolyte Prost, recrute Élisabeth Parmentier qui inventera le style Charolles, aux motifs floraux remarquables. Des expositions temporaires de céramiques contemporaines de haute tenue complètent ce survol historique. Le musée comblera aussi les amateurs de la "peinture paysagiste", style né à Barbizon au XIXe siècle, ici représenté par le Bourguignon Jean Laronze (1852-1937). On croise aussi les œuvres du sculpteur figuratif René Davoine (1888-1962), natif de Charolles : un saint Joseph d'inspiration médiévale, un Christ, une Ève superbe côtoient l'*Opprimée*, sculptée en réaction à l'oppression stalinienne. *4, rue du Prieuré Tél. 03 85 24 24 74. Ouvert mai : j. fér. 14h-18h ; juin et sept. : mer.-lun. 14h-18h ; juil.-août : mer.-lun. 10h-12h et 14h-18h, dim. 14h-18h Tarif 3€, moins de 16 ans gratuit*

L'EMPREINTE DES DUCS

Dans le parc de la mairie, se dresse la **tour Charles le Téméraire** (XVe s.). Ce vestige témoigne d'une époque faste : pendant cinq siècles (1270 à 1761), la région, dirigée par les puissants ducs de Bourgogne, formait un comté indépendant. De cette même époque : la salle du Bailliage et le couvent des Clarisses.

Acheter de la faïence charolaise

En 1844, Hippolyte Prost crée une faïencerie, qui connaîtra rapidement une grande renommée. L'entreprise existe toujours, sous la marque FdC, s'orientant désormais vers un design épuré. Pour l'anecdote, sa production, remarquée par les studios hollywoodiens de la Warner, apparaît sous forme de plats dorés dans le premier opus d'*Harry Potter*. Faites aussi un saut à la boutique Les Fayences du Pays pour admirer quelques beaux exemples de cet artisanat de luxe. **FdC** *15, place de l'Église Tél. 03 85 24 15 94 Fermé dim. ap.-m. et lun.*

☆ **Maison du Charolais** Une douzaine de vaches “artistiques” vous accueillent, sculptures grandeur nature et customisées par des plasticiens. Ce troupeau distrayant, où se distingue nettement la *Vache sauvage* de Myriam du Manoir, impose une évidence : aucune œuvre n'atteindra jamais à la beauté et au charisme tranquille de la “vraie” charolaise, celle qui broute et rumine. Cette maison qui lui est dédiée s'acquitte de sa mission avec enthousiasme et pédagogie. Ceux qui n'auraient pas eu la chance d'approcher l'animal in situ trouveront ici une occasion virtuelle, mais fort convaincante et sans danger : un film en 3D nous plonge au milieu d'un troupeau. Les enfants adorent, bien sûr, qui ne seront jamais oubliés au long de cette visite interactive où la vache nous dévoile ses secrets, de sa morphologie la plus intime (ses 4 estomacs !) à son emploi du temps ministériel (elle broute 8h et rumine 8h, soit 16h de travail !). On découvre son habitat, le bocage, restitué par des images filmées depuis un ULM. Et puisque la vache est la plus réjouissante conquête de l'homme, voici l'éleveur au travail dont on feuillette l'agenda, lui aussi chargé, au fil des mois. Et, enfin, l'aspect gustatif et culinaire passionnera ceux qui aiment l'animal pour sa viande. Ils pourront même déguster du saucisson de bœuf et quelques bouchées du morceau du jour juste cuisiné. **Ateliers pour enfants** : “cuisine ton hamburger” (4,60€) ou “découverte des pâturages” (2,60€). *43, route de Mâcon (RN79), à env. 2km du centre-ville Tél. 03 85 88 04 00 www.maisonducharolais.com Ouvert tlj. 10h-18h (fermé 25 déc. et 1er jan.) Tarif 4,80€ avec dégustation (2,60€ sans), réduit (6-12 ans) 2,60€, forfait famille (4 pers.) 13€*

SAÔNE-ET-LOIRE

● **Où remplir son panier pique-nique ?** Pour une excellente charcuterie, et notamment un jambon persillé haut de gamme, on se rendra chez Courtois. Pour de fondantes brioches aux pralines ou aux grattons, poussez la porte d'Alix. Et pour les sandwichs tout faits, les Charolais se bouscule à midi chez Pascal Fayard, boulanger hors pair dont les couronnes et pains de campagne assurent de mémorables casse-croûte. **Courtois** *10, rue Leclerc Tél. 03 85 24 00 09* **Alix** *Place de l'Église Tél. 03 85 24 12 62* **Pascal Fayard** *11, rue Champagny Tél. 03 85 24 08 84*

● **Où boire un verre ?** L'Aut'antique, boutique de brocante, côtoie un bistrot à l'atmosphère feutrée, dont la terrasse ouvre sur la place Charles-le-Téméraire. Pascal Vacca et son épouse ont l'art de recevoir : vous pouvez venir avec votre panier pique-nique, assuré d'y trouver une convivialité naturelle. On sirote ici de bonnes bières et de bons whiskies en refaisant sereinement le monde jusqu'à 1h du matin, dans des ambiances musicales choisies et intergénérationnelles. **L'Aut'antique** *6, place Charles-le-Téméraire Tél. 03 85 24 19 09 ou 06 86 10 21 60 Ouvert tlj.*

Les environs de Charolles

☆ **Château de Drée** Grandiose sans grandiloquence, le château de la Drée doit beaucoup à sa pierre blonde, à l'ardoise de ses toits et à la fortune des sœurs Madeleine et Françoise de Lesdiguières, épouses successives de Charles de Blanchefort, marquis de Créquy. Grâce à ces mariages avantageux, le marquis entreprit vers 1620 la construction de cette superbe demeure de plaisance qui, restaurée de fond en comble, fait aujourd'hui revivre les fastes du siècle des Lumières. *71800* ***Curbigny*** *(17km au sud de Charolles) Tél. 03 85 26 84 80 www.chateau-de-dree.com Ouvert avr.-mai et sept.-oct. : jeu.-mar. 14h-17h ; juin-août : tlj. 10h-17h30 (entre 12h et 14h, seuls les jardins sont visibles) Visite guidée des intérieurs Tarif 10€, réduit 8€ Jardins seuls 5€ (tarif unique)*

Extérieurs et dépendances L'édifice se compose d'un corps de logis flanqué de deux ailes en équerre. En façade, des colonnes ioniques soutiennent un balcon à balustres. Les perspectives se prolongent en tous sens par de grands parcs (10ha) recomposés il y a peu selon le goût du XVIIIe siècle : jardin des topiaires, roseraie, bassins, statues… la flânerie continue en sous-bois vers une délicieuse petite "folie", la tour des Demoiselles. Dans les dépendances, on visite la sellerie et le chenil, indispensables aux chasses à courre qui animèrent le château. Une salle a été aménagée dans les communs pour les pique-niqueurs, qui pourront même y acheter leur panier-repas (19€ pour 2 pers.)

Intérieur La visite guidée (env. 1h) d'une vingtaine de pièces nous immerge dans le XVIIIe siècle, son luxe ostentatoire et ses richesses. Le château est alors la propriété du prince Louis de Lorraine, écuyer de Louis XIV, et sera érigé en marquisat sous Louis XV, le comte de Drée étant un ami du roi. La restauration, récente et ambitieuse, multiplie les trésors : un mobilier rare et signé (bergères à oreilles, duchesse brisée – chaise longue – de Blanchard, fauteuils cabriolet, commode-bureau), des tapisseries des Gobelins, des faïences de Delft, des tableaux des premiers romantiques, certains signés de l'école de Joseph Vernet, qui représenta une version idéalisée des ports de France. Les reconstitutions sont soignées. De riches tentures encadrent les fenêtres aux décors en grisaille ou parées de boiseries peintes, rehaussées de couleurs vives comme les aimait Louis XV. Le tapis des manufactures de la Savonnerie (créées sous Louis XIII) fait son effet, bien qu'il soit une copie réalisée en Chine. Dommage, car les tisseurs de la Savonnerie exercent toujours, à Lodève (Gard). Enfin, le château se double d'une boutique (linge de table, vaisselle, fer forgé).

La Clayette Cette grosse bourgade, qui tient honorablement son rôle de capitale locale, aurait été le dernier repaire des druides en Bourgogne et a inspiré à Gabriel Chevallier les querelles épiques de *Clochemerle*. La Clayette (prononcer la "claite") fut aussi la ville du cheval, comme en témoigne son blason : c'est ici que fut acheté le fier destrier qu'Henri IV mena au combat victorieux d'Ivry en 1590. En souvenir, les haras de Cluny y ont installé une de leurs stations de monte. Mais c'est le château qui, aujourd'hui, attire tous les regards. Cerné d'amples douves où se reflètent ses architectures composites abondamment "troubadourisées" au XIXe siècle, ce château de conte de fées n'évoque plus guère le fief médiéval des Chantemerle, seigneurs fondateurs de la ville. Il ne se visite pas, ouvrant à de rares occasions. On se consolera en arpentant les rives du lac ou en faisant un saut au Centre du goût, boutique de produits régionaux proche de l'OT. *À 19km au sud de Charolles* **OT** *Tél. 03 85 28 16 35 www.laclayette.fr*

● **Goûter les chocolats de Dufoux** On abandonnera le régime basses calories aux portes de La Clayette, puisqu'une halte s'impose chez

SAÔNE-ET-LOIRE

Bernard Dufoux, meilleur chocolatier de France depuis 1998. L'artiste invite à visiter son laboratoire et à suivre ses cours de cuisine (1er mer. de chaque mois). **Bernard Dufoux** *32, rue Centrale 71800 La Clayette Tél. 03 85 28 08 10 Ouvert mar.-dim.*

● ☺ Caresser le mouflon d'Amérique ou la chèvre angora Vaillante petite entreprise, la filature et moutonthèque Plassard ne connaît pas la crise ni la délocalisation. Les laines Plassard s'exportent en Europe, au Canada, au Brésil... *made in* Varennes-sous-Dun, où elles sont filées depuis près d'un siècle et demi. Avant d'aller voir à l'œuvre les belles mécaniques (métiers à filer d'hier et d'aujourd'hui), avant de découvrir comment une toison devient fil de laine, on s'aventurera dans le parc. Là, de vastes pâturages forment un décor bucolique où vivent à l'aise chèvres et moutons. Une vingtaine de races vous attend, parmi lesquelles le mouton du Cameroun, à longue crinière, celui d'Ouessant, animal miniature, le racka de Hongrie, aux cornes en tire-bouchon, le savoyard Thônes et Marthod, qui ne se sépare jamais de ses lunettes noires. Et le charolais ? il est là, parmi ses exotiques congénères, fournissant sa viande mais aussi sa laine pour confectionner de moelleux matelas. **Filature et moutonthèque Plassard** *Moulin de Champerny Route de Mâcon 71800* ***Varennes-sous-Dun*** *(20km au sud de Charolles) Tél. 03 85 84 15 66 ou 06 70 01 58 44 www.musee-filature.com* ***Parc à moutons*** *Ouvert avr.-début nov. : lun.-sam. 9h-12h et 14h-18h Tarif 2,80€* ***Visite guidée du musée*** *: juil.-mi-sept., tlj. à 15h et 16h30 ; avr.-juin et mi-sept.-début nov. : mer., sam., dim. et j. fér. à 15h30 Tarif 4,20€, réduit 2,80€* ***Parc et musée*** *Tarif 6€, réduit 5€*

● Se balader dans un jardin remarquable Classé parmi les "Jardins remarquables de France, le jardin du Zéphyr a été créé sur un pâturage. Là où il n'y avait rien qu'un peu d'herbes folles, se dessinent désormais de délicieuses perspectives paysagées. Les allées de gazon serpentent entre massifs et arbustes taillés pour conduire à la roseraie (300 variétés de roses réparties dans le parc), vers le jardin quasi secret, clos de charmilles, ou le potager. Arbres et arbustes prennent de l'ampleur, se relayant sur la palette des saisons ; les érables et les prunus flamboient à l'automne, quand s'éteignent les deutzias, cotinus ou buddleias qui ont enchanté l'été. **Jardin du Zéphyr** *71170* ***Anglure-sous-Dun*** *(37km au sud de Charolles) Tél. 03 85 26 06 47 Ouvert 20 mai-juin : tlj. 14h30-18h30 ; juil.-août : w.-e. et j. fér. 14h30-18h30*

● Grignoter, s'offrir une soirée cabaret Stéphane Garcia jardine, écrit, cuisine et construit. Sa muse danse. À eux deux, ils ont imaginé le Jardingue, un lieu improbable sur les vestiges d'une ancienne distillerie. L'ivresse est au rendez-vous, celle des mots, d'un art brut bricolé à la hâte, de soirées amicales autour d'une guitare ou de quelques entrechats. Car le Jardingue est un jardin (à visiter), un bar, un restaurant-snack, une boutique d'artisanat d'art et un cabaret, selon l'heure et le jour. On y grignote à prix extradoux (7€ le menu autour d'un plat chaud) et le samedi soir, jour du spectacle, le repas est à 15 ou 18€ (show compris). **Le Jardingue** *Les Bruyères D985 71170* ***Chassigny-sous-Dun*** *(27km au sud de Charolles) Tél. 03 85 26 05 87 www.jardingue.fr Ouvert mar.-dim.*

CARNET D'ADRESSES

Restauration, hébergement

prix moyens

Restaurant Lesclette Un restaurant consciencieux et inventif qui, du haut de son point de vue sur le lac de La Clayette, sert les classiques revisités : aiguillettes de bœuf au four, la pièce de bœuf en brioche, la fricassée de canard aux griottes. Le poisson n'est pas oublié, ni les grenouilles, qui s'invitent dans un menu à 23€, précédées d'un fondant de volaille et d'un cake aux gésiers confits, suivies de fromages et d'un dessert. Menus de 23 à 40€, tous parfaits. *Rue Lamartine 71800* ***La Clayette*** *(19km de Charolles) Tél. 03 85 28 28 60 Ouvert lun., mar., et jeu.-dim. midi Fermé fév.*

Ferme-auberge de Lavaux Le succès s'est appuyé sur la volaille cuisinée maison, à la crème, sur la viande charolaise fermière, sur un gâteau de foie de volaille désormais culte et... sur un décor quasi théâtral : une ferme en grès rose cantonnée de tours solides. Un four à pain voisine avec le parc aux biches et son plan d'eau. On est accueilli à bras ouverts par des agriculteurs dynamiques, qui concoctent de divins "plats du dimanche" dans des menus de 16 à 26€. On peut également séjourner sans hésiter dans l'une des 5 chambres (à partir de 51€, petit déj. compris). *71800* ***Châtenay*** *(28km au sud-est de Charolles) Tél. 03 85 28 08 48 Ouvert Pâques-Toussaint, sur rés.*

prix élevés

☺ **Hôtel de la Poste-Restaurant Frédéric Doucet** Frédéric Doucet, déjà pilier de la gastronomie locale en dépit de son jeune âge, a affûté ses couteaux chez les plus grands : Ducasse, Bocuse, Troisgros. Goûtez le calme du patio avant de vous pencher sur l'assiette. Des saveurs précises, une simplicité désarmante et des cuissons justes : le menu dégustation est un grand moment où le répertoire bourguignon atteint l'excellence. Incontournable, la pièce charolaise cuite "simplement" au beurre et sur plaque de fonte. Le premier menu à 25€, (midi et soir), est une aubaine pour découvrir cette cuisine tout en finesse. Suivent des menus de 39 à 70€. L'hôtel offre le choix entre les chambres de la maison mère, au cadre résolument contemporain, et celles, plus classiques, de la villa Kiwi (en face), entourée de jardins et baignée par la Semence. Double à partir de 80€, petit déj. 10€. *2, av. de la Libération 71120* ***Charolles*** *Tél. 03 85 24 11 32 www.la-poste-hotel.com Restaurant Ouvert mar. dim. midi (fermé jeu. soir hors saison)*

Restaurant Le Chidhouarn L'accueil ne fait pas tout, la terrasse non plus, mais quand les deux sont impeccables cela augure un bon moment. Ici, le service est chaleureux et la vue généreuse. La table suit, réunissant les saveurs terre et mer dans un même élan de ferveur gastronomique. Sur une base de produits frais, le chef cuisine avec sérieux et ce qu'il faut d'invention pour nous surprendre sans nous brutaliser les papilles. Le parmentier de cabillaud gratiné ou le jarret de veau à la compotée d'oignons et poêlée de champignons régalent à coup sûr. Menus de 21,50 à 51€. *Lieudit les Tardes 71120* ***Changy*** *(6km au sud de Charolles) Tél. 03 85 88 32 07 Ouvert mar.-dim.*

prix très élevés

☺ **Chambres d'hôtes Le Clos de l'Argolay** Une référence ! Le portail de la robuste demeure marque une frontière décisive entre la ville et un univers élégant décliné en deux ambiances. Côté yang, les volumes anguleux d'anciens ateliers d'imprimerie admirablement mis en valeur abritent 2 chambres au design épuré. Côté yin, dans la demeure bourgeoisement meublée, 2 autres chambres où se marient raffinement classique et clins d'œil contemporains. La séduction même ! Double à partir de 115€, petit déj. compris. *21, quai de la Poterne 71120* ***Charolles*** *Tél. 03 85 24 10 23 ou 06 75 25 03 47 www.closdelargolay.fr Fermé jan.*

Chambres d'hôtes Le Château de Vaulx La demeure du XVIIe siècle compose un tableau idéal : Vaulx est un château de charme qui domine une campagne brionnaise où tout flatte l'œil et porte à la contemplation. L'aile ouest héberge les hôtes avec élégance : l'esprit des Lumières y flotte en une vision modernisée au luxe sans ostentation. Deux chambres absolument superbes à 95 et 115€, petit déj. compris, 2 suites à partir de 140€ et un appartement sublime avec vues traversantes (190€). La table d'hôtes (30€) nous conforte dans le plaisir. On peut aussi profiter de séjours à thème, une immersion mémorable. *71800* ***Saint-Julien-de-Civry*** *(10km au sud de Charolles) Tél. 03 85 70 64 03 www.chateaudevaulx.com*

☺ PARAY-LE-MONIAL 71600

Les berges fleuries de la Bourbince et les bateaux de plaisance arrimés le long du canal du Centre dessinent un tableau apaisant, au cœur duquel le prieuré clunisien offre l'admirable perspective de ses deux tours et de son clocher octogonal. À cinq siècles d'intervalle, le souffle chrétien a vivifié Paray-le-Monial, incarné au XIIe siècle par les moines de Cluny et, au XVIIe, par les révélations mystiques de Marguerite-Marie Alacoque, qui popularisera le culte du Sacré-Cœur. Aujourd'hui, la communauté de l'Emmanuel encadre une foule nombreuse de pèlerins – plus d'un million chaque année. Mais que ceux qu'agacent les "bondieuseries" ne détournent pas leur chemin : si la ville est restée une capitale spirituelle active, elle est aussi un site patrimonial majeur et doit être vue pour sa basilique, pour son musée d'art sacré, à visiter absolument, ou encore pour son musée Charnoz, évocation passionnante d'une activité industrielle de carrelage en grès cérame, toujours vivace dans les mémoires.

NAISSANCE D'UN PRIEURÉ BÉNÉDICTIN Depuis 970, existait à Paray un monastère bénédictin privé, aux bâtiments rudimentaires, édifié par Lambert, comte de Chalon, dont le fils deviendra évêque d'Auxerre et prêchera, avec succès, pour le rattachement du sanctuaire à Cluny (999). En 1004, s'élève à Paray un nouveau prieuré clunisien. Il sera la base du chef-d'œuvre final, dont la construction, voulue par saint Hugues, s'achèvera au début du XIIe siècle, reprenant les principes architecturaux de Cluny III. Prospère jusqu'au XIVe siècle, Paray-le-Monial décline dans le sillage de Cluny, la décadence spirituelle étant aggravée par la peste noire, la guerre de Cent Ans, les guerres de Religion et la Révolution.

QUAND LE PRIEURÉ SE FAIT BASILIQUE Sous le règne de Louis XIV, le prieuré renoue avec la notoriété grâce aux révélations divines faites à Marguerite-Marie Alacoque (1647-1690), dont la plus fameuse date de 1673. Jésus-Christ lui montre alors son cœur charnel "qui a tant aimé les hommes". Soutenue par l'abbé jésuite Claude La Colombière (béatifié en 1929), elle ranime la dévotion au Cœur Sacré de Jésus. Ce culte, affaibli sous la Révolution, réapparaît avec force à la Restauration, les révélations de Marguerite occupant de nouveau activement le monde chrétien. En 1873, le premier pèlerinage à Paray attira en quelques jours plus de 250 000 personnes vers le sanctuaire clunisien, qui sera érigé au rang de basilique deux ans plus tard par Pie IX.

MODE D'EMPLOI

accès

EN VOITURE

À 70km à l'est de Mâcon (par la N79, reliée à l'A6) et à 55km du Creusot par la N70. Vous pourrez vous garer facilement sur les grands parkings gratuits (hormis le dim. matin, jour de messe), près de la Poste, bd du Collège ou place Alsace-Lorraine (le parking de la place de la Visitation, plus central, affiche souvent complet le soir).

EN TRAIN

Gare SNCF Navette TER avec la gare TGV Le Creusot-Montchanin. Quelques liaisons directes pour Nevers et Lyon. *Place de la Gare (proche du canal du Centre) www.ter.com www.mobigo-bourgogne.com*

informations touristiques

Office de tourisme Une véritable boutique avec librairie et produits régionaux. Demandez le pass'Paray (6€), incluant une visite de la basilique et l'entrée aux musées Hiéron et Charnoz. En juil.-août, visites guidées de la basilique, du cloître et de la ville à 10h et 15h (5€). *25, av. Jean-Paul-II Tél. 03 85 81 10 92 www.paraylemonial.fr Ouvert Pâques-mai : lun.-sam. 9h-12h et 13h30-18h, dim. 10h-12h30 et 14h30-17h30 ; juin.-sept. : tlj. 9h-19h (le dim. ouverture à 10h), oct.-Pâques : lun.-sam. 9h-12h et 13h30-18h*

Location de deux-roues L'OT loue des rosalies avec livret-jeux pour les enfants (10€/h), ainsi que des vélos à partir de 6€ la demi-journée (réservation recommandée).

marchés, fêtes et manifestations

Marchés ***Vendredi*** *vente de comestibles et déballage forain Bd du Collège (anc. place du Marché)* ***Samedi*** *marché fermier Cours Jean-Jaurès*

Les musicales Programme de concerts (classique, jazz, musiques du monde) dans le cloître, la basilique ou les chapelles. *Juin-sept. Rens. à l'OT*

La marche de Paray Journée conviviale autour de randonnées (plusieurs circuits tous niveaux) et pauses gourmandes. *1er dim. de juil.*

Pèlerinages, sessions spirituelles *Se renseigner aux sanctuaires Tél. 03 85 81 62 22*

DÉCOUVRIR

☆**Les essentiels** La basilique du Sacré-Cœur, le musée du Hiéron, l'Observaloire **Découvrir autrement** Amateurs d'ambiances romantiques, offrez-vous une escapade au château de Digoine ; en famille, rejoignez Digoin à vélo par le chemin de halage ➤ **Carnet d'adresses p.299**

Paray-le Monial

☆**Basilique du Sacré-Cœur** Datant des origines, le **porche** fut fidèlement restauré au XIXe siècle. Portail sans tympan, mais décoré de motifs végétaux, avec pommes de pin (symbole d'immortalité), d'entrelacs en vannerie et de billettes en damier. En contournant l'église, on tombe sur le plus beau chevet roman de Bourgogne, où toute une série d'absides semblent tomber du ciel pour toucher le sol avec grâce. Le **portail nord**, dit oriental parce que d'inspiration mauresque, est ouvragé d'une multitude de motifs : billettes en damier, oves, motifs dits en serviettes repliées et une frise de disques contenant des fleurs dont aucune n'est identique. *Avenue Jean-Paul-II Visites commentées juil.-août 10h-15h Cf. Mode d'emploi, OT*

Intérieur L'ouvrage est contemporain de Cluny III : même plan, même architecture, même décoration. Flanquée de deux collatéraux, développée sur trois travées, la **nef**, voûtée en berceaux légèrement brisés, se prolonge, au chœur, d'un rond-point formé de huit minces colonnes monolithes. L'élévation mystique de la pierre trouve ici son plein épanouissement, s'opérant sur trois niveaux : un niveau de grandes arcades surlignées d'oves enrubannés, un niveau de baies aveugles jalonnées de pilastres cannelés, un niveau de fenêtres hautes, encadrées par des colonnettes géminées, d'où la lumière afflue et vient jouer en faisceaux sur une futaie de piliers qui s'affinent en montant. Le décor, jamais surchargé, fleurit sobrement les chapiteaux de motifs végétaux. Le **transept** en saillie figure parmi les plus élégants de l'art roman. Son absidiole sud a été remplacée, au XVe siècle, par une chapelle funéraire gothique dont l'autel est orné de niches à dais. Le **chœur** voûté est porté par huit fines colonnettes et s'épanouit sur un plan magnifique. Éclairées par neuf fenêtres, les fresques (fin XVe s.) du cul-de-four montrent un Christ en majesté ; autour, le tétramorphe (les quatre évangélistes et les quatre Vivants : l'homme ailé de saint Mathieu, le taureau ailé de saint Luc, le lion ailé de saint Marc et l'aigle de saint Jean). Autour du chœur, le **déambulatoire** : dans ce "promenoir des anges", chaque carré de voûte est éclairé par sa propre fenêtre et chaque retombée d'arcade s'orne d'une double colonnette. L'**abside** est marquée par trois chapelles rayonnantes dont le décor sculpté est plus foisonnant que dans la nef : on y remarque une

LA BASILIQUE EN UN COUP D'ŒIL

La basilique apparaît sous son jour le plus favorable du pont sur la Bourbince. Silhouette toute en équilibre et sobriété que domine un clocher octogonal sur base carrée. Au premier plan, si rapprochées qu'elles semblent dialoguer, deux tours. À droite, celle du XIe siècle. À gauche, celle du XIIe se développe sur trois étages de doubles fenêtres, des corniches moulurées et des moellons plus soignés.

sirène aux seins nus et à double queue, une coquille rappelant que Cluny a relancé le pèlerinage vers Saint-Jacques-de Compostelle, les représentations amusées du moine jeune et du moine vieillissant, des oiseaux picorant du raisin, etc. Des éléments contemporains parent également la basilique : des luminaires reprenant les animaux du bestiaire roman et de beaux vitraux (1984), au transept, signés par Ropion, maître verrier de Tours.
Cloître L'édifice médiéval disparu a été remplacé au XVIIIe siècle (1747) par un cloître classique. Il s'ouvre néanmoins par un porche roman remarquable, au tympan duquel apparaissent quelques sculptures énigmatiques et de curieux masques humains dont on dit qu'ils seraient d'inspiration étrusque. Le réfectoire des moines accueille des expositions temporaires.

Parc des Chapelains La tour (XVe s.) est le vestige d'un palais abbatial. Dans ce parc, se déroulent les cérémonies religieuses : une église de plein air dont la nef est symbolisée par de grands platanes ; le chœur, lui, étant bâti et protégé par un dôme (XIXe s.). Dans un bâtiment annexe, un diorama conte l'histoire de sainte Marguerite (2€). *À côté de la basilique, derrière le chevet*

Chapelle de la Visitation De style classique (XVIIe s., remaniée dans le style néoroman au XIXe s.), elle est la chapelle du monastère de la Visitation. C'est là que le Christ est apparu à sainte Marguerite-Marie entre 1673 et 1675. Les pèlerins se recueillent devant la châsse, ornée de pierres précieuses, enfermant son gisant de cire. *Rue de la Visitation*

☆ **Musée du Hiéron** Cette spectaculaire bâtisse a été édifiée dès son origine (1890) pour emplir la fonction de musée. Le hiéron était, dans l'Antiquité grecque, l'enceinte sacrée où les Sages élaboraient les lois d'inspiration divine. Les architectures, mi-temple, mi-palais, signées par Noël Brion et Gustave Eiffel, font grande impression. Imaginé comme un écho à l'histoire religieuse de la ville, le musée raconte l'histoire de la foi, par le biais d'œuvres remarquables qui en disent beaucoup, évidemment, sur l'histoire de l'humanité et sur celle de l'art. Une évocation des civilisations préchrétiennes amorce un parcours riche

☺ Un grand joailler au service de la foi

Classé trésor national conservé au musée du Hiéron, la *Via Vitae* représente tous les épisodes de la vie du Christ sous forme d'un périple symbolique, le Chemin de vie, qui gravit le flanc d'une montagne de marbre. Cette œuvre monumentale de 3 tonnes (3m de haut, 3m de large), due au plus brillant de nos joaillers, Joseph Chaumet (1894-1904), révèle un mysticisme exalté, de ceux que connut la fin du XIXe siècle en réaction à une industrialisation et à un matérialisme galopants. Pour cette saisissante mise en scène, Chaumet a choisi les matériaux les plus nobles : marbre pour les rochers, albâtre pour le fleuve, or et ivoire pour les personnages, diamant et rubis pour symboliser le corps du Christ sur l'ostie. Le tout, d'une stupéfiante finesse d'exécution.

de quelque 550 tableaux et sculptures (écoles flamande, italienne, française, œuvres contemporaines), complété d'objets liturgiques ou de piété populaire et présentés par thèmes : l'Eucharistie, la Cène, le cœur de Jésus, etc. On ne peut faire l'inventaire de tous les trésors du Hiéron, mais se distinguent au moins trois incontournables absolus : le tympan roman d'Anzy-le-Duc (XIIe s.), la *Via Vitae* (1894-1904) de l'orfèvre Joseph Chaumet (cf. encadré ci-avant) et un Christ au sourire (XVe s.) en terre cuite. *13, rue de la Paix Tél. 03 85 81 79 72 www.musee-hieron.fr Ouvert 21 mars-juin et sept.-déc. : mar.-dim. 10h-12h et 14h-18h ; juil.-août : tlj. 11h-18h Tarif 4€, réduit 3€, moins de 18 ans gratuit (billet famille en été 4€)*

DRÔLES DE CACOUS En l'an mille, les Parodiens auraient été sauvés de la famine par le cacou, sorte de clafoutis aux cerises, servi tiède avec un verre de vin blanc de Viré. La confrérie des Francs-Cacous entretient la légende et la flamme gastronomique. On trouve le cacou, à la saison des cerises, à la pâtisserie Clerc. Et si l'on veut s'enivrer de cerises, l'OT vend la liqueur de cacou. **Pâtisserie Clerc** *6, rue Louis Desrichard*

Chapelle de la Colombière Le père Claude La Colombière, confesseur de Marguerite Alacoque, fut béatifié en 1929 ; cette chapelle a été construite en 1930 pour immortaliser l'événement. La façade, discrète, contraste avec la polychromie intérieure : marbres rouges et verts, mosaïques des frères Mauméjean et sculptures de René Davoine. Le gisant du saint est en cuivre martelé, à l'exception du visage et des mains modelés par Castex. *Rue Pasteur*

Hôtel de ville Un "petit palais" surprenant, foisonnant de sculptures et de médaillons, qui mêle style gothique bourguignon et influences de la Renaissance italienne. Unique en Saône-et-Loire. En 1525, un marchand en draperie parodien s'inspire des architectures ligériennes, observées au cours de ses voyages, pour se construire cette superbe demeure qui réunit derrière une seule façade trois maisons médiévales (encore visibles, depuis la rue Billet). Au rez-de-chaussée, les fenêtres sont celles d'une échoppe, surmontées, à gauche, des effigies de Guillaume le Pieux (fondateur de Cluny) et de son épouse et, à droite, de celles du comte Lambert (fondateur de Paray) et de son épouse. Près de l'hôtel de ville, et connu aujourd'hui sous le nom de **tour Saint-Nicolas**, le seul vestige de l'ancienne église paroissiale (XVIe s.) sert de salle d'expositions temporaires.

Musée Charnoz Cinq hectares d'ateliers de production, une notoriété européenne : l'entreprise de carrelages Cérabati fermera pourtant ses portes en 2005. Installé dans l'une des maisons de l'ancienne cité ouvrière, ce musée nous conte une longue et surprenante histoire qui démarre en 1877. Cette année-là, Paul Charnoz (1845-1927), visionnaire et ingénieur de génie, implante à Paray sa manufacture de carrelages industriels et artistiques et y invente le carrelage en grès cérame incrusté dans la masse, qui démode définitivement la tomette. Le musée, gardien de cette "mémoire humaine et industrielle", informe, avec pédagogie, sur les processus de fabrication, montre des chefs-d'œuvre de céramique décorative du XIXe siècle et raconte les tribulations de l'usine. *32, av. de la Gare Tél. 03 85 81 40 80 www.musee-carrelage-charnoz.org Ouvert juil.-août : tlj. 14h30-18h30 Tarif 2,50€*

● Où manger sur le pouce, boire un verre ? Concept rare : Le Café des artistes est un théâtre de poche où la troupe du Boléro donne des récitals de poésie. C'est aussi un lieu chaleureux pour un moment de détente ou un en-cas (carte brasserie éclectique, servie à toute heure). À midi, un menu à 17,50€. Ouvert tôt pour le petit déjeuner, fermé tard pour un dernier verre ou une verveine au son de chants sacrés ou de musiques du monde. **Le Café des artistes** *9, rue de la Paix Tél. 03 85 24 41 97 Ouvert Pâques-oct. : tlj.*

● Galoper dans les bocages parodiens Installé dans un moulin du XIXe siècle joliment restauré, le Centre équestre du moulin de Vaux possède 15 chevaux de loisir, nés et éduqués à la ferme pour des balades d'initiation découverte (17 à 30€ pour 2h) ou des sorties pour cavaliers plus confirmés, et une dizaine de poneys Shetland (balade de 1h, 14€). Affilié à l'École française d'équitation, cet établissement a gagné la confiance des Parodiens et mérite la vôtre. Le lieu s'anime aussi d'un de ces derniers petits bistrots de pays où il fait bon s'arrêter. Chambres sur place : double (58€, petit déj. inclus) et pour 3 ou 4 pers. **Centre équestre du moulin de Vaux** *71600* ***Nochize*** *(10km au sud de Paray-le-Monial) Tél. 03 85 88 31 51 Ouvert toute l'année*

Les environs de Paray-le-Monial

Château de Digoine Les routes se perdent entre bocage et forêt, et le voyageur aussi, dans cette campagne heureuse que baigne le canal du Centre. C'est ici, pourtant, que l'on trouvera le plus urbain et sophistiqué des petits théâtres d'agrément. Cette adorable modélisation du théâtre à l'italienne, datant de 1840, avec ses décors d'époque, loge dans les dépendances du château de Digoine. Sarah Bernhardt y joua. Le château, bâti pour être une résidence d'été, est un bijou néoclassique dont la construction s'achève à la fin du XVIIIe siècle. On suit le propriétaire pour une visite érudite qui traverse, entre autres, le vestibule, la salle à manger et la bibliothèque de style Cambridge. Il vous restera à visiter les parcs, "à faire le tour de l'eau" comme disaient jadis les châtelains qui savaient si bien "habiter poétiquement le monde". *71340* ***Palinges*** *(35km au sud de Paray-le-Monial) Tél. 03 85 70 20 27 Ouvert mai-sept. : w.-e. et j. fér. 14h-19h. 1re visite guidée à 14h30, dernière à 17h30 ; juil.-août : tlj. aux mêmes horaires Tarif 7€*

☺ Digoin

À Digoin, on chemine avec l'eau : eaux vives de la Loire, de l'Arroux, de la Bourbince et celles, domestiquées, du canal du Centre. La cité s'est assoupie sur le souvenir de ce qui fit sa gloire : la navigation fluviale – devenue de plaisance avec un port d'importance. Les quais se sont assagis, mais "l'Observaloire" veille et attise la mémoire. Une fois taries les activités liées à la navigation, Digoin se tourne avec succès vers la céramique, les faïenceries de Sarreguemines s'étant repliées ici après l'annexion de l'Alsace-Lorraine par l'Allemagne (1874) ; aujourd'hui, un musée de la Céramique invite à découvrir cet artisanat devenu industrie. **OT** *8, rue Guilleminot 71160* ***Digoin*** *(14km à l'ouest de Paray-le-Monial) Tél. 03 85 53 00 81 www.ccval.fr*

PARAY-LE-MONIAL–DIGOIN À VÉLO

De Paray-le-Monial, on empruntera la Voie verte et l'on s'évadera vers Digoin, pédalant le long d'un ancien chemin de halage ombragé de platanes. ***Départ*** *Parc du Moulin Liron (côté canal du Centre)* ***Parcours*** *17km, facile et familial*

☆ **Observaloire** Cet observatoire n'a pas usurpé son nom : un belvédère en surplomb du fleuve permet d'épier le courant et les oiseaux (jumelles, fiches signalétiques et chants enregistrés). Mais le musée ne se résume pas à ce beau moment contemplatif : il renseigne sur tout ce qui fait la spécificité de cette Loire mythique, fleuve le plus long de France et dernier à pouvoir se revendiquer "sauvage". Un film (20min) inaugure la visite pour un survol généraliste passionnant où des spécialistes partagent leur savoir avec enthousiasme. Le parcours se poursuit en quatre salles thématiques ponctuées de jeux et d'astuces venus soutenir l'attention. La première nous invite à partager la vie des poissons comme si nous étions sous l'eau : plafond en trompe l'œil où passe un bateau, où plonge un cormoran, films saisissant les poissons dans leur élément et aquarium où virevoltent les espèces locales. Grimpant l'escalier, le port se fait entendre. Dans la salle de la Marine trône une toue, dont la cabane propose un film sur l'histoire de la navigation. Un jeu olfactif déploie ses parfums d'épices, de café, etc., entre tonneaux, maquettes interactives et outils de navigation. Le décor est planté, les quais revivent et les mariniers parlent (témoignages vibrants, souvent cocasses, sur la vie à bord). Et l'on continue la visite, approfondissant l'histoire de Digoin, la formation des paysages… Rien du patrimoine ligérien n'est oublié. *Rue des Perruts (près du pont-canal) Tél. 03 85 53 75 71 Ouvert mars-nov. : lun. et mer.-dim. 14h-18h ; juil.-août : lun.-mar. et jeu.-dim. 10h-19h30 Tarif 4€, réduit 2,50€*

Musée de la Céramique Pas moins de quatorze salles évoquent l'histoire des arts de la table, de l'ère gallo-romaine jusqu'à nos jours. Profusion de pièces anciennes et présentation des productions actuelles. Le musée nous

Au fil de l'eau

Bateaux-promenade *Ville de Digoin* Les vedettes *Ville de Digoin* embarquent pour une promenade simple de 1h (franchissement du pont-canal et d'une écluse, 7€, réduit 4€) ou de 1h30 (8,50€, réduit 4,50€), ou encore pour une croisière-déjeuner (à partir de 28€). Pour qui souhaite plus d'autonomie : location de bateaux sans permis (2 à 12 pers., 110€ la demi-journée). *Port de plaisance (rive droite) 71160* ***Digoin*** *Rés. croisière Tél. 03 85 53 76 78 Location Tél. 03 85 53 76 74 Ouvert avr.-oct.*

Camping de la Chevrette Ici, vous pourrez louer des canoës et des kayaks insubmersibles, pour des parcours faciles, le plus court (7km, 2h) étant bien adapté aux familles. À partir de 12€/pers. *41, rue de la Chevrette 71160* ***Digoin*** *Tél. 03 85 53 11 49 www.lachevrette.com Location mi-mars-mi-oct., selon le débit de la Loire et la température de l'eau*

intéresse également aux techniques de production, montrant comment un bloc d'argile brut devient un pot émaillé grâce au savoir-faire des potiers et à la magie du feu. *8, rue Guilleminot (dans les locaux de l'OT) Tél. 03 85 53 00 81 Visite commentée uniquement Ouvert mai-sept. : lun.-sam. (visites 10h30, 14h30 et 16h) ; oct.-avr. : lun.-ven. (visites 10h30, 14h30) Tarif 4,50€, réduit 2,50€*

CARNET D'ADRESSES

Restauration, hébergement

campings, location de bungalows

Le Mambré Dans un parc de 5ha, une centaine d'emplacements espacés, pour la plupart sous les arbres. Devise : calme et nature. Ambiance conviviale dans la salle commune où taper la belote et regarder l'étape du tour à la télé, quelques frictions autour du cochonnet, sur le boulodrome, et réconciliation à la piscine. Camping sympathique et bien équipé. Forfait env. 15€ pour 2 pers., bungalow (4-6 pers.) à partir de 350€/sem. *19, rue du Gué léger 71600* ***Paray-le-Monial*** *Tél. 03 85 88 89 20 www.campingdemambre.com Ouvert toute l'année*

Camping du lac Une immersion dans le luxe véritable : la campagne française à son sommet, une sérénité à son comble, l'espace et le chant des mésanges. Et au bord d'un lac. Emplacement env. 10€, chalet de 220 à 440€/sem. *71430* ***Palinges*** *(à 12km au nord de Paray-le-Monial) Ouvert Pâques-oct.*

petits prix

☺ **Hôtel-restaurant de la Basilique** Créé en 1900, cet hôtel a réussi l'exploit de se moderniser en gardant son âme et son cachet. Une cinquantaine de chambres, dont certaines avec vue sur la basilique, de 42 à 50€, selon le confort. Chambres familiales à 77€ (4 pers.). Petit déjeuner pantagruélique à 7€. Le restaurant – tables dressées et "vaisselle du dimanche" – propose une solide cuisine bourguignonne ou à la plancha pour des tarifs abordables (12€, midi, et de 15 à 33€). Accueil courtois et professionnel. *18, rue de la Visitation 71600* ***Paray-le-Monial*** *Tél. 03 85 81 11 13 www.hotelbasilique.fr* **Restaurant** *Ouvert avr.-oct. : tlj. 12h-14h et 19h15-21h15*

Chambres d'hôtes La ferme des Bruyères C'est une vraie ferme : authentique sans folklore, coquette sans minauderies. Les 5 chambres, confortables et dans un sobre goût du jour, se louent 45€, petit déj. compris. Cuisine à disposition pour se préparer un repas, à déguster sous les arbres... mais pourquoi se donner cette peine ? Le fastueux potager 100% bio approvisionne une table d'hôtes à l'image du reste : simple et goûteuse (17€). Enfants bienvenus, pour qui des jeux sont installés, dedans et dehors. *71600* ***Vitry-en-Charolais*** *(4km à l'est de Paray-le-Monial) Tél. 03 85 81 10 79 www.ferme-des-bruyeres.fr*

prix moyens

☺ **L'Apostrophe** Sept ans chez Troisgros, un détour chez Bocuse, et Frédéric Garrivier se pose à Paray. La philosophie de la maison : perfection et simplicité. L'Apostrophe est jeune, mais sa notoriété est déjà bien assise, grâce à une cuisine précise et créative dont l'inspiration voyage de la Bourgogne aux rives méditerranéennes. C'est bon et la carte des vins est à la hauteur des ambitions. Frédéric officie seul dans sa cuisine ouverte, concentré comme un moine en prière, et son épouse assure le service avec une sincère gentillesse. Formule déjeuner 17€ (en sem.) et menus de 22 à 34€. *69, av. Charles-de-Gaulle 71600* ***Paray-le-Monial*** *Tél. 03 85 25 45 07 www.restaurantlapostrophe.fr Ouvert lun.-sam.*

☺ SEMUR-EN-BRIONNAIS *71110*

Du haut de son promontoire rocheux, Semur-en-Brionnais domine un bocage superbe. La D989 surplombe les paysages, route buissonnière que l'on quitte pour atteindre le Semur historique, celui du haut, où se tient un noble donjon. Capitale historique du Brionnais, le bourg vit naître en 1024 l'un des plus fameux abbés clunisiens, saint Hugues. Aujourd'hui classé parmi les "plus beaux villages de France", Semur tient magnifiquement son rôle tout en se gardant bien d'en faire trop. La petite cité s'abandonne à une sérénité intemporelle, une paix qui sied bien à sa pierre blonde.

MODE D'EMPLOI

accès

EN VOITURE

À 90km de Mâcon et 28km au sud de Paray-le-Monial. Le Brionnais ignore les grandes routes ; deux "grandes" voies l'encadrent cependant : la D982, à l'ouest, et la D985, à l'est.

informations touristiques

Office de tourisme de Marcigny-Semur *Place des Halles 71110* ***Marcigny*** *Tél. 03 85 25 39 06 www.brionnais-tourisme.fr Ouvert lun.-sam. 9h-12h et 14h-18h (juil.-août jusqu'à 18h30) ; dim. 10h30-12h30* **Antenne de Semur-en-Brionnais** *Château Saint-Hugues Tél. 03 85 25 13 57 Ouvert mars-mi-nov. : lun.-sam. 10h-12h et 14h-18h, dim. 14h-18h (19h en été).*

marchés, fêtes et manifestations

Marché *Marcigny Lun.*

☆ **Marché au Cadran-Foire aux Bestiaux** *Saint-Christophe-en-Brionnais Mer. (cf. Un mercredi à la foire aux bestiaux)*

Fête du pot-au-feu et concours de bovins Banquet et intronisations par l'ambassade du Charolais. *Saint-Christophe-en-Brionnais 1er dim. d'août*

Biennale d'art contemporain *Marcigny Juil.-août (années paires)*

Été musical d'Anzy-le-Duc Musique sacrée, instrumentale et vocale, dans l'église romane, à l'excellente acoustique. *Août*

DÉCOUVRIR

☆ **Les essentiels** La collégiale Saint-Hilaire, les églises romanes du Brionnais, le marché au cadran de Saint-Christophe **Découvrir autrement** D'un coup de pagaie, rejoignez une île de la Loire ➤ **Carnet d'adresses p.307**

Semur-en-Brionnais

Le petit hôtel de ville, élégant pavillon Louis XV, sépare deux entités. Autour de l'église du XIIe siècle : le quartier religieux avec son séminaire – grande bâtisse néoclassique du XIXe siècle où vivent toujours des nonnes – et avec la salle du Chapitre (XVIIe s.), qui abrite une exposition permanente sur l'art roman. De l'autre côté : le quartier laïc, remarquable pour son château féodal qui occupe la pointe d'un éperon rocheux, plongeant à pic sur la vallée. Une poterne fait communiquer l'ancienne place forte avec le chemin de ronde qui, avant de se perdre dans les champs vers la chapelle Saint-Martin-la-Vallée, court à flanc de village le long des remparts.

Château Saint-Hugues Regardez bien le donjon, il est unique, appartenant au premier type existant de donjons en pierre. Seul exemplaire bourguignon à avoir conservé intact un appareillage de pierre du Xe siècle, il s'élève sur 22m de haut, solidement assis sur des murs épais de 2m. La visite accompagnée est une mémorable leçon d'architecture et d'histoire, où l'on croise aussi un reliquaire de saint Hugues, né ici d'une puissante famille aristocratique. N'hésitez pas à emmener les enfants : on les déguise en chevalier (en juil.-août). *Tél. 03 85 25 13 57 Ouvert mars-15 nov. : lun.-sam. 10h-12h et 14h-18h (mi-mai-mi-sept. fermeture 19h), dim. 14h-18h (19h mi-mai-mi-sept.) Tarif 3€, moins de 12 ans gratuit*

☆ **Collégiale Saint-Hilaire** Transition entre roman et gothique, elle est la dernière église de type clunisien construite en Brionnais (fin XIIe s.) et l'une des plus belles de la région. Sa construction témoigne d'une grande recherche : clocher octogonal dont les baies, sur deux niveaux, sont encadrées de multiples colonnettes, décor d'arcades aux croisillons, harmonie du chevet, luxuriance des sculptures au portail. À l'intérieur, on retrouve partout l'arc brisé, comme à Cluny ou Paray, une tribune en encorbellement, reproduction miniature de celle de Cluny III, un triforium ornemental, des pilastres cannelés et des chapiteaux ouvragés.

Le Brionnais

☺ **Saint-Christophe-en-Brionnais** On se rendra à Saint-Christophe de préférence un mercredi pour assister au **marché au cadran**, un véritable spectacle dont les charolaises sont les vedettes (cf. ci-après Un mercredi à la foire aux bestiaux). On fera également un saut à l'ancienne école de Saint-Christophe, au lieu-dit le Montsac, qui héberge le **CEP**, Centre d'étude des Patrimoines du Charolais-Brionnais. Cette “société savante”, qui inventorie le patrimoine local, propose une **exposition** sur “les chemins du Roman en Bourgogne” et la reconstitution d’une salle de classe au début du XXe siècle. *71800* ***Saint-Christophe-en-Brionnais*** *(9km au nord-est de Semur)* **Office de Tourisme** *Grande allée de Tenay Tél. 03 85 25 98 05 Ouvert mar., jeu. et ven. 14h-17h, mer. 9h-18h et sam. 9h-12h* **CEP** *Le Montsac Tél. 03 85 25 90 29 http://cep2010.charolais-brionnais.net Ouvert : lun.-ven. (horaires variables) Entrée libre*

● **Visiter une ferme hélicicole, goûter l’escapero** Ne dites pas à Corinne Rubaud que les escargots ont des cornes, ce sont des tentacules, les gros gris ne sont pas des vaches ! Elle vous apprendra aussi qu’ils sont à la fois mâle et femelle dès le plus jeune âge et que leur flirt amoureux peut durer plus d’une demi-journée. Passant de parc en parc, la visite est passionnante et cocasse. Corinne élève en agriculture raisonnée puis cuisine, avec les légumes du potager, plus de 100 000 escargots par an. On retrouve en boutique des spécialités désormais réputées : l’escapero ou encore la mousse d’escargots, etc. **Ferme Rubaud Boutique** *Lieudit Vaux 71110* ***Briant*** *(7km au nord-est de Semur) Tél. 03 85 25 86 51 Ouverte ven. ap.-m. et présence sur les marchés de la région* ***Visite*** *gratuite (sur rdv) mi-juin-mi-sept. : jeu.* ***Dégustation*** *2€*

SAÔNE-ET-LOIRE

☆ Belles romanes du Brionnais

Discrètes, les églises du Brionnais recèlent pourtant des trésors de sculptures. Pourquoi une telle profusion ? Cela s’explique en partie par le fait que saint Hugues est enfant de Semur, mais on note aussi la présence de bancs d’un beau calcaire, docile au ciseau du sculpteur. De fait, le Brionnais fut un foyer artistique. Pas moins de 60 églises ont été construites aux XIe et XIIe siècles. Il en reste une trentaine, où se distinguent Semur-en-Brionnais, Montceaux-l’Étoile, Anzy-le-Duc, Saint-Julien-de-Jonzy. *Procurez-vous les brochures (gratuites) que le CEP édite sur chacune des églises (cf. Saint-Christophe-en-Brionnais) http://cep2010.charolais-brionnais.net*

Église de Montceaux-l’Étoile Au portail occidental, le Christ s’élève dans une mandorle portée par deux anges, tandis que la Vierge et les apôtres conversent : une scène pleine de candeur et de vie. À l’intérieur, une chapelle funéraire (XVIIIe s.) de style rococo.

Église d’Anzy-le-Duc S’élevant sur trois étages ajourés de baies à l’italienne, le clocher est sans conteste le plus beau du Brionnais. Les deux portails ont gardé leur tympan, (le troisième est exposé au musée de Paray-le-Monial). Sur le tympan du portail occidental figure un Christ porté par deux anges aux ailes déployées.

Saint-Julien-de-Jonzy L’église paroissiale possède un tympan remarquable d’exubérance. Les pieds du Christ reposent sur un curieux tabouret finement ouvragé et le traitement des drapés (toge du Christ, nappe de la Cène) est d’une rare finesse.

UN MERCREDI À LA FOIRE AUX BESTIAUX

Cadran ou "gré à gré"

ATTESTÉE DÈS LE XVE SIÈCLE, LA FOIRE DE SAINT-CHRISTOPHE RASSEMBLE BÊTES, MAQUIGNONS ET TOURISTES POUR UNE MANIFESTATION AUTHENTIQUE ET HAUTE EN COULEUR !

MATINÉE

Au petit matin, Saint-Christophe sort de sa léthargie et s'éveille en fanfare. Le ballet des bétaillères inaugure le rituel, acheminant leurs cargaisons de bovins vers l'un des cinquante quais. Puis s'élève le meuglement inquiet des vaches, auquel répondent les cris et les appels des éleveurs. Cette foire aux bovins, très ancienne, est devenue un marché de référence au niveau européen, particulièrement actif (1300 animaux présentés le 25 août 2010, un record absolu). Les installations récentes qui l'abritent se couvrent de panneaux photovoltaïques et sont équipées de récupérateurs d'eau de pluie.

Visite guidée

Des visites guidées de ce marché sont proposées par l'antenne touristique de Saint-Christophe pendant le déroulement des transactions (9h et 14h). Un documentaire est également à disposition, pour qui aurait raté l'évènement. **OT Saint-Christophe** *Tél. 03 85 25 98 05*

Premier café pour les maquignons Dans les bistrots où mijote déjà le traditionnel pot-au-feu qui sera servi à midi.

La pesée Le matin, on assiste à la foire au cadran. Les animaux déboulent, solitaires ou par lots, au centre d'une arène. Le poids s'affiche automatiquement sur un cadran.

Les transactions Elles commencent, pilotées par un meneur de jeu au débit empressé. Les maquignons, réunis dans une salle en amphithéâtre, montent les enchères à l'aide d'un bouton positionné sur leur pupitre. Les animaux achetés seront dirigés vers les prairies d'embouche pour achever leur engraissement.

DÉJEUNER

12h La pause-déjeuner, dans les restaurants du village, autour d'un pot-au-feu ou d'une tête de veau, est un moment d'intense convivialité. Réservez à **La Tour d'Auvergne** pour ses ambiances de "banquet" campagnard et sa divine côte charolaise (cf. Carnet d'adresses).

APRÈS-MIDI

14h Marché à l'ancienne, de "gré à gré" Le poids de l'animal est jaugé à l'œil, éleveurs et maquignons négocient de vive voix, d'homme à homme. Le marché est scellé d'une poignée de main, et les bêtes vendues sont dirigées vers les abattoirs.

CONSEIL Pour en savoir plus sur l'élevage bovin et les fameuses charolaises, ne manquez pas le musée de Charolles (cf. p.288).

Oyé et ses alentours

La mémoire d'Oyé Ce charmant musée, créé à l'initiative des Oyéens, s'est installé dans l'ancienne école (XVIIIe s.), dont les caves voûtées sont superbes. Les neuf salles recèlent d'émouvants trésors : des photos anciennes où l'on fera connaissance avec la patibulaire Mère Malheur ou avec l'élégante Marie Vacher, des lettres écrites par les Poilus de 14-18 ou encore des objets religieux de piété populaire peu communs. Il y a fort à faire et "à fouiner" dans ce musée riche en "petites" découvertes. *Centre-bourg 71800 Oyé (14km au nord de Semur) Tél. 03 85 25 87 32/75 Ouvert juil.-août : tlj. 13h-18h Entrée libre*

MÉTIERS D'ANTAN
Parmi les anciens métiers disparus évoqués au musée d'Oyé, celui du toucheur. Avant l'invention du camion, le toucheur conduisait les vaches au marché ou vers les prés d'embouche, à pied. L'un d'entre eux témoigne ici, en vidéo, pour un beau moment d'authenticité.

Expoyé Maisonnettes enfouies sous les rosiers sauvages, jardinets d'agrément, murets de pierres sèches : difficile de trouver hameau plus ravissant que celui des Rues, sur la commune d'Oyé. Christiane Anastassiou y a son atelier de poterie et, dans une ferme XVIIIe siècle d'origine médiévale, Jean-Pierre Cardinaux, mosaïste, et Francine Chabloz, sculptrice animalière, ont ouvert une galerie d'art. Céramiques, sculptures, peintures, photos occupent les amples volumes de communs solidement charpentés. *Les Rues (2,5km d'Oyé, dir. La Clayette) Tél. 03 85 25 90 58 Ouvert juin-sept. : jeu.-dim. 15h-18h30*

Château de Chaumont Après avoir été une seigneurie liée à Cluny, le château s'étend au XVIIIe siècle, quand son propriétaire, Jean Circaud de Chaumont, s'enrichit dans la vente du bétail. L'époque est favorable : sous Louis XV, les villes prospèrent et les besoins en viande se font pressants. L'argent gagné s'incarne en embellissements, et le château revêt alors cette facture

Le Brionnais, terre d'embouche

La présence animale accompagne toute escapade dans le Brionnais : on y voit quelques ovins, mais ce sont surtout les spectaculaires troupeaux de vaches et bœufs charolais qui, imprimant sur le vert des prairies leurs belles robes blanches, marquent les paysages et les esprits. Une race à robe sans pigmentation (particularité génétique unique), à la rusticité sans égale, d'une grande capacité d'adaptation et dont la viande persillée est un fleuron de la gastronomie française. Le sol marno-calcaire fertile, le climat humide du Brionnais favorisent la production d'une herbe riche, propice à l'engraissement des bovins allaitant (l'embouche). L'activité agricole se mobilise donc autour de l'élevage et s'incarne dans les marchés de Saint-Christophe, parmi les plus actifs de France (cf. Un mercredi à la foire aux bestiaux).

SAÔNE-ET-LOIRE

classique qui fait toujours son charme. Au début du XXe siècle, le baron Albert du Marais lance de nouveaux aménagements, créant les pavillons de la cour d'honneur, composant un jardin à la française et réorganisant la grange du XVe siècle avec des éléments empruntés au château du Moulin d'Arconce alors en démolition. L'ensemble est spectaculaire ! Visites guidées, "au compte-gouttes", par l'actuel propriétaire, descendant de la famille du Marais. *71800* ***Oyé*** *Tél. 03 85 25 80 76 Ouvert en principe août : mer.-lun. 15h-19h*

Marcigny et alentours

Côté commerces, Marcigny a pris le relais de Semur. On y fait ses courses, le plein d'essence, et les terrasses de bistrot fleurissent sur la place du Cours où se tient, le lundi, un marché animé. Marcigny doit son essor, dès le XIe siècle, à l'établissement d'un important prieuré des Dames, fondé par Hugues, abbé de Cluny, et son frère Geoffroy, seigneur de Semur. La Révolution est passée, le prieuré a trépassé corps et âmes. Il en reste de rares vestiges, dont la tour du Moulin, qui abrite les collections d'un musée à ne pas manquer. Marcigny a du cachet, avec ses demeures à colombages, pans de bois et encorbellement, bel héritage médiéval que relaient les architectures classiques de l'hôtel Cudel de Montcolon (XVIIe s.). Et à deux pas, la Loire. *À 4,5km à l'ouest de Semur*

SENTIERS BUISSONNIERS

Le Brionnais se découvre véritablement par ses chemins creux, secrets. Les plus sportifs les sillonneront en VTT, le long de 500km (25 circuits) de pistes balisées (tous niveaux de la verte à la noire). Brionnais Découverte loue des vélos (8€ la demi-journée, 13€/j.), vend des cartes et offre de judicieux conseils. **Brionnais Découverte** *Esplanade Ormezzano 71110* ***Marcigny*** *Tél. 03 85 67 85 48*

☺ **Musée de la tour du Moulin** Cette tour défensive (XVe-XVIe s.), parée en façade de pierres demi-sphériques, curieux ornement dont l'origine reste mystérieuse, fut transformée en moulin, puis en un site classé Musée de France, dont les trésors, s'ils sont exposés de manière un peu anarchique, n'en sont pas moins convaincants. Les pièces de faïence, exceptionnelles, viennent d'Italie, de France (des Moustiers et des Nevers, des plats de l'école Palissy) ou de Hollande (étonnante représentation du Paradis terrestre en un camaïeu de bleu typique de Delft). De belles statues religieuses (XVIe-XIXe s.), une évocation de l'histoire du village, une section préhistorique et une apothicairerie complètent les collections réparties sur quatre niveaux. La visite se termine sous une charpente conique pendulaire, chef-d'œuvre absolu qui à lui seul mérite la visite. *9, rue de la Tour* ***Marcigny*** *Tél. 03 85 25 37 05. Ouvert avr.-juin et oct. : lun. et mer.-dim. 14h-18h ; juil.-sept. : lun. et mer.-dim. 10h-12h30 et 14h-18h Tarif 4€, réduit 1,50€, moins de 12 ans gratuit*

Musée de la Voiture à cheval Pour les nostalgiques du voyage à l'ancienne, 60 voitures hippomobiles russes, américaines ou charolaises de 1840 à 1910, des selles et autres accessoires, nous ramènent au temps des cochers. *56, rue de Borchamp* ***Marcigny*** *Tél. 03 85 25 43 10 ou 06 72 58 55 44 Ouvert mi-juin-mi-sept. tlj. 14h-18h ; hors saison : dim. et j. fér. 14h-18h Tarif 4,50€, réduit 3€*

☺ **Maison d'art de Bourgogne du Sud et jardin de sculptures** Cet ancien presbytère et son jardin ont inspiré au peintre Hartlib Rex (1936-2009) un projet superbement abouti : faire connaître les arts figuratifs contemporains là où, a priori, on les y attend le moins. Dans le pavillon, alternent les artistes de grande réputation, internationaux ou locaux. La demeure abrite l'œuvre du peintre fondateur, dont les paysages et les portraits "transfigurés" ont fait le renom. Le verger, désormais savamment paysagé, invite à une promenade hors du temps, où les sculptures surgissent au cœur d'une verdure luxuriante. L'*Homme en discordance* de Eberhard Linke et la *Figure à la main* de Carmen Stahlschmidt sont de singulières rencontres. Cette maison d'art, pleine d'esprit(s), réussit son pari avec élégance et discernement. *28, rue Marius-Avril Tél. 03 85 25 10 71 Ouvert mai-oct. : jeu.-sam. 15h-18h Hors saison, sur rdv Tarif 2€*

● **Où dénicher cocottes et plats à terrine à prix d'usine ?** Tout le monde ou presque connaît les poteries culinaires d'Émile Henry, popularisées par la gamme Urban colors. Beaucoup ignorent, en revanche, que cette entreprise, qui porte les couleurs de la France dans 50 pays, est née à Marcigny en 1850 et emploie toujours 200 ouvriers potiers. Au magasin d'usine, on trouve les collections à prix d'usine, avec des ristournes importantes (-40% en moyenne). **Boutique Émile-Henry** *71110* ***Marcigny*** *Tél. 08 99 65 64 77 Ouvert lun.-ven.*

● **Où acheter des huiles artisanales ?** Les gestes ancestraux se répètent à l'huilerie Leblanc sur ses meules de pierre installées dans les années 1880. La boutique sans âge vend des huiles maison (noisette, noix, pignon de pin, pépins de raisin, sésame grillé, etc.) – dont le succès, bien installé, s'exporte bien au-delà de la Bourgogne –, ainsi qu'une sélection de produits fins (moutardes, vinaigres, etc.). **Huilerie Leblanc** *Au bord de la D982 71340* ***Iguerande-Bas*** *(9km au sud de Marcigny) Tél. 03 85 84 07 83. Ouvert tlj.*

● **Où boire un verre et remplir son panier pique-nique ?** Art Conç'café ? Un nom bien abscons dont on réalise, à force de lever le coude,

☺ Châteauneuf : une escapade pour les chineurs

En arrivant à Châteauneuf (17km de Semur), on ne voit qu'elle : demeure costaude aux allures de maison savoyarde. Des compagnons du Devoir, nostalgiques de leurs Alpes natales, ont construit au XVIIe siècle ce relais de poste lors de leur tour de France. On y trouve désormais le petit **musée Le Temps retrouvé**, où d'époustouflantes collections de mobilier et d'objets évoquent la vie d'antan. Cette exposition est l'œuvre d'antiquaires qui ont par ailleurs investi le village en ouvrant quatre boutiques. L'une d'elles, **Le Dénichoir**, regorge, sur 3000m², de trésors en tout genre, du moule à beurre jusqu'à la luxueuse commode estampillée Louis XV.
Le Temps retrouvé *71740* ***Châteauneuf*** *Tél. 03 85 26 25 72 Ouvert tlj. juin-sept. 14h30-18h Tarif 4€, moins de 10 ans gratuit*
Le Dénichoir *Tél. 03 85 26 25 72 www.ledenichoir.com Ouvert tlj.*

qu'il pourrait être un clin d'œil à l'Arconce, rivière voisine. Tabac, dépôt de pain, de cartes de pêche, billard et épicerie de produits locaux finement sélectionnés : On trouvera toujours une bonne raison de s'arrêter ici. Pour discuter avec les gens du cru, pour acheter un pique-nique épatant ou pour grignoter sur place, car le patron concocte des assiettes de pays s'il reste du pain. Chaque 1er dimanche du mois, ce vaillant petit bistrot organise avec la complicité des producteurs du coin un marché aussi gourmand qu'amical. **Art Conç'café** *Le Bourg, 71110* ***Montceaux-l'Étoile*** *(9km au nord de Marcigny) Tél. 03 85 25 38 18 Ouvert mar.-dim.*

● ☺ **Randonner avec des ânes** Des gamins juchés sur des ânes, tout sourire, d'autres brossant leur monture avec application... des images de vacances heureuses que l'on doit à Bougres d'ânes. Quand on randonne avec un âne, on oublie qu'on marche et on engrange des souvenirs durables. C'est une petite épopée. Céline loue ses ânes, dressés avec patience, organise des circuits en Brionnais, que l'on peut faire en toute confiance. À la journée ou plus, de 2 à 10 jours, à partir de 40€/j. **Bougres d'ânes** *Le Putinat 71340* ***Melay*** *(9km au sud de Marcigny) Tél. 03 85 84 16 70 www.bougresdanes.com*

● ☺ **Pagayer sur la Loire** La Loire, fleuve sauvage, dessine un lit à géométrie variable particulièrement enchanteur. Berges sablonneuses, îles éphémères. C'est un régal d'y pagayer en toute liberté, mais aussi sans danger ni difficultés. Avec pour base une grande et belle ferme bourguignonne, Arganoë propose des parcours autour de Marcigny, vers Briennon ou Digoin. De 1h30 à la journée, de 12 à 22€. Week-end bivouac, env. 40€. **Arganoë** *71110* ***Baugy*** *(3km au nord de Marcigny) Tél. 03 85 25 01 94 ou 06 77 88 77 47 Location tlj. en juil.-août*

CARNET D'ADRESSES

Restauration, hébergement

camping

La ferme de la Tour Ici, les dindes sont reines, vivant en liberté, de céréales et d'eau fraîche. Elles rejoindront ensuite la table de l'ambassade des USA, où elles sont considérées comme étant les meilleures de France. Cette ferme du réseau "Bienvenue à la ferme", petit paradis garanti sans OGM, a ouvert un camping de 10 emplacements (5€/pers.) où se louent aussi des caravanes (15€/2 pers.). Petit déjeuner et le dîner sur réservation. *La Tour 71110* ***Montceaux-l'Étoile*** *(13km au sud de Semur-en-B.) Tél. 03 85 25 38 66 www.latourdelaferme.com Ouvert printemps-été*

très petits prix

Au bouchon brionnais Le piano loge dans l'entrée, la bibliothèque est installée dans le bar et les fourneaux de la maîtresse de maison trônent dans la salle du restaurant. Les casseroles y mijotent derrière des corbeilles de légumes frais. Ce repaire d'habitués de bonne tenue accueille sans formalisme. Le déjeuner s'ouvre par une terrine, se poursuit par un plat du jour (de bons tajines, par exemple) et se clôt par un plateau de fromages et un dessert, pour 12€

(vin compris). Tout est fait maison par une cuisinière inspirée. D'autres propositions à la carte, toujours à petits prix. *Le Bourg 71110* ***Baugy*** *(8km à l'ouest de Semur-en-B.) Tél. 03 85 25 31 95 Ouvert mar.-dim.*

petits prix

Chambres d'hôtes Famille Truchon Le label "Accueil paysan" nous ramène aux fondamentaux de la philosophie des chambres d'hôtes : accueil et partage. Ici, vous serez comblé. Dans cette ferme coquette, votre chambre surplombe un potager idyllique, lequel alimente une table d'hôtes goûteuse (15€, vin compris). Mille attentions, autant de conseils avisés pour explorer les environs, et des prix quasi militants : double 46€, petit déj. compris (64€ pour 4 pers.). *La Pierre 71800* ***Vauban*** *(20km à l'est de Semur-en-B.) Tél. 03 85 25 95 30 http://refuge71.voila.net*

prix moyens

Restaurant La Tour d'Auvergne À ne rater sous aucun prétexte le mercredi, jour de marché aux bestiaux, quand le restaurant s'emplit d'éleveurs, de maquignons et de touristes venus honorer l'excellent pot-au-feu, la tête de veau ou l'indispensable côte charolaise de Sophie Rivollier. Ambiances mémorables de "banquet" campagnard. Menu de 13 à 19€, selon le plat, avec fromage et dessert. Ces mets, subtilement cuisinés, sont évidemment servis tous les jours, rejoints par tous les classiques bourguignons. *Grande Allée de Tenay 71800* ***Saint-Christophe-en-Brionnais*** *(8km à l'est de Semur-en-B.) Tél. 03 85 25 82 23 Ouvert tlj.*

Saône-et-Loire gourmande

Bonnes tables

Spécialités gourmandes

☺ **La Noirie** Une adresse magique ! Le jardin d'agrément précède la piscine, d'où la vue circule librement sur un horizon typiquement brionnais. Derrière une façade assaillie par les grimpantes, l'intérieur se pare de bibelots rapportés d'Asie et d'un mobilier cossu. Deux chambres douillettes pour un excellent rapport qualité-prix (50€, petit déj. compris). L'accueil est à la hauteur, élégant, chaleureux et sans minauderies. *La Noirie 71110* ***Briant*** *(9,5km au nord-est de Semur-en-B.) Tél. 03 85 25 82 13*

Chambres d'hôtes Moulin du Cray Ici, on reçoit pour le plaisir. Le moulin, en état de marche, fleure bon la farine. La rivière, l'Arconce, est très en beauté, cascadant et formant un îlot idéal pour le pique-nique ou l'apéro. La chambre que l'on vous propose se révèle être un véritable appartement, avec chambre, salon, cuisine et salle d'eau pour 55€. Et pour le petit déjeuner (compris), c'est la vache de la maison qui offre son lait. *Le Moulin du Cray 71110* ***Anzy-le-Duc*** *(10km au nord de Semur-en-B.) Tél. 03 85 25 13 87. http://moulinducray.free.fr*

Roulotte du Brionnais Dans la vie, Aline est "acteur rural". Ça veut dire quoi ? Qu'elle joue les paysannes et vous héberge en roulotte dans un cadre 100% bucolique (de 69 à 110€/nuit, pour 2 à 4 pers. selon la saison). On sort tout requinqué de sa ferme, où elle vous bichonne : petit déjeuner bio (8€), d'exquis petits plats du terroir sur une table d'hôtes mémorable (16€). Les tartes aux mirabelles ou aux framboises sont complètement diaboliques. Avec un entrain inoxydable, Aline vous suggérera toutes sortes d'idées pour occuper votre séjour, et, sur place, vous trouverez une aire de jeux et une piscine hors-sol. *Lieudit les Coindrys 71340* ***Iguerande*** *(13km au sud de Semur-en-B.) Tél. 03 85 25 11 28 ou 06 71 55 61 65. www.roulottes-brionnais.com*

prix élevés à très élevés

L'auberge de Briant Après un voyage initiatique et culinaire les ayant conduits d'Annecy au Portugal, Angélique et Felipe se sont enracinés dans le charmant village de Briant. Une cuisine fine, assise sur des produits de qualité, d'une fraîcheur irréprochable, qui ne néglige pas le poisson (selon arrivage), revisite les classiques bourguignons et s'évade vers le sud. Le millefeuille de tomate mozzarella au pistou, le rouget tapenade, la volaille suprême et sa verveine de caponata miellée, la viande charolaise s'invitent à table pour un menu du marché à 17€ (en sem.). Carte et menu à 33€. *Centre-village, 71110* ***Briant*** *(10km au nord-est de Semur-en-B.)Tél. 03 85 25 98 69. www.aubergedebriant.com Fermé mar. soir-mer. (et dim. soir hors saison)*

Le Grand Couvert-les cadoles de Troisgros Ce fut une fermette perdue dans les champs, promise à l'oubli, c'est désormais l'annexe champêtre du restaurant multi-étoilé Troisgros (Roanne). Une élégance sans artifices, la campagne sans niaiserie ni folklore et une cuisine qui régale à coup sûr. Divin, les soirs d'été, quand la courette déploie ses parasols. Menu à 36€ autour d'une matelote aux poissons de rivière, d'un saucisson au foin ou d'un rumsteck brionnais à la sauce verte. À deux pas, les cadoles, version résolument contemporaine et luxueuse de l'abri du vigneron, dressent sur pilotis leur grande nef de bois à flanc de panorama. Immersion nature et zen assuré (250€/nuit). ***Iguerande*** *(13km au sud de Semur-en-B.) Tél. 03 85 84 07 24 Fermé mer. ; hors saison : mer.-jeu.*

BOURBON-LANCY

71140

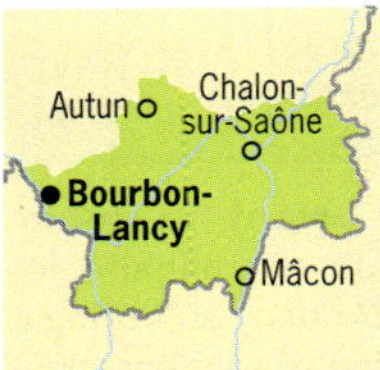

Près du signal celtique de Mont, Bourbon domine la vallée de la Loire. Des eaux guérisseuses consacrées au dieu celte Borvo lancent ici la mode des cures dès l'Antiquité. Au XIe siècle, les prieurés Saint-Nazaire, de l'ordre de Cluny, puis d'Amanzy drainent moines et ursulines venus répondre au souci qu'ont les malades de sauver leur âme aussi bien que leur corps. Bourbon a conservé ces deux visages : un bourg médiéval, dressé sur son tertre, et une station thermale, nichée dans de vastes parcs. En 1986, un lac est venu compléter ce tableau singulier dont le charme, suranné mais prégnant, ne cesse de surprendre.

SAÔNE-ET-LOIRE

MODE D'EMPLOI

accès, orientation

EN VOITURE
À 120km à l'ouest de Mâcon par la N79/E62 et 65km au sud d'Autun.

EN TRAIN
La gare la plus proche se trouve à Gilly-sur-Loire (12km au sud). Liaison Gilly-Bourbon par navette touristique (avr.-oct. 2€). *Rés. à l'OT*

SE DÉPLACER EN VILLE
Navette urbaine Elle dessert les trois quartiers distincts, mais proches : le vieux Bourbon, le quartier des thermes et celui du lac. Fonctionne avr.-oct.Tarif 1,20€. *Rens. à l'OT*

informations touristiques

Office de tourisme et du thermalisme Visite guidée de la vieille ville (mar., 2€) par une remarquable conteuse. *Place d'Aligre (quartier des thermes) 71140 Bourbon-Lancy Tél. 03 85 89 18 27 www.bourbon-lancy.com Ouvert avr.-juin et sept.-oct. : lun.-ven. 9h30-12h30 et 14h30-18h30, sam. 10h-12h et 15h-18h ; juil.-août : lun.-sam. 9h30-12h30 et 14h30-19h, dim. 10h-12h et 15h-18h ; nov.-mars : lun.-ven. 9h30-12h30 et 14h-18h*

marchés et manifestations

Marché *Samedi matin, place de la Mairie (centre-ville).*
Village d'art et de bouche Produits du terroir et d'artisanat. Animations et concours de peinture dans la rue. *Mi-août*
L'été des portraits Festival européen du portrait photographique. *Mi juil.-fin sept. (années paires)*

DÉCOUVRIR

☆**Les essentiels** Le quartier de l'Horloge, le château de Saint-Aubin
Découvrir autrement Offrez-vous un bain de détente au Celt'Ô, initiez-vous à l'éco-pagayage
➤ **Carnet d'adresses p.314**

Bourbon-Lancy

Le vieux Bourbon

☆ **Quartier de l'Horloge** On pénètre l'ancienne "ville close" par le beffroi, porte fortifiée inaugurée en 1389 par Philippe le Hardi. Au XVe siècle, une horloge remplace le cadran solaire originel et, en 1982, le beurdin, vedette locale, trouve refuge auprès de sa cloche. Tout, dans le vieux Bourbon, semble participer à un rêve éveillé : les venelles capricieuses, très étroites, tout un peuple de Vierges naïves veillant sur les maisons, les fenêtres à meneaux côtoyant des pans de bois, la collégiale fantôme devenue jardin public, la rue de la Collégiale qui sinue le long des remparts, la fontaine où Bacchus crache de l'eau thermale. Avant d'arriver à la porte de l'Éperon, on jettera un coup d'œil à la demeure des seigneurs de la Nocle, que signale une noble porte Renaissance.

LE BEURDIN, VERSION CLOCHE

Avant sa restauration, le quartier de l'Horloge était, au début du XXe siècle, une sorte de cour des miracles dont les habitants sont ainsi décrits par un historien local : "vivant à leur guise, bons à rien mais sachant tout faire, mangeant de bric et de broc et buvant beaucoup". C'est en hommage à cette population truculente que deux artistes ont conçu cet automate qui sonne les heures tout en tirant la langue. Ils l'ont baptisé "beurdin", sobriquet dont on affuble en Bourbonnais les simples d'esprit… mais des simples pleins de bon sens et de malice.

Musée Saint-Nicolas De la période d'intense piété que connut Bourbon-Lancy au Moyen Âge, il ne reste plus que l'église Saint-Nazaire (XIe s.), admirable édifice roman à nef plafonnée de type carolingien, remarquable par son unité de style et par son appareillage "de maçon" en roches volcaniques et granite. Désormais musée, elle réunit des sarcophages mérovingiens, une urne cinéraire éduenne, une collection de vases de Sèvres, ainsi que des œuvres d'inspiration romantique. Dans cet inventaire disparate se distinguent deux toiles de Puvis de Chavannes : *Le Patriotisme* et *La Famille du pêcheur*. On retrouvera le symboliste à l'église du Sacré-Cœur (XIXe s.) pour *L'Apparition du Christ à saint Paul*. *Rue Saint-Nazaire Tél. 03 85 89 18 27 Ouvert juil.-août tlj. 15h-19h Hors saison, s'adresser à l'OT Entrée libre*

Musée de la machine agricole Puzenat Mais qui est Émile Puzenat ? Un forgeron qui, après avoir inventé la herse en Z (1875) à traction animale, qui lui vaudra la Légion d'honneur, crée en 1900 une industrie de machinerie agricole qui fermera ses portes en 1956. D'anciens employés ont sauvé la mémoire ouvrière des usines Puzenat, exposant engins agricoles et autres souvenirs. *Rue du Pain Ouverture aléatoire, se renseigner à l'OT*

● **Où goûter le beurdin, version sucrée ?** La boulangerie Auzance a créé le beurdin, un biscuit meringué assorti de crème au beurre, de crème vanillée et de nougatine. Un régal dont la recette est brevetée. Profitez-en aussi pour acheter le croustillant pain des meules, pétri avec des farines sans OGM ni pesticides. **Boulangerie Auzance** *22, rue du Dr-Pain Tél. 03 85 89 00 40 Ouvert mar.-sam. 6h-30-13h et 15h-19h, dim. 6h30-12h30*

● Où boire un verre, acheter des produits du terroir ? Sur les pavés du vieux Bourbon, Cav'atout déploie une terrasse irrésistible. Dans la boutique, décorée de fresques drolatiques, trônent deux tonneaux qui supportent de joyeuses dégustations. Ancien négociant et fin gourmet, le propriétaire s'est entouré de saveurs locales : miels, terrines fermières, moutardes fines, etc. **Cav'atout** *10, rue de l'Horloge (Pas de tél.) Ouvert mai-sept. : tlj. 14h30-18h30*

Le quartier thermal et le lac du Breuil

C'est sous les ducs de Valois, puis au XVIIe siècle que les thermes, d'origine romaine, connurent de progressifs et somptueux aménagements. Les eaux de Bourbon, réputées pour leurs bienfaits dans les maladies rhumatismales et les dérèglements de l'humeur, mais aussi le luxe de ses bains attirèrent quelques curistes célèbres : les reines Catherine de Médicis et Louise de Lorraine (épouse d'Henri III) ou, plus tard encore, Mme de Sévigné et Guy de Maupassant. Au XIXe siècle, le marquis et la marquise d'Aligre offrent à Bourbon-Lancy un hôpital : noble bâtiment dont les deux ailes s'accolent à une chapelle centrale. Deux parcs superbement arborés et ponctués de vastes pelouses, qui forment un écrin aux établissements thermaux, se prêtent à d'agréables promenades.

AU BORD DU LAC Dans le prolongement du quartier thermal, les rives paysagées du lac (13ha) invitent à la détente et à la baignade. À la plage (surveillée en été, 14h-17h30), on peut louer des canoës ou des planches à voile. Au chalet Chez Vévé (boissons fraîches et glaces), vous attendent des rosalies (10€/h) pour faire un tour de lac, monter en ville, via le parc Puzenat, ou s'aventurer sur la Voie verte. **Chez Vévé** *Tél. rés. rosalies 06 12 62 49 48 mai-juin : w.-e. ; juil.-août : tlj.*

Musée du Breuil et la cristallerie Sur la rive nord du lac, ce musée évoque l'ère potière de Bourbon-Lancy, quand, dans l'Antiquité, les artisans réalisaient ici en nombre des moulages de statuettes cultuelles. Les travaux de creusement du lac ont mis au jour quelques vestiges enterrés de ces œuvres artisanales ainsi que les moules grâce auxquels elles furent réalisées. Poteries, fibules, lampes à huile, plaquages de marbre y sont aussi exposés. On entre dans ce musée par la cristallerie où travaillent un graveur sur cristal et une factrice de perles et de miniatures en verre filé (on retrouve leurs œuvres à la boutique, parmi un choix de vaisselle et de superbes bijoux de Murano). On peut également assister au travail des artisans, sur rdv (à partir de 4 pers., 2€). *Rue du Breuil (près du Casino) Tél. 03 85 89 01 28 Ouvert Pâques-oct. : mar.-sam. 9h30-12h et 14h30-19h, dim. 15h-19h ; nov.-Pâques mar.-sam. 9h30-12h et 14h30-18h30 Entrée libre*

● Faire cracher les machines à sous, se restaurer au bord de l'eau Le casino de Bourbon-Lancy mêle dans un même espace machines à sous (80), boule et black-jack. Restaurant du casino, Le Quatre-Épices se prolonge par une terrasse exquise en bord de lac. On peut se contenter de moules-frites à volonté (12€), du croque du lac (8€), d'une andouillette au vinaigre de cidre (10€) ou du menu du jour (15€). **Casino** *Rue du Breuil 03 85 89 38 80 Ouvert tlj. 10h-2h (4h le w.-e.)* **Restaurant** *Le Quatre-Épices Ouvert tlj.*

● **S'offrir un moment de volupté** Centre de bien-être moderne, le Celt'Ô pratique la sensualité à prix doux. Trois espaces vous accueillent, dédiés à l'eau, à la remise en forme et aux soins esthétiques. Une salle de sport complète la proposition. Diverses formules et offres spéciales, dont "l'instant liberté" (13€/la journée, avec accès libre au hammam, sauna, jacuzzi, piscine thermale, douches ludiques et spa sensoriel). Autres bonheurs : les massages et soins relaxants. **Le Celt'Ô** *5, place d'Aligre 71140 Bourbon-Lancy Tél. 03 85 89 18 84 www.celto.fr Fermé mer. matin*

● **Balades en bord de Loire sur la Voie verte** Au départ du centre-ville ou des rives du lac, on peut s'évader sur la Voie verte qui suit le tracé d'une ligne de chemin de fer désaffectée. Elle file le long de la Loire, via le site protégé de Fleury, pour atteindre l'ancienne gare de Gilly (15km). De là, près du pont de Diou, les plus courageux poursuivront leur chemin sur l'autre rive en empruntant le chemin de halage du canal latéral de la Loire. **Cycles Dujardin** ***Location de deux-roues*** *23, rue du Commerce Tél. 03 85 89 05 97*

Les environs de Bourbon-Lancy

☆ ☺ **Château de Saint-Aubin** On retrouve l'art de la symétrie, de l'équilibre, la passion des perspectives et des vues traversantes, si chers au XVIIIe siècle : ce château représentatif jusqu'au moindre détail des architectures raffinées de l'époque vient de vivre sa résurrection. Une restauration exemplaire nous le livre aujourd'hui aussi élégant que l'imagina en 1771 le grand architecte et urbaniste Edme Verniquet. Rendue à sa vérité, la pierre blonde du logis de maître répond admirablement à la brique des dépendances et derrière sa façade néoclassique harmonieusement rythmée, les volumes intérieurs s'adaptent au goût que l'on avait alors pour la lumière et les vues subtilement cadrées. L'actuel propriétaire, esthète et collectionneur insatiable, l'a meublé en conformité avec le XVIIIe siècle. Le salon de compagnie, éblouissant, montre des grisailles allégoriques inspirées de l'antique et de superbes peintures de ruines. La grande salle à manger, ouvrant sur un double panorama, recevait pour les repas de retour de chasse autour d'une immense cheminée en marbre. Les appartements de Madame, avec leur chambre à la polonaise et leur boudoir aux tentures de cotonnades rouges,

Éco-pagayage

Le procédé est astucieux et inédit : le club de canoë de Bourbon-Lancy propose un parcours en canoë, accessible à tous, où le système audio embarqué à bord, se déclenche automatiquement tous les 500m pour vous livrer des commentaires sur la Loire, ses caprices, sa faune et sa flore. On glisse au fil de l'eau : soit de Gilly à Bourbon-Lancy (pont du Fourneau), sur 13km, soit de Gilly à Saint-Aubin, sur 5km. Compter environ 13€ (réduit 10€). *Rés. à l'OT En été : mer. et sam.*

révèlent l'émergence au XVIIIe siècle d'un goût nouveau pour l'intimité. La visite nous entraîne aussi dans les coulisses du château, ses couloirs dérobés, ses chambres modestes, qui furent l'univers de la domesticité, la cuisine… et d'autres surprises. La visite achevée (1h, passionnante), on se rendra dans le parc, dans l'ancien chenil (exposition sur la restauration du château) et vers une impressionnante galerie de portraits de la famille Saint-Mauris, issue de la noblesse d'épée (tableaux du XVe au XIXe s.). Comptez au total deux bonnes heures. *71140* ***Saint-Aubin-sur-Loire*** *Tél. 03 85 53 95 20. www.chateaudestaubin.com Ouvert mi-juin-mi-sept. : lun.-ven. et dim. 14h-18h Tarif 9€, réduit 6€, moins de 7 ans gratuit*

CARNET D'ADRESSES

Restauration, hébergement

camping, location de chalets

Camping de Saint Prix-Aquadis Idéalement situé entre le lac et le quartier thermal, ce camping impeccable offre à la fois des emplacements (ombre ou soleil) à 16,50€, des locations de chalet (4-6 pers.) de 305 à 540€/sem. (selon saison) et de bungalows (4-6 pers.) de 285 à 470€/sem. *Rue de la Petite-Murette 71140* ***Bourbon-Lancy*** *Tél. 03 85 89 20 98 www.aquadis-loisirs.com Ouvert Pâques-Toussaint*

petits prix

Restaurant La Grignotte du Vieux Bourbon La terrasse sur la rue piétonne est la plus charmante de Bourbon. Dans la salle à la décoration foisonnante, façon brocante, on déguste des mets classiques honorant la tradition bourguignonne : escargots, pavé de charolais, andouillette. De l'authentique cuisine maison. Formules 9,50 et 12€ (midi, en sem.), le soir menus env. 16 ou 20€, avec un verre de mâcon et café. Pour les petites faims, la carte propose également toute une palette de salades, crêpes salées et sucrées à partir de 4,50€. Bon rapport qualité-prix, service jeune et efficace. *12, rue de l'Horloge 71140* ***Bourbon-Lancy*** *Tél. 03 85 89 06 53 Ouvert tlj. midi et soir.*

Restaurant Petit Robinson Au pied du moulin devenu guinguette, la Somme s'alanguit sous la caresse des saules pleureurs et cascade. Barques et pédalos patientent. L'ancienne piste de danse, envahie de vigne vierge, se souvient de l'électrophone de ses débuts. Mais il y a toujours une chanson nostalgique, un air d'accordéon, pour rejouer la "Ballade des gens heureux". Rien n'a changé, ni les autos tamponneuses chromées, ni

GAMME DE PRIX	RESTAURATION	HÉBERGEMENT
Très petits prix	moins de 12€	moins de 30€
Petits prix	de 12 à 18€	de 30 à 50€
Prix moyens	de 18 à 25€	de 50 à 75€
Prix élevés	de 25 à 45€	de 75 à 115€
Prix très élevés	plus de 45€	plus de 115€

les bateaux du manège ni le minigolf. Quelques poneys ont rejoint ce parc de loisirs sixties où ont flirté "tous les garçons et les filles" de Bourbon-Lancy. Au bord de l'eau, on se régale de friture d'ablettes, d'escargots et de grenouilles persillées, de coq au vin et de poulet rôti. Carte de 3,50 à 7€. *82, rue du Champ-Aubé 71140* ***Bourbon-Lancy*** *(à 3km env. du centre-ville par l'av. Puzenat, puis la rue du Petit-Sornat) Tél. 03 85 89 11 97 Ouvert en principe toute l'année, mais il est prudent de téléphoner*

prix moyens à élevés

☺ **Hôtel La Tourelle du beffroi** Un de ces établissements de charme, fort rares, qui vous immergent dans un univers inspiré, îlot douillet hors des tourments du monde. Huit chambres toutes différentes et chacune agencée avec goût : Aïda joue un registre romantique et théâtral, cheminée de marbre et lit à baldaquin ; Pelléas et Mélisande ouvre de plain-pied sur le jardinet clos et sa volière aux oiseaux de fantaisie ; Norma offre un beau volume mansardé, etc. Mais le plaisir naît aussi des attentions de la maîtresse de maison, prompte à rendre service, assurant un accueil élégant et chaleureux façon maison d'hôtes. Le petit déjeuner est servi, avec bols et cafetière à l'ancienne, dans la véranda ou sur la terrasse. Double de 55 à 73€, petit déj. à 9€. *17, place de la Mairie 71140* ***Bourbon-Lancy*** *Tél. 03 85 89 39 20 www.hotellatourelle.com*

Hôtel-restaurant Le Manoir de Sornat Ce cottage à l'anglaise, à galerie et pans de bois, flanqué d'une tour, ramène à l'art de vivre romanesque du XIXe siècle ; et le parc prolonge ce rêve. Cette "petite folie", égarée en terre charolaise, invente une gastronomie pilotée au cordeau. C'est le domaine de Gérard Raymond, chef au répertoire inventif. Son pigeon fermier laqué à la gentiane, relevé d'épices chinoises, est un chef-d'œuvre ; et les poissons de ligne, le porc de Bigorre et la viande charolaise trouvent ici de fines déclinaisons. Menus et formules de 25 à 85€, mais aussi une carte bistrot à partir de 10€, ainsi que 13 chambres ensoleillées de 65 à 140€. Petit déj. 12€. *Route de Moulins 71140* ***Bourbon-Lancy*** *Tél. 03 85 89 17 39 Restaurant Ouvert juil.-août : lun.-dim. midi ; hors saison : lun. midi et mar. midi*

GEOREGION

Canal du Nivernais (p.355)

NIÈVRE

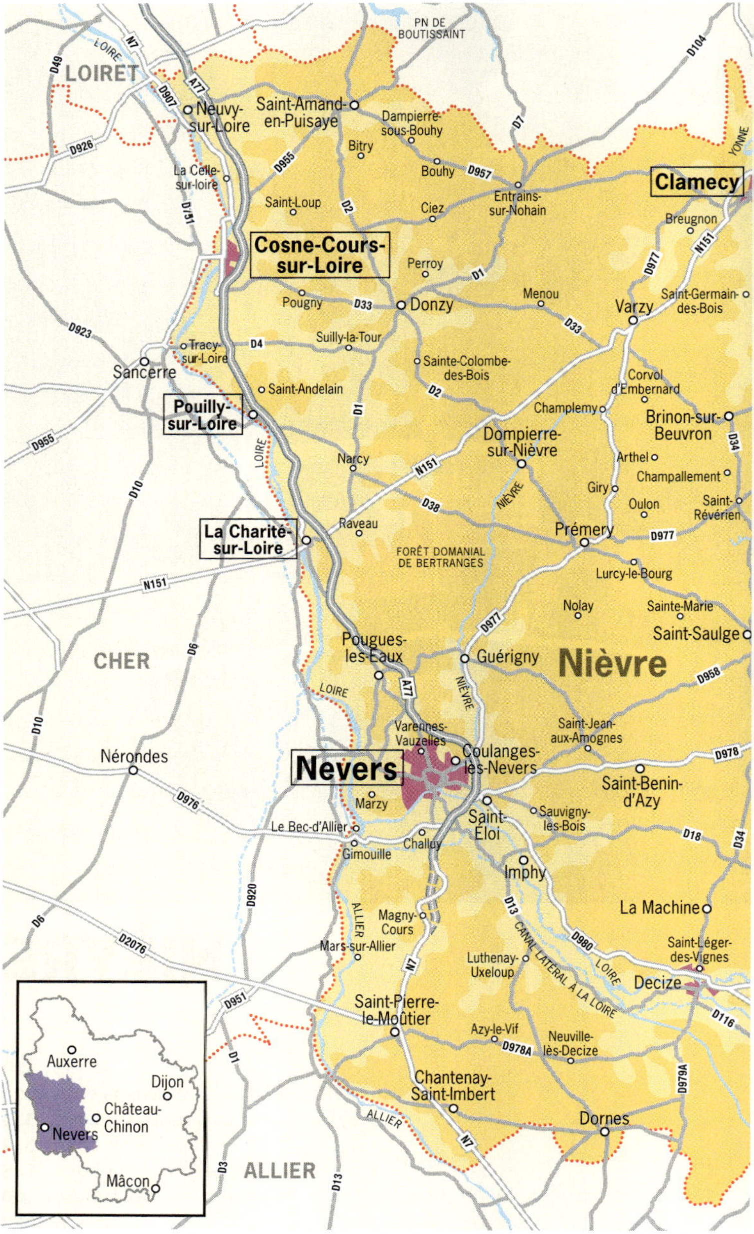
LOIRET
CHER
ALLIER
YONNE
Nièvre
PN DE BOUTISSAINT
Neuvy-sur-Loire
Saint-Amand-en-Puisaye
Dampierre-sous-Bouhy
Bitry
Bouhy
La Celle-sur-loire
Saint-Loup
Ciez
Entrains-sur-Nohain
Clamecy
Breugnon
Cosne-Cours-sur-Loire
Perroy
Pougny
Donzy
Menou
Varzy
Saint-Germain-des-Bois
Tracy-sur-Loire
Suilly-la-Tour
Sancerre
Sainte-Colombe-des-Bois
Corvol d'Embernard
Saint-Andelain
Pouilly-sur-Loire
Champlemy
Brinon-sur-Beuvron
Dompierre-sur-Nièvre
Narcy
Arthel
Champallement
Giry
Oulon
Saint-Révérien
La Charité-sur-Loire
Raveau
Prémery
FORÊT DOMANIAL DE BERTRANGES
Lurcy-le-Bourg
Nolay
Sainte-Marie
Saint-Saulge
Pougues-les-Eaux
Guérigny
Varennes-Vauzelles
Coulanges-lès-Nevers
Saint-Jean-aux-Amognes
Nérondes
Nevers
Marzy
Saint-Benin-d'Azy
Saint-Eloi
Sauvigny-les-Bois
Le Bec-d'Allier
Challuy
Gimouille
Imphy
La Machine
Magny-Cours
Mars-sur-Allier
Saint-Léger-des-Vignes
Luthenay-Uxeloup
Decize
Saint-Pierre-le-Moûtier
Azy-le-Vif
Neuville-lès-Decize
Chantenay-Saint-Imbert
Dornes
LOIRE
NIÈVRE
ALLIER
CANAL LATERAL A LA LOIRE
N7
A77
D49
D907
D926
D955
D957
D7
D104
D2
D/51
D1
N151
D977
D33
D923
D4
D955
D10
D38
D34
D6
D958
D976
D978
D18
D920
D13
D980
D116
D2076
D951
D978A
D979A
D3
Auxerre
Dijon
Château-Chinon
Nevers
Mâcon

NIÈVRE

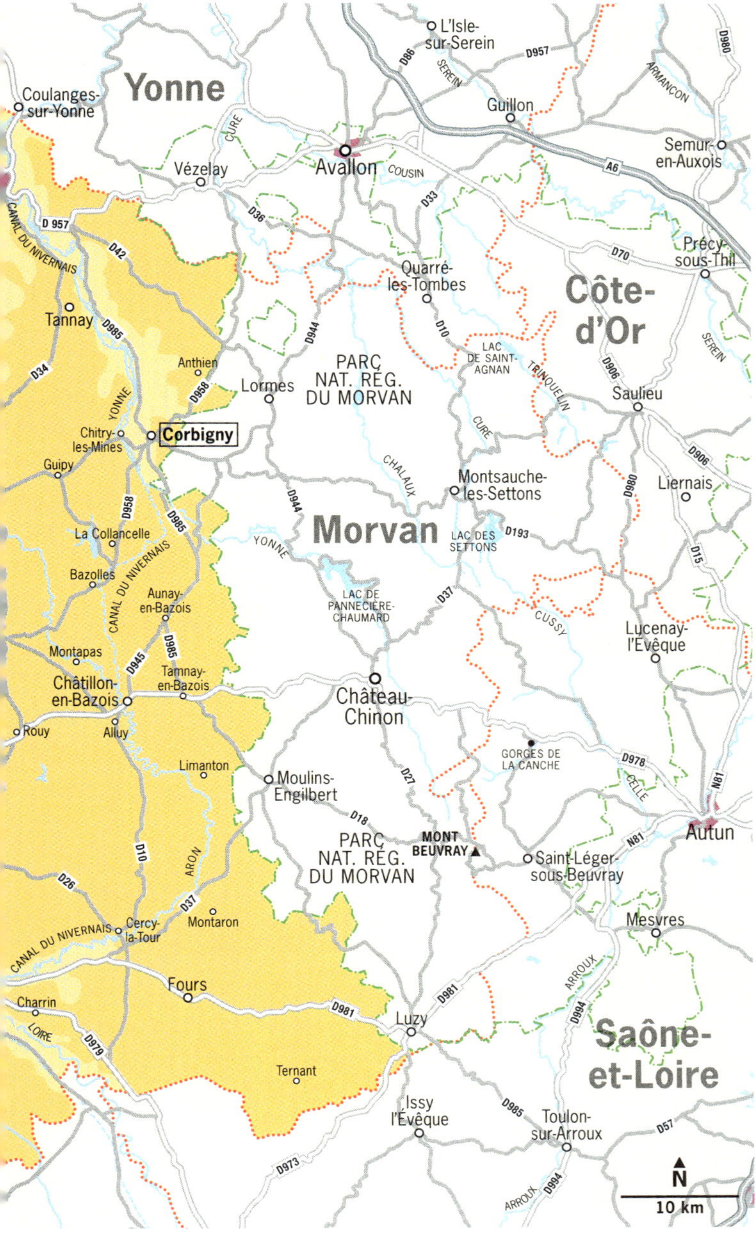
Yonne
Coulanges-sur-Yonne
L'Isle-sur-Serein
D957
D86
Serein
Guillon
Armançon
D980
Semur-en-Auxois
Cure
Avallon
Cousin
A6
Vézelay
D36
D33
Canal du Nivernais
D 957
D42
D70
Précy-sous-Thil
Quarré-les-Tombes
Côte-d'Or
Tannay
D985
D944
D10
Lac de Saint-Agnan
Serein
D34
Anthien
Parc nat. rég. du Morvan
Trinquelin
D906
Lormes
D958
Saulieu
Yonne
Chitry-les-Mines
Corbigny
Cure
Guipy
Chalaux
D906
D944
Montsauche-les-Settons
D958
D980
Liernais
D985
La Collancelle
Morvan
Lac des Settons
D193
Yonne
D15
Canal du Nivernais
Bazolles
Aunay-en-Bazois
Lac de Pannecière-Chaumard
D37
Cussy
D985
Lucenay-l'Évêque
Montapas
D945
Tamnay-en-Bazois
Châtillon-en-Bazois
Château-Chinon
Rouy
Alluy
Gorges de la Canche
D978
Limanton
D27
Celle
N81
Moulins-Engilbert
D18
Autun
Parc nat. rég. du Morvan
Mont Beuvray
N81
D10
Saint-Léger-sous-Beuvray
Aron
D26
D37
Montaron
Mesvres
Canal du Nivernais
Cercy-la-Tour
Arroux
Fours
D981
D994
D981
Saône-et-Loire
Charrin
Luzy
Loire
D979
Ternant
Issy l'Évêque
D985
Toulon-sur-Arroux
D57
D973
D994
Arroux
N
10 km

NIÈVRE

NEVERS

58000

Alain Resnais tourna en 1958 plusieurs scènes d'*Hiroshima mon amour* dans cette ville "à la taille de l'amour même", selon Marguerite Duras. Flâner dans les ruelles du quartier de la Butte où trône l'imposante cathédrale Saint-Cyr-et-Sainte-Julitte, arpenter les allées vertes du parc Roger-Salengro, admirer sous toutes les coutures l'église romane du quartier Saint-Étienne : il est aisé de faire le tour à pied de cette ville d'art et d'histoire, qui trouve son équilibre entre Loire et remparts. Le comte de Courtenay fait édifier au XIIe siècle autour de la ville une enceinte fortifiée qui résistera aux assauts des ennemis. Située à quelques encablures du confluent de la Loire et de l'Allier, la troisième localité de Bourgogne vit aujourd'hui toutes voiles dehors, comme au temps où le commerce fluvial fleurissait. Aujourd'hui, canoës et péniches arpentent paisiblement la Loire, et bon nombre de plaisanciers profitent de la douceur de Nevers pour mettre pied à terre.

MODE D'EMPLOI

accès

EN VOITURE

Desservie par l'A77 longeant la Loire, et située à 32km au sud de La Charité-sur-Loire.

EN TRAIN

Une dizaine de liaisons par jour entre Paris et Nevers (2h). Une ligne de TER relie Nevers à Dijon en 2h20 (9 trajets quotidiens).

Gare SNCF (plan 8, A3) *Av. du Gal-de-Gaulle Tél. 3635 www.voyages-sncf.com*

orientation

L'ensemble des ruelles du quartier de la Butte est dominé par la cathédrale Saint-Cyr-et-Sainte-Julitte. À l'ouest se déploient le quartier des Faïenciers et la promenade des Remparts, à l'est les quartiers Saint-Martin et Saint-Étienne.

Tableau kilométrique

	Nevers	La Charité-sur-Loire	Corbigny	Château-Chinon	Saint-Fargeau	Vézelay
La Charité-sur-Loire	32					
Corbigny	59	59				
Château-Chinon	65	93	45			
Saint-Fargeau	96	67	81	158		
Vézelay	107	79	30	60	81	
Auxerre	122	94	73	109	45	52

informations touristiques

Office de tourisme (plan 8, A3) Accolé au palais ducal (côté ouest), l'office de tourisme propose de nombreux documents gratuits et une boutique (livres et produits d'artisanat). *Rue Sabatier Tél. 03 86 68 46 00 www.nevers-tourisme.com Ouvert oct.-mai : lun.-sam. 10h-12h30 et 14h-18h ; juin-sept. : lun.-sam. 9h30-13h et 14h-18h30, dim. 10h-13h et 15h-18h*

Office de tourisme de Prémery *Tour du Château 58700* ***Prémery*** *Tél. 03 86 37 99 07 www.premery-tourisme.com Ouvert mars-oct. : lun. 14h-18h, mar., mer. et ven. 9h30-12h30 et 14h-18h, jeu. 10h30-12h30 et 14h-18h, sam. 9h30-12h30 ; nov.-mars : mar.-sam. 10h-12h*

Office de tourisme de Decize *Pl. du Champ-de-Foire 58300* ***Decize*** *Tél. 03 86 25 27 23 www.ville-decize.fr Ouvert lun.-ven. 9h30-12h et 13h30-17h30*

visites guidées

Office de tourisme (plan 8, A3) Le Fil bleu est un parcours piéton qui met en lumière le patrimoine de Nevers : à l'aide d'un dépliant, vous suivez la ligne bleue tracée au sol dans les quartiers Saint-Martin, Saint-Étienne et des Faïenciers. *Rens. à l'OT*

Terroir et Patrimoine (plan 8, A4) L'association organise des activités sur mesure pour tous publics. Contes, animations et visites guidées. *Maison des Éduens Allée des Droits-de-l'Enfant Quai des mariniers Tél. 06 86 51 72 03 www.lanievreterredepassions.com*

marchés

Marchés couverts Carnot et Saint-Arigle (plan 8, A3 et B2) Étals classiques, complétés par quelques producteurs locaux. *Mar.-sam. 7h-12h30 et 15h-19h*

Marché du parc Roger-Salengro (plan 8, A2) Marché forain à deux pas des larges allées croisées du jardin. Artisanat en été. *Sam. 8h-19h*

Marché bio de Challuy Cf. Les environs de Nevers. *Le 1er mer. du mois 16h-20h*

fêtes et manifestations

Les Z'accros d'ma rue Les arts de rue envahissent le centre-ville, piéton pour l'occasion. *10, rue Mlle-Bourgeois Tél. 03 86 61 17 80 www.zaccros.org Mi-juil.*

Nevers à vif Concerts de rock, tous styles confondus. *Tél. 03 86 59 32 75 ou 03 86 61 23 52 www.nevers-a-vif.org Fin oct.*

Rencontres internationales D'Jazz De nombreux concerts de jazz contemporain, avec des fenêtres ouvertes sur le rock et le classique. *Tél. 03 86 57 88 51 www.neversdjazz.com Début nov.*

DÉCOUVRIR

Nevers

☆ **Les essentiels** La cathédrale Saint-Cyr-et-Sainte-Julitte, le palais ducal, l'église Saint-Étienne **Découvrir autrement** Suivez la promenade des remparts, rencontrez une artiste passionnée à l'atelier de Faïence bleue, dégustez les caramels de la confiserie Au négus ➤ **Carnet d'adresses p.333**

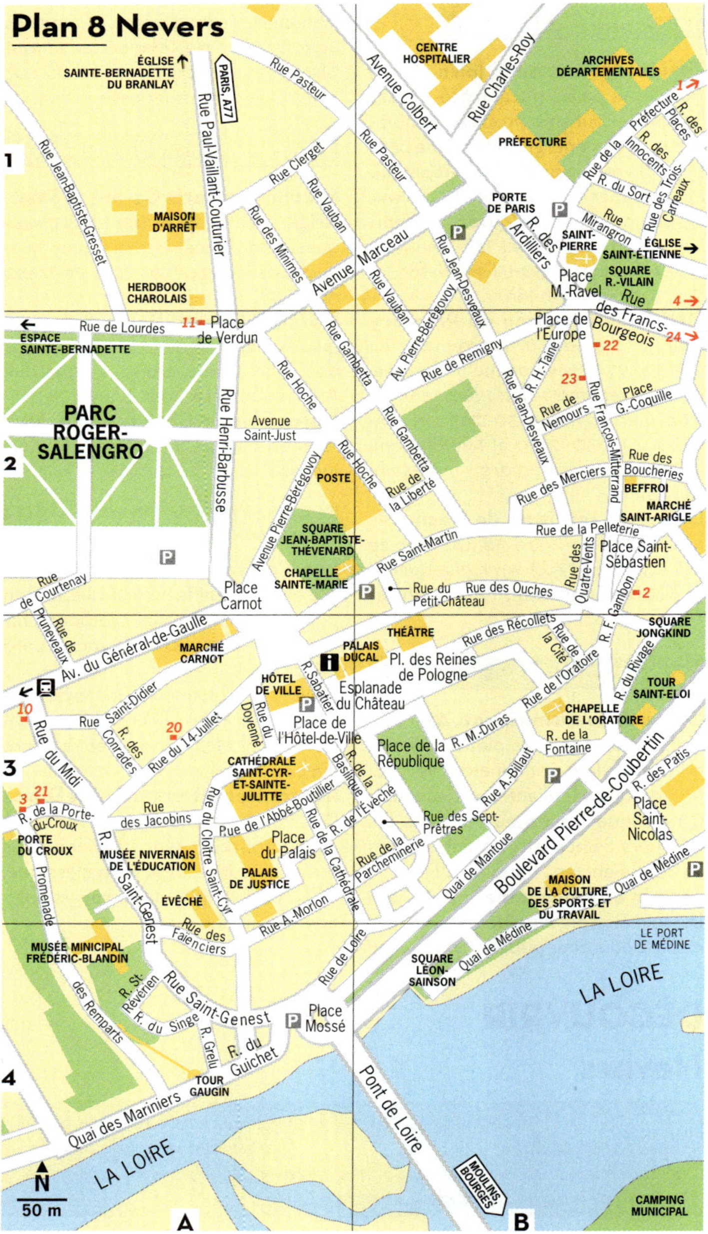
Plan 8 Nevers
ÉGLISE SAINTE-BERNADETTE DU BRANLAY
PARIS, A77
Rue Pasteur
CENTRE HOSPITALIER
Avenue Colbert
Rue Charles-Roy
ARCHIVES DÉPARTEMENTALES
PRÉFECTURE
Rue de la Préfecture
R. des Places
R. des Innocents
R. du Sort
Rue des Trois-Carreaux
Rue Mirangron
ÉGLISE SAINT-ÉTIENNE
SQUARE R.-VILAIN
SAINT-PIERRE
Place M.-Ravel
PORTE DE PARIS
R. des Ardilliers
Rue Jean-Baptiste-Gresset
MAISON D'ARRÊT
Rue Paul-Vaillant-Couturier
Rue Clerget
Rue Vauban
Rue des Minimes
Avenue Marceau
Rue Jean-Desveaux
HERDBOOK CHAROLAIS
Rue de Lourdes
ESPACE SAINTE-BERNADETTE
Place de Verdun
Rue Gambetta
Rue Hoche
Av. Pierre-Bérégovoy
Rue de Remigny
Place de l'Europe
Rue des Francs-Bourgeois
R. H.-Taine
Rue de Nemours
Rue François-Mitterrand
Place G.-Coquille
PARC ROGER-SALENGRO
Rue Henri-Barbusse
Avenue Saint-Just
POSTE
Rue de la Liberté
Rue des Merciers
Rue des Boucheries
BEFFROI
MARCHÉ SAINT-ARIGLE
SQUARE JEAN-BAPTISTE-THÉVENARD
Avenue Pierre-Bérégovoy
CHAPELLE SAINTE-MARIE
Rue Saint-Martin
Rue de la Pelleterie
Rue des Quatre-Vents
Place Saint-Sébastien
Rue du Petit-Château
Rue des Ouches
R. F. Gambon
Rue de Courtenay
Place Carnot
Rue de Pruneveaux
Av. du Général-de-Gaulle
MARCHÉ CARNOT
THÉÂTRE
PALAIS DUCAL
Rue des Récollets
Rue de la Cité
SQUARE JONGKIND
Pl. des Reines de Pologne
Esplanade du Château
R. Sabatier
HÔTEL DE VILLE
Rue de l'Oratoire
R. du Rivage
TOUR SAINT-ELOI
CHAPELLE DE L'ORATOIRE
Rue Saint-Didier
R. des Conrades
Rue du 14-Juillet
Rue du Doyenné
Place de l'Hôtel-de-Ville
Place de la République
R. M.-Duras
R. de la Fontaine
Rue du Midi
CATHÉDRALE SAINT-CYR-ET-SAINTE-JULITTE
R. de la Basilique
Rue A.-Billaut
Boulevard Pierre-de-Coubertin
R. des Patis
Place Saint-Nicolas
R. de la Porte-du-Croux
Rue des Jacobins
Rue de l'Abbé-Boutillier
R. de l'Évêché
Rue des Sept-Prêtres
PORTE DU CROUX
Promenade des Remparts
MUSÉE NIVERNAIS DE L'ÉDUCATION
R. Saint-Genest
Rue du Cloître Saint-Cyr
Place du Palais
Rue de la Cathédrale
Rue de la Parcheminerie
Quai de Mantoue
PALAIS DE JUSTICE
ÉVÊCHÉ
Rue A.-Morlon
MAISON DE LA CULTURE, DES SPORTS ET DU TRAVAIL
Quai de Médine
Rue des Faïenciers
LE PORT DE MÉDINE
MUSÉE MUNICIPAL FRÉDÉRIC-BLANDIN
R. St-Révérien
Rue de Loire
SQUARE LÉON-SAINSON
R. du Singe
Rue Saint-Genest
Place Mossé
LA LOIRE
R. Greliu
R. du Guichet
TOUR GAUGIN
Pont de Loire
Quai des Mariniers
LA LOIRE
MOULINS BOURGES
CAMPING MUNICIPAL
N
50 m
1 2 3 4
A B
1 2 3 4 10 11 20 21 22 23 24

Restauration (n°1 à 4)
Jean-Michel Couron 4 B1
L'Assiette 2 B2
Restaurant Riera 3 A3
Rest'O bio* 1 B1

Hébergement (n°10 et 11)
Hôtel de Diane 10 A3
Hôtel de Verdun 11 A2

Shopping (n°20 à 24)
À la tentation* 24 B2
Au négus* 22 B2
Faïence bleue* 20 A3
Manufacture du Bout du monde* 21 A3
Pâtisserie-confiserie Édé* 23 B2

*À RETROUVER DANS LA PARTIE DÉCOUVRIR

Quartier de la Butte

☆ **Cathédrale Saint-Cyr-et-Sainte-Julitte (plan 8, A3)** Du VIe siècle à nos jours, l'édifice religieux fut la proie de nombreux remaniements et incidents (dont le bombardement massif de 1944), qui confèrent à l'actuelle cathédrale son étonnant plan architectural. Doublement orientée et sans entrée principale, elle possède deux absides : une romane à l'ouest, une gothique à l'est. De l'extérieur, la cathédrale émerge d'une forêt de contreforts, d'arcs-boutants et de gargouilles. Les statues de style gothique flamboyant qui ornent les derniers étages de la tour carrée (ne se visite pas), achevée en 1528 et haute de 52m, semblent veiller sur la ville.

FIL CONDUCTEUR Un tracé bleu au sol et une brochure pour que les petits filous découvrent le dédale des ruelles de la ville ! **Suis-moi dans Nevers** *Rens. à l'OT*

Intérieur On y pénètre par le chœur roman de l'abside occidentale, voûté en cul-de-four et orné d'une fresque d'inspiration romano-byzantine (seconde moitié du XIIe s.) représentant le Christ en gloire. La nef gothique du XIIIe siècle se distingue par le triforium et la galerie de personnages sculptés à sa base. Ne manquez pas, dans la crypte, une remarquable **mise au tombeau** polychromée d'inspiration flamande (XVe s.).

☺ **Vitraux** Après la restauration de la cathédrale, éventrée par un bombardement en 1944, un vaste programme de création de nouveaux vitraux est mis en place dans les années 1970. De nombreux artistes contemporains travaillent alors au projet : Raoul Ubac pour les vitraux du chœur roman, Claude Viallat pour les verrières du chœur gothique, Jean-Michel Alberola pour les vitraux éclatants des chapelles du déambulatoire, Gottfried Honneger pour les fenêtres hautes de la nef... Une merveille technique et esthétique !

☆ **Palais ducal (plan 8, A-B3)** L'ancienne demeure des ducs de Nevers trône au bout de la vaste place de la République, dont l'où voit la Loire s'écouler majestueusement. Construit par le comte Jean de Clamecy en 1467 pour remplacer l'ancien château fort du XIIe siècle, le château connut d'importantes modifications au gré de ses propriétaires successifs, telles les familles Clèves, Gonzague et Mancini. Alors que les tours rondes de la façade nord attestent une construction médiévale sans fioriture, le côté sud est déjà du goût de la première Renaissance française. La façade quant à elle inspirée par l'art italien est ornée de trois tourelles polygonales, de lucarnes (aménagées en 1573) et d'alignements de fenêtres à croisillons décorées de bas-reliefs. Expositions temporaires de céramiques nivernaises jusqu'à l'ouverture du musée municipal, prévue en 2012. *Entrée par l'office* *de tourisme Rue Sabatier Tél. 03 86 68 46 00 wwwnevers-tourisme.com Ouvert oct.-mai : lun.-sam. 10h-12h30 et 14h-18h ; juin-sept. : lun.-sam. 9h30-13h et 14h-18h30, dim. 10h-13h et 15h-18h*

Palais de justice (plan 8, A3) L'ancien palais épiscopal, siège de l'évêché commandé en 1756 par l'évêque Tinseau, abrite depuis 1970 le palais de justice. Bâtiment d'ordonnance classique aux lignes pures et régulières.

Musée nivernais de l'Éducation (plan 8, A3) Ce musée à l'atmosphère "culottes courtes" met en avant l'évolution des techniques pédagogiques, de la plume à la souris d'ordinateur. Ouvrages scolaires, reconstitution d'une salle de classe, cartes géographiques, tableaux d'élocution, etc. *8, rue du Cloître-Saint-Cyr Tél. 03 86 21 51 75 www.museduc.nevers.pagesperso-orange.fr Ouvert mar.-ven. 14h-17h Tarif 3€, réduit 1€*

Quartier des Faïenciers

Musée municipal Frédéric-Blandin (plan 8, A4) Il est installé sur le site d'une abbaye bénédictine, au cœur du quartier des Faïenciers, et fait l'objet de travaux de rénovation depuis plusieurs années. Exposition temporaire au sous-sol du palais ducal en attendant la réouverture du musée. Mise en avant de superbes pièces de faïence de Nevers et de verre filé, mais aussi des donations Bossuat et Solon (Luce, Vlaminck, Seurat, Dufy, etc.). *16, rue Saint-Genest Tél. 03 86 68 44 60 www.musees-bourgogne.org Réouverture prévue en 2012*

Porte du Croux (plan 8, A3) Principal vestige médiéval de l'enceinte du bourg, cette porte de défense fut édifiée en 1393, lors du remaniement des remparts de Nevers. Elle comporte des éléments traditionnels – échauguettes d'angle sur contreforts reliés par un mâchicoulis –, et certaines innovations de l'époque, tel un couloir d'accès séparé pour piétons et chariots.

Le songe de Charlemagne

En l'an 304, lors des persécutions chrétiennes de Tarse en Turquie, **saint Cyr et sainte Julitte** furent martyrisés : Julitte eut la tête tranchée et son fils Cyr, âgé de 3 ans, eut la sienne fracassée. C'est en 800, lors d'une assemblée du clergé à Paris, que Charlemagne évoque un rêve : mis en grand danger, lors d'une partie de chasse, par la charge d'un sanglier furieux, il implore l'aide de Dieu. Un enfant nu survient et lui offre la vie sauve en échange de vêtements. Le roi accepte le marché et l'enfant terrasse la bête... À l'écoute de ce récit, l'évêque Jérôme est persuadé d'un présage et associe saint Cyr à l'enfant du songe. Il fait alors promettre à Charlemagne de reconstruire l'église Saint-Cyr de Nevers et de rendre à l'évêché trois châteaux qui avaient été spoliés lors des guerres d'Aquitaine – ce qui sera fait. Les armoiries de l'évêché sont depuis représentées par les trois châteaux et un sanglier monté par un jeune enfant.

Promenade des remparts (plan 8, A3-4) À la fin du XIIe siècle, une nouvelle enceinte est construite par Pierre de Courtenay afin de protéger la ville : les "remparts" assurent jusqu'au XVIe siècle un rôle défensif. Une agréable promenade arborée s'étend aujourd'hui entre la porte du Croux et la Loire.

Où acheter de la faïence ?

Faïence bleue (plan 8, A3 n°20) Laetitia Moreau, jeune femme dynamique, a décidé de donner un grand coup de pied aux idées reçues sur la faïence. Elle crée des objets modernes et originaux, inspirés des motifs traditionnels de la faïencerie de Nevers. Possibilité de visiter son atelier. *22, rue du 14-Juillet Tél. 03 86 59 07 65 Ouvert lun. 10h-12h et 14h-19h, mar.-sam. 10h-12h et 15h-19h*

Manufacture du Bout du monde (plan 8, A3 n°21) La boutique de cette faïencerie fondée en 1648 propose, en plus de sa collection d'inspiration et de facture classique, des pièces du XIXe siècle. *10, rue de la Porte-du-Croux Tél. 03 86 71 96 90 www.faience-montagnon.com Ouvert lun.-sam. 10h-12h et 14h-19h*

Quartiers Saint-Martin et Saint-Étienne

Chapelle Sainte-Marie (plan 8, A2) L'édifice (non ouvert à la visite) du XVIIe siècle est l'unique vestige du couvent de l'ordre de la Visitation fondé en 1610 par saint François de Sales et sainte Jeanne de Chantal. Ce vaisseau au volume assez simple surprend surtout par sa façade baroque qui s'élève sur trois niveaux : perron à double volée, colonnes cannelées et chapiteaux corinthiens, frontons cintrés, cariatides… Un style atypique pour l'époque.

FESTIVAL ESTIVAL Chaque été pendant six semaines, la ville se donne des airs de station balnéaire : tournois de beach-volley, parasols, contes pour enfants, concerts, cirque… **Un air de Loire** *www.nevers-tourisme.com Juil.-août*

Porte de Paris (plan 8, B1) Cet arc de triomphe d'inspiration antique célèbre la victoire de Louis XV à Fontenoy en 1745. Elle marque aujourd'hui l'entrée nord du centre-ville.

Église Saint-Pierre (plan 8, B1) Cet édifice du XVIIe siècle adopte un plan en croix grecque conforme aux décrets du concile de Trente, qui confère à l'église une atmosphère intimiste. Les fresques murales de Giovanni Gherardini constituent un exemple de la technique de la *quadratura* – perspectives peintes en trompe l'œil –, développée en Italie au XVIesiècle. *Rue des Ardilliers Ouvert mar.-sam. 8h30-18h*

☆ ☺ **Église Saint-Étienne (plan 8, B1)** Comme blottie dans son écrin de paix à l'écart de la rue Saint-Étienne, l'église impressionne par la pureté et la sobriété de ses lignes architecturales. L'élément le plus remarquable de ce monument roman du XIe siècle est son élévation à trois niveaux, avec un système de contrebutement contenant le poids de la voûte en berceau qui culmine à 18m. Chevet à déambulatoire et chapelles rayonnantes. L'éclairage direct et le vaste volume de la nef sont d'une lumineuse élégance. *Rue Saint-Étienne (150m à l'est de l'église Saint-Pierre) Ouvert tlj. 9h-18h*

GEOPLUS

L'ART DE LA FAÏENCE

Le nœud vert

par **Isabelle Bonnevie,** auteur voyageur

Jusqu'à son déclin au XIXe siècle face à la concurrence de la porcelaine anglaise, la faïence est une des plus fameuses réussites de Nevers. Grâce à son sol et à ses techniciens inspirés par les Italiens, les estampes étrangères qui circulent et les paysages de la Loire, Nevers fournit à l'aristocratie de luxueuses pièces d'apparat et élève la faïence au niveau d'art de cour.

La faïence à son apogée À la fin du XVIe siècle, Louis de Gonzague, duc de Nivernais, encourage l'immigration de faïenciers italiens et introduit à Nevers la notion de faïence d'art. La multiplication des ateliers et la réputation des faïences de Nevers à la cour du roi font de la ville la capitale française de la faïence au XVIIe siècle. À cette époque, elle représente la principale activité urbaine : 600 ouvriers sur 6 000 habitants travaillent dans les manufactures.

VISITE GUIDÉE
Suivez le parcours Fil bleu qui mène, à travers le quartier des Faïenciers, de manufactures en échoppes artisanales. Rens. OT Tél. 03 86 68 46 00

MANIFESTATION
Biennale de la faïence Week-end de Pâques (années impaires)

Tradition et modernité À la suite du déclin annoncé après la Révolution, la faïence de Nevers s'est adaptée aux changements de mœurs sans rien perdre de ses exigences de qualité. La production devient utilitaire au XIXe siècle, puis se spécialise dans les pièces de prestige au XXe siècle. Aujourd'hui, après quatre siècles de création faïencière, trois ateliers et une manufacture perpétuent le lustre de la faïence nivernaise en refusant l'industrialisation et la production en série.

Une marque de prestige François-Henry Signoret, maître faïencier de la manufacture du Bout du monde au XIXe siècle, signait au dos de ses créations en dessinant un nœud vert. Depuis, cette marque sous forme de rébus s'est imposée comme un label garantissant l'authenticité des techniques nivernaises (notamment la cuisson à grand feu)

● Où déguster les trésors gourmands de Nevers ?

☺ **Au négus (plan 8, B2 n°22)** Le négus, bonbon de caramel fourré au chocolat ou au café, épouse parfaitement le palais et semble avoir été créé pour y fondre ! La plus célèbre des douceurs de Nevers fut imaginée en 1902 pour célébrer la venue d'un souverain africain : négus signifie "roi" en amharique. *96, rue François-Mitterrand Tél. 03 86 61 06 85 Ouvert lun. 14h30-18h30, mar.-sam. 9h-12h et 14h-19h*

Pâtisserie-confiserie Édé (plan 8, B2 n°23) La nougatine, déjà appréciée par l'impératrice Eugénie en 1862, est une spécialité locale indémodable à la recette jalousement gardée : petits gâteaux ronds, moelleux et orangés, au cœur d'amande croquante. D'autres délices, dont les Folies, sont à découvrir dans cette confiserie. *75, rue François-Mitterrand Tél. 03 86 61 02 97 Ouvert mar.-sam. 8h45-12h15 et 14h-19h15*

À la tentation (plan 8, B2 n°24) Cette pâtisserie décline les biscuits "petits mariniers", spécialité en pâte sablée, en cinq parfums. Leur forme d'ancre est bien sûr un clin d'œil à la Loire. *24, rue de Nièvre (300m à l'est de la place de l'Europe) Tél. 03 86 61 09 28 Ouvert mar.-ven. 8h30-13h et 14h30-19h30, sam. 8h-13h et 14h30-19h30, dim. 7h30-13h*

● Où manger bio sur le pouce ? L'équipe dynamique du Rest'O bio sert une cuisine traditionnelle, végétarienne et sans gluten : plats du jour, soupes, quiches, salades et desserts, le tout biologique et fait maison. Service au bar. Plats 6-13€. **Rest'O bio (plan 8, B1 n°1)** *14, rue de la Préfecture Tél. 03 86 21 41 13 Ouvert lun.-sam. 11h30-14h00 et 17h-20h*

Sur les traces de Bernadette

Espace Sainte-Bernadette (plan 8, A2) Bernadette Soubirous (1844-1879) fut témoin de nombreuses apparitions de la Vierge à Lourdes. En 1866, elle se retire à Nevers auprès de la congrégation des Sœurs de la Charité, où elle vivra jusqu'à sa mort. Le couvent Saint-Gildard est son lieu de sépulture. Elle y repose dans une châsse de verre et de bronze, visible dans la chapelle Saint-Gildard. Un musée retrace la vie de la sainte (elle fut canonisée en 1933), et expose des objets lui ayant appartenu. *34, rue Saint-Gildard (400m au nord-ouest du parc Salengro) Tél. 03 86 71 99 50 www.sainte-bernadette-nevers.com Ouvert nov.-mars : 7h30- 12h et 14h-18h ; avr.-oct. : 7h-12h30 et 13h30-19h30 Entrée libre*

☺ **Église Sainte-Bernadette du Branlay (plan 8, A1)** Dessinée par deux architectes passionnés, Claude Parent et Paul Virilio, l'église de 1966 a fait couler beaucoup d'encre : l'utilisation du béton brut et l'architecture oblique lui donnent des airs de bunker. L'édifice fait figure de modèle pour l'architecture contemporaine. *23, rue du Banlay (1km au nord du parc Salengro) Tél. 03 86 57 32 90 Accessible uniquement pendant les offices*

Les environs de Nevers

☆ **Les essentiels** Arthel, le musée de la Mine **Découvrir autrement** Pilotez un bolide sur le circuit de Nevers-Magny-Cours, arpentez les chemins de halage à vélo **> Carnet d'adresses p.333**

En périphérie

Jardin de Forgeneuves Un véritable musée botanique : essences d'espèces du XVIIIe siècle, plantes vivaces et potager parsèment les parterres de ce parc de 5ha, ponctué d'arbres séculaires. *58660* ***Coulanges-les-Nevers*** *(3km au nord de Nevers) Tél. 03 86 57 54 50 Ouvert lun.-ven. sur rdv, sam.-dim. et j. fér. 10h30-18h30 Entrée libre*

À VOS PANIERS ! Les petits producteurs de toute la région se retrouvent sur le marché bio de Challuy, unique en Bourgogne. On y remplit son panier de produits frais ou cuisinés : idéal pour préparer un pique-nique gourmand ! **Marché de Challuy** *(4km au sud de Nevers) Le 1er mer. du mois 16h-20h*

Musée Gautron-du-Coudray Ce petit musée rassemble des legs d'artistes et de particuliers des environs de Marzy : un dédale d'objets aux frontières de la vie rurale, des beaux-arts et de l'ethnologie. *22, pl. de l'Église 58180* ***Marzy*** *(5km à l'ouest de Nevers) Tél. 03 86 59 28 47 Ouvert mer.-lun. 14h30-17h30*

☺ **Le bec d'Allier** Superbe panorama sur la confluence de deux fleuves sauvages, la Loire et l'Allier. Avec un peu de chance, vous verrez des castors ! *À 6km au sud-ouest de Nevers, dir. Marzy Ne pas manquer le parking à droite, puis le promontoire en bois*

NIÈVRE

Circuit de Nevers-Magny-Cours Inauguré en 1989 par François Mitterrand, le circuit accueille quatre épreuves internationales, dont le Grand Prix de France de formule 1. *58470* ***Magny-Cours*** *(15km au sud de Nevers) Tél 03 86 21 80 00 www.magnyf1.com Entrée libre et accès aux tribunes 8h-20h hors compétitions payantes*

● ☺ **Piloter un bolide sur un circuit de formule 1** Au terme d'une journée de stage, prenez le volant d'une Porsche ou d'un prototype sportif (auto ou moto) pour des sensations fortes sur le circuit de Magny-Cours. Des baptêmes de piste, dans des F1 triplace, vous feront rentrer directement dans la course ! Idéal pour les enfants, le karting du circuit automobile de Magny-Cours reproduit une piste de course avec ses virages serrés et ses conditions de pilotage. **Circuit de Nevers-Magny-Cours** *(15km au sud de Nevers) Tél. 03 86 21 80 15*

● **Chevaucher sur les chemins de Saint-Jacques** Implanté sur le GR®3 qui emprunte l'itinéraire des pèlerins de Saint-Jacques de Compostelle, le centre équestre La Rose des vents offre aux cavaliers un cadre verdoyant en lisière de forêt. Activités et stages à foison : promenade d'une heure ou d'une journée, séjour itinérant en Morvan, balade à poney pour les enfants, etc. Gîte et chambres d'hôtes à disposition. **La Rose des vents** *La Cour Marigot 58640* ***Varennes-Vauzelles*** *(5km au nord de Nevers) Tél. 03 86 38 06 69 www.la-rose-des-vents.net*

● **Randonner à dos d'âne** Après une balade d'essai autour de la ferme et armé des conseils de Ghislaine, vous êtes prêt à partir pour la journée (ou

AU FIL DE L'EAU

La Loire à loisir(s)

À QUELQUES COUPS DE RAME DE NEVERS, DÉCOUVREZ LES BORDS DU FLEUVE, PARFAITS POUR UNE VIRÉE À VÉLO OU L'OBSERVATION DES OISEAUX. ..

AU BORD DE L'EAU

Répondez sans hésiter à l'appel des sentiers, à pied ou à vélo.

Sentier Ver-Vert Le perroquet Ver-Vert immortalisé dans un poème du XVIIIe siècle prête son nom à ce sentier-découverte qui borde la Loire. Nombreux panneaux informatifs. ***Départ*** *Route du Bec d'Allier, à l'ouest du quai des Mariniers* ***Difficulté*** *Aucune* ***Durée*** *Environ 2h (7km)* ***Conseil*** *Peut être parcouru à vélo*

Voir aussi...

Les **promenades en gabare et en fûtreau** de Decize (p.332), le **canal du Nivernais** (p.418).

Voie verte Nevers-Le Guétin La voie réservée aux cycles et piétons emprunte le chemin de halage qui longe à l'ouest le canal sur 14km. Ne manquez pas le pont-canal du Guétin, construit entre 1830 et 1838, et les deux écluses. ***Départ*** *Au sud de Nevers, à la hauteur du canal latéral à la Loire* ***Durée*** *28km AR*

Location de vélos Pour arpenter les chemins de halage à votre rythme.
Roue Libre *Quai de la Jonction 58000 Nevers Tél. 03 86 37 51 08 www.rouelibre-nevers.com Tarif 3€/h, 20€/j.*
Sud Nivernais *1, av. du Gué-du-Loup 58300 Decize Tél. 06 73 98 47 81*

Suivez le guide ! Sorties thématiques en rapport avec la Loire et l'observation de la nature :
Eaux Mêlées Randonnées *Quai des Éduens 58000 Nevers Tél. 03 86 57 69 76 www.l-o-i-r-e.com*
Instant Nature Initiation à l'ornithologie. *Tour Goguin 58000 Nevers Tél. 03 86 57 98 76 www.instant-nature.org*
ARNI *(Association des randonneurs nivernais) 12, rue de la Mère-Poulard 58000 Nevers Tél. 03 86 36 55 10*

SUR L'EAU

En toue cabanée et fûtreau Pour apprendre à naviguer ou profiter du farniente sur ces bateaux traditionnels. De 9-15€/1h30 à 90€/2 j.
Ondes *11, rue de l'Oratoire 58000 Nevers Tél. 06 89 57 10 33*

En canoë Suivez le parcours écopagayeur de Nevers ou partez simplement en balade.
Canoë club nivernais *10, quai de Médine 58000 Nevers Tél. 03 86 36 72 47*
Bureau des guides de Loire et Allier *Quai des Éduens 58000 Nevers Tél. 03 86 57 69 76 www.l-o-i-r-e.com*

En bateau Location au port de plaisance de Plagny pour naviguer sur le canal latéral à la Loire.
Tourisme fluvial du Centre *Rue du Port 58000 Sermoise-sur-Loire Tél. 03 86 37 64 42 www.t-f-c.fr*

CONSEIL Vous pouvez louer un bateau pour passer les écluses du canal du Nivernais (cf. GEORégion Yonne, Les environs d'Auxerre, Le canal du Nivernais).

plus) vous promener avec un âne. Arpentez à pas lents la forêt des Bertranges, et laissez vos enfants se réjouir de la présence de ce tendre compagnon ! Comptez 19€/2h et 45€/j. **Ferme de la Beue** *122, chemin de la Beue 58640* ***Varennes-Vauzelles*** *(5km au nord de Nevers) Tél. 03 86 38 27 13 ou 06 08 16 81 35 www.lesanes delabeue.com Ouvert mai-oct. : sam.-dim. 10h-18h ; juil.-août : tlj. 10h-19h30*

Au nord de Nevers

Centre d'art contemporain-Parc Saint-Léger Situé dans l'ancienne usine d'embouteillage d'eau de source du parc thermal de Pougues-les-Eaux, ce musée tranche avec le faste passé, très XIXe, du parc Saint-Léger et de la ville. Expositions temporaires, accueil d'artistes en résidence et centre de documentation. *Av. Conti 58320* ***Pougues-les-Eaux*** *(17km au nord de Nevers par l'A77) Tél. 03 86 90 96 60 www.parcsaintleger.fr Ouvert sept.-juin : mer.-dim. 14h-18h ; juil.-août : mar.-dim. 14h-19h Entrée libre*

Musée des Anciennes Forges royales Au bord d'un bief où flottent des nappes de nénuphars, deux ancres marines rappellent qu'au XVIIIe siècle, grâce au maître des lieux Pierre de la Chaussade, le site obtint ses patentes de forges royales. Un marteau pilon de 5t garde l'entrée du musée, tandis que l'on découvre, dans les élégants bâtiments, l'histoire des forges et de la métallurgie nivernaise. Nombreuses maquettes et reconstitutions. *Av. Arnault-de-Lange 58130* ***Guérigny*** *(14km au nord de Nevers par la D977) Tél. 03 86 37 01 08 www.museevieuxguerigny.free.fr Ouvert mer.-lun. 15h-19h Tarif 3€*

Prémery Ce bourg, restitué aux évêques par Charlemagne en 802 (cf. Découvrir Nevers, Le songe de Charlemagne), fut la résidence d'été des évêques de Nevers jusqu'au XVIIe siècle. L'**église Saint-Marcel**, qui a subi de nombreux remaniements depuis sa construction au XIIIe siècle – dont l'ajout d'un clocher massif au XVIIe siècle –, trône dans le centre-ville à côté de l'ancien **château des évêques**. Il ne subsiste des bâtiments d'origine que le porche (XIVe s.). Ne manquez pas, à deux pas de l'église, la maison à pans de bois dite "du Saint". *58700* ***Prémery*** *(29km au nord de Nevers par la D977)*

Butte de Montenoison Du point culminant du centre nivernais, la vue s'étend sur les hauteurs du Morvan, les collines du Nivernais et les contreforts des plateaux calcaires des Vaux d'Yonne (table d'orientation). Quelques vestiges du château que Mahaut de Courtenay, comtesse de Nevers, fit construire au XIIIe siècle. *58700* ***Montenoison*** *(40km au nord de Nevers dir. Prémery et Oulon)*

☆ **Arthel** À découvrir à pied ! L'étang de ce pittoresque village canalise toutes les attentions, car il servait, avec les nombreux cours d'eau qui ceinturent Arthel, au flottage du bois. Deux châteaux semblent veiller sur la diversité architecturale des fermes et maisons du bourg. Le **château de la Motte**, flanqué de tourelles et de courtines, se cache depuis le XIIe siècle derrière des remparts (ne se visite pas). Il ne reste du **château d'Arthel** originel que les deux grosses tours rondes de la façade nord (XVIe s.) : de nombreux remaniements donnèrent au bâtiment sa silhouette actuelle. Agréable parc avec plan d'eau et allées de tilleuls tricentenaires. *58700* ***Arthel*** *(40km au nord de Nevers)* **Château d'Arthel** *Tél. 03 86 60 14 31 Ouvert juil.-août : tlj. 9h-12h et 14h-18h Visite du parc libre*

Où faire provision de douceurs ? Encombrée et insolite, cette épicerie fine offre un large choix de produits triés sur le volet : biscuits, bonbons, fromages, confitures, miels, vins, etc. Un conseil, attardez-vous dans cette véritable caverne d'Ali Baba ! Livraison de pain bio le samedi matin. **La Petite Cave** *71, Grande-Rue 58700* ***Prémery*** *(29km au nord de Nevers par la D977) Tél. 03 86 37 97 02 Ouvert mar.-sam. 9h15-12h30 et 15h-19h30, dim. 9h15-12h30*

Randonner sur les pas de l'osmonde royale Le sentier du Crôt des Labeaux et le sentier de l'Osmonde royale serpentent sur 3km au cœur des 158ha de la forêt de Prémery. Les itinéraires, ludiques et aménagés, invitent à découvrir l'habitat de l'osmonde royale, une fougère fleurie et vivace vivant en milieu humide. **Sentier du Crôt des Labeaux et sentier de l'Osmonde royale** ***Départ*** *À 2km au nord-ouest de Prémery (itinéraire balisé)* ***Durée*** *1h30 AR* ***Difficulté*** *Aucune* ***Rens.*** *OT Prémery Tél. 03 86 37 99 07*

La Nièvre en amoureux

Chambres de charme

Château du Marais (Gimouille) ____ 335
Le Grand Monarque (La Charité-sur-Loire) ____ 341
Maison Salvard (Bitry) ____ 350
Prieuré Saint-Agnan (Cosne-Cours-sur-Loire) ____ 350
Château de Villaine (Breugnon) ____ 353
Château de Champallement (Champallement) ____ 357

Sites main dans la main

Bec d'Allier (Nevers) ____ 328
Village d'Arthel ____ 330
Remparts (La Charité-sur-Loire) ____ 338
Ruelles de Clamecy ____ 352
Voûtes de la Collancelle (Corbigny) ____ 355

Le Sud nivernais

☆ **Musée de la Mine** Le charbon fut pendant près de deux siècles la principale ressource du bourg de La Machine, dont le nom provient d'un système d'extraction en bois, actionné par un cheval. La compagnie Schneider dirigea l'exploitation houillère de 1865 jusqu'à la nationalisation des mines en 1946 (fermeture définitive en 1974 à la suite du choc pétrolier). Le musée relate, à l'aide de machines, d'outils et de reconstitutions, la vie quotidienne des "gueules noires" : descentes dans le puits, repas, accidents, etc. Il met également en avant le système rigoureux de gestion de Schneider, et l'impact de celui-ci sur l'organisation sociale de la ville minière. Prenez le temps de découvrir l'impressionnante collection de fossiles, minéraux et quartz en rapport avec la formation du charbon. Après la visite du musée, vous pourrez descendre avec un guide dans la **mine des Glénons** et vous immerger dans la peau d'un mineur (homme, femme ou enfant). Casque enfoncé sur la tête, vous passerez par la salle des machines pour vous rendre dans les galeries. Au programme in situ : savoir-faire, règles de sécurité, techniques d'exploitation et conditions de travail. Une plongée passionnante au cœur de la terre... mais

UN CANAL, DES CANAUX
Dès 1836, un barrage est construit à hauteur de Saint-Léger-des-Vignes pour permettre la jonction avec le canal du Nivernais. Decize devient un point stratégique dans l'industrie du flottage du bois, et notamment le commerce fluvial. Le Sud nivernais est aujourd'hui le refuge vert et tranquille des pêcheurs et des plaisanciers.

l'air vient rapidement à manquer ! *1, av. de la République 58260* ***La Machine*** *(32km au sud-est de Nevers par la D18) Tél. 03 86 50 91 08 musee-la-machine@wanadoo.fr Ouvert mi-juin-mi-sept. : tlj. 14h-18h ; mi-sept.-oct. et mars-juin : dim. 14h-18h Fermé nov.-fév. Tarif 6€, réduit 3€*

Decize Deux bras de Loire, dont un asséché – la Vieille Loire –, enserrent cette île rocheuse, où il est doux de flâner en regardant les vestiges du château médiéval des comtes et ducs de Nivernais… ou en arpentant la **promenade des Halles** : superbe allée de platanes et de tilleuls plantés au XVIIIᵉ siècle. La crypte de l'**église Saint-Aré** renferme la châsse du patron de la ville. Selon la légende, la dépouille de l'évêque de Nevers fut déposée sur une barque, qui remonta toute seule le cours du fleuve pour s'échouer à Decize. La crypte contient également un retable du XVIᵉ siècle dédié à la Vierge. *58300* ***Decize*** *(35km au sud-est de Nevers par la D981)*

NIÈVRE

Centre d'interprétation touristique et culturel du Toueur Au bord du barrage de Saint-Léger-des-Vignes, le lieu est idéal pour se familiariser avec l'histoire du canal du Nivernais, et notamment celle du flottage du bois. Reconstitutions, vidéos, exposition du Toueur (un modèle de remorqueur), photos, etc., pour découvrir les métiers aujourd'hui disparus liés à la navigation. *39, route Nationale 58300* ***Saint-Léger-des-Vignes*** *(36km au sud-est de Nevers par la D981) Tél. 03 86 50 91 08 Ouvert mi-juin-fin août tlj. 14h-18h Tarif 2€*

● **Où faire une pause déjeuner ?** Le Courlis, restaurant à l'ambiance détendue et conviviale, ancre ses pieds dans la Loire, à l'écart du centre de Decize. On commande des harengs pommes à l'huile ou des flammeküeche salées et sucrées (spécialités de la maison), à déguster sur la terrasse ou dans la salle, en rêvant du trafic fluvial et de ses mariniers costauds ! Comptez 11,50€ pour un repas à midi et 16€ le soir. **Le Courlis** *25, bd Voltaire 58300* ***Decize*** *Tél. 03 86 25 05 48 Ouvert mar.-sam.*

● ☺ **Visiter une ferme bio et se régaler de fromages** Christian Jorand, défenseur de l'agriculture biologique depuis trente ans, préserve ses sols, ses cultures, ses bêtes et le savoir-faire paysan. Les curieux visitent la ferme et goûtent aux fromages de vache et de brebis… tandis que les enfants participent à toutes les étapes de la fabrication du fromage, à commencer par le retour des vaches à la ferme pour la traite. Frayeur, pagaille et rires garantis ! **Ferme du Creuset** *58300* ***Neuville-lès-Decize*** *(32km au sud de Nevers par la D13) Tél. 03 86 50 64 35 www.fermeducreuset.com*

● **Naviguer sur la Loire en gabare** Nichée entre plusieurs voies d'eau navigables, Decize est l'endroit rêvé pour s'initier au plaisir simple de voguer en gabare et fûtreau, ces bateaux traditionnels servant au transport des marchandises sur les fleuves et rivières. L'association Les Ligéries regroupe des passionnés de navigation ligérienne, qui organisent des sorties (tarif 8€, enfant 6€, sur réservation). **Les Ligéries** *Quai de la Vieille-Loire 58300* ***Decize*** *Tél. 03 86 25 00 99 Ouvert mai-sept. : jeu. et sam.*

● **Suivre le canal du Nivernais à vélo** À Decize commence la voie verte qui suit le chemin de halage jusqu'à Auxerre : une piste cyclable sécurisée de 175km s'éloignant rarement du canal du Nivernais vous fera passer écluses, villages et ouvrages d'art. **Voie verte du canal du Nivernais** ***Rens.*** *www.le-tour-de-bourgogne-a-velo.com* ***Durée*** *175km (Decize-Auxerre)* ***Location de vélos*** *Sud nivernais 1, av. du Gué-du-Loup 58300* ***Decize*** *Tél. 06 73 98 47 81*

CARNET D'ADRESSES

Restauration

petits prix

L'Assiette (plan 8, B2 n°2) Une formule originale qui a fait de nombreux adeptes à Nevers : entrée, plat et fromage sont présentés sur une seule et même assiette. Ballottine de raie, saumon sur chou vert, escargots aux cèpes, foie gras poêlé... se marient selon l'inspiration du chef. Ambiance décontractée, mais survoltée, car le restaurant affiche souvent complet. Formules à 13,50€ et plats de 15 à 25€. *7bis, rue Ferdinand-Gambon 58000* ***Nevers*** *Tél. 03 86 36 24 99 Ouvert midi lun.-mer., jeu.-sam. midi et soir*

prix moyens

☺ **Restaurant Riera (plan 8, A3 n°3)** Avec ses terrasses et ses jardins privés qui longent les remparts de la ville, le restaurant jouit d'une situation exceptionnelle. L'intérieur se donne des airs de bouchon lyonnais et la carte fleure bon la cuisine "façon grand-mère" : large choix de spécialités telles qu'andouillettes, pieds de porc, quenelles de brochet, homard ou choucroute. Produits de saison et créations maison. Plats de 12 à 20€ et menus de 14 à 38€. *17, rue de la Porte-du-Croux 58000* ***Nevers*** *Tél. 03 86 57 12 71 www.restaurant-riera-porte-du-croux.com Ouvert tlj. 12h-0h*

prix élevés

☺ **Jean-Michel Couron (plan 8, B1 n°4)** Ce chef étoilé sert dans le pittoresque quartier Saint-Étienne une cuisine inventive au goût d'ailleurs : laissez-vous surprendre par la présentation et par les saveurs. À déguster dans l'une des trois salles intimistes avec voûtes en ogives. Menus de 34 à 53€ et un menu à prix doux en semaine (21,50€). *21, rue Saint-Étienne 58000* ***Nevers*** *(100m à l'est de l'église Saint-Pierre) Tél. 03 86 61 19 28 www.jm-couron.com Ouvert mar. soir, mer.-sam. midi et soir, dim. midi*

Dans les environs

prix moyens

Relais des deux Nièvre Le chef bourguignon a fait ses classes à Paris et transmet à présent son savoir-faire dans ce restaurant, où se précipitent les gourmands des environs. Les plats de viande ou de poisson – servis avec le sourire – exhalent un généreux parfum de tradition. Menus de 11 à 29€. *6, pl. du 14-Juillet 58130* ***Guérigny*** *(14km au nord de Nevers) Tél. 03 86 37 32 85 Ouvert dim.-jeu. midi, ven.-sam. midi et soir*

Ferme-auberge du Vieux Château La "cuisine paysanne" servie à la table de cette auberge donnerait presque envie de travailler aux champs pour mieux en apprécier la générosité ! La maîtresse de maison sublime les produits de sa ferme et concocte sans chichi foies gras, terrines, confits et gigots. Comptez de 18 à 25€ pour le menu du jour. Une dizaine de chambres donnent sur la piscine du jardin (de 42 à 76€). *Rte de Giry 58700* **Oulon** *(36km au nord de Nevers par la D977) Tél. 03 86 68 06 77 www.vieuxchateau.com Ouvert toute l'année sur réservation*

Hébergement

prix moyens

Hôtel de Verdun (plan 8, A2 n°11) Pèlerins et amateurs de course automobile trouvent refuge dans cet hôtel, où seuls les canaris de la réception viennent troubler le calme des lieux. Les chambres, propres et simples, se répartissent autour d'une cour intérieure, à deux pas du parc de la ville. Prévoyez en fonction de la saison de 42 à 58€ pour une chambre double. *4, rue de Lourdes 58000* **Nevers** *Tél. 03 86 61 30 07 www.hoteldeverdun-nevers.com*

prix élevés

☺ **Hôtel de Diane (plan 8, A3 n°10)** À mi-chemin entre la gare et le quartier de la Butte, l'hôtel ménage de splendides points de vue sur les toits de Nevers. Une trentaine de doubles luxueuses et intimistes se partagent cette bâtisse du XVIIIe siècle. Lovez-vous avec délice dans leur univers moelleux, puis savourez votre petit déjeuner à l'ombre des pierres de la tour du XIVe siècle ! De 89 à 129€ pour 2 personnes. *38, rue du Midi 58000* **Nevers** *Tél. 03 86 57 28 10 www.bestwesterndiane-nevers.com*

Dans les environs

prix moyens

Manoir de Theuran Les propriétaires de ce manoir du XVIIe siècle cultivent l'élégance et exigent l'excellence : le style Renaissance de l'ensemble s'accorde gracieusement avec les matériaux utilisés pour la restauration (bois, pierres, fibres végétales...). Dans le corps central du logis, dans le pavillon italien ou le colombier, les chambres, lumineuses et épurées, ouvrent sur les allées du parc ou la piscine. Chambres à partir de 68€. *58470* **Magny-Cours** *(15km au sud de Nevers) Tél. 03 86 58 10 89 www.theuran.com*

☺ **Domaine de Silvabelle** Les six roulottes aménagées dans le haras accueillent les Esmeralda (et leurs familles) en quête de gaieté et de confort. Meubles en bois, terrasse, décoration colorée : un ensemble pétillant pour une nuit autrement ! Un véritable paradis pour les enfants, qui pourront admirer les minichevaux et jouer dans la piscine couverte. Pour une nuit, comptez 109€/roulotte (4 pers.). *Châteauneuf 58240* **Mars-sur-Allier** *(22km au sud de Nevers par la N7) Tél. 03 86 58 17 74 ou 06 68 92 60 35 www.roulottes-silvabelle.com Ouvert toute l'année*

Château de Champendu En approchant du château du XVIIIe siècle, un air de musique viendra peut-être caresser vos oreilles : les propriétaires, musiciens passionnés, tirent sur la corde musicale pour donner vie à la maison. Des instruments à corde ou à vent ouvrent la voie vers les cinq chambres rénovées, qui portent les noms de compositeurs classiques. Une adresse dans le vent, à prix doux : de 45 à 60€ la double. Week-ends thématiques avec concerts de musique de chambre. *Champendu 58240* ***Azy-le-Vif*** *(33km au sud de Nevers par la N7) Tél. 03 86 37 48 52 ou 06 20 91 00 56 www.champendu.wifeo.com*

prix élevés

Château du Marais Il ne serait pas étonnant de voir apparaître Peau d'âne dans ce château féodal agrémenté de tourelles, de douves et de fosses. Il n'y a certes pas de légende liée aux trois chambres d'hôtes aménagées dans le donjon, mais vous pourrez compter fleurette à votre princesse au cœur de la forteresse ! Chambres douillettes et chaleureuses à 95€ la nuit. *58470* ***Gimouille*** *(7km au sud-ouest de Nevers par la D976) Tél. 03 86 21 04 10 http://le.marais.online.fr Ouvert fin mars-début nov.*

★LA CHARITÉ-SUR-LOIRE 58400

La cité monastique, honorée du titre de "fille aînée de Cluny", rayonnait jusqu'aux faubourgs de Constantinople... lorsqu'un incendie, en 1559, ravagea le prieuré et une partie de la ville. Il fallut attendre le XIXe siècle, lorsque Victor Hugo se désespérait que l'église "tombe pierre à pierre, aussi inconnue que les pagodes d'Orient dans leur désert de sable", pour qu'une entreprise de restauration redonne à La Charité un peu de sa splendeur évanouie. Nombre de touristes profitent aujourd'hui de la vue sur la cité historique en traversant la Loire sur le pont en pierre. Étape privilégiée sur les chemins de Saint-Jacques de Compostelle, pause gourmande pour déguster les nectars des coteaux charitois, escale littéraire où se déroule le Festival du mot d'Alain Rey : il est doux de flâner dans les ruelles de la ville, où l'on croise bon nombre d'amateurs d'art roman et de romans !

MODE D'EMPLOI

accès

EN VOITURE

À 215km de Paris par l'A77 et à 30km au nord de Nevers par la N7.

EN TRAIN

Une dizaine de TGV quotidiens en provenance de Paris (2h). Située sur l'axe Nevers-Cosne-sur-Loire, la ville est fort bien desservie par les TER (10/j. dans les deux sens).

Gare SNCF *Av. de la Gare Tél. 3635 www.voyages-sncf.com*

informations touristiques

Office de tourisme de La Charité-sur-Loire et du pays charitois Il se tient à gauche de l'entrée de l'église Notre-Dame, à l'emplacement de l'une des anciennes travées de la nef. De nombreuses initiatives à son actif : visites guidées du prieuré et de la ville (1h30 ou 2h30), livret-jeu pour les enfants (3€), parcours thématiques à pied ou à vélo (1€) et location de vélos (14€/j., sur réservation). Accès Internet 1€/30min. *5, pl. Sainte-Croix Tél. 03 86 70 15 06 www.lacharitesurloire-tourisme.com Ouvert avr.-sept. : t.l.j. 9h30-12h30 et 14h30-18h30 ; oct.-mars : mar.-sam. 10h-12h et 14h30-17h30*

marchés, fêtes et manifestations

Marché *Pl. du Gal-de-Gaulle Sam. mat.*

L'Îlot-Livres Salon du livre jeunesse. *Tél. 03 86 70 39 16 Fin mars*

Festival du mot Animations, débats et ateliers pour renouer avec les mots. *Tél. 03 86 69 68 15 www.festivaldumot.fr Déb. juin*

Festival de piano Concerts de piano, clavecin, piano forte, etc. *Mi-juil.*

DÉCOUVRIR

☆ **Les essentiels** L'église Notre-Dame, les remparts **Découvrir autrement** Chinez chez les bouquinistes de cette "ville du livre", observez les oiseaux en descendant la Loire en kayak > **Carnet d'adresses p.340**

La Charité-sur-Loire

La cité monastique

Place Sainte-Croix La place occupe l'intérieur de l'église prieurale Notre-Dame, longue de 122m, qui fut ravagée par un incendie en 1559. Plusieurs travées de l'église, la chapelle axiale et le clocher sont alors détruits, raison pour laquelle la façade (qui donne place des Pêcheurs) est aujourd'hui isolée du reste du bâtiment. L'une des portes murées de la **tour Sainte-Croix**, construite au XIIe siècle et couronnée d'une flèche couverte en ardoise, conserve un tympan figurant la Nativité (le second tympan, celui de la Transfiguration, est conservé à l'intérieur de l'église). Après avoir franchi l'ancien parvis, on aperçoit quelques arcatures des travées de la nef disparue à la hauteur des façades des maisons et de l'office de tourisme.

☆ **Église Notre-Dame** Avec une nef de 122m de longueur, l'église Notre-Dame s'enorgueillit au XIIe siècle du titre de "fille aînée" de Cluny : elle est alors la deuxième plus grande église de l'Occident chrétien. De cette nef originelle, seules quatre travées subsistent, qui rendent un bien faible hommage à l'élan de la construction d'époque. Le **transept** et le **chœur** forment un superbe ensemble roman, magnifié par la coupole octogonale haute de 27m. Les colonnes sont surmontées d'un faux triforium souligné par un bestiaire, et éclairées par des fenêtres en plein cintre ornées de colonnettes. Les chapiteaux des colonnes du chœur sont finement sculptés (influences orientale, gallo-romaine et européenne). Quant aux vitraux, ils sont l'œuvre du peintre verrier Max Ingrand (1908-1969). Remarquez également, dans le transept,

VERS SAINT-JACQUES
La Charité, étape incontournable sur les chemins de Saint-Jacques de Compostelle, tient son nom de l'hospitalité des moines du prieuré. Ne manquez pas la rue des 84-Marches, entre la rue des Hôtelleries et la montée Saint-Jacques : ce passage traditionnel des pèlerins depuis le XIIe siècle a conservé charme et authenticité.

le **tympan de la Transfiguration** de l'ancien portail ouest, où le Christ est encadré des prophètes Moïse et Élie. L'église Notre-Dame a été inscrite au Patrimoine mondial de l'Unesco en 1999. *Ouvert 9h-19h*

Jardin des Bénédictins Depuis le jardin aménagé autour des vestiges de l'église Saint-Laurent, lieu de calme et de recueillement, la vue sur le chevet de Notre-Dame est époustouflante : rotonde du déambulatoire, chapelles rayonnantes, absidioles et tour octogonale. *Accessible à toute heure des remparts De l'église Notre-Dame, emprunter le passage de la Madeleine (fermé le soir)*

Ancien prieuré L'aile nord du prieuré était voué à la vie monastique : hostelleries, bâtiments conventuels, cour des communs (XVIIe s.), cloître (XVIIIe s.)... Après la Révolution, en 1793, l'ensemble du prieuré est vendu comme bien national et investi par des commerçants ou des particuliers. Un vaste chantier de restauration redonne depuis 2001 ses lettres de noblesse aux bâtiments endommagés par le temps.

Cour du château Venant du prieuré, on remarque au fond de la cour à gauche le logis du prieur, d'inspiration Renaissance, surnommé "le château" par les habitants de La Charité, car le prieur était le seigneur spirituel de la ville. Le cellier des moines, qui date du XIIIe siècle, a été transformé en salle d'exposition. Pour vous rendre au pied de la tour Sainte-Croix, empruntez l'élégant passage de la Porterie (reconnaissable à son toit pointu), reconstruit au XVIe siècle.

Ville forte ou fortifiée ?

Au XIe siècle, un groupe de moines entreprend la construction de l'église Notre-Dame sur des terres cédées par l'évêque d'Auxerre à l'abbé de Cluny. La Charité devient, après Cluny, la deuxième plus grande église de France, et le prieuré abrite au plus fort de son expansion jusqu'à 200 moines. De nombreux marchands, attirés par ce rayonnement, se regroupent autour du prieuré par secteurs d'activité : quartiers des tanneurs et des pêcheurs près de la Loire, vignerons dans la partie haute pour l'accès aux vignobles de la colline, etc. Une nouvelle enceinte de remparts, encadrant la ville et le prieuré, voit alors le jour et les protège des pillages.
La prospérité et la renommée de cette place stratégique sur la Loire sont cependant vite entachées par nombre de guerres, famines, pillages et épidémies. En 1429, Jeanne d'Arc fera en vain le siège devant les remparts de la ville...

☆ **Remparts** Les moines de la Charité fortifient en 1164 l'enceinte précaire érigée lors de l'élévation de l'église Notre-Dame : le prieuré et la ville se retrouvent alors imbriqués à l'intérieur des remparts. Agréable point de vue sur la cité monastique du haut des tours de la partie nord du chemin de ronde, entre les tours Perrinet Gressard et de Cuffy. *Accès aux remparts nord par la cour du château ou la cour du prieuré*

Hors du prieuré

Musée municipal Un hôtel particulier du XVIIIe siècle, précédé d'une cour dominant la Loire, présente sur deux niveaux des collections artistiques, ethnologiques et archéologiques. Les fouilles menées entre 1975 et 1995 sur le site du prieuré, et en particulier autour de l'église Saint-Laurent, ont mis au jour une multitude d'éléments, qui témoignent de la richesse architecturale du site, mais aussi de la vie quotidienne des moines : fragments lapidaires, céramiques culinaires, carreaux de pavage, etc. Des œuvres du sculpteur italien Alfredo Pina (1885-1966), un proche de Rodin inspiré par la *Divine Comédie* de Dante, sont également exposées à côté d'un ensemble d'objets Art déco et Art nouveau, dont des verres de Gallé, Lalique, Daum et Décorchemont. *33, rue des Chapelains Tél. 03 86 70 34 83 Horaires variables téléphoner Tarif 2€*

SUR LA ROUTE DES VINS

Deux possibilités à La Charité pour déguster du vin : au bord de la Loire dans les caves du domaine Jean Pabion ou dans la boutique Le Vin, fort bien approvisionnée (cf. GEOVins). **Domaine Jean Pabion** *29, Quai Georges-Clemenceau Tél. 03 86 70 30 48*
Le Vin *7, pl. des Pêcheurs Tél. 03 86 70 21 30*

Quartier des pêcheurs La rue du Pont, bordée de bouquinistes, relie les quais à la place des Pêcheurs, au pied de la façade de l'église Notre-Dame. Remarquez la maison du Grenier à sel sur le quai Clemenceau et le passage du Guichet dans la rue Basse-de-Loire.

Vieux pont L'actuel pont de pierre à dos d'âne, l'un des plus vieux construits sur la Loire, fut édifié en 1520 par le prieur Jehan de la Magdeleine de Ragny,

Cité du mot

Libraires, relieurs, calligraphes et enlumineurs habitent La Charité, nommée "**ville du livre**" en 2000. Certaines rues sont des paradis pour les amateurs d'éditions anciennes : les rues du Pont, des Chapelains, de la Verrerie, des Hôtelleries, du Petit-Rivage, la Grand-Rue, et la place des Pêcheurs. Et que les passionnés de la langue française se passent le mot : au début du moins de juin, lors du Festival du mot parrainé par Alain Rey, la ville semble animée d'un souffle nouveau et littéraire ! **Festival du mot** *Tél. 03 86 69 68 15 www.festivaldumot.fr Début juin*

et remanié au XVIIIe siècle. Une pyramide à girouette indiquait aux mariniers la seule arche permettant à leurs bateaux de passer, opération souvent périlleuse.

Île du Faubourg Cette île enserrée entre deux bras de Loire abrite, notamment depuis son expansion au XIXe siècle, les nombreux habitants qui ne pouvaient se loger intra-muros. Du sentier qui en fait le tour, beaux points de vue sur La Charité.

● Où faire une pause gourmande ?

Confiserie du Prieuré Les gourmands auront du mal à résister aux tentations de ce paradis sucré ! Ravissante terrasse intérieure fleurie où l'on savoure des glaces maison en été, et salon de thé cosy où l'on se régale d'un chocolat chaud onctueux en hiver. De nombreuses créations maison, dont le Charitois, caramel mou au chocolat ou au café enrobé de sucre cuit. *11, pl. des Pêcheurs Tél. 03 86 70 01 81 lechocolat.charpentier@laposte.net Ouvert mar.-dim. 10h-13h et 15h-19h*

Le Gaulois gourmand Cette épicerie fine bien fournie aligne sur ses étagères des spécialités régionales - terrines, saucissons, confiseries, etc. - et des douceurs d'ailleurs - variations de pâtes, condiments et sauces. Sélection de vins et de liqueurs. *34, rue Camille-Barrère Tél. 03 86 70 18 82 Ouvert mar.-sam. 9h-12h et 14h30-19h*

● ☺ Où boire un verre ? Depuis que l'ancien café de la gare, rétro et tristounet, a connu un lifting en 2009, un vent de folie semble planer à La Charité. Le Tip's joue (fort bien) sur deux tableaux distincts : ambiance bistrot avec chaises d'écolier et tables en bois, ou *lounge bar avec* fauteuils club et tables basses. Décoration loufoque et atmosphère légère, surtout lors des soirées à thème. Billard et superbe terrasse. **Le Tip's** *13, av. de la Gare Tél. 03 86 70 07 78 www.bar-le-tips.com Ouvert mar.-sam. Horaires variables téléphoner*

● Descendre la Loire en canoë-kayak De La Charité à Tracy, la Loire est classée réserve naturelle fluviale. En glissant à votre rythme au fil du fleuve, vous aurez toutes les occasions d'observer la faune et la flore, en ayant soin de vous ménager des pauses sur les berges vertes ou les étendues de sable doré.

Bureau des guides de Loire et Allier Descentes en canoë-kayak, et organisation de randonnées pédestres ou cyclistes. *Tél. 03 86 57 69 76 Quai des Éduens 58000* **Nevers** *Tél. 03 86 57 69 76 www.l-o-i-r-e.com*

Loire Nature Découverte Départ de La Charité-sur-Loire pour les descentes en canoë avec Karine et Yvan, basés près de Sancerre. *Tél. 02 48 78 00 34 www.loirenaturedecouverte.com*

Les environs de La Charité-sur-Loire

Forêt des Bertranges Propriété du monastère de La Charité au XIIe siècle, la forêt devint domaniale à la Révolution. Elle couvre actuellement une superficie de 10 000ha de belles futaies de chênes séculaires mêlées de hêtres.

NIÈVRE

Longtemps exploitée pour le minerai de son sous-sol, comme le rappellent les noms de certains villages des environs (Beaumont-la-Ferrière et Saint-Aubin-les-Forges), elle est aujourd'hui un paradis pour les amoureux de la nature : départ de nombreuses randonnées au rond-point de la Réserve pour arpenter la forêt à pied, à vélo ou à cheval. Aire de pique-nique près de la fontaine de la Vache. *Rens. OT de La Charité-sur-Loire et du pays charitois Tél. 03 86 70 15 06*

● ☺ **Où remplir son panier pique-nique ?** Éclairée en hiver par un feu de cheminée, la petite maison dans la forêt semble flotter en dehors du temps. La propriétaire mène son affaire d'une main de maître et vous pourrez faire vos emplettes côté épicerie avant de partir en balade sur les sentiers. Terrines et miel du Morvan, fromages de Port-Aubry, fois gras du Berry, huile de colza de Raveau, sablés de Saint-Péreuze... et bien sûr le vin de dessert à la recette secrète : la Rosée des Bertranges ! Réservation impérative pour une pause gourmande sur place. **Le Comptoir des Bertranges** *310, ch. de la Fontaine-de-la-Vache 58400* ***La Charité-sur-Loire*** *(3km à l'est du centre-ville par la D179, puis prendre la D138 vers les bois de Raveau) Tél. 03 86 70 13 96 Ouvert mar.-dim. 10h-20h*

NIÈVRE

● **Redonner vie à son doudou** Élisabeth Condamin-Jollet, ancienne élève de la prestigieuse école Boulle à Paris, a ouvert une clinique d'ours en peluche dans un domaine en lisière de la forêt des Bertranges ! Tapissier et décoratrice, elle restaure des sièges, mais surtout redonne vie à de vieux ours déchirés ou usés par le temps. Elle confectionne également des ours neufs. **L'Atelier du Cheval rouge** *Les Marteaux 58400* ***Narcy*** *(8km au nord-est de La Charité) Tél. 03 86 69 18 31 http://atelierduchevalrouge.free.fr Ouvert sur rdv*

CARNET D'ADRESSES

Restauration, hébergement

petits prix

☺ **Saint Pa Pizzeria** Les patrons de ce restaurant de l'île du Faubourg confectionnent leurs pizzas devant les clients, méli-mélo d'habitués et de nouveaux venus prêts à être charmés. La recette ? Une pâte moelleuse et croquante, couverte avec générosité de produits frais et de qualité (de 8 à 12€ la pizza). Ambiance chaleureuse dans la salle, qui jouit d'une vue romantique sur les quais et sur l'océan de toits en ardoise de la ville. *2, rue du Général-Auger 58400* ***La Charité-sur-Loire*** *Tél. 03 86 69 62 92 Ouvert avr.-sept. : tlj. midi et soir ; nov.-mars : lun.-mar. et jeu.-sam. midi et soir, dim. soir*

☺ **Chez Babette et Eva** "Voici des fruits, des fleurs, des feuilles, et des branches" : les deux propriétaires de ce restaurant pourraient tout à fait déclamer ces vers de Verlaine tant elles aiment à faire rimer culture et nature. Elles privilégient une atmosphère bucolique, dans la salle fleurie comme dans les assiettes – odes poétiques aux légumes bio et produits frais. Réservation fortement conseillée si vous voulez profiter des plats mijotés, des assiettes de charcuterie, du menu du jour à 17€... et de la terrasse prise d'assaut aux beaux jours ! *73, rue Camille-Bannène 58400* ***La Charité-sur-Loire*** *Tél. 03 86 70 01 54 Ouvert mer.-sam. midi et soir, dim. midi Fermé jan.-fév.*

prix moyens

Maison de la Loire Chaque recoin de la maison est réquisitionné pour exposer un objet chiné ou un souvenir d'Ira Shulz, propriétaire incollable sur la vie locale. D'étroits couloirs saturés de livres mènent aux deux chambres d'hôtes, dont l'une est lovée sous les toits (avec terrasse). Comptez de 45 à 60€ la double. Adresse idéale pour se ressourcer... à deux pas de la Loire. *5, rue du Général-Auger (entrée par la rue Armand-Morizet) 58400* ***La Charité-sur-Loire*** *Tél. 03 86 70 29 63 www.maison-loire.de*

La Cuvellerie Cette agréable maison de maître du XVIIIe siècle, ancien atelier de fabrication de tonneaux en chêne, abrite deux chambres modernes, décorées dans des tons chauds (62€-67€ la double). En hiver, un feu de cheminée réchauffe la salle commune aux pierres apparentes, en été, on savoure le petit déjeuner sur la terrasse. Et, en toute saison, le ruisseau coule au fond du jardin et donne envie de se promener au clair de lune ! *Rue de l'Enfer 58400* ***Narcy*** *(8km au nord-est de La Charité) Tél. 03 86 69 16 34 francoise.perdrizet@free.fr*

prix élevés

☺ **Le Grand Monarque** Situé à deux pas du centre, cet hôtel particulier du XVIIe siècle est un de ces nids douillets que l'on quitte à regret. Les chambres aux couleurs pastel invitent au farniente, surtout celles aménagées sous les combles, et la carte du restaurant décline avec brio pavés de charolais et spécialités de poisson (menus de 17 à 38€). De la salle du restaurant gastronomique, vues panoramiques sur l'île du Faubourg. Comptez 95€ pour une chambre double. *33, quai Clemenceau 58400* ***La Charité-sur-Loire*** *Tél. 03 86 70 21 73 www.le-grand-monarque.fr*

Domaine des forges de la Vache Cette ancienne forge royale, qui s'étend sur plusieurs hectares au cœur de la forêt des Bertranges, offre diverses possibilités d'hébergement, dont cinq chambres charmantes avec vue sur le parc, et quelques cabanes en bois au confort spartiate (dortoir : 22€/lit). Il est doux de se prélasser dans le jardin d'hiver, tandis que les enfants jouent dans la piscine chauffée. Cours de taï-chi et dîner sur demande (26€). Chambre double à 76€ et petit déjeuner à 8€. *Raveau 58400* ***La Charité-sur-Loire*** *(3km à l'est du centre-ville) Tél. 03 86 70 22 96 Ouvert toute l'année*

GAMME DE PRIX	RESTAURATION	HÉBERGEMENT
Très petits prix	moins de 12€	moins de 30€
Petits prix	de 12 à 18€	de 30 à 50€
Prix moyens	de 18 à 25€	de 50 à 75€
Prix élevés	de 25 à 45€	de 75 à 115€
Prix très élevés	plus de 45€	plus de 115€

POUILLY-SUR-LOIRE

58150

Pouilly-sur-Loire s'ancre au cœur de la réserve naturelle du Val de Loire, à mi-chemin entre la source et l'embouchure du fleuve, dont elle porte le nom. Si une partie de la ville semble tournée vers la Loire et la valorisation de son écosystème (d'où l'ouverture du pavillon du Milieu de Loire), l'autre regarde résolument vers les coteaux alentour, d'où jaillit une source réputée dans le monde entier. Touristes en goguette et amateurs de crus pourront déguster chez l'exploitant ces deux vins blancs hauts en couleur : le pouilly-fumé et le pouilly-sur-loire.

MODE D'EMPLOI

accès

EN VOITURE
À 14 km au nord de La Charité par la N7 et à 16km au sud de Cosne-Cours-sur-Loire par l'A77.

EN TRAIN
Une dizaine de trains par jour entre Cosne-Cours-sur-Loire et Nevers, avec arrêt à Pouilly-sur-Loire.
Gare SNCF *Av. de la Gare Tél. 3635 www.voyages-sncf.com*

informations touristiques

Office de tourisme Dans les mêmes bâtiments que la tour du Pouilly-Fumé, avec un espace de dégustation de vins et une boutique. *30, rue Waldeck-Rousseau Tél. 03 86 20 63 85 www.pouillysurloire.fr Ouvert juil.-août : tlj. 10h-19h ; sept.-déc. et fév.-juin : mar.-dim. 10h-12h30 et 14h-18h30*

DÉCOUVRIR

☆**Les essentiels** Le pavillon du Milieu de Loire **Découvrir autrement** Faites provision de craquants du Val de Loire, assistez de bon matin à la traite à la chèvrerie de La Fillouse ➤ **Carnet d'adresses p.344**

Pouilly et ses environs

Tour du Pouilly-Fumé Situé dans un ancien relais de poste, ce centre d'interprétation invite à une découverte sensorielle des vins de Pouilly, avec force techniques interactives et audiovisuelles. Le visiteur pénètre au cœur du terroir de Pouilly, parcourt les vignobles en compagnie des vignerons et suit les différentes étapes de vinification. En fin de visite, dégustation de vin et boutique. *30, rue Waldeck-Rousseau 58150* ***Pouilly-sur-Loire*** *Tél. 03 86 24 04 70 Ouvert mars-juin et sept.-mi-nov. : mar.-dim. 10h-12h30 et 14h-18h30 ; juil.-août : tlj. 10h-19h Tarif 6€*

☆ ☺ **Pavillon du Milieu de Loire** Cet autre centre d'interprétation, ainsi nommé car la ville de Pouilly est établie à mi-distance entre la source et l'embouchure de la Loire, sensibilise petits et grands à l'écosystème ligérien. Une approche interactive et ludique a été privilégiée pour présenter la faune et la flore des différents "milieux", notamment la Loire des îles. Mise en avant sur le thème de la migration des oiseaux et possibilité d'organiser des sorties d'observation avec un ornithologue. Ne manquez pas de compléter la visite du pavillon par une promenade sur l'un des trois **sentiers du Milieu de Loire** aménagés autour du site (possibilité d'emprunter des jumelles à l'accueil). *17, quai Jules-Pabiot 58150* ***Pouilly-sur-Loire*** *Tél. 03 86 39 54 54 www.pavillon-pouilly.com Ouvert fév.-mars : mer.-dim. 14h-17h30 ; avr.-mai : mar.-dim. 14h-18h ; juil.-août : 10h-18h30 ; juin et sept. : mar.-dim. 10h-12h30 et 14h-18h ; oct.-mi-nov. : mar.-dim. 14h-18h Tarif 4,50€*

Réserve naturelle du Val de Loire Elle s'étend de La Charité à Tracy, village posté au pied de la butte de Sancerre, sur plus de 1 500ha, et abrite de nombreuses espèces protégées. Remarquable diversité des milieux naturels, des îles sablonneuses aux berges broussailleuses, à découvrir à pied par l'un des sentiers du Milieu de Loire (cf. Pavillon du Milieu de Loire) ou en kayak (cf. ci-après, Descendre la Loire en rabaska). En été, vous croiserez les amateurs de pêche "à trousse culotte" : munis de jambières, ils recueillent à hauteur des bancs de sable des paniers entiers de goujons. *www.sitesnaturels bourgogne.asso.fr*

● **Croquer les craquants du Val de Loire** Les douceurs de la petite entreprise familiale, où le savoir-faire se transmet de père en fille, ont été déclarées meilleurs biscuits de France en 2002. N'hésitez pas à pousser la porte du local pour entamer la visite des cuisines, mais ne comptez pas repartir avec la

Un vignoble, deux AOC

Différencier les appellations Les sols des rives de la Loire ont façonné deux vins blancs au caractère bien trempé. Loin d'être dépouillé, le **pouilly-fumé**, cépage sauvignon planté sur près de 1 200ha, dévoile des notes aromatiques de genêt, d'agrumes et de fruits exotiques. Quant au **pouilly-sur-loire**, cépage chasselas planté sur une quarantaine d'hectares, il dévoile des touches d'amande fraîche, de noisette et de fleurs blanches.
Découvrir le vignoble Le syndicat viticole fournit la documentation nécessaire à ceux qui souhaitent arpenter les différents domaines de Pouilly. *2, rue des Écoles 58150* ***Pouilly-sur-Loire*** *Tél. 03 86 39 06 83 www.pouilly-fume.com*
Déguster du vin Au domaine du Bouchot pour goûter des blancs qui fleurent bon le bio, et chez Guy Saget pour plonger dans l'univers d'un passionné (cf. GEOVins). **Domaine du Bouchot** *58150* ***Saint-Andelain*** *(4km au nord de Pouilly-sur-Loire) Tél. 03 86 39 13 95* **Guy Saget** *La Castille 58150* ***Pouilly-sur-Loire*** *Tél. 03 86 39 57 75*

recette des craquarts (biscuits à base de noisettes, amandes et extrait de café) ! La boutique propose également de la nougatine de Nevers, du chocolat et les pavés de la Route bleue. **Craquants du Val de Loire** *Route de Châteauneuf ZA Les Bardebouts 58150* ***Pouilly-sur-Loire*** *Tél. 03 86 39 09 67* **Boutique** *Ouvert lun.-ven. 8h-17h30* **Visite** *Ouvert lun.-ven. 8h-12h Entrée libre*

● **Descendre la Loire en rabaska** Le moyen idéal pour contempler au fil de l'eau les trésors de la réserve naturelle du Val de Loire.
Canoë Évasion Toutes les formules sont disponibles, de la descente accompagnée à la descente libre, de la demi-journée à la randonnée. *17, quai Jules-Pabiot 58150* ***Pouilly-sur-Loire*** *Tél. 03 86 39 13 75 www.canoeevasion.com*
Pavillon du Milieu de Loire Le centre organise des descentes et des sorties crépusculaires en rabaska, grand canoë canadien d'une capacité de 12 personnes (15€/pers.). *17, quai Jules-Pabiot 58150* ***Pouilly-sur-Loire*** *Tél. 03 86 39 54 54 www.pavillon-pouilly.com*

● **Visiter la chèvrerie de La Fillouse** La ferme de Raphaël Bourdon est un véritable paradis pour les amateurs de crottins... et les enfants, qui caressent les chèvres, aussi indisciplinées qu'attachantes. Les matinaux assistent à la traite, tandis que les curieux peuvent admirer les nouveau-nés entre fin février et début mars. Possibilité de visiter la fromagerie et de déguster tomes, bûches ou bouchons. **Chèvrerie de La Fillouse** *58150* ***Suilly-la-Tour*** *(10km au nord-est de Pouilly) Tél. 06 84 98 53 74 chevreriedelafillouse@gmail.com Ouvert tlj. mat. et fin ap.-m.*

CARNET D'ADRESSES

Restauration, hébergement

petit prix

Chez mémère Les patrons de cette cantine bourguignonne élaborent une cuisine traditionnelle où dominent les produits du marché. Les nombreux habitués apprécient escargots, jambons persillés, andouillettes et autres réjouissances maison, servies avec générosité et simplicité. Menus de 13 à 25€. *72, av. Waldeck-Rousseau 58150* ***Pouilly-sur-Loire*** *Tél. 03 86 39 02 43 Ouvert mar.-sam. midi et soir, dim. midi*

prix moyens

☺ **Chambres d'hôtes Armalou** La maison, située au cœur du hameau et à la lisière des vignes, a des airs de gîte : deux chambres (dont une familiale) avec entrée indépendante,

GAMME DE PRIX	RESTAURATION	HÉBERGEMENT
Très petits prix	moins de 12€	moins de 30€
Petits prix	de 12 à 18€	de 30 à 50€
Prix moyens	de 18 à 25€	de 50 à 75€
Prix élevés	de 25 à 45€	de 75 à 115€
Prix très élevés	plus de 45€	plus de 115€

cuisine équipée, véranda et jardin privatif. L'adorable maîtresse des lieux prépare le matin un petit déjeuner gargantuesque à base de charcuterie, fromages, yaourts, fruits, tartines et brioche. Livres et jeux à disposition : une adresse sur mesure pour les familles ! *Le Bouchot 58150* ***Pouilly-sur-Loire*** *Tél. 03 86 39 11 15 ou 06 17 24 18 14 www.armalou.com*

prix élevés

Le Coq hardi Le chef de ce restaurant traditionnel concocte des mets classiques et savoureux : salade de truffes de Bourgogne, quenelle de sandre et côte de veau rôtie (plat à 25€ en moyenne et menus de 23,80 à 57€). Produits locaux, présentation originale et service efficace. Neuf chambres cosy à disposition (double de 75 à 90€, petit déjeuner à 11€). *42, av. de la Tuilerie 58150* ***Pouilly-sur-Loire*** *Tél. 03 86 39 12 99 www.lecoqhardi.fr*

COSNE-COURS-SUR-LOIRE

58200

Il est loin le temps où les rumeurs montaient des forges royales de la Chaussade et où la ville vibrait d'une activité métallurgique intense. Issue de la fusion de Cosne-sur-Loire et de Cours en 1973, la commune vit aujourd'hui au rythme de la Loire, et séduit curieux et contemplatifs, qui découvrent à pied les ruelles du centre médiéval et s'offrent une toile à l'insolite cinéma Éden. Un petit bout de paradis attend d'ailleurs les amateurs de vins, qui auront de jolies surprises en goûtant, au domaine ou en cave, les crus de l'appellation côteaux-du-giennois, cultivés aux portes de la ville.

MODE D'EMPLOI

accès

EN VOITURE

À 16km au nord de Pouilly-sur-Loire par l'A77, à 14km au nord de Sancerre par la D955.

EN TRAIN

Près de 10 liaisons par jour avec Nevers.

Gare SNCF *Av. de la Gare Tél. 3635 www.voyages-sncf.com*

informations touristiques

Office de tourisme de Cosne-Cours-sur-Loire Livret disponible pour une visite de la ville à son rythme (gratuit). *Pl. de l'Hôtel-de-Ville Tél. 03 86 28 11 85 www.ot-cosnesurloire.fr Ouvert jan.-mars et nov.-déc. : mar.-sam. 9h-12h et 14h-17h ; avr.-juin et sept.-oct. : lun.-sam. 9h-12h et 14h-18h, dim. 10h30-12h30 ; juil.-août : lun.-sam. 9h-12h et 14h-18h30, dim. 10h-12h30*

Office de tourisme du Donziais *18, rue du Général-Leclerc 58220* ***Donzy*** *(17km à l'est de Cosne-Cours-sur-Loire) Tél. 03 86 39 45 29 www.officetourismedonziais.com Ouvert mars-oct. : lun.-sam. 9h-12h et 14h-18h ; nov.-fév. : lun. 14h-18h, mar.-ven. 9h-12h et 14h-18h, sam. 9h-12h*

Office de tourisme de la Puisaye nivernaise *6, Grande-Rue 58310* ***Saint-Amand-en-Puisaye*** *Tél. 03 86 39 63 15 www.ot-puisaye-nivernaise.fr Ouvert avr.-sept. : lun.-sam. 9h30-12h et 14h-18h, dim. 10h-12h30 et 15h-18h ; oct.-mars : lun.-sam. 14h-17h*

marchés, fêtes et manifestations

Marché *Bd de la République Mer. et dim. mat.*

Salon du livre Rencontres, séances de dédicaces et débats le temps d'un week-end littéraire. *Mai*

DÉCOUVRIR

NIÈVRE

☆ **Les essentiels** Saint-Amand-en-Puisaye **Découvrir autrement** Traversez la rivière à bord d'un cyclorail, admirez les maisons à pans de bois de Donzy en savourant des croquets **➤ Carnet d'adresses p.350**

Cosne-Cours-sur-Loire

De nombreux vestiges rythment la visite de la ville, notamment le portail roman de l'église Saint-Agnan, les restes du château du XIIIe siècle et l'ancien palais épiscopal. En contrebas des anciennes forges royales de la Chaussade, dont seuls subsistent le portail en fer forgé et une ancre du XIXe siècle, le quai Maréchal-Joffre et la place des Marronniers offrent d'agréables panoramas sur la Loire.

Musée de la Loire La collection exposée au rez-de-chaussée du couvent des Augustins, élégant bâtiment du XVIIe siècle, explore les facettes de la Loire moyenne (comprise entre Digoin et Briare). De nombreux objets quotidiens, photographies, peintures et maquettes refont vivre la navigation fluviale et les activités aujourd'hui disparues. Au premier étage, la collection d'Émile Loiseau comprend des œuvres de l'école de Montparnasse : Vlaminck, Chagall, Utrillo, Dufy ou encore Derain. *Pl. de la Résistance Tél. 03 86 26 71 02 Ouvert mars-sept. : lun., mer.-sam. 10h-12h et 14h30-18h30, dim. 14h30-18h30 ; oct.-fév. : lun., mer.-sam. 10h-12h et 14h30-18h Tarif 3,50€, réduit 1,70€*

Musée du Facteur et de la Poste Un musée pour les enfants et les curieux, qu'intéresse l'univers des facteurs : uniformes, reconstitution d'un bureau de poste, boîtes aux lettres et l'incontournable collection de timbres. *Pl. de la Résistance Tél. 03 86 28 49 95 Ouvert mar.-ven. 10h-12h et 15h-17h30, sam. 10h-12h Tarif 2,50€, réduit 1€*

● ☺ **Où remplir son panier pique-nique ?** Les propriétaires de cette boutique proposent leurs coups de cœur "chinés" dans les environs : huiles, terrines, pâtes, liqueurs, miels, confitures, vins, bonbons… et bien d'autres douceurs à découvrir. Possibilité d'assister à la traite des chèvres (tlj. à 15h30) et de faire le plein de crottins de Chavignol. Trois gîtes en location. **Ferme de Port Aubry** *Port Aubry (1km au sud de la ville en direction de la gare) Tél. 03 86 26 63 61 www.portaubry.com Ouvert lun.-sam. 9h-12h et 15h-19h, dim. 9h-12h et 16h-18h*

● ☺ **Parcourir les vignobles en cyclorail** Un mécanisme tout simple, qui séduit les familles et les contemplatifs : deux vélos montés sur un plateau coulissant sur les rails d'une ancienne voie ferrée. Enfourchez votre véhicule, et partez admirer à votre rythme les panoramas qui défilent entre Cosne-Cours-sur-Loire et Sancerre ! Comptez 24€/cyclorail, sur réservation. **Cyclorail du Sancerrois** ***Durée*** *15km AR* ***Départ*** *Port Aubry* ***Rens.*** *Tél. 06 85 22 80 72 www.cyclorail.com Ouvert toute l'année*

Les environs de Cosne-Cours sur-Loire

Musée paysan de la Bourgogne nivernaise Dans la ferme de Cadoux, datant du XVe siècle, de nombreux mannequins illustrent la vie quotidienne des paysans avant la mécanisation, les métiers devenus obsolètes et l'évolution des techniques. *Cadoux 58440* ***La Celle-sur-Loire*** *(7km au nord de Cosne-Cours-sur-Loire) Tél. 03 86 39 22 84 Ouvert mai-sept. : tlj. 14h-19h Tarif 2€*

NIÈVRE

Donzy

Une petite bourgade en plein cœur d'une région vallonnée et forestière, qui profite depuis toujours de la confluence de ses deux rivières, la Talvanne et le Nohain, d'où les nombreux moulins en activité au XIXe siècle. Chef-lieu d'une importante baronnie, Donzy conserve un beau patrimoine : ruines du vieux château, maisons à pans de bois et à encorbellement (du XVe au XVIIe s.), façades Renaissance et la chapelle des Brosses du XIIe siècle. *À 17km à l'est de Cosne-Cours-sur-Loire)*

Écomusée de la meunerie Le moulin de Maupertuis cessa de fonctionner en 1961, mais l'équipe de l'écomusée a pris le relais pour décrypter le savoir-faire du meunier et le fonctionnement du moulin. Exposition thématique sur les étapes de la transformation du grain à la farine. *Rue André-Audinet 58220* ***Donzy*** *Tél. 03 86 39 39 46 www.moulinmaupertuis.org Ouvert mai, juin et oct. : w.-e. et j. fér. 14h-18h ; juil.-sept. : tlj. 14h-19h Tarif 4,50€, réduit 2,50€*

OSEZ ET CROQUEZ ! Les pâtissiers de la ville possèdent chacun une recette de croquets de Donzy. Les gourmands feront le tour des échoppes pour comparer le goût de ces biscuits longs et croquants, préparés avec de la poudre d'amandes et de noisettes !

Moulin de l'île L'élégante façade de la maison qui flanque le moulin se reflète dans les eaux de Donzy depuis 150 ans. L'huilerie Pradalier, servie dans les meilleurs restaurants, produit de l'huile de noix et de noisette d'une rare qualité, extraite à la meule de pierre, et de première pression à froid. Visite de l'huilerie, plongée au coeur des techniques et boutique. *14, rue de l'Éminence 58220* ***Donzy*** *Tél. 03 86 39 31 48 Ouvert lun.-ven. 10h-12h et 14h-16h Entrée libre*

☺ **Église Notre-Dame-du-Pré** De l'ancien prieuré clunisien de Donzy-le-Pré, construit au XIIe siècle, subsistent une tour et un **tympan**, chef d'œuvre de l'art roman bourguignon. Il porte trois figures en haut relief : la Vierge en majesté, entourée d'un ange et du prophète Isaïe. *À 1km à l'ouest de Donzy*

Château de la Motte-Josserand Le long de la vallée du Nohain, le château de la Motte-Josserand – fief du comte de Nevers au XIIIe siècle – est une forteresse médiévale carrée bâtie sur un bloc rocheux et ceinte de larges douves. Perrinet Gressard, propriétaire du château au XVe siècle, s'allia avec les Anglais pendant la guerre de Cent Ans et força Jeanne d'Arc à lever le siège de La Charité-sur-Loire. *La Motte-Josserand 58220* ***Perroy*** *(4,5km au nord de Donzy) Ouvert juil.-mi-août 10h30-12h et 15h30-18h Entrée libre*

Nièvre gourmande

Bonnes tables

Jean-Michel Couron (Nevers) — 333
Restaurant Riera (Nevers) — 333
Chez Babette et Eva (La Charité-sur-Loire) — 340
Hostellerie de la Poste (Clamecy) — 353

Produits du terroir

À la tentation (Nevers) — 327
Au négus (Nevers) — 327
Pâtisserie-confiserie Édé (Nevers) — 327
Craquants du Val de Loire (Pouilly-sur-Loire) — 344
Croquets (Donzy) — 347
Ferme de Port Aubry (Cosne-Cours-sur-Loire) — 347
Chèvrerie des Brosses (Donzy) — 348
Le Val d'Osseux (Rouy) — 356

● **Où trouver le fameux crottin de Chavignol ?** Reconnu AOC depuis 1976, le crottin de Chavignol tire son nom du terme berrichon *crot* désignant une lampe à huile en terre cuite utilisée pour éclairer l'étable pendant la traite des chèvres. La zone d'appellation se situe en grande partie dans le Cher, mais se prolonge dans la Nièvre et le Loiret. La chèvrerie des Brosses propose ce fromage à base de lait entier et cru de chèvre, à choisir selon vos goûts : jeune, bleuté ou affiné. **Chèvrerie des Brosses** *La Grande Brosse 58220* ***Donzy*** *Tél. 03 86 26 29 02 www.chevrerie-des-brosses.com*

☆ Saint-Amand-en-Puisaye

Saint-Amand-en-Puisaye exploite depuis le XVIe siècle les gisements de terre gréseuse qui gisent au flanc des collines du Puisaye. Les fameux “bleus” de Puisaye, obtenus grâce au verre pilé et coloré en bleu pour la glaçure des pots, témoignent de la présence de verriers au XVIe et au XVIIe siècles. Au XIXe siècle, des artistes viennent s'installer autour de l'école créative du maître potier Jean Carriès (1855-1894). La ville reste dédiée à ce façonnage de la terre : vous y trouverez boutiques et ateliers, ainsi qu'un centre de formation (possibilité de stages d'initiation). *À 19km au nord de Cosne-Cours-sur-Loire*

☺ **Musée du Grès** Le musée présente dans deux salles d'un beau château de style Renaissance quatre siècles d'histoire du grès de Puisaye. Exposition de nombreuses pièces utilitaires – saloirs, pots à graisse, pots à lait, écuelles, etc. – et

Forêt sur le mont Preneley

Nevers, Cathédrale Saint-Cyr-et-Sainte-Julitte (p.323)

décoratives. *13, Grande-Rue 58310* ***Saint-Amand-en-Puisaye*** *Tél. 03 86 39 74 97 Ouvert juin-sept. : tlj. 10h-12h30 et 14h30-18h30 ; avr.-mai : w.-e. et j. fér. 10h-12h30 et 14h30-18h30 Tarif 4€ (billet combiné avec la Maison de la mémoire potière)*

Maison de la mémoire potière Cet ancien atelier situé dans le faubourg des potiers offre une plongée dans l'univers de la production potière au XIXe siècle. Remarquez notamment le four à bois en briques. *58310* ***Saint-Amand-en-Puisaye*** *Tél. 03 86 39 63 15 Ouvert juin-sept. : tlj. 10h-12h30 et 14h30-18h30 ; avr.-mai : w.-e. et j. fér. 10h-12h30 et 14h30-18h30 Tarif 4€ (billet combiné avec le musée du Grès) Visite guidée 10h30, 14h30, 16h, 17h15*

CARNET D'ADRESSES

Restauration, hébergement

prix moyens

Le Grand Monarque De doux effluves gastronomiques émanent de cet établissement situé dans une charmante ruelle de Donzy. Les spécialités du chef font l'unanimité : terrine de lapin en habit de lard, pistaches, abricots et pruneaux, ou mousse au chocolat aux éclats de croquets de Donzy. Menus dès 19,50€. Une quinzaine de chambres modernes à disposition (de 58 à 68€). *10, rue de l'Étape 58220* ***Donzy*** *(17km à l'est de Cosne-Cours-sur-Loire) Tél. 03 86 39 35 44 www.legrandmonarque-donzy.fr* **Restaurant** *Ouvert mar.-sam. midi et soir, dim. midi*

prix élevés

Le Vieux Relais Plongez dans l'univers fleuri et verdoyant d'un relais de poste du XVIe siècle ! Les chambres, confortables et exotiques, portent des noms d'oiseaux des environs et donnent sur une ravissante cour intérieure. Aurez-vous la chance de voir virevolter dans ce havre de paix des bergeronnettes des ruisseaux ? Comptez 85-96€ la double. Copieuse et riche cuisine bourguignonne servie au restaurant (menus de 17,40 à 39€). *11, rue Saint-Agnan 58200* ***Cosne-Cours-sur-Loire*** *Tél. 03 86 28 20 21 et 03 86 26 71 12 www.le-vieux-relais.fr*

☺ **Maison Salvard** Un couple de Hollandais amoureux de la région a transformé la maison du peintre impressionniste Emmanuel de la Villéon (1858-1944) en un véritable bijou. Les cinq chambres, au charme suranné et à la décoration peaufinée, combleront les esthètes en quête de quiétude (de 75 à 95€ la double, petit déjeuner inclus). N'hésitez pas à glisser les pieds sous la table d'hôtes pour savourer une cuisine bio et délicieuse (25€/pers. vin compris). *Les Salvards 58310* ***Bitry*** *(18km au nord de Cosne-Cours-sur-Loire) Tél. 09 60 14 83 47 www.maisonsalvard.com*

☺ **Prieuré Saint-Agnan** Le prieuré Saint-Agnan est une maison élégante du XIXe siècle située au cœur de Cosne-Cours-sur-Loire. Elle abrite cinq chambres spacieuses et confortables, aux murs tapissés de miroirs, bibliothèques et peintures. Un cadre intimiste et chaleureux pour une escale ouatée (entre 82 et 120€). Piscine chauffée extérieure et superbe jardin dominant la Loire. *Pl. Saint-Agnan 58200* ***Cosne-Cours-sur-Loire*** *Tél. 06 99 03 07 75 www.prieuresaintagnan.blogspot.com*

☺ CLAMECY

58500

La "perle des Vaux de l'Yonne" jouit d'une douceur de vivre inégalable, et le charme opère aussi bien dans les ruelles du centre historique, aux superbes maisons à pans de bois, qu'au pied de la sculpture en bronze de César, l'*Homme du futur* (1987), qui tend son bras ailé vers l'avenir. La ville natale de Romain Rolland, prix Nobel de littérature en 1915, fut la plaque tournante de l'industrie du flottage du bois, qui consistait à acheminer par la Loire – et ses canaux – puis l'Yonne les bûches de chauffage jusqu'à Paris. Les bateaux de plaisance remplacent désormais les radeaux, et les touristes amateurs de douceur glissent sur le canal du Nivernais, qui relie Decize à Auxerre.

MODE D'EMPLOI

accès

EN VOITURE
Traversée par la N151, la ville est située sur l'axe Auxerre-La Charité-sur-Loire, et Vézelay se trouve à 22km à l'est par la D951.

EN TRAIN
Cinq liaisons quotidiennes en TER entre Paris et Clamecy (2h40), et de nombreux trains vers Auxerre (1h).
Gare SNCF *Pl. de la Gare Tél. 3635 www.voyages-sncf.com*

informations touristiques

Office de tourisme des Vaux d'Yonne Visite de la ville point par point avec un livret disponible gratuitement. *7-9, rue du Grand-Marché Tél. 03 86 27 02 51 www.vaux-yonne.com Ouvert avr.-juin et sept. : mar.-sam. 9h30-12h30 et 14h-18h ; juil.-août : lun. 14h-18h, mar.-sam. 9h30-12h30 et 14h-19h ; oct.-mars : mar.-sam. 9h30-12h30 et 14h-17h30*

fêtes et manifestations

Fête de l'andouillette et du vin blanc Festivités et festins en l'honneur de la "mère Chapuis", qui aurait inventé la recette de l'andouillette au XIXe siècle. *Déb. juil.*
Festival des Perthuis Concerts et animations dans les Vaux d'Yonne. *Juil.*

DÉCOUVRIR

☆**Les essentiels** La collégiale Saint-Martin, le musée d'Art et d'Histoire Romain-Rolland **Découvrir autrement** Plongez dans l'univers fascinant du flottage du bois au dernier étage du musée d'Art et d'Histoire Romain-Rolland

> Carnet d'adresses p.352

Clamecy

☆ **Collégiale Saint-Martin** Élevée entre le XIIIe et le XVIe siècle, l'église trône place Saint-Jean. Le drapeau tricolore qui flotte au sommet de sa tour marque le penchant farouchement républicain de la ville depuis la Révolution. Le portail du XVIe siècle, orné et sculpté de scènes retraçant des épisodes de la vie de saint Martin, et la tour finement ouvragée sont de pur style gothique flamboyant. À l'intérieur de l'édifice, au plan rectangulaire et au déambulatoire carré, le chœur et le gros œuvre de la nef datent du XIIe siècle. À gauche du chœur, remarquez le faux jubé construit au XIXe siècle pour soutenir certains piliers. La chapelle de la Tour, située sous le clocher, abrite deux bas-reliefs parfaitement conservés de 1525 représentant la Cène et la Mise au tombeau. Superbe orgue classé de Cavaillé-Coll (1863). *Ouvert tlj. 8h-19h*

BALADE DANS LE VIEUX CLAMECY
Une atmosphère médiévale règne dans la vieille ville de Clamecy, labyrinthe de ruelles et d'escaliers, ponctué de maisons à pans de bois. Ne manquez pas la maison du Tisserand rue de la Monnaie (XVe s.). Et, pour découvrir un nouveau point de vue sur la ville, promenez-vous sur les quais du Beuvron.

NIÈVRE

☆ ☺ **Musée d'Art et d'Histoire Romain-Rolland** La maison natale de Romain Rolland et l'ancien hôtel du duc de Bellegarde (du XVIIe s.) abritent les collections hétéroclites du musée. Le visiteur découvre tout d'abord la donation François-Mitterrand, qui comporte les tableaux offerts au président pendant ses deux mandats, et un espace dédié à l'archéologie gallo-romaine et mérovingienne (nombreux vestiges provenant du site archéologique de Compierre). Au premier étage, collection de peintures du XVIe au XXIe siècle (écoles française, italienne et hollandaise) et remarquable ensemble d'affiches de Charles Loupot (1892-1969) : suivez l'évolution stylistique de ce publicitaire, créateur majeur de l'entre-deux-guerres. Enfin, le dernier étage du musée réunit une exposition de faïences (écoles de Clamecy et Nevers), une salle consacrée à Romain Rolland (1866-1944), et, sous la charpente de l'hôtel de Bellegarde, une superbe exposition sur l'**histoire du flottage du bois**. Clamecy fut en effet la plaque tournante de ce commerce, dont l'objectif était l'acheminement du bois de chauffage jusqu'à Paris. *Av. de la République Tél. 03 86 27 17 99 www.musees-bourgogne.org Ouvert juin-sept. : lun. et mer.-sam. 10h-12h et 14h-18h, dim. 14h-18h ; oct.-déc. et fév.-mai : mer.-sam. 10h-12h et 14h-18h, dim. 14h-18h Tarif 3€*

CARNET D'ADRESSES

Restauration, hébergement

petits prix

Chambres d'hôtes Champlemy Cette maison de village réserve quelques surprises, dont, côté jardin, une tour du XVIIIe siècle veillant sur de superbes arbres séculaires. Les chambres, dont deux peuvent accueillir jusqu'à 4 personnes, jouissent d'ailleurs de la vue sur le jardin : une option idéale pour les familles (double de 44 à 48€). Dîner d'hôtes sur demande (17€ vin non compris). *Le Bourg 58210* ***Champlemy*** *(25km au sud de Clamecy par la N151 et la D977) Tél. 03 86 60 15 08 www.champlemy.com*

prix moyens

☺ **Hostellerie de la Poste** Chaleur et simplicité sont deux qualités cultivées avec brio dans cet ancien relais de poste du centre de Clamecy. La cuisine traditionnelle du chef y régale gourmands et gourmets depuis de nombreuses années : parmentier d'escargots de Bourgogne au beurre persillé, filet de bœuf charolais en croûte de moelle sauce verjutée, soufflé au marc de Bourgogne, etc. Comptez 23,50€ pour un menu du jour. Quant aux chambres de l'hostellerie, elles bénéficient d'une vue superbe sur les toits de Clamecy (double de 58 à 64€). *9, pl. Émile-Zola 58500* ***Clamecy*** *Tél. 03 86 27 01 55 hotelposteclamecy@wanadoo.fr*

prix élevés

☺ **Château de Villaine** La noble demeure féodale domine la vallée, mais se garde de révéler l'accès à son souterrain ou aux oubliettes ! Pour les hôtes, il n'est pas question de cachot, mais plutôt de profiter, bien au chaud, de l'une des deux chambres : décoration raffinée et confort assuré (80€ la double). Lézardez dans le salon près de la cheminée en regardant l'une des œuvres insolites du propriétaire. Accueil charmant et plein de poésie. 58460 ***Breugnon*** *(8km au sud de Clamecy par la D951) Tél. 03 86 29 12 03 ou 06 77 34 12 84 www.chateau-de-villaine.com*

CORBIGNY

58800

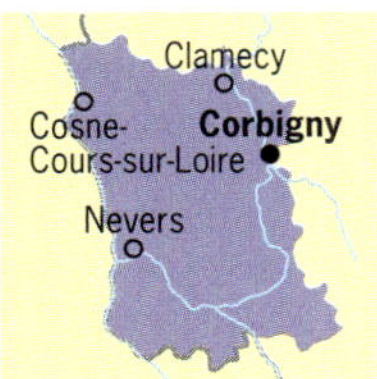

Il règne une folle animation les jours de marché dans cette bourgade sise aux confins du Morvan : éleveurs et acheteurs prennent possession de la salle moderne du marché au cadran le lundi, tandis que les étals des maraîchers, poissonniers et autres commerces de bouche envahissent la rue principale le vendredi. Corbigny vibre également en l'abbaye Saint-Léonard, transformée en centre d'art contemporain. Le temps d'un concert ou d'un café, il n'est pas rare de voir touristes et locaux improviser un débat animé sur l'art de vendre du bétail ou sur les détails d'une œuvre d'art.

MODE D'EMPLOI

accès

EN VOITURE

À 30km au sud de Clamecy et Vézelay, la cité est située aux portes du Morvan, à 15km à l'ouest de Lormes.

EN TRAIN

Cinq liaisons par jour entre Corbigny et Paris, avec changement à Clamecy.

Gare SNCF *Av. de la Gare Tél. 3635 www.voyages-sncf.com*

informations touristiques

Office de tourisme du Pays corbigeois Brochures touristiques, guides de randonnées et circuits à vélo dans les environs. *8, rue de l'Abbaye Tél. 03 86 20 02 53 www.lepayscorbigeois.fr Ouvert juin-sept. : mar.-sam. 9h-12h30 et 14h-18h30 ; nov.-fév. : mar.-sam. 9h30-12h30 et 14h-17h ; mars-mai et oct. : mar.-sam. 9h30-12h30 et 14h-18h*

marchés, fêtes et manifestations

Marché *Grande-Rue Ven. mat.*
Marché au cadran Vente aux enchères du bétail. *Bovins lun. mat., ovins lun. ap.-m.*
Fêtes musicales de Corbigny Concerts dans l'abbaye. *1re quinzaine d'août*

DÉCOUVRIR

☆**Les essentiels** L'abbaye Saint-Léonard, les voûtes de la Collancelle
Découvrir autrement Marchez dans les pas de Jules Renard à Chitry-les-Mines, passez les écluses du canal du Nivernais, remplissez votre panier pique-nique au Val d'Osseux ➤ Carnet d'adresses p.357

Corbigny

☆ ☺ **Abbaye Saint-Léonard** L'ensemble abbatial, détruit lors d'un incendie en 1180, fut reconstruit au XVIIIe siècle, à la suite de la réforme de Saint-Maur. L'abbaye bénédictine conserve de cette époque une élégante façade symétrique, une cour d'honneur et un escalier monumental. Après la Révolution, elle fut successivement un haras, un hôpital et une école, et accueille aujourd'hui un centre d'art contemporain (quatre compagnies en résidence). Deux installations permanentes donnent un véritable souffle de vie à l'ancienne abbaye : une œuvre de Krijn de Koning dans les cuisines, *Work for the Abbaye de Corbigny (blue)*, et *Au pays*, une composition de Lawrence Weiner, sur la façade du bâtiment. Expositions temporaires et événements culturels sont régulièrement organisés dans les salles en ogives. *8, rue de l'Abbaye Tél. 03 86 20 02 53 Ouvert juin-sept. : lun.-sam. 9h-12h30 et 14h-18h30 ; nov.-fév. : lun.-sam. 9h30-12h30 et 14h-17h ; mars-mai et oct. : lun.-sam. 9h30-12h30 et 14h-18h Entrée libre*

Tuilerie de la chapelle de Sarre Cette tuilerie artisanale est en activité depuis le XVIIIe siècle, et plusieurs de ses bâtiments ont conservé leur charpente d'époque. La visite met en lumière les étapes de fabrication des tuiles et carreaux. *À la sortie de Corbigny en direction de Clamecy Tél. 03 86 20 10 53 Ouvert lun., mer.-ven. 9h-12h et 14h-17h Entrée libre*

Les environs de Corbigny

☺ **Chitry-les-Mines** "Toutes les maisons descendent boire à la rivière. Le village est au bord de l'eau comme un troupeau de bêtes énormes. Le clocher les mène et le village respire." C'est ainsi que l'enfant du pays, Jules Renard (1864-1910), décrit Chitry-les-Mines dans son *Journal* en 1898. Un buste en bronze de l'auteur de *Poil de carotte* est érigé sur la placette de Chitry, dont il fut le maire pendant six ans. Le **château** du XVIe siècle abrite une collection de peintures des écoles italienne, flamande et hollandaise, ainsi qu'une galerie ornée de tapisseries représentant les Sybilles. *À 3 km à l'ouest de Corbigny par la D977bis* **Château** *Tél. 03 86 20 11 48 Ouvert mi-juin-mi-sept. Visites sur rdv*

Château de Villemolin Depuis que le château du XIVe siècle (remanié du XVIe au XIXe s.) a accueilli le tournage du *Mystère de la chambre jaune* de Bruno Podalydès (2003), la visite prend des airs de pèlerinage cinématographique. Il émane une certaine harmonie de la construction en forme de fer à cheval, flanquée de trois tours circulaires. Ne manquez pas la chapelle de style néo-gothique. *58800* ***Anthien*** *(10km au nord de Corbigny par la D958) Tél. 03 86 22 01 09 Visites guidées juil.-août : mer.-lun. 14h-18h Tarif 6€*

Site archéologique de Compierre Du Ier siècle av. J.-C. au IVe siècle s'étendait au cœur de l'actuelle forêt de Compierre une importante cité gallo-romaine. Des fouilles ont mis au jour de nombreux vestiges : forum, théâtre, boutiques et nécropole. Certaines pièces sont exposées au musée d'Art et d'Histoire Romain-Rolland de Clamecy. *58420* ***Champallement*** *(17km à l'ouest de Corbigny) Rens. OT Brinon Tél. 03 86 29 07 96*

NIÈVRE

Au fil du canal du Nivernais

Il sinue sur plus de 170km entre Saint-Léger-des-Vignes, aux portes de Decize, et Auxerre, traçant une diagonale au cœur de la Nièvre : succession bucolique de courbes, de ponts en pierre et d'écluses (près de 120), le canal du Nivernais séduit bon nombre de plaisanciers, mais aussi de cyclistes et de marcheurs, qui jouissent du charme des chemins de halage (cf. GEORégion Yonne, Les environs d'Auxerre, Canal du Nivernais). **Locaboat Holidays** *Location de péniches sans permis Port de la Vauvelle* ***Corbigny*** *Tél. 03 86 91 72 72 www.locaboat.com*

Échelles de Sardy Le site, qui s'étire dans la vallée de Sardy, est spectaculaire : un alignement de seize écluses, que l'on peut admirer de la voie verte aménagée le long du canal (interdit aux engins motorisés). *À 7km au sud de Corbigny par la D985*

☆ **Voûtes de la Collancelle** C'est ici qu'ont débuté les travaux de la construction du canal en 1784. La série de trois galeries, dont l'impressionnant tunnel de la Collancelle (758m), a été creusée par un millier d'hommes. Le bief de partage, entre l'étang de Baye et le hameau de Port-Brûlé, s'étend sur plus de 4km. Location de bateau indispensable pour approcher ces ouvrages invisibles du bord du canal. *À 11km au sud de Corbigny par la D958*

Étangs de Baye et de Vaux Des sentiers pédagogiques font le tour de ces deux étangs artificiels, créés au XIXe siècle pour alimenter en eau le canal du Nivernais (198ha). De nombreuses espèces d'oiseaux y trouvent aujourd'hui refuge, dont le martin-pêcheur et le héron cendré. Base nautique et aire de pique-nique. **Base Activital** *Baye 58110* ***Bazolles*** *(15km au sud par la D958) Tél. 03 86 38 97 39 Ouvert mars-oct.*

☺ **Écluse de Fleury** Un barrage à aiguilles tel qu'il en existait au XIXe siècle, avec des poutrelles de bois montées perpendiculairement à la passerelle afin de réguler les crues. Un cadre rêvé pour une pause sur les bords du chemin de halage : maison éclusière, nombreuses possibilités de balades, coin pique-nique, etc. *À 36km au sud de Corbigny par la D945 en direction de Biches*

Châtillon-en-Bazois Le bourg s'articule autour du canal du Nivernais et du château, flanqué d'une tour défensive du XIIIe siècle. Objets d'art provenant du monde entier, et superbes jardins à explorer en été : parc à l'anglaise, orangerie et jardin à la française. *À 27km au sud de Corbigny* **Château** *Tél. 06 09 91 00 59 Ouvert mi-juil.-fin août : mar.-dim., visites guidées à 14h30, 15h45, 17h et 18h15 Tarif 6€*

Musée des Métiers du monde rural L'ancienne boulangerie du village expose une importante collection d'objets de la vie quotidienne du monde rural bazois au début du XXe siècle. Des animations régulières font revivre les savoir-faire d'une vingtaine de métiers traditionnels. *Le Bourg 58110* ***Tamnay-en-Bazois*** *(26km au sud de Corbigny) Tél. 03 86 84 14 54 Ouvert avr.-mai et oct. : sam.-dim. 14h30-18h30 ; juin-sept. : mar.-dim 14h30-18h30 Tarif 3€*

Nièvre côté nature

Voir aussi les activités proposées sur les bords de Loire (p.329).

À pied

Sentier du Crôt des Labeaux et sentier de l'Osmonde royale (Prémery) ___ 331
Sentiers du Milieu de Loire (Pouilly-sur-Loire) ___ 343

Sur la Loire

Les Ligéries (Decize) ___ 333
Loire Nature Découverte (La Charité-sur-Loire) ___ 339
Canoë Évasion (Pouilly-sur-Loire) ___ 344
Pavillon du Milieu de Loire (Pouilly-sur-Loire) ___ 344
Port des Pougeats (Bazolles) _ 357

À cheval

La Rose des vents (Varennes-Vauzelles) ___ 328

À vélo

Voie verte du canal du Nivernais (Decize) ___ 333
Cyclorail du Sancerrois (Cosne-Cours-sur-Loire) ___ 347

● **Où faire provision de fromages ?** Les fermiers du Val d'Osseux, partisans de l'autonomie alimentaire, cultivent eux-mêmes la nourriture qu'ils donnent à leur troupeau de vaches. Leurs fromages aux saveurs gourmandes, telle la tommette du val d'Osseux, sont en vente à la boutique de la ferme. **Le Val d'Osseux** *58110* ***Rouy*** *(35km au sud de Corbigny par la D958) Tél. 03 86 60 20 63 www.levaldosseux.fr Ouvert lun.-mar. et jeu.-sam. 9h-12h30 et 15h-18h, mer. 9h-12h30*

● **Naviguer sur le canal du Nivernais** "Un soir t'en souvient-il ? Nous voguions en silence"... Lamartine, né à Mâcon, aurait-il été séduit par les bateaux électriques ? Les plaisanciers sont en tout cas nombreux à louer ces

NIÈVRE

embarcations peu bruyantes et à partir en goguette sur le canal du Nivernais. Comptez 1h pour atteindre les voûtes de la Collancelle. Location à l'heure ou à la semaine. **Port des Pougeats** *58110* ***Bazolles*** *(15km au sud de Corbigny) Tél. 03 86 38 90 70 www.aquafluvial.fr Ouvert avr.-oct.*

CARNET D'ADRESSES

Restauration, hébergement

prix moyens

Le Cépage Des produits locaux d'une rare fraîcheur cuisinés dans le respect des saveurs : gibiers, baies sauvages du Morvan, escargots de Bourgogne... Les plats, aux accents gastronomiques, sont servis en hiver dans la salle aux pierres apparentes, et en été dans la cour intérieure, d'où l'on voit le chef s'activer en cuisine. Menus de 17,50 à 39€ et plats à prix doux côté bistrot. *7, Grande-Rue 58800* ***Corbigny*** *Tél. 03 86 20 09 87 www.bourgogne restaurantparcmorvan.com Ouvert lun.-mar. et ven.-sam. 12h-14h et 19h-22h, mer. et dim. 12h-14h*

Roulottes du Bazois Confort, charme et originalité : cette variante écologique du mobile home séduira les vacanciers à l'esprit bohème (coin salon, cuisine, couchage pour 4 personnes et salle de bains). Nombreuses balades à proximité pour une échappée bucolique. Comptez de 78 à 110€/j. selon la saison pour 3 personnes. *Pl. Pierre-Saury 58110* ***Châtillon-en-Bazois*** *(27km au sud de Corbigny) Tél. 03 86 84 06 99 www.roulottes-bazois.com Ouvert avr.-oct.*

prix élevés

☺ **Château de Champallement** Les chambres d'hôtes du château médiéval, perché au-dessus du village, jouissent d'une vue remarquable sur la campagne nivernaise et la butte de Montenoison. Lits à baldaquin, cheminées monumentales et plafonds à la française : la vie de château vous est servie sur un plateau ! La tour du XVIe siècle abrite une chambre indépendante et charmante, idéale pour une escapade romantique. Cuisine, jeux et vélos à disposition. Entre 80 à 140€ la nuit. *58420* ***Champallement*** *(17km à l'ouest de Corbigny) Tél. 03 86 29 02 18 www.manoir-champallement.com Ouvert toute l'année*

GAMME DE PRIX	RESTAURATION	HÉBERGEMENT
Très petits prix	moins de 12€	moins de 30€
Petits prix	de 12 à 18€	de 30 à 50€
Prix moyens	de 18 à 25€	de 50 à 75€
Prix élevés	de 25 à 45€	de 75 à 115€
Prix très élevés	plus de 45€	plus de 115€

GEOREGION

Sens, vitraux de la cathédrale Saint-Étienne (p.364)

YONNE

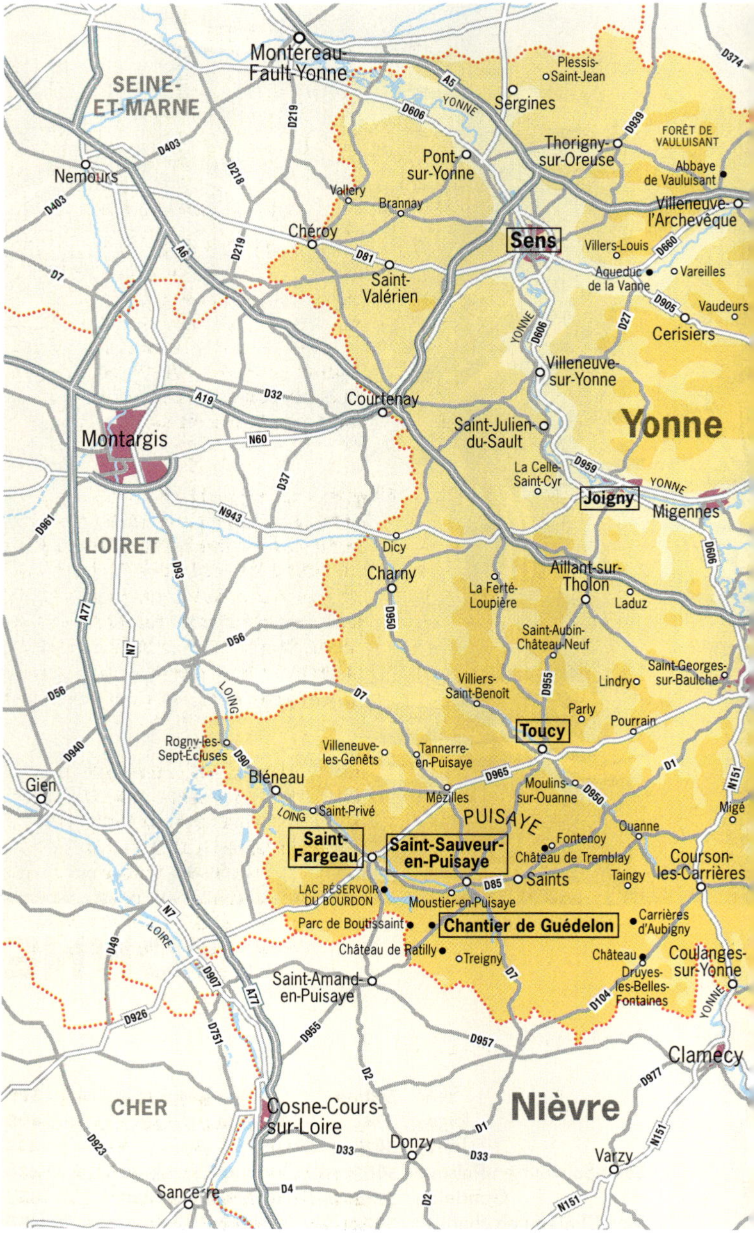
Montereau-Fault-Yonne
SEINE-ET-MARNE
Nemours
Plessis-Saint-Jean
Sergines
Pont-sur-Yonne
Thorigny-sur-Oreuse
FORÊT DE VAULUISANT
Abbaye de Vauluisant
Villeneuve-l'Archevêque
Vallery
Brannay
Chéroy
Sens
Villers-Louis
Aqueduc de la Vanne
Vareilles
Saint-Valérien
Vaudeurs
Cerisiers
Villeneuve-sur-Yonne
Courtenay
Saint-Julien-du-Sault
Yonne
Montargis
La Celle-Saint-Cyr
Joigny
Migennes
LOIRET
Dicy
Charny
Aillant-sur-Tholon
La Ferté-Loupière
Laduz
Saint-Aubin-Château-Neuf
Villiers-Saint-Benoît
Lindry
Saint-Georges-sur-Baulche
Parly
Pourrain
Toucy
Rogny-les-Sept-Écluses
Villeneuve-les-Genêts
Tannerre-en-Puisaye
Gien
Bléneau
Mézilles
Moulins-sur-Ouanne
Saint-Privé
PUISAYE
Migé
Saint-Fargeau
Saint-Sauveur-en-Puisaye
Fontenoy
Château de Tremblay
Ouanne
Courson-les-Carrières
Saints
Taingy
LAC RÉSERVOIR DU BOURDON
Moustier-en-Puisaye
Parc de Boutissaint
Chantier de Guédelon
Carrières d'Aubigny
Château de Ratilly
Treigny
Château
Druyes-les-Belles-Fontaines
Coulanges-sur-Yonne
Saint-Amand-en-Puisaye
Clamecy
CHER
Cosne-Cours-sur-Loire
Nièvre
Donzy
Varzy
Sancerre
YONNE
LOING
LOIRE
A5
A6
A19
A77
N7
N60
N151
N943
D606
D403
D218
D219
D939
D374
D81
D660
D905
D27
D7
D32
D37
D961
D93
D950
D959
D955
D56
D90
D965
D940
D1
D85
D49
D907
D751
D926
D955
D957
D2
D104
D977
D923
D33
D4

YONNE

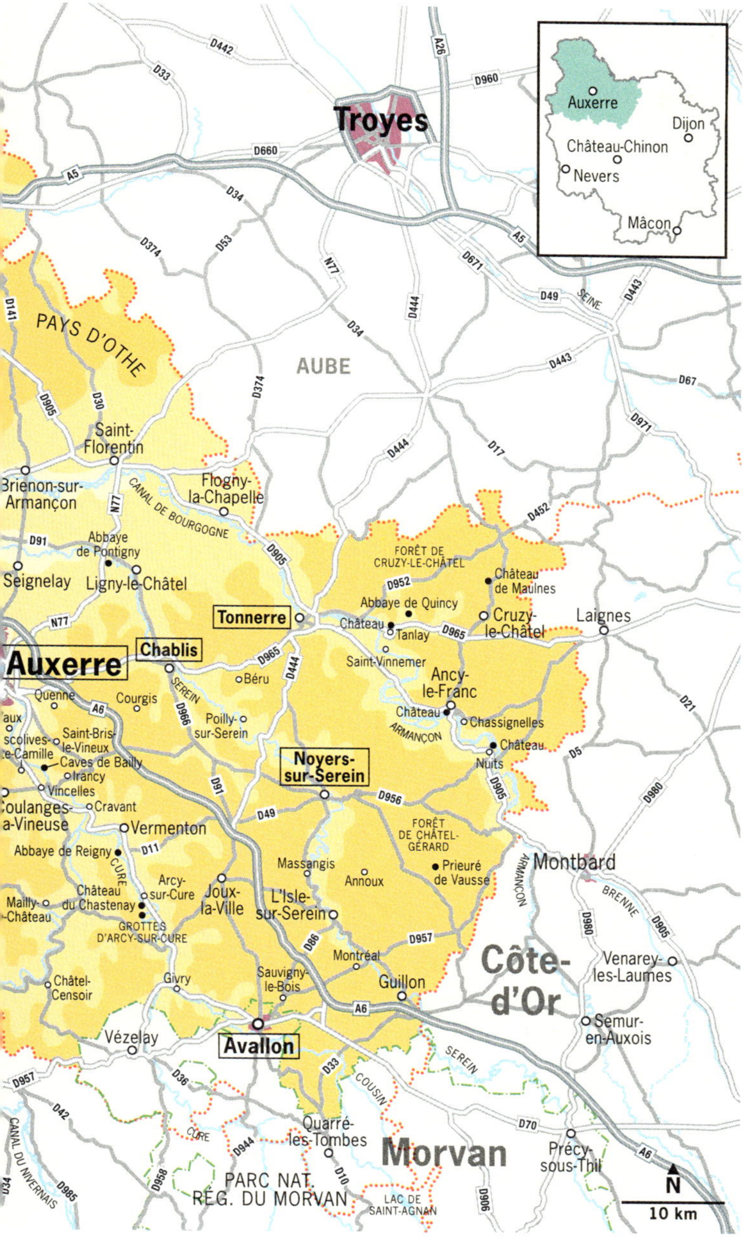
Troyes
AUBE
PAYS D'OTHE
Auxerre
Dijon
Château-Chinon
Nevers
Mâcon
Saint-Florentin
Brienon-sur-Armançon
Flogny-la-Chapelle
CANAL DE BOURGOGNE
Abbaye de Pontigny
Seignelay
Ligny-le-Châtel
FORÊT DE CRUZY-LE-CHÂTEL
Château de Maulnes
Abbaye de Quincy
Tonnerre
Château
Tanlay
Cruzy-le-Châtel
Laignes
Chablis
Auxerre
Saint-Vinnemer
Béru
Ancy-le-Franc
Quenne
Courgis
SEREIN
Château
Chassignelles
Saint-Bris-le-Vineux
Poilly-sur-Serein
ARMANÇON
Château
Caves de Bailly
Irancy
Noyers-sur-Serein
Nuits
Vincelles
Coulanges-la-Vineuse
Cravant
Vermenton
FORÊT DE CHÂTEL-GÉRARD
Abbaye de Reigny
CURE
Massangis
Prieuré de Vausse
Annoux
Montbard
Arcy-sur-Cure
Joux-la-Ville
L'Isle-sur-Serein
ARMANÇON
BRENNE
Château du Chastenay
Mailly-Château
GROTTES D'ARCY-SUR-CURE
Montréal
Côte-d'Or
Venarey-les-Laumes
Châtel-Censoir
Givry
Sauvigny-le-Bois
Guillon
Semur-en-Auxois
Vézelay
Avallon
SEREIN
COUSIN
Quarré-les-Tombes
CURE
Morvan
Précy-sous-Thil
PARC NAT. RÉG. DU MORVAN
LAC DE SAINT-AGNAN
CANAL DU NIVERNAIS
SEINE
N
10 km
A5
A26
A6
D442
D33
D960
D660
D34
D374
D53
N77
D444
D671
D49
D443
D141
D905
D30
D67
D971
D17
D452
D91
D952
D965
D966
D21
D5
D956
D980
D11
D86
D957
D36
D42
D944
D10
D958
D906
D985
D70

★SENS

89100

Des toits de tuiles vernissées, des ruelles médiévales bordées de maisons à pans de bois, une cathédrale qui se flatte d'être le prototype des grands vaisseaux gothiques français, l'animation de ses rues piétonnes : à une heure de train de Paris, Sens est une belle entrée en matière, un condensé de Bourgogne que l'on aurait tort de négliger. Une mise en bouche, ajoutent les gourmands, qu'attendent un marché regorgeant du meilleur des produits régionaux et quelques tables de premier ordre.

UNE TRIBU REBELLE Les Senons ont donné bien du fil à retordre aux Romains. Cette tribu celte indocile déferla sur Rome en 390 av. J.-C. et la mit au pillage : c'est l'épisode des oies du Capitole qui, par leurs cris, prévinrent les ultimes défenseurs de la ville réfugiés sur la dernière colline fortifiée. C'est aussi le célèbre "*Vae victis*" (Malheur aux vaincus) lancé par le chef gaulois Brennus. Trois siècles plus tard, un chef Senon conduira le dernier carré des Gaulois résistant encore à César après la bataille d'Alésia. Maîtres de la Gaule, les Romains font de la cité la capitale d'une des provinces de leur nouvelle conquête. On y construit des édifices qui serviront de carrière lorsqu'au milieu du IIIe siècle une muraille cantonnée de trente tours rondes sera précipitamment élevée pour défendre la ville contre les raids des barbares. Après la chute de l'Empire romain (476), Sens perd son rôle de capitale sous les Mérovingiens.

UNE PLACE HISTORIQUE Héritière des divisions administratives romaines, Sens n'en abrite pas moins le siège de l'archevêché des Gaules, dont dépendent entre autres les évêques d'Orléans, d'Auxerre et de Paris. Ce n'est qu'en 1079 que l'archevêque de Lyon reçoit du pape le titre de primat des Gaules. Mais les archevêques de Sens défendent *mordicus* leur emprise sur leurs anciens évêchés, et notamment sur celui de Paris, qui ne sera détaché de leur autorité qu'en 1487. Cette place particulière qu'occupe Sens dans le royaume lui vaut la construction dès 1130 d'une majestueuse cathédrale gothique, où sera célébré, en 1234, le mariage de Saint Louis et de Marguerite

Tableau kilométrique

	Sens	Auxerre	Chablis	Vézelay	Nevers	Dijon
Auxerre	61					
Chablis	92	21				
Vézelay	113	50	48			
Nevers	197	122	142	107		
Dijon	220	150	137	120	230	
Beaune	217	147	134	120	155	45

de Provence. C'est encore une ville fortifiée derrière ses remparts d'origine romaine. Ils serviront une dernière fois en février 1814, lors de la campagne de France : le général Alix y est retranché à la tête de 800 hommes et, en dépit des supplications des habitants qui l'implorent de se rendre, résiste aux assauts des cosaques et des troupes du prince royal du Würtemberg. Les Alliés parviennent néanmoins à forcer le passage. La muraille est démantelée au début de la Restauration, révélant les blocs antiques, aujourd'hui conservés par le musée de la ville. Forte aujourd'hui de 27 000 habitants, Sens, après avoir exercé sa tutelle sur Paris, en subit désormais l'influence. Grâce aux liaisons ferroviaires qui mettent la petite sous-préfecture à moins d'une heure de la capitale, plusieurs centaines de Sénonais y vont quotidiennement travailler.

MODE D'EMPLOI

accès

EN VOITURE

À 125km de Paris par l'A5 puis l'A19, et à 220km de Dijon via Auxerre (61km).
Stationnement La vieille ville est inscrite à l'intérieur de larges boulevards percés à l'emplacement des anciens remparts. On s'y gare facilement et gratuitement. Mais, si la circulation automobile est autorisée dans le centre-ville, mieux vaut abstenir d'y rouler : les rues sont étroites et le stationnement est payant. De plus, l'étendue modeste du centre ancien permet de le sillonner à pied sans difficulté.

EN TRAIN

Gare Située sur la rive gauche de l'Yonne, elle assure plusieurs liaisons quotidiennes avec Paris (env. 1h), Auxerre, Dijon, Lyon et Marseille. *Place François-Mitterrand (à pied, compter 15min pour rejoindre le centre)*

orientation

La rue de la République (partant de l'OT) est l'axe principal du centre-ville : elle conduit notamment à la cathédrale, aux musées et au marché couvert. On y trouvera également le bureau de poste principal. La Grande-Rue, perpendiculaire à la précédente, est la principale artère commerçante de la ville (rue piétonne).

informations touristiques

Office de tourisme Servi par un personnel compétent et disponible, l'office met à disposition de nombreux documents sur la ville et la région. *Place Jean-Jaurès Tél. 03 86 65 19 49 www.office-de-tourisme-sens.com Ouvert juil.-août : lun.-sam. 9h30-13h et 14h-18h30, dim. et j. fér. 10h30-13h et 14h-16h30 ; mai-juin et sept.-oct. : lun.-sam. 9h30-12h30 et 14h-18h, dim. et j. fér. 10h30-13h et 14h-16h30 ; hors saison : lun.-sam. 9h30-12h30 et 14h-18h*
Visites guidées L'OT organise des visites commentées de la cathédrale et des musées (départs tlj. en saison, 5€ pour la visite de la cathédrale, 8,20€ pour les musées), ainsi que des visites thématiques (juil.-août, dim. ; calendrier sur le site Internet de l'OT). On peut aussi y louer un **audioguide** (5€ + caution de 50€) avec un commentaire décrivant les principaux monuments de la ville (disponible également en téléchargement gratuit sur le site de l'OT).

marchés, foires

Marché Dans la splendide halle couverte du centre-ville et les rues alentour. Le marché du samedi matin, plus particulièrement consacré aux produits de bouche, rassemble de nombreux producteurs. *Place de la République Lun. toute la journée, ven. et sam. matin*

Foire annuelle La plus importante manifestation de la ville, à l'origine une foire aux bestiaux créée en 1849, réunit chaque année près de 300 exposants : une véritable cité commerciale s'installe alors à la lisière sud du centre-ville, le long du cours Tarbé. Un accent particulier y est mis sur la gastronomie régionale avec la participation de grands chefs. *Fin avr.*

fêtes et manifestations

Fêtes de l'âne Cette manifestation qui renoue avec une tradition médiévale propose une série de concerts, d'expositions et d'animations dédiées au Moyen Âge. On peut notamment y entendre la formation Obsidiennes, un ensemble vocal et instrumental voué à la musique du Moyen Âge et de la Renaissance. *Mi-jan.*

DÉCOUVRIR

Sens

☆**Les essentiels** La cathédrale Saint-Étienne, le musée de la ville
Découvrir autrement Frissonnez dans les cachots des archevêques puis réchauffez-vous dans les serres tropicales, laissez-vous tenter par l'audacieuse carte du Miyabi et son cadre trendy ➤ **Carnet d'adresses p.372**

☆**Cathédrale Saint-Étienne** Construite à partir de 1130, c'est la première cathédrale gothique édifiée en France. Son élévation se poursuivit tout au long du siècle : en 1164, le chœur et la nef étaient achevés. Le pape Alexandre III, qui avait fui Rome où régnait un antipape nommé par l'Empereur germanique, et trouvé refuge à Sens, la capitale religieuse du royaume de France, consacra l'une de ses chapelles. *Ouvert tlj. 9h-18h*

Extérieur À la fin du XIIe siècle, la façade était terminée : deux tours de base carrée encadrant en une triple élévation le portail central. En 1267, c'est la catastrophe : dans la nuit du jeudi saint, la tour sud (à droite) s'écroule sur elle-même. Les travaux de reconstruction qui s'engagent aussitôt dureront jusqu'au début du XVIe siècle : l'édifice est d'abord rebâti sur le modèle de la tour nord, avec quelques différences cependant dans le traitement des ouvertures notamment ; on le rehausse ensuite d'un clocher, tandis que la façade principale est surélevée. Enfin, le XVIe siècle le pare d'un gracieux campanile

CATHÉDRALE CÔTÉ COUR

Le mariage de Saint Louis et de Marguerite de Provence a été célébré dans la cathédrale en 1234. Saint Louis fera plusieurs séjours dans la ville, de même que ses lointains successeurs Louis XIII et Louis XIV. La cité reste chère au cœur des rois de France, si bien que le Dauphin, fils de Louis XV, exprime le désir d'être inhumé dans la cathédrale de Sens, où son monument funéraire se dresse toujours dans une chapelle du chœur.

Renaissance pour aboutir à cette haute façade asymétrique que l'on découvre aujourd'hui. La décoration sculptée des trois portails fut presque entièrement martelée par les révolutionnaires de 1793, à l'exception du saint Étienne qui occupe le trumeau du portail central : un Sénonais avait eu, dit-on, la bonne idée de le coiffer d'un bonnet phrygien. Cela nous vaut de pouvoir admirer une œuvre splendide où la finesse des traits, l'élégance du drapé de la dalmatique portent la marque des débuts de la statuaire gothique, tandis que le hiératisme de la posture du saint trahit encore les influences de l'art roman.

Intérieur Comparée aux cathédrales gothiques postérieures, celle de Sens n'est certes pas la plus imposante : la hauteur de sa nef (24,40m) n'offre pas la vertigineuse ascension vers le ciel de celles de Beauvais (48,50m) ou d'Amiens (42,30m). La largeur de sa **nef** est en revanche comparable aux grands vaisseaux gothiques (15,35m contre 16m à Amiens), ce qui, conjugué à la longueur totale de l'édifice (113,50m contre 72,50 à Beauvais), donne le sentiment d'une plénitude sereine, d'un ample édifice solidement campé sur ses bases. Sur le côté gauche de la nef, un délicat retable Renaissance (XVIe s.) fait face à une **tribune** portée par de fines colonnes. Elle soutient la statue mutilée de Jean de Salazar, père de l'archevêque Tristan de Salazar qui ordonna à la fin du XVe siècle la construction du **transept**. Il en confia la réalisation à l'un des maîtres de l'époque, Martin Chambiges, l'architecte du transept de la cathédrale de Beauvais. Plus hauts que la voûte de la nef (27m contre 24), ses deux bras sont de véritables puits de lumière grâce à leurs majestueuses rosaces soutenues par des baies géminées : l'ensemble sera garni de vitraux au début du XVIe siècle. Le bras sud abrite une *Vierge assise* du XIVe siècle : ce type iconographique d'une Vierge trônant en majesté, fréquent dans l'art roman, devient rare à l'époque gothique. Le **chœur** est entouré d'un déambulatoire dont les arcs romans du côté nord (c'est par cette partie que débuta la construction au

☆ La vie en images de saint Thomas Beckett

Les verrières qui garnissent les ouvertures comptent parmi les chefs-d'œuvre de la cathédrale. Les plus anciennes (début du XIIIe s.) occupent les quatre hautes baies du déambulatoire nord : un merveilleux chatoiement de rouges, de verts, de bleus et d'ors. On peut y voir (en partant de la nef) : l'histoire de saint Thomas Beckett (1117-1170), l'archevêque de Canterbury qui, s'opposant au roi d'Angleterre Henri II, se réfugia à Sens avant de regagner son pays, où il fut assassiné dans sa cathédrale par des hommes de main aux ordres du roi (l'histoire se lit de bas en haut). Au pied de la baie, une statue du XIIe siècle représente un évêque, sans doute Thomas Beckett lui-même : elle fut découverte dans une maison qui passe pour avoir abrité le prélat lors de son exil sénonais. La baie suivante illustre l'histoire de saint Eustache (un général romain qui, pour avoir embrassé le christianisme, est dépouillé de tous ses biens, mais les retrouve ainsi que sa famille, après des années de misère). Viennent ensuite les narrations des paraboles de l'Enfant prodigue et du Bon Samaritain.

début du XIIe siècle) retombent sur des chapiteaux historiés. Au centre trône le majestueux **autel** dessiné au milieu du XVIIIe siècle par Servandoni, l'architecte de l'église Saint-Sulpice à Paris. Du XVIIIe siècle également, le **mausolée du Dauphin**, fils de Louis XV, est l'œuvre de Guillaume Coustou, célèbre pour ses *Chevaux de Marly* dont une copie orne la place de la Concorde à Paris (originaux conservés au Louvre).

☆ **Musée de Sens** Les collections du musée de Sens sont abritées dans les bâtiments de l'ancien palais archiépiscopal situé sur le flanc sud de l'église. De la place de la cathédrale, on y accède par un porche passant sous la partie la plus ancienne de l'ensemble, le palais synodal, que coiffe une toiture de tuiles vernissées. *Place de la Cathédrale Ouvert oct.-mai : lun., jeu.-ven. 14h-18h, mer., sam.-dim. 10h-12h et 14h-18h ; juin et sept. : mer.-lun. 10h-12h et 14h-18h ; juil.-août : mer.-lun. 10h-18h Tarif 4,20€, réduit 3€, moins de 18 ans gratuit*

Palais synodal Il fut construit dans la première moitié du XIIIe siècle, puis modifié à plusieurs reprises, jusqu'aux amples travaux de restauration entrepris par Viollet-le-Duc au XIXe siècle. Sous le porche, quelques marches conduisent à une vaste salle gothique (lieu d'expositions temporaires) : immédiatement à gauche de l'entrée, un passage donne accès aux lugubres **prisons des archevêques**. Dans la première salle, vous remarquerez au sol une dalle fermant une geôle souterraine, réservée sans doute aux détenus les plus récalcitrants. La seconde salle mène aux cachots, dont les murs sont couverts de nombreux graffitis laissés par les détenus : les plus anciens remontent au XIIIe siècle (procession de saints sous des arcs) et au XIVe siècle (une Vierge couronnée). Au-delà du porche, on débouche dans une cour bordée à droite par les écuries (milieu du XVIIIe s.) et que prolonge l'**aile François Ier**, une séduisante construction Renaissance (début du XVIe s.) dont les murs de briques rouges servent de toile de fond à la délicate ornementation dessinée par la pierre blanche. En empruntant le **passage de Moïse** qui conduit vers la rue, on ne manquera pas d'admirer le splendide porche extérieur. La dernière aile en retour, l'aile **Henri II**, construite au milieu du XVIe siècle, a subi jusqu'au début du XXe siècle de profondes modifications, qui ont notamment muré les baies à l'origine ouvertes du rez-de-chaussée. L'accès aux musées se fait par l'aile François Ier : ils regroupent une importante section archéologique, une collection de peintures et d'objets

YONNE

☺ La maison d'Abraham

En sortant de la cathédrale, vous pourrez suivre à gauche la rue de la République, flanquée à droite du marché couvert. Plus loin, elle croise la Grande-Rue, bordée de maisons à pans de bois. En continuant dans la rue de la République, on atteint la plus célèbre des vieilles maisons de la ville, celle dite d'Abraham, du XVIe siècle, dont le poteau d'angle s'orne d'une sculpture représentant l'arbre de Jessé (la généalogie traditionnelle de Jésus). À l'arrière de la maison (accès par un passage) s'étend la pittoresque place du Marché-aux-Porcs. La rue de la République débouche sur le cours Tarbé, tracé le long des anciennes fortifications.

PUZZLE ANTIQUE
Les collections gallo-romaines s'ouvrent par un des témoignages les plus spectaculaires du passé de la ville : lors de la destruction des remparts au XIXe siècle, on découvrit un ensemble de blocs ouvragés. À la fin du IIIe siècle, on construisit une enceinte à la hâte pour se défendre contre les invasions barbares en utilisant des blocs issus de divers édifices de la cité. Les archéologues ont reconstitué une partie de ce puzzle gigantesque et proposent la restitution de la façade d'un édifice monumental, sans doute des thermes, avec ses reliefs de divinités et ses décorations florales.

d'art, et le trésor de la cathédrale. Prévoyez au moins une heure de visite.

Collections archéologiques Les salles consacrées à la préhistoire attestent l'ancienneté de l'occupation humaine dans la région : ne manquez pas, dans la première salle, la statuette d'une divinité féminine dégagée d'un silex datant du paléolithique supérieur (entre 35 000 et 9 000 av. J.-C.). Dans la troisième salle est exposé le **trésor de Villethierry**, qui compte plus de 800 objets provenant d'un atelier d'orfèvre – épingles ouvragées, fibules, bagues, etc. – réalisés vers l'an mille avant notre ère. Dans les salles souterraines, des stèles funéraires gallo-romaines évoquent l'activité des défunts. On peut ainsi voir, sur la stèle dite du Drapier, deux esclaves occupés, l'un à fouler le tissu, l'autre à en tailler les irrégularités. À côté figure un marchand, plus loin, un forgeron. De là, on parvient ensuite à une vaste crypte moderne aménagée sous la cour des palais archiépiscopaux et dont le centre est occupé par les vestiges de **bains romains** : on y distingue une cuve ainsi que les hypocaustes (pilettes de briques) permettant la circulation de l'air chaud sous le dallage. En revenant sur ses pas jusqu'à la façade des thermes, on parvient à l'escalier monumental qui conduit aux sections suivantes. Avant l'escalier, une porte ouvre sur les jardins de l'Orangerie et ses splendides massifs à la française.

Peintures et objets d'art L'ancienne salle d'apparat des archevêques renferme sous son plafond du XVIe siècle deux groupes monumentaux représentant des vertus catholiques (Foi, Espérance, Charité, Justice) et provenant de l'ancien jubé de la cathédrale (mi-XVIIIe s.) démantelé en 1868. Le fond de la salle et la pièce suivante exposent des œuvres de la **collection Lucien et Fernande Marrey** : on peut y voir une *Vue d'Audierne* d'Albert Marquet et une *Marine* de Boudin, ainsi que des œuvres flamandes parmi lesquelles une *Adoration des Mages dans la neige* de Brueghel le Jeune. Dans l'espace central trône la salle à manger dessinée en 1941 par Raymond Subes (qui signa la décoration de plusieurs paquebots transatlantiques) pour le couple. À l'étage, se côtoient des peintures, notamment un *Christ au jardin des Oliviers* de Guido Reni (1575-1642) et, plus anecdotiques mais non moins surprenants, deux souvenirs napoléoniens : le chapeau que portait l'Empereur à la bataille de Waterloo, et l'uniforme de chasseur qu'il revêtait à Sainte-Hélène et qui fut légué à la ville par Ali, le fidèle mamelouk qui l'accompagna en exil et finit ses jours à Sens.

Trésor de la cathédrale L'ancienne chapelle privée des archevêques abrite une splendide tapisserie bruxelloise (fin XVe s.) dite de l'*Adoration des Mages* ainsi qu'un reliquaire byzantin en ivoire (Xe s.) délicatement sculpté de scènes illustrant les histoires de David et de Joseph. Une petite salle annexe prolongée d'une tribune donnant sur le chœur de la cathédrale, et d'où les prélats pouvaient assister aux offices, conserve une précieuse collection d'ivoires anciens ainsi que le reliquaire de la Vraie Croix, dont des fragments sont enchâssés dans une armature d'or depuis le XIVe siècle. À voir également, une collection de vêtements liturgiques, dont une dalmatique de soie du VIIIe siècle et des vêtements sacerdotaux ayant appartenu à Thomas Beckett.

☺ **Serres tropicales** À l'intérieur du vaste **parc du Moulin à tan**, elles présentent une collection riche de près de 1 500 espèces de plantes tropicales et de cactus. À ne pas manquer, les orchidées et les plantes carnivores. *28, chemin de Babie (5min à pied au sud du cours Tarbé) Tél. 03 86 64 46 22 Ouvert tlj. 14h30-17h Entrée libre*

● **Où faire une pause sucrée ?** L'après-midi, la terrasse et la salle colorée de la Cuisine de Lolie (cf. Carnet d'adresses) se transforment en salon de thé où l'on savoure de délicieuses pâtisseries maison (6€, portion enfant à 3,50€). **La Cuisine de Lolie** *75, Grande-Rue Tél. 03 86 88 43 51 Ouvert lun.-jeu. (midi uniquement) et ven.-sam. (midi et soir) Fermé en août*

Les environs de Sens

☆ **Les essentiels** L'abbaye de Vauluisant **Découvrir autrement** Faites une dégustation de cidre à Vaudeurs ➤ **Carnet d'adresses p.372**

Villeneuve-l'Archevêque et le pays d'Othe

Région de collines boisées, le pays d'Othe est partagé entre les départements de l'Yonne et de l'Aube, comme il fut disputé jadis, pendant la guerre de Cent Ans, entre les comtes de Champagne fidèles au roi de France et les ducs de Bourgogne alliés des Anglais. La région fut exploitée dès le Moyen Âge pour son minerai de fer et sa forêt : là encore, les moines cisterciens jouèrent un rôle important dans le défrichage et la mise en valeur du pays, comme en témoigne l'ancienne abbaye de Vauluisant. À l'écart des grands itinéraires touristiques de Bourgogne, le pays d'Othe mérite qu'on s'y attarde, à la rencontre de ses paysages propices à la randonnée, et de ses habitants amoureux de leur région. Et, pour les plaisirs du palais, le pays d'Othe est réputé pour sa production de cidre, une activité ancestrale relancée dans les années 1990 et en passe d'obtenir une IGP, une "indication géographique protégée", qui permettra de maintenir la spécificité du cidre de la région.

Villeneuve-l'Archevêque Après une halte au syndicat d'initiative, véritable mine d'informations sur les villages de la région, vous vous dirigerez vers l'église Notre-Dame, le joyau de la ville. Possession des archevêques de Sens, qui lui ont donné son nom, Villeneuve fut une cité prospère dès le XIIe siècle grâce notamment à son industrie textile, rendue possible par une série de moulins établis sur la Vanne, la rivière qui borde la ville au sud. À l'exception de sa somptueuse église, peu de vestiges subsistent de ce passé médiéval, si ce n'est son plan de rues se coupant à angles droits circonscrit dans un quadrilatère jadis fortifié, caractéristique des villes créées au XIIe siècle. *À 20km env. à l'est de Sens* **Syndicat d'initiative** *38, rue de la République 89190*

Villeneuve-l'Archevêque *(20km à l'est de Sens) Tél. 03 86 86 74 58 www.villeneuve-larcheveque.fr Ouvert juil.-août : lun.-ven. 9h30-12h et 15h-17h, sam. 9h30-12h et 15h-18h, dim. 10h30-12h ; juin et sept. : mar., jeu.-ven. 9h30-12h et 15h-17h, mer. et sam. 10h-12h et 15h-18h ; oct.-mai : mar. et jeu.-ven. 9h30-12h, mer. 9h-12h et 15h-17h, sam. 10h-12h et 15h-18h*

Église Notre-Dame De la place de la Liberté, où se trouve l'hôtel de ville, et qui fut la grande place du marché aux grains au XIIe siècle, une ruelle conduit au portail nord, chef-d'œuvre de cette église du XIIe siècle, réalisé au XIIIe. La qualité exceptionnelle de ses sculptures laisse penser qu'il s'agit là de l'ouvrage de maîtres tailleurs, dépêchés sur les lieux par Saint Louis. Le roi de France voulait ainsi laisser un souvenir prestigieux à l'église de la ville près de laquelle il avait reçu la Sainte Couronne, l'insigne relique pour laquelle il fit construire la Sainte-Chapelle à Paris (cf. encadré ci-après). La Vierge apparaît au trumeau, surmontée d'un dais où se découpe la silhouette de la cathédrale de Sens, avant l'écroulement de sa tour sud en 1267. De part et d'autre du passage prennent place, à gauche Marie, Élisabeth et l'archange Gabriel, dont le sourire plein de grâce rappelle les réalisations de la cathédrale de Reims, et, sur le côté opposé, les ancêtres traditionnels de la Vierge, Abraham, David et Salomon. Au linteau figurent les épisodes de la Nativité (Annonciation, visite des Rois mages), tandis qu'au tympan la Vierge est couronnée par le Christ. Les encadrements sont ornés de figures d'apôtres, d'anges et de personnages issus du lignage de la Vierge (arbre de Jessé). L'intérieur, d'une belle sobriété, renferme quelques œuvres sculptées dignes d'intérêt, comme une Mise au tombeau du XVIe siècle (au pied du bas-côté sud). *Ouvert Rameaux-Toussaint : tlj. 10h-18h*

☆ **Abbaye de Vauluisant** Cette fondation cistercienne de 1127 connut son apogée au XIIIe siècle. Maîtres d'un immense territoire dans le pays d'Othe, les moines y exploitaient notamment le minerai de fer. Ruiné pendant la guerre de Cent Ans, le monastère fut relevé au tout début du XVIe siècle et poursuivit son existence jusqu'à sa vente après la Révolution. C'est aujourd'hui une propriété privée appartenant à la même famille depuis son acquisition en 1835 par

La Sainte Couronne

La couronne d'épines dont Jésus fut coiffé lors de sa crucifixion était vénérée depuis au moins le début du Ve siècle à Jérusalem. Vers l'an mille, elle est à Constantinople, où la trouveront les barons francs de la quatrième croisade, qui, au lieu de faire voile vers la Terre-Sainte, se tournent vers Constantinople et s'emparent de la capitale de l'Empire byzantin en 1204. Criblés de dettes, les Francs doivent recourir à l'emprunt : pour garantir celui qu'ils souscrivent auprès d'un marchand vénitien, ils sont contraints de mettre en gage la Sainte Couronne. Saint Louis rembourse l'emprunt et, en contrepartie, obtient la vénérable relique. Elle est acheminée à travers les Alpes vers Paris. Saint Louis part à la rencontre du cortège et c'est près de Villeneuve-l'Archevêque qu'en 1239 lui est remise la couronne d'épines.

MUSIQUE À L'ABBAYE
Au début du mois de juin, l'association Résonances de Vauluisant organise des concerts dans l'ancienne grange des moines.
Au programme : musique classique, mais aussi jazz et musiques du monde.
Festival de Vauluisant
Rens. et rés. Tél. 03 86 86 78 40 www.vauluisant.com

Léopold Javal, un banquier alsacien. Passionné d'agronomie et influencé par le saint-simonisme, il transforma l'abbaye en exploitation agricole modèle. Son petit-fils, Adolphe Javal, médecin à l'hôpital de Sens, fut arrêté par les Allemands en 1944 dans sa propriété de Vauluisant et mourut en déportation à Auschwitz, ainsi que sa femme et ses filles. Aujourd'hui, la dynamique association Résonances de Vauluisant s'occupe de retracer l'histoire de cette prestigieuse abbaye et assure l'accueil du public. Sous la conduite d'un de ses membres, vous partirez à la découverte des vestiges de cet ensemble monastique : la très belle porterie du XVIe siècle, l'hôtellerie et sa chapelle, le pigeonnier hexagonal et son échelle tournante. La chapelle et les logis des moines ont disparu à la Révolution. Le tout s'inscrit dans un parc splendide parcouru par les canaux creusés par les moines au XIIe siècle. Les amoureux de botanique pourront également découvrir le charmant jardin des simples planté par les membres de l'association. *89190* ***Courgenay*** *(5km au nord-ouest de Villeneuve-l'Archevêque) Tél. 03 86 86 78 40 www.vauluisant.com Visite guidée (1h env.) dim. et j. fér. 14h-17h30 Sur rdv. le matin et le reste de l'année Tarif 5€*

YONNE

Forêt de Vauluisant Cette splendide forêt de 2 400ha est un joli but de promenade à la rencontre de ses chênes centenaires – près de 80% des arbres –, de sa faune (chevreuils et sangliers y abondent) et de ses mégalithes. On y a relevé une quinzaine de blocs de grès utilisés par l'homme entre 6 000 et 2 000 avant notre ère : des polissoirs, pierres de grande taille servant à affûter des silex, ainsi que des dolmens. *À 7km au nord de Villeneuve-l'Archevêque*
Sentiers de randonnée Une boucle de 14km (fléchage bleu) relie les mégalithes les plus importants ; on croisera également en chemin des bornes armoriées qui délimitaient les terres de l'abbaye de Vauluisant. Si l'on ne souhaite pas suivre l'ensemble de l'itinéraire, des sentiers fléchés partent de la route forestière pour découvrir les polissoirs de la Pierre à eau (1 200m AR) et du Sauvageau (3 700m AR). ***Accès au sentier*** *Pour rejoindre le plus facilement la grande boucle, suivre au départ de Lally (2km au nord-ouest de Villeneuve-l'Archevêque) la direction de la Charmée À la sortie du bourg, la route entre dans la forêt : poursuivre sur 2km environ jusqu'à un panneau à droite indiquant une aire de pique-nique ; on rejoint le sentier au niveau du polissoir de Lancy, à 350m de la route* ***Conseil*** *Procurez-vous le remarquable document explicatif sur la forêt disponible au syndicat d'initiative de Villeneuve-l'Archevêque*

● Visiter une maison de poupées La passion d'une vie. Longtemps lingère à Paris, Janou a toujours vécu au milieu des tissus et des vêtements : elle en confectionne aujourd'hui pour habiller la centaine de poupées qu'elle a réunies. La plupart d'entre elles conservent cependant leurs costumes d'origine, les plus anciennes datant de la fin du XIXe siècle. Elles sont mises en scène avec de ravissants meubles miniatures et leurs accessoires de Lilliputien. La visite se fait sous la houlette de la maîtresse de maison qui, entre deux automates qu'elle actionne, pimente son commentaire d'anecdotes et de souvenirs personnels.

Une visite rafraîchissante qui ne ravira pas seulement les petites filles modèles. **Grange à Janou** *4, route de Genève 89230* **Cerisiers** *(16km au sud de Villeneuve-l'Archevêque) Tél. 03 86 96 23 72 Ouvert Pâques-Toussaint : tlj. 14h-18h ; hors saison : w.-e. et j. fér. 14h-18h Tarif 5€, réduit (7-15 ans) 3€*

● ☺ **Déguster du cidre à la ferme** Producteurs de cidre depuis plusieurs générations, Louisette et Serge Frottier possèdent un pressoir du XIXe siècle. Après 200 ans de bons et loyaux services, il fonctionne toujours et est utilisé une fois l'an pour un pressage festif entre amis. Les pommes sont tout d'abord broyées, puis passées au pressoir, que l'on serre à l'aide d'une roue que l'on fait tourner à la façon d'un hamster dans sa cage. C'est le principe du "pressoir à roue de perroquet", une machine dont il ne reste qu'une demi-douzaine d'exemplaires en France. Des instruments plus modernes permettent de remplir les quelque 18 000 bouteilles qui sortent de l'exploitation chaque année. Et le cidre ? Vif et fruité, très désaltérant. Les Frottier produisent également du jus de pomme, du marc de cidre et du ratafia, rencontre du jus de pomme et du marc de cidre. Dégustation en fin de visite (env. 40min). Si elle vous a convaincu, vous pourrez repartir avec quelques souvenirs : cidre 3€ la bouteille, 13,50€ le carton de 6. **Musée de la Pomme et du Cidre** *Les Brissots 89320* **Vaudeurs** *(14km au sud de Villeneuve-l'Archevêque) Tél. 03 86 96 25 37 www.cidrefrottier.com Ouvert mars-nov. : tlj. 15h-18h ; hors saison : le matin sur rdv Tarif 2,50€, réduit 2€*

● **Faire une pause dans un "café de pays"** Le Maquis de Vareilles crée l'animation dans ce petit bourg du pays d'Othe : programme de concerts et d'expositions, épicerie équitable, petite restauration (tartes salées à prix doux). À découvrir ! **Le Maquis de Vareilles** *2, rue de l'Étable 89230* **Vareilles** *(12km au sud-ouest de Villeneuve-l'Archevêque) Tél. 03 86 33 41 58 Ouvert ven. 16h-23h, sam. 14h-23h, dim. 9h-20h*

L'eau des Parisiens

À 6km à l'ouest de Villeneuve-l'Archevêque, deux ouvrages d'art se font face de part et d'autre de la N60 en direction de Sens. Ils appartiennent au système de captation des sources de la Vanne mis en place sous le second Empire pour alimenter Paris en eau.
À l'origine de ce projet, le baron Haussmann qui, avant de devenir préfet de la Seine, avait été celui de l'Yonne en 1850. Il avait alors reconnu l'abondance et la pureté des sources de la Vanne grâce aux relevés hydrologiques de l'ingénieur Eugène Belgrand, né à proximité des sources, et qui sera le maître d'œuvre du projet. La ville de Paris achète les douze sources qui alimentent la Vanne. Par un système de siphons (visibles de part et d'autre de la route nationale) et d'usines élévatoires comme celle de Chigy, toujours en fonction avec son matériel d'origine, l'eau est dirigée vers un aqueduc ; on le voit près de Pont-sur-Vanne. Cet ouvrage de 173km de long pour une déclivité de 31m entre dans la capitale par l'aqueduc d'Arcueil, qui a servi de toile de fond à certaines scènes du film *Amélie Poulain*.

CARNET D'ADRESSES

Restauration, hébergement

très petits prix

La P'tit' Tête de Veau Un sympathique bistrot à l'ombre des halles : on y sert tous les jours le plat emblématique du lieu, la tête de veau et sa gribiche préparée dans les règles de l'art (13€). Pour qui rechignerait devant ce plat canaille, la carte prévoit un plat du jour (9€), des grillades et des salades. Pour les grosses faims : une intéressante formule à 10,50€ avec entrée, plat du jour et dessert. Service sur la petite terrasse ou dans une salle simple et agréable sous les regards des vedettes du cinéma français dont les photos ornent les murs. *8, rue du Plat-d'Étain 89100* ***Sens*** *Tél. 03 86 65 14 69 Ouvert lun.-sam. : déjeuner uniquement*

petits prix

☺ **La Cuisine de Lolie** L'idée de ce sympathique restaurant (avec terrasse intérieure à la belle saison) est de ne cuisiner que des produits frais, mis en œuvre avec un œil sur les gastronomies du monde : gambas aux tagliatelles de courgettes, assiette de jambon italien, dos de cabillaud en crumble. Service de salon de thé l'après-midi (cf. Découvrir, faire une pause sucrée). *75, Grande-Rue 89100* ***Sens*** *Tél. 03 86 88 43 51 Ouvert lun.-jeu. : à midi ; ven.-sam. : midi et soir Fermé en août*

Le Restaurant de la Cathédrale Plats du jour et pizzas corrects servis dans la salle ou sur la jolie terrasse au pied de la façade de la cathédrale. Rien de transcendant, mais une adresse où se restaurer agréablement et où dîner le dimanche quand la plupart des établissements sont fermés. Comptez de 15 à 20€. *13 place de la République 89100* ***Sens*** *Tél. 03 86 65 17 79 Ouvert tlj. 11h45-14h et 19h-22h Fermé 2de quinzaine de juin et dernière quinzaine de déc.*

Le Mandarin Et si l'on changeait un peu de la cuisine bourguignonne ? En voilà une excellente occasion avec ce petit restaurant familial sans prétention où l'on propose les classiques des restaurants chinois, mais surtout des spécialités cambodgiennes très parfumées que l'on a moins l'occasion de déguster : salade de bœuf épicé, crevettes à la coriandre. Plats entre 9 et 12€. *5, rue de la République 89100* ***Sens*** *Tél. 03 86 64 24 32 Ouvert tlj. 12h-14h et 19h-22h*

prix moyens

Hôtel Brennus Une vieille maison du XIXe siècle, avec ses poutres et ses coins un peu biscornus. De quoi faire un petit hôtel sympathique à deux pas de la cathédrale, sur laquelle donnent certaines chambres. Un bon rapport qualité-prix. Vingt chambres : double à partir de 50€, petit déj. 7,90€. Parking gratuit. *21, rue des Trois-Croissants 89100* ***Sens*** *Tél. 03 86 64 04 40 (réception fermée ven. et dim.) www.hotel-brennus-89.com Fermé 10 jours en août et 22 déc.-3 jan.*

Archôtel Établissement moderne et de bon confort, sans grande personnalité cependant. Un point de chute commode juste à la lisière sud de la vieille ville proposant 45 chambres doubles à partir de 67€. Petit déj. 9€. *9, cours Tarbé 89100* ***Sens*** *Tél. 03 86 64 26 99 www.archotel.com Fermé première quinzaine d'août et mi-déc.-2 jan.*

YONNE

prix élevés

☺ **Restaurant Le Miyabi** Patrick Gauthier a créé, à côté de son vaisseau amiral, la Madeleine, un audacieux restaurant dont le chef japonais préside à une subtile rencontre entre les produits de la cuisine française – dont il possède les arcanes après une formation auprès des meilleurs chefs – et les saveurs et la précision d'exécution de la gastronomie du pays du Soleil levant. Cela donne de savoureuses inventions, comme le gaspacho de tomate au tartare de crevettes et sorbet de wasabi ou les filets de caneton aux poireaux braisés. Accueilli par des hôtesses en grande tenue japonaise, on peut s'attabler au bar qui s'étire devant les fourneaux. Menu déjeuner à 24€, le soir à 36 et 45€. Réservation indispensable. *1, rue d'Alsace-Lorraine 89100* ***Sens*** *Ouvert mar.-dim. midi Service 12h-14h et 19h30-22h www.miyabi.fr*

Hôtel de Paris et de la Poste Idéalement situé au cœur de la ville ancienne, à 2min à pied de la cathédrale, c'est de surcroît le meilleur hôtel de la ville, installé dans un édifice du XVIIIe siècle. Les 30 chambres offrent un grand confort et l'on peut profiter de l'élégant salon du rez-de-chaussée ainsi que du salon de thé en terrasse. L'hôtel abrite enfin l'un des meilleurs restaurants de la ville. Menus à 29€ (en sem.), 39 et 45€. Double à partir de 72€. Petit déj. à 14€. Parking privé 8€. *97, rue de la République 89100* ***Sens*** *Tél. 03 86 65 17 43 www.hotel-paris-poste.com*

Dans les environs

prix moyens

Auberge des Vieux Moulins Banaux Une halte de charme en pays d'Othe. L'hôtel occupe une partie d'un moulin du XVIe siècle dont les roues sont toujours en place. On dort ainsi, dans des chambres modernes et très confortables, bercé par le bruissement des eaux de la Vanne. L'hôtel s'entoure d'un charmant jardin où l'on peut attendre l'heure du dîner, l'autre raison de venir aux Vieux Moulins. Les principes d'une cuisine inventive et légère président ici à la préparation des plats traditionnels qui voisinent avec des spécialités de poissons. Menus à 29 et 38€, formule à 15€ (à midi en sem.). Quinze chambres : de 47 à 68€ ; petit déj. 8€. Réservation conseillée en été et pendant les week-ends de printemps. *18, route des Moulins-Banaux 89190* ***Villeneuve-l'Archevêque*** *(20km à l'est de Sens) Tél. 03 86 86 72 55 www.bourgognehotels.fr Ouvert nov.-mars : lun.-dim. midi Quelques jours de fermeture aléatoires (Tél. ou consulter le site Internet)*

Chambres d'hôtes La Graineterie Deux chambres de tout confort, avec un bon point particulier pour le soin apporté à leur décoration. Les propriétaires, charmants, sont également une mine d'informations sur la région. Double 50 et 60€, petit déj. inclus. *M. et Mme Ramel 12, rue de la République 89190* ***Villeneuve-l'Archevêque*** *(20km à l'est de Sens) Tél. 03 86 86 81 21 gem.domino@orange.fr*

YONNE

GAMME DE PRIX	RESTAURATION	HÉBERGEMENT
Très petits prix	moins de 12€	moins de 30€
Petits prix	de 12 à 18€	de 30 à 50€
Prix moyens	de 18 à 25€	de 50 à 75€
Prix élevés	de 25 à 45€	de 75 à 115€
Prix très élevés	plus de 45€	plus de 115€

JOIGNY

89300

Une jolie étape sur les rives de l'Yonne. Joigny est une cité médiévale dont les rues tortueuses bordées de maisons à pans de bois grimpent à l'assaut d'une colline, offrant ici des perspectives vers le miroitement de l'Yonne en contrebas, là des échappées vers les crêtes où mûrissent les vignobles joviniens, dont les crus enchantaient déjà la cour de France. Et si la visite de la ville natale de Marcel Aymé ne demande guère plus de trois heures, les environs, Saint-Julien-du-Sault, Villeneuve-sur-Yonne, incitent à faire de Joigny une base de départ pour explorer la campagne environnante. Et pourquoi pas l'objectif d'un week-end, à un peu plus d'une heure de route de Paris ?

JOIGNY DANS L'HISTOIRE Rue des Fossés-Saint-Jean, rue du Four-Banal, rue de la Tuerie (celle où se tenaient les échoppes des bouchers), place du Pilori : la toponymie de la vieille ville illustre encore son passé médiéval. À l'origine, un éperon calcaire au-dessus de l'Yonne, adossé à la forêt d'Othe dont le bois, acheminé vers Paris par voie fluviale, va faire, avec ses vignobles, la fortune de la ville fondée au IXe siècle. Située à la limite du comté de Champagne et du duché de Bourgogne, elle devient la capitale d'un comté au XIe siècle. Autour du château se développent alors des faubourgs, peuplés de vignerons, d'artisans et de moines. Intégrés à la ville avec l'agrandissement des fortifications aux XIIe et XIIIe siècles, ils donneront naissance aux quartiers Saint-Thibault et Saint-André. En 1530, un terrible incendie ravage une grande partie de la ville. Grâce aux libéralités des puissants comtes de Joigny, la cité est reconstruite. Joigny connaît un nouvel élan architectural au XVIIIe siècle : la vieille ville se pare de splendides hôtels particuliers, la rive gauche s'urbanise, tandis qu'au fil des siècles les fortifications sont démantelées. Joigny compte aujourd'hui environ 11 000 habitants, dont la majorité habite désormais dans les quartiers modernes périphériques.

MODE D'EMPLOI

accès, orientation

EN VOITURE

À 155km de Paris (A6, sortie n°16), à 31km au sud de Sens et à 27km au nord d'Auxerre.

EN TRAIN

Gare Liaisons quotidiennes avec Paris, Auxerre, Sens, Dijon. La gare se trouve dans la partie moderne de la ville, sur la rive gauche de l'Yonne, à 10min de marche environ du centre historique.

informations touristiques

Office de tourisme *4, quai Henri-Ragobert Tél. 03 86 62 11 05 www.tourisme-joigny.fr Ouvert mars-juin : lun. 14h-17h, mar.-ven. 9h-12h et 14h-18h, sam. 9h-13h et 14h-18h ; juil.-sept. : lun. 14h-17h, mar.-ven. 9h-12h30 et 14h-19h,* *sam. 9h-13h et 14h-18h, dim. et j. fér. 10h-13h ; oct.-fév. : lun.-sam. horaires variables et plus réduits (téléphoner)*

Visites guidées L'OT organise des visites guidées de la ville, visites générales ou thématiques (les maisons à pans de bois, la Renaissance, l'église Saint-Thibault avec accès au clocher, promenades dans le vignoble, etc). Calendrier disponible à l'OT et sur son site Internet. *Durée env. 1h30 Tarif 3,50€, réduit 1,75€*

Pass visite Il permet à une seule personne de prendre part à 4 excursions ou à un groupe de 4 pers. de suivre une même visite. *S'achète à l'OT 10€*

marchés

☺ **Marché** Sous la halle construite en 1887, une belle structure métallique du type des pavillons Baltard de Paris, les maraîchers des environs vendent le meilleur de leurs produits (plusieurs exploitants bio). *Quai Henri-Ragobert (face à l'OT) Mer. et sam. matin*

Marché bio *Place Gabriel-Cortel (centre-ville) Juil.-août : jeu. 17h-21h*

fêtes et manifestations

Apéritifs concerts Les formations (musette, cabaret, rock, musiques du monde) se produisent en divers lieux de la ville. *Juin-sept. : sam. 19h-21h*

☺ **Les Nuits maillotines** Visites animées à travers la vieille ville (cf. ci-après Visite nocturne). *Juil.-août*

Vide-greniers Ouvert aux antiquaires et brocanteurs. Le rendez-vous annuel des chineurs de la région. *15 août*

Fête de la Libération Avec feu d'artifice tiré sur les bords de l'Yonne. *28 août*

Rencontres intemporelles Artistes et plasticiens exposent leurs œuvres à travers la ville. *Info www.ville-joigny.fr Semaine précédant les Journées du patrimoine (3e w.-e. de sept.)*

DÉCOUVRIR

☆ **Les essentiels** Les maisons à pan de bois, celles de l'Arbre de Jessé et du Bailli, les églises Saint-Jean, Saint-André et Saint-Thibault **Découvrir autrement** Visitez les ateliers de Prinsac et Cantoisel, faites le plein de bonnes choses à l'Atelier de l'Escargot **> Carnet d'adresses p.381**

Joigny

La vieille ville, située sur la rive gauche, se visite à pied. De l'office de tourisme installé sur les quais, la rue Gabriel-Cortel monte vers le cœur de la cité ancienne. Elle aboutit à la place Jean-de-Joigny, traversée par la rue Montant-au-Palais, axe principal de la ville haute et qui conduit, du côté droit, à l'église Saint-Jean et au quartier Saint-André, et du côté gauche, vers la place du Pilori et le quartier Saint-Thibault. *Un plan de la ville (gratuit) est disponible à l'OT*

Rue Gabriel-Cortel-place Jean-de-Joigny L'ancienne Grand'Rue de la ville médiévale, qui, à partir du quai, prend immédiatement à gauche de l'OT, est une belle entrée en matière. Bordée de plusieurs maisons à pans de bois, elle mène à la place Jean-de-Joigny, où l'on peut voir l'une des plus belles d'entre elles : ☆ la **maison de l'Arbre de Jessé** (au coin gauche en débouchant sur la place), ainsi nommée d'après les sculptures illustrant la généalogie traditionnelle du Christ. Au fond de la place, un édifice moderne abrite l'Espace Jean-de-Joigny, où sont organisées des expositions temporaires d'art contemporain. **Espace Jean-de-Joigny** *Tél. 03 86 91 49 61 Ouvert mer.-dim. 14h30-18h Entrée libre*

☆ **Maison du Bailli** Au pied de l'église Saint-Jean, cette belle demeure du XVIe siècle (restaurée au XIXe s.) était celle du bailli du comté, qui y rendait la justice devant sa porte. C'est aujourd'hui la Maison du patrimoine. Au rez-de-chaussée, une petite exposition consacrée à l'histoire de la ville. *36, rue Montant-au-Palais Tél. 03 86 92 02 25 Ouvert mer.-sam. 14h30-18h30 Entrée libre*

☆ **Église Saint-Jean** Perchée au point le plus haut de la ville, cette église s'élève à l'emplacement de la chapelle du château médiéval. De la rue Montant-au-Palais (face à la maison du Bailli), on y accède en passant sous une forme fortifiée, unique vestige du rempart du XIe siècle. L'église actuelle fut construite entre 1548 et 1598, un édifice Renaissance dont la partie la plus intéressante est la voûte dominant la nef, à la décoration dite "en parquet", des motifs géométriques à faible relief imitant une marqueterie. À l'intérieur, on remarquera (bas-côté droit) le splendide gisant d'une comtesse de Joigny du XIIe siècle. *Ouvert tlj. 9h-18h*

Château des Gondi À l'emplacement du château médiéval, les comtes de Joigny édifièrent dans la seconde moitié du XVIe siècle une nouvelle demeure seigneuriale dans le goût Renaissance. La façade qui s'étire au flanc sud de l'église Saint-Jean en est un bel exemple ; il semble que l'architecte se soit inspiré des travaux de Serlio, le maître italien qui dessina le château d'Ancy-le-Franc (cf. Tonnerre, les environs). L'édifice servit de résidence aux Gondi, titulaires du comté de Joigny à partir de 1603, époque à laquelle saint Vincent de Paul, précepteur des enfants du comte, résida à Joigny. Les salles basses (accès par la rue Montant-au-Palais) abritent des expositions temporaires.

☺ Visiter des galeries d'art

Atelier de Prinsac Après quelques années de formation dans les milieux de l'avant-garde parisienne, Alexandra de Prinsac a choisi de retrouver les lumières de sa Bourgogne natale. On découvre ses toiles dans son atelier – dominées par des personnages pleins de sensibilité devenus sa marque de fabrique –, et des objets décoratifs. *1, rue des Moines Tél. 06 62 10 52 71 www.atelierdeprinsac.fr Accueil sur rdv et à l'occasion des journées portes ouvertes (consulter le site)*

Atelier Cantoisel Un bel hôtel particulier du XVIIIe siècle accueille chaque année une exposition d'artistes contemporains (Buren, Janos Ber) autour d'œuvres qui y ont trouvé leur place de façon permanente. Avec, en prime, une belle vue sur les toits de Joigny de la terrasse. *32, rue Montant-au-Palais Tél. 03 86 62 08 65 Ouvert mi-avr.–mi-oct. : sam.-dim. 14h30-18h ; juil.-août : mer.-dim. 14h30-18h Entrée libre*

BOIRE UN VERRE EN TERRASSE

La plus belle terrasse de la ville se déploie au débouché de la rue Gabriel-Cortel sous l'enseigne Café le Jean. Un lieu providentiel pour siroter un verre de gris de Joigny face à la maison de l'Arbre de Jessé. Et, si le temps incite plutôt à rester à l'intérieur, on y trouvera un coin lounge où se prélasser dans de profonds canapés. Petite restauration avec plat du jour ou formule buffet + dessert à 12€. Accueil sympathique. **Café le Jean** *6, place Jean-de-Joigny Tél. 03 86 63 36 42 Ouvert tlj. 9h-21h*

Château *Ouvert lors des Journées du patrimoine* ***Expositions temporaires*** *Ouvert tlj. 14h30-18h30 Entrée libre*

Quartier Saint-André Ce quartier s'étendait hors les murs jusqu'au XIIe siècle. S'y dressait alors un monastère clunisien, fondé au XIe siècle, dont l'église Saint-André fut la chapelle. Ce fut ensuite le quartier des vignerons : on peut encore y voir leurs maisons caractéristiques, avec en façade l'entrée à la cave et, au-dessus de la lucarne du grenier, une poulie permettant de hisser les objets de taille dans les étages de ces maisons étroites.

☆ **Église Saint-André** De la chapelle des moines du XIe siècle ne subsiste que le mur sud. Un collatéral a été ajouté au XVIe siècle au nord de la nef voûtée en berceau. À droite de la façade, le portail gothique marquait jadis l'entrée dans le domaine monastique. *Ouvert mai-sept. : tlj. 9h-18h*

Place de la République Face à l'église, et prolongée par la rue Notre-Dame, la place est dominée par le tribunal de la ville, ancienne chapelle du couvent Notre-Dame dotée d'une façade néoclassique au début du XIXe siècle. Côte rue Notre-Dame, on découvre l'extérieur de la **chapelle des Ferrand**, un édifice Renaissance (XVIe s.) de plan hexagonal dont les reliefs macabres rappellent l'ancienne vocation de chapelle funéraire. Prenant à droite dans la rue Notre-Dame, la rue des Moines aligne le plus bel ensemble d'anciennes maisons de vignerons. C'est au n°76 de la rue suivante, rue Jacques-d'Auxerre, que naquit Marcel Aymé en 1902.

Quartier Saint-Thibault De la place Jean-de-Joigny, la rue Montant-au-Palais longe la façade de la maison de l'Arbre de Jessé et conduit à la place du Pilori, où l'on exposait jadis les délinquants à la moquerie populaire. Elle possède l'une des plus jolies maisons à pans de bois de la ville, la **maison du Pilori**, ornée de sculptures et de carreaux de faïences émaillées.

☆ **Église Saint-Thibault** La troisième église paroissiale de la ville était à l'origine une chapelle élevée au XIe siècle : un petit oratoire hors des murs du château et au milieu des vignes qui deviendra un but de pèlerinage après le passage des reliques de saint Thibault, un enfant du pays – il était le petit-fils du comte de Sens –, ramenées d'Italie où ce jeune noble mourut en ascète en 1066. Elle fut entièrement reconstruite entre 1490 et 1529 dans un style Renaissance. Au-dessus de la porte d'entrée (flanc nord), un relief représentant saint Thibault est attribué à Jean de Joigny (1506-1577). Ce sculpteur natif de la cité effectua l'essentiel de sa carrière en Espagne, où il est connu sous le nom de Juan de Juni. L'intérieur renferme plusieurs œuvres de grand intérêt : au pied de la nef, une monumentale Vierge à l'Enfant, de style bourguignon (XIIIe s.). Moins imposante mais peut-être plus charmante, la Vierge au sourire adossée à un pilier de la nef (côté droit) est une œuvre champenoise du XIVe siècle. À voir également, dans l'abside, un bas-relief Renaissance (1545), dont les tableaux relatent la Passion du Christ (remarquez la saisissante Descente aux limbes). *Ouvert tlj. 9h-18h*

VISITE NOCTURNE Insolite ! En été, profitez des "Nuits maillotines", des visites qui vous feront découvrir, à la nuit tombée, la cité sous un angle pour le moins original : sous la conduite d'un guide, vous vous baladerez à la rencontre de chanteurs et de comédiens. ☺ **Les Nuits maillotines** *Juil.-août : sam. à 21h (env. 2h de spectacle) Tarif 9€, réduit 4,50€ Rés. à l'OT*

Musée de la Résistance Cette exposition permanente est dédiée à la mémoire du groupe de résistants Bayard basé à Joigny et qui étendait ses activités dans les environs, notamment autour de l'importante gare ferroviaire de Migennes. *5, rue Boffrand Tél. 03 86 62 20 96 Ouvert mer., sam. et dim. 14h30-17h30 Entrée libre*

Place du Général-Valet Ce superbe ensemble architectural témoigne des grands travaux d'embellissement de la ville au XVIIIe siècle : il est dominé par l'ancien hôtel de ville (aujourd'hui bibliothèque municipale) construit en 1726-1728 par Germain Boffrand, collaborateur de Mansart qui participa à ce titre à la création de la place Vendôme de Paris. Au fronton figurent les armes de la ville, dont le célèbre maillet (cf. encadré ci-après). Autour de la place devaient s'aligner les façades de somptueux hôtels particuliers : le projet est resté inachevé.

☺ **Jardin du centre Sophie-Barrat** De hauts murs dissimulent ce jardin, régulièrement classé parmi les plus beaux de Bourgogne et qui dessine un délicieux ensemble champêtre où se mêlent massifs fleuris, potager et verger.

Révolte à coups de maillets

1420 : la succession au trône de Charles VI, tombé dans la démence, et la régence assurée par la reine entraînent une guerre civile entre les deux grands féodaux du royaume, les Armagnacs et les Bourguignons, alors même qu'une partie de la France est occupée par les Anglais. En 1420, Philippe III, duc de Bourgogne, s'assure le soutien des Anglais par le traité de Troyes : l'accord prévoit qu'après son union, célébrée aussitôt, avec Catherine de Valois, fille de Charles VI, Henri V roi d'Angleterre accédera au trône de France à la mort de Charles, écartant ainsi du pouvoir le Dauphin Charles VII. Pro-Anglais, les Joviniens prennent fait et cause pour les Bourguignons, et à l'annonce du mariage envoient une délégation à Troyes pour féliciter les époux. À leur retour, le comte de Joigny, fidèle au roi de France, les emprisonne. C'est alors qu'armés de maillets de tonnelier les Joviniens assiègent le château pour libérer les leurs : c'est la révolte des maillotins. Depuis, un maillet figure dans les armes de la ville.

Ce havre de paix appartient à la congrégation du Sacré-Cœur de Jésus, une communauté de religieuses fondée en 1800 par Madeleine-Sophie Barrat (1779-1865), native de Joigny. *11, rue Davier Tél. 03 86 92 16 40 Ouvert 9h-11h et 14h-17h30 Entrée libre*

● **Où trouver des souvenirs gourmands ?** Rendez-vous sans hésiter à l'Atelier de l'Escargot ! Cette boutique sélectionne les meilleurs produits de la région : des escargots, bien sûr, mais aussi des vins de Joigny, des moutardes, etc. **L'Atelier de l'Escargot** *23, rue Gabriel-Cortel Tél. 03 86 35 39 68 www.latelierdelescargot.com Ouvert mar.-sam. 9h30-12h15 et 14h30-19h15*

Où déguster le gris de Joigny ? Le vignoble a fait la fortune de Joigny depuis le Moyen Âge : cultivé sur des coteaux dominant la ville, il produisait un vin qui s'exportait à pleines barriques par la voie fluviale vers Paris. Le phylloxéra à la fin du XIXe siècle puis le mildiou au début du siècle suivant n'en laissèrent que quelques pieds. En 1970, il n'en restait guère plus de 2ha plantés. La renaissance est venue au milieu des années 1970 grâce à la passion d'une poignée de vignerons et du soutien actif de Michel Lorain, le patron de la célèbre **Côte Saint-Jacques**, régulièrement citée comme une des meilleures tables de France (son fils Jean-Michel Lorrain a repris aujourd'hui le flambeau avec autant de talent, cf. Carnet d'adresses). Le vignoble, replanté, obtient en 1975 l'AOC bourgogne qui concerne aujourd'hui une centaine d'hectares. On y produit rouge et blanc (pinot noir et chardonnay) sous l'appellation bourgogne, tandis que 13ha seulement bénéficient de l'appellation côte-saint-jacques, avec en vedette le vin gris de Joigny, un vin rosé gouleyant produit à partir de pinot gris.
Les Bourgognes de Joigny La boutique de la Côte Saint-Jacques, le prestigieux établissement dirigé par Jean-Michel Lorain. *14, faubourg de Paris Tél. 03 86 62 06 70 Ouvert lun.-mar. et jeu.-ven. 9h-12h30 et 13h30-18h, sam. 9h-13h*
Domaine Vignot *16, rue des Prés 89300* ***Paroy-sur-Tholon*** *(5km au sud de Joigny) Tél. 03 86 91 03 06 Sur rdv*

Les environs de Joigny

Saint-Julien-du-Sault Cette charmante localité en bordure de l'Yonne, plus particulièrement animée le dimanche matin, jour de marché, est dominée par le **mont Saint-Julien**. Selon la légende, saint Julien, un légionnaire romain converti au christianisme, s'élança de cette éminence pour échapper à ses persécuteurs, et atterrit miraculeusement sain et sauf dans la vallée. Le lieu y avait gagné un nom. Occupée par les Gaulois, l'éminence fut au XIIe siècle coiffée par un château fort. Il n'en reste rien aujourd'hui, hormis les hauts murs de la chapelle castrale. L'endroit offre néanmoins un splendide point de vue sur l'Yonne et les environs.
Le bourg Ses ruelles, que bordent quelques belles maisons du XVIe siècle, se pressent autour de la **collégiale** (fin XVe-début XVIe s., en cours de restauration). Le village abrite un **musée du Patrimoine** où sont conservées des collections d'objets anciens et d'outils des métiers d'autrefois. On peut y voir également l'original d'un cornier (pilier d'angle en bois) du XVIe siècle qui ornait une maison du bourg. La visite de Saint-Julien ne sera pas complète

sans une halte aux Bons Enfants, l'un des meilleurs restaurants de la région (cf. Carnet d'adresses). *89330* ***Saint-Julien-du-Sault*** *(11km au nord-ouest de Joigny)* ***Musée du Patrimoine*** *10, rue de l'Hôtel-Dieu Tél. 03 86 63 22 95 Ouvert fin juin-mi-sept. : sam.-dim. 14h30-18h30 ou sur rdv les autres jours Tarif 3€*

Villeneuve-sur-Yonne La ville est née en 1163 de la volonté de Louis VII de protéger le domaine de France contre la puissance des comtes de Champagne. De cette vocation militaire témoignent deux portes monumentales qui gardaient la ville : la porte de Joigny et la porte de Sens. La première abrite le **musée de la Ville** (histoire de Villeneuve, collection d'uniformes de la gendarmerie, artistes locaux) ; la seconde accueille des expositions temporaires en été. La ville conserve plusieurs tours de défense appartenant aux anciens remparts ainsi qu'un donjon isolé, symbole de la puissance royale, construit en 1212 sur l'ordre de Philippe Auguste. Au centre de la localité se dresse l'église **Notre-Dame de l'Assomption**, autre fondation de Philippe Auguste, dont la construction débuta en 1210. À l'intérieur, la majestueuse nef gothique est dominée par une voûte à 22m du sol : les clés portent les armes de Blanche de Castille, de Saint Louis, son fils, et de son épouse Marguerite de Provence. La première chapelle au pied de la nef (côté nord) renferme une délicate *Vierge à l'oiseau* (XIVe s.), ainsi qu'un autre insigne royal : la balustrade qui ferme la chapelle porte les initiales d'Henri II et de sa favorite, Diane de Poitiers. *89500* ***Villeneuve-sur-Yonne*** *(17km au nord de Joigny)* **Office de tourisme** *99, rue Carnot Tél. 03 86 87 12 52 Ouvert juin-sept. : mar.-sam. 10h-12h30 et 13h30-18h ; hors saison : mar-ven. 9h-12h30 et 13h30-18h, sam. 14h30-17h30* **Musée de la Ville et expositions temporaires** *Tél. 03 86 87 37 66 Ouvert juil.-août : ven.-lun. 15h-18h30 Entrée libre* **Église Notre-Dame de l'Assomption** *Ouvert tlj. 9h-18h*

Musée des Arts populaires de Laduz En 1962, à son retour d'Italie où il a obtenu le Grand Prix de Rome, Raymond Humbert décide de s'installer avec son épouse à la campagne. Ce sera Laduz. Parcourant villages et fermes, le couple découvre peu à peu des milliers d'outils agricoles, d'objets divers relégués dans les granges par la modernité des Trente Glorieuses. Il décide alors de sauver cet héritage : c'est le point de départ d'une collection riche aujourd'hui de près de 100 000 pièces. Le musée, ouvert en 1986, déploie ses extraordinaires collections de l'ordinaire à travers vingt salles qui déclinent des thématiques liées aux métiers (artisans du bois, du métal, du cuir, de la pierre et de la terre, etc.) et à la vie quotidienne (la cuisine, la sculpture populaire, etc.). Et, si la visite et le lieu vous ont plu, vous pourrez prolonger votre séjour en réservant la chambre d'hôtes qui y a été aménagée (70€ pour 2 pers.). *5, rue du Moulin 89110* ***Laduz*** *(16km au sud de Joigny) Tél. 03 86 73 70 08 www.laduz.com Ouvert 15 juin-15 sept. : sam.-dim. 14h30-17h30 ; juil.-août : tlj. 14h30-18h ; Pâques-Pentecôte : w.-e. Tarif 6€, réduit 5 ou 3€*

LA PETITE FABRIQUE

Outre sa vocation de conservatoire des traditions, le musée s'attache à établir des liens entre hier et aujourd'hui. Ainsi, des stages sont organisés à destination des visiteurs, en particulier du jeune public : les enfants peuvent par exemple s'initier à la fabrication de jouets en bois. *Vac. scol. de printemps et juil. Tarif 18€*

☺ **Église de La Ferté-Loupière** Le portail et les lourds piliers de la nef renvoient l'église Saint-Germain à ses origines, le XIIe siècle roman. Elle fut rehaussée et agrandie à la fin du XVe siècle, et reçut pour l'occasion un cycle de peintures murales qui justifient une escapade jusqu'à ce bourg. On y voit se développer sur 20m une saisissante *Danse macabre* où une sarabande de squelettes entraîne vers la mort toutes les classes de la société : empereurs, papes, évêques, seigneurs et manants. Ce thème se répandit au xve siècle à la suite des affres de la guerre de Cent Ans. On compte moins d'une dizaine de *Danses macabres* en France : avec celle de la Chaise-Dieu en Haute-Loire, celle de la Ferté-Loupière est l'une des plus saisissantes. *89100 La Ferté-Loupière (23km au sud de Joigny) Ouvert tlj. 8h30-19h Entrée libre*

CARNET D'ADRESSES

Restauration, hébergement

Pour un repas gastronomique, réservez à **La Côte Saint-Jacques** restaurant du célèbre chef Jean-Michel Lorain (menus à partir de 105€), qui se double d'un luxueux hôtel labellisé Relais et Châteaux et équipé d'un spa. *14, faubourg de Paris Tél. 03 86 62 09 70 www.cotesaintjacques.com*

très petits prix

La P'tite Pause Un bistrot minuscule où la patronne ne cuisine que des produits frais et préparés sur place : une rareté dans la rue principale de la vieille ville. Avec un menu à 10€, des plats à 7,50€, l'établissement s'inscrit dans la rubrique "bon rapport qualité-prix", avec en prime un accueil cordial et sympathique. *26, rue Gabriel-Cortel 89300* ***Joigny*** *Tél. 03 86 62 02 50 Ouvert lun.-sam. 9h30-13h30 et 17h30-21h30, dim. 9h30-13h30*

prix moyens

Hôtel Paris-Nice Sur la rive gauche de l'Yonne (à 10min à pied de la vieille ville) l'établissement propose 10 chambres décorées dans un style pimpant. Double à partir de 50€, petit déj. 6€. C'est également une table courue : on y déguste, sur une agréable terrasse à la belle saison, une cuisine inventive – présentée parfois de manière un peu baroque –, où les produits locaux rencontrent volontiers les épices lointaines. Formules de 18 à 36€. *8, rond-point de la Résistance 89300* ***Joigny*** *Tél. 03 86 62 06 72 www.hotel-restaurant-paris-nice.com* **Hôtel** *Ouvert toute l'année* **Restaurant** *Ouvert mar.-dim. midi*

Chambres d'hôtes Le Montant-au-Palais Cet hôtel particulier du XVIIe siècle vous promet un séjour de charme et de tout confort : décoration raffinée, équipements modernes (douche à jets, wifi...), petit déjeuner servi dans le patio intérieur. Et, pour les mordus, une table de billard. Deux chambres de 69 à 93€ avec petit déj. et une suite à 121€ sur la base de 4 personnes. *49, rue Montant-au-Palais 89300* ***Joigny*** *Tél. 06 67 35 53 05 www.samedimidi.com Pas de CB*

Dans les environs

prix moyens

Hôtel-restaurant La Fontaine aux muses Une auberge de campagne idéale pour un séjour au calme : chambres de tout confort à la décoration lumineuse, bonne table de spécialités bourguignonnes (plats autour de 20€), piscine et court de tennis. Et si l'envie lui en prend, le patron embouche son saxophone pour une session avec ses amis de passage. Seize chambres de 60 à 100€, petit déj. 7,50€. *Route de la Fontaine 89116* ***La Celle-Saint-Cyr*** *(13km à l'ouest de Joigny) Tél. 03 86 73 40 22 www.fontaine-aux-muses.com Ouvert oct.-avr. : ven.-dim. ; mai.-sept. : mar. soir-dim. Fermé lun. et mar. jusqu'à 17h (sauf réservation)*

prix élevés

Hôtel-restaurant La Lucarne aux chouettes Une auberge de charme au bord de l'Yonne : 4 chambres à la décoration raffinée et une belle terrasse au bord de l'eau pour prendre son petit déjeuner ou ses repas. Menus à partir de 17€ (à midi en semaine), et de 22 à 48€. Chambre de 55 à 99€ (suite en duplex), petit déj. 9€. *7, quai Bretoche 89500* ***Villeneuve-sur-Yonne*** *(17km au nord de Joigny) Tél. 03 86 87 18 26 www.lalucarneauxchouettes.fr Ouvert toute l'année (restaurant fermé fin déc.-début jan.)*

☺ **Restaurant Les Bons Enfants** Après avoir fait ses classes chez Robuchon et Veyrat, Keigo Kimura s'est installé au fourneau de cette auberge qui fait courir toute la Bourgogne gastronome. Il y revisite les classiques de la cuisine française – y compris les plats "canailles", telle sa tête de cochon croustillante –, allant à l'essentiel du produit, avec çà et là quelques touches de saveurs exotiques. L'établissement se partage deux espaces : le restaurant gastronomique et le bistrot (salle ou terrasse). Dans le premier, on peut opter pour l'une des 3 formules : menu déjeuner à 39€ (mer.-ven.), menu à 55€ (le soir en semaine et à midi le w.-e.), ou le menu dégustation à 78€ avec une succession de sept plats. Au bistrot, l'addition s'allège avec une formule à 28€. On peut même s'y contenter d'un plat (autour de 15€) accompagné d'un verre de vin, ce qui portera la note à une vingtaine d'euros. À ne pas manquer ! Une des meilleures tables de Bourgogne. *4, place de la Mairie 89330* ***Saint-Julien-du-Sault*** *(11km au nord-ouest de Joigny) Tél. 03 86 91 17 38 Ouvert mer.-dim. midi*

TOUCY

89130

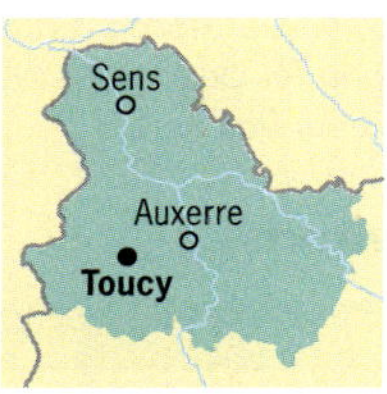

Si Saint-Fargeau fait figure de capitale touristique de la Puisaye, Toucy en est incontestablement le centre économique. Chaque samedi, son marché draine une clientèle fidèle et nombreuse, une affluence dont bénéficient les nombreux commerçants de la ville. Un juste retour des choses, puisqu'au Moyen Âge les barons de Toucy étaient les plus puissants seigneurs de la région. Leur château et la ville furent dévastés pendant la guerre de Cent Ans. Toucy est la ville natale de l'éditeur Pierre Larousse (1817-1875).

MODE D'EMPLOI

accès en voiture

À 32km au sud de Joigny par la D955 et à 25km au sud-ouest d'Auxerre par la D955.

Conseil Le samedi matin, jour de marché, la foule est au rendez-vous au détriment de la circulation et du stationnement, alors rendus bien difficiles. De mai à fin août, des navettes gratuites (9h-13h) relient les parcs de stationnement de la périphérie (panneaux indicateurs) au centre-ville.

informations touristiques

Office de tourisme *Place de la République Tél. 03 86 44 15 66 Ouvert juin-15 oct. : mar.-sam. 9h30-12h30 et 14h30-18h ; juil.-août : lun. 9h30-12h30 et 14h30-17h ; le reste de l'année : mar.-sam. 10h-12h30 et 14h30-17h*

marchés, fêtes et manifestations

☆ **Marché hebdomadaire** Cf. ci-après Où remplir son panier pique-nique ? *Sam. matin*

Apéro concerts Organisée tous les samedis, en été, cette manifestation rencontre chaque année un succès croissant : des formations viennent se produire devant les terrasses des cafés de la ville. *À partir de 18h30*

Toucy Jazz Festival Toucy swingue pendant deux jours. Concerts dans les rues tout au long de la journée et, le samedi soir, les formations se succèdent jusqu'à l'aube. *www.toucyjazzfestival.com Début juil.*

☺ **Les Estivales en Puisaye** Ce festival d'art vocal est né en 2003 à l'initiative de Rémi Rousseau, compositeur et directeur musical de la maîtrise Saint-Louis-de-Gonzague de Paris, qui chaque été venait faire un stage et se produire en Puisaye, et de Thierry Bouchier, directeur de l'école de musique et de danse de Puisaye. Depuis sa création, ce festival de haute tenue, qui rassemble chanteurs et musiciens chevronnés et amateurs talentueux, a trouvé son public. Pendant une dizaine de jours à la fin du mois d'août, des concerts sont donnés presque tous les soirs en divers lieux de la région, le concert de clôture ayant pour cadre l'église de Toucy. *Rens. www.estivalesenpuisaye.com*

DÉCOUVRIR

☆ **Les essentiels** Le marché du samedi, le centre graphique de la Métairie, l'église de Villiers-Saint-Benoît, la Fabuloserie **Découvrir autrement** Faites une escapade à bord du cyclorail ➤ **Carnet d'adresses p.387**

Toucy

Le cœur historique, au pied de la colline qui porte l'église, n'est pas très étendu. En partant de l'office de tourisme et en grimpant par la rue Philippe-Verger, on aboutit rapidement au centre de la ville ancienne : la place de l'Hôtel-de-Ville, bordée par la galerie de l'Ancienne Poste, un hôtel particulier du XVIIe siècle. En poursuivant par la rue du Marché, et quelques maisons à pans de bois plus tard, on atteint rapidement l'église Saint-Pierre, au point le plus haut de la ville.

Église Saint-Pierre Édifiée dans l'austère grès ferrugineux, flanquée de tours circulaires, l'église de Toucy a des allures pour le moins martiales. Le fait est que, lors de sa construction au début du XVIe siècle, on utilisa deux tours et les remparts de l'ancien château des seigneurs de Toucy devenus inutiles. Le premier lieu de culte remonte au XIe siècle : il s'agit de la chapelle du seigneur d'alors, l'évêque d'Auxerre. Une seconde église fut élevée dans le style gothique dans le dernier quart du XIIIe siècle. Il en reste, à l'intérieur, les bases des quatre piliers de gauche de la nef, tandis que du sanctuaire roman subsiste la dernière travée d'une petite chapelle (dans le prolongement de la nef), la travée précédente étant une restauration du XIXe siècle. Tournée vers l'ouest, contrairement à l'usage, la nef, grandiloquente, est encadrée de deux bas-côtés. Dans celui de gauche, on peut suivre dans la pierre l'histoire de la construction : commencée dans un style gothique flamboyant (baies en tiers-point), elle se poursuit dans le goût Renaissance avec l'apparition de chapiteaux corinthiens. *Ouvert tlj. 9h-18h*

Galerie de l'Ancienne Poste Consacrée à la céramique contemporaine, cette galerie d'art expose de façon permanente les œuvres d'artistes reconnus, tels Marcel Poulet ou Nathalie Pierlot, et propose dans l'année plusieurs expositions qui s'ouvrent largement au-delà des limites de la Puisaye. On a pu ainsi y admirer le travail d'Etiyé Dimma Poulsen, une artiste d'origine éthiopienne dont les œuvres témoignent d'influences africaines, antiques ou encore japonaises. *Place de l'Hôtel-de-Ville Tél. 03 86 74 33 00 www.galerie-ancienne-poste.com Ouvert mar.-dim. 10h-12h30 et 15h-19h*

● Où remplir son panier pique-nique ?

☆ **Marché hebdomadaire de Toucy** Incontournable ! C'est le plus important de la région – et le 4e en Bourgogne –, lieu de rendez-vous de nombreux producteurs locaux. Un régal pour les amateurs de bons produits, ici tous plus appétissants les uns que les autres (légumes, fromages, viandes et charcuteries, etc.), mais aussi un véritable spectacle qui régalera les enfants avec son marché de volailles vivantes ! *Sam. matin*

☺ **Le Comptoir Gourmet** On trouvera dans cette alléchante épicerie fine le meilleur de la gastronomie bourguignonne. *18, rue Lucile-Cormier Tél. 03 86 44 08 59 Ouvert mar.-sam 8h30-12h15 et 15h-19h30, dim. 8h30-12h15*

● Où boire un verre en terrasse ? En haut de la vieille ville, le Bistro de l'Hôtel de Ville est l'endroit le plus agréable pour prendre un verre au soleil. Courte carte de brasserie. **Bistro de l'Hôtel de Ville** *Place de l'Hôtel-de-Ville Tél. 03 86 44 04 04 Fermé mer. et mar., jeu. et dim. soir Fermé fév.*

Les environs de Toucy

☆ **Centre graphique de la Métairie** C'est en 1985 que Robert Dutrou jette son dévolu sur cet ensemble de corps de ferme au cœur de la Puisaye. Graveur et éditeur renommé – il a fondé avec son épouse Lydie les éditions RLD, spécialisées dans le livre d'art –, il veut faire du lieu un centre international de la gravure et de l'édition, où pourront venir travailler des artistes du monde entier dans des ateliers regroupant sous un même toit tous les métiers de l'édition d'art (gravure, presse, reliure...). Parallèlement, le centre organise chaque année de passionnantes expositions attendues par les amateurs : on a ainsi pu voir, il y a quelques années, une rétrospective consacrée à Pierre Alechinsky, peintre et graveur d'origine belge qui fut membre du groupe CoBrA, ou une collection d'estampes inuit. *Lieudit Le Petit Arran 89240* ***Parly*** *(7km à l'est de Toucy, suivre la direction d'Auxerre puis à gauche à 5km) Tél. 03 86 44 21 35 www.la-metairie.fr Ouvert juin-sept. tlj. Visite guidée des ateliers (2h environ) à 10h sur réservation Tél. 03 86 74 30 72* **Musée** *Tarif 5€, moins de 15 ans 2,50€* **Exposition** *10h-12h et 14h-19h Tarif 3 et 1,50€*

Villiers-Saint-Benoît Cette localité traversée par l'Ouanne se développa autour d'une importante abbaye bénédictine fondée au Xe siècle et dispersée en 1789. Le château est construit sur une partie des bâtiments conventuels. *À 9km au nord de Toucy*

☆ **Église Saint-Benoît** L'édifice, d'un gothique élégant et dépouillé, conserve dans la nef une **peinture murale** du XVe siècle illustrant le Dict des trois morts et des trois vifs : on y voit trois jeunes chevaliers à la chasse rencontrer trois morts ; une illustration de la vanité des honneurs et de l'inéluctable destinée de l'homme. *Clé de l'église disponible au musée d'Art et d'Histoire de la Puisaye contre présentation d'une pièce d'identité Entrée libre*

Musée d'Art et d'Histoire de la Puisaye Une excellente introduction à la Puisaye ! On y trouve des évocations de la vie d'antan, dont notamment la reconstitution d'une cuisine du XIXe siècle, agrémentée d'un savoureux lexique franco-poyaudin : on y apprendra par exemple ce que signifie "se goulaffrer de parpilles coupées dans une michotte". Une collection d'art présente un *Portrait de magistrat* de Hyacinthe Rigaud (1659-1743) et, sous les combles, un remarquable ensemble de sculptures médiévales dont les plus anciennes remontent au XIIe siècle : joyau de la collection, un splendide triptyque en bois polychrome du XIVe siècle. *Rue Paul-Huillard Tél. 03 86 45 73 05 Ouvert mi-mars-avr. et oct.-mi-nov. : mer.-lun. 10h-12h et 14h-17h ; 2 mai-sept. : 10h-12h et 14h-18h Fermé les 1er mai, 1er et 11 nov. Tarif 4€, moins de 16 ans gratuit*

Les exceptionnelles peintures murales de Puisaye

Les peintres de Puisaye n'ont eu qu'à se pencher pour illuminer leur palette. La région recèle un des plus importants gisements d'ocre de France : une couche épaisse de 50 à 150m et qui affleure parfois à la surface, comme aux alentours de Saint-Fargeau. L'ocre de Puisaye a été exploitée depuis le Moyen Âge et continue de l'être aujourd'hui à Saint-Amand. L'abondance de ce colorant naturel, jaune ou rouge, a donné leurs tonalités aux peintures qui ont, du XIIe au XVIe siècle, recouvert les murs des églises de la région. On en compte une douzaine aujourd'hui, qui conserve de splendides cycles de peintures murales, telles celles de La Ferté-Loupière et sa *Danse macabre* (cf. Joigny, les environs), de Moutiers, de Saints...

● Circuler sur les voies de chemin de fer de Puisaye

Train touristique du pays de Puisaye-Forterre Villiers-Saint-Benoît est desservie par une ligne réhabilitée par des passionnés de chemin de fer : des autorails des années 1950 relient Toucy à Villiers-Saint-Benoît en une vingtaine de minutes. Plusieurs rotations rendent possible de faire l'aller-retour dans la journée. *Avenue de la Gare 89130* ***Toucy*** *Tél. 03 86 44 05 58 www.train-de-puisaye.co Fonctionne w.-e. et j. fér. uniquement Tarif aller simple 6€, 5-14 ans 3,50€*

Cyclorail L'ancienne ligne de chemin de fer de 1884, active jusqu'en 1980, a été dégagée dans les années 1990 par un amoureux du rail. Entre **Charny** et **Villiers-Saint-Benoît**, elle accueille les voiturettes d'un cyclorail qui permettent de relier à coup de pédales les deux localités à travers un splendide paysage champêtre. Et si l'on croise une autre voiture ? On échange en retournant la plateforme d'un geste très simple. La ligne est longue de 15km, une distance aller-retour que l'on parcourt sans difficulté dans la journée, en s'octroyant même le temps d'un pique-nique. Départ et restitution des vélorails à Charny uniquement. *89120* ***Charny*** *(25km au nord de Toucy) Tél. 06 32 45 63 91 www.cyclorail.com Ouvert toute l'année sur réservation uniquement Chaque vélorail peut accueillir 4 adultes ou 2 adultes et 3 enfants Tarif (par vélorail) de 24€/2h à 59€/j.*

YONNE

● Dis-moi tout mon p'tit loup Avec la visite du Muséoloups, vous saurez tout ou presque sur le fameux animal qui hante la littérature jeunesse depuis des lustres : son mode de vie, sa place dans l'imaginaire collectif, ou encore les menaces qui pèsent sur l'espèce. Un bel après-midi en perspective pour les enfants comme pour les grands, qui retrouveront les personnages des contes dont le héros est un loup. En complément de cette visite : un parcours ludique pour les enfants (à partir de 4 ans) et une série d'animations à destination des familles, telles ces savoureuses veillées à la chandelle à l'écoute d'un conteur (mercredi à 21h30 en juillet-août ; sur réservation uniquement). **Muséoloups** *Les Angins 89350* ***Tannerre-en-Puisaye*** *(16km à l'ouest de Toucy) Tél. 03 86 45 41 52 s Ouvert Pâques-juin et sept.-Toussaint : mer., sam.-dim. et j. fér. 14h-18h ; juil.-août : mar.-dim. 14h-19h Tarif 6€, moins de 10 ans 4€*

☆ Fabuleuse Fabuloserie

Il n'y a pas qu'un facteur Cheval. Durant des années, Alain Bourdonnais (1925-1988) a réuni une collection unique d'œuvres réalisées à leurs heures perdues par des artistes autodidactes. Le résultat est une extraordinaire galerie de curiosités présentées au fil d'un parcours muséographique onirique où l'on passe d'un tunnel au grenier, dans un joyeux capharnaüm. Le clou de la visite : dans le jardin, le manège de Petit Pierre, un garçon de ferme né sourd au début du XXe siècle, qui consacra 50 ans de son existence à l'œuvre de sa vie : un manège monumental confectionné à partir de matériaux de récupération où se meuvent les êtres et les machines qui peuplaient son quotidien. **La Fabuloserie** *89120* ***Dicy*** *(37km au nord de Toucy) Tél. 03 86 63 64 21 www.fabuloserie.com Ouvert avr.-juin et sept.-2 nov. : sam.-dim. et j. fér. 14h-18h ; juil.-août : tous les ap.-m. Tarif 8€, réduit 4/5€*

CARNET D'ADRESSES

Restauration

très petits prix

Crêperie l'Amuse-Bouche Pour changer des escargots et des œufs en meurette, cap sur la Bretagne. Grand choix de crêpes autour de 8€. À déguster à l'intérieur ou sur l'agréable terrasse à la belle saison. *Rue Colette 89130* ***Toucy*** *Tél. 03 86 74 38 09 Ouvert en saison : tlj. Fermé hors saison : lun., mar. soir et dim. midi*

petits prix

Le Bar du Marché Une charmante terrasse sans prétention pour grignoter une des nombreuses salades et assiettes composées. Entre 11 et 14€. *13, rue Paul-Bert 89130* ***Toucy*** *Tél. 03 86 44 00 61 Fermé en saison : lun. et jeu. soir ; hors saison : dim. soir et lun. Service 12h-14h et 19h-22h Fermeture annuelle : 2 sem. en oct.*

prix moyens

Le Lion d'Or Plus classique, on peut difficilement : une salle intérieure néo-rustique datant des années 1970 et une carte sans surprise où les escargots (12€) voisinent avec l'entrecôte (15€). Les traditions ont aussi du bon : on s'attable ici devant une cuisine goûteuse servie généreusement. Menu à 20€ (entrée, plat, fromage ou dessert). *37, rue Lucile-Cormier 89130* ***Toucy*** *Tél. 03 86 44 00 76 Ouvert mar.-dim. midi*

Hébergement

À défaut de possibilité d'hébergement dans le bourg, vous devrez vous rabattre sur les environs.

prix élevés

☺ **Château du Fort** Pour une étape de charme : le cadre tout d'abord, une splendide demeure construite à partir du XIIe siècle sur d'anciens bâtiments conventuels. Aujourd'hui cette propriété d'une des descendantes de Pierre Larousse s'entoure d'un vaste parc et d'agréables jardins où il fait bon lézarder au bord des douves médiévales, l'œil sur le clocher de l'église. Dans les chambres confortables, les aménagements modernes

YONNE

☺ Écotourisme rural

En 1997, Anne et Jean-Luc Delmotte font l'acquisition d'un manoir qu'ils entreprennent de restaurer conformément à leurs préoccupations écologiques. La noble demeure abrite aujourd'hui une association qui a pour mission de promouvoir les techniques de construction et la connaissance des sources d'énergie renouvelables. Tandis que celle-ci organise des stages techniques pointus (installer un chauffe-eau solaire) ou touchant au bien-être (cuisine, yoga), le château propose 5 chambres de tout confort. Double de 55 à 65€, petit déj. inclus. **Écodomaine des Gilat-Château des Gilats** *Les Gilats 89130* ***Toucy*** *Tél. 03 86 44 20 62 www.ecodomaine.org Ouvert avr.-nov.*

voisinent avec les meubles anciens. Le petit déjeuner dans le jardin est un enchantement. Quatre chambres dont 3 suites, double de 80 à 120€ petit déj. inclus. *Rue Paul-Huillard 89130* ***Villiers-Saint-Benoît*** *(9km au nord de Toucy) Tél. 03 86 45 75 93 www.chateau-du-fort.fr Pas de carte de paiement Ouvert mars-nov.*

SAINT-SAUVEUR-EN-PUISAYE

89520

Peinant à atteindre le millier d'habitants, Saint-Sauveur souffre de la proximité de ses deux voisines, Saint-Fargeau et Toucy, l'une drainant les touristes, l'autre le commerce. S'il faut s'arrêter à Saint-Sauveur, c'est pour découvrir les rues et les jardins qui ont enchanté l'enfance de Colette. L'occasion, peut-être, de se replonger dans les œuvres d'un écrivain aujourd'hui un peu oublié, en lisant par exemple *La Maison de Claudine*, qui retrace ses années heureuses dans le village qui l'a vue naître et qu'elle rebaptisa Montigny.

MODE D'EMPLOI

accès

À 43km au sud-ouest d'Auxerre par la N151 et la D85, à 50km de Joigny par la D955 et à 18km au sud-ouest de Toucy.

informations touristiques

Office de tourisme *Place du Marché Tél. 03 86 45 61 31 Ouvert fév.-oct. : mer.-dim. 10h-12h et 14h-18h ; hors saison : mer. 10h-12h, ven.-dim. 10h-12h et 14h-17h*

fêtes et manifestations

Fête de l'art Le peintre et sculpteur Vincent Magni a décidé de faire de la friche industrielle où il s'est établi un lieu de création et d'y fonder un festival : 2 jours de concerts gratuits, performances d'artistes, expositions, atelier, etc. ***La Poéterie*** *Route des Janets Tél. 03 86 45 60 72 www.lapoeterie.com Début juil.*

Foire aux potiers Pendant deux jours plusieurs dizaines de créateurs exposent leurs réalisations sur le thème décidé pour l'édition de l'année *Comité des fêtes Mairie de Saint-Sauveur Tél. 03 86 45 69 12 Mi-juil.*

Brocante de Mézilles Une des plus grande brocante de France, avec plus de 500 exposant. *89130* ***Mezilles*** *(10km au nord de Saint-Sauveur) 2e w.-e. d'août sam.8h-dim. 18h non stop*

marchés

Marché *Mer. matin*

DÉCOUVRIR

☆**Les essentiels** Le musée Colette, le château de Tremblay **Découvrir autrement** Modelez le grès à la poterie de la Bâtisse, plongez dans les entrailles de la terre aux carrières d'Aubigny **➤ Carnet d'adresses p.393**

Saint-Sauveur-en-Puisaye

☆ **Musée Colette** Une noble demeure du début du XVIIe siècle (remaniée au XVIIIe s.) abrite le musée Colette depuis 1995. L'idée de réunir objets personnels et souvenirs de l'écrivain revient à sa fille, Colette de Jouvenel. Ce n'est qu'après la mort de celle-ci en 1981 que ses héritiers firent don du fonds à la commune de Saint-Sauveur, qui l'installa dans le château. Un joli parcours muséographique invite à découvrir la vie et l'œuvre de la plus célèbre enfant de Saint-Sauveur : collection de photos, présentation de son salon et de la chambre à coucher de son célèbre appartement du Palais-Royal. On peut également visionner une vidéo (45min) retraçant la vie de l'écrivain. ***Château*** *Tél. 03 86 45 61 95 Ouvert avr.-oct. : mer.-lun. 10h-18h ; 1er-15 nov. : mer.-lun. 14h-18h Tarif 5€, 10-25 ans 4€*

Tour Sarrasine À l'arrière du château-musée se dresse un puissant donjon que les spécialistes ont pu dater du XIe siècle. Aucun texte ou document n'a permis jusqu'à présent de préciser les raisons de sa construction. Si l'on ignore également l'origine de son nom, on sait que son plan ovale est très rare dans les ouvrages militaires médiévaux. *En cours de restauration*

Maison de Colette Les amoureux de Colette ne manqueront pas de flâner en contrebas du château dans l'ancienne rue de l'Hospice, qui porte aujourd'hui le nom de l'écrivain. Une plaque commémorative y signale sa maison natale, "grande maison grave, revêche avec sa porte à clochette d'orphelinat, son entrée cochère à gros verrou de geôle ancienne, maison qui ne

Le village de Colette

C'est à Saint-Sauveur que Colette a vu le jour le 28 janvier 1873, dans la maison familiale de la rue de l'Hospice, aujourd'hui rue Colette. Elle y demeure jusqu'à l'âge de 17 ans, entre Sido, la mère adorée, et le capitaine Colette, père généreux et invalide de guerre percepteur à Saint-Sauveur. C'est entre le "Jardin-d'en Haut" et le "Jardin-du-Bas" qu'elle fait l'apprentissage des bonheurs de la nature et de ses exubérances lumineuses et odorantes, et qu'elle cultive la compagnie des chats. Et, après un séjour à Paris à l'âge de 16 ans, c'est avec joie qu'elle quitte la capitale, "ces cubes sans jardins, ces logis sans fleurs où nul chat ne miaule derrière la porte de la salle à manger, où l'on n'écrase pas, devant la cheminée, un coin de chien traînant comme un tapis".

souriait que d'un côté" : du côté arrière "doré par le soleil [et qui] portait manteau de glycine et de bignonier mêlés" et son "Jardin-du-Bas, potager resserré et chaud, consacré à l'aubergine et au piment". Propriété privée, la maison a été mise en vente. Hommes et femmes de lettres, amoureux de Colette se mobilisent pour qu'elle soit transformée en musée.

Les environs de Saint-Sauveur

Moutiers-en-Puisaye

"Une grande voix marine gémit du côté de Moutiers où le vent, sans obstacle, court en risée sur la houle des bois" : aux portes de Saint-Sauveur, Moutiers, cerné d'étangs et de sous-bois, a enchanté l'enfance de Colette. Deux visites y justifient aujourd'hui une halte : l'église du village ornée de peintures murales et la poterie de la Bâtisse, dont on peut visiter les ateliers. *À 3km à l'ouest de Saint-Sauveur, dir. Saint-Fargeau*

Église Saint-Pierre En 1982, une vague de sécheresse a mis à mal l'enduit qui recouvrait les murs intérieurs de l'édifice, dévoilant les couleurs qu'il masquait. Apparaît alors un splendide cycle de peintures médiévales qu'il faudra une dizaine d'années pour dégager et restaurer. Construite à partir du XIIe siècle, l'église appartenait à un vaste monastère fondé au VIIe siècle, qui ne survécut pas à la guerre de Cent Ans, à l'exception de sa chapelle. Celle-ci subit des transformations au cours des siècles : le porche extérieur fut ajouté au XIIIe siècle, ses baies ajourées datent du XVe, tout comme le chœur et les chapelles latérales. Les fresques relèvent de deux époques : romane (fin du XIIe s.) pour le cycle consacré à la vie du Christ sur le mur nord ; gothique (fin XIIIe-début XIVe s.) pour les registres superposés du mur sud : Adam et Ève chassés du Paradis, saint Jean-Baptiste. *Visite mi-mars-nov. : lun.-jeu. 8h-17h, ven. 8h-15h, w.-e. et j. fér. 9h30-19h Entrée libre*

LES MAINS DANS LA TERRE
La poterie organise des stages d'une heure à une demi-journée (à partir de 7€, sur réservation uniquement) ainsi que des ateliers destinés aux enfants (à partir de 5 ans, de 1h à 2h, de 5 à 15€, sur rés.).

☺ **Poterie de la Bâtisse** Depuis le XVIIIe siècle, des générations de potiers ont modelé ici le grès de Puisaye. Les actuels propriétaires sont même les héritiers d'une dynastie de céramistes qui remonte au XVIe siècle. On y visite, sous la conduite d'un guide, les ateliers des années 1930 et surtout le four couché, un spécimen unique en France où l'on peut cuire jusqu'à 5 000 pièces. *89520* ***Moutiers-en-Puisaye*** *Tél. 03 86 45 68 00 www.poterie-batisse.com Ouvert oct.-avr. : mar.-sam. 10h-12h30 et 14h-18h ; juin-sept. : mar.-sam. 10h-12h30 et 14h-18h30, dim. 15h-18h Tarif 2,50€, réduit 2€*

Saints et alentours

Église de Saints Dédiée à saint Prix qui y fut martyrisé au IIIe siècle, cette église – qui a remplacé un édifice plus ancien dont on peut voir çà et là quelques

ART BRUT SELON M'AN JEANNE

Née en 1902, Jeanne est une enfant de l'Assistance publique. Après une existence difficile, elle est recueillie par son fils Jean-Louis Vetter au château de Tremblay. Pendant dix ans, elle vit au contact permanent de l'art et des créateurs. Une période de mûrissement au terme de laquelle elle se saisit de pastels gras pour réaliser, dans les trois dernières années de sa vie, quelque deux cents œuvres, patchwork de couleurs vives hantés de personnages fantastiques.

éléments architecturaux – date du XVIe siècle. C'est à cette époque que ses murs intérieurs ont été recouverts d'un cycle peint dégagé à partir de 1956 dans lequel sont représentés, entre autres, un beau saint Martin partageant son manteau et une procession de femmes. *89520* ***Saints*** *(5,5km à l'est de Saint-Sauveur) Ouvert juin-sept. : 9h-18h Sinon, s'adresser à la mairie Tél. 03 86 45 55 72*

☆ **Château du Tremblay** Cette noble demeure de la fin du XVe siècle abrite dans l'une de ses ailes le **Centre régional d'art contemporain**. À l'origine de cette fondation privée, deux artistes et deux amis : Fernand Rolland (1920-2004), qui s'installe à Tremblay après guerre, un génial touche-à-tout, poète, peintre, sculpteur... Une dizaine d'années plus tard, il est rejoint par le sculpteur Jean-Louis Vetter (1934-2007). Ces deux complices vont faire de Tremblay un foyer d'art contemporain en y organisant des expositions où ont figuré quelques grands noms de l'art du XXe siècle (Dubuffet, Soulages, Olivier Debré...). Après la disparition des deux fondateurs, la compagne de Jean-Louis Vetter perpétue leur œuvre. Deux expositions y sont en général présentées chaque année. Le château abrite également une collection permanente des œuvres de Jean-Louis Vetter et de Fernand Rolland, dont les "Pots de confiture" auraient enchanté les surréalistes. On peut y voir également les étonnantes créations de M'an Jeanne, la mère de Jean-Louis Vetter, dont une quarantaine d'œuvres sont conservées à Tremblay. *89520* ***Fontenoy*** *(10km au nord-est de Saint-Sauveur) Ouvert Pâques-oct. : mar.-dim. (lun. si j. fér.) 14h-19h Tarif 4€*

Musée de Fontenoy Face à l'église du village, un petit musée évoque la bataille de Fontenoy, où se dessina la carte de l'Europe actuelle. En 841, les petits-fils de Charlemagne se disputent l'empire de leur aïeul : d'un côté Lothaire Ier, qui entend ne rien laisser à ses frères, de l'autre Louis le Germanique et Charles le Chauve. L'affrontement est inévitable : il aura lieu aux environs du village de Fontenoy, le 25 juin 841. La bataille s'engage dès 8h du matin : une furieuse mêlée d'une extrême cruauté qui laisse des milliers de victimes sur le terrain et s'achève par la défaite de Lothaire. Deux années plus tard est signé le traité de Verdun : Charles le Chauve reçoit la Francie occidentale, Louis le Germanique la Francie orientale : la France et l'Allemagne étaient nées. Entre les deux, bientôt le royaume de Lotharingie, qui s'étend de l'actuelle Hollande au nord de l'Italie. Le musée expose une très jolie maquette de la bataille, réalisée et commentée par les enfants du village. À 2km au sud du village, un obélisque a été dressé sous le second Empire sur une colline dominant le champ de bataille. Chaque année, le week-end le plus proche du 25 juin, jour anniversaire de la bataille, une fête "carolingienne" est organisée à Fontenoy (jeux médiévaux, joutes, ateliers...).

Rue Saint-Marien 89520 **Fontenoy** *(10km au nord-est de Saint-Sauveur) Tél. 03 86 44 02 18 Ouvert Pâques-Toussaint : sam.-dim. 14h30-18h30 ; juil.-août : mar.-dim. 14h30-18h30 Tarif 3€*

Druyes-les-Belles-Fontaines et Taingy

À l'écart des grandes routes touristiques, Druyes-les-Belles-Fontaines (89560) mérite le détour. Le village ne manque pas de charme, traversé des ruisselets qui lui ont valu son nom et se déversent dans un bassin illuminé chaque 24 décembre par 600 bougies flottantes. Au-dessus du bourg, le château est l'une des plus impressionnantes forteresses médiévales de l'Yonne. Druyes-les-Belles-Fontaines est le village natal du capitaine Coignet (1776-1865), un brave qui servit Napoléon de 1799 jusqu'à Waterloo en 1815. Il rédigea ses mémoires, qui ont été publiés intégralement pour la première fois en 1968 et constamment réédités depuis. *À 20km au sud-est de Saint-Sauveur*

Château Venant du sud, à travers le vaste plateau de la Forterre, le château de Druyes s'annonce des kilomètres à la ronde, juché sur son éperon rocheux. Une formidable citadelle dont l'aspect actuel remonte à la toute fin du XIIe siècle. Un château princier, résidence des seigneurs de Courtenay et comtes de Nevers. C'est là que Pierre II, compagnon de Philippe Auguste à la croisade, reçut la nouvelle de son élection à la tête de l'empire latin de Constantinople. Le seigneur reprit le chemin de l'Orient, mais mourut en chemin avant d'atteindre sa nouvelle capitale. Aujourd'hui propriété privée, le château garde fière allure avec ses remparts et ses tours. On peut grimper au sommet de la tour maîtresse, d'où la vue embrasse un vaste panorama sur la région. *Ouvert Pâques-juin et sept. : w.-e. 15h-18h ; juil.-août : tlj. 15h-18h Tél. 03 86 41 51 71 Tarif 4€, 8-16 ans 2,50€*

Église Saint-Romain Bel exemple du style roman bourguignon, l'église a été édifiée au XIIe siècle et dédiée à saint Romain, un ermite italien qui s'établit à Druyes au VIe siècle. La tour de défense circulaire lui a été ajoutée au XVe siècle. Passé le beau porche roman, on découvre la nef, rehaussée à la charnière des XVe et XVIe siècles. Elle conserve ses massifs piliers romans, surmontés de chapiteaux ouvragés ; à voir sur le pilier à gauche du chœur, un relief mettant en scène en chevalier sur fond de palmier. Peut-être un souvenir de la croisade. L'abside est du style roman le plus pur. *Ouvert tlj. 9h-18h*

☺ **Carrières d'Aubigny** À une dizaine de kilomètres de Druyes, voici l'occasion de descendre dans le ventre calcaire de la Forterre : des carrières aux allées dignes d'une cathédrale, exploitées depuis l'époque romaine jusqu'en 1945. L'extraction a connu son apogée aux XVIIIe et XIXe siècles pour fournir leurs blocs à quelques-uns des édifices les plus prestigieux de Paris : le muséum du Jardin des Plantes, l'Opéra, l'Hôtel-de-Ville… ainsi que les quatre piles qui soutiennent la tour Eiffel. Aujourd'hui les parois ont inspiré des artistes contemporains qui y ont laissé leurs œuvres. Au point le plus éloigné de l'entrée, une étroite galerie donne accès à la “petite carrière”, refuge des chauves-souris. Le site est géré par une association qui propose des ateliers de taille ouverts à tous (2h, 4,20€, sur réservation uniquement). Un petit bar à l'entrée permet de se rafraîchir pour peu que l'on ne soit pas transi après la visite : la température de la carrière est constamment à 12°. Prévoyez une petite laine.*89560* ***Taingy*** *(19km au sud-est de Saint-Sauveur) Tél. 03 86 52 38 79 www.carriere-aubigny.com Ouvert avr.-juin et sept.-Toussaint : mar.-sam. 10h-12h et 14h30-18h30, dim. et j. fér. 14h30-18h30 ; juil.-août : lun.-sam. 10h-18h30, dim. et j. fér. 14h30-18h30 (dates d'ouverture et horaires étant susceptibles de changer, se rens.) Visite guidée (env. 1h) Tarif 6€, réduit 5,50€, 6-16 ans 3,50€*

● Où boire un verre, manger sur le pouce ? Le bar-restaurant-épicerie installé au cœur de Taingy fait office de forum pour les habitants de ce petit village assoupi. Il offre en outre aux visiteurs une belle possibilité de déjeuner rapidement au cours d'une journée d'excursion dans le secteur. Petite restauration – tartes salées, salades – à prix doux. **Le Relais de Forterre** *8, place de Verdun 89560* ***Taingy*** *Tél. 03 86 41 92 32 Ouvert toute l'année : mar.-dim. 9h-21h*

YONNE

CARNET D'ADRESSES

Restauration, hébergement

camping, location de mobile homes et chalets

Camping municipal de Saints Tout près des grandes curiosités de la région, et pourtant négligé des campeurs, l'endroit est charmant : un terrain ombragé au-dessus du village, des sanitaires impeccables. Possibilité de branchement électrique. Comptez environ 6€ pour 4 personnes. Le règlement s'effectue à la mairie de Saints. *89520* ***Saints*** *(5,5km à l'est de Saint-Sauveur) Tél. 03 86 45 55 72 Ouvert lun.-ven. 11h-12h et sam. 9h-12h En dehors de ces jours et horaires d'ouverture, on glisse son règlement dans la boîte accrochée devant la porte*

Camping-motel Parc des Joumiers Même si l'on n'est pas campeur, le parc des Joumiers offre de bonnes possibilités d'hébergement dans des environs qui en comptent peu. En dehors des 150 emplacements de camping (tout confort) on y trouve également des chambres, ainsi que des chalets et des mobile homes équipés de cuisine et de sanitaires privés. L'ensemble est dispersé à travers les 23ha que compte le domaine, agrémenté d'un lac de 7ha où l'on peut pêcher ou se promener en barque. Enfin, le restaurant (ouvert aux seuls résidents) propose un menu du jour (13,90€, uniquement sur réservation). Double à 38€ (42€ les ven.-dim), petit déj. 4,90€, studios pour 4 personnes à 76€ (84€ le w.-e.) ; mobile home pour 4 à 6 personnes 69€ (76€ le w.-e.). *89520* ***Saint-Sau-***

GAMME DE PRIX	RESTAURATION	HÉBERGEMENT
Très petits prix	moins de 12€	moins de 30€
Petits prix	de 12 à 18€	de 30 à 50€
Prix moyens	de 18 à 25€	de 50 à 75€
Prix élevés	de 25 à 45€	de 75 à 115€
Prix très élevés	plus de 45€	plus de 115€

veur-en-Puisaye *(à la sortie de la ville, dir. Toucy) Tél. 03 86 45 66 28 www.camping-motel-journiers.com Ouvert fin mars-mi-oct.*

prix moyens

Auberge des Sources Pour une halte hors des sentiers battus : à proximité des grands sites de la Puisaye (Guédelon, Saint-Fargeau...), à une heure de route de Vézelay, Druyes-les-Belles-Fontaines n'attire pourtant pas les foules. C'est dommage : le village est charmant, tranquille, en somme une base idéale pour sillonner la région. D'autant que l'Auberge des Sources offre 9 chambres pimpantes et de tout confort, avec en prime la faconde chaleureuse du maître des lieux (double de 55 à 59€ selon la saison, petit déj. 6,50€). L'auberge sert dans l'agréable salle ou sur sa petite terrasse une cuisine traditionnelle. À retenir, une intéressante formule à 11,50€ pour le déjeuner (entrée + plat ou plat + dessert)... si l'on ne se laisse pas tenter par les mets plus roboratifs proposés dans les menus à 26,50 et 34€ : on pourra alors se régaler de cuisses de grenouilles et de ris de veau aux morilles. *4, place Jean-Bertin 89560* ***Druyes-les-Belles-Fontaines*** *(20km au sud-est de Saint-Sauveur) Tél. 03 86 41 55 14* ***Restaurant*** *Ouvert tlj. 12h-14h et 19h-21h30 Fermé mi-nov.-mi-fév.*

Restaurant La Mare aux Fées Une agréable auberge de campagne – très courue par les habitants de la région –, au bord du Branlin, enjambé par un charmant pont de pierre, très pittoresque pour une nécessaire promenade digestive. Car on fait ici dans la tradition, et mieux vaut ne pas prévoir une grande activité à la sortie de table ! Le menu à 19€ aligne bravement œufs en meurette et jambon à la chablisienne, suivis d'un fromage ou d'un dessert. Menu gastronomique à 25,80€ avec en vedette un feuilleté de cèpes et foies de volaille. *89130* ***Mézilles*** *(10km au nord de Saint-Sauveur) Tél. 03 86 45 40 43 Ouvert lun.-mar. 12h-14h, jeu.-dim. 12h-14h et 19h30-21h Fermé pendant les fêtes de fin d'année et en fév.*

★ GUÉDELON

Pour Michel Guyot, qui a rendu vie au château de Saint-Fargeau, l'aventure en Puisaye s'est poursuivie par un pari plus audacieux encore : la construction d'un château fort selon les techniques employées au Moyen Âge. L'aventure commence en 1997 avec la pose de la première pierre au cœur de la forêt de Treigny. L'année suivante, le chantier accueille son premier visiteur. Depuis, l'engouement du public pour cette aventure unique ne s'est pas démenti : avec plus de 250 000 visiteurs par an, c'est avec les Hospices de Beaune le premier site touristique de Bourgogne. Une visite passionnante où l'on croise à l'ouvrage tailleurs de pierre, carriers, forgerons... tous des passionnés qui prennent plaisir à partager leur expérience avec les visiteurs. Le chantier est prévu pour durer environ 25 ans, soit une fin de chantier à l'horizon 2022.

MODE D'EMPLOI

accès en voiture

À 90km de Sens et à 50km d'Auxerre via Toucy. À 12km au sud-ouest de Saint-Sauveur et à 15km au sud-est de Saint-Fargeau. Un parking est mis gratuitement à la disposition des visiteurs.

informations pratiques

Chantier *Tél. 03 86 45 66 66 www.guedelon.fr*
Horaires *Ouvert 15-30 mars : lun.-mar et jeu.-dim. 10h-18h ; avr.-juin : lun.-mar et jeu.-dim. 10h-18h (19h dim. et j. fér.) ; juil.-août : tlj. 10h-19h ; sept. : lun.-mar et jeu.-dim. 10h-17h30 (18h sam.-dim.) ; oct. : lun.-mar et jeu.-dim. 10h-17h30*
Tarif *9€, enfant (5-17 ans) 7€*
Visite guidée *Environ 45 min Départ toutes les 30min Tarif 2€/pers. en sus du billet*

services

Restauration sur place La **taverne de Guédelon** sert des "écuelles"- assiettes garnies d'inspiration médiévale - à partir de 9,50€ (accueil à partir de 11h30), et **espace pique-nique** abrité en forêt.

DÉCOUVRIR

☆ **Les essentiels** Le chantier médiéval de Guédelon **Découvrir autrement** Participez à la construction du château de Guédelon, traquez le bison dans le parc de Boutissaint ➤ **Carnet d'adresses p.398**

Chantier médiéval de Guédelon

Enceinte Au-delà du guichet d'entrée, une petite éminence permet d'embrasser d'un coup d'œil l'étendue du site : une entrée flanquée de deux tours semi-circulaires et à laquelle donne accès un pont de bois fixe (les pont-levis étaient réservés aux châteaux royaux). Le corset rectangulaire de remparts est défendu par des tours dont, au fond à droite, la tour maîtresse, la plus massive et la plus haute de l'ensemble, abritait l'habitation du seigneur.

Logis et village des ouvriers Appuyé contre la tour maîtresse, le beau logis seigneurial à deux étages était destiné aux réceptions officielles. Il est entièrement terminé, et on peut s'y promener du rez-de-chaussée, qui abritait les communs, à l'étage, avec sa vaste salle de réception et sa somptueuse chambre pour les invités de marque. Le rempart à l'arrière, entièrement construit, présente à la base un talus destiné à consolider sa structure. En lisière du chantier a été restitué le petit village des ouvriers. Une belle maison à pans de bois abrite un atelier de teinture de laine ; les couleurs sont réalisées à l'aide des végétaux cultivés dans le petit jardin attenant.

PETITS TAILLEURS DE PIERRE
Autour du château, on pourra découvrir les ateliers des artisans : tailleurs de pierre, fabricants de tuiles, forgeron. Chaque été, des ateliers sont proposés au jeune public (à partir de 6 ans). En vedette, l'apprentissage de la taille de pierre. *Tarif 4€/h*

● **Participer au chantier** Guédelon invite chaque année des bénévoles à participer à la construction du château. Aucune compétence particulière n'est requise : il suffit d'être majeur et de disposer d'un moyen de locomotion (l'hébergement n'est pas assuré et il n'est pas possible de camper sur place). Séjours de 3 à 7 nuits ; participation 4€ par jour avec possibilité de repas (5€). *Tél. 03 86 45 66 69 participer@guedelon.fr*

Les environs de Guédelon

Treigny

Le bourg Ce village paisible hissé sur une butte marque la limite entre la Puisaye et la Forterre. Limitée à l'est par l'Auxerrois et au nord par le Gâtinais français, la Puisaye vient mourir à l'ouest sur la rive de la Loire. Au sud s'étend la Forterre. Vue de Treigny qui se dresse à la limite des deux régions, la différence est spectaculaire : d'un côté les collines verdoyantes de Puisaye, de l'autre les vastes étendues calcaires de la Forterre, domaine des grandes exploitations agricoles. Le bourg est dominé par une splendide **église**, aux proportions si vastes qu'on la surnomme la cathédrale de la Puisaye. Elle fut édifiée dans un style gothique flamboyant au début du XVIe siècle. Deux entrées se partagent la façade : l'une, très ornée était réservée, dit-on, aux riches habitants de la Forterre, qui au Moyen Âge payaient force dîme au clergé ; l'autre, toute simple, était empruntée par les Poyaudins, dont les terres ne fournissaient que de maigres impôts en nature. *89520* ***Treigny*** *(5km au sud-est de Guédelon)* **Église** *Visites guidées juil.-août : jeu. 15h-18h*

Château de Ratilly C'est tout d'abord une superbe forteresse dressée au XIIIe siècle, un de ces châteaux du temps de Philippe Auguste, ceint de tours circulaires et de hauts remparts – le type d'édifice dont s'inspire Guédelon. On y verra, à l'intérieur, un splendide pigeonnier doté d'une échelle tournante. En 1951, le château est acheté par Jeanne et Norbert Pierlot, l'une céramiste, l'autre comédien, qui ne tardera pas à son tour à travailler le grès. Ils font du lieu un centre de création où ils accueillent de nombreuses manifestations culturelles. Après leur disparition, leur fille Nathalie elle aussi s'est mise à modeler le grès pour confectionner des œuvres frappées de sa marque – une chouette – et qui ont fait d'elle une artiste reconnue. Les salles d'exposition présentent quelques-unes de ses réalisations ainsi que celles d'artistes invités. Durant l'été, le lieu s'anime d'une série de concerts : une programmation de qualité où se succèdent musique classique, jazz, flamenco ou rythmes cubains. *À 1km à l'ouest de Treigny Tél. 03 86 77 47 79 54 www.chateauderatilly.fr Ouvert avr.-mi-juin : lun.-ven. 10h-12h et 14h-18h, sam.-dim. et j. fér. 15h-18h ; mi-juin-mi-sept. : tlj. 10h-18h ; mi-sept.-oct. : lun.-ven. 10h-12h et 14h-16h30, sam.-dim. et j. fér. 15h-18h Tarif 4€, moins de 12 ans gratuit*

● **Où boire un verre, manger sur le pouce ?** Au Carrouge ! Un café de pays comme on les aime, avec un accueil sympathique et des patrons toujours disponibles pour partager renseignements et bons tuyaux. Comme il se doit, l'endroit assure l'animation du village : concerts les samedis soir, expositions...

GEOPLUS

COMME AU MOYEN ÂGE

Château en chantier

Par **Jean-Louis Despesse**, journaliste

Dès la conception du projet de construction du château, il était clair pour son promoteur qu'il ne s'agissait pas d'édifier un parc d'attraction. Le château lui-même intéresse moins que le processus de construction qui permet d'expérimenter les procédés mis en œuvre au Moyen Âge, sous le contrôle d'un comité scientifique qui valide, année après année, l'avancée des travaux.

Un projet ambitieux… Pour donner plus de véracité à cette aventure, on a posé l'hypothèse d'un petit seigneur de Puisaye qui, au début du XIIIe siècle, obtient de son suzerain l'autorisation de construire un château. En raison de la position subalterne de son maître dans l'ordre féodal, il s'agit d'un édifice de taille modeste, mais conforme au nouveau type de château institué sous le règne de Philippe Auguste : de hauts murs sur lesquels s'appuient un talus, des tours d'angle circulaires, et une plus importante abritant le logis du seigneur. Les plans dessinés par Jacques Moulin, architecte des Monuments historiques, restaient à trouver l'endroit. Ce fut la forêt de Treigny, qui pouvait, comme il était d'usage au Moyen Âge, fournir tous les matériaux nécessaires à l'édification de la forteresse : la pierre, le grès ferrugineux, le bois, l'argile, la terre.

"Le chantier emploie une trentaine d'ouvriers, auxquels s'ajoutent durant l'été des apprentis en stage ainsi que des bénévoles."

Laboratoire des artisans Ici, tous les procédés de construction sont conformes aux usages de l'époque : un forgeron façonne les outils, un artisan tresse les cordages, les tailleurs de pierre dégagent les blocs de la masse, les potiers enfournent les tuiles d'argile, les vanniers réalisent des paniers assez résistants pour porter une charge de 80kg. Les charpentiers assemblent les échafaudages et les instruments de levage, comme cette étonnante cage à écureuil où un homme à l'intérieur d'une roue peut à lui seul soulever près de 400kg. Le chantier emploie une trentaine d'ouvriers, auxquels s'ajoutent durant l'été des apprentis en stage ainsi que des bénévoles. Pour tous, une aventure extraordinaire. Pour les scientifiques : la vérification *in vivo* des procédés de construction médiévaux

On peut également s'y restaurer avec des plats du jour à 7,50€. Connexion wifi gratuite. **Le Carrouge** *5, place de la Mairie 89520* ***Treigny*** *Tél. 03 86 74 64 33 Ouvert lun., mer.-jeu. 8h30-22h, ven.-sam. 8h30-0h, dim. 9h30-22h*

● Rencontrer les potiers de Puisaye Treigny abrite le siège de l'Association des potiers créateurs de Puisaye (APCP). D'avril à novembre, le couvent expose les œuvres des adhérents et de leurs invités (trois expositions par an). Le cadre lui-même vaut le détour : un ancien couvent construit entre le XVe et le XVIe siècle. **Association des potiers créateurs de Puisaye** *Le Couvent (en arrière de l'église) 89520* ***Treigny*** *Tél. 03 86 74 75 38 www.potiers-createurs-puisaye.fr (programme des expositions et des activités) Ouvert avr.-juin : w.-e. et j. fér. 14h-18h ; juil.-août : tlj. 14h-18h ; sept.-nov. : ven.-lun. et j. fér. 14h-18h* ***Marché potier*** *14-15 août Entrée libre*

● Approcher mouflons et bisons, pique-niquer au bord de l'eau, grimper dans les cimes

☺ **Parc naturel de Boutissaint** Croiser des bisons au détour d'un chemin de Puisaye ? C'est possible dans le domaine de Boutissaint, un enclos de 400ha où l'on peut découvrir sept de ces géants débonnaires natifs d'Europe orientale. Ils cohabitent pacifiquement avec des cerfs, des daims ou des mouflons et s'ébattent en toute liberté à l'intérieur du parc. Les sentiers permettent de s'en approcher de très près, pour peu que l'on soit discret. Des aires de pique-nique sont aménagées autour du lac qui s'étend au centre du domaine. Prévoyez un minimum de 1h30. *89520* ***Treigny*** *Tél. 03 86 74 18 18 www.boutissaint.com Ouvert mi-fév.-mi-nov. : tlj. 8h-20h Tarif 8€, 6-14 ans 5€*

Parc d'aventure du Bois de la Folie Neuf parcours d'accrobranches au cœur de la belle forêt de Treigny, avec un total de 1 500m de tyroliennes. *89520* ***Treigny*** *Tél. 03 86 74 70 33 www.natureadventure.fr Ouvert avr.-juin et sept.-Toussaint : tlj. 13h-18h ; juil.-août : tlj. 10h-19h Tarif 23€, moins de 16 ans 20€ et enfant mesurant entre 1,10 et 1,40m 14€*

CARNET D'ADRESSES

Restauration, hébergement

Dans les environs immédiats de Guédelon, seul le village de Treigny offre des possibilités d'hébergement. Vous trouverez un plus grand choix à Saint-Fargeau.

petits prix à prix moyens

Le Bal Au cœur du village, cette agréable auberge a fait sa réputation avec une tête de veau préparée dans les règles de l'art. On y sert également, dans une ambiance sympathique, un intéressant menu du jour à 10€. Le propriétaire propose deux chambres équipées d'un coin cuisine. C'est propre, fonctionnel. Pas follement gai cependant. De 60 à 80€ (possibilité de logement pour 3 pers.) en haute saison sans le petit déjeuner. *5, rue du Professeur-Lian 89520* ***Treigny*** *(5km au sud-est de Guédelon) Tél. 03 86 74 66 18 Fermé mer.*

YONNE

SAINT-FARGEAU

89170

Avec le chantier de Guédelon, Saint-Fargeau est l'autre locomotive touristique qui vaut à la Puisaye d'être une des régions les plus visitées de l'Yonne. Et Saint-Fargeau mérite certainement le détour : une restauration particulièrement réussie a rendu vie au château, qui fait l'orgueil des habitants. Au point qu'ils se sont portés volontaires pour s'enrôler dans le spectacle nocturne donné en été.

UN PAVILLON DE CHASSE DEVIENT FORTERESSE... L'histoire de la petite cité est intimement liée à celle de son château plus que millénaire. Et au défilé d'illustres personnages qui en ont habité les pierres. Tout commence peu avant l'an mille avec le fils naturel d'Hugues Capet, évêque d'Auxerre, qui se fait construire une retraite au cœur de cette région sauvage qu'est alors la Puisaye. Retraite et pavillon de chasse : le prélat n'oublie pas qu'il est aussi un grand seigneur. Le lieu passera ensuite entre les mains des grands féodaux de la région. En 1450, il est acheté par Jacques Cœur, le grand argentier de Charles VII, qui tombera en disgrâce en 1451. Il donne son nom à une des tours du château, sans que l'on soit sûr qu'il y ait jamais séjourné. Les grands travaux d'aménagement débutent au milieu du XVᵉ siècle avec Antoine de Chabannes, ancien compagnon d'armes de Jeanne d'Arc et nouveau propriétaire des lieux : les anciennes tours médiévales sont enfermées dans de puissants ouvrages adaptés à l'artillerie, tandis qu'à la base des remparts un système de galeries permet de déjouer les mines que creuseraient d'éventuels assaillants.

"À CŒUR VAILLANT RIEN D'IMPOSSIBLE" Au XVIIᵉ siècle, Saint-Fargeau devient propriété de la Grande Mademoiselle, cousine de Louis XIV. Pour avoir participé à la Fronde contre le pouvoir royal, cette princesse de sang y est exilée en 1652. Le château qu'elle découvre est bien loin des fastes de sa demeure du palais du Luxembourg à Paris. Elle décide alors de rénover l'édifice, et pour cela fait appel à François Le Vau – le frère de l'architecte de Vaux-le-Vicomte -, qui dessine les splendides façades intérieures que l'on découvre aujourd'hui. Ses somptueux appartements ont malheureusement été détruits par le terrible incendie qui ravagea le château en 1752. Il devient en 1713 propriété de la famille Lepeletier, dont le plus célèbre représentant, Louis Michel Lepeletier, député de la noblesse aux états généraux de 1789, vota la mort de Louis XVI et fut assassiné quelques heures après par un ancien garde du roi. Saint-Fargeau reste jusqu'en 1968 dans la même famille, dont Jean d'Ormesson est le descendant : l'académicien a raconté son enfance au château dans *Au plaisir de Dieu*. Après dix années de quasi-abandon, Saint-Fargeau est racheté par Michel et Jacques Guyot, qui vont dès lors se consacrer à sa restauration. Une œuvre titanesque pour laquelle les deux frères amoureux de vieilles pierres ont dû faire leur la devise d'un des anciens maîtres de Saint-Fargeau, Jacques Cœur : "À cœur vaillant rien d'impossible."

MODE D'EMPLOI

accès en voiture

À 45km au sud-ouest d'Auxerre et à 58km au nord-est de Clamecy.

informations touristiques

Office de tourisme *3, place de la République Tél. 03 86 74 10 07 www.ot-saintfargeau89.fr Ouvert avr.-mi-nov. : lun. 14h-18h, mar.-dim. 9h30-12h30 et 14h-18h ; mi-nov.-mars : lun.-sam. 9h30-12h30 et 14h-18h*

Maison de la Puisaye-Forterre Information sur le pays sur le site Internet : *www.puisaye-forterre.com*

marchés, fêtes et manifestations

Marché *Ven.*

Spectacle historique du château de Saint-Fargeau cf. Encadré. *Mi-juil.-mi-août*

DÉCOUVRIR

☆ **Les essentiels** Le château **Découvrir autrement** En été, assistez au spectacle du château, allez tester les phonographes au musée du Son, faites un tour de pédalo sur le lac du Bourdon **➤ Carnet d'adresses p.403**

Saint-Fargeau

☆**Château** Deux massives tours circulaires encadrent l'entrée ; elles remontent au XVe siècle, lorsque Antoine de Chabannes enferma les tours médiévales à l'intérieur d'un chatoyant parement de briques roses. On débouche ensuite sur la splendide cour intérieure, œuvre cette fois de la Grande Mademoiselle et de François Le Vau. Le résultat : un magnifique exemple du classicisme français avec ses façades régulières et ses frontons, son escalier d'angle monumental. En dehors de la visite guidée dans les appartements remeublés de la Grande Mademoiselle et la bibliothèque du XIXe siècle, vous pourrez suivre librement un itinéraire fléché à travers

☺ Mille ans d'histoire sur scène

Pas moins de 600 acteurs, 60 cavaliers, de somptueux éclairages : ce n'est peut-être pas Cecil B. de Mille, mais on a ici en ligne de mire le célèbre Puits du Fou. Les mille ans d'histoire du château, de l'évêque Héribert à la Libération, sont racontés en une quinzaine de scènes. Les bénéfices du spectacle étant consacrés à la restauration du château, les habitants endossent chaque année leurs costumes pour se produire devant le public. Le spectacle est donné dans le parc du château où tout a été prévu pour passer une agréable soirée, y compris une petite restauration. *Juil.-août : ven. et sam. à 22h (calendrier et réservation sur www.chateau-de-saint-fargeau.com) Tarif 16€, 6-15ans 9€*

le château, des galeries de défense à la base des murs jusqu'aux combles impressionnants dominés par une extraordinaire charpente, une véritable forêt soutenant la toiture de tuiles. Après la visite, ne manquez pas la promenade dans le parc, où l'on découvre notamment une collection de vieilles locomotives réunie par Michel Guyot. *Tél. 03 86 74 05 67 Ouvert fin mars-11 nov. : tlj. 10h-12h et 14h-19h Tarif 9€, réduit 5€ (le billet comprend une visite guidée des appartements meublés, départ toutes les 30min)*

EN VOITURE ! En saison, une malle-poste du XIXᵉ siècle tirée par quatre chevaux relie le château à la ferme. Une promenade au pas de 30min environ qui passe par les anciennes écuries et le parc. *Tél. 03 86 87 18 26 Avr.-sept. : départ toutes les 30min Tarif 5€, moins de 12 ans 3€*

Vieille ville Le modeste centre ancien au pied du château conserve quelques maisons à pans de bois ainsi qu'un beffroi du XVIIᵉ siècle, établi dans une ancienne porte fortifiée du XVᵉ siècle.

Chapelle Sainte-Anne Plantée au milieu du cimetière de la ville, elle conserve un remarquable cycle de peintures murales datées du début du XVIᵉ siècle. Réalisés dans la belle teinte ocre caractéristique des peintures murales de Puisaye (cf. Toucy, encadré Les exceptionnelles peintures murales de Puisaye), ces vastes panneaux illustrent les épisodes de la Passion du Christ. Le Dict des trois morts et des trois vifs y est représenté, comme à Villiers-Saint-Benoît (cf. Toucy, les environs). *Av. de la Puisaye Demander la clé à l'OT ; elle vous sera remise contre le dépôt d'une pièce d'identité*

☺ **Musée du Son** Un musée unique en son genre : on peut suivre ici toute l'aventure de la reproduction du son, depuis les premières machines à rouleau d'Edison aux innovations des années 1960. À l'origine de ces collections exceptionnelles, la passion d'un industriel local, Armand Nogues, qui fut également maire de Saint-Fargeau et qui a légué à la ville, en 1993, les phonographes et autres machines qu'il avait patiemment collectionnés. Les présentations sont particulièrement attractives, d'autant que l'on a la possibilité de faire fonctionner quelques-unes de ces vénérables machines. Le musée possède aussi plusieurs automates qui sont actionnés plusieurs fois par jour (10h30, 15h30 et 16h30). *Place de l'Hôtel-de-Ville Tél. 03 86 74 13 06 Ouvert mars-avr. et oct. : mer.-lun. 14h-18h ; mai-sept. : tlj. 10h-12h et 14h-18h Tarif 5,50€, réduit 3€*

● **Passer un après-midi à la ferme** La vaste bâtisse du XIXᵉ siècle de la ferme du Château abrite depuis une dizaine d'années une ferme pédagogique : l'initiative d'un jeune couple qui a décidé un beau jour de vivre sa passion, les animaux et les métiers de la terre. Autour de la grande cour où batifolent les hôtes à plumes et à poils de la ferme, on découvre plusieurs espaces, étables, forge, corderie... Tout au long de la journée sont proposées des animations : traite, savoir-faire du forgeron, cuisson du pain... Une découverte ludique qui enchantera les petits citadins. La ferme abrite également des hébergements en gîtes et chambres d'hôtes (cf. Carnet d'adresses). **La Ferme du Château**

Allée des Platanes (à 700m env. du château ; du beffroi, prendre à gauche dir. Saint-Amand-en-Puisaye ; l'allée des Platanes prend à droite après la rue du Stade) Tél. 03 86 74 03 76 Ouvert avr.-juin et sept. : vac. scol., w.-e. et j. fér. 10h-12h et 14h-17h, juil.-août : tlj. 10h-12h et 14h-18h Tarif 6€, réduit 4€

● Où s'offrir une pause gourmande ? La pâtisserie Fléchais a ressuscité une recette de délicieux macarons moelleux à souhait élaborée par un artisan local dans les années 1930. On peut également s'y régaler d'excellentes glaces maison, à emporter ou à consommer sur place dans le charmant petit salon de thé attenant. **Pâtisserie Fléchais** *1, rue des Lions Tél. 03 86 74 06 71 Ouvert en saison : tlj. 9h-19h*

● Passer un après-midi au bord du lac du Bourdon Ce vaste réservoir d'une superficie de 190ha fut mis en eau en 1905 pour contribuer à l'alimentation du canal de Briare, le plus ancien canal de France qui, depuis le XVIIe siècle, met en relation la Loire avec la Seine via le Loing. Une digue longue de 350m y retient les eaux du Bourdon. C'est aujourd'hui un agréable lieu de détente avec, au pied du camping municipal (côté est, cf. Carnet d'adresses), une plage aménagée et surveillée en juillet-août. *3km au sud-est de Saint-Fargeau*

Base de loisirs Daniel Bailly Les amateurs y loueront des pédalos (12€/h), tandis que les randonneurs suivront le sentier qui fait le tour du lac (10km). *www.baseloisirs-bourdon.com Tél. 03 86 74 04 07*

Auberge du Lac On se rend à l'auberge du Lac surtout pour profiter de la terrasse donnant sur le plan d'eau du Bourdon. Carte de brasserie sans surprise ; plats du jour entre 10 et 12€. *Tél. 03 86 74 03 23 Ouvert en saison : tlj. ; hors saison : lun.-dim. midi Fermé en jan.*

YONNE

Les environs de Saint-Fargeau

Jardins d'eau Pierre Doudeau Créé en 1994, ce splendide parc de 4ha, parcouru de ruisselets et agrémenté de pièces d'eau, est régulièrement classé parmi les plus beaux jardins de Bourgogne. Au fil de 1 500m de sentiers, on y partira à la découverte de quelque 800 espèces végétales. *89220* ***Bléneau*** *(15km au nord-ouest de Saint-Fargeau) Ouvert tlj. Entrée libre*

Rogny-les-Sept-Écluses Afin de faire franchir au canal de Briare le dénivelé de 170m séparant le bassin hydrographique de la Loire de celui de la Seine, une échelle de six écluses est construite dès 1609 près de Rogny. Une septième sera ajoutée en 1834 pour adapter l'ouvrage au nouveau gabarit Becquey. En 1882, sa mise au gabarit Freycinet s'avérera très complexe et bien trop coûteuse : on creuse alors un canal de contournement, pourvu de six écluses séparées. Ce chef-d'œuvre de génie civil, bien qu'asséché et privé de ses portes, n'en demeure pas moins très impressionnant. *89220* ***Rogny-les-Sept-Écluses*** *(20km au nord-est de Saint-Fargeau)* **Office de tourisme** *2, rue Gaspard-de-Coligny Tél. 03 86 74 57 66 Ouvert juil.-août : tlj. 10h-12h et 14h-18h ; mai et sept. : mar.-dim. 10h-12h et 14h-18h ; avr. : mar.-sam. 10h-12h et 14h-18h Fermé déc.-mars* ***Visite guidée*** *avr.-sept. : 2e sam. du mois à 15h Tarif 3€*

CARNET D'ADRESSES

Restauration, Hébergement

camping

Camping municipal La Calanque Cet établissement 3 étoiles très bien aménagé jouit d'une situation agréable au-dessus du lac du Bourdon. Une excellente base de départ pour rayonner dans la région. Il est plus prudent de réserver en juillet-août. Forfait 9€/pers. *Lac du Bourdon (3km au sud-est de Saint-Fargeau) Tél. 03 86 74 04 55 Ouvert mi-avr.-fin sept.*

très petits prix à prix moyens

Gîtes et chambre d'hôtes La Ferme du Château Pour un séjour en compagnie bucolique. Plusieurs types d'hébergement au cœur d'une ferme pédagogique : le gîte d'étape, qui offre 18 couchages en chambre particulière (avec WC et sdb, 12€/pers.) ; une chambre d'hôtes de tout confort pour 2 personnes à 60€ la nuit, petit déj. inclus, et un gîte (sdb, cuisine) pouvant accueillir 8 personnes pour 16€/pers. Les hôtes ont également à leur disposition les parties communes : cuisine, salon et salle à manger. *Allée des Platanes (du centre de Saint-Fargeau, suivre dir. Saint-Amand-en-Puisaye, puis à droite) 89170 **Saint-Fargeau** Tél. 03 86 74 03 76 www.ferme-du-chateau.com*

prix moyens

Auberge La Demoiselle Le dimanche à l'heure du déjeuner, mieux vaut avoir réservé sa table : La Demoiselle est le rendez-vous des familles du coin pour le déjeuner dominical. Quelques tables en terrasse face au château, et une salle néorustique avec boiseries sombres et bibelots paysans : plus traditionnel, on ne peut pas. La table est dans cette veine, déclinée en 3 menus : à 19€ d'un bon rapport qualité-prix avec entrée, plat et dessert, puis à 29,50 et 39,50€. À la carte, on se laissera tenter par une douzaine d'escargots (11€) et le pigeon au foie gras (18€). De l'avis général, c'est le meilleur restaurant de la ville. Dommage qu'en saison le service soit souvent rapidement débordé. *2-4, place de la République 89170 **Saint-Fargeau** Tél. 03 86 74 10 58 www.auberge-lademoiselle.com Ouvert mi-juil.-août : mar-dim. midi ; hors saison mar., jeu.-sam. et dim. midi Fermé Noël-mi-jan.*

Restaurant Les Perriaux Installé dans l'ancienne gare de chemin de fer, à l'entrée de la ville en venant de Saint-Sauveur, ce restaurant familial offre une carte classique s'affirmant tout de même par ses spécialités de canard. Ambiance conviviale. Comptez environ 20€ pour un repas complet. *Av. de la Gare 89170 **Saint-Fargeau** Tél. 03 86 74 16 45 Ouvert tlj. déjeuner seulement (à partir de 12h) et sam. soir*

GAMME DE PRIX	RESTAURATION	HÉBERGEMENT
Très petits prix	moins de 12€	moins de 30€
Petits prix	de 12 à 18€	de 30 à 50€
Prix moyens	de 18 à 25€	de 50 à 75€
Prix élevés	de 25 à 45€	de 75 à 115€
Prix très élevés	plus de 45€	plus de 115€

☺ **Chambres d'hôtes Il était une fois... un jardin** C'est tout d'abord la générosité de Dany Hipeau, la propriétaire, qui, en un sourire, fait de ses clients des hôtes privilégiés. Ses cinq chambres, certaines à l'étage, d'autres de plain-pied sur le jardin, ont fait l'objet d'une décoration originale et dont le nom dévoile déjà un peu de leur personnalité : la chambre coloniale, la Tour romantique, le Boudoir... Nos préférées : "Côté jardin" et sa petite terrasse privée, et la "Tour romantique" pour un week-end en amoureux. Le petit déjeuner et les repas se prennent dans la cour ombragée, tandis que de l'autre côté du bâtiment s'étend un jardin luxuriant de 2 500m² entièrement clos : idéal pour les jeunes enfants qui peuvent y jouer à cache-cache en toute sécurité. Dany, également fine cuisinière, concocte des repas auxquels elle donne volontiers une touche exotique, tels ses somptueux tajines ou ses succulentes paellas (25€ avec apéritif, vin et café compris). Double de 60 à 80€ ; suite parentale à 150€ (2 chambres communicantes avec chacune leur salle de bains, et possibilité de lit supplémentaire pour 15€) ; petit déj. inclus. *Mme Dany Hipeau 2, rue Raymond-Vernay, Route de Saint-Sauveur 89170* ***Saint-Fargeau*** *Tél. 03 86 74 03 73 ou 06 30 95 65 03 http://iletaitunefoisjardin.free.fr*

Hôtel-restaurant Le Petit Saint-Jean À la lisière de la vieille ville (5min à pied), ce 2-étoiles a été repris en 2009 par un jeune couple qui s'emploie à lui donner une nouvelle fraîcheur. Quelques chambres ont été refaites dans des teintes gaies et avec tous les aménagements modernes. La demeure, un ancien relais de poste du XIXe siècle, s'ouvre sur une agréable cour intérieure dominée par des galeries extérieures qui desservent une partie des 28 chambres. Accueil convivial. L'établissement possède également un restaurant (intéressante formule déjeuner à 11,50€, les mercredi, jeudi et vendredi). Double à 59€ (douche) et 69€ (baignoire), 10€ pour un lit supplémentaire. Petit déjeuner-buffet à 8,50€ (4,70€ de 2 à 12 ans). *Promenade du Grillon 89170* ***Saint-Fargeau*** *Tél. 03 86 74 01 75 http://lepetitsaintjean.monsite-orange.fr* ***Restaurant*** *Ouvert mer.-sam.* ***Hôtel*** *Fermé mi-déc.-mi-jan. et fév.*

prix élevés

Hôtel Les Grands Chênes L'endroit idéal pour un séjour au calme. Au milieu d'un parc splendide, l'ancienne maison de maître du XIXe siècle a été transformée en hôtel de charme par un couple franco-britannique. Le résultat est très séduisant et les 13 chambres, toutes différentes, portent la marque d'un goût féminin très sûr. Nos coups de cœur : au rez-de-chaussée, la chambre d'angle "Muguet" pour ses trois fenêtres donnant sur le parc, et, à l'étage, les "Grillons" pour sa salle de bain XXL. Dans le jardin, une petite dépendance offre 4 chambres de plain-pied (aménagement pour personnes à mobilité réduite), dont une suite familiale composée de 2 chambres communicantes. Wifi gratuit dans tout le domaine. Double de 72 à 79€ ; triple 89€ ; suite familiale (4 pers.) à 115€. Petit déj. 8€. *Les Berthes Bailly 89170* ***Saint-Fargeau*** *(4km au sud du centre-ville, sur la route de Saint-Amand) Tél. 03 86 74 04 05 www.hotel-de-puisaye.com*

★ AUXERRE

89000

Sa situation stratégique à la rencontre des voies fluviales et terrestres, son riche domaine agricole déjà planté de vignobles ont fait d'Auxerre une cité importante dès l'époque romaine. Aujourd'hui, la ville possède, en plus petit mais à l'égal de Dijon, un des plus beaux ensembles urbains de Bourgogne. En se plongeant dans le dédale des rues étroites de la ville où vécut Cadet Roussel, on découvrira à chaque pas de splendides maisons médiévales, des placettes paisibles et des jardins minuscules. Bien loin d'être muséifié, le centre historique d'Auxerre conserve une vie de quartier, avec ses artisans et ses commerces de proximité, ce qui lui confère un charme supplémentaire.

SAINT GERMAIN L'AUXERROIS Lors des grandes invasions du IIIe siècle, Auxerre se replie sur une colline fortifiée dominant l'Yonne. C'est l'emplacement qu'occupe aujourd'hui la cathédrale. Dès 331, elle a son évêque, Valérianus, premier d'une lignée qui, à l'exception de la période révolutionnaire, ne s'est pas interrompue jusqu'à nos jours. La cité donne naissance au plus célèbre d'entre eux, saint Germain, dont la villa familiale se trouvait à l'emplacement de l'abbaye qui porte son nom. C'est là qu'il est inhumé avec, près de lui, ses successeurs. Son tombeau deviendra un but de pèlerinage, un des plus importants du royaume carolingien.

AU CŒUR DES REMPARTS Au XIIe siècle, un nouveau rempart, plus vaste, est construit et les comtes d'Auxerre édifient leur château à l'emplacement de l'actuel hôtel de ville. La guerre de Cent Ans a raison de l'expansion de la ville : prise par les Anglais en 1359, elle est mise à sac. Puis deux siècles plus tard, elle est pillée par les huguenots. Le XVIIIe siècle marquera une nouvelle période d'expansion : le rempart médiéval est détruit pour laisser place au boulevard circulaire qui ceinture la vieille ville aujourd'hui et, dans le quartier de Saint-Eusèbe, la bourgeoisie locale se fait ériger de somptueux hôtels particuliers. Ce n'est qu'au XXe siècle que la ville déborde de ses limites anciennes, occupant les collines environnantes jusque-là plantées de vignobles et s'aventurant sur l'autre rive de l'Yonne.

MODE D'EMPLOI

accès

EN VOITURE

Presque équidistante de Paris et de Dijon par l'A6 (à 160km de Paris, sortie n°19, et à env. 150km de Dijon). À 28km au sud de Joigny par la N6, à 60km au nord d'Avallon et à 50km de Vézelay.

Stationnement La vieille ville est circonscrite à l'intérieur d'un boulevard circulaire, aussi n'essayez pas de vous aventurer en voiture dans le centre : les rues y sont étroites et peu faites pour la circulation automobile. Mieux vaut se garer sur les boulevards où le stationnement est gratuit, ou encore au parking de la Porte de Paris, relié au centre par une navette gratuite (lun.-sam, montée et descente à la demande). Sinon, dans la vieille ville, on trouvera un vaste parc de stationnement payant place des Cordeliers (plan 9, B2), à deux pas de la cathédrale.

EN TRAIN

Gare SNCF (plan 9, C2) Liaisons TER avec Paris (env. 1h35), Dijon (env. 2h), Autun, Avallon, Corbigny. *Le Vézelay* assure la liaison Sens-Avallon via Auxerre ; le *Nivernais* relie Auxerre à Clamecy. *6, rue Paul-Doumer (sur la rive droite, 1km environ à l'est du centre-ville) www.ter-sncf.com*

informations touristiques

Office de tourisme (plan 9, C2) *1-2, quai de la République Tél. 03 86 52 06 19 www.ot-auxerre.fr Ouvert mi-juin-mi-sept. : lun.-sam. 9h-13h et 14h-19h, dim. et j. fér. 9h30-13h et 15h-18h30 ; le reste de l'année : lun.-ven. 9h30-12h30 et 14h-18h, sam. 9h30-12h30 et 14h-18h30, dim. et j. fér. 10h-13h*

Office de tourisme annexe (plan 9, B3) *7, place de l'Hôtel-de-ville Tél. 03 86 51 03 26 www.ot-auxerre.fr Ouvert 15 juin-15 sept. : mar.-sam. 10h-12h30 et 13h30-19h ; juil.-août : lun.-sam. 10h-12h30 et 13h30-19h, dim. 10h-13h et 14h-18h30 ; hors saison : mar.-sam. 10h-12h (12h30 mi-avr.-mi-juin) et 13h30-18h (18h30 le sam.)*

visites guidées

L'OT programme – surtout en saison estivale – des visites générales ou thématiques, Tarif 5€, réduit 3€. Calendrier sur le site Internet de l'OT, sinon, celles du jour sont affichées à l'entrée de chacun des bureaux de l'OT.

Visite audioguidée En téléchargement gratuit sur le site Internet de l'OT ou sur www.zevisit.com

Les jeudis du goût Dégustation de vins et de produits régionaux dans la cave de l'OT du quai de la République (juil.-août, 3€, sur rés.) ou à bord de l'*Hirondelle II* au cours d'une mini-croisière sur l'Yonne (12€, 4-18 ans 7€, sur rés., Tél. 06 30 37 66 17).

"Le Voyageur" Tour de la ville en 45min à bord d'un véhicule électrique au look amusant (accessible aux personnes à mobilité réduite). *Juil.-août : tlj., 6 départs/j. ; avr.-fin sept. : w.-e. et j. fér. Rens. et rés. Tél. 03 86 51 03 26*

Cadet'Chou Un itinéraire ludique pour les 6-12 ans. En fin de parcours, les enfants reviennent à l'OT pour retirer leur diplôme de Visiteur en herbe et participer à un jeu-concours. *Fascicule à retirer à l'OT*

Cartes de réduction Deux formules en vente à l'OT : le **Pass'Auxerre Privilèges**, une carte (2€) qui donne droit à un tarif réduit pour les visites suivantes : crypte de l'abbaye Saint-Germain, crypte et trésor de la cathédrale, caves de Bailly-Lapierre, croisière à bord de l'*Hirondelle* ; et à 50% de réduction sur la location d'un vélo électrique. Le **Pass'Auxerrois** (4€) : en plus des avantages de la précédente carte, des réductions pour des activités de loisirs dans la région.

location de vélos

Office de tourisme (plan 9, C2) Toute l'année, vous pourrez opter pour des VTC, ou, mieux encore, et pour le même prix, pour des vélos à assistance électrique (2h maximum d'autonomie). Une aubaine pour circuler sans fatigue dans le centre-ville, assez pentu. *1-2, quai de la République Réservation conseillée Tarif de 4€/h à 18€ la journée + caution de 150€ et dépôt d'une pièce d'identité*

Escapade gourmande-La Maison des randonneurs (plan 9, B4) À partir de 10€ la demi-journée. *Parc Paul-Bert, 5, rue Germain-Bénard Tél. 03 86 41 43 22 Point location/dépôt Gare SNCF d'Auxerre Tél. 03 86 46 85 96*

marchés, foires, salons

Marché (plan 9, B3) *Rue de la Draperie Mer.*
Foire d'Auxerre *Sept.*
Salon des antiquaires *Oct.*

fêtes et manifestations

Fleurs de vigne Une centaine de stands de vente et de dégustation de vins de l'Auxerrois et du Chablisien s'installent sur les quais face au spectacle des joutes nautiques. *Dim. de la mi-mai www.fleursdevigne.fr*

Les Nuits Métisses Pendant 4 jours, la cité vit au rythme des musiques du monde. *Programmation sur www.lesnuitsmetisses.com Juin*
Garçon, la note ! Tous les soirs, des formations se produisent gratuitement devant les terrasses de la ville. Le programme est affiché chaque jour devant les deux antennes de l'OT. *Juil.-août*
Festival Paroles et Musiques Un festival intimiste dans le cadre de l'abbaye de Reigny : instrumentistes et comédiens de renom s'y rencontrent pour des instants privilégiés où se rejoignent musique et poésie. *Programmation sur www.abbayedereigny.com Juil.-août*
Festival médiéval de Saint-Bris-le-Vineux Pendant une semaine, le petit village vigneron renoue avec le Moyen Âge : spectacles, chansons, concerts... *89530 Saint-Bris-le-Vineux Rens. Tél. 03 86 53 31 79 Début août*

DÉCOUVRIR

Auxerre

☆ **Les essentiels** La cathédrale Saint-Étienne, l'abbaye Saint-Germain **Découvrir autrement** Baladez-vous sur les traces de Cadet Roussel, glissez sur l'Yonne aux commandes d'un bateau électrique, offrez-vous une nuit insolite à bord de la péniche *Loreley* **> Carnet d'adresses p.419**

Quartier de l'hôtel-de-ville

Au cœur de la ville, à l'emplacement où s'élevait jadis le château des comtes d'Auxerre, vit désormais le quartier commerçant Autour de la vaste **place des Cordeliers** (plan 9, B2-3), tristement occupée par un parc de stationnement, les cafés poussent leurs terrasses à la belle saison : c'est le rendez-vous des Auxerrois en fin de journée. Pour découvrir les vieilles demeures de la ville, il faut rejoindre la **rue de l'Horloge** bordée de maisons à pans de bois. On en trouve encore plus loin, dans la **rue de la Draperie**, qui, au bout de la rue de l'Horloge, ramène à la place des Cordeliers. Dans la rue de l'Horloge, la tour du même nom s'appuie sur les bases d'une des tours romaines qui défendaient la ville antique. L'horloge y fut aménagée au XVe siècle : ses deux aiguilles indiquent les mouvements de la lune et du soleil. C'est près de là que se tenait la maison de Cadet Roussel. Dans cette même rue, on peut également voir deux œuvres de François Brochet, les statues de deux personnages emblématiques de la ville : Restif de la Bretonne et Marie Noël.

YONNE

Plan 9 Auxerre

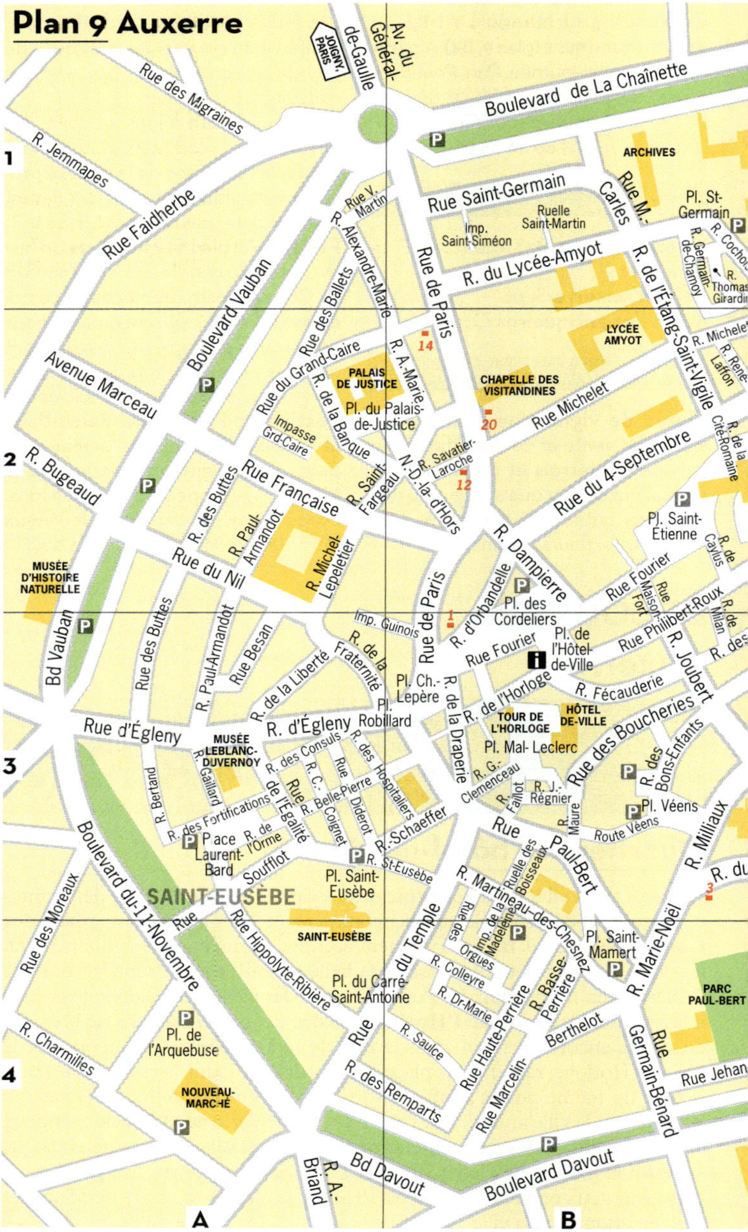

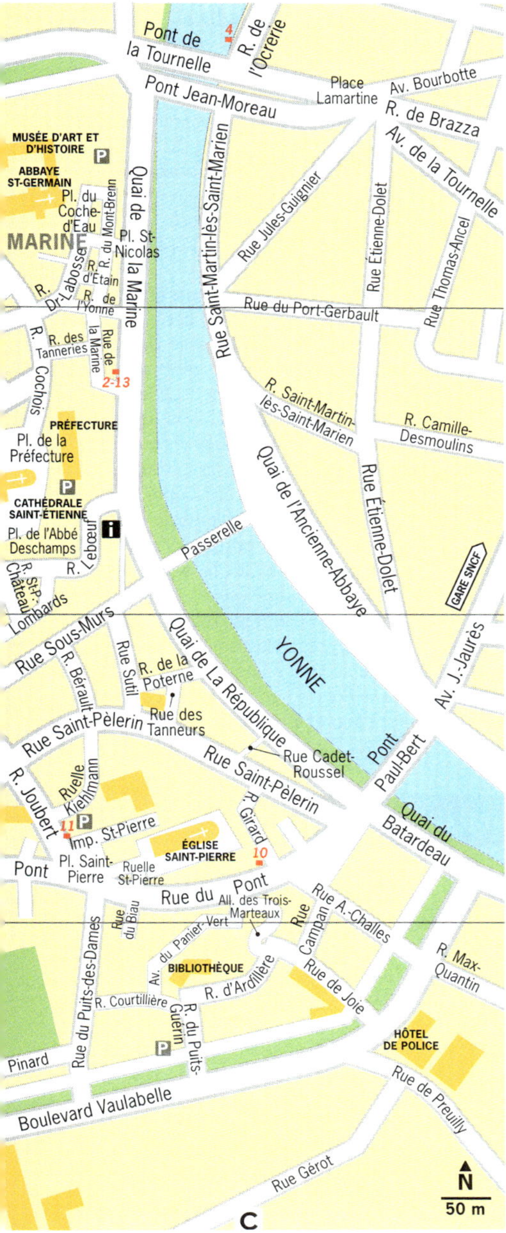

Hébergement (n°s 1 à 4)

La Poste — **1** B3
Le Maxime — **2** C2
Le Seignelay — **3** B3
Péniche Loreley — **4** C1

Restauration (n°s 10 à 14)

Au 87* — **10** C3
La P'tite Beursaude — **11** C3
Le Bistrot du Palais — **12** B2
Le M'Bar — **13** C2
Le Petit Guyon — **14** B2

Shopping gourmand (n°20)

Chocolaterie Grégory Feret — **20** B2

YONNE

*À RETROUVER DANS LA PARTIE DÉCOUVRIR

ENFANTS DU PAYS
Auxerre est la ville natale de Paul Bert (1833-1886), physiologiste et homme politique français, créateur de l'école publique avec Jules Ferry, (on peut voir au cimetière sa tombe ornée d'un gisant sculpté par Bartholdi) et de la poétesse Marie Noël (1883-1967). Restif de la Bretonne, né dans les environs, débuta sa carrière de typographe à Auxerre de 1751 à 1755.

Chapelle des Visitandines (plan 9, B2)

Cet ancien lieu de culte du XVIIIe siècle abrite désormais les œuvres de François Brochet (1925-2001), une centaine de sculptures réunies sous le titre de *Massacre des Innocents*. On déambule entre une forêt de statues plus grandes que nature, représentant toutes les classes de la société et toutes les émotions de l'âme humaine. *98, rue de Paris Ouvert juil.-sept. : mer.-dim. 14h-18h Entrée libre*

☆ Cathédrale Saint-Étienne (plan 9, B-C2)

Depuis la fin du IVe siècle, cette éminence au-dessus de l'Yonne est le siège de l'autorité religieuse du diocèse. Cinq cathédrales se sont succédé à cet emplacement : celle que l'on découvre aujourd'hui mit près de trois siècles à sortir de terre, de 1215 à 1543. Et encore resta-t-elle inachevée : en témoigne la tour unique qui se dresse en façade. Au Moyen Âge, la cathédrale était le centre d'une véritable cité religieuse avec son palais épiscopal à l'arrière du chevet (aujourd'hui la préfecture), agrémenté d'un splendide promenoir roman du XIe siècle donnant sur la rivière. Avant d'entrer à l'intérieur de l'édifice, il faut en admirer la décoration des façades, les trois portails de la façade ouest, notamment le splendide tympan gothique (vers 1260) du portail de droite où est décrite la venue du Messie (Visitation, registre inférieur ; baptême, registre médian ; danse de Salomé, registre supérieur). Le portail du flanc nord de la cathédrale est orné de scènes relatant l'histoire de saint Germain (de bas en haut, fin XVe s.). *Place Saint-Étienne Ouvert nov.-mars : tlj. 7h30-17h ; avr.-oct. : tlj. 7h30-18h Entrée libre* ***Son et lumière*** *juin-sept. tlj. à 22h (21 août-30 sept. : 21h30), texte dit par Alain Cuny Tarif 5€, moins de 12 ans gratuit*

Cadet Roussel, un huissier populaire

Tout le monde a chanté les trois maisons de Cadet Roussel, sans savoir, pour qui n'habite pas l'Yonne, qu'un personnage réel inspira la chanson, un certain Guillaume Roussel, huissier de son état à la fin du XVIIIe siècle. Par sa gaieté et son entrain, il devient populaire parmi les habitants de la ville, qui s'amusent de sa maison de guingois. Un chansonnier compose alors une série de couplets pour le brocarder gentiment. La notoriété de la chanson n'aurait pas dépassé le boulevard circulaire de la ville si, en 1792, les volontaires d'Auxerre n'en avaient fait leur chanson de marche, qui deviendra celle de l'armée du Nord. L'office de tourisme édite un petit dépliant (1,50€), *Sur les traces de Cadet Roussel* : un plan déroulant un itinéraire à travers la vieille ville et ses principaux centres d'intérêt, décrits brièvement. Ce cheminement est matérialisé par des flèches en bronze sur les trottoirs.

Intérieur Du chœur, par où, comme c'était l'usage, débutèrent les travaux en 1215, jusqu'à la façade, il fallut près de deux siècles et demi de travaux. Pourtant, le projet initial ne fut pas trahi, et c'est dans une grande unité de style que le regard est conduit de l'austérité de la nef à l'explosion de lumière du chœur. La nef est flanquée de bas-côtés sur lesquels donnent des chapelles construites au XIVe siècle dans un beau style gothique, et pour beaucoup redécorées dans un esprit Renaissance au XVIe siècle. Haut vaisseau perpendiculaire destiné à séparer le chœur de la nef, le transept fut élevé à la fin du XIIIe siècle. Le bras sud (à droite) conserve une splendide peinture murale (XIVe s.) représentant saint Pierre et saint Jean-Baptiste. "Place à la lumière", tel semble avoir été le mot d'ordre des architectes qui présidèrent entre 1215 et 1235 à la mise en œuvre du chœur. De larges baies l'inondent d'une lumière dont le passage est facilité par la hauteur des arcs, et auxquelles, dans les parties hautes, répondent les ouvertures surmontées d'une rosace. Ces baies sont garnies de **vitraux** historiés mis en place entre 1235 et 1250. Un des plus beaux ensembles de cette époque en France, où domine le chatoiement du bleu et du rouge.

SAINTE AJA
Sur le bas-côté nord de la nef (à gauche) ouvre la chapelle Jeanne d'Arc : elle abrite la sépulture de l'abbé Deschamps (1868-1949), le fondateur en 1905 de l'Association de la jeunesse d'Auxerre, la célèbre AJ Auxerre dont le club de football est une des fiertés de la ville.

Crypte Après les fastes du gothique, le dépouillement roman : la quintessence même de cet art propice au recueillement. Réalisé entre 1023 et 1035, cet ensemble était, plutôt qu'une crypte à proprement parler (elle ouvre vers l'extérieur par une baie du côté ouest), destiné à racheter le dénivelé de la colline à cet endroit pour permettre l'édification du chœur de même plan au-dessus. La chapelle axiale conserve des peintures murales réalisées à la fin du XIe siècle : sur la voûte apparaît le Christ de l'Apocalypse, juché sur une monture blanche, entouré d'anges cavaliers figurant les armées du ciel annoncées par saint Jean. Sur la voûte en cul-de-four de l'abside, trône un Christ en majesté daté de la fin du XIIIe siècle. **Crypte et Trésor** *Ouvert avr.-oct. : 9h-18h (fermé dim. matin) ; nov.-mars : lun.-sam. 10h-17h ; Tarif 4,90€, réduit 2,50€*

Trésor Les objets d'art réunis ici sont pour la plupart issus du legs d'un collectionneur en 1869. On peut y voir notamment une série de reliquaires

Se laisser tenter par les truffines et les ziozios

Le talentueux Grégory Feret crée de délicieuses spécialités pour les amoureux de chocolat : à ne pas manquer, les griottes des Côtes d'Auxerre, oubliées dans le kirsch pendant un an, puis enrobées de chocolat. La maison s'illustre également par une originale gamme de biscuits, parmi lesquels les ziozios (2,30€/100g), des sablés déclinés sous de nombreuses saveurs : orange, lavande, gingembre, figue...

Chocolaterie Grégory Feret (plan 9, B2 n°20) *88, rue de Paris Tél. 03 86 52 11 64 Ouvert mar.-sam. 9h-19h*

dont les plus anciens remontent au XIIIe siècle, et une peinture sur ardoise représentant une *Mise au tombeau* de Luca Penni (vers 1500-1556), qui œuvra à la décoration du château de Fontainebleau.

☆ Abbaye Saint-Germain

Abbaye et musée d'Art et d'Histoire (plan 9, C1) Un clocher roman isolé au bout d'une esplanade, un porche disgracieux : l'église Saint-Germain est une grande mutilée de l'histoire. Une épopée qui débute au Ve siècle avec la mort de saint Germain : sa dépouille est inhumée le 1er octobre 448 sous l'oratoire qu'il avait aménagé dans sa demeure. Au VIe siècle, une basilique est construite, confiée au début du VIIIe siècle à des moines bénédictins. C'est à cette époque qu'est bâtie la crypte, où la dépouille de saint Germain est solennellement déposée en 860 en présence de Charles le Chauve. Vers l'an mille, l'agrandissement de l'abbaye est l'une des premières manifestations du vocabulaire roman. Trois siècles plus tard, son état pitoyable impose une nouvelle phase de grands travaux : c'est l'église gothique que l'on découvre aujourd'hui, avec son chevet polygonal soutenu par des contreforts. Au XVIIe siècle, l'abbaye passe aux mains de la congrégation des mauristes, réformateurs de la règle de saint Benoît ; c'est sous leur autorité qu'est élevé le cloître actuel dans la seconde moitié du XVIIIe siècle. À la Révolution, l'abbaye est transformée en hôpital militaire et une partie de la nef est détruite, ainsi que la tour nord qui flanquait la façade. C'est l'origine de l'esplanade actuelle que l'on traverse en abordant l'édifice. L'hôpital ne quittera les lieux qu'en 1962 pour laisser la place au musée d'Art et d'Histoire qui occupe les bâtiments de l'ancien cloître. *2 bis, place Saint-Germain Tél. 03 86 18 05 50 Ouvert mai-sept. : lun., mer.-dim. 10h-12h et 14h-18h30 (en continu le w.-e.) ; oct.-avr. : lun. et mer.-dim. 10h-12h et 14h-17h Entrée libre*

L'ÂGE D'OR D'AUXERRE

La communauté bénédictine connaît son apogée au IXe siècle, grâce aux faveurs de Charles le Chauve et à l'abbatiat confié à son fils Lothaire. Riche de l'afflux des pèlerins et de propriétés foncières, elle est également un centre intellectuel de premier plan où se distingue une lignée d'érudits, grammairiens, exégètes bibliques, commentateurs des auteurs latins, que l'on a regroupés sous le nom d'école d'Auxerre.

Musée d'Art et d'Histoire Pour suivre un parcours chronologique, il faut gagner directement le second étage, où sont exposées les collections préhistoriques. La section gallo-romaine (1er étage) aborde l'histoire de la ville sous un éclairage thématique : urbanisme, vie quotidienne, pratiques religieuses. On peut également y voir un moulage de la *Dame d'Auxerre* (dont l'original est conservé au musée du Louvre) et une statue crétoise du VIIe siècle avant J.-C. La période médiévale est présentée dans la salle des moines, ancien scriptorium médiéval. Là, une maquette de l'abbaye et un couloir plongé dans la pénombre et animé par un parcours lumineux illustrent les grandes heures de l'abbaye. La salle capitulaire du XIIe siècle appartient également à l'abbaye médiévale. Dans la sacristie adjacente est conservé le suaire de saint Germain, une étoffe byzantine de l'an mille. *Entrée libre*

Église Ce haut vaisseau gothique n'occupe qu'une partie de l'église romane originelle. Le chevet est coiffé d'une rare voûte à dix branches, qui reprend la disposition de la chapelle de la crypte située au-dessous. À voir également dans le bras nord du transept, un retable en noyer (XVe s.) dont les scènes pleines de vie illustrent les épisodes de la Passion.
Crypte Sous la conduite d'un guide, vous pénétrerez dans la partie la plus ancienne de l'édifice, la crypte carolingienne où repose depuis le IXe siècle la dépouille de saint Germain. Ses murs s'ornent d'un rare cycle de peintures carolingiennes (IXe s.) qui fait tout l'attrait de la visite. *Visite guidée 6€, tarif réduit 4€ (départ toutes les heures env.)*

Quartier de la Marine

Ce quartier en bordure de l'Yonne est l'un des plus pittoresques de la ville, avec ses ruelles pentues et entrecoupées d'escaliers grimpant à l'assaut de la colline où trône la cathédrale. C'était depuis le Moyen Âge le quartier des bateliers. Sur la **place Saint-Nicolas** (plan 9, C1), leur confrérie fit ériger au XVIIIe siècle une statue de leur patron, saint Nicolas : elle orne toujours la façade d'une maison qui domine la place. À gauche de celle-ci, une maison à pans de bois à double pignon abritait les bains publics. Un lieu de débauche, affirmait alors la rumeur publique. En suivant la rue de la Marine, on aboutit à la **place du Coche-d'Eau** (plan 9, C1): du quai partaient les embarcations conduisant les passagers à Paris. Sur une belle demeure du XVIe siècle une poutre arbore des motifs marins qui rappellent l'activité de son ancien propriétaire.

YONNE

Naviguer sur l'Yonne et le canal du Nivernais

Bateaux électriques (plan 9, C2) Pour une promenade silencieuse et écologique, l'OT propose la location de bateaux (capacité de 5 pers.). Une façon originale de découvrir de belles vues sur Auxerre et, si l'on a le temps, de pousser jusqu'au canal du Nivernais. *Mi-avr.-fin sept. : mer.-dim. et j. fér. Location à l'OT Tarif de 13€/30min à 85€ la journée (+ caution de 150€ et dépôt d'une pièce d'identité)*
Bateaux touristiques de l'Auxerrois (plan 9, C2) L'*Hirondelle II* effectue plusieurs types de croisières commentées au départ d'Auxerre jusqu'au canal du Nivernais. Promenades de 1h, 1h30 et 2h (8,30-11,95€, moins de 12 ans 5,80€) ainsi que des croisières-déjeuners (à partir de 49,95€). *Quai de la Marine Tél. 09 75 23 27 89 Avr.-oct. Billets en vente à l'OT*

Quartier Saint-Eusèbe

C'était le quartier aristocratique d'Auxerre, qui se développa à partir du XVIIe siècle. Le long des rues Hippolyte-Ribière ou d'Egleny, on peut voir un bel ensemble d'hôtels particuliers dont la plupart datent du XVIIIe siècle.

Église Saint-Eusèbe (plan 9, A4) L'église actuelle fut fondée au XIIe siècle à l'emplacement d'un monastère du VIIe siècle et remaniée à plusieurs reprises jusqu'au XVIe siècle. De la période romane subsistent la base du clocher ainsi que la partie inférieure de la nef, surélevée dans le style gothique au XIIIe siècle. À la hauteur de la quatrième travée, du côté droit, surgit de façon inattendue le buste d'un homme. Certains voudraient y voir l'architecte de cette partie de l'édifice. Le chœur du XVIe siècle est Renaissance. *Ouvert tlj. : en hiver 7h30-17h ; en été 7h30-18h*

Musée Leblanc-Duvernoy (plan 9, A3) Ce bel hôtel particulier du XVIIIe siècle – agrandi au XIXe – est dédié à la céramique. Les collections font la part belle aux productions régionales, Ancy-le-Franc, grès de Puisaye… mais s'étendent plus largement à des productions venues d'autres horizons (Moustiers, Sceaux…). On peut y voir également une importante collection de faïences révolutionnaires ornées de maximes en vogue au lendemain de la prise de la Bastille. Parmi les dernières acquisitions, un ensemble de faïences patronymiques – pièces dont le décor associe un prénom, un patronyme et une date à l'image d'un saint patron – qui font du musée une référence en la matière. Au premier étage, l'ancien salon de musique est tendu de tapisseries de Beauvais du XVIIIe siècle. *9 bis, rue d'Egleny Tél. 03 86 52 44 63 Ouvert mai-sept. : mer.-ven. 10h-12h et 14h-18h30, sam.-dim. 10h-18h30 ; le reste de l'année : sam-dim. 10h-12h et 14h-17h Entrée libre*

Quartier Saint-Pierre

Église Saint-Pierre (plan 9, C3) Au XVIe siècle, après la ruine de l'édifice précédent, les confréries d'artisans, tanneurs, bouchers, charpentiers, vignerons financèrent la restauration de l'église qui, depuis le XIIIe siècle, était leur paroisse. Ce fut tout d'abord la reconstruction du clocher en style gothique flamboyant, puis celle du chœur et enfin l'érection de la façade entre 1630 et 1656. Un véritable décor de théâtre qui se déploie sur trois niveaux alternant colonnes, pilastres et guirlandes. Les confréries laissèrent dans la pierre le souvenir de leur générosité : sur la façade, un saint Vincent – le patron des vignerons – apparaît sur la porte sud, une grappe à la main. À l'intérieur, les chapelles latérales appartenaient aux différents corps de métier de la ville : jetez un coup d'œil aux clés de voûte qui en rappellent les activités. Du côté droit, les vignerons avec des grappes de raisin, un agneau, et des outils pour les bouchers et, dans la première chapelle du déambulatoire nord, les compas des charpentiers. En arrière de l'église, sur le flanc nord, la Maison des jeunes a investi un bel édifice gothique, ancienne salle capitulaire du monastère établi en ce lieu vers 1100.

● **Où faire une pause sucrée-salée ?** Tout au long de la journée, le salon de thé Au 87, installé en bas de la vieille ville, sert pâtisseries et assiettes salées (autour de 8€) sur sa jolie terrasse ou dans une salle intérieure sobre et chic, à moins qu'on ne leur préfère le coin "jardin d'hiver". **Au 87 (plan 9, C3 n°10)** *87, rue du Pont Tél. 03 86 51 50 09 Ouvert mar.-sam. 10h-19h, dim. 10h-13h*

Les environs d'Auxerre

☆ **Les essentiels** Les grottes d'Arcy-sur-Cure **Découvrir autrement** Amateurs de bons crus, faites le tour des domaines viticoles ; enfourchez un vélo pour suivre le canal du Nivernais ➤ **Carnet d'adresses p.419**

Escolives-Sainte-Camille En 1955, un agriculteur s'active à arracher un noyer. Sous les racines de l'arbre apparaissent des sarcophages mérovingiens. Depuis, l'exploitation du site a révélé les vestiges d'une villa gallo-romaine du IVe siècle, puis un ensemble de blocs ouvragés provenant d'un édifice du IIe siècle, utilisés ultérieurement pour la construction de thermes. Sous la conduite du guide du site, vous découvrirez des vestiges archéologiques, et dans un hangar, les blocs des thermes ornés de divinités gauloises et romaines et de scènes de vendange. On ignore l'emplacement de l'édifice originel : Auxerre, un sanctuaire des environs ? Des vitrines présentent également quelques-uns des nombreux objets usuels mis au jour sur le site. ***89290 Escolives-Sainte-Camille*** *(12km au sud d'Auxerre) Visite guidée avr.-oct. : lun.-sam. à 10h, 11h, 14h, 15h, 16h et 17h Fermé j. fér. Tarif 4€*

Visiter les caves d'un producteur de crémant La Bourgogne, c'est aussi le vin pétillant, le crémant dont les caves de Bailly sont un des principaux producteurs. Emmené par un guide, vous parcourrez les anciennes carrières de calcaire (température constante 12°) qui servent aujourd'hui à l'élaboration des vins. Après la visite, vous saurez tout de la vinification, du tirage et du dégorgement. Prêt pour une dégustation ! À noter également, le marché aux truffes organisé dans les caves par le syndicat des producteurs (3 dates, mi-oct.-mi-déc., calendrier sur le site des caves). **Caves Bailly-Lapierre** *Quai de l'Yonne Hameau de Bailly 89530* ***Saint-Bris-le-Vineux*** *(10km au sud d'Auxerre, bien que situées sur la commune de Saint-Bris, les caves sont plus directement accessibles d'Auxerre par la D606 ; dir. Vézelay, puis par Champs-sur-Yonne) Tél. 03 86 53 77 77 www.bailly-lapierre.fr Ouvert mi-mars-mi-nov. : tlj. 14h30-17h30 ; hors saison : w.-e. et j. fér. Visite guidée uniquement : à 15h30 et 16h30 Tarif 5€, donnant droit à une dégustation et à un verre souvenir*

YONNE

Saint-Bris-le-Vineux et les villages viticoles

Saint-Bris-le-Vineux Cerné par les collines plantées de vignes et de cerisiers, Saint-Bris est un bourg vigneron dont l'origine remonte à la fin de l'Antiquité. Le village est dominé par sa massive église gothique

Le vignoble auxerrois, les appellations "villages"

Il n'y a pas que Chablis dans l'Yonne ! Sur les coteaux qui regardent couler l'Yonne au sud d'Auxerre mûrissent les cépages emblématiques de la Bourgogne, le chardonnay et le pinot noir, commercialisés sous l'appellation **côtes-d'auxerre**. Vers l'intérieur, autour de Saint-Bris-le-Vineux, on trouve aussi le sauvignon, qui donne un vin rond et gourmand et qui a obtenu son AOC **saint-bris** en 2003. Plus rare, le cépage césar aurait été, selon la tradition, introduit par les Romains. C'est un cépage capricieux qui ne produit pas de façon satisfaisante à chaque récolte et qui, les bonnes années, entre (à proportion de 5 ou 10%) dans l'assemblage de l'**irancy** pour lui donner sa typicité et son potentiel de garde.

du XIIIe siècle, en partie remaniée au XVIe siècle dans le style Renaissance. Le mur sud du chœur conserve un panneau peint (vers 1500) représentant l'arbre de Jessé, la généalogie du Christ. Le tour du bourg vous aura convaincu que la vigne est l'activité principale des Saint-Brisiens. Ici, pas une rue sans enseigne annonçant un caveau : l'occasion de pousser quelques portes. *89530* ***Saint-Bris-le-Vineux*** *(9km au sud d'Auxerre)* **Église** *Ouvert mi-juin-mi-sept. : lun.-sam. 14h -17h*

Où déguster un irancy et acheter des crus auxerrois ?

Ghislaine et Jean-Hugues Goiseau Un des établissements vedettes du village. Passée depuis quelques années en bio, la maison décline toute la gamme des vins de l'Auxerrois. Mention spéciale au "sauvignon de Saint-Bris", aux arômes d'agrumes et de fruits exotiques. Un must pour accompagner les plats asiatiques. Belle cave du XIe siècle. *30, rue Bienvenu-Martin 89530* ***Saint-Bris-le-Vineux*** *Tél. 03 86 53 35 15 Visite sur rdv Ouvert lun.-ven. 8h-12h et 13h30-18h, sam. 9h-12h et 13h-17h*

Sorin-Defrance Sauvignon d'un excellent rapport qualité-prix. *11 bis, rue de Paris 89530* ***Saint-Bris-le-Vineux*** *Tél. 03 86 53 32 99 Ouvert lun.-sam. 8h-12h 14h-18h, dim. et j. fér. sur rdv*

Bersan Côtes-d'auxerre et chablis. À découvrir, l'irancy de la maison. Caves XIe et XIIe siècles. *20, rue Docteur-Tardieux 89530* ***Saint-Bris-le-Vineux*** *Tél. 03 86 53 33 73 Ouvert lun.-sam. 8h-12h et 14h-18h Fermé dim. et j. fér.*

Verret Mention spéciale pour l'irancy, cuvée "l'Âme du domaine". Vin en cubitainer, idéal pour les campeurs et les soirées entre amis. *7, route de Champs 89530* ***Saint-Bris-le-Vineux*** *Tél. 03 86 53 31 81 Ouvert lun.-sam. 8h-12h et 13h30-18h*

Domaine Colinot Large gamme d'irancy – l'essentiel de la production du domaine – issus de plusieurs climats. La cuvée Vieilles Vignes est particulièrement recommandable. *1, rue des Chariats 89290* ***Irancy*** *(14km au sud d'Auxerre) Tél. 03 86 42 33 25 Ouvert lun.-sam. 8h-12h et 14h-18h*

La vallée de la Cure

Au sud d'Auxerre, la Cure, affluent tumultueux de l'Yonne qui vient alimenter le canal du Nivernais, a dessiné une séduisante vallée où se glisse la D606 (ancienne N6), qui vous mènera de Cravant à Arcy-sur-Cure via Vermenton : grottes, falaises mais aussi douce campagne. Au programme de cette escapade sous le signe du tourisme vert : de belles échappées au fil de l'eau ou encore des balades à vélo sur les chemins de halage. *Informations touristiques Syndicat d'initiative de Cravant (cf. ci-après)*

Cravant La petite cité en aval du confluent de l'Yonne et de la Cure conserve quelques jolis témoignages de son passé médiéval lié à l'activité de son port, le plus en amont sur l'Yonne. Une partie des remparts est encore visible, ainsi qu'au sud de la ville un puissant donjon carré construit au début du XIIIe siècle (propriété privée, visite sur rdv). Du donjon, en remontant vers le centre par la petite rue Saint-Martin, on débouche sur un des puits de la ville médiévale. En poursuivant par la rue d'Orléans, on gagne les parties hautes de Cravant dominées par le beffroi, la tour la plus élevée du rempart du XIVe siècle. Les passionnés de patrimoine loueront un audioguide auprès

PAROLES ET MUSIQUES
Chaque été, l'abbaye offre son cadre solennel à un festival désormais renommé : au programme, des spectacles de grande qualité où comédiens et musiciens sont invités à collaborer pour des lectures-concerts inédits. *5 jours autour de la mi-juil.*

du syndicat d'initiative. *89460* ***Cravant*** *(20km au sud d'Auxerre)* **Syndicat d'Initiative** *Base nautique Tél. 03 86 81 54 26 www.coeurdelyonne.com Ouvert lun.-sam. 10h-13h et 14h30-18h30 Audioguide 5€ + caution de 20€* **Donjon** *Visite sur rdv Tél. 03 86 42 34 91*

☺ **Abbaye de Reigny** Fille de Clairvaux fondée en 1128 par les cisterciens, Reigny accueillit à son apogée près de 300 moines jusqu'à son abandon au XVIe siècle pendant les guerres de Religion. Les frères blancs avaient choisi comme à leur habitude un lieu où l'eau – la Cure coule derrière le domaine – se trouve en quantité suffisante pour la domestiquer en un complexe système hydraulique dont une partie est encore en place. Vendue comme bien national pendant la Révolution, l'abbaye a beaucoup souffert des injures du temps. Il en reste un splendide réfectoire ainsi qu'une partie du logement des moines, transformé au XVIIIe siècle pour abriter les luxueux appartements des abbés de ce temps. Au début du XXe siècle, l'ensemble a été aménagé en une demeure d'agrément où Coco Chanel avait ses habitudes dans les années 1930. Les propriétaires actuels y ont ouvert des chambres d'hôtes et un gîte (cf. Carnet d'adresses). *89270* ***Vermenton*** *(26km au sud d'Auxerre, 2km au sud du centre de Vermenton, en bordure de la D606) Tél. 03 86 81 59 30 Visite guidée uniquement (1 heure env.) juil.-août : mar.-sam. à 10h15, 11h15, 15h, 16h et 17h, dim. ap.-m. 15h, 16h et 17h Tarif 6€, réduit 4€*

☆ **Grottes d'Arcy-sur-Cure** Déjà occupées par l'homme il y a 200 000 ans, ces grottes, creusées par l'action de l'eau, ont révélé un ensemble de peintures rupestres datées de 28 000 avant notre ère environ, ce qui en fait, avec la grotte Chauvet, la plus ancienne grotte décorée au monde. La visite à travers de splendides concrétions calcaires révèle le bestiaire laissé par les hommes préhistoriques, des mammouths essentiellement, ainsi que d'émouvantes "mains négatives", c'est-à-dire dessinées par le contour grâce à la projection de peinture ocre. Une visite passionnante… et rafraîchissante à une température constante de 12°. *89270* ***Arcy-sur-Cure*** *(32km au sud d'Auxerre) Tél. 03 86 81 90 63 www.grottes-arcy.net Ouvert juil.-août : tlj. 10h-17h30, avr.-juin et sept.-11 nov. : tlj. 10h-12h et 14h-17h Visite guidée uniquement (1h env., départs toutes les 30min) Tarif 8€, étudiant 6,50€, enfant 4,50€*

Château du Chastenay Construit au XIVe siècle sur une enceinte médiévale, ce château était en ruine en 1966. Une restauration minutieuse lui a rendu sa splendeur : sa décoration comporte de nombreux motifs ésotériques évoquant l'alchimie ou les mystères des maçons. *89270* ***Arcy-sur-Cure*** *(32km au sud d'Auxerre) Tél. 03 86 81 90 63 Ouvert juil.-août : tlj. 10h30-12h30 et 14h30-18h ; mai-juin : w.-e. Visite guidée uniquement (1h env.) Tarif 7€, réduit 4€*

LE CANAL DU NIVERNAIS

Au fil de l'eau

LES AMATEURS DE TOURISME VERT ET LEUR TRIBU DE MOUSSAILLONS TROUVERONT LEUR BONHEUR SUR LES RIVES DE CE CHEMIN D'EAU QUI COURT DE LA NIÈVRE À AUXERRE.

SUR L'EAU

Glisser sur le canal du Nivernais comme les bateliers d'autrefois : une autre façon de découvrir la région, à petite vitesse, avec la possibilité de faire halte selon ses envies. Une semaine est suffisante pour parcourir sans se presser la distance entre Auxerre et Corbigny (Nièvre).

Location de bateaux sans permis Deux sociétés de location, possédant plusieurs points d'accueil dans l'Yonne et dans la Nièvre, louent des pénichettes bien équipées pour 4 à 10 personnes (à partir de 650€/sem., selon le bateau et la période). En option : location de vélos, bien utiles si l'on veut s'offrir une escapade dans les terres.

Locaboat Holidays *Quai du Port au Bois 89300* ***Joigny*** *Tél. 03 86 62 06 14 Port de la Vauvelle 58800* **Corbigny** *Tél. 03 86 20 07 29 www.locaboat.com*

France Fluviale *Halte Nautique 89270* ***Vermenton*** *Tél. 03 86 81 54 55 www.francefluviale.com*

Location de pédalos ou de kayaks Pour une promenade écologique sur le canal du Nivernais, entre les collines des côtes-d'Auxerre. La location pour une journée offre le temps d'un agréable pique-nique au bord de l'eau. Pédalos de 2 ou 4 places. Tarif à partir de 8€/30min, 50€ la journée de 9h à 20h.

Camping les Ceriselles *89290* ***Vincelles*** *Tél. 03 86 42 50 47 www.campingceriselles.com*

Voir aussi...

À Auxerre
Bateaux électriques, p.413
Bateaux touristiques de l'Auxerrois, p.413

À VÉLO

Piste cyclable Un itinéraire de 62km suit le chemin de halage du canal du Nivernais d'Auxerre à Clamecy. Un dépliant gratuit décrivant le parcours, *À vélo le long de l'Yonne*, est disponible dans les offices de tourisme et les syndicats d'initiative.

Location de vélos Au syndicat d'initiative de Cravant. *Base nautique 89460* ***Cravant*** *Tél. 03 86 81 54 26 Ouvert lun.-sam. 10h-13h et 14h30-18h30 Tarif de 2,50€/h à 18€/j. (une caution de 100€ est demandée)*

Escapades gourmandes
Cet agent de voyages organise plusieurs circuits individuels pour découvrir à deux-roues le canal du Nivernais et ses environs, incluant la location de vélos et l'hébergement. Avec un petit plus, le transport des bagages (6€ par valise et par trajet), entre les étapes. L'agence peut également concevoir un itinéraire à la carte. *5, rue Germain-Bernard 89000* ***Auxerre*** *Tél. 03 86 41 43 22 www.escapadegourmande.fr Point d'accueil à la gare SNCF d'Auxerre*

CONSEIL Amateurs de cyclotourisme, téléchargez la fiche itinéraire *À vélo le long de l'Yonne et du canal du Nivernais* sur le site www.tourisme-yonne.com.

YONNE

CARNET D'ADRESSES

Restauration

Ne manquez pas dans la rubrique hébergement Le Maxime, l'une des bonnes tables de la ville.

petits prix

☺ **Le Petit Guyon (plan 9, B2 n°14)** Après avoir fait ses classes auprès de grands chefs, Christian Jegou a mis le cap sur Auxerre pour y ouvrir un petit bistrot gastronomique où les plats traditionnels bourguignons sont à l'honneur. À l'ouvrage dans sa microcuisine plantée à l'entrée de la salle du restaurant, le chef s'attache à la qualité de ses produits et met un point d'honneur à accompagner ses plats de légumes frais. Courte carte de vins dénichés chez d'excellents producteurs. Le tout pour des prix modiques, démarrant avec une épatante formule entrée-plat à 13€ (sauf ven. soir et sam.). Plat du jour à 10€. Une adresse à ne pas manquer. *113, rue de Paris 89000* ***Auxerre*** *Tél. 03 86 51 62 08 www.le-petit-guyon.com Ouvert mar.-ven. et sam. soir*

prix moyens

La P'tite Beursaude (plan 9, C3 n°11) Une bonne table, sympathique de surcroît, où l'on peut choisir entre divers menus (à partir de 18€) où dominent les classiques de la cuisine bourguignonne, avec un bon point pour les savoureuses purées qui escortent les plats. On peut aussi opter pour une assiette du pays (15,50€), assortiment de délices bourguignons : roulade d'andouillette, tartine d'époisses et jambon du Morvan. Salle intérieure chaleureuse avec ses poutres et sa décoration à l'ancienne. Attention, c'est vite plein et mieux vaut réserver ou arriver tôt (dernier service à 20h45). Minuscule terrasse de deux tables. *55, rue Joubert 89000* ***Auxerre*** *Tél. 03 86 51 10 21 Ouvert jeu.-lun. Fermé dernière sem. de juin et 1re quinzaine de jan.*

Le Bistrot du Palais (plan 9, B2 n°12) Après les escargots et les œufs en meurette, place à une autre poésie de la table : celle d'un bouchon lyonnais et des produits emblématiques que l'on déguste dans les ruelles de la Croix-Rousse : salade d'oreille de cochon, cervelle de canut, saucisson lyonnais, gras double ou tablier de sapeur... Sans oublier le groin de porc farci à la viande. C'est joyeux, rabelaisien, avec à la manœuvre le patron Joseph Carino qui assure l'ambiance. Entrées 6€, plats 12€. Menu 20€. *65, rue de Paris 89000* ***Auxerre*** *Tél. 03 86 51 47 02 Ouvert mar.-sam. Fermé 15 juil.-1er sept.*

Le M'Bar (plan 9, C2 n°13) À côté de son restaurant gastronomique, Le Maxime a ouvert cette annexe en 2010 avec pour spécialité les hamburgers. En vedette, le hamburger au foie gras (18€), le comble du chic surtout si on le déguste sur la Plage, l'élégante terrasse aménagée en bordure de l'Yonne, de l'autre côté de l'avenue. On peut également faire son choix dans la carte du restaurant gastronomique. *4, quai de la Marine 89000* ***Auxerre*** *Tél. 03 86 52 05 74 Ouvert lun.-jeu., dim. 12h-14h et 19h-22h, ven.-sam. 12h-14h et 19h-1h30*

Hébergement

prix moyens

La Poste (plan 9, B3 n°1) Pas vraiment folichon, les chambres sont même assez tristounettes (correctes cependant, avec sdb et wifi), néanmoins l'établissement est plutôt bien placé en plein centre-ville. L'accueil, parfois assez froid de prime abord, se déride rapidement si l'on enjambe de bonne grâce l'énorme chien de la maison qui sert de tapis au minuscule hall d'entrée. Dix-neuf chambres, double à partir de 52€ ; petit déj. 7,50€. *9, rue d'Orbandelle 89000 Auxerre Tél. 03 86 51 68 61 www.hoteldelaposte.biz*

Le Seignelay (plan 9, B3 n°3) Un ensemble tout biscornu de plusieurs maisons groupées autour d'un jardin central où sont installées les tables du restaurant. Les chambres sont disséminées dans les différents bâtiments et donnent sur la cour intérieure. Passé le service du soir, on y est au calme. Une adresse sympathique en plein centre-ville. Dix-sept chambres, double à partir de 58€, petit déj. 7€. Garage privé 7€. *2, rue du Pont 89000* ***Auxerre*** *Tél. 03 86 52 03 48 www.leseignelay.com Fermeture annuelle : fév.*

prix élevés

Le Maxime (plan 9, C2 n°2) L'établissement de charme d'Auxerre : parmi les 25 chambres, nombreuses sont celles qui ouvrent largement sur l'Yonne. On y trouve un grand confort : climatisation et insonorisation (le voisinage du quai peut être assez bruyant en soirée). L'hôtel abrite un **restaurant** réputé, une table de tradition bourguignonne : menus à 26 et 36€. On échappera à l'atmosphère un peu solennelle du restaurant en s'installant à la terrasse du bar, d'où l'on choisit dans la carte du restaurant. Accueil et service professionnels. Double à partir de 83€. Petit déj. 11€. Parking privé. *2, quai de la Marine 89000* ***Auxerre*** *Tél. 03 86 52 14 19 www.lemaxime.com*

☺ **Péniche *Loreley* (plan 9, C1 n°4)** Dormir dans une péniche amarrée face à l'un des plus jolis points de vue sur la ville : c'est le voyage auquel vous invite Sylvain Laverre, qui a transformé la partie arrière de son bateau en chambre d'hôtes. Claustrophobes bienvenus : on n'est pas là dans la cabine exiguë d'un voilier, mais dans les anciens quartiers du capitaine, une chambre de 25m² équipée de deux grands lits et flanquée d'un coin salon. Une salle de bains complète ce logement atypique. Comptez 85€ pour 2 personnes avec un plantureux petit déjeuner de qualité. *Rue de l'Ocrerie 89000* ***Auxerre*** *Tél. 06 66 25 95 02 chenagonlaverre@orange.fr*

Restauration, hébergement

Dans les environs

camping, location de chalet

Les Ceriselles Très joliment situé en bordure du canal du Nivernais, ce

GAMME DE PRIX	RESTAURATION	HÉBERGEMENT
Très petits prix	moins de 12€	moins de 30€
Petits prix	de 12 à 18€	de 30 à 50€
Prix moyens	de 18 à 25€	de 50 à 75€
Prix élevés	de 25 à 45€	de 75 à 115€
Prix très élevés	plus de 45€	plus de 115€

camping est l'un des plus agréables du département. Et aussi l'un des mieux aménagés : en 2010, il s'est doté d'une belle piscine. Réservation fortement recommandée en été. Le terrain accueille également des chalets et des mobile homes (de 2 à 8 pers.), dont un accessible aux handicapés. Quatre-vingt-quatre emplacements : forfait 8€ + 3€/pers., mobile home à partir de 45€/nuit. *Route de Vincelottes 89290* ***Vincelles*** *(14km au sud d'Auxerre) Tél. 03 86 42 50 47 www.campingceriselles.com Ouvert fin mars-début oct.*

prix moyens

Restaurant Le Saint Bris Une table traditionnelle doublée d'un accueil chaleureux. Menus à 20 et 28€. *13, rue Docteur-Tardieux 89530* ***Saint-Bris-le-Vineux*** *(9km au sud d'Auxerre) Tél. 03 86 53 84 56 Ouvert mar.-mer. et ven.-dim. midi*

☺ **Restaurant Le Soufflot** Après une carrière derrière les fourneaux de grandes maisons, Roland Hivert a créé son bar-restaurant au cœur d'Irancy : un bistrot de copains où l'on passe du comptoir à la table. La gastronomie bourguignonne, sa principale source d'inspiration, est rehaussée ici de touches personnelles, comme ces tuiles d'escargots à la crème de boudin. Entrées 6€, plats 12€, menus à 18 et 22€. *33, rue Soufflot 89290* ***Irancy*** *(14km au sud d'Auxerre) Tél. 03 86 42 39 00 www.restaurant-irancy.fr Ouvert juil.-sept. : mar.-jeu et dim. uniquement à midi et ven.-sam. midi et soir ; hors saison : mar.-dim. uniquement à midi*

☺ **Chambres d'hôtes Domaine Borgnat** Cinq chambres de tout confort agrémentées d'une piscine au cœur d'une belle exploitation viticole (XVIIe s). Une excellente adresse, tant pour la qualité des prestations que pour la convivialité des maîtres de la maison. Repas sur réservation avec dégustation des vins du domaine. Double à partir de 62€ avec petit déjeuner. *1, rue de l'Église 89290* ***Escolives-Sainte-Camille*** *(12km au sud d'Auxerre) Tél. 03 86 53 35 38 www.domaineborgnat.com*

Hôtel-restaurant Le Castel Dans le village paisible de Mailly-le-Château, dominant la vallée de la Cure, cette belle maison bourgeoise offre 8 chambres confortables, à la décoration fleurie et l'assurance du calme. Le jardin est particulièrement agréable. On peut y prendre ses repas, piochés dans une carte bourguignonne classique : à savourer, la fondue bourguignonne (15€, 2 pers. minimum). Double à partir de 55€, petit déj. 9€. *2, place Saint-Adrien 89660* ***Mailly-le-Château*** *(30km au sud d'Auxerre) Tél. 03 86 81 43 06 www.lecastelmailly.com Fermé déc.-fév.*

prix élevés

☺ **Abbaye de Reigny** Le cadre, l'ancien logis des moines de l'abbaye au milieu d'un vaste parc soigneusement entretenu. Les chambres ensuite, bien loin de l'austérité cistercienne : meubles anciens, tapis, tentures. L'une d'elles, où séjournait Coco Chanel dans les années 1930, a été conservée dans son jus, avec son papier peint et ses meubles d'origine. La plus luxueuse est la chambre de l'abbé, vaste pièce d'angle qui ouvre de deux côtés sur le parc. Cinq chambres de 60 à 120€, petit déj. inclus. Possibilité de table d'hôtes sur réservation (30€, apéritif, vin et café compris). *89270* ***Vermenton*** *(26km au sud d'Auxerre, 2km au sud de Vermenton, en bordure de la D606) Tél. 03 86 81 59 30 www.abbayedereigny.com Fermé mi-déc.-fin fév.*

★ ☺ CHABLIS

89800

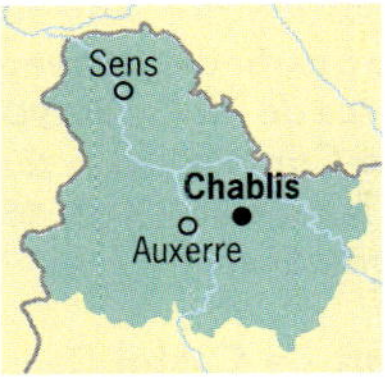

La simple évocation de Chablis suffit à émoustiller les papilles des gastronomes. On produit là, sur les coteaux qui dominent la ville, sans doute les meilleurs vins blancs de Bourgogne. Et pourtant, le vignoble de Chablis peut faire figure de miraculé. En 1957 et 1961, les récoltes ont été dévastées par deux gelées printanières : beaucoup de producteurs baissèrent les bras et des clos de grands crus se vendaient alors pour une bouchée de pain. La mise en place de nouvelles techniques, des procédés notamment de protection contre le gel, permit de relancer la production : elle est florissante aujourd'hui, au point que la renommée de Chablis a dépassé les frontières. On élabore et on commercialise sous le nom de chablis des vins issus du même cépage et produits sous d'autres cieux du monde. Mais nulle part le chardonnay n'a trouvé sa plus belle expression que sur ces coteaux du nord de l'Yonne. Avec le charme de sa vieille ville et sa belle gamme de lieux de séjour, Chablis est une étape incontournable sur les routes de Bourgogne.

MODE D'EMPLOI

accès

EN VOITURE
À 21km à l'est d'Auxerre par la N65 (dir. Tonnerre) puis la D965 et à 16km de Tonnerre.

EN TRAIN ET CAR
Rapides de Bourgogne Liaisons par car (30min de trajet) entre la gare SNCF d'Auxerre et Chablis : en période scolaire du lundi au vendredi à 17h58, les mercredi et samedi à 12h28. Hors période scolaire du lundi au samedi à 11h45 et 17h15 (sur réservation uniquement la veille au plus tard). Tarif 2€. *Tél. 0800 303 309 (appel gratuit)*

informations touristiques

Office de tourisme Rue du M[al]-de-Lattre-de-Tassigny *Tél. 03 86 42 80 80 www.chablis.net Ouvert Pâques-mi-juin et mi-sept.-oct. : tlj. 10h-12h30 et 13h30-18h ; mi-juin-mi-sept. : tlj. 10h-12h30 et 13h30-19h ; hors saison : lun.-sam. 10h-12h30 et 13h30-18h*
Location de deux-roues L'OT loue des VTT pour 4€ les 2h, 7,50€ la demi-journée et 12€ la journée (dépôt d'une pièce d'identité en caution). *Juin-sept. réservation conseillée*

marchés, fêtes et manifestations

Saint-Vincent-Tournante du Chablisien Chaque année, un village du Chablisien organise cette fête en l'honneur du saint patron des vignerons : procession derrière la statue du saint, animations, etc. Un grand banquet est également organisé : l'occasion d'un joyeux moment au coude à coude avec les habitants du cru. *Rens. auprès de l'OT (les réservations pour le banquet sont généralement ouvertes dès le mois de septembre) 1er w.-e. de fév.*

Marché des vins de l'Yonne *1er sam. de mai*

Festival du Chablisien Une semaine de concerts (du classique aux musiques du monde) donnés à Chablis et dans les communes voisines. Chaque représentation est suivie d'une dégustation de vin. *Rens. http://festival.onlc.fr 2e quinzaine de juil.*

Fête des vins de Chablis Les producteurs de l'appellation présentent leur nouveau millésime. Dégustations et animations. *4e w.-e. d'oct.*

DÉCOUVRIR

☆ **Les essentiels** Le bourg **Découvrir autrement** Faites une halte gourmande à la maison de l'Andouillette, faites le plein de bons crus à la coopérative La Chablisienne, partez en VTT à l'assaut des collines chablisiennes ➤ **Carnet d'adresses p.426**

Chablis

☆ **Le bourg** L'attrait des vignobles ne doit pas faire oublier que Chablis est aussi une petite ville pleine de charme dont l'histoire s'ancre dans l'époque carolingienne. Au IXe siècle, Charles le Chauve fait don de ces terres agricoles aux moines de Tours, réfugiés en Bourgogne pour fuir les raids normands. Ils y développent la culture de la vigne. Une ville est née, qui acquiert une telle importance qu'elle se dote au XVe siècle d'un corset de remparts défendus par vingt-neuf tours. Il en reste la belle **porte Noël** au sud-est de la ville. Dans son prolongement, la rue de la Porte-Noël est coupée à droite par la rue des Juifs : en l'empruntant, on remarquera (plaque commémorative) du côté droit une construction qui était sans doute la synagogue de la communauté. La rue s'achève sur les **quais du Serein**, paisible promenade bordée de belles maisons et de lavoirs. Au centre de la ville, la haute **collégiale Saint-Martin** remonte au XIIe siècle (actuellement fermée pour restauration, sinon des visites ponctuelles sont proposées par l'OT en juillet-août).

● Où manger sur le pouce, remplir son panier pique-nique ?

☺ **Maison de l'Andouillette Michel Soulié** Depuis 1886, on confectionne ici la célèbre andouillette de Chablis. Un détour immanquable pour les amateurs (l'emballage sous vide permet le transport sans problème). Sous la boutique, la cave a été aménagée en lieu de dégustation. Entre 10h (pour les plus gourmands) et 13h, on y sert de délicieuses assiettes de charcuterie (andouillettes et andouille, 6,90€) ou de fromages affinés à cœur (3,90€) accompagnées d'un verre de vin. *3 bis, place du Gal-de-Gaulle Tél. 03 86 42 12 82 www.chablis.net/maisondelandouillette Ouvert lun.-sam. 9h30-18h, dim. 8h30-15h*

Cave Defaix Dans un surprenant décor design et coloré, ce producteur a ouvert un espace dégustation où l'on peut se régaler de 6 escargots (8€) arrosés d'un verre de vin du domaine. Vente à emporter. *14, rue Auxerroise Tél. 03 86 42 14 44 Ouvert lun.-sam. 10h-18h, dim. 10h-14h*

Où déguster les vins de Chablis ? Plusieurs dizaines de caveaux de dégustation sont ouverts à travers la ville. On y est toujours bien accueilli, surtout si l'on considère ces visites comme autant de rencontres et de possibilités d'échanges avec les producteurs. En revanche, les "touristes" qui ne poussent la porte que dans la perspective de boire un verre gratuitement sont reçus plus fraîchement.

Coopérative La Chablisienne Pour découvrir la palette des chablis, on peut se rendre en toute confiance dans cette coopérative, l'une des meilleures de ce genre en France avec les caves de Tain-l'Hermitage dans la Drôme. *8, bd Pasteur Tél. 03 86 42 89 89 www.chablisienne.com Ouvert avr.-juin et sept.-déc. : tlj. 9h-12h30 et 14h-19h ; jan.-mars : tlj. 9h-12h30 et 14h-18h ; juil.-août : tlj. 9h-19h Fermé 25 déc.-1er jan.*

Se balader dans le vignoble La meilleure façon de découvrir le vignoble chablisien est encore d'enfiler de bonnes chaussures et de partir sur l'un des sept sentiers de randonnée balisés autour de la ville. La plupart peuvent se faire à VTT. *Des topoguides de chacun de ces sentiers sont en vente à l'OT*

Le Sentier des Grands Crus Accessible à tous, ce parcours permet de connaître les climats des grands vins de Chablis et offre en chemin de splendides panoramas sur tout le vignoble. ***Départ** Aire des Clos (à la sortie est de la*

Petits chablis et grands crus

L'appellation chablis couvre une superficie de 6 834ha exploitée par environ 500 viticulteurs. La moitié d'entre eux vinifient et commercialisent eux-mêmes leur récolte, les autres le font par l'intermédiaire de négociants ou de la coopérative La Chablisienne. Quelque 240 000hl sont produits bon an mal an, sous l'une des quatre dénominations de l'appellation.

Les grands crus Les princes du vignoble : une centaine d'hectares (avec une production limitée à 54hl/ha), les mieux exposés au flanc de la butte au nord-est de la localité. Des vins de haute volée qui n'atteignent leur inimitable bouquet de pierre à fusil qu'au bout de 8 à 10 ans. Il y a sept appellations grand cru (Preuses, Vaudésir, Bougros, Valmur, Grenouille, Les Clos, Blanchot).

Les premiers crus (750ha, production limitée à 58hl/ha) : on en compte 17 lieudits (divisés chacun en plusieurs "climats"), qui produisent un vin au bouquet complexe, aux arômes de miel, qui atteint sa maturité au bout de 5 ans. Parmi les crus les plus réputés : Montée de Tonnerre, Mont de Milieu, Fourchaume.

Chablis (4 400ha) Moins complexe que les précédents, le chablis est un vin frais et léger, à boire avant 3 ans.

Petit chablis (1 550ha) Provenant des terrains moins bien exposés, le petit chablis est un vin vif, un "vin de soif" à boire dans l'année.

Et les prix ? Ils varient d'une année sur l'autre et selon les producteurs, mais il faut compter de 30 à 40€ pour un premier cru, de 13 à 15€ pour un grand cru, autour de 10€ pour un chablis, de 7 à 8€ pour un petit chablis.

ville, dir. Tonnerre) ***Parcours*** *Boucle de 8km, balisage jaune* ***Durée*** *2h30* ***Difficulté*** *Aucune* **Conseil** *Télécharger la fiche itinéraire sur le site www.tourisme-yonne.com/randonnee*

Chablis Vititours Plusieurs formules d'excursion en minibus pour découvrir le Chablis et ses environs en compagnie d'un guide. Découverte du vignoble de Chablis avec dégustation (1h30, 20€, horaire à déterminer lors de la réservation) ; journée avec visite d'un domaine et dégustation (45€, départs à 9h30 et 14h30) ; journée complète qui inclut la découverte de Saint-Bris-le-Vineux, d'Irancy et la visite des caves de Bailly Lapierre, avec dégustation de crémant (100€ déjeuner non compris, départ à 9h30). *Tél. 06 11 47 82 98 Rés. également par l'intermédiaire de l'OT www.chablis-vititours.fr*

Les environs de Chablis

Abbaye de Pontigny De loin, c'est une haute église au toit de grange. À l'intérieur, la plus vaste des chapelles cisterciennes, un immense vaisseau de pierre blanche et nue, rien qui ne puisse distraire de la prière et du face-à-face de l'homme avec Dieu. C'est ainsi que l'avaient voulu les cisterciens qui s'établirent en ce lieu en 1114 sous la conduite d'Hugues de Mâcon, un compagnon de saint Bernard. La nef, longue de 119m, témoigne des premières manifestations du gothique : elle fut élevée vers 1140. Avec ses bas-côtés, elle offre de splendides perspectives, alignements de piliers et de voûtes baignées de lumière. Le chœur actuel fut reconstruit à la fin du XIIe siècle pour remplacer le précédent, devenu trop exigu avec l'afflux de moines. Son style, plus ouvragé, s'éloigne du radical dépouillement primitif. Par la porte du bras nord du transept, on découvre un jardin où s'élevaient jadis le cloître et les bâtiments monastiques. Il n'en reste que le bâtiment des convers (à gauche). Il abrite aujourd'hui des expositions temporaires ainsi qu'une présentation des fameuses Décades de Pontigny (cf. encadré ci-après). *89230* ***Pontigny*** *(15km au nord de Chablis) Tél. 03 86 47 54 99 Ouvert été : tlj. 9h-19h ; le reste de l'année : tlj. 10h-17h Entrée libre*

Les Décades de Pontigny

Après l'expulsion des congrégations religieuses en 1905, les bâtiments monastiques furent achetés par Paul Desjardins (1859-1940), professeur à l'École normale supérieure. Il fit des lieux un centre de rencontre des intellectuels de son temps, conviés l'espace de dix jours – les Décades – à débattre en toute liberté des grands sujets de l'époque. Gide et Mauriac, Malraux, Aron, Sartre, Jankélévitch, Ramon Fernandez... participèrent à ces rencontres auxquelles étaient également conviés des intellectuels du monde entier. De 1910 à 1939 (avec une interruption entre 1914 et 1922), plus de 70 Décades furent ainsi réunies à Pontigny. Après la mort du fondateur, son projet fut repris par sa fille, à Cerisy-le-Château dans la Manche, puis par ses petites-filles, qui continuent aujourd'hui d'organiser sur le même modèle les Colloques de Cerisy.

CARNET D'ADRESSES

Restauration

petits prix

☺ **Le Bistrot des grands crus** Supervisé par Michel Vignaud, le chef étoilé de l'Hostellerie des Clos voisine, ce bistrot gastronomique décline la palette du meilleur des produits bourguignons. C'est bon et abordable, notamment la formule plat et verre de vin à 9,50€, sinon menu à 20€. À la carte, comptez entre 11 et 18€ pour un plat principal (tartare au couteau dans les règles de l'art à 17€). Sans oublier un menu enfant (8€) avec un plat cuisiné de poisson ou de viande qui change agréablement du sempiternel steak haché-frites. Service dans une salle moderne fonctionnelle ou dans le jardin à la belle saison, avec un personnel très professionnel et efficace. *8, rue Jules-Rathier 89800* ***Chablis*** *Tél. 03 86 42 19 41 www.bistrotdesgrandscrus.com Ouvert tlj. midi et soir Fermé fin déc.-fin jan.*

prix moyens

La Feuillette 132 À maison traditionnelle, table traditionnelle. Les grandes spécialités bourguignonnes s'alignent sur la carte comme pour une revue de détail : œufs en meurette, escargots, jambon persillé, sans oublier les fameuses andouillettes de Chablis (15€). Pas chauvin, le chef lorgne vers les délices d'ailleurs avec son crottin de chèvre rôti à l'huile de Provence, ou sa cassolette de Saint-Jacques à l'huile d'olive. Intéressant menu du jour à 12,90€ servi à midi, en semaine. Menus à 27 et 39€. *8, rue des Moulins 89800* ***Chablis*** *Tél. 03 86 18 91 67 Ouvert tlj. midi et soir Fermé 3 sem. autour des fêtes de fin d'année*

prix élevés

Laroche Wine Bar Dans une belle salle contemporaine qui enjambe le Serein, on invite ici à revisiter les spécialités bourguignonnes dans une version modernisée et sophistiquée. Formule de 24€ (plat et dessert) à 38€ (entrée, plat, fromage et dessert). Plats de 15 à 25€. L'endroit appartient au groupe Laroche, un des plus gros producteurs de Chablis. Les vins du domaine y sont bien sûr à l'honneur : l'occasion de déguster un grand cru au verre (9€). *18, rue des Moulins 89800* ***Chablis*** *Tél. 03 86 42 47 30 Ouvert toute l'année mar.- jeu uniquement à midi et ven.-sam. midi et soir*

Hébergement

prix moyens

Aux Lys de Chablis Moderne et fonctionnel, sans grande personnalité. À l'entrée de la ville lorsqu'on vient d'Auxerre, l'emplacement n'est pas folichon, en bordure de la petite zone industrielle de Chablis : on est à 10min à pied du centre-ville. Une adresse de "dépannage" quand tout est complet. Trente-huit doubles à 64€ (68€ w.-e. et j. fér.). Petit déj. (buffet) 10€. *38, route d'Auxerre 89800* ***Chablis*** *Tél. 03 86 42 49 20 www.hotel-lys-chablis.com Fermé mi-déc.-mi-jan.*

Chambre d'hôtes La Menuiserie Après avoir restauré amoureusement de fond en comble cet ancien atelier, Geneviève et Daniel y ont créé une chambre d'hôtes pour y accueillir des visiteurs qu'ils préfèrent voir rester plusieurs nuits, histoire de faire d'un séjour un moment de partage et d'échanges. Le logement se compose d'une chambre avec un lit XXL, une belle salle de bains, et d'une mezzanine qui ouvre largement sur les vignobles. Celle-ci peut être aménagée en seconde chambre (un lit double et deux lits simples) : le logement peut alors accueillir 6 personnes. Comptez 70€ pour 2 pers. avec petit déj., et 27€ par personne supplémentaire dans la mezzanine. *11, rue du Panonceau 89800* ***Chablis*** *Tél. 03 86 18 86 20 danielcheval@hotmail.com*

prix élevés

Bergerand's Relais de la Belle Étoile Oreillers moelleux et édredons douillets, teintes pastel fleuries… cet ancien relais de poste a pris le parti d'une hôtellerie "cocooning". Le ton est donné dès l'entrée : un salon cosy, un adorable jardin où l'on a installé quelques chaises. Un joli cadre pour un séjour en amoureux. Parmi les 18 chambres, sachez que les moins chères sont très petites et qu'il est préférable de monter en gamme si l'on veut avoir ses aises. Double de 68 à 112€ ; petit déj. 7,50€. *4, rue des Moulins 89800* ***Chablis*** *Tél. 03 86 18 96 08 www.bergerand.com*

prix très élevés

Hôtel du Vieux Moulin Design et vieilles pierres : c'est le credo de cet hôtel de luxe ouvert par une grande maison de vins de Chablis. On y trouve le nec plus ultra du confort moderne allié à la pierre et la brique laissées à nu. Pour un week-end de charme et de luxe. Sept chambres dont deux suites. Double à partir de 100-125€ selon la saison ; et, pour un séjour d'exception, une splendide suite avec salon et terrasse sur le Serein à 220-270€ ; petit déj. 12€. *Rue des Moulins 89800* ***Chablis*** *Tél. 03 86 42 47 30 www.larochewines.com*

L'Yonne en amoureux

Tables romantiques

Auberge des Vieux Moulins Banaux (Villeneuve-l'Archevêque) ____ 373
Le M'Bar (Auxerre) ____ 419
Le Maxime (Auxerre) ____ 420
Hostellerie de la Poste (Avallon) ____ 443

Chambres de charme

Auberge des Vieux Moulins Banaux (Villeneuve-l'Archevêque) ____ 373
Château du Fort (Villiers-Saint-Benoît) ____ 387
Hôtel Les Grands Chênes (Saint-Fargeau) ____ 404
Péniche *Loreley* (Auxerre) ____ 420
Abbaye de Reigny (Vermenton) ____ 421
Bergerand's Relais de la Belle Étoile (Chablis) ____ 427
Hôtel du Vieux Moulin (Chablis) ____ 427

GAMME DE PRIX	RESTAURATION	HÉBERGEMENT
Très petits prix	moins de 12€	moins de 30€
Petits prix	de 12 à 18€	de 30 à 50€
Prix moyens	de 18 à 25€	de 50 à 75€
Prix élevés	de 25 à 45€	de 75 à 115€
Prix très élevés	plus de 45€	plus de 115€

TONNERRE

89700

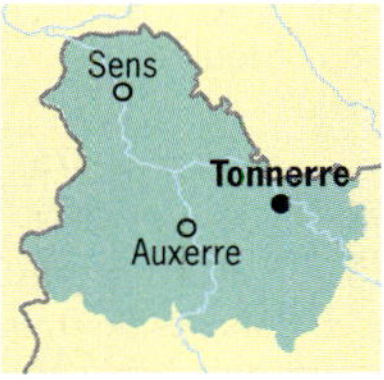

Traversée par l'Armençon qui lui dessine de jolies rives verdoyantes, Tonnerre fait figure de parent pauvre dans les circuits touristiques de Bourgogne. C'était pourtant la capitale d'un des plus anciens comtés de la région, dont l'origine remonte au IXe siècle. Mais il est vrai que l'histoire n'a pas ménagé la ville : ravagée au début du XIVe siècle pendant la guerre de Cent Ans, détruite par un incendie en 1556, elle ne conserve que peu de vestiges de son passé médiéval. Avec une exception de taille, l'hôtel-Dieu du XIIIe siècle fondé par Marguerite de Bourgogne.

MODE D'EMPLOI

accès

EN VOITURE

À 36km à l'est d'Auxerre. En arrivant, suivez les panneaux "centre" qui vous conduiront à l'OT. Vous pourrez laisser là votre véhicule et partir à pied à la découverte de la vieille ville, une promenade d'une heure au maximum.

EN TRAIN

Plusieurs liaisons quotidiennes (TER) avec Dijon, Auxerre et Paris. La gare SNCF se trouve à 500m environ au nord du centre-ville.

informations touristiques

Office de tourisme *Place Marguerite de Bourgogne Tél. 03 86 55 14 48 www.tonnerre.fr Ouvert avr.-juin et sept. : lun.-sam. 9h30-12h et 13h30-18h, dim. et j. fér. (fermé 1er mai) 10h-12h30 et 14h-18h ; juil.-août : lun.-sam. 9h30-12h et 13h30-18h30, dim. et j. fér. 10h-12h30 et 14h-18h ; oct.-mars : lun.-mar. et jeu.-sam. 9h30-12h et 14h30-17h30 Fermé j. fér.*

DÉCOUVRIR

☆ **Les essentiels** L'hôtel-Dieu de Tonnerre, le château d'Ancy-le-Franc **Découvrir autrement** Laissez-vous tenter par les crus d'Autour du pressoir, percez les mystères du château de Maulnes **> Carnet d'adresses p.432**

Tonnerre

☆ **Hôtel-Dieu Notre-Dame-des-Fontenilles** Le monument emblématique de la ville est l'un des plus anciens et des plus vastes édifices de ce type : un hôtel-Dieu destiné à accueillir les malades, mais également les vieillards nécessiteux ou les veuves dans le besoin. Il servait également de gîte aux pèlerins sur la route de Vézelay et de Compostelle. Il fut fondé en 1292 par Marguerite de Bourgogne, petite-fille du duc de Bourgogne et épouse de Charles d'Anjou, le frère de Saint Louis, comte de Provence et roi de Naples et des Deux-Siciles. Devenue veuve, c'est avec deux autres dames de haute

LA COURSE DU SOLEIL

Au premier tiers environ de la salle, des lignes au sol appartiennent à un gnomon réalisé en 1785 pour mesurer la course du soleil. Les rayons du soleil pénètrent par un orifice ménagé dans une baie bouchée et viennent frapper les lignes tracées sur le sol : une droite méridienne (nord-sud) indiquant le midi vrai, et une double boucle en huit qui indique le midi moyen. Au solstice d'hiver, la tache lumineuse est sur le sommet de la boucle la plus éloignée du mur, au solstice d'été, sur le sommet opposé. Au milieu se trouve la position des équinoxes.

noblesse, Marguerite de Beaumont, princesse d'Antioche, et Catherine de Courtenay, impératrice titulaire de Constantinople, qu'elle se retire sur ses terres et y fonde cette institution charitable.

Salle des malades Longue de 100m, elle pouvait accueillir une quarantaine de patients et resta en fonction jusqu'au milieu du XVIIe siècle. Elle servit ensuite d'église paroissiale. On peut voir sur les murs les emplacements des poutres qui servaient à soutenir les cloisons de chaque alcôve. Le fond de la salle est occupé par trois chapelles : celle de gauche abrite le tombeau monumental du marquis de Louvois (1641-1691), ministre de la Guerre de Louis XIV et comte de Tonnerre ; François Girardon, qui réalisa à Paris le tombeau de Richelieu dans la chapelle de la Sorbonne, participa à sa décoration sculptée. En avant de la chapelle centrale, le tombeau de Marguerite de Bourgogne date du XIXe siècle. Il remplace un monument précédent détruit pendant la Révolution. Dans la chapelle de gauche est exposée une splendide Mise au tombeau, une réalisation majeure de la sculpture bourguignonne du XVe siècle.

Musée (accès par la tribune au fond de la salle des malades) Il conserve, sur deux niveaux, des collections d'art et d'histoire de la ville de Tonnerre. On peut y voir notamment le parchemin original de la charte de fondation de l'hôtel-Dieu ainsi que deux belles statues polychromes des XIIe et XIIIe siècles ; des bijoux retrouvés en 1816 dans le tombeau de Marguerite de Bourgogne sont exposés dans une vitrine. Le second niveau est consacré à l'histoire des hôpitaux, avec les reconstitutions d'une chambre de malade du XIXe siècle et un bloc opératoire de 1908. *Place Marguerite-de-Bourgogne (accès par l'OT) Ouvert avr.-juin et sept. : lun.-sam. 9h30-12h et 13h30-18h, dim. et j. fér. (fermé 1er mai) 10h-12h30 et 14h-18h ; juil.-août : lun.-sam. 9h30-12h et 13h30-18h30, dim. et j. fér. 10h-12h30 et 14h-18h ; oct.-mars : lun.-mar. et jeu.-sam. 9h30-12h et 14h30-17h30 (fermé j. fér.) Tarif 4,50€, réduit 3,50€*

Fosse Dionne Cette source vauclusienne – la résurgence d'un cours d'eau souterrain par un système de siphons – continue de susciter l'interrogation des scientifiques. Elle se présente comme une vasque remplie d'une eau d'un bleu sombre et au fond de laquelle part une galerie. Des plongeurs audacieux ont réussi à s'y faufiler sur une longueur de 360m à 61m de profondeur sans découvrir les origines de la source (désormais, l'exploration est interdite après le décès accidentel d'un plongeur en 1996). Le mystère de cette fosse sans fond, à en croire la légende, reste entier. Elle fut transformée en lavoir au XVIIIe siècle par le maire de la ville, Louis d'Éon, l'aïeul du célèbre chevalier. *Accès de la place Marguerite-de-Bourgogne, suivre la rue François-Mitterrand, puis à gauche (panneaux indicateurs) Accès libre*

Où remplir son panier pique-nique, déguster du vin ? Ouverte en 2010, la boutique Autour du Pressoir offre une belle sélection de produits du Tonnerrois, ses vins en premier lieu, injustement éclipsés par la proximité des prestigieux chablis. On y trouve rouges et blancs de vignerons locaux (de 6,50 à 7,50€) et quelques bouteilles de blanc et de rosé au frais si l'on veut improviser un pique-nique. Les bouteilles voisinent avec les produits régionaux (fromages, escargots...). À noter, chaque samedi matin, un producteur vient faire découvrir ses flacons au cours d'une dégustation gratuite. **Autour du Pressoir** *Place Marguerite-de-Bourgogne (face à l'OT) 89700* ***Tonnerre*** *Tél. 03 86 54 81 05 Ouvert lun. 15h30-19h, mar.-ven. 10h-12h30 et 15h30-19h, dim. 10h-12h30 Fermé jan.-fév.*

Les environs de Tonnerre

☺ **Château de Tanlay** De larges douves trahissent l'ancienneté du lieu : une forteresse médiévale. François de Coligny, qui l'avait héritée de sa mère, décida, au milieu du XVIe siècle, de construire un château dans le plus beau style de la Renaissance française. Tanlay devint à cette époque un des bastions du parti protestant et l'amiral de Coligny, frère de François, y réunit les chefs huguenots à plusieurs reprises. Les travaux se poursuivirent au XVIIe siècle pour laisser l'édifice tel qu'on le découvre aujourd'hui. La visite guidée vous conduira à travers une partie des intérieurs, habillés de meubles anciens. La grande galerie de l'étage est ornée d'un remarquable ensemble de peintures en trompe l'œil. Depuis 1705, le château appartient à la famille de Tanlay. Les communs du château abritent en été des expositions d'art contemporain organisées par le Centre d'art de l'Yonne. *89430* ***Tanlay*** *(9,5km à l'est de Tonnerre) Tél. 03 86 75 70 61 www.centreartyonne.net Ouvert avr.-2 nov. : mar.-dim.* ***Château*** *Visites guidées uniquement à 10h, 11h30, 14h15, 15h15, 16h15 et 17h15 Tarif (château et parc) 9€, 12-18 ans 5€* ***Parc*** *Ouvert 9h-12h30 et 14h-18h30 Tarif 3€*

Abbaye de Quincy Fondée en 1133 par des cisterciens venus de Pontigny, l'abbaye de Quincy abrita à son apogée près de 150 moines qui exploitaient un vaste domaine agricole. En 1568, elle fut presque entièrement détruite, pris dans la tourmente des guerres de Religion, et la plupart de ses occupants périrent sous les coups des huguenots. C'est François de Coligny, le voisin du château de Tanlay, qui ordonna lui-même l'assaut. Vendus comme biens nationaux à la Révolution, les bâtiments servirent de carrière, puis d'exploitation agricole jusqu'en 1994. Dans ce paysage solitaire comme les aimaient les cisterciens, on peut encore voir une partie des logements des moines ainsi qu'une tour du XVe siècle avec sa belle porte à accolade flanquée de deux anges. Elle jouxtait l'hôtellerie, une belle salle voûtée du XIIIe siècle. Pour faire revivre ces lieux désolés, il est conseillé de suivre la visite guidée. *Commissey 89430* ***Tanlay*** *(8km à l'est de Tonnerre) Tél. 03 86 75 87 03 Ouvert 15 mars-fin mars : 14h-17h ; oct.-11 nov. : 14h-17h30 ; avr.-juin et sept. : 10h-12h et 14h-18h ; juil.-août : 10h-12h et 14h-19h Visite guidée à 11h et 15h30 Tarif 5€, 12-16 ans 3€*

☆ **Château d'Ancy-le-Franc** L'histoire du château est liée à deux illustres familles : les Clermont, dont l'origine remonte à l'an mille, qui deviendront les Clermont-Tonnerre, et les Louvois. C'est Antoine III de Clermont qui, héritant

MUSIQUE AU CHÂTEAU
De mars à novembre, l'association Musicancy organise chaque mois des concerts dans une des salles d'apparat ou dans la cour du château. Chaque représentation est précédée d'une visite ou d'une conférence en rapport avec le programme du concert et suivie par une dégustation offerte par un vigneron de la région. **Musicancy** *Tél. 06 01 75 35 35 www.musicancy.org Tarif de 15 à 20€ Billets en vente dans les OT de Tonnerre, Montbard et Ancy.*

le puissant comté de Tonnerre, fait poser la première pierre du château en 1542. Pour en dessiner les plans, il fait appel à Sebastiano Serlio, un architecte italien, qui avait été convoqué sur le chantier de Fontainebleau mais dont les projets n'avaient pas été retenus. Le maître italien conçoit un quadrilatère parfait, quatre pavillons carrés aux encoignures, et de sobres façades extérieures. Toute son exubérance – il achèvera sa carrière en dessinant des décors de théâtre –, l'Italien la mettra dans les façades de la cour intérieure : loggias, pilastres, arches ornés d'une profusion de décors sculptés. Une sorte de "château-Janus", un chef-d'œuvre de la Renaissance. Sous la conduite d'un guide, vous partirez à la découverte d'une partie des appartements qui conservent de remarquables peintures murales des XVIe et XVIIe siècles. Ainsi, on admire, dans la galerie de Pharsale, un cycle peint réalisé au XVIe siècle par Nicolò dell'Abate, qui collabora avec le Primatice au château de Fontainebleau. L'ensemble le plus somptueux, celui de la chambre de Diane, est en cours de restauration. En proie à des difficultés financières, les Clermont vendirent en 1684 le château au marquis de Louvois, dont les descendants le cédèrent à leur tour en 1844… aux Clermont-Tonnerre. Depuis 1999, il appartient à une société privée qui en assure la restauration. Après la visite, ne manquez pas de parcourir le magnifique parc à l'anglaise dessiné au XVIIIe siècle. *89160* **Ancy-le-Franc** *(19km au sud-est de Tonnerre) Ouvert avr.-mi-nov. : mar.-dim. et lun. fér. Visite guidée uniquement à 10h30, 11h30, 14h, 15h et 16h (17h jusqu'à fin sept.) Tél. 03 86 75 14 63 www.chateau-ancy.com Tarif 9€, 6-15 ans 6€* **OT d'Ancy-le-Franc** *11, place Clermont-Tonnerre Tél. 03 86 75 03 15 Ouvert avr.-oct. : mar. 14h30-18h et mer.-sam. 9h30-13h et 14h30-18h, dim. 9h30-13h*

Château de Maulnes Isolé sur un plateau, face à un immense paysage, Maulnes dresse sa grande carcasse solitaire. Un bien étrange château qui ne servit véritablement que quelques décennies après sa construction entre 1566 et 1573, et une architecture plus étrange encore. Un pentagone au sol, mais pourtant, par l'effet de la perspective, qui apparaît comme un carré. Sur un tel plan, difficile de concevoir des pièces rectangulaires. Et pourtant, c'est la prouesse que réussit l'architecte (resté inconnu). Autre singularité : l'édifice s'organise autour d'un puits central depuis les caves où coulent des sources jusqu'à la terrasse où se termine la visite. Les commentaires des guides (très compétents) vous aideront à percer quelques-uns de ces mystères. Une visite insolite. *89740* **Cruzy-le-Châtel** *(21km à l'est de Tonnerre) Le château se trouve à 5km au nord du bourg dir. Arthenay Du parking, un chemin à travers les bois conduit en 5min au château Navette gratuite pour les personnes ayant des difficultés à marcher (la montée est rude) Ouvert avr.-juin et sept.-1er nov. : sam.-dim. et j. fér. 14h30-17h30 (départ de la dernière visite) ; juil.-août : tlj. 14h30-17h30 Visite guidée uniquement (départ toutes les 30min) Tarif 2€, (reduit 12-18 ans) 1€*

CARNET D'ADRESSES

Restauration, hébergement

petits prix

☺ **Les Pieds sous la Table** Après s'être fait une solide réputation de traiteur et de cuisinière à domicile, Noémie s'est décidée à ouvrir son propre restaurant pour régaler une plus large clientèle. Dans sa petite salle toute simple, elle sert chaque jour un plat différent : rencontre du marché du jour (on ne travaille ici que des produits frais) et de son inspiration. Avec une prédilection pour les saveurs méditerranéennes ou plus lointaines encore. Au menu à 12€ (entrée, plat et dessert), on se régale par exemple des ses crevettes en tempura, ou de boulettes de viande à l'orientale et d'un tiramisu. Excellent et très sympathique. *14, rue de l'Hôtel-de-Ville 89700* ***Tonnerre*** *Tél. 03 86 55 11 78 Ouvert en hiver : lun.-ven. (à midi uniquement) ; le reste de l'année : lun.-sam. midi et soir*

Le P'tit Gourmet La bonne affaire de Tonnerre : on peut s'attabler ici devant un plantureux plat du jour à 6,90€ (à midi, en semaine) ; si l'on a une petite faim, on tentera la formule à 10,50€ (plat + entrée ou dessert). Et, pour les gros appétits, il y a encore le "grand" menu (entrée, plat, fromage et dessert) à 23€, où l'on pourra faire suivre une douzaine d'escargots maison ou un foie gras poêlé par un filet de canard au poivre. À la carte, plats entre 9,50 et 13€. C'est bon, pas cher et très chaleureux. *3, rue François-Mitterrand 89700* ***Tonnerre*** *Tél. 03 86 55 10 56 Ouvert lun.-dim midi Fermé 1re quinzaine de jan.*

prix moyens

☺ **La Ferme de la Fosse Dionne** Jusque dans les années 1960, ce vaste corps de ferme abritait une exploitation agricole, au bord de la fosse Dionne. Il a été entièrement rénové par deux frères amoureux de cuisine pour y ouvrir une table gourmande et de bonne humeur où s'invitent volontiers le coq au vin et le bœuf bourguignon. L'endroit abrite également 3 chambres d'hôtes, deux suites (salon, chambre à coucher) et un gîte (un appartement de 80m² avec cuisine). Le tout est très joliment décoré de teintes modernes qui voisinent avec les meubles anciens chinés dans les brocantes alentour. Chambres et suites à 65€ (pour 2 pers.), gîte, 130€ (pour 4 pers.) petit déj. inclus. Le restaurant propose un menu unique à 20€ (entrée, plat, fromage et dessert) ou une formule tout compris à 30€ avec le repas complet, l'apéritif, le vin et le café. Le restaurant fonctionne sur réservation uniquement (la veille au moins) et est ouvert aux non-résidents. Une boutique de produits locaux complète l'ensemble. *11, rue de la Fosse-Dionne 89700* ***Tonnerre*** *Tél. 03 86 54 82 62 www.fermefossedionne.fr Ouvert tlj. Fermé 11 nov.-12 déc. et une semaine en mars*

Hôtel du Centre Une possibilité de logement correcte et fonctionnelle dans une ville qui n'en compte guère. Les propriétaires rénovent petit à petit les vingt chambres de leur hôtel. Double à 52€ pour celles qui ont été rénovées, 37€ pour les autres. Toutes sont pourvues de toilettes. Petit déj. 5€. *65, rue de l'Hôpital 89700* ***Tonnerre*** *Tél. 03 86 55 10 56 www.hotel-tonnerre.com Réception fermée ven. soir et dim. à 15h Fermé 1re quinzaine de jan.*

Hostellerie du Centre Si vous n'êtes pas invité au château, voilà une bonne adresse pour faire étape à Ancy-le Franc : 18 chambres à l'équerre, sans grande originalité, mais avec un confort appréciable (climatisation, TV satellite). On y trouve même une (très) petite piscine intérieure. Le restaurant est également tout à fait recommandable, avec des menus à 17, 22 et 35€. Double de 49 à 62€, petit déj. 7€. *34, Grande-Rue 89160* ***Ancy-le-Franc*** *(19km au sud-est de Tonnerre) Tél. 03 86 75 15 11 www.hostellerie-du-centre.com Fermé dim. soir et lun. hors saison et début jan., début fév.* **Restaurant** *Ouvert mar.-dim. midi Fermé nov.-mars*

☺ NOYERS-SUR-SEREIN

89310

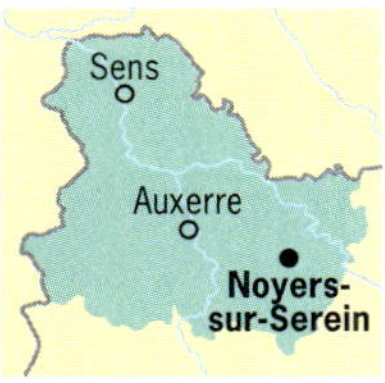

Nichée dans une boucle du Serein, Noyers (prononcez Noyère) a bien mérité de figurer sur la liste des plus beaux villages de France. Remparts et portes fortifiées attestent son importance à l'époque médiévale : la ville fut pendant trois siècles le fief d'une puissante famille, les Miles, jusqu'à ce qu'elle tombe dans l'escarcelle des ducs de Bourgogne en 1419. Place du Marché-au-Blé, rue de la Petite-Étape-au-Vin, place du Grenier-à-Sel, la toponymie raconte l'importance commerciale de la petite cité. Elle conserve de ce passé un splendide ensemble de demeures anciennes, de pierre ou à pans de bois, dont une grande partie remonte au XVe siècle. Loin d'être une belle endormie, Noyers s'est affirmée comme un foyer culturel de premier plan, où se rencontrent avant-garde, art naïf et populaire, musique classique. S'il n'y a pas d'hôtels, de sympathiques chambres d'hôtes permettent d'y faire une étape plaisante, et, pour un séjour en été, il est préférable de réserver longtemps à l'avance.

MODE D'EMPLOI

accès

EN VOITURE
À 210km de Paris et à 44km env. d'Auxerre par l'A6 (sortie 1, Nitry-Montbard).

EN CAR
Autocars Tisserand Liaison Paris-Noyers. *Départ du Café de France 12, place d'Italie lun. et mer. à 16h, sam. à 13h. Tél. 03 86 82 83 13*

informations touristiques

Syndicat d'initiative Visite guidée de la ville tlj. à 15h de mi-juin à mi-sept. (6€, moins de 13 ans gratuit) *22, place de l'Hôtel-de-Ville Tél. 03 86 82 66 06 www.noyers-et-tourisme.com Ouvert juin-3e w.-e. de sept. : tlj. 10h-13h et 14h-18h ; hors saison : lun.-sam. 10h-13h et 14h-18h*

marchés

Marché *Place du Marché-au-Blé Mer.*

fêtes et manifestations

Rencontres musicales de Noyers Durant tout l'été, l'association Rencontres musicales de Noyers organise depuis une vingtaine d'années des master class où des stagiaires de toutes nationalités viennent se perfectionner sous la direction d'instrumentistes reconnus. Cet été musical donne lieu à de nombreux concerts. Le programme est consultable sur http://musicalesdenoyers.com. *Juin-sept.*

Festival Vallée et Veillée À partir de 18h et jusque tard dans la nuit, place à la musique festive, tendance guinguette-chanson française et musique de rue (fanfares). *1er sam. d'août Animations gratuites*

Marché aux truffes La *Tuber melanosporum* ne pousse pas que dans le Périgord et la Drôme. La truffe est aussi depuis longtemps exploitée en Bourgogne. Deux ou trois marchés aux truffes se tiennent entre octobre et fin novembre. Les dates sont annoncées sur le site du syndicat d'initiative.

DÉCOUVRIR

☆**Les essentiels** Le village médiéval, le musée des Arts naïfs et populaires **Découvrir autrement** Montez à la tour des remparts pour une visite aussi instructive qu'insolite, accordez-vous une pause gourmande à la maison Paillot ➤ Carnet d'adresses p.436

Noyers-sur-Serein

☆ **Vieille ville** Passé la porte peinte (XVe s.), on aboutit rapidement à la place de l'Hôtel-de-Ville, bordée de maisons du XVIIe siècle ; à gauche en entrant sur la place, la **Maison jaune** (XVe s.) abrite aujourd'hui la Maison du schématisme. La rue qui part à gauche de la place conduit à la place du Marché-au-Blé. À l'angle de la première ruelle à droite, la **maison des Corporations** (fin XVe s.) présente un bel ensemble de sculptures dégagées de ses poutres en bois.

Place du Marché-au-Blé Elle est dominée par un bel ensemble de demeures anciennes : à droite l'**hôtel de la Croix-Blanche**, reconnaissable à sa belle façade de pierre au style presque flamand (XVIe s.), et à gauche la **maison des Sangliers**, de Bourgogne avec ses colombages du XVe siècle. Plus loin, l'église Notre-Dame, achevée au début du XVIe siècle, renferme des stalles ouvragées.

Place du Grenier-à-Sel De la place de l'Hôtel-de-Ville, suivez la rue principale, rue Franche, qui file vers le nord (à l'opposé de la porte peinte). Bientôt s'ouvre à gauche la charmante place de la Petite-Étape-au-Vin, puis la place du Grenier-à-Sel, qui tire son nom de l'entrepôt du XVIe siècle (à droite). Du côté gauche, le **"Kamato"** – l'inscription grecque "par l'effort" en façade lui

TOUR PREND GARDE !

Depuis 1996, Georges fait les honneurs de sa propriété : une tour du rempart médiéval dont il détaille l'histoire, en grande tenue du Moyen Âge avec une passion qui ne s'est pas tarie.

☺ **La tour des remparts** *7bis, rue des Terreaux Tél. 03 86 82 61 75 www.tour-des-remparts.com Tarif suivant parcours de 4 à 7,50€, réduit 1€, moins de 10 ans gratuit*

a donné son nom – est un bel édifice Renaissance de la fin du XVe siècle. Une coquille en façade signale qu'il servait probablement de halte aux pèlerins de Compostelle. Plus haut, au n°63, la **maison de la Toison d'or** est une noble demeure bâtie au XVe siècle, probablement par un chevalier de cet ordre fondé par les ducs de Bourgogne (cf. GEOPanorama, Histoire). La rue France aboutit à la porte de Tonnerre qui marque la limite nord de la ville.

☆ **Musée des Arts naïfs et populaires** Ce fut tout d'abord un petit musée local inauguré à la fin du XIXe siècle : gravures anciennes, peintures y voisinaient avec des fossiles et des meubles anciens. Une salle évoque ce passé de "cabinet de curiosités". Grâce à deux legs importants, augmentés depuis de dépôts, d'acquisitions et de dons de collectionneurs, le musée est devenu un haut lieu de l'art naïf. Jacques Yankel (1920-2004, fils de Michel Kokoïne, peintre de l'école de Paris, proche de Soutine) fut un grand amateur d'art naïf ; il céda sa collection – composée de plus d'une centaine de tableaux – à la ville près de laquelle il avait passé une partie de son enfance et où il possédait une maison. La collection Selz-Taillandier, entrée au musée en 2000 et exposée au rez-de-chaussée, rassemble des œuvres d'arts populaires glanées autour du monde pendant une trentaine d'années par Jaqueline Selz (1910-1994), amatrice d'art et secrétaire du salon de Mai de Paris : ex-voto en cire et en argent, jouets, objets en papier mâché, etc. Sous les combles, ne manquez pas la collection de dessins d'Hokusai provenant de carnets de croquis ("mangas") réalisés par le peintre japonais. *25, rue de l'Église Tél. 03 86 82 83 72 Ouvert juil.-août : mer.-lun. 10h-18h ; juin et sept. : mer.-lun. 11h-12h30 et 14h-18h : oct.-mai : w.-e., j. fér. et vac. scol. (mer.-lun. 14h30-18h) Tarif 4€, réduit (11-18 ans) 2€*

Maison du schématisme Cette magnifique maison du XVe siècle abrite une collection d'œuvres d'un des mouvements picturaux d'avant-garde les plus décoiffants de la seconde moitié du XXe siècle, le schématisme. Ce mouvement, créé dans les années 1960 autour de Robert Estivals, le fondateur de cette collection, s'est donné pour ambition de créer un langage artistique total sur le modèle des schémas utilisés dans le secteur informatique : le projet était de remettre le sens et le sujet au centre de l'œuvre, dans un univers artistique alors majoritairement tourné vers l'abstraction et la disparition du sujet. Pour plus de détails, on pourra consulter le site de Jacques Caux, un des membres de ce mouvement : www.schemart.com. *10, place de l'Hôtel-de-Ville Tél. 03 86 82 67 65 Ouvert avr.-oct. : sam.-dim. 14h-19h Entrée libre*

● ☺ Où manger sur le pouce, faire des emplettes gourmandes ? Les établissements Paillot, maison-mère du restaurant Les Millésimes (cf. Carnet d'adresses), continuent de faire saliver les gastronomes de la région. On y trouve toute une gamme de produits (vendus à la coupe ou en verrines), classiques comme le jambon persillé, ou plus personnels telle la terrine de foie de canard aux pruneaux (6,70€ les 170gr). Quelques plats cuisinés proposés en bocaux méritent également de finir dans votre cabas : les cuisses de canard aux griottes sont une vraie réussite (13,50€ les 580 gr). Et pour compléter votre panier, ne manquez pas le rayon boulangerie et sa gamme de pains tous plus appétissants les uns que les autres. Jouxtant la charcuterie, la cave est l'affaire des deux fils qui ont réuni choix époustouflant de plus de 600 références. Nous vous conseillons les dégustations accompagnées de fromages et de charcuteries maison (entre 15 et 32€ pour les chablis par exemple). **Maison Paillot** *14, place de l'Hôtel-de-Ville Tél. 03 86 82 82 16 Ouvert mar.-dim. 9h-13h et 15h-19h Fermeture annuelle en fév.* **Cave** *Ouvert mer.-lun. 9h-23h*

Les environs de Noyers-sur-Serein

Prieuré de Vausse Au cœur de l'épaisse forêt de Châtel-Gérard, ce prieuré cistercien fondé au début du XIIIe siècle conserve une sobre chapelle ainsi que son cloître. Vendu comme bien national à la Révolution, il fut transformé en faïencerie, dont on peut encore voir les installations. L'ensemble possède également un somptueux jardin planté par les propriétaires actuels et amoureusement entretenu. L'abbaye appartint à Ernest Petit (1835-1918), auteur d'une monumentale histoire de la Bourgogne et dont le cabinet de travail (fermé à la visite) est resté en l'état, au-dessus du cloître. Le lieu accueille en saison des expositions d'artistes contemporains. *89130* **Châtel-Gérard** *(15km au sud-est de Noyers) Tél. 03 86 82 87 28 Ouvert juil.-août : mer.-lun. 14h-19h ; juin et sept. : dim. 14h-19h Visite guidée uniquement Tarif 3,50€, 12-18 ans 2,50€*

YONNE

Château de Nuits Cette demeure de la seconde moitié du XVIe siècle, est un bel exemple d'architecture civile Renaissance. Après restauration, ses propriétaires en ont ouvert une grande partie à la visite : on passe ainsi du rez-de-chaussée des origines à l'étage, où mobilier et objets décoratifs évoquent la vie des occupants du château aux XVIIIe et XIXe siècles. *42 rue du Mal-Leclerc 89390* **Nuits** *(20km à l'est de Noyers) Tél. 06 64 14 19 47 Ouvert avr.-1er nov. : mer.-lun. Visite guidée (1h env.) à 11h, 14h15, 15h15, 16h15 et 17h15 Tarif 7€, 6-15 ans 4€*

CARNET D'ADRESSES

Restauration

petits prix

La Vieille Tour À l'entrée de la vieille ville, sa jolie terrasse invite à une pause. On y déguste une cuisine simple et goûteuse, élaborée exclusivement à partir de produits frais. Formules à 14,50, 17,50 et 21,50€ et un menu végétarien (14,50€). *Rue Porte-Peinte 89310* ***Noyers-sur-Serein*** *Tél. 03 86 82 87 36 Ouvert ven.-mer. : midi et soir (dernière prise de commande 21h) Fermé oct.-mai Pas de CB*

prix moyens

☺ **Les Millésimes** Le papa au labo, les fistons aux fourneaux. La famille Paillot exerce son magistère sur la gastronomie nucérienne. Au départ, on trouve la charcuterie familiale, belle adresse gourmande dans ce coin de l'Yonne (cf. Où manger sur le pouce). Puis vint l'idée d'ouvrir un restaurant : ce fut chose faite en 2006 avec Les Millésimes, qui se sont imposés rapidement comme une belle adresse régionale. La charcuterie paternelle y est à l'honneur avec un assortiment de ses spécialités dans l'épatant menu à 17,50€ (entrée, plat, fromage ou dessert, servi à midi du mar. au sam.). La cave de la maison offre une très large palette de crus bourguignons mais aussi de tous les terroirs français. En automne (derniers w.-e. d'oct. et de nov.), Les Millésimes affichent un menu truffe (55€), dans lequel la perle noire accompagne tous les plats, de l'entrée au dessert. Salle de restaurant chaleureuse veillée par une imposante cheminée et agréable terrasse en saison. *14, place de l'Hôtel-de-Ville 89310* ***Noyers-sur-Serein*** *Tél. 03 86 82 82 16 www.maison-paillot.com Ouvert mar.-dim. midi Fermé en fév.*

Hébergement

prix moyens

☺ **Hôtel La Vieille Tour** À sa Hollande natale, Margaretha a préféré les collines de Bourgogne. Elle s'est établie en 1980 dans un ancien hôtel dont une partie des bâtiments s'appuie sur les remparts de la ville. Autour du jardin central, on trouve 5 chambres de tout confort, chacune dans un style bien différent : romantique dans la tour médiévale, avec un appartement de 2 chambres pouvant accueillir 4 personnes, ou encore panoramique dans la double dotée d'un balcon d'où l'on découvre une vue splendide sur le Serein. Les trois autres chambres, dans le bâtiment principal, sont aménagées dans un esprit plus moderne et fonctionnel. Le tout baignant dans une atmosphère artiste bohème. Les amoureux de la chanson française apprendront que Charles Louis Pothier, parolier prolifique et auteur notamment des *Roses blanches* et de *Félicie aussi*, immortalisée par Fernandel, fit de fréquents séjours dans cette vénérable maison. Double à partir de 55€ petit déj. inclus. *Place du Grenier-à-Sel 89310* ***Noyers-sur-Serein*** *Tél. 03 86 82 87 69 Ouvert avr.-1er sept.*

☺ **Chambres d'hôtes Le Tabellion** Rita Florin a quitté son Nord natal pour s'établir en Bourgogne. Elle y a déniché un ancien relais de poste du XVIIIe siècle, au pied de l'église Notre-Dame. Les voyageurs y ont gagné d'accueillantes chambres d'hôtes : meubles chinés dans les brocantes alentour, literie impeccable parée de beaux draps brodés. Les hôtes disposent également du salon, du jardin où l'on prend le petit déjeuner, excellent, avec du pain fait maison. Deux chambres sont situées à l'étage et partagent une salle de bains (idéal pour une famille). La troisième ouvre sur la cour intérieure : c'est un petit appartement avec coin cuisine pouvant accueillir 4 personnes. Accueil d'une grande générosité. Comptez de 68 à 72€ pour 2 personnes, petit déj. inclus. *5, rue du Jeu-de-Paume 89310* ***Noyers-sur-Serein*** *Tél. 03 86 82 62 26 www.noyers-tabellion.fr Fermeture annuelle jan.-fév.*

GAMME DE PRIX	RESTAURATION	HÉBERGEMENT
Très petits prix	moins de 12€	moins de 30€
Petits prix	de 12 à 18€	de 30 à 50€
Prix moyens	de 18 à 25€	de 50 à 75€
Prix élevés	de 25 à 45€	de 75 à 115€
Prix très élevés	plus de 45€	plus de 115€

AVALLON

89200

Halte pour les voyageurs du temps de la Nationale 6, Avallon reste désormais un peu à l'écart de l'afflux touristique. La faute à Vézelay toute proche. Pourtant, la vieille ville ne manque pas de charme, dressée sur son éperon cerné par le Cousin et ses deux affluents, le ru Potot et le ruisseau des Minimes. C'est la dernière pointe que lance le Morvan vers le Nord, le dernier remous du Massif central. Au cœur de la ville, l'imposante collégiale est un bel exemple du roman bourguignon. On pourra également faire le tour des remparts, histoire de s'offrir de belles vues sur les profondes vallées environnantes.

MODE D'EMPLOI

accès

EN VOITURE
À 60km d'Auxerre par l'A6 (sortie n°22) ou 50km (par la N6, vallée de la Cure) et à 15km à l'est de Vézelay.

EN TRAIN ET EN CAR
Train TER Liaisons quotidiennes avec Auxerre (env. 1h), Paris (env. 2h45), Dijon, Autun. ***Gare SNCF*** *Au nord-est du centre-ville*
Car TER Liaisons quotidiennes avec Montbard et Auxerre ainsi qu'avec Vézelay. *Rens. www.ter-sncf.com*
Navette touristique En juillet-août et pendant la première quinzaine de septembre, une navette assure la liaison Avallon-Vézelay. *Rens. et rés. à l'OT Départs juil.-août : jeu.-dim. ; sept. : sam.-dim. Tarif 4€, moins de 12 ans 2€*

informations touristiques

Office de tourisme *6, rue Bocquillot Tél. 03 86 34 14 19 www.avallonnais-tourisme.com Ouvert lun. 10h-19h, mar.-sam. 9h-19h ; dim. 10h-13h et 15h-18h*
Visites guidées L'OT propose des visites de la vieille ville. *Mer. et sam. à 15h Tarif 4€, moins de 12 ans 2€*
Location de deux-roues À l'OT, formules allant de 1h à une semaine (18€ la journée complète).

fêtes et manifestations

Festivallon En été, à Avallon et dans les communes voisines : près de 70 concerts sont organisés devant les bars et restaurants par des groupes misant sur une musique festive et dansante (rock, country, blues...). *www.festivallon.com Juil.-3e sem. d'août*

DÉCOUVRIR

☆**Les essentiels** La collégiale Saint-Lazare **Découvrir autrement** Faites le tour de la ville en calèche, rêvez aux belles dames d'autrefois au musée du Costume
> Carnet d'adresses p.442

Avallon

La place Vauban, veillée par la statue du fameux ingénieur militaire de Louis XIV, marque le centre de la ville : à l'ouest s'étend le vaste jardin des Terreaux, bordé au nord par la rue des Orderets. Au sud de la place Vauban, la Grande-Rue-Aristide-Briand traverse la ville historique et conduit à la collégiale Saint-Lazare et à l'office de tourisme.

EN VOITURE ! En été, Étienne Fouchez vous embarque à bord de sa calèche pour une balade commentée d'environ 40min au cœur de la vieille ville et le long des remparts. **Attelage de Maluca** *Tél. 03 86 34 43 61 ou 06 84 91 03 15 En été Départ mer. à partir de 14h de la place Vauban Tarif 5,50€, 3-12 ans 4€*

Grande-Rue-Aristide-Briand Partant de la place Vauban, où se dresse la statue du grand architecte, une œuvre de Bartholdi – plus connu pour sa statue de la Liberté –, et de la promenade ombragée des Terreaux, cette artère traverse la vieille ville du nord au sud. Bordée de commerces, la Grande-Rue conduit à l'hôtel de ville, construit au XVIIIe siècle, puis au beffroi, symbole d'Avallon.

Beffroi Il fut achevé en 1460 à l'emplacement de la porte fortifiée qui gardait le château. Dressé au point le plus haut de la ville, il servit tout à la fois de tour de guet, de salle de réunion pour les échevins de la ville (ils ne quitteront les lieux qu'au XVIIIe siècle après la construction de l'hôtel de ville) et d'horloge. Haut de 49m au sommet de la flèche, il abrite une cloche fondue en 1481 qui depuis sonne les heures pour les Avallonnais.

Place de la Collégiale Au-delà du beffroi, la rue débouche sur la place précédant la collégiale. Elle est bordée de deux belles maisons du XVe siècle : celle de droite abrite l'office de tourisme, celle de gauche, la maisons des Sires de Domecy, est en cours de restauration. Au-delà de la collégiale, la rue passe devant l'ancien grenier à sel du XVIIe siècle et descend vers le bastion de la petite porte, l'autre entrée de la ville médiévale. C'est par là que l'on pourra entreprendre le tour des remparts.

☺ **Musée du Costume** Depuis les années 1960, Agnès et Sylvie Carton collectionnent costumes et tissus anciens. Une passion héritée de leur mère. Ces charmantes dames présentent chaque année une partie de leur trésor – un fonds de 3 000 pièces – dans le cadre d'une exposition renouvelée à chaque saison. C'est à chaque édition un enchantement devant ces merveilles des temps passés que l'on découvre sous la conduite d'une des maîtresses de maison. Les collections sont exposées dans une ancienne demeure du XVIIe siècle, appartenant à la famille des Condé, agrandie au cours des siècles suivants. *6, rue Belgrand Tél. 03 86 34 19 95 Ouvert mi-avr.-1er nov. : tlj. 10h30-12h30 et 13h30-17h30 Tarif 5€, réduit 3€*

☆ **Collégiale Saint-Lazare** La façade de l'église principale d'Avallon a beaucoup souffert au cours des siècles : en 1633, la chute du clocher entraîna la ruine de la façade, qui perdit l'un de ses trois portails ainsi qu'une grande partie de sa décoration sculptée. Ce qui avait échappé au désastre fut méthodiquement martelé pendant la Révolution. La collégiale reste cependant un bel exemple du style roman bourguignon. Une première église s'élevait déjà à cet emplacement au VIIIe siècle. Vers l'an mille, le frère d'Hugues Capet lui fit don d'une relique de saint Lazare, vénéré déjà à Autun (cf. GEORégion Saône-et-Loire). Sa réputation de saint antipesteux valut à l'église des cohortes de pèlerins. Il fallut l'agrandir. C'est chose faite en 1106 (l'église sera encore embellie au milieu du XIIe siècle) avec cette ample basilique à nef et bas-côtés dont le vaisseau dessine une inhabituelle déclivité vers le chœur – la faute à la configuration du terrain. La façade romane a perdu ses saints et ses prophètes : de la décoration originelle ne demeurent que les voussures du portail central, où apparaissent les travaux agricoles des mois de l'année (en partant de la gauche les moissons, le battage, les vendanges…) suivis des signes du zodiaque. Le portail de droite, muré aujourd'hui, conserve au tympan un relief très dégradé représentant les Rois mages. L'intérieur, dépouillé et plongé dans une semi-pénombre, séduit par son atmosphère de recueillement. Contiguë à la collégiale, à droite, l'église Saint-Pierre est un ajout des XVe et XVe siècles. Elle abrite aujourd'hui des expositions temporaires. *Rue Bocquillot Ouvert tlj. 9h-12h et 14h-18h*

Musée de l'Avallonnais Depuis l'Antiquité, le lieu est dédié au savoir. Un collège y existait sous le Bas-Empire, et saint Germain y enseigna au début du VIe siècle. Les bâtiments actuels datent du XVIIe siècle : un collège qui ne fermera ses portes qu'en 1968. Le petit musée de l'Avallonnais abrite dans une première salle une collection de sculptures parmi lesquelles un buste de saint provenant du chœur de la collégiale (XIIe s.) et une statue de saint Lazare qui en ornait jadis le portail central. Dans cette même salle est exposée une gravure montrant la ville en 1595 derrière son rempart hérissé de 22 tours. Les salles suivantes sont dédiées aux artistes locaux : parmi eux, on retiendra Jean Després (1889-1980), bijoutier et orfèvre qui quitta sa Bourgogne natale au début du XXe siècle pour aller se frotter aux avant-gardes parisiennes : il y fréquenta les peintres de l'époque, Utrillo, Chirico et Braque, dont il devint l'ami. Dans les années 1920-1930, il crée des lignes de bijoux inspirés par le surréalisme et les Arts déco. Une dernière section est consacrée à Georges Rouault (1871-1958), peintre inclassable aux confluents du cubisme, de l'expressionnisme et

Le tour des remparts

En franchissant la Petite Porte, on débouche à droite sur les Terreaux de la Petite Porte, agréable esplanade ombragée qui domine la vallée où coule le Potot en contrebas. On peut de là poursuivre et longer les vestiges des remparts, où subsistent de puissantes tours de défense : la **tour Gaujard** (1438) adossée à la porte, puis la **tour du Chapitre** (milieu du XVe s.), au pied de laquelle un escalier descend vers la rue du Fort-Mahon, qui plus loin devient la rue de la Fontaine-Neuve. Un escalier à droite, le passage de la Halle, puis encore à droite par la rue de la Halle et vous voici sur les Terreaux Vauban. On peut découvrir d'autres jolis points de vue sur les remparts et la vallée en descendant, de la collégiale, la rue Saint-Lazare.

du fauvisme et dont toute l'œuvre est marquée par un profond mysticisme : on peut voir les deux "Stella", *Étoile du matin* et *Étoile du soir*, réalisées dans l'atelier de Gustave Moreau (dont Rouault fut l'élève) pour être données au musée d'Avallon, selon le vœu d'un riche mécène. Elles voisinent avec la série des *Miserere*, une poignante évocation de la condition humaine qui témoigne des talents de graveur de Rouault. *5, rue du Collège Tél. 03 86 34 03 19 Ouvert juil.-sept. : lun. et mer.-dim 14h-18h ; hors saison : w.-e., j. fér. et vac. scol. 14h-18h Fermé mar. Entrée libre*

● Où faire une pause sucrée ou salée ? Une salle intérieure genre bonbonnière bohème et un splendide jardin : ce cadre idéal pour une pause dans la journée a pour enseigne Dame Jeanne. Selon l'heure ou la saison, on optera pour l'un des thés (une trentaine), l'un des douze cafés ou pour le délicieux chocolat chaud à l'ancienne, agrémentés de pâtisseries maison. À l'heure du déjeuner, on y sert des plats du jour autour de 9€. Une charmante adresse où il fait bon s'attarder. **Dame Jeanne** *59, Grande-Rue-Aristide-Briand Tél. 03 86 34 58 71 www.damejeanne.fr Service 8h-19h Fermé jeu.*

L'Yonne en famille

Dans les OT, procurez-vous le fascicule *Yonne ascendant famille* qui recense les établissements labellisés "Family Yonne".

Visites

Activités

Petites pauses gourmandes

Les environs d'Avallon

Musée des Voitures de chefs d'État Enfant, Oliver Delafon collectionnait les petites voitures. Fortune faite, il a poursuivi son rêve, en grand cette fois. Il expose ici une trentaine de véhicules ayant été utilisés par des chefs d'État, du général de Gaulle à Kennedy en passant par Ceausescu et son imposante Mercedes 600 blindée et équipée de coffres-forts, à la Zil des années 1960 où prenait place Brejnev. On peut également y voir la SM Maserati utilisée par les présidents Mitterrand et Chirac. *Château de Montjalin 89200* ***Sauvigny-les-Bois*** *(7km à l'est d'Avallon) Tél. 03 86 34 46 42 Ouvert tlj. 9h-19h*

FÊTE VILLAGEOISE Fin juillet, les Montréalais organisent, au fil des rues, une fête médiévale, illustrant un épisode de l'histoire du village, au cours de laquelle on peut entendre des comédiens, assister à des scènes jouées par les habitants en costumes du Moyen Âge, et déguster au buffet une tourte servie avec de la cervoise et du cidre. *Deux derniers w.-e. de juil. 21h15-23h Entrée libre www.montreal-en-lumiere.info*

Montréal Une éminence naturelle d'où le regard embrasse les vastes paysages de la vallée du Serein ; il n'en fallait pas plus pour construire un château au Moyen Âge. Ce fut chose faite vers l'an mille : les sires de Montréal, une dynastie d'Anséric, s'y sont succédé jusqu'au rattachement de leur fief au duché de Bourgogne au XIIIe siècle. L'un d'entre eux, Anséric II, de retour de la deuxième croisade, fit construire une somptueuse collégiale à l'ombre de son château. Passé la porte d'En-Bas, la Grande-Rue grimpe jusqu'au point le plus haut du village en longeant les belles façades de maisons de pierre dont les plus anciennes remontent au XVe siècle. Après quelques boucles, elle aboutit au sommet de la colline où se dresse la collégiale face à une vaste esplanade : c'est là que s'élevait le château des sires de Montréal démantelé en 1792. Il n'en reste que la margelle d'un puits, qui, selon la tradition, donne accès à un souterrain conduisant à l'extérieur de la ville. *À 12km au nord-est d'Avallon*

Collégiale Achevé vers 1170, l'édifice mêle le style roman de son portail et le gothique des voûtes ogivales qui dominent la nef. L'ensemble est d'une grande élégance, qu'admirait Viollet-le-Duc qui en conduisit la restauration. Dans le chœur sont conservées des stalles du XVIe siècle ornées de splendides reliefs illustrant des épisodes bibliques. La collégiale renferme également un retable en albâtre du XVe siècle dont une partie a été dérobée en 1971. *Ouvert tlj. 9h-18h*

● **Manger sur le pouce dans un café de pays** Centre de la vie sociale du village, le Quinze est le comptoir où l'on partage les nouvelles du jour autour d'un verre. Les visiteurs y trouveront quelques tables pour se restaurer d'un menu à 11€ ou de tartes salées. Le samedi en été, les soirées jouent agréablement les prolongations avec des concerts organisés dans le cadre du Festivallon. **Le Quinze** *15, place du Prieuré 89420* ***Montréal*** *Tél. 03 86 32 16 49 Fermé lun.*

CARNET D'ADRESSES

Restauration, hébergement

petits prix

☺ **Restaurant de la Tour** Une adresse épatante : on y trouve des plats du jour (réalisés exclusivement à partir de produits régionaux), des assiettes de charcuterie, dont un formidable pâté que l'on vous apporte en terrine dans laquelle on pioche à volonté, mais aussi des pizzas, confectionnées dans les règles de l'art (pâte et sauces préparées sur place). Le tout servi avec une grande gentillesse. Cerise sur le gâteau, du vin servi au verre permet de goûter une demi-douzaine de crus régionaux. Formule entrée, plat du jour

YONNE

à 12€. *84, Grande-Rue-Aristide-Briand 89200* ***Avallon*** *Tél. 03 86 34 24 84 www.latouravallon.com Ouvert tlj.*

prix moyens

Restaurant Le Relais des Gourmets Le restaurant le plus couru des habitants du coin : on s'y installe dans l'agréable jardin d'hiver pour y choisir entre quatre menus (de 16,50 à 36€) qui déclinent une honnête cuisine traditionnelle. Menu "tout poisson" à 36€. Dans la salle adjacente, on sert également une formule Bistrot avec buffet de hors-d'œuvre et plat du jour pour 13,50€ (lun.-sam. à midi). *47, rue de Paris 89200* ***Avallon*** *Tél. 03 86 34 18 90 www.relaisdesgourmets.com Ouvert juin-sept. : tlj. Service 12h-13h30 et 19h30-21h30 Fermé lun. hors saison Fermeture annuelle une semaine en nov. et une semaine en jan.*

Hôtel Les Capucins Proche de la gare, dans une rue calme et à 10min à pied du centre-ville, l'hôtel est une halte confortable et reposante. Sur les 17 chambres, certaines, ouvrant sur la cour intérieure, sont accessibles aux personnes à mobilité réduite. À la belle saison, on peut y dîner très agréablement dans le jardin intérieur (menu à partir de 14€). Double de 40 à 60€, petit déj. 8€. *6, av. Paul-Doumer 89200* ***Avallon*** *Tél. 03 86 34 06 52 www.avallonlescapucins.com*

Hôtel d'Avallon Vauban Cet établissement vaut surtout pour sa proximité avec la place Vauban. Basiques en termes de décoration, les 30 chambres sont cependant correctes. L'établissement étant planté à un carrefour très passant, nous vous conseillons de réserver une des chambres donnant sur l'arrière. Celles-ci ouvrent côté parc qui, s'il était un mieux entretenu, pourrait être très agréable. Double à 61€ ; petit déj. 8,50€. Parking privé payant (2€). *53, rue de Paris 89200* ***Avallon*** *Tél. 03 86 34 36 99 www.avallonvaubanhotel.com*

Chambres d'hôtes Les Clés de la Tour Au cœur du petit village de Montréal, la responsable de l'association organisatrice de la fête médiévale estivale a aménagé 4 chambres confortables (dont une suite familiale pour 4 pers.) et met son beau jardin à la disposition de ses hôtes. Vous y trouverez un accueil très cordial et une mine d'informations sur la région. Double à 48€, petit déj. inclus, suite à 78€ pour 2 adultes et 2 enfants. Table d'hôtes sur réservation uniquement 20€/pers., vin compris. *12, Grande-Rue 89420* ***Montréal*** *(12km au nord-est d'Avallon par la D957) Tél. 03 86 32 17 27*

prix élevés

Hostellerie de la Poste Depuis le XVIIIe siècle, l'endroit est la halte des voyageurs à Avallon. Ce relais de poste accueille en 1814 le roi de Prusse, et une année plus tard, Napoléon de retour de l'île d'Elbe. C'est avec le développement de l'automobile que l'établissement, devenu Hostellerie de la Poste, devient une étape pour vedettes en route entre Paris et le Midi : on y voit Tino Rossi, Joséphine Baker, Sacha Guitry… C'est un arrêt commode et une étape gastronomique à mi-chemin entre Paris et Lyon. Les années 1970 auront raison de son succès. L'hôtel ferme plusieurs années avant de rouvrir en 1998. Si ce n'est la modernisation des chambres, rien ne semble avoir changé depuis l'âge d'or, ni sa réception cossue ni sa salle à manger cramoisie tout en longueur. Trente chambres, double à 108€ (132€ en été), petit déj. 13€. *13, place Vauban 89200* ***Avallon*** *Tél. 03 86 34 16 16 www.hostelleriedelaposte.com Fermé jan.-fév.*

GEOREGION

Morvan, paysage du parc naturel régional (p.458)

MORVAN

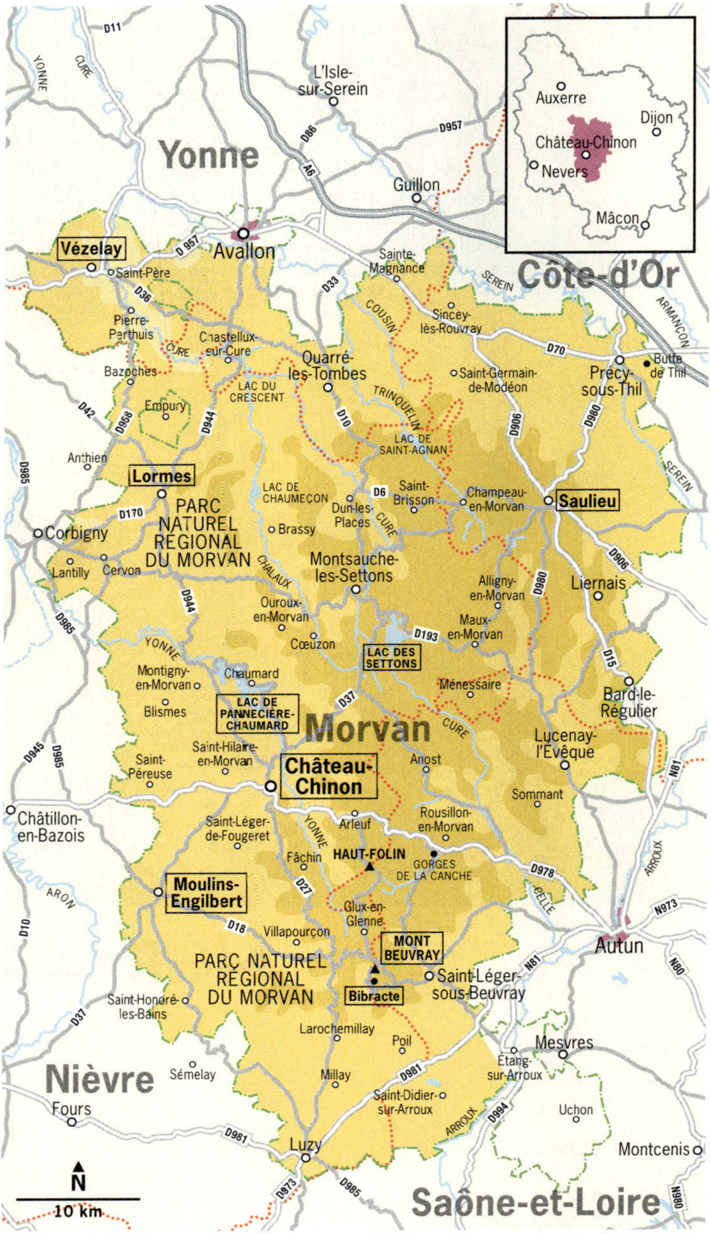
Yonne
Côte-d'Or
Nièvre
Saône-et-Loire
Morvan
PARC NATUREL RÉGIONAL DU MORVAN
PARC NATUREL RÉGIONAL DU MORVAN
Vézelay
Avallon
Saint-Père
Pierre-Perthuis
Chastellux-sur-Cure
Bazoches
Empury
Quarré-les-Tombes
LAC DU CRESCENT
Lormes
Anthien
Corbigny
Lantilly
Cervon
L'Isle-sur-Serein
Guillon
Sainte-Magnance
Sincey-lès-Rouvray
Saint-Germain-de-Modéon
Précy-sous-Thil
Butte de Thil
LAC DE SAINT-AGNAN
LAC DE CHAUMEÇON
Dun-les-Places
Saint-Brisson
Champeau-en-Morvan
Saulieu
Brassy
Montsauche-les-Settons
Alligny-en-Morvan
Liernais
Ouroux-en-Morvan
Cœuzon
Maux-en-Morvan
LAC DES SETTONS
Montigny-en-Morvan
Chaumard
Blismes
LAC DE PANNECIÈRE-CHAUMARD
Ménessaire
Bard-le-Régulier
Lucenay-l'Evêque
Saint-Péreuse
Saint-Hilaire-en-Morvan
Château-Chinon
Anost
Sommant
Châtillon-en-Bazois
Saint-Léger-de-Fougeret
Arleuf
Rousillon-en-Morvan
Fâchin
HAUT-FOLIN
GORGES DE LA CANCHE
Moulins-Engilbert
Glux-en-Glenne
Villapourçon
MONT BEUVRAY
Bibracte
Saint-Léger-sous-Beuvray
Autun
Saint-Honoré-les-Bains
Larochemillay
Poil
Sémelay
Millay
Mesvres
Etang-sur-Arroux
Saint-Didier-sur-Arroux
Uchon
Fours
Luzy
Montcenis
Auxerre
Dijon
Château-Chinon
Nevers
Mâcon
YONNE
CURE
SEREIN
ARMANÇON
COUSIN
TRINQUELIN
CHALAUX
ARON
CELLE
ARROUX
D11
D957
D86
A6
D 957
D33
D36
D70
D42
D958
D944
D10
D906
D980
D985
D6
D170
D193
D15
D37
D945
N81
N973
N80
D978
D27
D18
D981
D994
D973
D985
N080
N
10 km

★ VÉZELAY

89450

Comme Chartres et ses flèches émergeant des champs de blé, la "colline éternelle" s'annonce des kilomètres à la ronde. Haut lieu du culte de Marie-Madeleine, laissée dans un quasi-abandon durant des siècles, la basilique est ressuscitée au XIXe siècle par le jeune Viollet-le-Duc. Elle devient un des points de départ majeurs du pèlerinage de Compostelle. La rue principale est aujourd'hui prise d'assaut par les boutiques de souvenirs, les touristes et les pèlerins, aussi préférez-lui une des ruelles voisines pour grimper vers la basilique. Au pied de la colline trône l'autre lieu sacré de Vézelay : l'Espérance, restaurant bien nommé, du multi-étoilé Marc Meneau.

MODE D'EMPLOI

accès

EN VOITURE
À 13km à l'ouest d'Avallon par la D957, à 26km au nord de Lormes par la D958 et à 23km à l'est de Clamecy par la D951.

EN TRAIN
La gare SNCF la plus proche se trouve à Avallon (15km à l'est). En été, une navette assure la liaison entre Avallon et Vézelay (3/j.). *Rens. OT Avallon Tél. 03 86 34 14 19*

informations touristiques

Office de tourisme *12, rue Saint-Étienne Tél. 03 86 33 23 69 Ouvert juin-sept. : tlj. 10h-13h et 14h-18h ; oct. et avr.-mai : ven.-mer. 10h-13h et 14h-18h ; nov.-mars : lun.-mer., ven-sam. 10h-13h et 14h-18h www.vezelaytourisme.com*

orientation

La vieille ville de Vézelay s'étage sur une colline au sommet de laquelle se dresse la basilique. Une seule rue y donne accès en voiture, la rue Saint-Étienne qui devient plus haut la rue Saint-Pierre. La circulation automobile est autorisée, mais il est de loin préférable de laisser son véhicule dans un des parcs de stationnement aménagés à l'entrée de la localité (payant en arrivant à Vézelay par Saint-Père, gratuit à la sortie de la ville en direction de Clamecy).

fêtes et manifestations

Pèlerinage annuel de Sainte Marie-Madeleine Procession des reliques et messe à 11h. *22 juil.*

Rencontres musicales de Vézelay Au programme de ce festival dédié à la musique vocale, une dizaine de concerts, dans la basilique et dans des lieux voisins. *Tél. 03 86 32 39 78 www.rencontresmusicalesdevezelay.com En août*

DÉCOUVRIR
Vézelay

☆ **Les essentiels** La basilique Sainte-Marie-Madeleine **Découvrir autrement** Faites une pause gourmande chez Cabalus, allez à la rencontre d'une vigneronne passionnée à Saint-Père **➤ Carnet d'adresses p.453**

☆ **Basilique Sainte-Marie-Madeleine** Avant d'entrer à l'intérieur de la basilique, on prendra le temps d'en apprécier les volumes depuis l'esplanade à droite de la façade, à l'emplacement de l'ancien cloître des moines disparu à la Révolution et dont une aile a été restituée par Viollet-le-Duc (cf. GEOPlus La basilique de Vézelay). On embrasse d'un coup d'œil l'ampleur de l'édifice : narthex, nef romane – les contreforts sont l'œuvre de **Viollet-le-Duc** mais remplacent des ouvrages similaires du XIIIe siècle rendus nécessaires pour contenir la poussée des murs latéraux – et le chevet gothique. Reste ensuite à découvrir l'intérieur de la basilique, dont l'extraordinaire ornementation sculptée pourrait être détaillée pendant des heures. *Tél. 03 86 33 39 50 http://vezelay.cef.fr Ouvert tlj. 7h-20h Se rens. pour les visites guidées*

Narthex Achevé en 1140, cet ample vestibule précédant la nef est dominé par les trois tympans qui coiffent chacun des trois porches : au centre est représentée la **Descente de l'Esprit saint**, sur le linteau figure le cortège des peuples évangélisés, accueillis par saint Pierre et saint Paul. La première voussure est divisée en compartiments où prennent place des personnages dont la signification est mystérieuse (des inscriptions peintes la précisaient à l'origine) ; la voussure supérieure porte en médaillons l'alternance des signes du zodiaque et des travaux des mois. Le portail de droite est surmonté de scènes de l'enfance du Christ, celui de gauche illustre la Résurrection et les apparitions du Christ aux apôtres et aux disciples d'Emmaüs.

Nef En pénétrant dans cet immense vaisseau, le visiteur ne se sent nullement écrasé. Et pourtant, les proportions sont gigantesques : 62m de long,

DOC AD HOC Excellent ouvrage, clair et pratique, édité par les éditions franciscaines, le *Guide de la Basilique* (6€) sera d'un précieux secours pour une découverte architecturale approfondie. **La Pierre d'Angle** *1, pl. du Cloître Tél. 03 86 33 29 14*

MORVAN

La symbolique de la basilique

Maquettes illuminées, projections, reproductions d'éléments sculptés : une découverte commentée de 1h15 pour comprendre, avec l'aide d'un guide-animateur, l'envergure des projets des architectes du Moyen Âge. **Maison du Visiteur** *Pl. Guillon Tél. 03 86 32 35 65 www.vezelay-visiteur.com Ouvert Pâques-fin oct. : sam. à 15h et 15h30, dim. à 11h et 11h30, lun. à 10h30, 11h, 15h et 15h30 ; juil.-août : lun. et jeu.-sam. à 10h30, 11h, 15h et 15h30, dim. à 11h, 11h30, 15h et 15h30 Tarif 7,5€, enfant 3,50€*

18,50 de hauteur sous des voûtes en berceau lancées sur une largeur de 11m, une prouesse inégalée. D'arc en arc, les perspectives conduisent le regard vers le chœur. La diffusion de la lumière a fait l'objet d'une étude attentive des maîtres d'œuvre : au solstice d'été, à midi à l'heure solaire, les rayons du soleil traversant les hautes ouvertures viennent s'aligner en taches de lumière dans l'axe de la basilique. Au solstice d'hiver, ils frappent les chapiteaux supérieurs du mur sud. C'est ici, dans la décoration des **chapiteaux** de la nef et des bas-côtés, que les sculpteurs romans ont donné toute la mesure de leur art. Une extraordinaire galerie de scènes historiées puisant leur inspiration dans les Évangiles, l'Ancien Testament, les mythes de l'Antiquité, la vie des chevaliers… Un des plus remarquables est le Moulin mystique, qui représente Moïse versant du grain dans le moulin de saint Paul.

Chœur Dernière construction de l'ensemble, le chœur a été achevé à la fin du XIIe siècle, selon le goût gothique qui était devenu le langage architectural commun. Ici, tout est élévation, avec des lignes systématiquement verticales (à la différence de

Plan 10 Vézelay, basilique

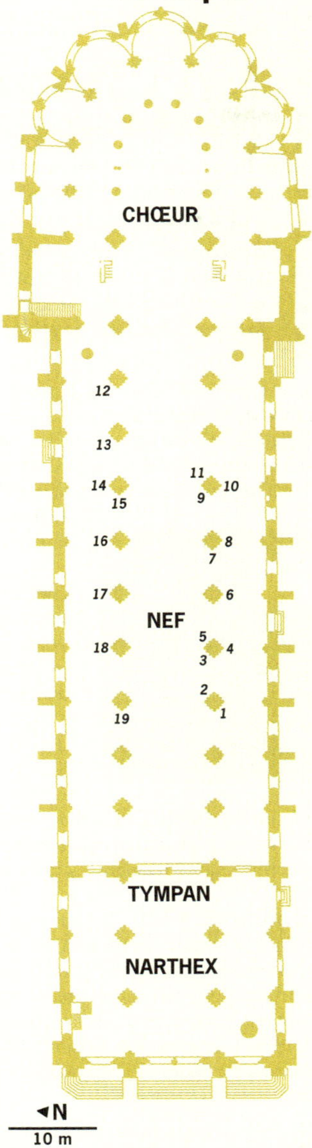

Chapiteaux
(nos 1 à 19)
1 Légende de saint Eustache
2 Noé et son arche
3 Le moulin mystique
4 Le mauvais riche et le pauvre Lazare
5 Caïn et Abel
6 David chevauchant un lion
7 Saint Martin et le pin
8 David sauvé des lions
9 Le combat de Jacob
10 Jacob et Esaü
11 La tentation de saint Benoît
12 Adam et Ève
13 Les tentations d'Antoine
14 Légende de sainte Eugénie
15 La mort de saint Paul ermite
16 Le Veau d'or
17 La mort d'Absalon
18 David et Goliath
19 Judith et Holopherne

GEOPLUS

LA BASILIQUE DE VÉZELAY

En l'honneur de Marie-Madeleine

Par **Jean-Louis Despesse**, journaliste

L'histoire commence à Saint-Père-sous-Vézelay, où Girart de Roussillon fonde un monastère au IXe siècle. Deux siècles plus tard, la "colline éternelle" s'impose comme un centre spirituel majeur de la chrétienté et reste à ce jour un haut lieu de pèlerinage.

Le monastère de Girart de Roussillon est transféré sur la plus haute colline de la région au xe siècle, afin de conserver les reliques de Marie-Madeleine. Grâce aux offrandes, les moines construisent un édifice pouvant accueillir la foule des pèlerins. Les travaux débutent en 1120 : c'est la magistrale nef romane que l'on admire aujourd'hui. Deux vagues de travaux complètent l'édifice, aboutissant au narthex vers 1140 et au chevet en 1185.

"Les pèlerins ne doutent pas qu'ils sont en présence des reliques de la plus émouvante des disciples du Christ, à qui l'on attribue de nombreux miracles."

Grandeur et décadence En 1146, saint Bernard prêche à Vézelay la deuxième croisade devant une assemblée réunissant la fine fleur de la chevalerie française et le peuple des environs. En 1190, c'est Philippe Auguste et Richard Cœur de Lion qui s'y retrouvent avant de prendre à leur tour la route de l'Orient. Le déclin survient dès le siècle suivant : le pèlerinage est déserté au profit de Saint-Maximin, en Provence, qui affirme détenir les vraies reliques de la sainte, puis la ville est dévastée durant les guerres de Religion. La communauté religieuse sera quant à elle dispersée à la Révolution.

Le renouveau C'est un édifice outragé par le temps que Prosper Mérimée, inspecteur général des Monuments historiques, découvre en 1834. Il en confie la restauration à un jeune architecte de 26 ans, Viollet-le-Duc, qui se met à l'ouvrage en 1840. Une vingtaine d'années de travaux redonneront à l'édifice de sa superbe. En 1979, le site est inscrit au Patrimoine mondial de l'humanité, et, depuis 1993, ce sont les moines et les moniales des communautés monastiques de Jérusalem qui y vivent

la nef, où la hauteur des murs est apaisée par des bandeaux horizontaux). On peut de là descendre à la crypte, où sont déposées des reliques de Marie-Madeleine offertes à l'église en 1870.

Maison Jules-Roy La maison de Jules Roy (1907-2000), propriété du conseil général de l'Yonne, accueille aujourd'hui des auteurs en résidence et des soirées littéraires. Ouverte à la visite, elle conserve en l'état le bureau de l'écrivain, ainsi que sa bibliothèque. Un splendide parc invite à la promenade dans les pas de l'auteur des *Chevaux du Soleil* et de *Vézelay ou l'Amour fou*, cri d'amour à sa terre d'adoption. *Le Clos du Couvent Tél. 03 86 33 35 01 Ouvert lun. 14h-17h, mer.-dim. 14h-18h Entrée libre*

☺ **Musée Zervos** Amateur et critique d'art, Christian Zervos (1889-1970) a légué une partie de ses collections à la ville de Vézelay. Présentées sur deux niveaux, elles rendent compte de la production artistique de 1920 à 1950 : des œuvres de Dufy et Picasso y côtoient celles de Giacometti, de Hélion et de Nicolas de Staël. Le musée est aménagé dans la maison où vécut Romain Rolland de 1937 à sa mort en 1944. Sa chambre est demeurée telle qu'il l'a laissée : vue superbe de son bureau sur les paysages environnants. *14, rue Saint-Étienne Tél. 03 86 32 39 26 www.musee-zervos.com Ouvert 15 mars-15 nov. : mer.-lun. 10h-18h ; juil.-août : tlj. 10h-18h Tarif 3€, moins de 18 ans gratuit*

Musée de l'Œuvre Ce musée réunit dans l'ancien dortoir des moines divers objets liés à l'activité de Viollet-le-Duc à Vézelay. On peut voir des relevés effectués par l'architecte, des croquis ainsi que des sculptures médiévales mises au jour lors des travaux, notamment quelques chapiteaux de la nef remplacés *in situ* par des moulages. *Pl. du Cloître Tél. 03 86 33 24 62 Ouvert Pâques-juin et sept. : sam.-dim. 14h-18h ; juil.-août : tlj. 14h-18h Tarif 3€, enfant 1€*

● **Où acheter des produits monastiques ?** La boutique des communautés de Jérusalem propose un large choix d'ouvrages consacrés à Vézelay, ainsi qu'une sélection de produits et d'articles issus de différents monastères. **La Pierre d'Angle** *1, pl. du Cloître Tél. 03 86 33 29 14 Ouvert juil.-août : lun.-ven. 9h30-12h et 13h-19h, sam. 14h30-18h30, dim. 10h-17h ; mi-mars-juin et sept.-oct. : mar.-ven. 9h30-12h et 13h-18h, sam. 14h30-18h30, dim. 10h-17h ; nov.-mi-mars : mar.-ven. 9h30-12h et 13h-18h, sam. 14h30-17h, dim. 14h30-17h*

Vézelay, source d'inspiration

Tout au long du XXe siècle, la colline éternelle a accueilli artistes et écrivains. À la fin des années 1930, on y voit Georges Braque, Fernand Léger, Paul Éluard et Pablo Picasso, invités par le critique d'art Christian Zervos, qui possède une maison au pied de la colline depuis 1937 (cf. Vézelay, Musée Zervos). En 1937, Romain Rolland, natif de Clamecy, s'installe à Vézelay et y demeure jusqu'à sa mort en 1944. D'autres écrivains seront à leur tour des fervents de la cité : Jules Roy, Max-Pol Fouchet, Maurice Clavel, Georges Bataille, Maurice Druon…

● **Où déjeuner sur le pouce ?** Un couple de Suisses a aménagé un salon de thé dans la grande salle médiévale de l'ancienne hôtellerie de l'abbaye, édifice splendide du XIIe siècle. On y déguste à toute heure de délicieuses tartines salées (viande des Grisons et tomates séchées à 4,80€) et d'excellentes pâtisseries. Agréable cour fleurie. **Cabalus** *Rue Saint-Pierre Tél. 03 86 33 20 66 www.cabalus.com Ouvert mer.-lun. 10h-22h*

Les environs de Vézelay

Découvrir autrement Descendez à pied à la chapelle de la Cordelle sur les pas des pèlerins **> Carnet d'adresses p.453**

Saint-Père-sous-Vézelay Ce petit village fut le point de départ de l'aventure des moines de Vézelay (cf. GEOPlus "La Basilique de Vézelay"). *À 1km à l'est de Vézelay*

Église Notre-Dame L'église, véritable joyau de l'art gothique, fut élevée entre la fin du XIIIe et le milieu du XVe siècle. Le grand pignon couronnant le porche sculpté du Christ et des 12 apôtres s'insère dans la façade représentant le Jugement dernier. L'intérieur renferme un bénitier d'époque carolingienne. *Ouvert avr.-oct. : tlj. 10h-18h30*

Fontaines salées Les fouilles de ce **site archéologique** ont révélé une présence humaine vieille d'un millénaire avant notre ère : on y exploitait alors des sources salées qui furent utilisées jusqu'au Moyen Âge. Sur le site, on peut découvrir les soubassements de thermes et d'un sanctuaire construits à partir du Ier siècle de notre ère. Du fond des puits ouverts à l'époque néolithique jaillissent encore aujourd'hui les sources en chapelets de bulles. Un petit **musée** près de l'église présente une maquette du site ainsi que divers vestiges, bijoux, statuettes votives mis au jour par les archéologues. *À 1km au sud de l'église au-delà du cimetière Tél. 03 86 33 37 31/36 Ouvert juil.-août : 10h-18h30 ; avr.-juin et sept.-nov. : 10h-12h30 et 13h30-18h30 Tarif 4€ (site + musée)*

AU MENU : MENEAU
Depuis plus de quarante ans, Marc Meneau dépense sans compter ses talents de chef cuisinier à Saint-Père-sous-Vézelay. Lorsqu'il toucha les étoiles couronnant son art, il déménagea de l'ancien café-épicerie de sa mère jusqu'à l'Espérance, restaurant mythique ! **L'Espérance** *89450 Saint-Père Tél. 03 86 33 39 10 Menus à 150 et 210€*

☺ **La Cordelle** Bernard de Clairvaux vient à Vézelay en 1146 pour prêcher la croisade. L'affluence est telle que la basilique ne suffit pas : le cistercien se hisse sur une tribune improvisée au pied de la colline pour y haranguer une foule innombrable Pour rappeler l'événement, une chapelle est construite à proximité en 1150. En 1217 elle est confiée aux franciscains qui y fondent un couvent. En grande partie détruit pendant la Révolution, il servira de bâtiment agricole jusqu'en 1949, année au cours de laquelle s'implante une nouvelle communauté de franciscains, toujours présente aujourd'hui. La chapelle de la Cordelle, aux murs ornés d'arcades, charme par la simplicité de ses lignes architecturales. Pour toute décoration sculptée, on trouvera un hibou entouré

SUR LA ROUTE DES VINS
Pour une rencontre au domaine avec une exploitante bio pétillante ! **Domaine Maria Cuny** *89450* ***Saint-Père*** *Tél. 03 86 33 27 95 www.domaine-mariacuny.com Visites sur rdv*

d'aigles sur le chapiteau de gauche. Le lieu où prêcha saint Bernard est marqué par une grande croix de bois, à 100m environ au-delà de la chapelle. *À 2km du centre-ville* ***En voiture*** *De la place du Champ-de-Foire, prendre à droite le long des terrasses et continuer tout droit* ***À pied*** *Emprunter le sentier qui part à gauche de la façade de la basilique (15min de marche)*

La Goulotte Christian Zervos légua à la ville de Vézelay la maison qu'il avait aménagée à la fin des années 1930. Un bel exemple d'architecture de cette époque, aux lignes épurées mises en valeur par les pierres bourguignonnes. Des étages de la maison, qui accueille aujourd'hui des artistes en résidence et abrite l'été des expositions temporaires, la vue sur la colline éternelle est splendide. *À 3,5km à l'ouest de Vézelay* ***Accès*** *Suivre la direction de Clamecy, puis à droite celle de Châtel-Censoir par la D36 et guetter le panneau indicateur sur la droite* ***Rens.*** *www.fondationzervos.com Ouvert pendant les expositions tlj. 14h-19h Tarif 2€*

● **Dévaler des rapides en canoë-kayak** La base de loisirs de Saint-Père offre un large éventail d'activités, de l'équitation à la spéléologie en passant par l'escalade. Ne manquez pas la descente de la Cure en canoë-kayak : le caractère sauvage de la rivière et ses mini-rapides séduisent chaque année de nombreux kayakistes (de 13 à 33€ selon les tronçons). **AB Loisirs** *Rue Gravier 89450* ***Saint-Père*** *www.abloisirs.com*

CARNET D'ADRESSES

Restauration

prix élevés

Bougainville Une table remarquable à prix serrés où l'on peut se régaler d'une cuisine savoureuse élaborée à base de produits d'une rare fraîcheur. Menu à partir de 25€ et plat du jour gourmand facturé autour de 14€. Sélection pointue de vins servis au verre. Service cordial. *26, rue Saint-Étienne 89450* ***Vézelay*** *Tél. 03 86 33 27 57 Ouvert mi-fév.-Toussaint : jeu.-lun.*

☺ **Cheval blanc** Une cuisine avec beaucoup de peps, que dominent une goûteuse terrine de campagne aux noisettes, un travers de porc caramélisé au gingembre pour les amoureux de saveurs exotiques ou une souris d'agneau de sept heures. Ne pas oublier de garder une place pour les desserts : parfois spectaculaires, toujours très créatifs. Très agréable terrasse à la belle saison (pour s'y attabler, mieux vaut réserver). Menu à 29€. *Pl. du Champ-de-Foire 89450* ***Vézelay*** *Tél. 03 86 33 22 12 www.le-cheval-blanc-vezelay.fr Fermé mi-jan.-mi-fév.*

Saint-Étienne Gilles Lafontaine a opéré son retour aux sources après avoir bourlingué derrière de prestigieux pianos. Dans une belle salle du XVIIIe siècle, on se régale de plats traditionnels, sublimés par une préparation inventive. En vedette, l'entrecôte de charolais (30€) – le patron n'a pas oublié qu'il est issu d'une famille de bouchers –, et les cailles farcies au foie gras. Menus à 28, 38 et 49€. *39, rue Saint-Étienne 89450* ***Vézelay*** *Tél. 03 86 33 27 34 www.le-saint-etienne.fr Ouvert mi-fév.-mi-jan. : ven.-mar.*

Hébergement

petits prix

Relais du Morvan Prendre son petit déjeuner en terrasse au pied de la colline avant d'entreprendre l'ascension vers la basilique, c'est ce que propose cet hôtel simple et familial, avec des chambres de confort et de tailles assez divers. Accueil sympathique. Seize chambres à partir de 43€, petit déjeuner 6,50€. *Pl. du Champ-de-Foire 89450* ***Vézelay*** *Tél. 03 86 33 25 33 www.relais-morvan.com Ouvert mi-fév.-fin nov.*

prix élevés

☺ **Porc-Épic** Sylvie et Bernard ont aménagé deux chambres d'hôtes de charme dans leur maison du XIIe siècle. Tentures et voilages y cohabitent avec les meubles anciens et les créations contemporaines. La chambre du dernier étage possède une sublime terrasse privée. Bref, l'endroit idéal pour rester quelques jours. Double à 90 et 100€ (petit déjeuner à base de produits bio compris). *80, rue Saint-Pierre 89450* ***Vézelay*** *Tél. 03 86 33 32 16 www.le-porc-epic.com. Fermé jan.*

Dans les environs

prix moyens

La Renommée Un hôtel familial au pied de la colline de Vézelay. À l'établissement d'origine, les propriétaires ont ajouté une aile moderne offrant une vingtaine de chambres confortables, spacieuses et, pour celles du rez-de-chaussée, accessibles aux personnes à mobilité réduite. Une clientèle d'habitués s'y retrouve chaque année pour faire une escale douillette avant de partir se dorer au soleil. Double à partir de 54€, petit déjeuner à 6,50€. *Rte de Vézelay 89450* ***Saint-Père-sous-Vézelay*** *Tél. 03 86 33 21 34 http://perso.orange.fr/la.renommee Ouvert avr.-déc.*

prix élevés

Val en Sel Ce manoir du XVIIIe abrite quatre chambres indépendantes et équipées (accès à une aile privative avec cuisine, salon et salle à manger). Il émane des lieux un charme désuet : toiles de Jouy, lourds rideaux, salles de bains en marbre et céramique, meubles marquetés, etc. Les chambres ouvrent sur une cour fleurie et sur une roseraie, autant d'invitations à une promenade romantique. Double à 90€. *1, ch. de la Fontaine 89450* ***Saint-Père-sous-Vézelay*** *Tél. 03 86 33 26 95 http://valensel.vezelay.free.fr Ouvert Pâques-mi-nov.*

GAMME DE PRIX	RESTAURATION	HÉBERGEMENT
Très petits prix	moins de 12€	moins de 30€
Petits prix	de 12 à 18€	de 30 à 50€
Prix moyens	de 18 à 25€	de 50 à 75€
Prix élevés	de 25 à 45€	de 75 à 115€
Prix très élevés	plus de 45€	plus de 115€

SAULIEU

21210

La ville s'est construit une réputation gourmande au fil des siècles, et nombreux sont les touristes gastronomes qui chantent aujourd'hui les louanges du Relais Bernard-Loiseau sur la route des vacances. Les bonnes tables ponctuent la rue d'Argentine, où trône en point de mire un taureau en bronze grandeur nature, copie d'une sculpture du Sédélocien François Pompon. Une ville charmante à découvrir le soir, lorsque les étoiles des guides gastronomiques scintillent au-dessus de la ville.

CAPITALE GASTRONOMIQUE On raconte qu'à l'aube de l'ère chrétienne les pèlerins de Saint-Andoche appréciaient déjà les tables gourmandes de Saulieu. Elles furent vantées par Rabelais au XVIe siècle pour leur convivialité, et fréquentées au XVIIe siècle par la marquise de Sévigné, qui s'en trouva grisée au terme d'un succulent repas… La nationale 6, ancienne via Agrippa Autun-Avallon et actuelle D906, vint parachever cette réputation en plaçant la ville à un carrefour pour les vacanciers. Les auberges aux enseignes renommées accueillaient les voyageurs, telle La Côte d'Or, où Bernard Loiseau fit ses armes. Il obtint 3 étoiles au Michelin et 19/20 au Gault-Millau entre 1977 et 1991. En 2003, il se suicide, ne supportant pas d'avoir été rétrogradé à la note de 17/20 dans la dernière édition de ce guide. Le flambeau gastronomique a été transmis à Patrick Bertron, qui officie au sein du Relais Bernard-Loiseau.

MODE D'EMPLOI

accès

EN VOITURE

Situé sur l'axe Avallon-Châlon-sur-Saône (D906) et à 22km au sud de l'autoroute A6 (sortie 23).

EN TRAIN

Deux trains/j. sur la ligne TER Paris-Avallon avec changement pour Saulieu. Cinq navettes SNCF entre Autun et Saulieu. **Gare SNCF** *Pl. de la Gare Tél. 36 35 www.ter-sncf.com*

informations touristiques

Office de tourisme L'équipe propose en été des balades dans la ville en calèche (mer.-ven., 2€) et des locations de VTC (18€/j.). *24, rue d'Argentine Tél. 03 80 64 00 21 www.saulieu.fr Ouvert jan.-mars : lun.-sam. 10h-13h et 14h-17h ; avr.-mai et sept.-déc. : lun.-sam. 9h-13h et 14h-17h ; juin : tlj. 9h-13h et 14h-18h ; juil.-août : tlj. 9h45-13h et 14h-18h45*

Maison du parc *Espace Saint-Brisson 58230* ***Saint-Brisson*** *Tél. 03 86 78 79 57 http://tourisme.parcdumorvan.org Ouvert mi-nov.-Pâques : lun.-ven. 9h30-12h30 et 14h-17h30 ; Pâques-mi-nov. : lun.-ven. 9h30-12h30 et 14h-17h30, sam. 10h-12h30 et 14h-17h, dim. et j. fér. 10h-13h et 15h-17h30*

marchés, fêtes et manifestations

Marché Commerces de bouche en tout genre. *Mai-mi-nov. : jeu. et sam. matin pl. Monge ; mi-nov.-avr. : sam. matin rue Sallier*
Les Journées gourmandes Stands de restauration, concours de cuisine et dégustations. *W.-e. de l'Ascension*
Nuits de Cajun et Zydeco Unique en France, ce festival célèbre la musique, le cinéma et la gastronomie de Louisiane. *www.bayouprod.com Début août*
Saulieu, au cœur des livres Conférences et animations autour du livre. *1er week-end d'août*
Fête du Charolais *Mi-août*

DÉCOUVRIR

☆**Les essentiels** Le musée François-Pompon, l'espace Saint-Brisson, la butte de Thil **Découvrir autrement** Prenez un verre dans l'ambiance conviviale du Café parisien, passez la nuit dans un hamac suspendu entre les arbres ➤ **Carnet d'adresses p.460**

Saulieu

Basilique Saint-Andoche L'édifice connut de nombreux remaniements au fil des siècles, mais n'en demeure pas moins un chef-d'œuvre de l'art roman bourguignon. L'église, construite au VIe siècle en lieu et place d'une chapelle dédiée au culte de saint Andoche (dont le tombeau en marbre est conservé sous l'autel), est remplacée au XIIe siècle par le bâtiment actuel. Le chœur et le transept, incendiés par les Anglais au XIVe siècle, sont reconstruits au

François Pompon, sculpteur de 30 millions d'amis

Né à Saulieu en 1855, François Pompon quitte l'atelier de menuiserie de son père à 15 ans pour Dijon, où il se forme chez un marbrier. En 1875, il s'inscrit à l'École nationale des arts décoratifs de Paris et ne tarde pas à être engagé auprès de grands sculpteurs tels qu'Auguste Rodin et Camille Claudel. Il se consacre dès 1906 à la sculpture animalière et modèle sur le vif, à la terre glaise, les animaux du Jardin des Plantes. Il connaît tardivement le succès au Salon d'automne de 1922 à Paris, où il présente son *Ours blanc*. François Pompon crée des œuvres à l'esthétique épurée, où forme globale et surface lisse du volume reflètent la lumière et traduisent le mouvement de l'animal.

XVIIIe. Outre l'imposant clocher au dôme de plomb surmonté d'un lanternon, l'attrait principal de la basilique se concentre sur les **chapiteaux** intérieurs. Ils sont ornés de scènes inspirées de l'Ancien et du Nouveau Testament, de motifs végétaux et fantastiques. *Ouvert Toussaint-Pâques : mar.-sam. 9h-12h et 14h-16h30 ; Pâques-Toussaint : mar.-sam. 9h-12h et 14h-18h30, dim. 14h-18h30*

☆ **Musée François-Pompon** Cet ancien hôtel particulier du XVIIe siècle abrite des collections hétéroclites : section archéologique riche de treize stèles gallo-romaines provenant d'une nécropole de la région, arts traditionnels et métiers d'autrefois, exposition de statues polychromes du XIIe siècle, et salle consacrée à la gastronomie. Ce musée présente également une partie du legs des œuvres de François Pompon (1855-1933) : terres cuites, plâtres et bronzes mettent en avant le style particulier de cet artiste qui travailla longtemps sous la direction de Rodin (cf. Encadré "François Pompon, sculpteur de 30 millions d'amis"). Expositions temporaires. *3, pl. du Docteur-Roclore Tél. 03 80 64 19 51 Ouvert avr.-sept. : lun. 10h-12h30, mer.-sam. 10h-12h30 et 14h-18h, dim. et j. fér. 10h30-12h et 14h30-17h ; oct.-déc. et mars : lun. 10h-12h30, mer.-sam. 10h-12h30 et 14h-17h30, dim. et j. fér. 10h30-12h et 14h30-17h Tarif 3€ Gratuit dim.*

MORVAN

● Où remplir son panier pique-nique ?

Boutique Bernard Loiseau Ce magasin très chic présente une multitude de produits triés sur le volet pour que l'art de la table – gastronomique – s'invite chez vous : vins, huiles et confitures, mais aussi livres de cuisine et objets déco... devant lesquels les budgets serrés pourront uniquement rêver. *4, rue d'Argentine Tél. 03 80 90 53 50 www.bernard-loiseau.com Ouvert lun.-jeu. 10h-12h30 et 15h-19h, ven.-dim. 9h-13h et 15h-19h30*

Cadeau gourmand Large sélection de douceurs : êtes-vous plutôt rillettes et confits, ou gâteaux et confiseries ? Elles bénéficient pour la plupart de la marque "Parc", label du parc naturel régional du Morvan, qui promeut la production locale. À déguster pendant votre séjour ou à offrir, car les paquets sont ravissants ! *14, rue du Marché Tél. 03 80 64 31 79 www.cadeau-bourgogne.com Ouvert mar.-dim. 9h-12h30 et 14h30-19h*

● ☺ Où faire une pause déjeuner ? Le Café parisien, ouvert depuis 1832 et fréquenté par Jean Genet, François Pompon et Bernard Loiseau, est un incontournable à Saulieu. Au programme, convivialité et détente (billard, expositions et concerts) ; au menu, plats du jour à base de produits locaux (9€). **Café parisien** *4, rue du Marché Tél. 03 80 64 26 56 www.cafeparisien.net Ouvert déc.-fév. : tlj. 9h-15h ; mars-juin et oct.-nov. : tlj. 9h-20h ; juil.-sept. : tlj. 9h-22h*

Les environs de Saulieu

☆ **Espace Saint-Brisson** Des sentiers de découverte parcourent les 40ha de cette superbe fenêtre sur le parc naturel régional du Morvan. Ce paradis vert abrite la **Maison du parc**, utile aux touristes en quête d'informations pratiques, la **Maison des hommes et des paysages**, qui présente l'histoire du Morvan (du flottage du bois aux galvachers), ainsi que le **musée de la**

Résistance, à visiter pour comprendre les enjeux liés à la libération de ce territoire situé en zone libre. Herbularium et arboretum invitent à se familiariser avec les espèces végétales du Morvan. *58230* ***Saint-Brisson*** *(14km à l'ouest de Saulieu) Tél. 03 86 78 79 57* **Maison du parc** *http://tourisme.parcdumorvan.org Ouvert mi-nov.-Pâques : lun.-ven. 9h30-12h30 et 14h-17h30 ; Pâques-mi-nov. : lun.-ven. 9h30-12h30 et 14h-17h30, sam. 10h-12h30 et 14h-17h, dim. et j. fér. 10h-13h et 15h-17h30* **Maison des hommes et des paysages** *Tél. 03 86 78 79 10 Ouvert mai-juin et sept. : lun., mer.-ven. et dim. 10h-13h et 14h-18h, mar. et sam. 14h-18h ; avr. et oct.-nov. : lun., mer.-ven. et dim. 10h-13h et 14h-17h, mar. et sam. 14h-17h ; juil.-août : tlj. 10h-13h et 14h-18h Tarif 3€* **Musée de la Résistance** *Tél. 03 86 78 72 99 www.museeresistancemorvan.fr Ouvert mai-juin et sept. : lun., mer.-ven. et dim. 10h-13h et 14h-18h, mar. et sam. 14h-18h ; avr. et oct.-nov. : lun., mer.-ven. et dim. 10h-13h et 14h-17h, mar. et sam. 14h-17h ; juil.-août : tlj. 10h-13h et 14h-18h Tarif 4€*

Dun-les-Places Le 26 juin 1944, alors que la défaite allemande se profile et que se multiplient les actes de résistance, vingt-sept hommes du village sont fusillés en représailles par l'armée nazie. L'histoire tragique de Dun-les-Places est racontée dans un film projeté à l'office de tourisme. *À 19km à l'ouest de Saulieu* **Office de tourisme** *Rue du 11-Novembre 58230* ***Dun-les-Places*** *Tél. 03 86 84 64 32 Ouvert juil.-août : mar.-sam. 10h-13h et 14h-18h*

☆ **Butte de Thil** Culminant à 492m, "l'espionne de l'Auxois" domine les monts du Morvan et les collines de l'Auxois. Une position stratégique qui explique la présence du **château** de Thil, construit au XIIe siècle à l'emplacement d'une cité fortifiée. Des ruines émergent un donjon restauré du XIVe siècle et des murs d'enceinte percés de meurtrières. Une allée de tilleuls séculaires mène aux vestiges d'une église qui lutte contre les assauts de la végétation. Cette **collégiale**, fondée en 1341 par Jean II de Thil, sénéchal de Bourgogne, présente une structure simple, marquée par un chevet plat à trois baies. La tour-clocher fortifiée abritait à l'origine la demeure du propriétaire des lieux. *21390* ***Vic-sous-Thil*** *(17km au nord de Saulieu par la D980) Tél. 06 08 23 24 19 http://chateaudethil.blog4ever.com Ouvert Pâques-juin et sept.-oct. : w.-e. et j. fér. 10h-18h30 ; juil.-août : mar.-dim. 10h-18h30 Tarif 4€, enfant 2€*

Le parc naturel régional du Morvan

Le Morvan, devenu parc naturel régional en 1970, regroupe plus de 100 communes réparties entre Côte-d'Or, Nièvre, Saône-et-Loire et Yonne. Son objectif est de préserver la région des activités agricoles et industrielles intensives, et de développer des activités touristiques et économiques sans danger pour l'environnement. Ce territoire, pris d'assaut par la forêt, a décidé de mettre en avant son patrimoine naturel et culturel, notamment dans les maisons thématiques de l'écomusée du parc. Elles sont réparties sur cinq sites : Moulins-Engilbert, Saint-Brisson, Saint-Léger-Vauban, Ménessaire et Anost. **Écomusée du Morvan** *Rens. à l'espace Saint-Brisson Tél. 03 86 78 79 57 http://tourisme.parcdumorvan.org*

Découvrir le Morvan au rythme d'un âne Rythmée par le bruit des sabots, la balade en calèche est l'occasion rêvée pour les enfants d'arpenter sans se fatiguer les sentiers de randonné du parc naturel régional du Morvan. Pour les plus grands, randonnées pédestres accompagnées. **Âne et rando** *Tél. 06 07 47 39 39 http://aneetrando.wifeo.com*

Taquiner la truite Ce plan d'eau de 6ha est réservé à la pêche "à la mouche fouettée" de la truite fario et arc-en-ciel. Permis journalier à retirer dans l'une des boutiques d'articles de pêche de Saulieu. **Étang Le Neptune** *Le Meix Billeau 21210* ***Champeau-en-Morvan*** *(9km à l'ouest de Saulieu) Tél. 03 80 57 11 15 www.fedepeche21.com*

Traverser le Morvan à VTT La piste cyclable reliant Avallon à Saulieu, baptisée "la Grande Traversée du Morvan", serpente pendant plus de 95km au cœur des principaux sites naturels et touristiques de la région. Un itinéraire à parcourir sur plusieurs jours et qui requiert de l'endurance. Le tronçon Autun-Saulieu devrait voir le jour fin 2011. Cartes des étapes à télécharger sur le site Internet, et possibilité de retour en TER. **Vélo Morvan Nature** *Espace Saint-Brisson 58230* ***Saint-Brisson*** *(14km à l'ouest de Saulieu) Tél. 03 86 78 71 77 www.26x2.fr*

Tester son swing Joueurs expérimentés et amateurs viennent taquiner la balle blanche sur ce golf, qui s'étire au pied de la butte de Thil. Parcours de 9 trous (23€/j. en semaine et 27€ le w.-e.). Location de matériel. **Golf du Pré-Lamy Le Brouillard** *21390* ***Vic-sous-Thil*** *(17km au nord de Saulieu par la D980) Tél. 03 80 64 46 83 www.golf-prelamy.com*

☺ Grimper et dormir en haut d'un arbre Dès que vous aurez compris le fonctionnement des cordes, vous pourrez partir à l'assaut des cimes, et admirer les environs du haut de la forêt de Breuil. Le *treeclimbing* propose une approche respectueuse et sécurisée des hauteurs, à mettre en pratique le temps d'une découverte de 2h (50€) ou d'une nuit passée dans un hamac (70€). **Tree climbing** ***Saint-Brisson*** *(14km à l'ouest de Saulieu) Tél. 03 86 60 18 52 www.treeclimbing.fr Ouvert mi-avr.-mi-oct. : mer.-sam. et dim. ap.-m.*

Le Morvan en famille

Hébergement

Camping Les Mésanges (Montsauche-les-Settons) 465
Les Roches (Montsauche-les-Settons) 465
L'Étang de la Fougeraie (Saint-Léger-de-Fougeret) 469
Aux sources de l'Yonne (Glux-en-Glenne) 474

Plein air

Âne et rando (PNR Morvan) 459
Lac des settons 463
Prairies de Montour (Dun-les-Places) 484

Visites

Musée des Écoles de hameaux du Morvan (Montsauche-les-Settons) 462
Musée François-Pompon (Saulieu) 457
Butte de Thil (Vic-sous-Thil) 458
Biscuiterie Grobost (Saint-Péreuse) 468
Musée de Bibracte (Saint-Léger-sous-Beuvray) 470

Saint-Léger-Vauban

Écomusée du Morvan-Maison Vauban Le village de Saint-Léger-Vauban porte fièrement le nom du maréchal, né Sébastien Le Prestre (1633-1707). La maison thématique de l'écomusée dresse un portrait complet de cet homme à la fois économiste, militaire, architecte, ingénieur et humaniste. Projection d'un film de 20min. *4, pl. Vauban 89630* ***Saint-Léger-Vauban*** *(29km au nord-ouest de Saulieu) Tél. 03 86 32 26 30 www.vaubanecomusee.org Ouvert avr.-mai et oct.-nov. : sam.-dim. 10h-13h et 14h30-18h30 ; juin et sept. : mer.-dim. 10h-13h et 14h30-18h30 ; juil.-août : tlj. 10h-13h et 14h30-18h30 Tarif 5€*

☺ **Abbaye de la Pierre-qui-Vire** L'abbaye, fondée en 1850 par le père Muard selon la règle de saint Benoît, a abrité dans les années 1950 plus d'une centaine de moines. Ils sont une cinquantaine aujourd'hui à demeurer au sein des bâtiments monastiques, et à travailler à la poterie, à la librairie, à la ferme – où est fabriqué le **fromage** de la pierre-qui-vire –, et à l'hostellerie, qui accueille les pèlerins. Une salle d'exposition présente l'historique de la fondation et la vie quotidienne des moines. Impressionnante librairie multimédia, où s'alignent tous les ouvrages de la maison d'édition du Zodiaque, créée par les moines en 1950. *Dans la forêt de Saint-Léger 89630* ***Saint-Léger-Vauban*** *Tél. 03 86 33 19 20 www.abbaye-pierrequivire.asso.fr* **Boutique** *Ouvert lun. 15h-17h, mar.-dim. 10h45-12h et 15h-17h30 Ouvert fév.-déc.*

CARNET D'ADRESSES

Restauration, hébergement

Les menus du Relais Bernard-Loiseau, halte gastronomique incontournable de Saulieu, s'échelonnent entre 120 et 180€.

petits prix

Chambre d'hôtes des Forges Il émane de cette maison rustique une ambiance *home sweet home* : coin cheminée, salon tapissé de livres et cuisine à disposition pour les hôtes indépendants. Dans ce décor, l'accueil charmant des propriétaires semble tout naturel. À l'étage, les trois chambres spacieuses donnent envie de cocooner... Mais le superbe plateau de confitures du petit déjeuner aide à sortir du lit ! Comptez 45€ pour une chambre double. *18, ch. des Forges 21390* ***Aisy-sous-Thil*** *(17km de Saulieu, en direction de Précy-sous-Thil) Tél. 03 80 64 53 86 dangiroudeau@aol.com*

prix moyens

Au grenier de Pompon Un cheval de bronze grandeur nature guette l'arrivée des hôtes dans la cour de la maison natale de François Pompon. La bâtisse, qui dort dans l'ombre de la basilique Saint-Andoche, recèle trois chambres en sous-pente à l'atmosphère intimiste (comptez 55€ la double). La maîtresse des lieux concocte, pour ses hôtes uniquement, midi et soir, des repas aux accents gastronomiques (entre 60 et 80€/2 pers.). *13, rue Sallier 21210* ***Saulieu*** *Tél. 03 80 64 19 35 www.grenierdepompon.jimdo.com*

Ferme-auberge La Morvandelle On savoure dans une étable restaurée un repas cuisiné avec les produits de la ferme et servi avec générosité. Le coq au vin rivalise avec un savoureux poulet biologique aux herbes, tandis que, côté desserts, vous serez surpris par le vacherin ou la simple (mais savoureuse) tarte aux fruits. Sur réservation uniquement (22€, vin non compris). *21390* ***Fontangy*** *(15km de Saulieu par la D26, dir. La Motte-Ternant) Tél. 03 80 84 33 32 www.bienvenue-a-la-ferme.com Ouvert avr.-mi-déc. : sam. soir et dim. midi*

prix élevés

Le Bourgogne La cheminée de cette auberge est au cœur de l'attention, car les viandes y rôtissent en exhalant des parfums qui ouvrent l'appétit. Une table gourmande pour les amateurs de classiques bourguignons, comme le traditionnel jambon à l'os à la crème, spécialité de Saulieu. Menu à partir de 25,50€. Une quinzaine de chambres confortables (entre 62 et 81€). *9, rue Courtépée 21210* ***Saulieu*** *Tél. 03 80 64 08 41 www.hotellebourgogne.fr Ouvert avr.-nov. : tlj. ; déc.-mars : mar.-jeu. et sam. midi et soir, ven. soir et lun. soir*

☺ **Hostellerie La Tour d'Auxois** Un souffle provençal caresse cette bâtisse cossue du XIVe siècle reconvertie en hôtel de luxe : tomettes et tissus molletonnés, meubles en pin et lits chantournés. Une décoration élégante et un service professionnel à prix doux (de 99 à 119€ la double). Le restaurant affiche une carte classique bousculée par quelques touches "nouvelle cuisine" : œufs en meurette, croustillant de truite au basilique ou soufflé au miel (menu dès 23€). *Square Alexandre-Dumaine 21210* ***Saulieu*** *Tél. 03 80 64 36 19 www.tourdauxois.com*

prix très élevés

La Mortaise Cette propriété du XIXe siècle, ceinturée d'un jardin impeccable, abrite plusieurs chambres d'hôtes avec des entrées indépendantes. Une excellente adresse pour profiter du calme et de la cuisine familiale servie par les propriétaires (table d'hôtes à 25€/pers.). Pensez à réserver, la maison est vite complète en été (de 115 à 140€, réduction à partir de deux nuits). *71540* ***Lucenay-l'Évêque*** *(17km de Saulieu par la D980) Tél. 03 85 82 61 86 www.mortaise.com*

LAC DES SETTONS

Le lac artificiel de 367ha fut aménagé en 1858 pour réguler le débit de la Cure et faciliter le flottage du bois vers Paris. Dès le début du XXe siècle, le lac des Settons devient un véritable lieu de villégiature : sur ses rives poussent hôtels et restaurants, tandis que sur ses îles accostent les premiers pédalos. Des nombreux touristes qui profitent aujourd'hui du charme de cette base nautique, seuls les pêcheurs ne désertent pas les berges du lac à la basse saison. À découvrir un jour de vent en été pour les amateurs de sports nautiques, ou en automne pour une promenade romantique.

MODE D'EMPLOI

accès en voiture

Montsauche-les-Settons est situé à 25km au sud-ouest de Saulieu par la D977B ; le lac est situé à 2km au sud, par la D193.

informations touristiques

Office de tourisme du lac des Settons 58230 **Montsauche-les-Settons** *Tél. 03 86 84 51 98 www.montsauche-les-settons.org Ouvert oct.-avr. : lun.-ven. 9h-12h30 et 13h30-17h ; avr.-oct. : tlj. 9h30-12h30 et 13h30-18h*

DÉCOUVRIR

☆**Les essentiels** Le lac des Settons **Découvrir autrement** Faites quelques emplettes du côté des ruches Au clapotis de la Cure, savourez un sirop de fraise bio au Troquet nature, admirez le savoir-faire d'un sabotier à Gouloux ➤ **Carnet d'adresses p.465**

Lac des Settons

☆**Lac** De nombreuses activités sont organisées sur ce paradis nautique de 367ha, et il est possible d'en faire le tour à pied ou à vélo. Le barrage, érigé au XIXe siècle avec des blocs de granit, est un lieu de promenade bucolique.

Musée des Écoles de hameaux du Morvan L'association Ma p'tite école a créé dans l'ancienne gare ce musée d'antan, où l'on retrouve pupitres, cartes et matériel scolaire provenant des écoles des environs. 58230 ***Montsauche-les-Settons*** *Ouvert juil.-août : mar., jeu. et sam. 15h-18h Entrée libre*

● **Être tout sucre et tout miel** Dans le hameau de Palmaroux, l'atelier-boutique de cette ancienne auberge offre un large choix de produits issus de la ruche (miel, pollen, gelée royale). Vous pourrez observer un rucher en activité et un apiculteur au travail, dans le respect des traditions d'autrefois. **Au clapotis de la Cure** *Palmaroux* 58230 ***Montsauche-les-Settons*** *Tél. 03 86 84 56 23 www.auxclapotisdelacure.fr*

● **Où boire un verre au bord de l'eau ?** Dans la perspective d'un "consommer autrement", le troquet géré par l'éco-base des Settons sert des boissons biologiques issues du commerce équitable, avec vente de produits de fabrication locale à l'étage. À déguster dans le cadre tout en lambris de la Pagode ou les pieds dans l'eau. **Le Troquet nature** *Presqu'île du lac, rive droite Tél. 03 86 84 51 98 Ouvert juil.-août 14h-18h*

Les environs du lac des Settons

Saut du Gouloux Connu des kayakistes qui s'y retrouvent pour partir en randonnée, le saut du Gouloux est une cascade d'une dizaine de mètres formée par le Caillot, juste avant sa confluence avec la Cure. À voir également : les ruines d'un moulin à farine et d'un autre destiné à l'huile de chaque côté de ce site pittoresque. *À 6km au nord-est de Montsauche-les-Settons par la D977B*

Saboterie Marchand Différents modèles de sabots sont exposés dans ce petit musée, qui met en avant le savoir-faire des artisans régionaux. Des démonstrations (sur rdv uniquement) permettent de comprendre les gestes traditionnels. Boutique. 58230 **Gouloux** *(7km au nord-est de Montsauche-les-Settons par la D977B) Tél. 03 86 78 73 90 www.saboterie-marchand.com Ouvert tlj. 10h-12h et 14h-19h Fermé 2 semaines à Noël Entrée libre*

ACTIVITÉS SUR LE LAC DES SETTONS

Les pieds dans l'eau

PARTIR EN GOGUETTE SUR UN CANOË-KAYAK OU COMPTER FLEURETTE À BORD D'UN PÉDALO ? À CHACUN SON RYTHME POUR APPRIVOISER LE LAC DES SETTONS !

Informations à l'office de tourisme du lac des Settons (cf. p.462).

TOUS SUR LE PONT !

Embarquez à bord d'un bateau pour une croisière commentée sur le lac. Agréable en été pour profiter de la brise et de la vue panoramique. Comptez 5€/40mn. **Le Morvan** *Après le barrage, rive gauche 58230 Montsauche-les-Settons Tél. 03 86 84 57 60 Ouvert avr.-oct 9h-19h* **Les Settons** *Plage du Midi, rive droite 58230 Montsauche-les-Settons Tél. 03 86 84 51 97 Ouvert avr.-oct 9h-19h*

BASE NAUTIQUE

La base nautique des Settons propose des activités tout public : aviron, planche à voile, kayak, canoë, VTT, etc. À vous de choisir votre formule ! **Éco-base Activital** *Les Branlasses, rive droite Tél. 03 86 84 51 98 www.activital.net*

LOUER UN PÉDALO

Idéal pour découvrir le lac à son rythme et au ras des vaguelettes ! À louer avec ou sans toboggan, pour le plaisir des enfants. **Settons Loisirs** *Route touristique des Settons Tél. 03 86 76 02 25*

Bon à savoir

Un parcours est aménagé le long des berges du lac des Settons (15km), ponctué de passerelles en bois et d'abris pour observer la nature. À parcourir à vélo.

TROIS EN UN

Un parcours de 3h alternant entre canoë, VTT et marche à pied pour découvrir de façon originale la faune et la flore du lac (20€/pers.). **Éco-base Activital** *Les Branlasses, rive droite Tél. 03 86 84 51 98 www.activital.net*

CONSEIL Si vous voyagez avec des enfants, faites une escale sur la plage de la presqu'île, surveillée en été et située à deux pas de la base nautique.

● **S'initier aux sports en eaux vives** Spécialiste des sports en eaux vives, Angie propose aux amateurs de rafting et de kayak des loisirs à la carte sur la Cure ou le Chalaux (40€/pers. env.). L'hydrospeed, ou nage en eaux vives, remporte un franc succès auprès des adolescents. **Angie Kayak** *Tél. 06 82 16 02 99 www.angie-kayak.com Ouvert mi-mars-mi-nov.*

Ménessaire

☆ **Château** Ce château fortifié et entouré de douves jadis alimentées en eau de source fut fondé au XIIe siècle et reconstruit au XVIIe. Le quadrilatère, formé de quatre tours rondes coiffées de toits en poivrière, renferme une salle à manger remarquable avec, notamment, un plafond peint du XVIIe siècle. *21430* ***Ménessaire*** *(19km au sud-est de Montsauche-les-Settons par la D193 et la D121) Tél. 03 80 64 15 88 Ouvert juil.-mi-août : lun.-ven. 9h-12h et 14h-18h Tarif 3€*

Écomusée du Morvan-Maison du seigle En 1989 fut inaugurée la première maison thématique de l'écomusée. Elle met en avant la culture de la "plante des pauvres", qui servait aux paysans pour se nourrir, se chauffer et se couvrir ! Photos, outils et objets liés au seigle. *Mairie 21430* ***Ménessaire*** *Tél. 03 80 64 28 65 Ouvert juil.-août : lun. et jeu. 15h-17h Tarif 2,30€*

MORVAN

Le Morvan côté nature

CARNET D'ADRESSES

Restauration, hébergement

camping

Camping Les Mésanges Une centaine d'emplacements ombragés pour un séjour détente sur les bords du lac des Settons. Aire de jeux en bois, parcours de santé et base nautique à proximité. Comptez 19€-23,60€/2 pers. *L'Huis Gaumont, rive gauche 58230* ***Montsauche-les-Settons*** *Tél. 03 86 84 55 77 Ouvert mai-mi-sept.*

petits prix

Les Roches Il est doux de lézarder dans le jardin de cette maison postée à la lisière de la forêt et au-dessus du lac. Les chambres à la décoration chaleureuse sont équipées d'un lecteur DVD et d'une vidéothèque : de quoi donner des envies de paresse. Le tout à prix doux : de 39 à 47€ la chambre double, selon la saison. Table d'hôtes sur réservation (entre 16 et 19€). Un appartement pour 4 personnes est en location à partir de 140€ le week-end. *Barrage du lac des Settons, rive gauche 58230* ***Montsauche-les-Settons*** *Tél. 03 86 84 55 30 www.lesroches.nl Ouvert toute l'année*

Le Beau Site Trônant au sommet du village, cette bâtisse massive jouit d'un superbe panorama sur les bois et collines alentour. Du côté de l'assiette, formule du jour à 12€ pour un repas express, et plats généreux à savourer en prenant son temps. Sole meunière au beurre, feuilleté d'écrevisse, gigot d'agneau : le chef décline une cuisine familiale et copieuse (menu à 18€). Une vingtaine de chambres simples à louer (double à 43€). *Bellevue, Le Bourg 58230* ***Moux-en-Morvan*** *(10km à l'est du lac par la D193) Tél. 03 86 76 11 75 www.mouxenmorvan.fr*

prix moyens

☺ **Les Grillons du Morvan** Le chef de cet hôtel-restaurant perdu au milieu de la forêt s'inspire de recettes locales et y ajoute un soupçon d'originalité, comme dans cette cassolette d'endives à l'époisses. Incontournable des Grillons : la fondue bourguignonne (20,50€). Un soin particulier a été apporté à la décoration des chambres, dont certaines ouvrent sur les pentes du parc (entre 49 et 59€ la double). *Lac des Settons, rive droite 58230* ***Montsauche-les-Settons*** *Tél. 03 86 84 51 43 www.lesgrillonsdumorvan.com*

La Vieille Diligence Dans un ancien relais situé à quelques pas du lac se trouvent 5 chambres, régulièrement réservées par les randonneurs pédestres ou équestres, qui apprécient la convivialité de cette pension familiale. Double à 54€. Possibilité de se délasser dans le sauna (5,50€) et de dîner au coin de feu ou sur la terrasse (19€/pers.). *Lac des Settons, rive droite 58230* ***Montsauche-les-Settons*** *Tél. 03 86 84 55 22 www.morvan.com.fr/diligence Ouvert mars-nov.*

CHÂTEAU-CHINON

58120

Capitale du haut Morvan, Château-Chinon se dresse sur les flancs d'une colline qui surveille les plaines de l'Yonne et du Bazois. La bourgade connaît ses heures de gloire après la conquête de la Gaulle et la construction d'une cité fortifiée, puis au XIVe siècle, lorsqu'elle devient un comté du roi de France, et enfin au XXe siècle, quand François Mitterrand, maire de la ville depuis vingt-deux ans, est élu président de la République. Château-Chinon s'enorgueillit aujourd'hui des prestigieux cadeaux exposés dans le musée du Septennat.

MODE D'EMPLOI

accès

EN VOITURE
Sur l'axe Nevers-Châlon-sur-Saône (la D978), à 36km au nord-ouest d'Autun, et à 24km au sud du lac des Settons par la D37.

EN TRAIN
De la gare de Nevers, possibilité de prendre une navette vers Château-Chinon (6/j.). **Siyategie** *Rue Saint-Martin 58005* **Nevers** *Tél. 03 86 79 49 78*

informations touristiques

Office de tourisme Bonne documentation sur la ville et le Morvan. Un circuit "François Mitterrand" est signalé à partir de la porte Notre-Dame (livret gratuit). *6, bd de la République Tél. 03 86 85 06 58 www.ot-chateauchinon.com Ouvert oct.-mi-avr. : mar.-ven. 9h-12h30 et 14h-17h30, sam. 10h-12h30 et 14h-16h30 ; mi-avr.-juin et sept. : lun.-ven. 9h-12h30 et 14h-18h, sam. 10h-12h30 et 14h-17h ; juil.-août : tlj. 9h-12h30 et 14h-18h30*

marchés

Château-Chinon *Sam. matin*

DÉCOUVRIR

☆**Les essentiels** Le musée du Septennat **Découvrir autrement** Promenez-vous dans le jardin François-Mitterrand, faites provision de confitures au Potager sucré, offrez-vous un séjour bien-être à la ferme de Divali
➤ **Carnet d'adresses p.469**

Château-Chinon

Panorama du calvaire Un oppidum gaulois coiffait à l'origine le point culminant de la ville (609m), où sont érigées trois croix de pierre. Point de vue imprenable sur Château-Chinon et les étendues boisées du Morvan (table d'orientation). Le long de la promenade qui ceinture le calvaire trône le jardin François-Mitterrand. *Du square d'Alligre, compter 30min AR à pied*

☺ **Fontaine** L'aspect bigarré de cette fontaine, dont les sculptures ont été réalisées par **Niki de Saint Phalle** et **Jean Tinguely** (1988), détonne sur la place de l'Hôtel-de-Ville. Leurs formes généreuses et articulées émergent d'un bassin central, véritable bain de jouvence coloré.

☆ **Musée du Septennat** Logé dans un ancien couvent du XVIIIe siècle, le musée abrite les cadeaux protocolaires reçus par **François Mitterrand** pendant ses deux septennats. Sculptures en ivoire, pièces d'argenterie et d'orfèvrerie, estampes. En tout, plus de 750 objets, qui oscillent entre pièces artistiques et objets d'artisanat. Ne manquez pas l'élégante salle souterraine aux grandes baies vitrées ouvrant sur les environs de Château-Chinon. *6, rue du Château Tél. 03 86 85 19 23 Ouvert mi-fév.-avr. et oct.-déc. : mer.-lun. 10h-12h et 14h-18h ; mai-juin et sept. : mer.-lun. 10h-13h et 14h-18h ; juil.-août : tlj. 10h-13h et 14h-19h Tarif 4€ (billet combiné avec le musée du Costume 6,50€)*

Musée du Costume La riche collection de ce musée retrace l'évolution de la mode dans les milieux pauvres et aisés, du XVIIIe au XXe siècle. Soie brochée, passementerie et taffetas n'auront ainsi plus de secret pour le visiteur curieux, qui prendra le temps de parcourir les revues de mode anciennes ou les gravures exposées. Quelques costumes régionaux également. *4, rue du Château Tél. 03 86 85 18 55 Ouvert mi-fév.-avr. et oct.-déc. : mer.-lun. 10h-12h et 14h-18h ; mai-juin et sept. : mer.-lun. 10h-13h et 14h-18h ; juil.-août : tlj. 10h-13h et 14h-19h Tarif 4€ (billet combiné avec le musée du Septennat 6,50€)*

● Où faire provision de produits du terroir ?

Ferme du Gravillot À la sortie sud de Château-Chinon, la ferme de Pierre Breugnot applique les exigences de qualité du label "Bienvenue à la ferme". Fromage blanc, fromage frais non affiné, beurre et crème. *Le Gravillot Tél. 03 86 85 20 92 ou 06 83 11 64 13 Ouvert tlj. 8h-9h et sur rdv*

Ruchers du Morvan Toute la biodiversité du Morvan se retrouve dans les pots de miels bio (entre 7,80€ et 14€/kg), la gelée royale, le pain d'épice, etc. Des plaques extraites d'un rucher permettent de comprendre la fabrication de la cire et du miel. *Port de l'Homme Tél. 03 86 78 02 43*

Les environs de Château-Chinon

Théâtre rural des Bardiaux Ce théâtre gallo-romain du IIe siècle déploie les vestiges (succincts) de ses terrasses concentriques face aux paysages morvandiaux. *58430* ***Arleuf*** *(7km à l'est de Château-Chinon par la D978)*

Anost L'écomusée du Morvan a ouvert deux antennes dans ce bourg situé au cœur du haut Morvan. La forêt d'Anost réserve d'agréables promenades, dont un sentier balisé qui mène jusqu'à Notre-Dame-de-l'Aillant (2h AR). *À 7km au nord-est de Château-Chinon*

Écomusée du Morvan – Maison des galvachers Cette maison à thème entretient la mémoire de ces hommes dont les départs et les retours ont longtemps rythmé la vie des villages morvandiaux. La galvache consistait en effet à se louer avec ses bœufs et sa carriole pour transporter des marchandises partout en France, jusqu'à l'implantation du chemin de fer. *Pl. Centrale 71550* ***Anost*** *Tél. 03 85 82 78 16 ou 03 85 82 73 26 Ouvert juil.-août : mer.-lun. 14h-18h ; juin et sept. : mer., sam. et dim. 14h-18h ; oct.-mai : mer. et sam 14h-18h Tarif 2€*

Écomusée du Morvan – Maison du patrimoine oral Cette annexe de l'écomusée met en avant la tradition orale du Morvan : musiques traditionnelles, récits de vie, corpus de langues régionales, etc. Commandez donc un son dans le "bar musical" avant de partir ! *71550* ***Anost*** *Tél. 03 85 82 77 00 www.mpo-bourgogne.org Ouvert oct.-mai : lun.-mar. et jeu.-ven. 14h-18h, mer. 10h-12h et 14h-18h ; juin-sept. : lun.-ven. 10h-12h et 14h-18h, sam.-dim 14h-18h Entrée libre*

Morvan gourmand

Bonnes tables

Produits du terroir

● Où faire des emplettes gourmandes ?

Biscuiterie Grobost Depuis le début du XXe siècle, les "biscuits à la cuillère" d'Eugène Grobost font le plaisir des gourmands : ils sont croquants à l'extérieur et moelleux à l'intérieur, grâce au mélange délicat de la pâte avec une cuillère en bois. Visite de la fabrique, film, dégustation et vente sur place. *Coeurty 58110* ***Saint-Péreuse*** *(12km de Château-Chinon par la D978) Tél. 03 86 84 44 33 www.biscuits-grobost.com Ouvert lun.-ven. 8h-12h et 14h-18h*

Potager sucré Jacques Sulem exerce son talent de confiturier avec son fils Emmanuel. Visite de l'atelier de fabrication aux odeurs alléchantes, et confitures aux couleurs ravissantes. Boutique : près de 20 parfums naturels à 4,20€ (420g). *58120* ***Saint-Léger-de-Fougeret*** *(8km au sud de Château-Chinon) Tél. 03 86 85 10 44 Ouvert tlj. 10h-18h*

● Faire une randonnée à cheval

Le club de Sommant-en-Morvan propose une quinzaine d'itinéraires pour parcourir le Morvan à cheval. Avec un guide ou en toute liberté, les cavaliers chevauchent les pentes du mont Beuvray et du massif du Haut-Folin, ou les rives du lac des Settons. De nombreuses randonnées sur plusieurs jours avec haltes dans les fermes équestres du Parc. **À hue et à dia** *Domaine de Saint-Honoré 71540* ***Sommant-en-Morvan*** *(33km à l'est de Château-Chinon) Tél. 03 85 82 66 48 www.ahueetadia.com*

● ☺ **Purifier son organisme et... ouvrir ses chakras** Pour fuir le stress et la fatigue, rien de tel qu'un séjour "bien-être" à la ferme Divali ! Yoga, relaxation et massages permettent de se ressourcer (de 60 à 100€), tandis que la cuisine végétarienne d'Ariane purifie l'organisme (15€). L'Ayurveda, principe de médecine traditionnelle indienne, est au cœur de cette ferme écologique. **La ferme de Divali** *Domaine d'Argoulais 58120* ***Saint-Hilaire-en-Morvan*** *(1km au nord-ouest de Château-Chinon) Tél. 03 86 85 15 39 www.lafermededivali.com*

CARNET D'ADRESSES

Restauration, hébergement

camping

L'Étang de la Fougeraie Les emplacements de ce terrain de camping verdoyant s'étagent autour d'un étang, ouvert à la pêche de mai à septembre. Comptez environ 13€ pour 2 personnes. Quelques chalets en bois pour les familles (330€-420€/sem.) et balades en calèche (12-18€/pers.) *Hameau de Champs 58120* ***Saint-Léger-de-Fougeret*** *(8km au sud de Château-Chinon) Tél. 03 86 85 11 85 www.campingfougeraie.com Ouvert avr.-sept.*

petits prix

Manoir de Chaumotte La bâtisse de cet ancien relais de chasse semble défier les années du haut de son tertre avec vue panoramique sur les environs de Château-Chinon. Les 4 chambres du manoir associent charme et simplicité, à l'image des petits déjeuners et leur confiture maison servis au coin de la cheminée en hiver (comptez 48€ la double). *58120* ***Saint-Hilaire-en-Morvan*** *(1km au nord-ouest de Château-Chinon) Tél. 03 86 85 22 33 http://chaumotte.free.fr*

prix moyens

☺ **Au Vieux Morvan** L'ancien QG de François Mitterrand a changé de propriétaires, mais il jouit encore de sa renommée. On y goûte, dans un cadre assez classique, une cuisine fine aux accents de terroir : médaillons de lotte et bisque d'étrilles ou magret de canard aux poires et chocolat amer (menu dès 18€). Les chambres en dédale sont agréables, certaines avec vue plongeante sur le Morvan (55-63€/nuitée). *8, pl. Gudin 58120* ***Château-Chinon*** *Tél. 03 86 85 05 01 www.auvieuxmorvan.com*

Moulin des Morvans Un moulin restauré du XVIIIe siècle trône au milieu d'une prairie de 5ha où coule l'Yonne. Les 3 chambres, situées dans une maisonnette voisine, ont été décorées avec soin par les propriétaires, amateurs de brocante (double à 70€). Les jours d'été, la tonnelle fleurie de la cour et le patio du moulin invitent à une pause farniente. *Le Chatelet 58430* ***Fachin*** *(10km au sud de Château-Chinon) Tél. 03 86 85 00 46 ou 06 31 16 33 86 www.chambres-hotes-morvan.com*

★MONT BEUVRAY-BIBRACTE

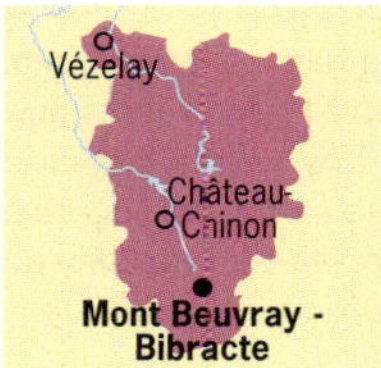

La forêt a repris ses droits sur le mont Beuvray, un des sommets les moins érodés du haut Morvan granitique. Au IIe siècle av. J.-C., les Éduens – peuple gaulois aimant guerroyer et festoyer – fondèrent à Bibracte un vaste oppidum de 5 000 à 10 000 habitants, qui s'étendait sur l'ensemble du massif. Le site le plus visité du Morvan fait l'objet de fouilles archéologiques depuis 1984 et révèle de multiples détails de la vie économique, politique et religieuse de l'ancienne capitale éduenne, abandonnée au Ier siècle av. J.-C. au profit d'Autun.

MODE D'EMPLOI

accès en voiture

Le mont-Beuvray est situé à 29km au sud de Château-Chinon par la D27. Saint-Léger-sous-Beuvray se trouve à 7km à l'est du site archéologique (accès par la D3), et à 23km au sud-ouest d'Autun.

informations touristiques

Point Info Bibracte La boutique du musée de Bibracte décline un vaste choix d'ouvrages sur l'archéologie, l'époque celtique et la nature. *Mont Beuvray 71990* ***Saint-Léger-sous-Beuvray*** *Tél. 03 85 86 52 35 www.bibracte.fr Ouvert mi-mars-mi-nov. : tlj. 10h-18h ; juil.-août : tlj. 10h-19h*

Maison du tourisme du parc du Morvan Documentation sur le parc et vente de topoguides. *Espace Saint-Brisson 58230* ***Saint-Brisson*** *(70km au nord de Saint-Léger-sous-Beuvray) Tél. 03 86 78 79 57 http://tourisme.parcdu-morvan.org Ouvert mi-nov.-Pâques : lun.-ven. 9h30-12h30 et 14h-17h30 ; Pâques-mi-nov. : lun.-ven. 9h30-12h30 et 14h-17h30, sam. 10h-12h30 et 14h-17h, dim. et j. fér. 10h-13h et 15h-17h30*

DÉCOUVRIR

☆**Les essentiels** Le musée de Bibracte **Découvrir autrement** Faites le tour des remparts à pied, festoyez tel Obélix le temps d'un déjeuner au Chaudron de Bibracte, offrez-vous un soin au lait bio de jument pour le visage **➤ Carnet d'adresses p.474**

Le site archéologique de Bibracte

☆**Musée de Bibracte** Ce bâtiment à l'architecture résolument contemporaine siège sur les pentes du mont Beuvray. Il abrite des vestiges retrouvés lors des fouilles de Bibracte : amphores, armes, sculptures, etc., que l'on

FESTIN D'ASTÉRIX Les cuisiniers du Chaudron, aidés par les archéologues de Bibracte et des textes antiques, ont concocté des recettes dont raffolaient les Gaulois. Au menu : caille à la cervoise, terrine de lentilles aux champignons des bois et jambon cuit au foin, le tout arrosé de cervoise ! À déguster sur des tables basses et dans des écuelles en grès. Menu à 16€. **Le Chaudron de Bibracte** *Musée de Bibracte Ouvert mi-mars-mi-nov. : tlj. à midi (et mar. soir en juil.-août) Tél. 03 85 86 52 40 Réservation obligatoire*

peut comparer à des matériaux prélevés sur d'autres sites archéologiques, dont celui d'Alésia. Maquettes et vidéos nous font découvrir la civilisation celtique dans son ensemble et le quotidien de nos ancêtres gallo-romains : artisanat, religion, agriculture, rites funéraires. Le travail de l'archéologue est mis en avant par le biais d'ateliers et de "carrés" de fouille reconstitués. De nombreuses bornes interactives facilitent la compréhension des techniques archéologiques modernes. Expositions temporaires. *Mont Beuvray 71990* ***Saint-Léger-sous-Beuvray*** *Tél. 03 85 86 52 35 www.bibracte.fr Ouvert mi-mars-juin et sept.-mi-nov. : tlj. 10h-18h ; juil.-août : tlj. 10h-19h Tarif 5,75€ (visite guidée du site + musée 9,50€)*

☺ **Oppidum de Bibracte** La capitale fortifiée des Éduens, haut lieu d'échanges politiques et culturels, semble aujourd'hui assoupie au cœur de la forêt du mont Beuvray. La fortification extérieure, *murus gallicus*, de plus de 7km de long, ceinturait à l'origine un territoire de 200ha. Il ne reste de cette cité florissante que peu de vestiges, dont les plus intéressants sont la fontaine Saint-Pierre, la pâture du couvent et le bassin – aussi est-il difficile d'imaginer l'importance de la ville dans son ensemble. La visite guidée est de fait fortement recommandée. Ne manquez pas le **tour des remparts**, qui part de la porte du Rebout, porte d'entrée monumentale (et reconstituée) de la ville, et serpente dans la forêt jusqu'à la table d'orientation du mont Beuvray. *À 7km à l'ouest de Saint-Léger-sous-Beuvray* ***Accès*** *Site interdit aux voitures en été (navettes gratuites à partir du musée)* ***Tarif*** *Entrée libre* ***Visite guidée*** *Juil.-mi-sept. : tlj. ; mi-mars-juin et mi-sept.-mi-nov. : dim. (+ musée 9,50€)* ***Tour des remparts*** *Sentier balisé en jaune AR 6,5km (1h50 env.)*

Sur les traces de Vercingétorix : Bibracte-Alésia

D'oppidum à oppidum, l'itinéraire Bibracte-Alésia retrace le plus fidèlement possible la piste empruntée avec ses troupes par Vercingétorix et ses troupes, à la tête d'une coalition gauloise en route pour l'ultime et tragique bataille contre César, en 52 avant J.-C. Un sentier de multirandonnées, jalonné de panneaux explicatifs dressant un tableau historique et botanique, relie ces deux sites phares de la civilisation celtique. **Sentier Bibracte-Alésia** ***Balisage*** *Jaune et bleu* ***Distance*** *120km* ***Documentation*** *Topoguide Bibracte-Alésia en vente à la librairie du musée de Bibracte (Tél. 03 85 86 52 35) et à la Maison du parc de Saint-Brisson (Tél. 03 86 78 79 57) Tarif env. 4€*

● ☺ **Où acheter du crottin et de la tomme ?** Aux heures de la traite (à 7h et 16h30), on est toujours assuré de trouver quelqu'un à la ferme. Il ne faut pas hésiter à emprunter le passage légèrement crotté qui mène de l'étable à la fromagerie pour goûter aux délicieux crottins, tommes de chèvre et de vache, yaourts et fromages blancs labellisés bio depuis 1978 ! **Ferme du Rebout** *71990* ***Saint-Léger-sous-Beuvray*** *(au bout de la voie sans issue, sur la D178 dir. Saint-Prix) Tél. 03 85 82 54 64*

● **Suivre le guide le temps d'une randonnée** Le tour du mont Beuvray, ponctué par les vestiges de Bibracte, est conduit par un guide-animateur, qui vous apprendra tout de la faune et la flore locales. Une balade idéale pour admirer des points de vue sur le Morvan ! **Archéologie et nature** *Mi-juil.-mi-août : jeu. à 14h30 Tarif 13€ (3h) Rens. Tél. 03 85 86 52 35*

● **Découvrir le mont Beuvray à cheval** Isolé au bout d'une route au pied du mont Beuvray, le centre équestre du Croux dispose d'une soixantaine de poneys et de chevaux, vivant au pré à l'année. Balades à thème et activités de plein air autour de la civilisation gauloise. Possibilité de logement dans 5 gîtes (19€/nuit/pers.). **Centre équestre du Croux** *Le Croux 71990* ***Saint-Léger-sous-Beuvray*** *Tél. 03 85 82 56 07 www.lecroux.fr*

Les environs du mont Beuvray

Massif du Haut-Folin Du plus haut sommet de la Bourgogne (901m), il est possible d'apercevoir le mont Blanc par temps clair. Point de départ de pistes de ski de fond l'hiver, et de randonnées pédestres l'été.

Gorges de la Canche Tel un torrent de montagne aux filets d'eaux vives, la Canche coule des pentes du Haut-Folin à travers bois et rochers, dans une réserve biologique protégée. La route longe en corniche les gorges de la Canche, tout comme le sportif GR®13 qui relie Autun et Vézelay. *À 15km au nord de Saint-Léger-sous-Beuvray par la D179 en direction de Roussillon-en-Morvan*

● **Où acheter du savon au lait de jument ?** Nathalie et Xavier élèvent une quinzaine de juments afin de commercialiser leur lait. Certes, il renforce les défenses immunitaires, mais il est surtout utilisé en cosmétique pour ses propriétés régénératrices. Vous le trouverez décliné sous toutes les formes, du savon (3,50€) à la crème pour le visage (32€), en passant par le lait bio lyophilisé pour une cure de jouvence (49,70€/150g). Possibilité de visiter la "jumenterie" lors de l'allaitement (juil.-oct., 10€). **Domaine des Mérens de Bibracte** *Le quart du bois 58170* ***Poil*** *(15km au sud de Saint-Léger-sous-Beuvray par la N81) Tél. 03 85 82 51 87 www.lait-de-jument.fr*

● **Où faire provision de gelée de cidre ?** Les rangées d'arbres fruitiers s'alignent à perte de vue sur les pentes de cette exploitation biologique. Pommes, poires, prunes, cassis, groseilles et framboises sont transformés en jus, cidre, vinaigre ou confiture. D'étonnantes trouvailles, comme la gelée de cidre,

Vézelay, tympan de la basilique Sainte-Marie-Madeleine (p.448).

Morvan, paysage de bocage.

à consommer sans modération. Circuits découverte à la demande. **Cave cidricole** *Petit Montigny 58170* ***Millay*** *(22km au sud de Saint-Léger-sous-Beuvray par la N81) Tél. 06 34 29 32 36 ou 03 86 30 48 64 Ouvert tlj. sur rdv. 13h-17h*

● Où déjeuner sur le pouce ? Ambiance hétéroclite dans cette auberge : les conversations animées des personnages du cru se mêlent à celles des chercheurs du Centre de recherche archéologique voisin. Un lieu convivial où vous pourrez déguster un gambas/frites ou un plat du jour (menu à 12,50€). **La Petite Auberge** *Le Bourg 58370* ***Glux-en-Glenne*** *(9km au nord-ouest de Saint-Léger-sous-Beuvray) Tél. 03 86 78 65 79 Ouvert mar.-dim. 11h-20h*

● ☺ Se prendre pour Tarzan dans la forêt Si vous avez toujours rêvé d'atteindre la cime d'un arbre, de vous suspendre à une branche au-dessus du vide et d'être en communion avec la nature, le *tree climbing* est fait pour vous ! Une fois maîtrisées les techniques de corde et casque vissé sur la tête, vous grimpez seul aux arbres, à la conquête des hauteurs. Pour vivre l'expérience jusqu'au bout (de la nuit), vous pourrez dormir en altitude, dans une tente suspendue ou un hamac (70€/pers.). **Tree Climbing** *Mont Beuvray Tél. 03 86 60 18 52 www.treeclimbing.fr Ouvert mi-avr.-mi-oct. : mer.-sam. et dim. ap.-m.*

CARNET D'ADRESSES

Restauration, hébergement

petits prix

☺ Hôtel-restaurant du Morvan Atmosphère accueillante dans cette auberge montagnarde qui cultive le goût des bons produits - si possible locaux. On se régale dans la salle conviviale d'une cuisine simple : jambon persillé, escargots, bœuf bourguignon et sandre poêlé du Morvan. Menus de 13,50 à 24,50€. Possibilité de commander un menu "gallo-romain" concocté avec le restaurant du musée de Bibracte (cf. Festin d'Astérix). Pour prolonger le charme du dîner, sept chambres cosy et calmes sont à louer à l'étage (double à 44,50€). *Le Bourg 71990* ***Saint Léger-sous-Beuvray*** *Tél. 03 85 82 51 06 www.hoteldumorvan.com Fermé lun. soir et mar. soir*

☺ Aux sources de l'Yonne Les trois petites chambres de la maison (40€ la double) ont vue sur un terrain verdoyant : une aire naturelle de camping à la lisière de la forêt, un jardin potager, une piscine et un coin pour dîner dehors devant les bâtiments communs en pierre. Comptez 7€ pour planter la tente ou 27€ pour passer la nuit dans une roulotte. Une adresse idéale en famille. *Anvers 58370* ***Glux-en-Glenne***

GAMME DE PRIX	RESTAURATION	HÉBERGEMENT
Très petits prix	moins de 12€	moins de 30€
Petits prix	de 12 à 18€	de 30 à 50€
Prix moyens	de 18 à 25€	de 50 à 75€
Prix élevés	de 25 à 45€	de 75 à 115€
Prix très élevés	plus de 45€	plus de 115€

(9km au nord-ouest de Saint-Léger-sous-Beuvray) Tél. 03 86 78 66 92 ou 03 86 76 15 70 www.sdlyonne.com

prix très élevés

Château de Villette Cette vaste demeure du XVIIIe siècle (avec une partie du XVe et une ruine gallo-romaine) ne fait pas dans la demi-mesure : réserve de chasse de 200ha, jardins à la française, cour d'honneur, potager, piscine, etc. Les chambres, finement décorées, conjuguent avec délice élégance et confort (double de 165 à 195€). Les propriétaires aiment partager leur amour des spécialités locales : ne manquez pas entre autre leur détonnant – et odorant – plateau de fromages, servi à tout moment (18€ avec un verre de vin). Attention, on prend vite goût à la vie de châtelain ! *Villette 58170* ***Poil*** *(15km au sud de Saint-Léger-sous-Beuvray par la N81, prendre la D192 dir. Larochemillay et la C1) Tél. 03 86 30 09 13 www.stork-chateau.com*

MOULINS-ENGILBERT

58290

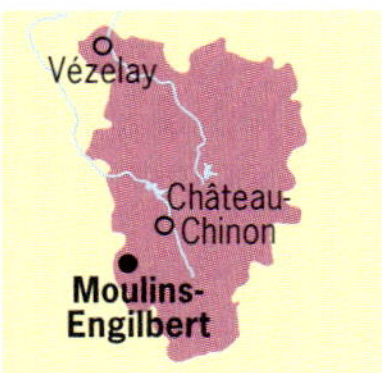

Au creux d'un vallon, loin des grands axes routiers, Moulins-Engilbert coule des jours tranquilles, entre montagnes du Morvan et plaines du Bazois. De l'ancienne châtellenie des comtes de Nevers, il ne reste que des ruines, non dénuées de charme. Les jours de foire aux bestiaux, la bourgade semble se réveiller : les haut-parleurs jouent alors leurs partitions musicales, les ruelles sont prises d'assaut par les acheteurs de tout horizon, tandis que les restaurants se remplissent d'éleveurs venus faire affaire au marché au cadran.

MODE D'EMPLOI

accès en voiture

À 16km au sud de Château-Chinon par la D37 et à 31km à l'ouest de Saint-Léger-sous-Beuvray par la D18.

informations touristiques

Office de tourisme de Saint-Honoré-les-Bains *13, rue Henri-Renaud 58360* ***Saint-Honoré-les-Bains*** *Tél. 03 86 30 71 70 www.st-honore-les-bains.com Ouvert avr.-oct. : lun.-sam. 9h-12h et 14h30-17h30 ; sept.-mars : lun.-ven. 9h-12h et 14h30-17h*

marchés

Marché au cadran *Bovins mar. matin ; ovins un lun. matin sur deux*
Marché couvert *Mardi matin*

DÉCOUVRIR

Découvrir autrement Faites quelques achats de produits hollandais au Vin et Cetera, prélassez-vous dans le *vaporarium* de Saint-Honoré-les-Bains **➤ Carnet d'adresses p.478**

Moulins-Engilbert

☺ Écomusée du Morvan – Maison de l'élevage et du Charolais

La visite de cette maison à thème de l'écomusée du Morvan permet de comprendre l'évolution de l'agriculture dans la région du XIXe siècle à nos jours : exploitation des sols, évolution des techniques et élevage de la charolaise. Nombreux témoignages vidéo. *Rue de la Mission Tél. 03 86 84 26 17 ou 03 86 84 21 48 www.ecomusee-elevagecharolais.org Ouvert Pâques-mai et mi-sept.-oct : sam.-dim. 14h-18h ; juin-mi-sept. : mar. 11h-13h et 14h-18h, mer.-dim. 13h-18h Tarif 3,40€*

VILLE À PIED Les ruelles serpentent entre l'église Saint-Jean-Baptiste du XVIe siècle, le grenier à sel du XVe-XVIe siècle et les ponts de la rue du Canada. Montée indispensable vers les ruines du château féodal. *Circuit fléché disponible à la Maison de l'élevage et du Charolais*

Marché au cadran Depuis 1983, ce marché ultramoderne remplace les anciennes foires aux bestiaux. Bovins (le mardi) et ovins (un lundi sur deux) sont présentés dans une salle en amphithéâtre. Face à eux, les acheteurs se basent sur les critères affichés au cadran pour enchérir de façon anonyme. *29, rte de Châtillon Tél. 03 86 84 28 75 www.sicafome.fr*

Les environs de Moulins-Engilbert

Saint-Honoré-les-Bains

L'activité commerçante se concentre dans le haut de la station, tandis que les thermes, le casino et le parc occupent le bas de Saint-Honoré-les-Bains. La

Les eaux minérales de Saint-Honoré-les-Bains

Exploitées par les légions de César, déclarées d'utilité publique en 1860, exportées à grande échelle au XXe siècle pour les hôpitaux de Paris : les eaux de source de Saint-Honoré provoquent un engouement depuis qu'elles jaillissent du sol à une température de 26-29° ! En 1789, le Dr Regnault, de Lormes, est le premier à reconnaître les vertus thérapeutiques de cette eau (utilisée pour traiter les maladies des voies respiratoires). En 1855, date de construction de l'établissement thermal, cinq sources étaient utilisées (contre trois aujourd'hui).

ville prit un nouveau visage au XIXe siècle avec l'afflux de curistes : création de villas, du casino et de l'établissement thermal de style néoclassique (1854). *À 10km au sud de Moulins-Engilbert*

Musée de la Résistance L'hôtel du Guet fut un des hauts lieux de la Résistance en Morvan pendant la Seconde Guerre mondiale. Nombre impressionnant de documents : maquettes, uniformes, journaux français et allemands, et tracts de propagande. *1, rue Joseph-Duriaux 58360* ***Saint-Honoré-les-Bains*** *Tél. 03 86 30 72 12 www.st-honore-les-bains.com Ouvert juin-sept. : mer.-dim. 14h30-18h30 ou sur rdv. Tarif 4€*

● **Où grignoter quelques tapas ?** Un couple de Hollandais tient cette boutique originale, qui propose, dans un cadre sobre et élégant, une carte attrayante pour les curistes en quête de pause gourmande. Wraps végétariens, poivrons farcis au fromage de vache, soupes ou tapas (de 4 à 10€). Coin épicerie, avec de nombreux produits *made in Hollande*. **Vin et Cetera** *2, av. du Général-d'Espeuilles 58360* ***Saint-Honoré-les-Bains*** *Tél. 03 86 30 20 99 Ouvert mar.-mer. 10h30-21h, jeu.-dim. 9h-21h*

● ☺ **S'offrir un bain de jouvence** L'établissement thermal de Saint-Honoré-les-Bains décline une gamme originale de soins et de séjours de remise en forme (comptez de 49 à 89€/j.). Douche au jet pétrissant, ondée ou bain hydromassant, étuve parfumée, pulvérisation et *vaporarium*... vous avez le choix pour bénéficier des bienfaits des eaux et vous délasser. Réservation conseillée. **Thermes de Saint-Honoré** *Tél. 03 86 30 73 27 Ouvert avr.-oct. : lun.-mar. 9h-12h et 14h-18h30, mer.-jeu. et sam. 9h-12h, ven. 9h-12h et 14h30-19h30*

Les villages du Sud-Morvan

Luzy Entourée de collines, de forêts et de prairies, la porte sud du Morvan donne lieu à de nombreuses randonnées (livret des sentiers balisés disponible à la mairie). La salle d'honneur de l'hôtel de ville abrite huit pièces de **tapisseries d'Aubusson** du XVIIIe siècle, qui illustrent la vie tragique d'Esther, dont Racine tirera une pièce éponyme. *À 32km au sud de Moulins-Engilbert* **Hôtel de ville** *Pl. Chanzy 58170* ***Luzy*** *Tél. 03 86 30 02 65 www.mairie-luzy.fr Ouvert lun.-ven. 9h-12h30 et 13h30-17h, sam. 9h-11h30 Entrée libre*

☺ **Triptyques de Ternant** Sont exposés dans l'église Saint-Roch deux retables du XVe siècle en bois sculpté, peint et doré, chefs-d'œuvre de l'art flamand. Le grand triptyque est consacré aux tourments de la Passion, tandis que le petit traite avec finesse sept épisodes de la vie de la Vierge. *À 33km au sud de Luzy Ouvert été : tlj. 8h-19h ; hiver : tlj. 9h-17h*

● **Faire une partie de pêche accompagnée** Initiation ou perfectionnement à la pêche à la mouche ou au lancer par François Deline. **Moniteur-guide de pêche** *Les Loges 58170* ***Luzy*** *(32km au sud de Moulins-Engilbert) Tél. 03 80 63 90 71 ou 06 20 18 47 87 fdeline@orange.fr*

CARNET D'ADRESSES

Restauration, hébergement

petits prix

Clos de la Buissière Au seuil d'une placette ocre et tranquille où sommeille une église romane du XIIe siècle, le restaurant de ce village reculé mérite le détour. Ambiance bistrot autour du comptoir où bavardent quelques habitués du cru, tandis que les gourmands savourent côté salle des plats classiques et soignés (bœuf bourguignon, onglet à l'échalote, pintade à l'armagnac, etc.). Menu du jour à 12€. *Pl. de l'Église 58360* ***Semelay*** *(17km au sud de Moulins-Engilbert, par la D985 et la D158) Tél. 03 86 30 91 66 Ouvert mai-oct. : lun. soir ; nov.-avr. : mer. soir et dim. soir*

prix moyens

Grande Sauve Derrière l'élégante façade de cette demeure bourgeoise du XIXe siècle se cachent trois chambres de caractère. Plaisantes et spacieuses, elles assument une décoration bigarrée, où les miroirs Arts déco reflètent les cheminées à l'ancienne ! Étang ouvert à la pêche et parc pour les promeneurs. Charme et calme à prix doux (60€ la double). *Route de Limanton 58290* ***Moulins-Engilbert*** *Tél. 03 86 84 36 40 grandesauve@orange.fr Ouvert mars-nov.*

☺ **Bon Laboureur** La décoration chic et moderne de ce restaurant familial tranche avec l'atmosphère rurale du bourg. Le chef compte sur les produits locaux et les légumes de saison pour magnifier le terroir bourguignon, et c'est un succès ! Présentation soignée et compositions originales : une partition gastronomique accessible (menus de 15 à 32€). Accueil sympathique. Une dizaine de chambres en cours de rénovation (de 52 à 70€). *17, pl. Boucaumont 58290* ***Moulins-Engilbert*** *Tél. 03 86 84 20 55 www.le-bon-laboureur-58.fr Ouvert toute l'année*

LAC DE PANNECIÈRE-CHAUMARD

Avec une forme effilée et des anses qui s'étirent sur 520ha, le plus grand lac du Morvan, préservé et sauvage, offre aisément de quoi s'isoler. Selon les périodes de stockage, qui conditionnent une amplitude du niveau des eaux du lac de 25m, de magnifiques berges rougeoyantes plongent plus ou moins vers le rivage, laissant apparaître des étendues d'herbes grasses, fraîches et vertes. Encore épargné par toute infrastructure de loisirs, le lac de Pannecière est prisé des puristes, qui s'adonnent sur ses rives à la pêche, à la marche ou à la simple contemplation de paysages lumineux.

MODE D'EMPLOI

accès en voiture

Situé au nord de Château-Chinon par la D944, et à 35km au sud-ouest du lac des Settons.

informations touristiques

Syndicat d'initiative du lac de Pannecière *Pl. de la Mairie 58120* **Chaumard** *Tél. 03 86 78 05 83 ou 06 43 46 00 87 www.lacdepanneciere.org Ouvert lun.-ven. 9h-12h et 13h-17h*

Office de tourisme d'Ouroux-en-Morvan Plusieurs boucles de randonnées pédestres (7-18km) ou cyclistes (7-21km) au départ d'Ouroux. *Pl. Jean-Gautherin 58230* **Ouroux-en-Morvan** *Tél. 03 86 78 20 11 www.ouroux-en-morvan Ouvert lun.-ven. 9h-12h30 et 14h-17h30*

marchés

Ouroux-en-Morvan *Dim. matin*

DÉCOUVRIR

☆ **Les essentiels** Le lac de Pannecière **Découvrir autrement** Guettez les oiseaux sur le sentier du lac de Pannecière, pistez l'art contemporain à Ouroux-en-Morvan ➤ **Carnet d'adresses p.481**

☆ Lac de Pannecière

Le lac de Pannecière est le plus poissonneux des lacs du Morvan (perche, sandre, carpe et brochet), aussi amateurs de pêche s'y donnent-ils rendez-vous pour lancer les lignes.

Barrage de Pannecière-Chaumard Établi sur le cours de l'Yonne, le lac artificiel de Pannecière sert à en réguler le débit, ce qui évite désormais à la Seine de subir de grandes crues. Le barrage du lac fut construit entre 1937 et 1949 ; long de 350m et soutenu par 13 voûtes, l'édifice retient 80 millions de mètres cubes d'eau. *Au nord de Château-Chinon par la D944*

● **Observer la faune et la flore** Un chemin de bois sur pilotis mène à l'observatoire ornithologique du réservoir d'eau de Pannecière. Oiseaux,

Art semé dans la ville

Des œuvres d'art ponctuent la balade dans **Ouroux-en-Morvan**. Le *Totem en feux* de Katerine Louineau, posté à deux pas de l'office de tourisme, régule la circulation avec originalité. Plus loin, le kaléidoscope géant de Théo Blankesteijn, *Magiscope du Morvan*, trône dans la rue de Pargon. Le *Mât d'Ouroux*, sculpture du plasticien Antoine de Bary, symbolise l'abolition des frontières culturelles. Le parcours se termine au cimetière de la chapelle de Savault, où 32 œuvres d'art ensevelies forment un cercle, symbole de rayonnement.

fleurs et plantes réservent de belles surprises pour peu que la patience soit au rendez-vous ! N'oubliez pas vos jumelles. **Sentier du petit lac de Pannecière** *Parking derrière le barrage Durée 30min AR*

Les environs du lac de Pannecière

Montigny-en-Morvan Ce charmant village a séduit le peintre Balthus (1908-2001), qui vécut dans les années 1950 au château de Chassy. Superbes points de vue sur le lac de Pannecière. *À 4km au sud du barrage de Pannecière www.montigny-en-morvan.fr*

Maison du vin et de la tonnellerie La famille Barbotte exerce depuis cinq générations le métier de marchand de vin. Présentation du commerce familial, de l'histoire du vin en Bourgogne et exposition des outils nécessaires à la fabrication des fûts. Un petit musée donc, mais de gros tonneaux et un coin dégustation. *Pl. de l'Église 58230* ***Ouroux-en-Morvan*** *(9km au nord-est du barrage de Pannecière par la D232) Tél. 03 86 78 20 11 Ouvert lun.-mer., ven. 8h30-12h et 13h30-16h30, sam. 8h30-12h, dim. 10h-12h Tarif 3€ (avec dégustation)*

☺ **Maquis Bernard** Ce maquis, dont l'entrée est aujourd'hui balisée par une œuvre de Christophe Joly, *L'Homme de l'ombre*, fut l'un des plus importants du Morvan : il comptait près de 1200 hommes en 1944. Au bout d'un chemin et au cœur de la forêt se trouve le **cimetière franco-anglais**. *D'Ouroux-en-Morvan, prendre la D12 dir. Montsauche-les-Settons*

Le Morvan en amoureux

Sites main dans la main

La Cordelle (Saint-Père) ____ 452
Massif du Haut-Folin ____ 472
Lac de Pannecière ____ 479
Gorges de Narvau (Lormes) _ 483

Chambres de charme

Porc-Épic (Vézelay) ____ 454
Val en Sel (Saint-Père) ____ 454
Chambre d'hôtes des Forges (Aisy-sous-Thil) ____ 460
Château de Poussignol (Blismes) ____ 481
Ferme des douceurs (Cervon) ____ 485

● **Randonner à cheval** Organisation de grandes randonnées à travers le Morvan et week-ends équestres. **Centre équestre Tout Crins** *La Croix Milan 58140* ***Mhère*** *(6km au nord du barrage de Pannecière) Tél. 03 86 22 73 19 www.morvan-cheval.org Ouvert Pâques-Toussaint*

● **Faire une balade avec des chevaux de trait** Balades en attelages (11€/h) pour une après-midi aux champs ! **Ferme de Bonin** *Bonin 58120* ***Montigny-en-Morvan*** *(4km au sud du barrage de Pannecière) Tél. 03 86 84 73 46*

● **Aller à la pêche avec un guide** L'occasion de s'initier à la pêche avec Jean-Gabriel Ferrando, guide spécialiste de la pêche dans les lacs et rivières du Morvan. **Morvan Loisirs découverte** *Tél. 08 71 21 55 35 jeangab1@mac.com*

MORVAN

CARNET D'ADRESSES

Restauration, hébergement

campings

Camping municipal du Lac Un camping familial agréablement situé, qui propose de nombreuses activités : planche à voile, canoë, VTT et promenades équestres (cf. Les environs du lac de Pannecière, Faire une balade avec des chevaux de trait). Discothèque à proximité. Comptez 9,14€/2 pers. en tente. *Le Plat 58120* ***Montigny-en-Morvan*** *(4km au sud du barrage de Pannecière) Tél. 03 86 84 71 77 Ouvert mai-sept.*

Camping les Soulins Ce petit camping possède d'agréables emplacements à deux pas du lac de Pannecière (13,40€/2 pers.), ainsi que sa propre plage de sable. Trois écochalets perdus dans la verdure réconcilient confort et nature : chauffage écologique, mobilier épuré, terrasse couverte, etc. (env. 50€/nuit). Location de canoës et de kayaks. 58120 ***Corancy*** *(15km au sud du barrage, 6km au nord de Château-Chinon) Tél. 03 86 78 01 62 ou 03 86 78 05 38 Ouvert Pâques-mi-nov. (chalets disponibles toute l'année)*

petits prix

☺ **Bar-restaurant Le Goupil** Le Goupil réunit dans une ambiance champêtre et conviviale étrangers en goguette et personnages du cru. On déguste dans cette auberge campagnarde une cuisine inspirée des quatre coins du monde, avec une prédilection pour la tarte au lard et poireaux, le coq au vin macéré, les gratins de légumes et les viandes labellisées. Menus entre 12,50 et 25€. Concerts et expositions. *Le Bourg 58120* ***Montigny-en-Morvan*** *(4km au sud du barrage de Pannecière) Tél. 03 86 84 71 87 info@legoupil.org*

prix moyens

Ferme-auberge de Coeuzon "Chez Flo" La ferme-auberge de Coeuzon est à l'image de ces hameaux anciens du Morvan, construits bas et concentrés pour lutter contre la rudesse du climat. Aujourd'hui, l'étable du XIXe siècle a pris des airs de salle à manger, où Flo sert les plats qu'elle a concoctés à partir des produits de sa ferme. La maîtresse de maison ne fait pas dans la demi-mesure et cuisine avec générosité gratin de pommes de terre, poulet à la crème, coq au vin, bœuf cocotte, tartes et gâteaux (22€/pers.). La réservation est obligatoire 48h à l'avance. 58230 *Coeuzon* ***Ouroux-en-Morvan*** *(9km au sud-est du barrage de Pannecière) Tél. 03 86 78 21 87 flo.berlo@wanadoo.fr Ouvert avr.-mi-déc. : mar.-sam. midi et soir*

Château de Poussignol Un accueil charmant vous est réservé dans ce château du XIXe siècle, soigneusement meublé et restauré. Il dispose de 5 chambres (60-75€) et de 2 appartements (95-170€) avec cheminées, plafonds à la française, lustres en cristal et tapisseries. Le parc de 10ha, où coule une rivière, réserve de nombreuses surprises, comme un terrain de tennis, un golf, des écuries ou, clou de la visite, une chapelle du XVIIe siècle, où résonnent parfois les accords d'un concert de musique classique. Table d'hôtes à 25€/pers. *Le Château 58120* ***Blismes*** *(8km au sud du barrage de Pannecière) Tél. 03 86 84 98 02 www.chateau-poussignol.com*

LORMES

58140

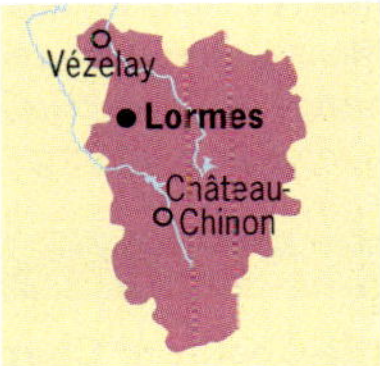

Bâtie à flanc de colline dès le Ve siècle, la petite ville de Lormes est un tableau expressif et plaisant des charmes et des rudesses de la vie morvandelle. Ruisseaux se précipitant en cascade dans des gorges granitiques jusqu'à la vallée en contrebas, ruelles ancestrales partant du vieux château, belles allées de tilleuls, quartier de moulins transformés en résidences : Lormes est une destination clef du Morvan, à découvrir le jour du marché, vecteur de liens sociaux dans cette région excentrée.

MODE D'EMPLOI

accès en voiture

À 22km au nord du lac de Pannecière et à 30km au sud d'Avallon par la D944.

informations touristiques

Office de tourisme intercommunal du Morvan des lacs *5, rte d'Avallon Tél. 03 86 22 82 74 www.morvan-des-lacs.com Ouvert mi-nov.-fév. : mar.-sam. 10h-12h30 et 14h-17h30 ; mars-juin et sept.-mi-nov. : mar.-sam. 9h30-12h30 et 14h-18h, dim. 9h30-12h30 ; juil.-août : mar.-sam. 9h30-12h30 et 14h-19h, dim. 9h30-12h30*

marchés, fêtes et manifestations

Marché couvert Stands de petits producteurs (souvent biologiques). *Jeu. matin*

Nuits musicales de Bazoches Festival d'opéra. *Fin juil.*

Festival de la chanson française Plusieurs scènes ouvertes à de célèbres chanteurs et aux débutants à Lormes. *Fin juil.*

DÉCOUVRIR

Lormes

Découvrir autrement Arpentez les sentiers pédestres près des gorges de Narvau, randonnez au rythme d'un âne **> Carnet d'adresses p.485**

Église Saint-Alban Construite en lieu et place d'une chapelle du XIIe siècle, cette église du XIXe siècle recèle 82 chapiteaux de style médiéval du sculpteur Guillaumet, et 36 vitraux figuratifs. La vue qu'elle offre de son parvis n'a rien perdu de son charme, avec notamment, en contrebas le Bazois corbigeois et les montagnes noires du Morvan.

Mont Justice Sur ce mont étaient exécutés au Moyen Âge les condamnés à mort à la suite des affaires de bailliage. De son sommet (470m), la vue sur les villages des alentours est splendide. Table d'orientation. *Au nord de Lormes, par la rue de la Justice*

☺ **Gorges de Narvau** Par le quartier des Moulins, où travaillaient plusieurs meuniers de Lormes jusqu'au début du XXe siècle, on rejoint les gorges de Narvau en suivant le bief autrefois réservé au flottage des bûches. Ce site naturel classé de 5ha invite à des promenades boisées. Des ponts enjambent l'Auxois et rejoignent une petite île, la grotte des fées ou une cascade. *À la sortie sud de Lormes par la D170 dir. Corbigny* ***Rens.*** *Plan des gorges disponible à l'office de tourisme*

● **Randonner avec un âne** Accueil personnalisé dans cette fermette de fruits et légumes bio, où vous ferez connaissance avec Pablo, Sidonie ou Noisette, les ânes aux grandes oreilles, avant de partir avec eux sur les chemins de traverse. Comptez 45€/j. **Un âne en Morvan** *Les Aubues Tél. 03 86 22 89 83 ou 06 71 89 67 24 aneenmorvan@tele2.fr*

Les environs de Lormes

☆ **Les essentiels** Le château de Bazoches **Découvrir autrement** Assistez à la cuisson d'une fournée de pains bio, craquez devant les petites vaches écossaises dans les prairies de Montour > **Carnet d'adresses p.485**

Lacs de Chaumeçon et du Crescent

Lac de Chaumeçon Contenu par une vallée étroite et assez profonde, ce lac de barrage connu pour la pêche du sandre et de la perche semble dissimulé par la forêt. Il contribue à réguler le débit de la Seine par le biais de l'Yonne, en retenant quelque 19 millions de mètres cubes d'eau sur 135ha. Une boucle permet d'en faire le tour à pied ou à VTT. *À 8km à l'est de Lormes par la D150*

Lac du Crescent Ce réservoir d'eau artificiel doit son nom à sa forme de croissant. D'une superficie de 138ha, il alimente un barrage hydroélectrique et s'emploie à réguler les eaux de l'Yonne et de la Seine, tout comme les lacs de Pannecière et de Chaumeçon. Enserré par des pâturages et des forêts, le lac du Crescent reste difficile d'accès, même si une route en fait partiellement le tour. *À 15km au nord de Lormes par la D944*

● **Où se régaler de pains biologiques ?** Aux raisins, graines de courges, tournesols, sésame, noisettes, chocolat... La Fournée multiplie les pains - à la farine biologique - cuits au four à bois. Détour indispensable pour goûter à l'ambiance conviviale lors des fournées les mardis et vendredis soir. **La Fournée** *Bonnetré 58140* ***Brassy*** *(4km du barrage de Chaumeçon, au sud du lac) Tél. 03 86 22 28 18 Ouvert mar. et ven. 18h-20h*

● **Suivre un éco-parcours en canoë** En quelques coups de pagaye, partez à la découverte de l'histoire du barrage et du flottage du bois, du relief du Morvan, de sa faune et de sa flore. Une façon originale d'approcher la nature de la région, audioguide vissé sur les oreilles (22,50€/pers. et 35€/2). Location de canoës, kayaks, VTT et barques de pêche. **Base Activital de Chaumeçon** *58140* ***Saint-Martin-du-Puy*** *(6km au nord de Lormes) Tél. 03 86 22 61 35 www.activital.net Ouvert avr. et sept. : sur réservation ; mai et juin : lun., mer. et ven. 9h-16h ; juil.-août : tlj. 9h-17h*

● **S'initier aux secrets des plantes** Les plantes médicinales et aromatiques sont cultivées biologiquement, puis transformées sur place : tisanes, miels, savons, gelée de plantes, etc. La visite du jardin s'avère aussi instructive qu'odorante (jeu de piste pour les enfants). Le soir et sur réservation, initiation à la cuisine aromatique. **Le Champ de la Fontaine** *La Montée 58140* ***Brassy*** *(4km du barrage de Chaumeçon, au sud du lac) Tél. 03 86 22 28 82 Ouvert mai-mi-oct. : tlj. 14h-19h*

● **Faire un tour dans les prairies de Montour** Un chemin sur platelage offre un aperçu des prairies naturelles de Montour. Gorgés d'eau, ces sols voient fleurir de nombreuses espèces protégées, comme l'arnica des montagnes, dont la cueillette est interdite. Un sentier jalonné de six panneaux pédagogiques invite à se familiariser avec la richesse de cet écosystème. Les enfants craqueront devant le troupeau de Highlands cattle, petites vaches écossaises à poils longs qui se chargent de l'entretien des prairies ! ***Départ*** *Parking sur la D6 entre Brassy et Dun-les-Places* ***Durée*** *1h30 AR*

MORVAN

Vallée de la Cure

☆ **Château de Bazoches** Dressant fièrement sa structure trapézoïdale flanquée de quatre tours et d'un donjon, le château de Bazoches fut la demeure du maréchal Vauban (1633-1707) à partir de 1673. Construit au XIIe siècle et transformé en garnison militaire par l'ingénieur en chef de Louis XIV, il sert aujourd'hui de sanctuaire à divers objets lui ayant appartenu (armure, lit, livres…). Un jardin à la française parachève sa splendeur. Le tombeau de Vauban est également à voir dans le cimetière du village. *58190* ***Bazoches-du-Morvan*** *(14km au nord de Lormes par la D42 et la D958) Tél. 03 86 22 10 22 www.chateau-bazoches.com Ouvert mi-mars-juin et sept. : tlj. 9h30-12h et 14h15-18h ; oct.-mi-nov. : tlj. 9h30-12h et 14h15-17h ; juil.-août : tlj. 9h30-18h Tarif 7,50€*

Château de Chastellux-sur-Cure Ce château, construit par les seigneurs Chastellux il y a plus de mille ans sur un pic rocheux dominant la Cure et toujours propriété de leurs descendants, témoigne des différents aménagements apportés au cours des siècles. Avec ses huit tours et ses corps de logis épousant la roche, il fait figure d'une véritable forteresse ayant évolué au gré des techniques militaires et des modes : la tour Saint-Jean daterait du XIe siècle et la façade du XVe siècle. Parc de 20ha pour une promenade bucolique après avoir visité les intérieurs fastueux. *89630* ***Chastellux-sur-Cure*** *(17km au nord de Lormes par la D944) Tél. 03 86 34 20 03 www.chateau-de-chastellux.com Ouvert avr.-oct. : mer.-dim. visites guidées à 11h15, 14h30 et 16h30 Tarif 8€, enfant 5€*

CARNET D'ADRESSES

Restauration, hébergement

camping

Camping de l'étang du Goulot Ce camping à l'ambiance familiale est idéal pour un séjour les pieds dans l'eau : un étang de 10ha, une plage de sable et une base nautique, qui loue canoës et kayaks. Comptez 14€/2 pers. pour un emplacement ombragé. Touche insolite, vous pourrez également dormir dans un tipi ou une yourte accueillant jusqu'à 6 personnes (entre 65 et 75€ la nuit). *58140* ***Lormes*** *Tél. 03 86 22 82 37 www.etangdugoulot.com* ***Tipis & Yourtes*** *Tél. 03 86 22 80 17 www.morvanvakanties.nl*

petits prix

Restaurant Perreau Dans la même famille depuis le début du XXe siècle, cette auberge est le rendez-vous des habitués de la région. On va "chez Perreau" pour se faire plaisir et discuter des dernières nouvelles avec le patron et la patronne, qui s'attardent volontiers en salle (plafond à la française, murs de pierre et luminaires d'inspiration Tiffany). Le restaurant sert une cuisine bourguignonne de qualité : œufs meurette, bœuf bourguignon, feuilleté d'écrevisses et escargots (menus 16-19€). *8, rte d'Avallon 58140* ***Lormes*** *Tél. 03 86 22 53 21*

Ferme d'Écosse L'origine du nom de cette maison d'hôtes s'est perdue dans les tréfonds des guerres médiévales. En revanche, la ferme, située à quelques encablures du château de Bazoches, est toujours en activité, comme l'indiquent dans la cour les bottes de foin, les canards et les poules ! La salle commune de cette dépendance regorge de livres sur la région, et les 3 chambres sous les combles donnent envie de lézarder sous la couette (45€ la double). Absolument adorable, la maîtresse des lieux concocte des petits déjeuners avec confitures et pain d'épice maison. *58190* ***Bazoches-du-Morvan*** *(14km au nord de Lormes par la D42 et la D958) Tél. 03 86 22 14 57 www.fermedecosse.com Ouvert toute l'année*

prix moyens

☺ **Ferme des douceurs** Le hameau de Doussas est une merveille, avec ses vieilles maisons basses, toutes mêlées de végétation, s'égrenant langoureusement au creux de champs vallonnés. Dans la cour de la maison restaurée trône un saule majestueux, auprès duquel des écureuils farfelus se donnent en spectacle, à l'heure du petit déjeuner (confitures maison), servi dans la véranda. Les 3 chambres, meublées avec goût et finesse, sont ravissantes (60€ la double). Un véritable havre de paix. *Doussas 58800* ***Cervon*** *(9km au sud de Lormes par la D945) Tél. 03 86 20 06 32 ou 06 85 72 43 22 www.lafermedesdouceurs.com*

VINS ET VIGNOBLES DE BOURGOGNE

Robe pourpre des crus qui sommeillent au creux des caves, reflets dorés des raisins blancs gorgés de soleil, vert tendre de la vigne au printemps : la Bourgogne viticole, haute en couleurs, séduit les amateurs le temps d'une dégustation ou d'une virée à prix doux. Un voyage au cœur de vignobles mythiques, à savourer sans modération.

PAR PATRICK LEBAS
AVEC LA CONTRIBUTION D'ISABELLE BONNEVIE, JEAN-LOUIS DESPESSE ET PIERRE GUITTON

VINS DIVINS, SACRÉES BOUTEILLES

La Bourgogne, avec une centaine d'appellations et 33 grands crus, voit naître des vins qui font rêver : pommard, pouilly-fuissé et l'illustre romanée-conti. Des moines cisterciens aux artisans du bio, les viticulteurs ont façonné un vignoble à la renommée mondiale...

Terroirs et climats

L'histoire de la Bourgogne viticole commence avec les Romains, et se poursuit avec les moines bénédictins et cisterciens. Au XIe et XIIe siècle, ces moines-vignerons plantent des vignes sur les terres reçues en donation, comprennent que le travail dans le vignoble améliore la qualité du vin, et que les parcelles ne sont pas toutes égales. Ils découvrent alors la notion de **terroir**, et entament un processus de classification des parcelles. C'est la naissance de ce que l'on appellera plus tard les "grands crus". Car les cisterciens ont compris, bien avant tout le monde, l'intérêt de produire des vins de qualité, quitte à sacrifier un peu de la production. Le terme de **climat**, que les Bourguignons veulent inscrire au patrimoine mondial de l'Unesco, voit alors le jour. Il permet de mettre en évidence la climatologie, à savoir la température, la pluviométrie, les vents et les microclimats, dans la séparation des parcelles ou des lieux-dits. Cela explique aussi qu'à quelques mètres près la même appellation ne produise pas le même vin.

Les dîners du prince de Conti

Au XVe siècle déjà, les vins de Bourgogne font beaucoup parler d'eux, puisqu'on va jusqu'à leur attribuer des vertus médicinales. Ce n'est sans doute pas un hasard si Nicolas Rolin, chancelier du duc de Bourgogne, fonde en 1443 les **hospices de Beaune**, aujourd'hui célèbres pour la plus grande vente de charité vinicole, organisée le troisième week-end de novembre. À cette époque, les vins de Beaune sont très courus dans les grands dîners mondains et chez les têtes couronnées. C'est avant que le domaine de la Romanée-Conti ne leur "conteste" cette suprématie.

Une médiatisation que l'on doit au **prince de Conti**, de son vrai nom Louis-François de Bourbon. Grâce à lui, les parcelles de ce Vosne-Romanée vont gagner leurs lettres de noblesse. Ce cousin germain de Louis XV, brouillé avec la Cour, convie la haute société et ses amis artistes (Beaumarchais, Diderot ou Rousseau) à des dîners où le bon vin coule à flots. Il acquiert la Romanée en 1760 et lui appose son nom par la suite. Une coquetterie qui ne sera plus jamais tolérée en Bourgogne. Les vins de la Romanée-Conti, très rares, circulent peu, sauf bien sûr dans les soirées huppées du prince : la réputation des vignobles de Bourgogne est acquise. Quelques années plus tard, la Révolution française accélère le processus de morcellement du vignoble bourguignon, divisant les grands domaines en une multitude de petites parcelles et d'exploitations familiales.

4000 domaines environ

250 maisons de négoce

23 caves coopératives

Des exploitations individuelles et collectives...

PETITS DOMAINES Les viticulteurs "classiques", les fameux propriétaires-récoltants, sont de véritables artisans du terroir qui exploitent généralement des surfaces de moins d'une dizaine d'hectares. Tous sont mus par une seule et même philosophie : le terroir et la mise en valeur des climats, que les moines ont commencé à classifier au XIe siècle. Cette notion et ce savoir-faire se transmettent de père en fils depuis des générations, et ont été portés par des vignerons devenus des références (Henri Jayer, Denis Mortet, Aubert de Villaine, Sylvain Pitiot, Anne-Claude Leflaive, etc.). Le territoire morcelé de Bourgogne, avec ses innombrables parcelles, connaît autant de domaines que d'expériences humaines : le vin se vit avant tout dans le vignoble, que ce soit dans les petites exploitations ou les grandes maisons !

CAVES COOPÉRATIVES À la suite de la crise économique du vignoble au XIXe siècle (liée aux ravages du phylloxéra, une maladie de la vigne), certains exploitants en difficulté se regroupent et créent des caves coopératives. Il en existe aujourd'hui une vingtaine en Bourgogne, qui jouent sur deux tableaux à proportion égale : la vente de vin en vrac aux négociants et la commercialisation de la production. Ces regroupements de producteurs sont particulièrement nombreux dans l'Yonne (La Chablisienne, caves Bailly-Lapierre…) et en Saône-et-Loire (Cave des vignerons de

PATRON DES VIGNERONS
Selon la légende, l'âne de saint Vincent brouta – en traversant un vignoble – de jeunes pousses de vigne. L'année suivante, les ceps broutés furent particulièrement prolifiques : l'âne du saint venait d'inventer la taille de la vigne et d'élever saint Vincent au rang de patron des vignerons !

Buxy, Vignerons des Terres secrètes, caves de Lugny...). Les petits exploitants trouvent par ce biais une vitrine de choix pour leur production.

... aux maisons de négoce

NÉGOCIANTS-ÉLEVEURS Ils apparaissent à la fin du XVIIIe siècle : épiciers, tonneliers ou courtiers achètent alors du moût (jus de raisin non fermenté), élèvent les vins dans leurs chais, mettent en bouteilles et vendent sous leur propre marque. Les plus anciennes maisons se nomment Champy, Louis Latour ou Bouchard père et fils, et commercialisent quelques-uns des plus grands vins de la région, comme le montrachet ou le corton-charlemagne. Le négoce bourguignon, puissant et presque industriel, vient alors s'opposer à la viticulture, très artisanale. Aujourd'hui, les frontières sont floues entre propriétaires-récoltants et négociants : de nombreux exploitants se lancent dans le négoce (et inversement) afin de diversifier leur production.

PAROLE DE NÉGOCIANT
Louis-Fabrice Latour, patron de la maison du même nom et président de la Fédération des syndicats de négociants-éleveurs de grande Bourgogne (Fneb), résume : "Le négoce a souvent raison dès qu'il s'agit de commerce."

INDUSTRIE SUR-MESURE Les maisons de négoce, après avoir acheté plus de la moitié de la production de la région, ont recours à des réseaux de distribution structurés pour vendre des volumes importants de vin, notamment à l'étranger. Elles ont une forte influence sur la tendance du marché et sur la réputation des vins de Bourgogne, puisque leurs choix indiquent l'état de santé des domaines. C'est en Bourgogne que le terme de "**négoce haute couture**" a d'ailleurs été utilisé pour la première fois, mettant en avant la notion de négociant haute gamme, commercialisant des grands crus. Avec la création des **appellations d'origine contrôlée** (AOC) vers 1935, son puissant négoce et son incessante quête de l'excellence, la Bourgogne a encore de beaux jours devant elle. Le boom de l'œnotourisme et la qualité des derniers millésimes contribuent à en faire une région à part.

250
kilomètres de vignobles

200
millions de bouteilles produites par millésime

Cépages : les rois et leur suite

Pinot noir et chardonnay règnent en maîtres incontestés sur une région qui produit à la fois de subtils vins blancs, d'excellents rouges (et rosés) et un vin pétillant, le crémant.

ROUGE Le cépage qui a fait la renommée des grands vins rouges de Bourgogne est évidemment le **pinot noir**. De ses grappes violettes aux grains serrés s'écoule un jus abondant, incolore et sucré. N'oublions pas le **gamay** noir, à jus blanc, à la base des vins rouges du Mâconnais et du Beaujolais.

BLANC Le **chardonnay**, roi du vin blanc, est lui aussi un cépage typiquement bourguignon. Il a fait la réputation des grands blancs de la côte de Beaune, du Mâconnais et de Chablis. Il donne des grappes relativement petites et dorées dont le jus, blanc, se révèle délicat et sucré. L'**aligoté**, l'autre cépage blanc bourguignon produit le vin du même nom : le bourgogne aligoté. Il peut aussi entrer dans la composition du crémant de Bourgogne.

ET AUSSI… D'autres cépages sont bien sûr autorisés dans les vignobles de Bourgogne, mais leur utilisation reste anecdotique. Le sauvignon et le sauvignon gris, par exemple, prennent part à l'élaboration du saint-bris, tandis que le bourgogne et le bourgogne-grand-ordinaire n'existeraient pas sans le tressot et le césar pour les vins rouges, et le sacy et le melon-de-bourgogne pour les vins blancs.

PINOT NOIR
L'ambassadeur de Bourgogne tire son nom de la ressemblance de ses grappes avec une pomme de pin ! Columelle, agronome romain, écrivait au Ier siècle que cette variété "donne, dans certains endroits, des vins qui se conservent bien et elle est la seule qui, par sa fertilité, fasse honneur au terrain le plus maigre".

Une région, quatre départements

Au nord de la Bourgogne, l'**Yonne** abrite le Chablisien, planté presque exclusivement de chardonnay, et le Grand-Auxerrois, constitué de chardonnay et d'aligoté pour les vins blancs, de gamay et de pinot noir pour les rouges. Ne manquez pas ces vins blancs minéraux, aux reflets de miel ! On trouve également d'intéressants vins blancs dans la

Le classement des vins de Bourgogne

La Bourgogne compte **103 AOC** réparties en quatre niveaux : la qualité du vin et son prix augmentent en fonction de sa position dans le classement. L'appellation **régionale** indique une zone géographique de production étendue (le Mâconnais par exemple), tandis que l'appellation **communale** correspond à un seul village. Enfin, au sein d'une même commune, le vin produit sur un vignoble délimité (le fameux "climat") porte l'appellation **premier cru**… à ne pas confondre avec l'appellation **grand cru** qui concerne un cru issu d'une parcelle d'exception.

Les appellations régionales : 52 %
Ex. : Bourgogne hautes côtes de Nuits
Les appellations communales : 36 %
Ex. : Gevrey-Chambertin
Les appellations premiers crus : 10 %
Ex. : Gevrey-Chambertin 1er cru Cazetiers
Les appellations grands crus : 2 %
Ex. : Chambertin

29 500 hectares d'AOC

61% vins blancs

31% vins rouges (ou rosés)

8% crémants

Nièvre : deux appellations régionales, le pouilly-sur-loire (chasselas) et le pouilly-fumé (sauvignon), s'épanouissent dans les bras de la Loire. En **Côte-d'Or,** pinot noir et chardonnay ont donné naissance à des vins à la renommée internationale. La côte de Nuits, aux vins rouges mythiques, et la côte de Beaune, réputée pour ses vins blancs, se partagent la vedette sur cette étroite Côte, baptisée en toute simplicité les "Champs-Élysées de la Bourgogne". Nombre de touristes viennent depuis peu se balader au fil de cette avenue viticole, qui longe la mythique nationale 74. Quant à la **Saône-et-Loire**, elle n'a pas de grands crus, mais des vins qui gagnent à être connus : rully, mercurey, pouilly-fuissé et saint-véran paradent, entre autre, sous l'étendard des cépages bourguignons.

La viticulture bourguignonne aujourd'hui

LE RETOUR AU "BON SENS PAYSAN" Toute génération confondue, la Bourgogne se met au vert. Le bio invite la viticulture à repenser ses méthodes de travail : et si l'on revenait au bon sens paysan ? La majorité des domaines a pris conscience qu'il valait mieux prévenir que guérir… Haro sur les pesticides vaporisés systématiquement pour éviter les maladies et autres agressions, le vigneron surveille et apporte des réponses adaptées aux diverses attaques qui fondent sur la vigne : enherbement, pulvérisation de quartz pour protéger la plante, labour à cheval, etc. Il n'y a pas de recette miracle, pas de bons ni de mauvais élèves, seulement des concepts et des termes qu'il convient d'utiliser à bon escient…

AGRICULTURE RAISONNÉE Il s'agit pour certains d'un premier pas : les vignerons qui obtiennent ce label

Pionnière de la biodynamie

Anne-Claude Leflaive est installée à Puligny-Montrachet. Elle est une des premières à s'être opposée aux vins chimiques. À son arrivée au domaine en 1990, elle décide de tenter une expérimentation en biodynamie, sur une petite surface du vignoble. Consciente depuis plusieurs années des problèmes engendrés par les traitements agressifs administrés à la vigne et au sol, elle se lance dans l'aventure…. Pour un résultat éloquent. Aujourd'hui, les vins du domaine sont parmi les plus convoités de la région.

luttent contre les organismes nuisibles en sollicitant des prédateurs naturels et non des produits chimiques. C'est d'ailleurs le seul label qui existe en tant que tel, car pour l'instant et contrairement à ce que l'on peut lire ou entendre, le "vin bio" n'existe pas ! On nous aurait menti ? Oui et non, car en réalité on trouve seulement des vins "issus de l'agriculture biologique", c'est-à-dire produits avec des raisins qui, eux, sont bio. Mais bonne nouvelle : à partir de 2011, les consommateurs pourront acheter des vins 100% bio, c'est-à-dire certifiés de la vigne à la bouteille.

BIODYNAMIE D'autres vont encore plus loin et adoptent un mode de culture en biodynamie. Une méthode inspirée par un "philosophe" autrichien du début du XXe siècle, Rudolf Steiner. Ni désherbant, ni pesticide, ni engrais de synthèse, ni potasse : les produits phytosanitaires sont bannis et l'on fait davantage confiance aux rythmes cosmiques appliqués à la terre. Alors, bien sûr, on entend déjà les sceptiques s'interroger sur l'utilisation de fumier obtenu à partir de composts biologiques, de bouses de vache enrichies, de tisane d'orties, ou encore de cendres de papillons pour combattre les vers de la grappe… Mais lorsqu'un domaine aussi prestigieux que la Romanée-Conti se lance dans la biodynamie, faut-il demeurer sceptique ?

LES BONNES MÉTHODES La surface de vigne cultivée en bio en Bourgogne a triplé depuis 2000 pour atteindre aujourd'hui plus de 1 000 hectares. Au total, 104 domaines ont reçu une certification bio. Les bons crus de Bourgogne ont gagné leur réputation à des époques où il n'y avait pas de technologie, où le travail de la vigne était entièrement manuel, soulignant ainsi la patience, le respect et l'écoute que requiert le travail du sol. Le bio n'est donc pas un label mais une philosophie partagée par de plus en plus de domaines, petits ou grands, et tout indique qu'après le "tout chimique", la Bourgogne revient à des pratiques beaucoup plus respectueuses de l'environnement. Si un certain nombre de domaines comme la Romanée-Conti, Bongran, Anne-Claude Leflaive, Comte Lafon, Leroy, Goisot… sont engagés dans une démarche de biodynamie, d'autres ont choisi l'agriculture biologique, tels la Soufrandière, Bruno Clavelier, Henri et Gilles Buisson… la grande majorité d'entre eux ne revendiquent pas de labels mais ont changé leurs méthodes pour revenir à ce que l'on appelle ici le "bon sens paysan". Et, de l'avis de bon nombre de spécialistes, le vin en Bourgogne n'a jamais été aussi bon.

1,5 MILLION
d'hectolitres de production annuelle environ

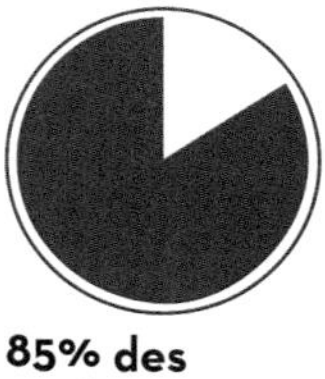

85% des exploitations ont une taille inférieure à 10 hectares

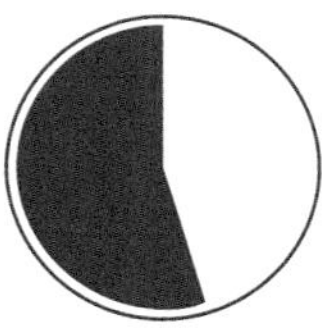

55% des mises sur le marché sont générées par les maisons de négoce dans 150 pays

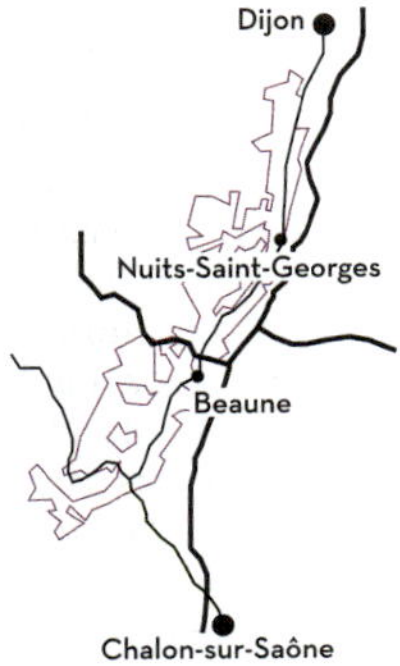

Côte-d'Or

AUX CHAMPS-ÉLYSÉES DE LA BOURGOGNE

La Côte-d'Or dévoile ses richesses au rythme de l'ancienne N74 : la côte de Nuits et ses grands rouges mythiques, la côte de Beaune et ses célèbres blancs. Sur cette route des Grands Crus, les villages de vignerons s'ouvrent doucement au tourisme.

Un incroyable terroir

Terre de prédilection du pinot noir et du chardonnay, la Côte s'étend sur une quarantaine de kilomètres au sud de Dijon : la **côte de Beaune**, vignoble bicolore, succède naturellement à la **côte de Nuits**, où fleurissent des vins rouges à la renommée internationale. L'exposition du vignoble de la côte de Nuits suit un axe rectiligne, face au soleil levant, s'adaptant au terrain et évitant ainsi les nombreuses combes étroites et rocheuses. La côte de Beaune, quant à elle, suit l'axe du soleil et s'oriente peu à peu vers le Midi. Ses combes plus douces accueillent la vigne sur leurs versants. Le point commun entre ces deux côtes ? Les meilleurs pieds de vigne sont plantés en milieu de coteau : en contact direct avec la roche mère (sur un lit de pierres marneuses ou calcaires), les racines de la vigne profitent alors de la moindre fissure et peuvent atteindre une dizaine de mètres.

Prendre la route

Empruntez la **route des Grands Crus** – jalonnée de panneaux marrons arborant une grappe de raisin – en suivant la D122 à partir de Chenôve, au sud de Dijon, ou la célèbre D974 (ancienne N74), et arrêtez-vous dans un des villages vignerons. La plupart des grands vignobles sont accessibles à pied des routes ou des chemins de traverse : montrachet, clos de Vougeot, corton, charmes-chambertin, romanée-conti, meursault, musigny, pommard… Échappez-vous, de Nuits-Saint-Georges ou de Beaune, vers les **hautes côtes de Nuits et de Beaune**, qui ménagent des paysages à couper le souffle. De nombreux domaines viticoles se réapproprient cet arrière-pays dit des "fruits rouges" et produisent des vins d'un très bon rapport qualité-prix.

Déguster et acheter du vin

● Côte et hautes côtes de Nuits

Château de Marsannay Un des rares domaines viticoles de la côte de Nuits à produire une gamme tricolore dans les appellations marsannay, fixin, gevrey-chambertin et vosne-romanée. *Route des Grands Crus 21160 Marsannay-la-Côte (8km au sud de Dijon) Tél. 03 80 51 71 11 www.chateau-marsannay.com Visite-dégustation sur rdv Tarif* 10€

Cave Grands Bourgognes À l'entrée de Gevrey-Chambertin, ce caviste propose petits et grands crus de Bourgogne (et d'ailleurs) à des prix allant de 7 à plus de 500€. Dégustation possible. *ZA Le Saule 21220* ***Brochon*** *(12km au nord de Nuits-Saint-Georges) Tél. 03 80 79 29 90 www.grandsbourgognes.*

bon à savoir

La plupart des exploitants reçoivent s'ils le peuvent au domaine. Évitez de passer pendant la période des vendanges et de la vente aux enchère des vins des hospices de Beaune (3e w.-e. de nov.). Pour plus d'informations, connectez-vous sur le site : http://tourisme.vins-bourgogne.fr

insolite

Un vin qui s'exporte jusque dans l'espace ? La mission Apollo 15 donna, en 1971, le nom de Saint-Georges à un **cratère lunaire**. Un bel hommage à ce cru, que Jules Verne décrivait comme "généreux, distillé par le soleil sur les coteaux de Bourgogne" (*De la Terre à la Lune*, 1865).

Ci-contre
La côte de Beaune et ses rangs de vigne.

Les vendanges, point d'orgue de la viticulture.

petits prix

Frédéric Magnien a la chance de posséder quelques appellations parmi les plus belles de la Côte. Mais son aligoté est le plus abordable de tous et pas des plus désagréables (à partir de 4€). À découvrir au domaine. **Domaine Frédéric Magnien** *26, rte Nationale 21220* ***Morey-Saint-Denis*** *(7km au nord de Nuits-Saint-Georges) Tél. 03 80 58 54 20 www.frederic-magnien.com*

insolite

L'office de tourisme de Nuits-Saint-Georges organise des balades en calèche à travers le vignoble jusqu'au clos de Vougeot. Pause dégustation au cours du trajet. **OT de Nuits-Saint-Georges** *Tél. 03 80 62 11 17 Tarif 85€ pour 2 pers. Réservation nécessaire*

com Ouvert lun.-mar. et jeu.-ven. 8h30-12h et 14h30-18h30, mer. 8h30-12h, sam. 9h30-12h et 14h30-18h

Caveau des vignerons Cette boutique conviviale propose l'ensemble des vins produits par les viticulteurs locaux. *Pl. de l'Église 21220* ***Morey-Saint-Denis*** *(7km au nord de Nuits-Saint-Georges) Tél. 03 80 51 86 79 Ouvert mars-déc. : tlj. 9h30-12h et 14h-19h ; jan.-fév. : ven.-dim. 9h30-12h et 14h-19h*

Domaine Naudin-Ferrand Une dégustation de la gamme complète (vins rouges, blancs et rosés) dans un village superbe. *Rue du Meix-Grenot 21700* ***Magny-lès-Villers*** *(10km au sud de Nuits-Saint-Georges) Tél. 03 80 62 91 50 www.naudin-ferrand.com Sur rdv*

Domaine Jean Féry C'est un Canadien qui vinifie les vins de ce domaine de 10ha. Très bon accueil, bon vin et de nombreuses appellations à partir de 10€. Également deux gîtes douillets (230€/w.-e. pour 2 pers.). *1, route de Marey 21420* ***Échevronne*** *(10km au sud-ouest de Nuits-Saint-Georges par la D8) Tél. 03 80 21 59 60 www.fery-vin.fr Sur rdv*

Domaine David Duband Un viticulteur encensé par la critique : testez ses vins des hautes côtes de Nuits en rouge comme en blanc et vous comprendrez pourquoi... *Village 21220* ***Chevannes*** *(10km à l'ouest de Nuits-Saint-Georges) Tél. 03 80 61 35 25 Sur rdv*

Cavon de Bacchus Petit caveau réputé pour sa sélection de très grands vins. *19, rue Crébillon 21700* ***Nuits-Saint-Georges*** *Tel. 03 80 61 15 32 Ouvert lun.-sam. 9h-12h, 14h-19h*

● Côte et hautes côtes de Beaune

Pour faire un détour par les caves de Beaune ou acheter du vin dans les domaines de Pommard, consultez les adresses regroupées dans les encadrés ci-après.

Magnum Deux boutiques à Beaune, qui, l'été venu, se transforment en bar à vins. Des prix raisonnables et une gamme séduisante. *15, rue Monge 21200* ***Beaune*** *Tél. 03 80*

22 69 44 Ouvert juin-sept. : tlj. 9h-19h ; oct.-mai : lun.-sam. 9h30-12h et 14h-19h, dim. 10h-12h et 14h-19h

Château de Pommard On pénètre dans le "sanctuaire" : dans les caves souterraines de ce château mythique reposent 400 000 bouteilles et des centaines de fûts de chêne. Cadre exceptionnel dans lequel les œnologues de Pommard convient à une dégustation personnalisée. *5, rue Marey-Monge 21360* ***Pommard*** *(4km au sud de Beaune) Tél. 03 80 22 12 59 www.chateaudepommard.com Ouvert mars-nov. : tlj. 9h30-18h30 Visite et dégustation 18€*

Château de Meursault Dégustation de meursault et de marsannay, et visite libre des caves du château de Meursault. *Rue du Moulin-Foulot 21190* ***Meursault*** *(8km au sud de Beaune) Tél. 03 80 26 22 75 www.chateau-meursault.com Ouvert tlj. 9h30-12h et 14h30-18h Tarif 15€*

Cave des Vieilles Vignes Sélection des meilleurs crus des maisons de négoce et des propriétaires-récoltants, vendus au prix du domaine. *13, pl. de l'Hôtel-de-Ville 21190* ***Meursault*** *(8km au sud de Beaune) Tél. 03 80 21 29 07 www.cavedesvieillesvignes.com Ouvert tlj. 9h-12h et 14h-19h*

Domaine Carré Passez un petit coup de fil et votre dégustation s'organisera très facilement. Denis Carré fait goûter quelques-uns de ses bons crus. *Rue du Puit-Bourret 21190* ***Meloisey*** *(10km à l'ouest de Beaune) Tél. 03 80 26 02 21 Sur rdv*

Caveau de Puligny Dans sa boutique, Julien Wallerant, caviste-sommelier érudit et renommé, aligne des centaines de références (environ 60 000 bouteilles de 6 à 350€).

Tournée des caves à Beaune

Caves Patriarche Visite insolite dans un dédale de caves creusées du XIIIe au XVIIe siècle. En fin de parcours, dégustations à la bougie avec un sommelier. *5, rue du Collège Tél. 03 80 24 53 78 www.patriarche.com Ouvert tlj. 9h30-11h30 et 14h-17h30 Tarif 10€*

Bouchard aîné et fils Déambulation dans des caves du XVIIIe siècle, ponctuée de cinq pauses sensorielles. La visite se clôt sur une dégustation de crémants. *4, bd du M^al^-Foch Tél. 03 80 24 06 66 Ouvert mars-déc. : tlj. 9h30-12h30 et 14h-18h30 ; jan., fév. : mar.-dim. 9h30-12h30 et 14h-18h30 Tarif 9,50€*

Couvent des Cordeliers Le plus ancien couvent de Beaune organise des dégustations dans ses caves du XIIIe siècle : un cadre magnifique et de bons crus. *Rue de l'Hôtel-Dieu 21200 Beaune Tél. 03 80 25 08 85 Ouvert tlj. 9h30-11h30 et 14h-7h30 Tarif 7€*

incontournable

Néophytes ou amateurs, les curieux qui prennent un cours d'œnologie dans cette école de dégustation boivent les paroles limpides du spécialiste. Choisissez la formule selon votre niveau (de 21 à 28€). Programme détaillé sur le site Internet. **Sensation Vin** *1, rue d'Enfer 21200* ***Beaune*** *Tél. 03 80 22 17 57 www.sensation-vin.com Ouvert tlj. 9h-19h*

petits prix

Direction Aloxe-Corton pour repartir avec de beaux flacons à prix modérés. Au domaine Cachat-Oquidant, quelques vins sont disponibles pour moins de 10€ et vous pourrez craquer pour le grand cru local, le corton, aux alentours de 40€. **Domaine Cachat-Oquidant** *3, pl. du Souvenir 21550* ***Ladoix-Serrigny*** *(8km au sud de Beaune) Tél. 03 80 26 45 30 Sur rdv*

Dégustation commentée. *1, rue de Poiseul 21190* ***Puligny-Montrachet*** *(12km au sud de Beaune) Tél. 03 80 21 96 78 Ouvert mars-oct. : tlj. 9h30-20h ; nov.-fév. : mar.-dim. 9h-12h, 15h-18h Tarif 10€*

Château de Chassagne-Montrachet Les caves du XIVe siècle se prêtent à de délicates dégustations. *5, rue du Château 21190* ***Chassagne-Montrachet*** *(16km au sud de Beaune) Tél. 03 80 21 98 57 www.michelpicard.com Ouvert mars.-nov. : lun.-sam. 10h-17h Tarif 12€*

Abbaye de Morgeot Dans un cadre champêtre à souhait, ce domaine invite à des dégustations conviviales des crus issus d'un vignoble cultivé en agriculture raisonnée. *21190* ***Chassagne-Montrachet*** *(16km au sud de Beaune) Tél. 03 80 21 30 77 www.abbayedemorgeot.com Ouvert avr.-oct. : sam. 14h-18h ; nov.-mars : sur rdv*

Château de Philippe de Hardi Accueil au caveau-vente de ce domaine de renom, où l'on déguste mercurey et clos-de-vougeot "grand cru". *1, rue du Château 21590* ***Santenay*** *(19km au sud de Beaune) 03 80 20 61 87 www.chateau-de-santenay.com Ouvert avr.-oct. : tlj. 10h-18h*

visite

La cité du vin ne doit pas sa renommée à ses seules caves de dégustation : les tuiles vernissées de la toiture de l'hôtel-Dieu éblouissent chaque année le regard de nombreux visiteurs. À ne pas manquer, la vente aux enchères des vins des hospices de Beaune (3e dim. de nov.). **Hôtel-Dieu-Hospices de Beaune** *Rue d'Enfer 21200* ***Beaune*** *Tél. 03 80 22 08 19 Ouvert jan.-mars : tlj. 9h-11h30 et 14h-17h30 ; avr.-nov. : tlj. 9h-18h30 ; déc. : tlj. 9h-11h30 et 14h-17h30 Tarif 6,50€, réduit 2,80€*

petits prix

Les étiquettes du domaine Gelin ne brillent pas par leur modernisme, mais l'essentiel est là : les vins, comme ce fixin sous la barre des 11€, sont bons.**Domaine Gelin** *2, rue du Chapitre 21220* ***Fixin*** *(13km au sud de Dijon)Tél. 03 80 52 45 24 www.domaine-pierregelin.fr Sur rdv*

insolite

Une exploration ludique dans l'univers des vins effervescents, et notamment du crémant. Divertissant et magique ! **Imaginarium** *Av. du Jura 21700* ***Nuits-Saint-Georges*** *Tél. 03 80 62 61 40 www.imaginarium-bourgogne.com Ouvert lun. 14h-17h30, mar.-dim. 10h-17h30 Tarif 8€, réduit 5€*

Accorder mets et vins

● Côte et hautes côtes de Nuits

Auberge du Clos du Roy Deux menus gastronomiques déclinés autour du marsannay : 22€ pour les blancs, 28€ pour les rouges. *2, pl. Anne-Laprevote 21300* ***Chenôve*** *(5km au sud de Dijon) Tél. 03 80 27 17 39 www.aubergeduclosduroy.com Ouvert lun.-jeu. 12h-14h30, ven. 12h-14h30 et 19h-23h, sam. 19h-23h*

Chez Guy-Pinot noir En plein cœur de Gevrey, cette table est fréquentée par les grands viticulteurs locaux. Menus de 29,50 à 39€, vin au verre à partir de 5€. Ne repartez pas sans faire un tour à la boutique du Pinot noir pour y acheter quelques flacons. *3, pl. de la Mairie 21220* ***Gevrey-Chambertin***

Sur la route du crémant

Dans le nord de la Côte-d'Or et aux portes de la Champagne, le Châtillonnais possède un vignoble deux fois millénaire, qui fait la part belle au **crémant** de Bourgogne. Passez à l'office de tourisme de Châtillon-sur-Seine pour retirer le dépliant *Route du Crémant* (boucle de 120km), puis partez déguster ce vin pétillant chez les exploitants. **OT Châtillon-sur-Seine** *Pl. Marmont 21400* ***Châtillon-sur-Seine*** *Tél. 03 80 91 13 19www.pays-chatillonnais.fr*

La Côte-d'Or, terre de prédilection du pinot noir et du chardonnay.

(11km au nord de Nuits-Saint-Georges) Tél. 03 80 58 51 51 www.chez-guy.fr **Chez Guy** *Ouvert avr.-nov. : tlj. 12h-14h et 19h-21h ; jan.-mars et déc. : lun.-sam. 12h-14h et 19h-21h* **Pinot noir** *Ouvert tlj. 9h-18h*

● Côte et hautes côtes de Beaune

Caves Madeleine On s'attable en repérant de beaux produits sur l'ardoise et on choisit son vin dans les casiers à bouteilles. Formule à partir de 14€, vin au verre autour de 6€. *8, rue du Faubourg-Madeleine 21200* ***Beaune*** *Tél. 03 80 22 93 30 Ouvert lun.-mer. et sam. midi et soir, ven. soir*

Table du Comte Senard Un domaine converti dans l'œnotourisme : on y déjeune à la faveur d'une dégustation commentée, en plein cœur du vignoble d'Aloxe-Corton. Menus de 35 à 55€. *21420* ***Aloxe-Corton*** *(6km au nord de Beaune) Tél. 03 80 26 41 65 www.domainesenard.com Ouvert mar.-sam. sur réservation*

La Bouzerotte Olivier Robert a fait ses classes chez quelques grands chefs de la région avant d'ouvrir son propre restaurant. Excellente adresse et belle carte des vins. Menu à 17,50€ (midi) et de 24 à 34€ le soir. *21200* ***Bouze-lès-Beaune*** *(7km au nord-ouest de Beaune) Tél. 03 80 26 01 37 www.labouzerotte.com Ouvert mer.-dim. 12h-14h et 19h-21h*

Table d'Olivier Leflaive Dégustation commentée d'une dizaine de crus, accompagnée de petits plats du terroir (de 25 à 60€). Chambres luxueuses à partir de 100€. *Pl. du Monument 21190* ***Puligny-Montrachet*** *(12km au sud de Beaune) Tél. 03 80 21 95 27 www.maison-olivierleflaive.fr Ouvert lun.-sam. midi et soir Fermé jan.*

petits prix

Le meursault coûte, il est vrai, assez cher, mais Pascal Prunier, avec sa gentillesse habituelle, ne vous laissera pas repartir sans avoir goûté à cette appellation si convoitée. Premiers prix à partir de 12,50€ pour un saint-romain blanc. **Domaine Prunier-Bonheur** *23, rue des Plantes 21190* ***Meursault*** *(8km au sud de Beaune) Tél. 03 80 21 66 56 Sur rdv.*

bon à savoir

La côte de Beaune bucolique et à votre rythme... à bicyclette bien sûr ! La véloroute Beaune-Santenay relie les vignobles de Pommard, Meursault et Puligny-Montrachet. **Voie des Vignes** ***Départ*** *Parc de la Bouzaize à Beaune* ***Arrivée*** *Santenay* ***Parcours*** *22km*

incontournable

Officiellement, le domaine de la **Romanée-Conti** (non ouvert à la visite) ne souhaite pas que ses bouteilles se "baladent"... voilà pourquoi chaque exemplaire est numéroté. Les revendeurs s'engagent également à vendre ce cru mythique à ceux qui le consommeront sur place. Quelques pistes pour espérer trouver ce précieux nectar : le cavon de Bacchus à Nuits-Saint-Georges et la cave Grands Bourgogne à Brochon.

insolite

Envie de prendre soin de vous ? Filez au Spa Bourgogne pour un bain voluptueux aux raisins rouges (26€) ou un enveloppement à la pulpe de raisin (32€). À consommer avec délectation ! **Spa Bourgogne** *5, rue du Château 21200* ***Beaune*** *Tél. 03 80 21 19 91 Ouvert lun.-sam. sur rdv*

Une journée de tentations à Pommard

Ne manquez pas la dégustation au château de Pommard, véritable incontournable !
Déguster du vin Le caveau du village possède de beaux flacons. **Les domaines de Pommard** *Pl. de l'Europe Tél. 03 80 24 17 20 Ouvert tlj. 10h-18h30*
Acheter au domaine Prenez rendez-vous chez les exploitants du village pour déguster et craquer sur quelques bouteilles "coups de cœur".
Parent *3 rue de La Métairie Tél. 03 80 22 15 08*
Lejeune *Pl. de l'Église Tél. 03 80 22 90 88*
Moissenet-Bonnard *Route d'Autun Tél. 03 80 24 62 34*
Aleth Girardin *Route d'Autun Tél. 03 80 22 59 69*
De Courcel *Rue Notre-Dame Tél. 03 80 22 10 64*
Déjeuner ou dîner Au choix : Auprès du clocher, une merveille de restaurant (menus de 28 à 68€) ou, tout aussi recommandable, la table d'hôtes du château de Pommard (menu unique à 30€). **Auprès du clocher** *1, rue de Nackenheim Tél. 03 80 22 21 79 Ouvert lun. et jeu.-dim. midi et soir* **La Table de Pommard** *15, rue Marey-Monge Tel. 03 80 22 12 59 Ouvert avr.-nov. : lun.-mar. et jeu.-dim. midi uniquement*
Passer la nuit Réservez dans cet hôtel cosy situé au pied de la prestigieuse parcelle éponyme (95 à 125€).
Clos du Colombier *Route d'Ivry Tél. 03 80 22 00 27*

Le Chassagne Dans cette ancienne maison familiale du domaine Colin, Stéphane Léger prépare une cuisine régionale raffinée. Très belle carte des vins. Menus de 25 à 65€. *4, impasse des Chenevottes 21190* ***Chassagne-Montrachet*** *(16km au sud de Beaune) Tél. 03 80 21 94 94 www.restaurant-lechassagne.com Ouvert mar. et jeu.-sam. 12h30-14h30 et 19h30-21h30, mer. et dim. 12h30-14h30*
Château de Chassagne-Montrachet La demeure néoclassique décorée dans un esprit contemporain accueille une table d'hôtes d'exception. Menu "accord mets et vins" de 40 à 50€. *5, rue du Château 21190* ***Chassagne-Montrachet*** *(16km au sud de Beaune) Tél. 03 80 21 98 57 www.michelpicard.com Ouvert avr.-nov. : lun.-mar. et jeu.-dim. déjeuner uniquement (rés. conseillée)*

Séjourner dans les vignes

● Côte et hautes côtes de Nuits

La Colombière Réputée pour ses vins, Anne Gros a aménagé dans une dépendance de son domaine 4 chambres charmantes. Double à partir de 75€. Dégustation possible des vins du domaine. *11, rue des Communes 21700* ***Vosne-Romanée*** *(3km au nord de Nuits-Saint-Georges) Tél. 03 80 61 07 95 www.maison-lacolombiere.com*

Maison de Concœur Cette ancienne demeure subtilement rénovée abrite un gîte confortable de 3 chambres (6 pers.). Comptez 850/sem. (été), 350€/w.-e. et 750€/sem. (hors saison). À la demande, Nathalie Méo vous organisera des séjours découverte du vignoble. *21700* ***Concœur-et-Corboin*** *(5,5km au nord-ouest de Nuits-Saint-Georges) Tél. 03 80 61 11 05 www.meo-camuzet.com*

Val de Vergy Quatre suites ont été aménagées dans une maison de vigneron du XVIIe siècle, véritable havre de paix. Double de 60 à 68€. *Hameau de Pellerey 21220* ***Curtil-Vergy*** *(7km au nord de Nuits-St-Georges) Tél. 03 80 61 41 62 www.valdevergy.com*

● Côte et hautes côtes de Beaune

Jardins de Loïs Cinq belles chambres de caractère et un immense jardin en plein cœur de Beaune (de 135 à 185€). Possibilité de déguster plusieurs vins du domaine Dufouleur. *8, bd Bretonnière 21200* ***Beaune*** *Tél. 03 80 22 41 97 www.jardinsdelois.com*

Villa-Louise Chambres avec vue imprenable sur le vignoble, caveau de dégustation (achat de bouteilles à partir de 8,50€), parc, piscine et espace détente. Double de 98 à 190€. *9, rue Franche 21420* ***Aloxe-Corton*** *(6km au nord de Beaune) Tél. 03 80 26 46 70 www.hotel-villa-louise.fr*

Domaine Rocault Cinq chambres d'hôtes qui répondent aux doux noms d'appellations produites par ce domaine familial. Double à 66€. *Orches 21340* ***Baubigny*** *(15km au sud-ouest de Beaune) Tél. 03 80 21 78 72 www.bourgogne-rocault.com*

visite

Prenez le temps de découvrir le patrimoine égrené le long de la route des Grands Crus. La plupart des châteaux offrent à la suite de la visite une dégustation des vins du domaine.

Château de Savigny *Tél. 03 80 20 61 87 Tarif 9€*

Clos de Vougeot *Tél. 03 80 62 86 09 Tarif 4€*

Château de Pommard *Tél. 03 80 22 12 59 Tarif 18€*

Château de Meursault *Tél. 03 80 26 22 75 Tarif 15€*

Château de Chassagne-Montrachet *Tél. 03 80 21 98 57 Tarif 12€*

Le clos de Vougeot, incontournable de la côte de Nuits.

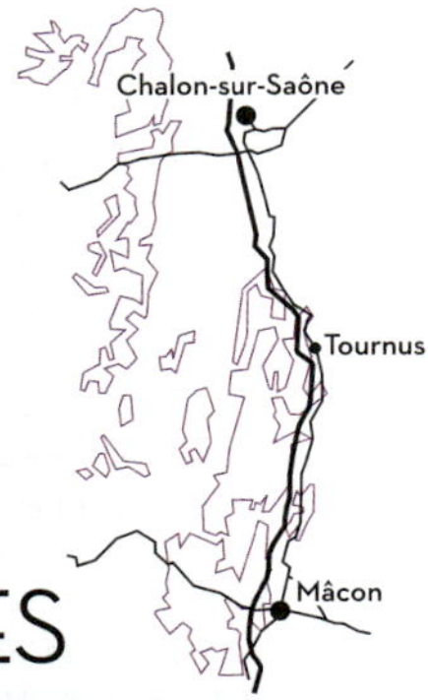

Saône-et-Loire

LES ROCHES VINEUSES

La Bourgogne du Sud, qui s'étire dans le prolongement de la côte de Beaune et s'étend jusque dans les terres beaujolaises, profite d'un climat plus doux qu'au nord. La Saône-et-Loire, tout en coteaux et en vallons, réunit les ingrédients nécessaires pour faire de grands vins : ici naissent des crus fleuris et légers, doux comme les paysages de cette vallée vineuse.

La côte chalonnaise

Extension naturelle de la Côte-d'Or, la côte chalonnaise s'étend sur 25km entre la côte de Beaune et le Mâconnais. Bouzeron, mercurey, rully, givry, montagny : cinq appellations communales se partagent le haut de l'affiche de ce vignoble discret, mais en aucun cas timide. Que ce soit en rouge (pinot noir) ou en blanc (chardonnay), les vins produits ici ont du caractère, tout comme les viticulteurs, qui se battent pour faire de la côte chalonnaise une grande appellation.

Le Mâconnais, au pays du chardonnay

Le cépage emblématique du Mâconnais trouve son terrain de prédilection sur une cascade de collines, frontières naturelles du sud de la Bourgogne. Autour des célèbres roches de Solutré et de Vergisson naissent les "**grands blancs du Mâconnais**" : viré-clessé, pouilly-fuissé, pouilly-vinzelles, pouilly-loché et saint-véran. Les vins blancs sont réputés pour leur fraîcheur, et les vins rouges à déguster dès leur première jeunesse. En continuant plus au sud, le Mâconnais flirte avec le **Beaujolais**. Sur plus de 20 000ha de vignobles, le cépage gamay noir à jus blanc est roi, notamment sur les sols granitiques du nord. Saint-amour, juliénas, chénas, moulin-à-vent, fleurie, chiroubles, morgon, régnié, brouilly et côte-de-brouilly : les dix crus les plus réputés du Beaujolais tirent leur épingle du jeu avec des vins rouges fins, agréables et bouquetés.

petits prix

C'est en Saône-et-Loire, dans les côtes mâconnaise et chalonnaise, que l'on trouvera le meilleur rapport qualité-prix pour les vins de Bourgogne. Les blancs y sont excellents (montagny, rully, saint-véran, pouilly-fuissé...), les rouges (givry, mercurey, rully...) plus fruités, moins tanniques, bref plus simples et surtout moins chers qu'en Côte-d'Or. Et, pour une Bourgogne moins huppée, faites escale dans le Beaujolais !

Prendre la route

La **route des Grands Vins** vous guidera à travers les vignobles de la côte chalonnaise, mais aussi des Maranges et du Couchois : un itinéraire balisé d'une centaine de

L'aligoté : deux AOC en monocépage

Les deux seules appellations monocépage en Bourgogne sont le **saint-bris**, dans l'Yonne, et le **bouzeron**, dans le vignoble de la côte chalonnaise. L'aligoté a fait la réputation de ces vins blancs secs, tendres et vifs. D'aucuns vantent également sa rondeur et sa finesse, que l'on ne rencontre nulle part ailleurs en Bourgogne dans ce cépage. Cette excellence a valu aux aligotés de Bouzeron d'obtenir une AOC village en 1997.

Ci-contre
La silhouette de la Roche de Solutré.

incontournable

Véritable ambassadrice des vins de Bourgogne du Sud, la coopérative de Buxy regroupe les flacons d'une centaine de vignerons de la côte chalonnaise. Visite et dégustation gratuite. **Cave des vignerons de Buxy** *Les Vignes de la Croix 71390* ***Buxy*** *(14km au sud de Chalon) Tél. 03 85 92 04 30 www.vigneronsdebuxy.fr Ouvert lun.-sam. 9h-12h et 14h-18h30*

kilomètres pour découvrir à vélo ou en voiture les coteaux plantés de vignes entre Santenay et Saint-Gengoux-le-National.
Pour ne pas vous perdre dans le vignoble du Mâconnais, laissez-vous guider par les panneaux "Suivez la grappe" : la **route des Vins Mâconnais-Beaujolais** serpente sur 70km au fil des collines du sud de la région. Un parcours rythmé par les dégustations au domaine, les balades dans la campagne, et les visites culturelles.

Déguster et acheter du vin

● Côte chalonnaise

Cellier Saint-Vincent En plein cœur de Chalon-sur-Saône, ce caviste aligne une impressionnante sélection de vins, bourguignons ou non. *14, pl. Saint-Vincent 71100* ***Chalon-sur-Saône*** *Tél. 03 85 48 78 25 Ouvert mar.-sam. 9h-12h15 et 14h-19h30, dim. 9h-12h15*

Terroirs et millésimes Une excellente cave qui propose un éventail des meilleurs vins de Bourgogne et d'ailleurs, certains vendus au prix du domaine. On craque pour "les introuvables", trésors dénichés par Lyonel Leconte, ancien meilleur sommelier de France. *36, rue de Strasbourg 71100* ***Chalon-sur-Saône*** *Tél. 03 85 48 01 48 Ouvert lun.-ven. 14h-18h*

Maison des vins de la côte chalonnaise Une offre rigoureuse établie par des œnologues et des vignerons érigés en jury deux fois par an, qui notent sans complaisance les 122 vins qui seront vendus ici. *2, promenade Sainte-Marie 71100* ***Chalon-sur-Saône*** *Tél. 03 85 41 64 00 www.maisonvins.bourgogne.com Ouvert lun.-sam. 9h-19h*

Domaine Debavelaere Amoureuse de Rully, Anne-Sophie Debavelaere y a créé son propre domaine. Notre coup de

Escapade en Couchois

À l'ouest de la côte chalonnaise, le petit vignoble du Couchois (Dracy-lès-Couches, Saint-Jean-de-Trézy, Saint-Maurice-lès-Couches, Saint-Pierre-de-Varennes et Saint-Sernin-du-Plain) donne des bourgognes rouges et blancs, colorés et robustes, et sans doute un peu rustiques. Le château de Couches, forteresse du XIIe siècle, invite à des dégustations de vins blanc et rouge, dont certains bénéficient de l'appellation côte-du-couchois. **Château de Couches** *71490* **Couches** *(17km au sud-est d'Autun) Tél. 03 85 45 57 99 Dégustations juin-sept. tlj. à 11h15, 15h30 et 17h30 Tarif de 1,50 à 4,50€*

cœur : le rully blanc Clos du Moulin à vent. *21, rue des Buis 71150* ***Rully*** *(17km au nord de Chalon) Tél. 03 85 48 65 64 ou 06 80 38 66 16 www.rois-mages.com Sur rdv*

À ma cave Les propriétaires de cette cave font goûter les crus de leur vignoble et ceux d'amis et confrères de la côte chatillonnaise. *40, Grande-Rue 71640* ***Mercurey*** *(13km à l'ouest de Chalon) Tél. 03 85 45 28 28 www.amacave-mercurey.com Ouvert lun.-sam. 9h-12h et 14h-18h30, dim. 10h-12h*

Robe & Grenat Philippe Strauel n'hésite pas à traverser la France entière pour dénicher de belles bouteilles. Chaque mois, de nouveaux domaines sont à l'honneur dans sa boutique, où l'on peut acheter les yeux fermés. *2, pl. de l'Église 71640* ***Givry*** *(9km à l'ouest de Chalon) Tél. 06 75 72 37 47 www.robegrenat.com Ouvert lun.-sam. 9h-12h et 14h-19h, dim. 9h30-12h*

Domaine Sarrazin Ce domaine de plus de 30ha propose une gamme d'appellations représentative de la côte chalonnaise : bourgogne aligoté, crémant, givry et mercurey. Si vous souhaitez prolonger le séjour, la famille Sarrazin dispose d'un gîte (335€/sem.). *Charnailles 71640* ***Jambles*** *(16km à l'ouest de Chalon) Tél. 03 85 44 30 57 www.sarrazin-michel-et-fils.fr Ouvert lun.-sam. 9h-12h et 13h30-19h, dim. 9h-12h*

● Mâconnais

Cave des vignerons de Mancey Arrêt conseillé dans ce caveau, riche d'un très large choix de vins d'appellation bourgogne. *Route nationale 71700* ***Tournus*** *Tél. 03 85 51 00 83 www.cave-mancey.com Ouvert lun.-ven. 8h-12h et 14h-18h*

Maison mâconnaise des vins On y découvre toutes les appellations de la Bourgogne du Sud, sans exception. Dégustations commentées et belle sélection de produits locaux. *484, av. de Lattre-de-Tassigny 71000* ***Mâcon*** *(au bord de la N6, dir. Chalon) Tél. 03 85 22 91 11 www.maison-des-vins.com Ouvert tlj. 9h-19h*

Cave de Charnay-lès-Mâcon Une petite centaine de vignerons de la région confient leurs vendanges à cette cave (vins blancs, rouges et crémants). *Chemin de la Cave 71850* ***Charnay-Lès-Mâcon*** *(4km à l'ouest de Mâcon) Tél. 03 85 34 54 24 Ouvert lun.-sam. 9h-12h et 14h-18h, dim. 9h30-12h et 15h-18h*

L'Œnotothèque Si vous vous aventurez près de la Roche de Solutré, profitez-en pour faire une pause dans cet espace de vente contemporain : jolie sélection de vins du Mâconnais et dégustation gratuite. *Route du Clos-Fuissé 71960* ***Fuissé*** *(9km au sud-ouest de Mâcon) Tél. 03 85 32 90 48 Ouvert avr.-sept. : tlj. 10-12h et 15h-18h30 ; oct.-mars. : lun.-ven. 10-12h et 15h-18h30, sam.-dim. sur rdv*

petits prix

Les maranges, appellation de la côte de Beaune officiellement ancrée en Saône-et-Loire, nous dévoilent une Bourgogne très raisonnable. Au domaine Contat-Grangé, on découvre onze appellations à prix doux (santenay, côte-de-beaune, maranges, etc.), toutes situées autour de Dezize. **Domaine Contat-Grangé** *Grande-Rue 71150* ***Dezize-lès-Maranges*** *(27km au nord de Chalon) Tél. 03 85 91 15 87 www.contat-grange.com Sur rdv*

incontournable

Démonstrations culinaires, soirées dégustation, balades dans les vignes, hébergement, caveau... Les vignerons des Terres secrètes sortent le grand jeu ! À Prissé, sur les superbes terres mâconnaises, ce groupement coopératif de vignerons invite à faire une halte et à déguster les grands blancs, comme le saint-véran et le pouilly-fuissé. **Vignerons des Terres secrètes** *Les Grandes Vignes 71960* ***Prissé*** *(7km à l'ouest de Mâcon) Tél. 03 85 37 64 89 www.vigneron-beaujolais.com Ouvert tlj. 9h-12h30 et 13h30-18h30*

bon à savoir

La ville de Givry fête l'arrivée de l'été avec force douceurs à écouter et à boire ! Embarquez le temps d'un concert dans l'univers de musiciens sans frontières (classique, blues, musique du monde, etc.), et dégustez dans ses caves les vins de la côte chalonnaise. Ambiance garantie ! **Les Musicaves** *71640 **Givry** (9km à l'ouest de Chalon) www.musicaves.fr Fin juin-début juil.*

visite

Georges Dubœuf, parfois surnommé le "roi du beaujolais", a ouvert en 1993 un hameau du vin entièrement dédié au beaujolais. Une aventure ludique et didactique à vivre en famille : musée du vin, films en 3D, théâtre optique, visite de la cave... Et détour par la boutique pour acheter quelques crus de la région. **Hameau Dubœuf** *La gare 71570 **Romanèche-Thorins** (17km au sud de Mâcon) Tél. 03 85 35 22 22 www.hameauduvin.com Ouvert avr.-oct. : tlj. 9h-19h ; nov.-mars : tlj. 10h-18h Tarif avr.-déc. : 16€ ; jan.-mars : 13€*

Atrium L'union des producteurs de pouilly-fuissé vous invite à découvrir les cinq terroirs du cru (Chaintré, Fuissé, Pouilly, Solutré et Vergisson), mais également quelques jolies bouteilles issues des villages voisins. Accueil souriant. *Pl. de Solutré 71960 **Solutré-Pouilly** (10km à l'ouest de Mâcon) Tél. 03 85 35 83 83 www.pouilly-fuisse.net Ouvert avr.-oct. : mar.-sam. 10h-12h et 14h-18h ; jan.-mars, nov.-déc. 9h-12h et 14h-18h*

Domaine de la Soufrandière Les "Bret Brothers" sont des fervents défenseurs du bio, ils font des merveilles sur les appellations du Mâconnais, tel le pouilly-vinzelles. *71680 **Vinzelles** (8km au sud de Mâcon) Tél. 03 85 35 67 72 www.bretbrothers.com Dégustation sur rdv*

Château de la Greffière Ce domaine vous accueille pour une visite de son petit musée de la vigne et du vin, et pour une dégustation de quelques crus du Mâconnais. À ne pas manquer, le mâcon La Roche-Vineuse, très fruité et aux arômes de sous-bois. *71960 **La Roche-Vineuse** (15km à l'ouest de Mâcon) Tél. 03 85 37 79 11 www.chateaudelagreffiere.com* **Musée** *Ouvert mi-mars-mi-nov. : tlj. 9h-12h et 14h-18h30 Tarif 7€* **Dégustation** *Sur rdv*

Accorder mets et vins

● Côte chalonnaise

Le Vendangerot La table de cette auberge simple et accueillante est des plus agréables avec sa carte des vins quasiment entièrement dédiée aux producteurs de Rully. Menus à partir de 27€. *6, pl. Sainte-Marie 71150 **Rully** (17km au nord de Chalon) Tél. 03 85 87 20 09 www.vendangerot.fr Ouvert lun. et jeu.-dim. midi et soir*

Le Beaujolais fait-il vraiment partie de la Bourgogne ?

D'un point de vue historique, la question est discutable, car le Beaujolais a toujours été rattaché à la province du Lyonnais. Mais, d'un point de vue purement géographique, ce territoire est le prolongement naturel de la Bourgogne, et du Mâconnais en particulier. Il y aussi le cépage, le fameux gamay, typiquement bourguignon. Enfin, d'un point de vue économique, les vins du Beaujolais sont traditionnellement commercialisés par des négociants bourguignons (la moitié de la production est d'ailleurs exportée). Il est donc grand temps de mettre fin à cette idée reçue et de considérer le beaujolais comme un vin de la région !

Vendanges à la main au petit matin.

Hostellerie du Val d'Or L'ancien relais de poste du village fait rimer authenticité avec simplicité : une carte régionale et traditionnelle, où le mercurey tient une belle place. Menus entre 29 et 76€ le soir. *Grande-Rue 71640* ***Mercurey*** *(13km à l'ouest de Chalon) Tél. 03 85 45 13 70 www.le-valdor.com Ouvert mar. 19h30-21h, mer.-dim. 12h-14h et 19h30-21h*

● Mâconnais

Auberge de Jack Nappes à carreaux et grandes tablées, plats savoureux et sans chichi : une auberge charmante et appréciée des viticulteurs locaux. Menu à 12€ (midi) et 18€ (soir). *Le bourg 71960* ***Milly-Lamartine*** *(12km au nord-ouest de Mâcon) Tél. 03 85 36 63 72 Ouvert juin-sept. : mar. midi, mer.-sam. midi et soir, dim. midi ; oct.-mai : mar.-jeu. midi, ven.-sam. midi et soir, dim. midi*

La Courtille Un petit restaurant où le chef mitonne des produits frais de façon inventive et gourmande. Jolie carte des vins aux couleurs du mâconnais. Formule déjeuner à 17€, et menu à 20€. *71960* ***Solutré-Pouilly*** *(10km à l'ouest de Mâcon) Tél. 03 85 35 80 73 www.lacourtilledesolutre.fr Ouvert juin-sept. : mar. et dim. midi, mer.-sam. midi et soir ; oct.-mai : mer.-sam. midi et soir, dim. midi*

Le Fin Bec Escargots, grenouilles, coq au vin, andouillette au saint-véran... Le Fin Bec mets les petits plats dans les grands pour vous faire goûter la cuisine régionale. Premier menu à 12,50€. *71570* ***Leynes*** *(14km au sud de Mâcon) Tél. 03 85 35 11 77 www.lefinbec.com Ouvert mar.-mer. et ven.-sam. midi et soir, jeu. et dim. midi*

incontournable

La roche qui domine la commune de Solutré-Pouilly est un site emblématique de Saône-et-Loire. Phénomène géologique rare, elle est classée, au même titre que le Mont-Saint-Michel, au rang de "grand site naturel de France". Du sommet de la Roche de Solutré, la vue embrasse les rangs bien ordonnés de vignes (pouilly-fuissé et saint-véran). **Sentier de la Roche de Solutré** ***Départ*** *Parking Panorama des deux roches (à côté de l'entrée du musée)* ***Durée*** *45min env. AR*

visite

La route des châteaux de Bourgogne du Sud égrène 17 demeures d'exception, dont certaines organisent des dégustations. *www.bourgogne-du-sud.com*

Château de Rully Dégustations des vins du domaine de cette forteresse médiévale. *71150 **Rully** (17km au nord de Chalon) Tél. 03 85 87 20 89 Juil.-août : mer.-dim. à 15h, 16h et 17h Tarif 2€*

Château de Chamilly Balade à vélo ou à cheval dans les vignes, puis dégustation de mercurey. *71510 **Chamilly** (20km au nord-ouest de Chalon) Tél. 03 85 87 22 24 Sur rdv Tarif 30€*

Château de Pierreclos Dégustation commentée dans cet étonnant château viticole du val Lamartinien. *71960 **Pierreclos** (12km à l'ouest de Mâcon) Tél. 03 85 35 73 73 Ouvert avr.-oct. : tlj. 10h-18h ; nov.-mars. : lun.-jeu. 10h-12h et 14h-17h, ven.-sam. 10h-12h et 14h-16h Fermé jan. Tarif 3€*

Ci-contre Raisins gorgés de soleil.

Séjourner dans les vignes

● Côte chalonnaise

Clos Belloy Quatre chambres d'hôtes dans une belle demeure d'un village charmant à deux pas du vignoble. Double à 110€, petit déjeuner inclus. *12, Grande-Rue 71150 **Rully** (17km au nord de Chalon) Tél. 03 85 87 11 38 www.closbelloy.fr*

Moulin Madame Quatre chambres blotties dans un ancien manoir du XVIe siècle (de 70 et 100€ la double), et deux gîtes de charme (700€/sem. pour 8 pers.). Une très bonne adresse en côte chalonnaise. *Rue du Moulin-Madame 71640 **Givry** (9km à l'ouest de Chalon) Tél. 03 85 44 38 50 www.moulinmadame.com*

● Mâconnais

Source des fées Quatre magnifiques chambres d'hôtes les pieds dans les vignes : étape douillette pour les touristes de passage dans le Mâconnais. Double entre 95 et 145€. *Route de Chaintré 71960 **Fuissé** (9km au sud-ouest de Mâcon) Tél. 03 85 35 67 02 www.lasourcedesfees.com*

Auberge du Paradis Un véritable éden avec ses chambres contemporaines (de 115 à 220€), sa piscine et son spa. Aux fourneaux, le chef, Cyril Laugier, mitonne une cuisine gourmande et épicée qui le propulse dans la cour des grands. Menu unique (50€), à déguster avec un verre de saint-amour. *Le Plâtre Durand 71570 **Saint-Amour-Bellevue** (12km au sud de Mâcon) Tél. 03 85 37 10 26 www.aubergedparadis.fr* **Hôtel** *Fermé jan.* **Restaurant** *Ouvert mer.-dim. soir uniquement*

Côté vigne Les propriétaires de ces 5 chambres d'hôtes (de 85 à 120€ la nuit) jouent la carte de l'œnotourisme : découvertes du vignoble, dégustations de vin, atelier cuisine... Du sur-mesure ! *Domange 71960 **Igé** (14km au nord de Mâcon) Tél. 03 85 33 46 64 www.cotevigne.com*

Manoir des Grandes Vignes La cave de Prissé pousse le bouchon jusqu'à accueillir ses visiteurs dans son gîte de groupe (19,50€/nuitée/pers.). *Les Grandes Vignes 71960 **Prissé** (7km à l'ouest de Mâcon) Tél. 03 85 37 84 99 www.manoir-des-grandes-vignes.com*

Relais de Montmartre Cet ancien café de village s'est hissé en un tour de main au rang d'institution : un hôtel-restaurant de charme avec 7 chambres et une suite "vintage" (de 180 à 320€), un espace bien-être et une table gastronomique qui a reçu sa première étoile en 2009 (menus à 36, 49 et 50€). Et des idées insolites, telles ces virées à vélo agrémentées de pique-nique gastronomique dans les vignes : le tout au milieu des célèbres crus de viré-clessé, il fallait oser ! *Pl. André-Lagrange 71260 **Viré** (18km au sud de Tournus) Tél. 03 85 33 10 72 www.relais-de-montmartre.fr*

Nièvre

UN FLIRT AVEC LA LOIRE

À mi-chemin entre Paris et Lyon, la Nièvre écrit une mélodie bourguignonne, où les trois vignobles bercés par la Loire jouent une partition ponctuée de notes blanches.

bon à savoir

Pourquoi le pouilly est-il "fumé" ? Lorsque le sauvignon arrive à maturité, la pruine, une fine pellicule grise, entoure les grains de raisin, lui donnant des reflets couleur fumée. Certains exploitants évoquent d'ailleurs le cépage sauvignon en employant l'expression "blanc-fumé"... mais tous vantent les mérites de son fumet particulier !

incontournable

Néophytes et connaisseurs se donnent rendez-vous dans la bien-nommée boutique Le Vin, située à deux pas de la cité monastique de La Charité-sur-Loire. Tous goûtent aux coups de cœur du patron, ancien restaurateur, les vins du Sancerrois et des coteaux charitois, comme cet excellent blanc "Les Pénitents" d'Alphonse Mellot. Possibilité d'acheter de très belles bouteilles, de la Nièvre et d'ailleurs. **Le Vin** *7, pl. des Pêcheurs 58400* ***La-Charité-sur-Loire*** *Tél. 03 86 70 21 30 Ouvert mar.-sam. 10h-12h30, 15h-19h*

Des vignobles au bord de l'eau

Sur la rive droite du fleuve sauvage, en Bourgogne mais au cœur de la réserve naturelle du Val de Loire, sont nées deux appellations régionales : le **pouilly-fumé** (sauvignon) et le **pouilly-sur-loire** (chasselas). Ces vins à la robe dorée explosent en bouche par leur vivacité et leur souplesse : tour à tour fruités ou à la minéralité marquée, ils accompagnent à merveille les fruits de mer ou les fromages de chèvre frais. Le vignoble voisin produit sous l'étendard de l'AOC **coteaux-du-giennois** toute la gamme des vins : rouge (pinot noir et gamay), rosé et blanc (sauvignon). Des cépages typiquement bourguignons que l'on retrouve également dans le discret vignoble des **coteaux charitois**. Il s'étend sur une cinquantaine d'hectares et donne des vins de pays chaleureux et fruités. Prenez garde à ne pas confondre les appellations nivernaises pouilly-sur-loire et pouilly-fumé, avec le mâconnais pouilly-fuissé !

Prendre la route

La **route des coteaux de Pouilly-Sancerre** serpente sur une quarantaine de kilomètres de Pouilly-sur-Loire aux coteaux du Giennois, en faisant un crochet par la cité médiévale de Sancerre, cette voisine berrichonne qui produit un excellent vin de Loire. Vous pourrez vous ménager des haltes dans les domaines accueillants qu'égrène le fleuve au fil de ses sinuosités et y savourer principalement des vins blancs. Pour un panorama complet des crus nivernais, poussez jusqu'au sud de Clamecy, vers le vignoble de Tannay, ou vers celui du Rioussat, qui borde l'Allier.

Déguster et acheter du vin

Guy Saget Journées vendanges, guinguette, escapade à pied : l'ambassadeur des vins de Pouilly-sur-Loire organise dans ses vignobles des activités à la carte pour pénétrer dans l'intimité du domaine (10€ env.). Dégustations sur rendez-vous. *La Castille 58150* ***Pouilly-sur-Loire*** *Tél. 03 86 39 57 75 www.guy-saget.com*

Tour du Pouilly-Fumé Poussez la porte de cette tour du XVe siècle pour suivre un parcours ludique et pédagogique. Il vous dévoilera les secrets des vins de l'appellation pouilly-fumé, côté viticulture (travail de la vigne, étapes de vinification et témoignages), puis, côté dégustation, trois vins de Pouilly-sur-Loire. *30, rue Waldeck-Rousseau 58150* ***Pouilly-sur-Loire*** *Tél. 03 86 24 04 70 Ouvert mars-juin et sept.-mi-nov. : mar.-dim. 10h-12h30 et 14h-18h30 ; juil.-août : tlj. 10h-19h Tarif 6€*

Domaine Jean Pabion Dans une cave du bord de Loire, le seul producteur représenté à La Charité vous accueille pour une dégustation et un cours sur la vinification traditionnelle. Au menu : pinot, sauvignon et chardonnay. *29, Quai Georges-Clemenceau 58400* ***La Charité-sur-Loire*** *Tél. 03 86 70 30 48 ou 06 06 66 16 51 Sur rdv*

Domaine du Bouchot Avec un arrière-grand-père viticulteur, les Kerbiquet père et fils avaient leur voie toute tracée. Ils produisent des vins blancs secs et fruités sur un vignoble bio de 10ha. Dégustation de pouilly-fumé et de pouilly-sur-loire. *58150* ***Saint-Andelain*** *(4km au nord de Pouilly-sur-Loire) Tél. 03 86 39 13 95 www.domaine-du-bouchot.com Sur rdv*

Accorder mets et vins

Le Coq hardi Une cuisine raffinée à découvrir en regardant filer la Loire. Impressionnante carte des vins, qui met à l'honneur pouilly-sur-loire et pouilly-fumé. Menus de 23,80 à 54€. *42, av. de la Tuilerie 58150* ***Pouilly-sur-Loire*** *Tél. 03 86 39 12 99 www.lecoqhardi.fr Ouvert avr.-sept. : tlj. midi et soir ; oct.-mars : mar. soir, mer.-sam. midi et soir, dim. midi*

bon à savoir

"Eau nous divise, vin nous unit" : la devise de la confrérie des baillis de Pouilly-sur-Loire, qui promeut les vins de la région, évoque la frontière naturelle dessinée par la Loire entre Pouilly et Sancerre. Ajoutons que les vins de Pouilly-sur-Loire, pourtant situés sur la rive droite du fleuve en Bourgogne, sont rattachés aux vignobles de la vallée de la Loire.

Pouilly-sur-Loire, entre coteaux et cours d'eau.

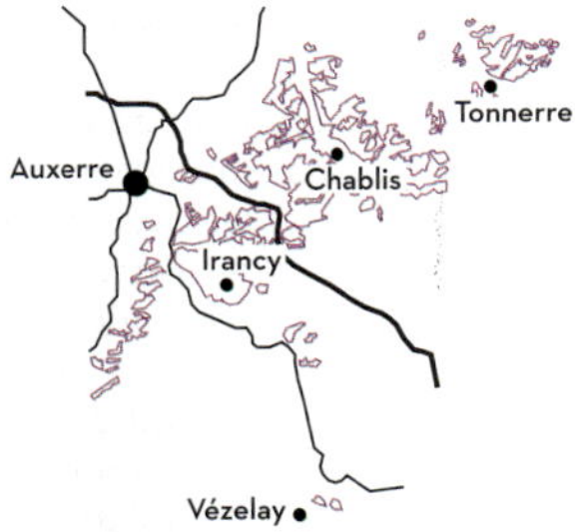

Yonne

UN VIGNOBLE AUX PORTES DE PARIS

La dimension prise par le village est telle que certains néophytes pensent que chablis signifie vin blanc ! Mais les vignobles de l'Yonne ne se résument pas à ce chardonnay à la minéralité sans pareille : une farandole d'appellations dessinent un triangle (rouge et blanc) entre Vézelay, Auxerre et Tonnerre.

Chablisien et Grand-Auxerrois

Le vignoble de **Chablis** s'étend sur une vingtaine de communes et est exploité par plus de 500 viticulteurs. Premier producteur de vin blanc en Bourgogne et terre de prédilection pour le chardonnay, le Chablisien comprend quatre niveaux d'appellation : deux vins vifs et légers, le petit chablis et le chablis, et deux vins de garde, le chablis premier cru et le chablis grand cru. Ces nectars au goût minéral sont particulièrement appréciés au moment de l'apéritif. À découvrir aussi dans l'Yonne, le Grand-Auxerrois, divisé en quatre vignobles : **Auxerrois** (appellations saint-bris-le vineux, vincelottes et irancy), **Jovinien** et **Tonnerrois**, qui tirent leur épingle du jeu en produisant des vins aromatiques – rouge ou blanc – à prix doux, et enfin **Vézelien**, qui couvre à peine 40ha.

bon à savoir

À l'ère secondaire, la région était entièrement recouverte par la mer. Lorsque des moines cisterciens y plantèrent des vignes au cours du XIIe siècle, ils ne se doutaient pas que de l'or dormait sous leurs pieds. Les vins blancs de Chablis doivent à la richesse des sols leur caractère minéral si particulier, aux accents de pierre-à-fusil ou de craie. La mer à boire... avec modération !

Prendre la route

Détournez les yeux du vignoble de Chablis pour prendre le large vers le Grand-Auxerrois. Après avoir fait une pause à Auxerre, charmante cité bordée par l'Yonne, reprenez la route du vignoble en direction de Saint-Bris-le-Vineux, Chitry, Coulanges-la-Vineuse et Irancy : le canal du Nivernais, idéal pour une pause bucolique, fait de discrètes apparitions entre deux vallons. Et pour finir ce voyage initiatique dans l'Yonne, il ne vous reste plus qu'à déguster un vin blanc sur les coteaux de la colline éternelle !

Déguster et acheter du vin

● Chablisien

La Chablisienne Cette coopérative qui regroupe 300 viticulteurs réserve de jolies surprises, comme ce chablis grand cru Château Grenouilles, fierté de la maison. *8, bd Pasteur 89800* ***Chablis*** *Tél. 03 86 42 89 89 www.chablisienne.com Ouvert sept.-juin : tlj. 9h-12h30 et 14h-18h ; juil.-août : tlj. 9h-19h*

Domaine Droin Benoît Droin, vinificateur dynamique et passionné, reçoit directement au domaine pour une dégustation. Notre coup de cœur : le chablis premier cru Fourchaume. *14, bis rue Jean-Jaurès 89800* ***Chablis*** *Tél. 03 86 42 16 78 www.jeanpaul-droin.fr. Ouvert lun.-ven. 8h30-12h et 13h30-17h*

● Auxerrois

Caves Bailly Lapierre Après avoir visité les anciennes carrières de calcaire où l'on conserve le crémant de

Ci-contre
Chablis, capitale du vin blanc en Bourgogne.

petits prix

Le domaine propose des appellations peu médiatiques : Bourgogne Tonnerre rouge et blanc, Bourgogne Épineuil rouge. Les buveurs d'étiquette seront déçus, les autres découvriront que la Bourgogne est généreuse avec ceux qui ont l'esprit ouvert : vins à moins de 10€. Dégustations et gîte. **Domaine Dampt** *1, rue des Violettes 89800* ***Chablis*** *Tél. 03 86 42 47 23*

Bourgogne, dégustez ce vin pétillant. *Hameau de Bailly 89530* ***Saint-Bris-le-Vineux*** *(9km au sud d'Auxerre) Tél. 03 86 53 77 77 www.bailly-lapierre.fr Ouvert mi-mars-mi-nov. : tlj. 14h30-17h30 ; mi-nov.-mi-mars : w.-e. et j. fér., visite guidée à 15h30 et 16h30*

Sorin-Defrance Sauvignon d'un excellent rapport qualité-prix. *11 bis, rue de Paris 89530* ***Saint-Bris-le-Vineux*** *(9km au sud d'Auxerre) Tél. 03 86 53 32 99 Ouvert lun.-sam. 8h-12h et 14h-18h, dim. et j. fér. sur rdv*

Bersan À découvrir, dans des caves des XIe et XIIe siècles, l'irancy de la maison. *20, rue Docteur-Tardieux 89530* ***Saint-Bris-le-Vineux*** *(9km au sud d'Auxerre) Tél. 03 86 53 33 73 Ouvert lun.-sam. 9h-12h et 14h-17h*

Verret Mention spéciale pour l'irancy, cuvée "l'Âme du domaine". Quelques vins en cubitainer, solution idéale pour les campeurs et les amateurs de pique-niques. *7, route de Champs 89530* ***Saint-Bris-le-Vineux*** *(9km au sud d'Auxerre) Tél. 03 86 53 31 81 Ouvert lun.-sam. 8h-12h et 14h-18h*

Une journée en douceur à Chablis

Suivre le guide Formules à la carte avec **Chablis Vititours** : dégustation, visite de domaines et de caves (de 20 à 100€). *Tél. 06 11 47 82 98 www.chablis-vititours.fr*

Se promener Le **sentier des Grands Crus** traverse les sept terroirs du chablis et ménage des vues superbes du vignoble. ***Départ*** *Aire des Clos (à la sortie de la ville, dir. Tonnerre)* ***Parcours*** *Balisage jaune* ***Durée*** *2h30* ***Difficulté*** *Aucune*

Déguster et acheter du vin Rendez-vous aux domaines Droin et Dampt, ou à la coopérative de la Chablisienne (cités ci-dessus).

Pause gourmande Goûtez l'harmonie chablis-escargots aux caves Defaix, ou optez pour les plantureuses assiettes de charcuterie à la Maison de l'andouillette Michel Soulié. **Cave Defaix** *14, rue Auxerroise Tél. 03 86 42 14 44* **Maison de l'andouillette Michel Soulié** *3bis, pl. du G^{al}-de-Gaulle Tél. 03 86 42 12 82*

Pour dîner Au menu de ce restaurant : légumes du potager, escargots de Bourgogne, andouillettes... et du chablis bien sûr ! **La Cuisine au vin** *16, rue Auxerroise Tél. 03 86 18 98 52 Ouvert mer-dim. midi et soir*

Pour la nuit Hôtel charmant et raffiné au cœur de Chablis (double à partir de 60€). **Hostellerie des Clos** *18, rue Jules-Rathier*

Chablis, une ode au chardonnay.

Ghislaine et Jean-Hugues Goiseau Au menu, des vins bio du Grand-Auxerrois : saint-bris, vincelottes, irancy... à déguster dans une cave du XIe siècle. *30, rue Bienvenu-Martin 89530* ***Saint-Bris-le-Vineux*** *(9km au sud d'Auxerre) Tél. 03 86 53 35 15 Ouvert lun.-ven. 8h-12h et 13h30-18h, sam. 9h-12h et 13h-17h*

Domaine Colinot Le domaine produit principalement de l'irancy ; ne pas manquer la cuvée "vieilles vignes". *1, rue des Chariats 89290* ***Irancy*** *(13km au sud d'Auxerre) Tél. 03 86 42 33 25 Ouvert lun.-sam. 8h-12h et 14h-18h, dim. 9h30-12h30*

Domaine Maltoff Dégustation dans une exploitation familiale où l'on est reçu avec le sourire (sur rdv). Chambres d'hôtes. *20, rue d'Aguesseau 89580* ***Coulanges-la-Vineuse*** *(17km au sud d'Auxerre) Tél. 03 86 42 32 48*

● Tonnerrois

Domaine Gruhier Initiation à la dégustation, journées à thème, cours de cuisine... *Domaine de l'abbaye du Petit Quincy 89700* ***Épineuil*** *(20km à l'est de Chablis) Tél. 03 86 55 32 51 www.bourgognevin.com Ouvert lun.-sam. 10h-12h30 et 14h30-18h*

visite

Les moines de Pontigny contribuèrent à l'essor du vignoble de Chablis au XIIe siècle. L'abbaye est l'un des plus beaux exemples d'églises cisterciennes que l'on puisse aujourd'hui admirer en France.
Abbaye de Pontigny *89230* ***Pontigny*** *(15km au nord de Chablis) Tél. 03 86 47 54 99 www.abbayedepontigny.eu Ouvert juil.-août : tlj. 9h-19h ; sept.-juin : tlj. 10h-17h*

bon à savoir

Comptez de 7 à 8€ pour un petit chablis, autour de 10€ pour un chablis, entre 13 et 15€ pour un grand cru, et de 30 à 40€ pour un premier cru.

bon à savoir

Du vignoble auxerrois, qui s'étendait sur près de 1 800 hectares au XVIIIe siècle, une seule parcelle (cépage chardonnay) a résisté aux assauts du temps et du phylloxéra. Le clos de la Chaînette a la particularité d'être situé en plein centre d'Auxerre… et d'appartenir à l'hôpital psychiatrique de la ville.

petits prix

Le domaine Goisot produit des vins d'un très bon rapport qualité-prix : bourgogne aligoté "vieilles vignes" et côte-d'auxerre pour moins de 7€. Dégustations dans une ambiance conviviale (sur rdv). **Domaine Goisot** *30, rue Bienvenu-Martin 89530* ***Saint-Bris-le-Vineux*** *(9km au sud d'Auxerre) Tél. 03 86 53 35 15 www.goisot.com*

visite

Le château de Béru, construit au XIIIe siècle, appartient aux comtes du même nom depuis 1627. Visite du château, dégustation des vins du domaine dans les anciennes écuries et chambres d'hôtes de charme : tout ici séduira l'œnotouriste de passage. **Château de Béru** *32, Grande-Rue 89700* ***Béru*** *(8km à l'est de Chablis) Tél. 03 86 75 90 43 www.chateaudeberu.com Ouvert mi-avr.-mi-nov. Visite guidée à 11h, 15h et 16h30*

À Joigny, tous les vignobles sont gris ?

Le vignoble de Joigny, replanté dans les années 1970 après avoir été dévasté par le phylloxéra et le mildiou, obtient l'AOC en 1975 sous l'appellation côte-saint-jacques. De toute la gamme des vins, exploitée sur 13ha, le **gris de Joigny** est à part (pinot gris). Un vin rosé à découvrir au domaine Vignot ou dans la boutique du restaurant de Jean-Michel Lorain. **Domaine Vignot** *16, rue des Prés 89300* ***Paroy-sur-Tholon*** *(29km au nord d'Auxerre) Tél. 03 86 91 03 06 Sur rdv* **Les Bourgognes de Joigny** *14, faubourg de Paris 89300* ***Joigny*** *(28km au nord d'Auxerre) Tél. 03 86 62 06 70 Ouvert lun.-mar. et jeu.-ven. 9h-12h30 et 13h30-18h, sam. 9h-13h*

● Vézelien

Domaine Maria Cuny Cette vigneronne enthousiaste a choisi la voie biologique pour produire un vézelien blanc (chardonnay) et rouge (pinot noir). À déguster dans la petite boutique de Vézelay ou au domaine. **Magasin** *34, rue Saint-Étienne 89450* ***Vézelay*** *Tél. 03 86 32 38 50 Ouvert avr.-nov. : tlj. 10h-18h30 ; déc.-mars : sur rdv* ***Domaine Saint-Père-sous-Vézelay*** *Tél. 03 86 33 27 95 Sur rdv*

Accorder mets et vins

Les Millésimes Escale gourmande, où l'on savoure charcuteries maison et crus de la région. *14, pl. de l'Hôtel-de-Ville 89310* ***Noyers-sur-Serein*** *(23km au sud de Chablis) Tél. 03 86 82 82 16 www.maison-paillot.com Ouvert mi-mars-juin, sept.-mi-nov. : mar.-sam. midi et soir, dim. midi ; juil.-août : tlj midi et soir ; mi-nov.-mi-mars : mar.-jeu. midi, ven.-sam. midi et soir, dim. midi*

Séjourner dans les vignes

Gîte de P'tit Louis Le domaine Brocard, producteur de chablis, a fait de l'accueil son second métier. Une maison lumineuse pour un séjour en douceur. *Rue de l'Église 89800* ***Saint-Cyr-les-Colons*** *(17km au sud-est d'Auxerre) Tél. 03 86 41 49 00*

Taille de la vigne en hiver : feu de sarments.

VOYAGE AUTOUR DU VIN

Parcourir le vignoble en calèche, assister à un concert-dégustation ou suivre une initiation dans un caveau : découvrez la Bourgogne des vins selon vos envies.

PRÉPARER SON SÉJOUR

s'informer

Organismes touristiques et associations spécialisées fournissent des informations pour organiser escapade ou escale prolongée en Bourgogne. Deux incontournables : www.divine-comedie.com et www.visionbourgogne.com.

Bureau interprofessionnel des vins de Bourgogne (BIVB) Le site Internet de cet organisme de référence est l'outil idéal pour préparer un séjour touristique : itinéraires et thématiques, coordonnées des professionnels, agendas des manifestations, etc. *12, bd Bretonnière 21204* ***Beaune*** *Tél. 03 80 25 04 80 www.vins-bourgogne.fr www.tourisme.vins-bourgogne.fr*

Bureau interprofessionnel des vins du Centre (BIVC) À consulter pour obtenir des informations touristiques sur les vignobles du Centre-Loire, et de la Nièvre en particulier (Pouilly-sur-Loire, Pouilly-Fumé et coteaux du Giennois). *www.vins-centre-loire.com*

Comités départementaux de tourisme de Bourgogne Les sites Internet des quatre départements regroupent coordonnées de prestataires, itinéraires dans les vignobles, circuits thématiques, etc. *www.cotedor-tourisme.com www.bourgogne-du-sud.com www.tourisme-yonne.com www.nievre-tourisme.com*

Dormir dans les vignes Le nombre de chambres d'hôtes et de gîtes dans les domaines ne cesse d'augmenter : un site Internet (en cours de construction par la fédération des Gîtes de France) recense tous les hébergements viti-vinicoles en Bourgogne. *www.gites-de-france-bourgogne.com www.sejour-en-vignobles.com*

PROFITER DE SON SÉJOUR

déguster et acheter du vin

Il est difficile de dissocier l'un et l'autre, tant le plaisir de la dégustation réside aussi dans l'achat de coups de cœur !

Domaines La plupart des propriétaires organisent des visites des chais et des dégustations commentées sur rendez-vous (évitez la période des vendanges). Attention, les vins ne sont pas forcément moins chers au domaine que chez les cavistes ou lors des foires aux vins.

Caves coopératives La Bourgogne compte une vingtaine de coopératives : regroupements de viticulteurs, qui commercialisent et valorisent ensemble leur production. La Chablisienne à Chablis et la cave des vignerons de Buxy, au sud de Chalon, sont les deux plus connues de la région.

La Chablisienne *Tél. 03 86 42 89 89*

Cave des vignerons de Buxy *Tél. 03 85 92 04 30*

Maisons des vins Visites guidées, dégustation, conseils et ventes de crus. *http://www.lesmaisonsdevinsdebourgogne.org www.maisonvinsbourgogne.com www.maison-des-vins.com www.maisonduvignoble.com*

initiation à l'œnologie

Il existe autant de cours de dégustations et de stages d'œnologie que de vins en Bourgogne... Selon votre budget et votre niveau, trouvez la formule qui vous convient en vous renseignant dans les maisons des vins et les offices de tourisme.

École des vins de Bourgogne Dégustations et séjours œnologiques de quelques heures ou de plusieurs jours. *6, rue du 16e-Chasseur 21200* ***Beaune*** *Tél. 03 80 26 35 10 et 03 80 26 23 78 www.ecoledesvins-bourgogne.com*

Sensation Vin Cours de dégustation selon votre niveau. *1, rue d'Enfer 21200* ***Beaune*** *Tél. 03 80 22 17 57 www.sensation-vin.com*

prendre la route

D'innombrables sentiers à arpenter à pied ou à vélo parcourent les vignobles de Bourgogne, et des routes mythiques à suivre en voiture dessinent des arabesques au cœur des crus. *Dépliants et topoguides à retirer dans les offices de tourisme Brochure sur les routes des vins à télécharger sur le site Internet www.bourgogne-tourisme.com*

Promenades en France Organisation à la carte de circuits à pied ou à vélo pour découvrir les vignobles de Bourgogne. *14, rue Poterne 21200* ***Beaune*** *Tél. 03 80 26 22 12 www.promenades-en-france.com*

Route des Grands Crus De Dijon à Santenay, la route traverse plus de 37 villages de la côte de Nuits et de la côte de Beaune. *www.route-grands-crus-bourgogne.com*

Route des Grands Vins de Bourgogne De Santenay à Saint-Gengoux-le-National, 75km pour découvrir la côte chalonnaise.

Calendrier des manifestations viti-vinicoles

Retrouvez la liste de toutes les animations autour du vin sur le site du tourisme viticole de Bourgogne http://tourisme.vins-bourgogne.fr

Pâques	**Les Vinées tonnerroises** Tonnerre invite à déguster les vins de l'Yonne dans une ambiance festive. *www.vineestonnerroises.com*
Fin janvier	**Saint-Vincent Tournante** Banquets, animations, dégustations : célébration du patron des vignerons, chaque année dans un nouveau village de Bourgogne. *www.st-vincent-tournante.fr*
Fin mars	**Vente des vins des hospices de Nuits** Vente des vins à Nuits-Saint-Georges : expositions, dégustations, marché, animations et ventes aux enchères. *www.ot-nuits-st-georges.fr*
Fin juin	**Balade gourmande d'Igé** Randonnée dans le vignoble ponctuée de dégustations de vins du Mâconnais. *www.macon-tourism.com*
1er w.-e. de juillet	**Balade gourmande de Ladoix-Serrigny** Au programme : une petite escapade dans les vignes pour découvrir spécialités locales et très bons vins ! *www.ladoix-serrigny.fr*
le 15 août	**Foire aux vins de Pouilly-sur-Loire** Les vins de Pouilly et des environs envahissent les bords de Loire. *www.vins-centre-loire.com*
Fin novembre	**Vente des vins des hospices de Beaune** Trois jours de fêtes et de dégustations au cœur de la cité, et vente aux enchères incontournable. *www.beaune-tourisme.fr*

Route des Vins Mâconnais-Beaujolais Huit circuits balisés entre Saint-Gengoux-le-National et Romanèche-Thorins. *www.route-vins.com*

Route des coteaux de Pouilly-Sancerre De Pouilly à Cosne-Cours-sur-Loire en passant par Sancerre : une quarantaine de kilomètres pour goûter aux vins blancs de la Nièvre, sans s'éloigner de la Loire.

Route des vignobles de l'Yonne Cinq boucles (de 20 à 80km) couvrent les vignobles du département : Chablisien, Auxerrois, Tonnerrois, Jovinien et Vézelien.

FOIRE AUX QUESTIONS

Pourquoi le vin rouge est-il... rouge ?

Tous les raisins pressés donnent au départ un jus blanc, mais seul les vins rouges se teintent d'une couleur pourpre. Il faut y voir le travail des molécules présentes dans la peau du raisin qui, en fermentant, libère ce que l'on appelle les anthocyanes. Ils colorent plus ou moins, selon les cépages et les méthodes de fermentation, le jus de raisin.

Qu'est-ce qu'un cépage ?

Le cépage est une variété de vigne qui produit soit du raisin de table, soit du raisin viticole. Il existe des variétés différentes, dits cépages, pour chaque espèce de vigne. Le pinot noir est le cépage roi pour les vins rouges de Bourgogne ; quant au chardonnay, il est le cépage blanc par excellence.

Qu'est-ce qu'un millésime ?

Véritable baromètre pour l'achat de vin, l'année de production indique à la fois la qualité du cru, le potentiel de garde, la réputation du vignoble et surtout la

Les incontournables (abordables) de Bourgogne

Vin rouge

- Beaune premier cru "Les Grèves, vignes de l'Enfant Jésus", maison Bouchard père et fils
- Rully premier cru "Les Clous", domaine Jacqueson
- Morey-Saint-Denis, domaine du Clos des Lambrays
- Bourgogne "Cuvée de noble souche", domaine Denis Mortet
- Irancy, domaine Vincent Dauvissat

Vin blanc

- Meursault "Les Luchets", domaine Roulot
- Bourgogne blanc, domaine Anne-Claude Leflaive
- Chablis premier cru "Les Vaillons", domaine Joseph Drouhin
- Chardonnay "Les Pénitents", domaine Alphonse Mellot.
- Bouzeron "Les Clous", domaine Aubert & Pamela de Villaine.
- Mâcon "vieilles vignes" la Roche-Vineuse, domaine Olivier Merlin
- Saint-aubin blanc "Derrière chez Édouard", domaine Hubert Lamy

Vin rosé

- Marsannay rosé "Anthocyane", domaine René Bouvier

Crémant

- Crémant blanc millésimé, maison Parigot & Richard

Comment lire une étiquette ?

Certaines informations sont obligatoires : nom complet de l'appellation suivi du nom du climat (parcelle), contenance, teneur en alcool, coordonnées de l'embouteilleur, pays d'origine (pour l'exportation), numéro d'identification du lot et contenance. D'autres, facultatives, s'invitent parfois sur les étiquettes : millésime, coordonnées du propriétaire-récoltant, cépage, distinction (prix et médailles), etc.

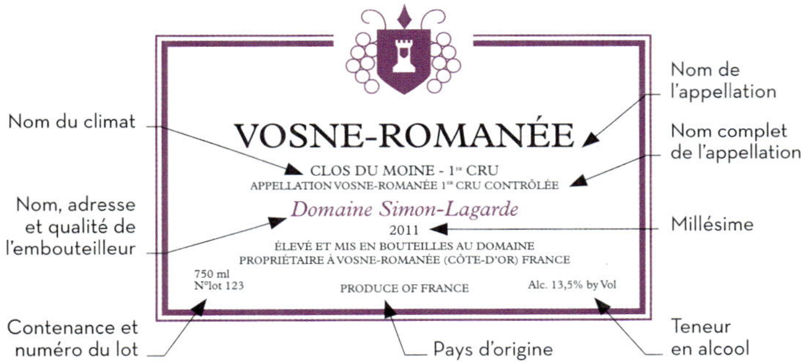

gamme de prix. Le millésime varie donc selon le terroir, le travail du vigneron et les conditions climatiques.

Comment conserver son vin ?

Trois conditions sine qua non pour permettre à votre vin de vieillir dans de bonnes conditions : obscurité, humidité (idéalement à 70 %, pour éviter l'évaporation) et température constante (entre 12° et 14°).

Carafer ou ne pas carafer ?

Laisser reposer les vieux vins en carafe permet au dépôt de se réfugier au fond de la bouteille : on dit alors que le vin est décanté. Pour les vins plus jeunes, la carafe aide à libérer et éclaircir des arômes (conseillé par exemple pour les vins blancs qui manquent de maturation).

À quelle température servir le vin ?

Servi trop frais, le vin a du mal à libérer ses arômes et les tanins sont renforcés. En revanche, une température trop élevée intensifie la sensation d'alcool et efface les arômes les plus fins. En général, les vins blancs sont servis plus frais (entre 8° et 13°C) que les vins rouges (entre 14° et 17°C), tout comme les vins pétillants, de type crémant de Bourgogne (entre 7° et 11°C) et les vins rosés (entre 10° et 12°C).

Quels verres choisir ?

Plus le verre est évasé et fin, plus le vin s'ouvre et dévoile ses arômes. Les verres à vin de dégustation ont presque tous la même forme : un pied fin, et un corps plus large qui se resserre vers le haut. Ce resserrement est essentiel, car il permet la concentration des arômes.

Une cave en Côte-d'Or

POUR EN SAVOIR PLUS

BIBLIOGRAPHIE

histoire, patrimoine

Abbayes et prieurés de Saône-et-Loire R. Oursel, Nouv. Éd. Latines, 2006
Bourgogne Collectif, coll. "L'art pour guide", Éd. Gallimard, 2005
Bourgogne (La) Collectif, coll. "Une région, un patrimoine", Éd. Atlas, 2003
Bourgogne romane (La) C. Sapin, Éd. Faton, 2006
Chapiteaux romans de Bourgogne (Les) M. Angheben, Éd. Brepols, 2003
Cinq siècles de civilisation en Bourgogne Collectif, Beaux-Arts Éditions, 2011
Cluny, de l'abbaye à l'ordre clunisien : Xe-XVIIIe siècle D.-O. Hurel et D. Riche, Éd. Fayard, 2010
Cluny : onze siècles de rayonnement Collectif, Éd. du Patrimoine, 2010
Côte et les Hautes-Côtes, de Dijon à Santenay (La) J.-F. Bazin, Éd. A. Sutton, 2000
Itinéraire spirituel en Bourgogne J. Frizot, Éd. de la Table ronde, 2001
Route des abbayes de Bourgogne (La) F. Barbut, Éd. Ouest-France, 2008
Secret de Cluny : vie des saints abbés de Cluny, de Bernon à Pierre le Vénérable (Le) R. Oursel, Éd. Sainte-Madeleine, 2000
Vercingétorix ou le mirage d'Alésia S. Lewuillon, coll. "Questions à l'histoire", Éd. Complexe, 1999
Vie de cour en Bourgogne à la fin du Moyen Âge Collectif, Éd. A. Sutton, 2002

balades et randonnées

Auxerre et ses environs... à pied Coll. "Topoguides", Éd. FFRP, 2006
Balades sur les routes en Bourgogne C. Vialle et J.-D. Longubardo, coll. "Carré balades", Éd. Ouest-France, 2005
Bourgogne... à pied (La) Coll. "Topoguides", Éd. FFRP, 2009
Bourgogne à vélo par les voies vertes (La) M. Bonduelle, coll. "Itinéraires de découverte", Éd. Ouest-France, 2008
Bourgogne : Centre-Nivernais J. Morlot, coll. "Carto-guide fluvial", Éd. Vagnon, 2007
Grand Dijon... à pied (Le) Coll. "Topoguides", Éd. FFRP, 2010
Nièvre... à pied (La) Coll. "Topoguides", Éd. FFRP, 2009
Pays d'Avallon... à pied (Le) Coll. "Topoguides", Éd. FFRP, 2004
Promenades en Bourgogne romane W. Berry, Éd. Zodiaque, 2003
Saône-et-Loire... à pied (La) Coll. "Topoguides", Éd. FFRP, 2005
Sentier vers Saint-Jacques de Compostelle, via Vézelay Coll. "Topoguides", Éd. FFRP, 2010
Tour du Morvan (Le) Coll. "Topoguides", Éd. FFRP, 2006
Traversée du Morvan (La) Coll. "Topoguides", Éd. FFRP, 2006
Yonne... à pied (L') Coll. "Topoguides", Éd. FFRP 2005

littérature

Bossuet J.-B. *Sermons*, coll. "Folio", Éd. Gallimard, 2001
Bobin C. *La Part manquante* et *Le Très-Bas*, coll. "Folio", Éd. Gallimard, 1994 et 1995
Colette *Les Vrilles de la vigne*, Fayard, 2004 ; *Œuvres*, coll. "Bibl. de la Pléiade", Éd. Gallimard, 1984
Dumay R. *La Mort du vin* et *Ma route de Bourgogne : 1948*, Éd. de la Table Ronde, 2006 et 2010
Germain S. *Jours de colère*, coll. "Folio", Éd. Gallimard, 1991

Lamartine A. *Œuvres poétiques*, coll. "Bibl. de la Pléiade", Éd. Gallimard, 1963
Renard J. *Histoires naturelles* et *Poil de carotte*, coll. "GF", Éd. Flammarion, 2010
Rolland R. *Au-dessus de la mêlée*, Éd. Nabu Press, 2010
Roy J. *Vézelay ou l'Amour fou*, Éd. Albin Michel, 1990
Vincenot H. *La Billebaude* et *Le Pape des escargots*, coll. "Folio", Éd. Gallimard, 1982 et 1983

vins et gastronomie

ABCdaire des vins de Bourgogne (L') C. Pessey, Éd. Flammarion, 2001
Carnet de recettes de Bourgogne G. Curie-Fromageot, Éd. Ouest-France, 2010
Cuisine Émotion J.-M. Lorain, Éd. Minerva, 2000
Dictionnaire universel du vin de Bourgogne J.-F. Bazin, Éd. Presses du Belvédère, 2010
Nationale 74 É. Chapulliot et P. Lebas, Éd. Divine Comédie, 2010
Terroir et le vigneron (Le) J. Rigaux, Éd. Terre en vues, 2006
Vignerons de Bourgogne K. David et M. Joly, Éd. Déclics, 2010
Vins de Bourgogne (Les) J. Baudoin, Éd. La Revue du vin de France, 2010
Vins de Bourgogne (Les) S. Pitiot et J.-C. Servant, coll. "Pierre Poupon", Éd. Pitiot-Poupon, 2004
Visages de terroir - De Chablis à Sablet à Solex L. Siliakus, Éd. du Banc d'Arguin, 2009).

jeunesse

Secrets de la basilique de Vézelay (Les) Collectif, Éd. La Petite Boîte, 2010

FILMOGRAPHIE

Amants (Les) Louis Malle, 1958 (Dijon, Lusigny-sur-Ouche, Bligny-sur-Ouche, Pierre-Perthuis)
Conte d'hiver Éric Rohmer, 1992 (Nevers)
Coup de tête Jean-Jacques Annaud, 1979 (Auxerre, stade de l'Abbé-Deschamps)
Grande Vadrouille (La) *Gérard Oury, 1966 (Vézelay, Pierre-Perthuis, Lucy-sur-Yonne, Meursault, Beaune, Gevrey-Chambertin)*
Hiroshima mon amour *Alain Resnais, 1959 (Nevers)*
Julie, chevalier de Maupin (téléfilm) Charlotte Brandstrom, 2004 (Ancy-le-Franc, Tanlay, Pierre-Perthuis)
Mystère de la chambre jaune (Le) Bruno Podalydès, 2003 (Clamecy)
Poil de carotte Julien Duvivier, 1932 (Lormes, Chitry-les-Mines)

GLOSSAIRE

généralités

Abside Terminaison arrondie de la nef renfermant le chœur d'une église.
Absidiole Abside ouvrant sur le déambulatoire ou le transept.
Appareil ou appareillage Décrit la manière de monter les murs, et les éléments qui les constituent : petits moellons, pierre taillée, etc.
Arcature Motif architectural composé d'un ensemble de petites arcades.
Archivolte Arc surmontant l'ensemble des voussures.
Arc en anse de panier Arc surbaissé en demi-ovale évoquant l'anse d'un panier.

Barbacane Fortification avancée postée devant une porte pour en protéger l'accès.
Bas-côté Nef latérale dont la voûte est moins élevée que la nef principale.
Bec Confluent de deux cours d'eau.
Beffroi Tour communale souvent dotée de cloches.
Boire Bras abandonné et tari du lit de la Loire, étang.
Borderie Ferme en location, tenue par un métayer.
Bossage Saillie ou motifs en relief pratiqués à la surface d'un matériau (pierre, bois) dans un but décoratif.
Chapiteau Couronnement d'un pilier ou d'une colonne.
Chevet Partie extérieure de l'église située à l'extrémité de la nef principale.
Clef Pierre taillée qui ferme un arc ou une voûte à son sommet.
Collatéral Vaisseau latéral d'une église (synonyme de bas-côté).
Courtine Dans les châteaux forts, muraille dressée entre les tours.
Croisée du transept Intersection de la nef principale et du transept.
Déambulatoire Galerie de circulation faisant le tour du chœur.
Ébrasement Disposition oblique des côtés d'une embrasure, c'est-à-dire de l'espace ménagé dans l'épaisseur d'un mur par le percement d'une baie.
Échauguette Ouvrage en surplomb, de plan circulaire ou polygonal, contenant une petite pièce.
Encorbellement Ouvrage en saillie.
Étiage Niveau des basses eaux.
Fûtreau Petit bateau traditionnel employé pour la pêche.
Gâble Motif ornemental triangulaire couronnant une fenêtre.
Géminé Jumelé, divisé en deux parties symétriques.
Historié Se dit des motifs décoratifs illustrant un épisode historique ou biblique.
Hourdis Appareillage en torchis ou en brique remplissant les espaces entre les pans de bois.
Jubé Galerie située entre la nef et le chœur.
Lanterne, lanternon Construction circulaire ou polygonale percée de fenêtres et placée au faîte d'un toit.
Loggia Terme italien désignant une galerie ouverte en étage.
Mâchicoulis Trous perçant les fortifications, en surplomb du sol, pour les tirs plongeants.
Meneau Élément vertical en pierre du remplage d'une fenêtre.
Oratoire Petit bâtiment ou salle destiné à la prière, toutefois dénué d'autel consacré.
Pilastre Pilier ou colonne adossé ou inclus dans un mur.
Poterne Porte ouverte dans une muraille fortifiée.
Porterie Entrée d'un monastère sous laquelle était aménagée la loge du frère portier.
Rinceau Motif ornemental représentant un enroulement de feuillage en forme de "s" successifs.
Scriptorium Salle d'un monastère où les moines recopiaient et enluminaient les manuscrits.
Transept Nef transversale qui coupe à angle droit la nef principale d'une église.
Triforium Ensemble des ouvertures d'une galerie donnant sur la nef d'une église.
Tympan Pièce de remplissage d'une voûte.
Trumeau Maçonnerie pleine entre deux fenêtres.
Voussure Petite voûte couvrant l'embrasure d'une baie.

vin et viticulture

AOC (Appellation d'origine contrôlée) Réglementation française, née au début du

XXe siècle, qui permet de classer les vins selon différents critères : provenance géographique, couleur et cépage, superficie de production, degré minimum et maximum d'alcool, rendement, caractère des vins... L'AOC, attribuée par l'INAO (Institut national de l'origine et de la qualité), est avant tout un gage d'authenticité et de typicité.
Assemblage Mélange de vins de même origine géographique, mais provenant de plusieurs parcelles ou de cépages différents.
Ban des vendanges Autorisation administrative qui permet de débuter la récolte du raisin, et donc de commencer les vendanges.
Biodynamie Pratique qui allie la culture biologique à l'observation des cycles lunaires. Inspirée par le philosophe autrichien Rudolph Steiner, la biodynamie repose sur un principe simple : appliquer les bons remèdes et les bonnes préparations (végétales, animales ou minérales) au bon moment pour valoriser le sol et la plante.
Bouquet Principe odorant définissant les caractéristiques aromatiques d'un vin (floral, fruité, végétal, épicé, animal, etc.).
Cabotte (ou cadole) Cabane de pierres sèches construite dans le vignoble par les viticulteurs pour s'abriter en cas d'intempéries.
Cépage Variété de plant de vigne caractérisée par la forme des feuilles et des grappes. Le cépage donne goût et couleur au vin.
Chai Pièce où le vin est entreposé puis élevé avant d'être mis en bouteilles.
Climat Du grec "klima", qui signifie inclinaison et région. Notion typiquement bourguignonne pour qualifier des parcelles de vignes délimitées de manière très précise en fonction de leurs caractéristiques géologiques et climatiques. Cette mosaïque de climats explique qu'en Bourgogne, à quelques mètres près, la même appellation ne donne pas naissance au même vin.
Clos Vigne entourée de murs, traditionnellement en pierres sèches. À noter qu'un vin peut encore porter le nom d'un clos alors même que le mur n'existe plus.
Confréries Qu'elles soient confidentielles ou d'envergure internationale, les confréries participent du folklore vineux bourguignon. La plus illustre d'entre elles est sans doute la confrérie des Chevaliers du Tastevin, installée au château du Clos de Vougeot.
Élevage Ensemble des soins apportés au vin après la fermentation alcoolique et jusqu'à la mise en bouteilles. Les vins de Bourgogne peuvent être élevés en fût de chêne (tonneau) ou en cuve.
Fermentation malolactique Cette deuxième fermentation permet de réduire l'acidité des vins par transformation de l'acide malique en acide lactique, grâce à des bactéries lactiques.
Fût Contenant destiné à l'élevage des vins. En Bourgogne, on utilise la "pièce" (228l) pour l'élevage des vins blancs comme des vins rouges.
Jéroboam Bouteille en verre pouvant contenir l'équivalent de quatre bouteilles de 75 centilitres soit trois litres. S'ajoutent à ce format le magnum (1,5l), le mathusalem (6l) et le nabuchodonosor (15l).
Lieu-dit Parcelle portant un nom rappelant une particularité du paysage, du terrain ou une référence historique.
Meurgers (ou murgers) Murs en pierres sèches souvent grises et plates, parfois recouverts

de broussailles, que l'on rencontre aux abords des vignes.

Moût Jus de raisin non fermenté.

Négoce Marchand ou courtier qui achète aux viticulteurs des lots de vin, les élève dans ses chais, effectue la mise en bouteilles, puis les commercialise sous sa propre marque. En Bourgogne, les négociants sont appelés "maisons de vin".

Oïdium Maladie de la vigne provoquée par un champignon microscopique.

Phylloxéra Redoutable insecte originaire d'Amérique qui envahit et dévasta le vignoble français au XIXe siècle. Des études permirent de mettre en lumière la résistance des plants américains aux morsures de l'insecte. C'est ainsi que l'on privilégia le greffage de la vigne française sur des porte-greffes américains pour reconstituer le vignoble français.

Pourriture grise Pourriture provoquée par un champignon appelé *Botrytis cinerea* et visible sur les grappes de raisin, semblable à de la poussière grise.

Queue de paon Se dit d'un vin dont la fin de bouche est longue et intense. Propre aux grands vins rouges de Bourgogne.

Soutirage Technique qui consiste à séparer la partie claire du vin de la lie et des dépôts qui se forment au font de la cuve.

Tanin Composé chimique aromatique qui provient du pépin, de la peau et de la rafle du raisin. Il influence particulièrement la couleur du vin (sa robe) et la sensation d'astringence. Le viticulteur les "dose" pour les rendre soit discrets et souples, soit agressifs et marqués.

Tastevin Symbole de la Bourgogne vineuse, cette petite coupe d'argent peu profonde est l'ancêtre du verre de dégustation.

Terroir Concept difficile à définir mais essentiel en Bourgogne, puisqu'il est à la base de l'appellation. Il repose sur une aire géographique mais doit son origine à son sol, sa géologie, à son climat et au travail des hommes qui ont su l'exploiter et façonner sa typicité.

Vendanges vertes Méthode préconisée pour maîtriser les rendements. Cette pratique consiste à couper certaines grappes (généralement encore vertes) avant les vendanges pour éliminer la partie excédentaire de récolte et favoriser ainsi une meilleure maturation des raisins restant sur le pied de vigne.

Vinification Ensemble des opérations nécessaires à la transformation du jus de raisin en vin. On peut citer le pressurage, la fermentation alcoolique, la fermentation malolactique, la macération, l'élevage... L'objectif est d'affiner la personnalité et le caractère du vin, tant au niveau aromatique que gustatif.

AIDEZ-NOUS À CONSTRUIRE DES GEOGUIDE QUI RÉPONDENT ENCORE MIEUX À VOS ENVIES !

Merci de nous retourner ce questionnaire à l'adresse suivante :

Questionnaire GEOGUIDE - BP 67 - 59053 Roubaix Cedex 1

VOS VOYAGES

● **Combien de séjours à but touristique effectuez-vous chaque année ?**

En France ❑ 1 ❑ 2 ❑ 3 et +
À l'étranger ❑ 1 ❑ 2 ❑ 3 et +

● **Vous partez pour** (plusieurs réponses possibles, hors visite parents et amis) :

La France ❑ 1 semaine ❑ 2 semaines ❑ 3 semaines et +
L'étranger ❑ 1 semaine ❑ 2 semaines ❑ 3 semaines et +

● **Combien de week-ends à but touristique effectuez-vous chaque année ?**
(hors visite parents et amis)

En France ❑ 1 ❑ 2 ❑ 3 et +
À l'étranger ❑ 1 ❑ 2 ❑ 3 et +

● **Vous partez** (plusieurs réponses possibles) :

	Voyage en France	Voyage à l'étranger	Week-end
Seul	❑	❑	❑
En couple	❑	❑	❑
En famille	❑	❑	❑
Avec des amis	❑	❑	❑
En voyage organisé	❑	❑	❑

VOS GUIDES DE VOYAGE

● **Quand vous partez, combien et quel type de guides achetez-vous ?**

	Voyage en France	Voyage à l'étranger	Week-end
Guides pratiques *	......	......	......
Guides culturels **	......	......	......

*axés sur les informations pratiques et les adresses, contenant plus de texte et de cartes que de photographies
**axés sur l'histoire et la culture, contenant beaucoup de photographies et d'illustrations

● **Combien de temps avant votre départ achetez-vous votre (vos) guide(s) ?**

	Voyage en France	Voyage à l'étranger	Week-end
Entre 3 et 6 mois avant	❑	❑	❑
Dans le mois qui précède	❑	❑	❑
Sur place	❑	❑	❑

● **Avec les guides de quelles collections partez-vous le plus souvent ?** (plusieurs réponses possibles) ....

....

● **Cherchez-vous de l'information sur votre destination ailleurs que dans les guides de voyage ?**

❑ Oui ❑ Non

Si oui, où :
❑ presse magazine
❑ forums de voyageurs
❑ voyagistes en ligne
❑ sites internet des offices de tourisme
❑ offices de tourisme (sur place)
❑ autre : ....

VOTRE GEOGUIDE

● **Si vous avez acheté ce guide vous-même, pourquoi avez-vous choisi GEOGUIDE ?**
(plusieurs réponses possibles) :

- ❑ conseil de votre entourage
- ❑ conseil de votre libraire
- ❑ publicité
- ❑ vous l'avez découvert sur votre lieu d'achat
- ❑ article de presse
- ❑ confiance dans les guides Gallimard
- ❑ confiance dans le magazine GEO

Dans ce dernier cas, qu'est-ce qui a motivé l'achat de ce GEOGUIDE ?

- ❑ format
- ❑ couverture
- ❑ rabat proposant des cartes dépliantes
- ❑ photographies couleur
- ❑ présentation intérieure en couleurs
- ❑ contenu pratique
- ❑ contenu culturel
- ❑ volume d'information
- ❑ prix
- ❑ autre : ....

● **Que pensez-vous de votre GEOGUIDE et de ses différentes rubriques ?**
Concernant les informations culturelles, vous avez trouvé GEOGUIDE :
❑ Très fiable ❑ Fiable ❑ Assez fiable ❑ Pas du tout fiable

Concernant les informations pratiques (horaires, coordonnées...), vous avez trouvé GEOGUIDE :
❑ Très fiable ❑ Fiable ❑ Assez fiable ❑ Pas du tout fiable

Votre opinion sur la sélection d'adresses :

	Qualité des adresses		**Nombre d'adresses**	
	Suffisante	Insuffisante	Suffisant	Insuffisant
Hébergement	❑	❑	❑	❑
Restauration	❑	❑	❑	❑
Monuments, sites	❑	❑	❑	❑
Balades et randonnées	❑	❑	❑	❑
Activités de loisirs	❑	❑	❑	❑
Shopping	❑	❑	❑	❑

● **Avez-vous des remarques et suggestions ?** ....
....
....

● **Repartirez-vous avec un GEOGUIDE ?** ❑ Oui ❑ Non

VOUS

● **Vous êtes :** ❑ un homme ❑ une femme

● **Votre âge :** ❑ - de 25 ans ❑ 25-34 ans ❑ 35-44 ans ❑ 45-64 ans ❑ 65 ans et +

● **Votre profession :**
❑ agriculteur ❑ profession libérale ❑ cadre supérieur ❑ encadrement et technicien
❑ employé ❑ ouvrier ❑ retraité ❑ sans activité professionnelle ❑ étudiant

● **Êtes-vous lecteur du magazine GEO ?** ❑ Oui ❑ Non

Quel est votre magazine préféré ? ....

Merci de nous indiquer votre adresse

Nom : ....

Adresse : ....

Code postal : .... Ville : .... Pays : ....

Acceptez-vous d'être contacté(e) par mail sur les nouveautés GEOGUIDE ? ❑ Oui ❑ Non

Adresse mail : |_|_|_|_|_|_|_|_|_|_|_|_|_|_|_|_|_|_|_|_|_|_|_|_|_|_|_|_|

INDEX

A

B

C

D

E

F

G-H

I-J

L

N-O-P

R

S

INDEX DES CARTES ET DES PLANS

LÉGENDE DES CARTES ET DES PLANS

Cartes

Aaa Ville ou site étape
Autoroute et 2x2 voies
Route principale
Route secondaire
Zone urbaine
Limite administrative
Parc naturel
● Site remarquable
▲ Sommet

Altitude (en mètres)
De 0 à 100
De 100 à 200
De 200 à 500
De 500 à 1 000

Plans

Axe urbain
Zone urbaine
Espace vert
Cimetière
Voie ferrée
Office de tourisme
Aéroport
Gare ferroviaire
Gare routière
Parking

TITRES DÉJÀ PARUS

GEOGUIDE France

- Alsace
- Bordelais Landes
- Bourgogne
- Bretagne Nord
- Bretagne Sud
- Charente-Maritime Vendée
- Châteaux de la Loire
- Corse
- Corse des villages
- Côte d'Azur
- Guadeloupe
- Languedoc-Roussillon
- Martinique
- Normandie
- Paris
- Pays basque
- Périgord Quercy Agenais
- Provence
- Pyrénées
- Réunion
- Sortir à Paris
- Tahiti Polynésie française

GEOGUIDE Étranger

- Andalousie
- Argentine
- Belgique
- Crète
- Croatie
- Cuba
- Égypte
- Espagne, côte est
- Grèce continentale
- Îles grecques et Athènes
- Irlande
- Italie du Nord
- Italie du Sud
- Londres
- Maroc
- Maurice
- Mexique
- Pays basque
- Portugal
- Québec
- Rome
- Sénégal
- Shopping à Londres
- Sicile
- Toscane Ombrie
- Tunisie
- Venise

● AUTEURS
GEOPANORAMA Pierre Guitton
GEOPLUS Les sept vies de Vercingétorix Serge Lewuillon
Bourgogne, terre des moines, terre des arts Daniel Russo
Lamartine, le poète député et **Abbaye de Cluny, un creuset de la chrétienté** Pierre Guitton
L'art de la faïence Isabelle Bonnevie
Château en chantier et **La basilique de Vézelay** Jean-Louis Despesse
GEOPRATIQUE Isabelle Bonnevie
GEORÉGION Côte-d'Or (Dijon-côte de Beaune) et **Saône-et-Loire** Pierre Guitton
Côte-d'Or (Auxonne-Châtillon-sur-Seine) et **Yonne** Jean-Louis Despesse
Nièvre et **Morvan** Isabelle Bonnevie
GEOVINS Patrick Lebas ainsi que **Isabelle Bonnevie, Jean-Louis Despesse, Pierre Guitton**

● CRÉDITS PHOTOGRAPHIQUES Couverture et 3 Beaune, toits de tuiles vernissées de l'Hôtel-Dieu © Bertrand Gardel/hemis.fr. 4 : © Efbee/Fotolia.fr. 8-9 : © Yann Guichachoua/Gamma-Rapho. 40-41 : © Bertrand Rieger/hemis.fr. 58-59 : © John Frumm/hemis.fr. 125 : haut © Yvann K/Fotolia.fr, bas © CHG/Fotolia.fr. 143 : © Thomas Screve/Fotolia.fr. 178-179 : © Christophe Boisvieux/hemis.fr. 277 : © Elliotte/ Fotolia.fr. 316-317 : © Christophe Boisvieux/hemis.fr. 349 : haut © Toutenphoton/Fotolia.fr, bas © img85h/ Fotolia.fr. 358-359 : © Christophe Boisvieux/hemis.fr. 444-445 : © Christophe Boisvieux/hemis.fr. 473 : haut © Serge Sautereau/Fotolia.fr, bas © Laura Frenkel/Fotolia.fr. 486 : © José Nicolas/hemis.fr. 494 : © PHB.cz/ Fotolia.fr. 496 : © Edouarr/Fotolia.fr. 499 : © Olivier Poncelet/Fotolia.fr. 501 : © Olivier Poncelet/Fotolia.fr. 502 : © PHB.cz/Fotolia.fr. 507 : © Maceo/Fotolia.fr. 509 : © Chlorophyle/Fotolia.fr. 511 : © PHB.cz/Fotolia.fr. 512 : © Jean-Jacques Cordier/Fotolia.fr. 515 : © Food-Micro/Fotolia.fr. 517 : © Photograndcru/Fotolia.fr 522-423 : © Antoine Lorgnier/Onlyfrance.fr.
● CARTOGRAPHIE INFOGRAPHIQUE Édigraphie sauf cartes du cahier GEOVINS © Gallimard Loisirs
● REMERCIEMENTS Nous remercions tout particulièrement Daniel Russo (professeur à l'Université de Bourgogne, Dijon, Chaire d'histoire de l'art médiéval) pour sa lecture avisée de l'ensemble du contenu culturel.
● GALLIMARD LOISIRS 5, rue Sébastien-Bottin 75328 Paris Cedex 07.
Tél. 01 49 54 42 00 contact@geo-guide.fr www.geo-guide.fr
● PRISMA PRESSE **Régie publicitaire** Prisma Presse 13, rue Henri-Barbusse 92624 Gennevilliers cedex.
Responsable de clientèle Évelyne Allain-Tholy Tél. 01 73 05 64 24.

 Dépôt légal Avril 2011. **Numéro d'édition** 177417. **ISBN** 978-2-74-242886-1.
Photogravure ARG (Gentilly). **Impression** LEGO (Italie).

Vignobles de Bourgogne

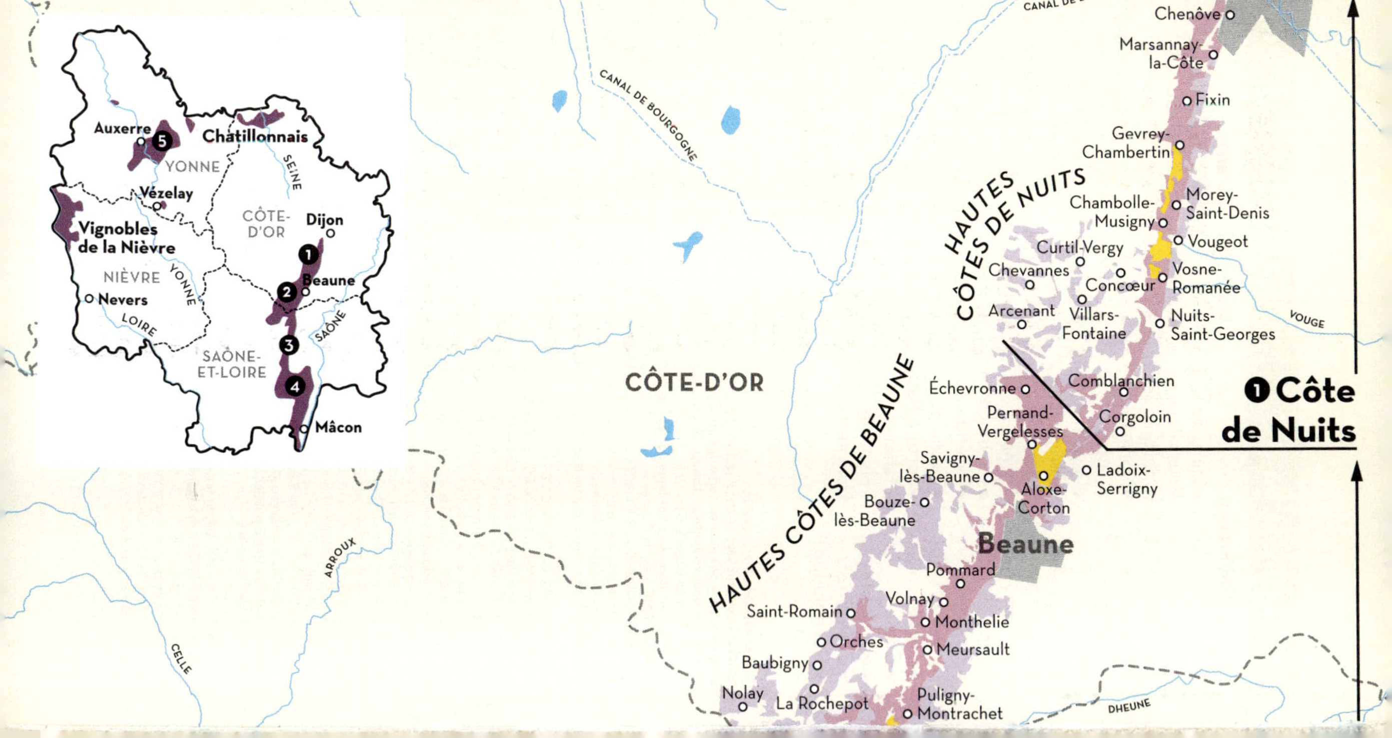